中国农村能源年鉴

中国农村能源年鉴编辑委员会 编

1997

中国农业出版社

資源節約綜合利用是我國經濟和社會發展的一項長遠戰略方針

江澤民

一九九七年十月十九日

大力开发农村能源

李鹏 一九八八年四月二十四日

发展的农村能源建设　王志平摄

农田林网

草肥牛壮

北方农村能源生态模式　　李建萍供稿

江西赣州地区“猪沼果”工程模式
李建萍供稿

广西恭城沼气生态农业模式　　贺　亮摄

农户使用沼气、节柴灶　贺　亮摄

节能水泥砖生产　　贺　亮摄

乡镇企业节能　　李建萍供稿

节水喷灌

鱼苗培育温棚

酒厂废水生产沼气　　蔡昌达供稿

福州市畜牧场大中型沼气工程　　福建省农村能源办公室供稿

福建莆田县华亭特种蔬菜综合场沼液喷灌　　福建省农村能源办公室供稿

日光温室

小水电开发　贺

福建云霄峰头水库左岸电站　福建省农村能源办公室供稿

营造薪炭林　　贺　亮摄

风能利用　　李建萍供稿

利用地热养鱼　　李建萍供稿

农村优质燃料生产　　梁六斤供稿

农村能源产业　　李建萍供稿

山东省科学院能源研究所科研成果——生物质气化集中供气技术

山东省科学院能源研究所承担了国家“七五”、“八五”科技攻关项目专题和省科委科研项目，研究成功生物质气化集中供气技术，并于1996年9月15日通过了鉴定。该成果利用热解气化技术将秸秆等生物质原料转化为可燃气体，以自然村为单元向居民集中供应燃气，开创了适应我国农村特点的集中供应生活燃气的新技术，技术性能先进。气化机组效率超过了75%，每千克秸秆可以产生2立方米燃气。生活能源利用率比直接燃用秸秆提高1倍以上。

该项技术对合理永续地利用我国丰富的秸秆资源，建立农村洁净的生活能源系统，改善生态环境，提高农民生活质量从而保持农村地区的可持续发展有重要意义。1994年10月以来，建设了桓台县东潘村等20余个试点，受到了农民的欢迎和各级政府的重视。“九五”期间继续列为国家科技攻关项目和农业部示范项目，山东省政府召开专门会议部署该技术的推广工作，该技术形成产业规模，首先在达到小康水平的农村地区得到快速发展。

副所长孙立在世界能源理事会亚洲论坛上宣读论文

天-XFF型生物质气化机组

农户应用生物质气化集中供气做饭

农业部生物质气化示范点

全国50家农村能源重点扶持企业

山东省平邑县能源开发服务总公司

公司总经理宋汉春

山东省平邑县能源开发服务总公司是生产具有新型阳光选择性吸收涂层的蒙光牌太阳能真空集热管、热水器的专业厂家。1995年被农业部列为全国50家农村能源重点扶持企业之一。下设11个经济实体单位，拥有固定资产2 000万元，年创产值6 000万元，利税1 000多万元。聘请清华大学教授研制攻关生产的蒙光牌太阳能真空集热管先后经国家科委、中国科协、中国科学院和国家外国专家局评为“国家科技成果金奖”，山东省科委组织鉴定：“热性能达到国际同类产品的先进水平”。该公司生产的MG-II型蒙光牌真空管热水器已经全国能源标准化检测中心检测，所有指标达到“国家标准”。

公司坚持“以市场为导向，依靠科技求发展，向管理要效益，竭诚为用户服务”的企业思路，围绕能源利用，积极开发节能新产品。

大型供热工程

全玻璃真空太阳集热管

MG－II型真空管热水器

《中国农村能源年鉴》编辑委员会

《中国农村能源年鉴》特邀编辑委员会

编 辑 说 明

1.《中国农村能源年鉴》是反映我国农村能源建设基本情况的大型资料性工具书。每年出版一卷，基本上不重复前卷内容。

2. 年鉴撰稿人主要是各有关专业机关和研究部门及各省、自治区、直辖市、计划单列市从事农村能源工作的人员。统计资料由农业部提供，交由本年鉴首次公开发表。稿件中单位署名用1996年的名称。

3. 各省、自治区、直辖市、计划单列市按行政区划顺序排列。

4. 本年鉴所含资料的时间界限一般为1996年底。鉴于它是新中国成立以来第一部农村能源年鉴，包含1996年以前可查寻的内容和资料。

5. 各部类的资料数据，仅限于内地31个省、自治区、直辖市的材料。

6. 本年鉴的内容在遵守四项基本原则的前提下，实行文责自负。

前　　言

（代　序）

能源是社会发展的重要物质基础。针对中国农村能源短缺，制约社会进步，以及由此带来的资源浪费、生态环境恶化、农业后劲不足等问题，中国历届政府领导从国家和人民利益出发，根据中国的国情，发起和领导了农村地区以开发利用新能源、可再生能源资源，节约和合理使用能源资源为主的农村能源建设。

农村能源建设是促进农业和农村经济可持续发展的一项重要措施。多年来，在党中央、国务院、全国人大和各级党委、政府的重视、关怀下，全国农村能源建设取得了长足的进步，为改善农民生活质量、增加农民收入和保护生态环境、发展农村经济做出了重大贡献。到1996年底，农村新能源技术开发和节能技术的推广形成了8 000万吨标准煤的能力。农村户用沼气池保有量已超过600万户；累计推广省柴节煤炉灶1.77亿户，能源利用效率在20%以上。农村水电初级电气化县建设11年来，解决了9 500万人口的用电问题。太阳能热水器累计使用面积已达520多万平方米，方便了居民的生活。全国结合有机废物治理，已建大中型沼气工程近600座，城镇生活污水净化沼气池5万多座；已建农村型煤加工厂近1.3万个，年加工和推广型煤5 000万吨。北方地区结合新宅建设，建造太阳房450多万平方米。地热在农业种植业和水产养殖业中发挥作用，利用面积达到4 200多公顷。农村能源新技术大规模推广应用，促进了农业发展和农民增收，北方农村能源生态模式、南方“猪沼果工程”模式，在全国广泛推广，已形成规模。沼液浸种增产技术应用面积已达到113.3万多公顷，增产粮食可达50多万吨。农村能源技术在扶贫工作中见到实效。湖北、云南、贵州、甘肃、江西等8个省30多个贫困县推广沼气和省柴节煤技术，使400多万户农民受益。风力发电、太阳能光电以及山区微水发电等技术为边远、贫困地区送去了光明，使80多万农牧民用上了自产的电力。由此可见，农村能源建设增强了农村经济可持续发展能力，增加了农民的收入，大大减少了耗煤量和二氧化碳排放量，保护了森林植被，改善了农业生态环境。

农村能源政策法规工作在各地有了较快的发展。目前，全国已有半数以上省份相继发出了加强农村能源建设的政策性文件。重点省、直辖市在法规工作方面也有较快的进展，黑龙江、天津、河北、山东、浙江、湖北、湖南等省都在积极组织制订省级农村能源管理规定，其中《山东省农村能源管理规定》、《河北省新能源开发利用管理条例》、《黑龙江省农村能源管理规定》于1997年相继出台。320个农村能源综合建设县,普遍出台了支持农村能源建设的法规和优惠政策,有力地推动了当地农村能源建设的进程。

农村能源建设体系和产业得到稳定发展。到1996年底，全国绝大部分的省级职能机构在改革中得到了加强，省、地、县、乡已设立各级农村能源行政管理机构3 381个；设立各级农村能源推广机构6 685个，推广技术人员2.3万人，其中乡级推广机构有4 952个,保证了农村能源技术在乡村的推广使用效果。农业部还有重点地支持了一批省级农村能源技术推广服务站建设，并建立了6个区域性农村能源技术培训中心和3个沼气、省柴节煤、微水发电产品与设备质量监督检测中心。到1996年底，在农业部的农村能源建设统计中，就有各类农村能源生产企业和服务性企业3 400个,固定资产12亿元,产品销售额超过21亿元,实现利税1.5亿元。

早期农村能源建设是在全国范围内推行单项能源技术开发利用为主,到80年代逐步发展到以县为单元的综合建设。“六五”期间农业部先后安排了沼气建设重点县72个,改灶节柴试点县390个。而到90年代,农村能源建设已经步上新的台阶，其特点是进行以县为单元的农村能源综合建设，重视规模效益。“八五”期间，国家计委、经贸委、科委、财政部、农业部、林业部、水利部、电力部联合实施百县农村能源综合建设项目,有138个农村能源综合建设县连续开展五年重点建设,以县为单元,综合规划,全面实施能源节约、可再生能源资源开发和资源综合利用计划,取得大规模效益,促进当地农村经济发展和改善生态环境,为各地农村能源建设提供好的典型。“九五”期间，经国务院批准，又继续扩大规模，选择“脱贫温饱型”、“小康型”和“富裕型”三种类型，在191个县实施农村能源综合建设项目。1996年5月,八部委联合在北京召开了全国百县农村能源综合建设工作会议,李鹏总理等国务院领导在接见会议代表时指出：“开发农村能源是很重要的一件事。我国有12亿人口，其中9亿人口生活在农村，所以，解决农村的能源问题关系到每一个家庭、每一个农民,是关系到农村经济发展和生活能否正常进行的一件大事情。希望你们认真总结各地区的经验，因地制宜地把这件事情办好”。

中国的农村能源事业在其发展过程中,积累了丰富的经验,已初步探索出一条解决农村能源问题的正确而有效的途径。我们的经验和成就得到了众多国际组织和有关专家的赞誉,并为发展中国家提供了有益的借鉴。八届人大四次会议批准的《国民经济和社会发展“九五”计划和2010年远景目标纲要》，确立了中国科教兴国和可持续发展战略，并提出要“加快农村能源商品化进程，推广省柴节煤炉灶和民用型煤，形成产业和完善服务体系，因地制宜大力发展小水电、风能、太阳能、地热能、生物质能”，为农村能源事业的发展指引了方向，提供了政策保障。

当今社会在经济发展中普遍遇到能源与环境的双重压力,为此,各国政府和国际组织越来越重视开发利用新能源和可再生能源、发展清洁能源、以及节能降耗。中国农村能源事业涉及的正是这一具有发展潜力的领域，因此，它具有强大的生命力，前景广阔。

为全面反映农村能源建设全貌和工作成就，总结经验，规范论述和术语，提供完善的数据和资料，在中国农业出版社的支持下，农业部环保能源司决定从1997年起编印《中国农村能源年鉴》（下称《年鉴》）。《年鉴》1997年卷作为开篇，本着尊重历史，注重事实的原则，不仅记录1996年的信息，而且还包括历年的成就和资料，从多个方面和不同角度叙述全国农村能源建设概况、分省农村能源建设概况、农村能源建设大事记和1973—1996年统计资料汇编，重要文献、法律、法规及重要科技项目、科技推广成果和国际交流活动以及信息网等栏目等。第一册《年鉴》是一部大型著作，全书约80万字，共分十大部分，是一本工具书，具有重要的使用、参考和保存价值。

《年鉴》在编辑过程中，得到国家有关部门、各省市农村能源办公室、有关科研单位和大专院校的大力支持，农村能源战线上的许多管理人员和科技工作人员为《年鉴》提供了线索和资料，在此，我们对所有为《年鉴》的编辑出版做出贡献的人士表示真挚的谢意。

农村能源是一项多学科、跨部门的新兴行业。由于《年鉴》1997年卷记载内容的时间跨度较大，涉及面广，资料繁多，加上编者水平有限，难免有疏漏之处，欢迎批评和指正。

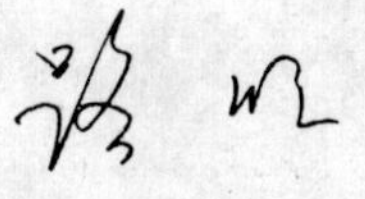

1998年2月12日

目　录

前言

农村能源建设概况

中国农村能源建设综述 1
中国农村能源建设历程 7
中国农村能源政策法规建设 9
农村能源资金投入 12
农村能源建设管理 14
　农村能源建设的工作经验 16
农村能源标准化和技术监督 18
农村能源产业建设 19
农村能源科技进步 22
县级农村能源综合建设 23
农村能源国际交流与合作 26

农村能源开发利用

中国农村能源资源 28
农村能源资源区划 32
生物质能开发利用 34
沼气综合利用 35
　北方农村能源生态模式 36
　广西恭城沼气生态农业模式 38
　江西赣州地区“猪沼果”工程模式 39
薪炭林建设 40
乡镇煤矿建设 42
农村电气化建设 43
　农村电气化事业 43
　小水电建设 44
太阳能开发利用 49
风能开发利用 52
地热开发利用 53
潮汐能开发 55

农　村　节　能

农村节能综述 58
　渔业节能 60
　农机节能 61
　乡镇企业节能 62
　农垦节能 63
节能炉灶的研制和推广 63

各地农村能源建设

北京市农村能源建设 65
　1996年农村能源建设概况 67
天津市农村能源建设 68
　1996年农村能源建设概况 70
　津南区农村能源综合建设 70
河北省农村能源建设 71
　1996年农村能源建设概况 74
　开发利用地热资源 75
　逐步建立新能源法制管理体系 76
山西省农村能源建设 77
　1996年农村能源建设概况 79
内蒙古自治区农村能源建设 80
　1996年农村能源建设概况 81
　大力开发利用风能资源 81
辽宁省农村能源建设 82
　1996年农村能源建设概况 83
　推广三项农村能源技术　促进农村经济发展 84
大连市农村能源建设 85
吉林省农村能源建设 87
　1996年农村能源建设概况 88
　大力开发利用生物质能和太阳能 89
黑龙江省农村能源建设 90
　1996年农村能源建设概况 93
　开展生活用能节约工作 94
　黑龙江农垦节能工作 95
上海市农村能源建设 96
　1996年农村能源建设概况 98
　上海郊区的沼气建设 98
江苏省农村能源建设 99
　1996年农村能源建设概况 101
　推广净化沼气工程 102
浙江省农村能源建设 103
　1996年农村能源建设概况 104
　大中型沼气工程和优质能源 104
安徽省农村能源建设 105
　1996年农村能源建设概况 107
　农村能源特色建设见成效 108
福建省农村能源建设 109
　1996年农村能源建设概况 112
江西省农村能源建设 113
　1996年农村能源建设概况 115
山东省农村能源建设 116
　1996年农村能源建设概况 119
青岛市农村能源建设 120

1996 年农村能源建设概况 122
30 千瓦风光补电站在即墨小管岛建成 123
河南省农村能源建设 123
1996 年农村能源建设概况 125
开展大中型沼气工程建设 125
湖北省农村能源建设 126
1996 年农村能源建设概况 129
湖南省农村能源建设 130
1996 年农村能源建设概况 131
农村能源产业建设 132
广东省农村能源建设 132
1996 年农村能源建设概况 134
发展大中型沼气工程 134
广西壮族自治区农村能源建设 135
1996 年农村能源建设概况 136
海南省农村能源建设 137
1996 年农村能源建设概况 139
重庆市农村能源建设 140
1996 年农村能源建设概况 142
加快能源环境工程建设　促进农业持续发展 143
四川省农村能源建设 143
1996 年农村能源建设概况 146
生活污水净化沼气池建设 147
贵州省农村能源建设 148
1996 年农村能源建设概况 149
积极推广烤烟节能烘房 150
云南省农村能源建设 150
1996 年农村能源建设概况 152
“八五”农村能源建设成效显著 153
西藏自治区农村能源建设 154
陕西省农村能源建设 156
1996 年农村能源建设概况 157
甘肃省农村能源建设 158
1996 年农村能源建设概况 160
大力发展太阳能 161
青海省农村能源建设 162
1996 年农村能源建设概况 163
宁夏回族自治区农村能源建设 164
1996 年农村能源建设概况 166
新疆维吾尔自治区农村能源建设 166
1996 年农村能源建设概况 168

大　事　记

农村能源大事记（1957—1996 年） 169

农村能源统计（1973—1996 年）

1980—1996 年全国农村能源推广机构、人员情况 187
1980—1996 年全国农村能源科研机构、人员、技术服务及培训情况 189
1981—1996 年全国农村能源经费投入情况 190
1991—1996 年全国农村能源使用情况 191
1973—1996 年全国农村户用沼气池 193
1986—1996 年全国沼气集中供气站、城镇净化沼气池情况 194
1990—1996 年全国沼气综合利用情况 195
1986—1996 年全国农村优质生活燃料使用情况 196
1984—1996 年全国省柴节煤炉灶、省柴节煤炕、型煤加工情况 196
1984—1996 年全国风能利用、微型水力发电、太阳能和农村地热利用情况 197
1973—1996 年全国小水电发展情况 200
1989—1996 年全国农村节能炒茶灶、烤烟房、砖瓦窑设备情况 201
1988—1996 年全国农村能源生产企业情况 202
1988—1996 年全国农村能源服务公司（站）情况 203
1990 年各地区农村能源推广机构、人员情况 204
1990 年各地区农村能源科研机构、人员、技术服务及培训情况 205
1990 年各地区农村能源经费投入情况 206
1990 年各地区农村户用沼气池 207
1990 年各地区沼气动力站、发电站、集中供气站、城镇净化沼气池情况 208
1990 年各地区沼气综合利用情况 210
1990 年各地区农村优质生活燃料使用情况 211
1990 年各地区省柴节煤炉灶、省柴节煤炕、型煤加工情况 212
1990 年各地区农村风能利用、微型水力和畜力发电、太阳能及农村地热利用情况 213
1990 年各地区农村节能炒茶灶、烤烟房、砖瓦窑设备情况 216
1990 年各地区农村能源生产企业情况 217
1990 年各地区农村能源服务公司（站）情况 219
1991 年各地区农村能源推广机构、人员情况 221
1991 年各地区农村能源科研机构、人员、技术服务及培训情况 223
1991 年各地区农村能源经费投入情况 224
1991 年各地区农村能源使用情况 225
1991 年各地区农村户用沼气池 229
1991 年各地区沼气动力站、发电站、集中供气站、城镇净化沼气池情况 230
1991 年各地区沼气综合利用情况 233
1991 年各地区农村优质生活燃料使用情况 235
1991 年各地区省柴节煤炉灶、省柴节煤炕、型煤加工情况 236
1991 年各地区农村风能利用、微型水力和畜力发电、太阳能及农村地热利用情况 237
1991 年各地区农村节能炒茶灶、烤烟房、砖瓦窑设备情况 240
1991 年各地区农村能源生产企业情况 242
1991 年各地区农村能源服务公司（站）情况 244
1992 年各地区农村能源推广机构、人员情况 246
1992 年各地区农村能源科研机构、人员、技术服务及培训情况 248

1992 年各地区农村能源经费投入情况 249
1992 年各地区农村能源使用情况 250
1992 年各地区农村户用沼气池 254
1992 年各地区沼气动力站、发电站、集中供气站、城镇净化沼气池情况 255
1992 年各地区沼气综合利用情况 258
1992 年各地区农村优质生活燃料使用情况 260
1992 年各地区省柴节煤炉灶、省柴节煤炕、型煤加工情况 261
1992 年各地区农村风能利用、微型水力和畜力发电、太阳能及农村地热利用情况 262
1992 年各地区农村节能炒茶灶、烤烟房、砖瓦窑设备情况 266
1992 年各地区农村能源生产企业情况 268
1992 年各地区农村能源服务公司(站)情况 270
1993 年各地区农村能源推广机构、人员情况 272
1993 年各地区农村能源科研机构、人员、技术服务及培训情况 274
1993 年各地区农村能源经费投入情况 275
1993 年各地区农村能源使用情况 276
1993 年各地区农村户用沼气池 280
1993 年各地区沼气动力站、发电站、集中供气站、城镇沼气净化池情况 281
1993 年各地区沼气综合利用情况 284
1993 年各地区农村优质生活燃料使用情况 286
1993 年各地区省柴节煤炉灶、省柴节煤炕、型煤加工情况 287
1993 年各地区农村风能利用、微型水力和畜力发电、太阳能及农村地热利用情况 288
1993 年各地区农村节能炒茶灶、烤烟房、砖瓦窑设备情况 292
1993 年各地区农村能源生产企业情况 294
1993 年各地区农村能源服务公司(站)情况 296
1994 年各地区农村能源推广机构、人员情况 298
1994 年各地区农村能源科研机构、人员、技术服务及培训情况 300
1994 年各地区农村能源经费投入情况 301
1994 年各地区农村能源使用情况 302
1994 年各地区农村户用沼气池 306
1994 年各地区沼气动力站、发电站、集中供气站、城镇沼气净化池情况 307
1994 年各地区沼气综合利用情况 310
1994 年各地区农村优质生活燃料使用情况 312
1994 年各地区省柴节煤炉灶、省柴节煤炕、型煤加工情况 313
1994 年各地区农村风能利用、微型水力和畜力发电、太阳能及农村地热利用情况 314
1994 年各地区农村节能炒茶灶、烤烟房、砖瓦窑设备情况 318
1994 年各地区农村能源生产企业情况 320
1994 年各地区农村能源服务公司(站)情况 322
1995 年各地区农村能源推广机构、人员情况 324
1995 年各地区农村能源科研机构、人员、技术服务及培训情况 326
1995 年各地区农村能源经费投入情况 327
1995 年各地区农村能源使用情况 328
1995 年各地区农村户用沼气池 332
1995 年各地区沼气动力站、发电站、集中供气站、城镇净化沼气池情况 333
1995 年各地区沼气综合利用情况 336
1995 年各地区农村优质生活燃料使用情况 338
1995 年各地区省柴节煤炉灶、省柴节煤炕、型煤加工情况 339
1995 年各地区农村风能利用、微型水力和畜力发电、太阳能及农村地热利用情况 340
1995 年各地区农村节能炒茶灶、烤烟房、砖瓦窑设备情况 344
1995 年各地区农村能源生产企业情况 346
1995 年各地区农村能源服务公司(站)情况 348
1996 年各地区农村能源行政管理机构情况 350
1996 年各地区农村能源技术推广体系情况 352
1996 年各地区农村能源科研、教育及培训情况 354
1996 年各地区农村能源生产企业情况 355
1996 年各地区农村能源服务企业情况 357
1996 年各地区农村能源经费投入情况 359
1996 年各地区农村能源消费情况 361
1996 年各地区农村户用沼气池 367
1996 年各地区大中型沼气工程情况 368
1996 年各地区城镇生活污水净化沼气池情况 371
1996 年各地区沼气综合利用情况 373
1996 年各地区省柴节煤炉灶、省柴节煤炕、型煤加工情况 375
1996 年各地区风能利用、微型水电、太阳能、农村地热利用情况 376
1996 年各地区农村节能炒茶灶、烤烟房、砖瓦窑设备情况 379
1996 年各地区农村水电基本情况 380
1996 年各地区年末装机拥有量 383
1996 年各地区全年发电量 385
1996 年各地区发电设备年平均利用小时 386
1996 年各地区小型水电站年末装机拥有量 387
1996 年各地区小型水电站全年发电量 389
1996 年各地区年末用电设备拥有量 390
1996 年各地区全年用电量 392
1996 年各地区通电情况 394
1996 年各地区电网由水利系统管理的县经营管理情况 396

文献、法律、法规（1979—1996 年）

国务院批转国家经委　国家科委　国家农委　农业部关于当前农村沼气建设中几个问题的报告
（1979 年 9 月 5 日） 399
国家经委　国家科委　国家农委　农业部关于当前农村沼气建设中几个问题的报告

(1979年6月19日) 399
全国沼气建设领导小组办公室关于转发《全国沼气建设领导小组第一次会议纪要》的通知
(1980年1月18日) 401
全国沼气建设领导小组第一次会议纪要
(1979年11月18日) 401
全国沼气建设领导小组　国务院科技干部局关于对沼气技术干部进行考核评定技术职称的通知
(1981年7月4日) 402
中华人民共和国第五届全国人民代表大会第五次会议对《关于第六个五年计划的报告》的决议（摘选）
(1982年12月10日第五届全国人民代表大会第五次会议通过) 403
农牧渔业部转发《全国沼气技术服务公司经验交流会纪要》的通知
(1983年1月21日) 403
全国沼气技术服务公司经验交流会纪要
(1982年11月27日) 403
国务院办公厅转发国家计划委员会　农牧渔业部关于加快农村改灶节柴工作报告的通知
(1983年2月10日) 405
国家计划委员会　农牧渔业部关于加快农村改灶节柴工作的报告 405
国务院办公厅转发农牧渔业部关于进一步发展沼气的报告的通知
(1984年8月7日) 406
农牧渔业部关于进一步发展沼气的报告
(1984年7月2日) 406
财政部对沼气技术服务公司免征工商税和工商所得税的通知
(1984年9月27日) 408
农牧渔业部关于印发部节能工作办公会议第一次会议纪要的通知
(1985年10月5日) 408
农牧渔业部节能工作办公会议第一次会议纪要 408
国家计委　中国农业银行　农牧渔业部关于积极扶持农村能源发展贷款的通知
(1986年2月27日) 409
国家经济委员会印发《关于加强农村能源建设的意见》的通知 409
关于加强农村能源建设的意见 409
农牧渔业部　国家计委　国家经委　国家科委印发边疆同志在全国农村能源工作会议上的工作报告的通知
(1986年4月31日) 411
坚持改革，搞好农村能源建设，促进农村经济发展
——边疆同志在全国农村能源工作会议上的工作报告（摘要）
(1986年3月12日) 411
中国科协　农牧渔业部　水利电力部　林业部关于颁发《农民技术人员职称评定和晋升试行通则》的通知
(1987年7月29日) 415
农民技术人员职称评定和晋升试行通则 415
农牧渔业部关于《农民技术人员职称评定和晋升试行通则》的补充说明
(1987年9月28日) 416
农业部能源环境保护局　国家计委资源节约和综合利用司　能源部农村能源及电气化司　物资部燃料司关于转发《农村型煤生产座谈会会议纪要》的通知
(1989年1月19日) 417
农村型煤生产座谈会会议纪要
(1988年12月12日) 417
国家计委关于在全国开展100个农村能源综合建设县工作的通知
(1991年8月20日) 418
中国21世纪议程（摘要）
(1994年3月25日国务院第16次常务会议讨论通过) 419
国家计划委员会办公厅　国家科学技术委员会办公厅　国家经济贸易委员会办公厅关于印发《新能源和可再生能源发展纲要》的通知
(1995年1月5日) 419
新能源和可再生能源发展纲要（1996—2010） 419
农业部办公厅关于转发《湖南省人民政府办公厅转发省农村能源领导小组办公室关于加强农村能源建设报告的通知》的通知 423
(1995年8月11日)
湖南省农村能源领导小组办公室关于加强农村能源建设的报告
(1995年5月26日) 424
国家计划委员会　国家经济贸易委员会　国家科学技术委员会　财政部　农业部　林业部　水利部　电力部印发《关于在“九五”期间继续开展农村能源综合建设工作的请示》的通知
(1995年11月24日) 425
国家计划委员会　国家经济贸易委员会　国家科学技术委员会　财政部　农业部　林业部　水利部　电力部关于在“九五”期间继续开展农村能源综合建设工作的请示
(1995年6月16日) 425
关于“九五”期间开展农村能源综合建设项目的实施意见 425
全国农村能源综合建设县项目的工作大纲 426

农业部环保能源司　中国农村能源行业协会关于转发《加强新型燃料技术开发利用管理的建议》的通知
（1996 年 1 月 12 日） 427
中国农村能源行业协会　新型液体燃料及燃具专业委员会加强新型燃料技术开发利用管理的建议
（1996 年 1 月） 428
农业部关于印发“九五”期间乡镇企业环保节能计划的通知
（1996 年 4 月 4 日） 429
“九五”期间乡镇企业环保节能计划 429
农业部关于“九五”期间加快能源—环境工程建设的通知
（1996 年 4 月 18 日） 431

科研成果及质量标准

农村能源重要科技成果 433
获国家科技进步奖项目 435
获农业部科技进步奖项目 435
获部级科技进步奖部分项目 437
农业部农村能源农业环境保护优秀成果奖项目 438
1994 —1995 年水利部农村水电科学技术进步奖获奖项目 440
获省、自治区、直辖市科技进步奖部分项目 442
农村能源行业现行国家标准 442
继续有效项目 442
修订项目 443

信　息　网

农村能源信息网 444

附　　录

全国人口数及构成（年底数） 450
全国自然资源 452
全国一次能源生产总量和构成 453
全国一次能源消费总量和构成 454
全国耕地面积 455
全国灌溉面积、农用化肥施用量、农村水电及用电情况 455
农村居民家庭基本情况 456
农民家庭生活消费支出及构成(平均每人) 457
1995 年各地区乡镇煤矿基本情况 458
1995 年各地区乡镇煤矿产量 460
1996 年我国主要风电场装机容量 461
“八五”全国农村能源综合建设县名单 462
“九五”全国农村能源综合建设县名单 463
“七五”期间建成的第一批 109 个农村水电初级电气化县名单 464
“八五”期间建成的第二批 208 个农村水电初级电气化县名单 464

索　　引

索　　引 466

CONTENTS

Foreword

Rural Energy Construction

Roundup: China's Rural Energy Construction 1
The Course of China's Rural Energy Construction 7
Formation of China's Rural Energy Policies and Laws 9
Financial Input in Rural Energy Construction 12
Management of Rural Energy Construction 14
  Work Experience in Rural Energy Construction 16
Standardization of Rural Energy and Technical Supervision 18
Construction of Rural Energy Industry 19
Scientific and Technological Progress in China's Rural Energy Development 22
Comprehensive Construction of Rural Energy at County Level 23
International Cooperation and Exchange in Rural Energy Development 26

Rural Energy Development and Utilization

China's Rural Energy Resources 28
Zoning of Rural Energy Resources 32
Development and Utilization of Bio-Energy 34
Comprehensive Utilization of Bio-Gas 35
  Rural Energy Ecological Model in Northern China 36
  Bio-Gas Eco-Agricultural Model in Gongcheng, Guangxi 38
  "Zhuzhaoguo" Project Model in Ganzhou Prefecture, Jiangxi 39
Construction of Firewood Forest 40
Construction of Township Mines 42
Rural Electrification 43
  Rural Electrification Undertaking 43
  Small Hydropower Stations 44
Solar Energy Development and Utilization 49
Wind Energy Development and Utilization 52
Geo-Thermal Energy Development and Utilization 53
Tidal Wave Energy Development 55

Rural Energy Conservation

Roundup: Rural Energy Conservation 58
  Energy Conservation in Fisheries 60
  Energy Conservation in Farm Machinery Production 61
  Energy Conservation in Township Enterprises 62
  Energy Conservation in the Land Reclamation Sector 63
Manufacture and Popularization of Energy-Efficient Stoves 63

Rural Energy Construction in Various Places

Rural Energy Construction in Beijing 65
An Overview of Rural Energy Construction in 1996 67
Rural Energy Construction in Tianjin 68
An Overview of Rural Energy Construction in 1996 70
Comprehensive Rural Energy Construction in Southern Tianjin 70
Rural Energy Construction in Hebei Province 71
An Overview of Rural Energy Construction in 1996 74
Development and Utilization of Geo-Thermal Resources 75
Set Up Energy Legal Management System Step by Step 76
Rural Energy Construction in Shanxi Province 77
An Overview of Rural Energy Construction in 1996 79
Rural Energy Construction in Inner Mongolia 80
An Overview of Rural Energy Construction in 1996 81
Developing and Utilizing Wind Energy in a Big Way 81
Rural Energy Construction in Liaoning Province 82
An Overview of Rural Energy Construction in 1996 83
Popularizing Three Rural Energy Technologies to Promote Rural Economic Development 84
Rural Energy Construction in Dalian 85
Rural Energy Construction in Jilin Province 87
An Overview of Rural Energy Construction in 1996 88
Develop and Utilize Bio-Energy and Solar Energy in a Big Way 89
Rural Energy Construction in Heilongjiang Province 90
An Overview of Rural Energy Construction in 1996 93
Conserve Energy in Daily Life 94
Energy Conservation in the Land Reclamation Sector of Heilongjiang Province 95
Rural Energy Construction in Shanghai 96
An Overview of Rural Energy Construction in 1996 98
Bio-Gas Project Construction on the Outskirts of Shanghai 98
Rural Energy Construction in Jiangsu Province 99
An Overview of Rural Energy Construction in 1996 101
Popularize Purified Bio-Gas Projects 102
Rural Energy Construction in Zhejiang Province 103
An Overview of Rural Energy Construction in 1996 104
Large and Medium-Sized Bio-Gas Projects and Quality Energy 104
Rural Energy Construction in Anhui Province 105
An Overview of Rural Energy Construction in 1996 107
Special Rural Energy Project Construction Fruitful 108
Rural Energy Construction in Fujian Province 109
An Overview of Rural Energy Construction in 1996 112
Rural Energy Construction in Jiangxi Province 113
An Overview of Rural Energy Construction in 1996 115
Rural Energy Construction in Shandong Province 116
An Overview of Rural Energy Construction in 1996 119
Rural Energy Construction in Qingdao 120
An Overview of Rural Energy Construction in 1996 122
30-kW Wind-Light Complementary Power Station Completed on the Xiaoguan Island in Jimo 123
Rural Energy Construction in Henan Province 123

An Overview of Rural Energy Construction in 1996 125
Carry out the Construction of Large and Mediumsized Bio-Gas Projects 125
Rural Energy Construction in Hubei Province 126
An Overview of Rural Energy Construction in 1996 129
Rural Energy Construction in Hunan Province 130
An Overview of Rural Energy Construction in 1996 131
Construction of Rural Energy Industry 132
Rural Energy Construction in Guangdong Province 132
An Overview of Rural Energy Construction in 1996 134
Develop Large and Medium-Sized Bio-Gas Projects 134
Rural Energy Construction in the Guangxi Zhuang Autonomous Region 135
An Overview of Rural Energy Construction in 1996 136
Rural Energy Construction in Hainan Province 137
An Overview of Rural Energy Construction in 1996 139
Rural Energy Construction in Chongqing Municipality 140
An Overview of Rural Energy Construction in1996 142
Accelerate construction of Energy-Related Environmental Protection Projects to Promote Sustainable Development of Agriculture 143
Rural Energy Construction in Sichuan Province 143
An Overview of Rural Energy Construction in 1996 146
Construction of Domcstic Sewage purification Bio-Gas Pits 147
Rural Energy Construction in Guizhou Province 148
An Overview of Rural Energy Construction in 1996 149
Actively Popularize Energy-Efficient Tobacco Curing Room 150
Rural Energy Construction in Yunnan Province 150
An Overview of Rural Energy Construction in 1996 152
Outstanding Achievements in Energy Construction in the Eighth Five-Year Plan Period 153
Rural Energy Construction in the Tibet Autonomous Region 154
Rural Energy Construction in Shaanxi Province 156
An Overview of Rural Energy Construction in 1996 157
Rural Energy Construction in Gansu Province 158
An Overview of Rural Energy Construction in 1996 160
Develop Solar Energy in a Big Way 161
Rural Energy Construction in Qinghai Province 162
An Overview of Rural Energy Construction in 1996 163
Rural Energy Construction in the Ningxia Hui Autonomous Region 164
An Overview of Rural Energy Construction in 1996 166
Rural Energy Construction in the Xinjiang Uygur Autonomous Region 166
An Overview of Rural Energy Construction in 1996 168

Major Events

Major Events in Rural Energy Development(1957-1996) 169

Rural Energy Statistics(1973-1996)

Rural Energy Popularization Organizations and Personnel in China,1980-1996 187
Rural Energy Research Organizations,Researchers,Technical Service and Training in China,1980-1996 189
Financial Input in Rural Energy Construction in China,1981-1996 190
Utilization of Rural Energy in China,1991-1996 191
Rural Household Bio-Gas Pits in China,1973-1996 193

Centralized Bio-Gas Supply Stations and Urban Purified Bio-Gas Pits in China, 1986-1996 194
Comprehensive Utilization of Bio-Gas in China, 1990-1996 195
Use of Rural Quality Domestic Fuel in China, 1986-1996 196
Energy-Efficient Stoves, Energy-Efficient Break Beds and Shaped Coal Processing in China, 1984-1996 196
Utilization of Wind Energy, Mini-Hydropower Stations, Solar Energy and Rural Geo-Thermal Resources in China, 1984-1996 197
Development of Small Hydropower Stations in China, 1973-1996 200
Energy Conservation Equipment in Rural Production in China, 1989-1996 201
Rural Energy Production Enterprises in China, 1988-1996 202
Rural Energy Service Companies (Stations) in China, 1988-1996 203
Rural Energy Popularization Organizations and Personnel in China, 1990 204
Rural energy Research Organizations, Researchers, Technical Service and Training in China, 1990 205
Financial Input in Rural Energy Construction in China, 1990 206
Rural Household Bio-Gas Pits in China, 1990 207
Centralized Bio-Gas Powerhouses, Electricity Generation Stations, Centralized Heat Supply Stations and Urban Purified Bio-Gas Pits in China, 1990 208
Comprehensive Utilization of Bio-Gas in China, 1990 210
Use of Rural Quality Domestic Fuel in China, 1990 211
Energy-Efficient Stoves, Energy-Efficient Brick Beds and Shaped Coal Processing in China, 1990 212
Utilization of Wind Energy, Mini-Hydropower Stations and Animal-Driven Power Stations, Solar Energy and Rural Geo-Thermal Resources in China, 1990 213
Energy-Saving Equipment in Rural Production in China, 1990 216
Rural Energy Production Enterprises in China, 1990 217
Rural Energy Service Companies (Stations) in China, 1990 219
Rural Energy Popularization Organizations and Personnel in China, 1991 221
Rural energy Research Organizations, Researchers, Technical Service and Training in China, 1991 223
Financial Input in Rural Energy Construction in China, 1991 224
Utilization of Rural Energy in China, 1991 225
Rural Household Bio-Gas Pits in China, 1991 229
Centralized Bio-Gas Powerhouses, Electricity Generation Stations, Centralized Supply Stations and Urban Purified Bio-Gas Pits in China, 1991 230
Comprehensive Utilization of Bio-Gas in China, 1991 233
Use of Rural Quality Domestic Fuel in China, 1991 235
Energy-Efficient Stoves, Energy-Efficient Brick Beds and Shaped Coal Processing in China, 1991 236
Utilization of Wind Energy, Mini-Hydropower Stations and Animal-Driven Power Stations, Solar Energy and Rural Geo-Thermal Resources in China, 1991 237
Energy Conservation Equipment in Rural Production in China, 1991 240
Rural Energy Production Enterprises in China, 1991 242
Rural Energy Service Companies (Stations) in China, 1991 244
Rural Energy Popularization Organizations and Personnel in China, 1992 246
Rural energy Research Organizations, Researchers, Technical Service and Training

in China, 1992 248
Financial Input in Rural Energy Construction in China, 1992 249
Utilization of Rural Energy in China, 1992 250
Rural Household Bio-Gas Pits in China, 1992 254
Centralized Bio-Gas Powerhouses, Electricity Generation Stations, Centralized Heat Supply Stations and Urban Purified Bio-Gas Pits in China, 1992 255
Comprehensive Utilization of Bio-Gas in China, 1992 258
Use of Rural Quality Domestic Fuel in China, 1992 260
Energy-Efficient Stoves, Energy-Efficient Brick Beds and Shaped Coal Processing in China, 1992 261
Utilization of Wind Energy, Mini-Hydropower Stations and Animal-Driven Power Stations, Solar Energy and Rural Geo-Thermal Resources in China, 1992 262
Energy Conservation Equipment in Rural Production in China, 1992 266
Rural Energy Production Enterprises in China, 1992 268
Rural Energy Service Companies (Stations) in China, 1992 270
Rural Energy Popularization Organizations and Personnel in China, 1993 272
Rural energy Research Organizations, Researchers, Technical Service and Training in China, 1993 274
Financial Input in Rural Energy Construction in China, 1993 275
Utilization of Rural Energy in China, 1993 276
Rural Household Bio-Gas Pits in China, 1993 280
Centralized Bio-Gas Powerhouses, Electricity Generation Stations, Centralized Heat Supply Stations and Urban Purified Bio-Gas Pits in China, 1993 281
Comprehensive Utilization of Bio-Gas in China, 1993 284
Use of Rural Quality Domestic Fuel in China, 1993 286
Energy-Efficient Stoves, Energy-Efficient Brick Beds and Shaped Coal Processing in China, 1993 287
Utilization of Wind Energy, Mini-Hydropower Stations and Animal-Driven Power Stations, Solar Energy and Rural Geo-Thermal Resources in China, 1993 288
Energy-Saving Equipment in Rural Production in China, 1993 292
Rural Energy Production Enterprises in China, 1993 294
Rural Energy Service Companies (Stations) in China, 1993 296
Rural Energy Popularization Organizations and Personnel in China, 1994 298
Rural energy Research Organizations, Researchers, Technical Service and Training in China, 1994 300
Financial Input in Rural Energy Construction in China, 1994 301
Utilization of Rural Energy in China, 1994 302
Rural Household Bio-Gas Pits in China, 1994 306
Centralized Bio-Gas Powerhouses, Electricity Generation Stations, Centralized Heat Supply Stations and Urban Purified Bio-Gas Pits in China, 1994 307
Comprehensive Utilization of Bio-Gas in China, 1994 310
Use of Rural Quality Domestic Fuel in China, 1994 312
Energy-Efficient Stoves, Energy-Efficient Brick Beds and Shaped Coal Processing in China, 1994 313
Utilization of Wind Energy, Mini-Hydropower Stations and Animal-Driven Power Stations, Solar Energy and Rural Geo-Thermal Resources in China, 1994 314
Energy Conservation Equipment in Rural Production in China, 1994 318

Rural Energy Production Enterprises in China, 1994 320
Rural Energy Service Companies (Stations) in China, 1994 322
Rural Energy Popularization Organizations and Personnel in China, 1995 324
Rural Energy Research Organizations, Researchers, Technical Service and Training in China, 1995 326
Financial Input in Rural Energy Construction in China, 1995 327
Utilization of Rural Energy in China, 1995 328
Rural Household Bio-Gas Pits in China, 1995 332
Centralized Bio-Gas Powerhouses, Electricity Generation Stations, Centralized Heat Supply Stations and Urban Purified Bio-Gas Pits in China, 1995 333
Comprehensive Utilization of Bio-Gas in China, 1995 336
Use of Rural Quality Domestic Fuel in China, 1995 338
Energy-Efficient Stoves, Energy-Efficient Brick Beds and Shaped Coal Processing in China, 1995 339
Utilization of Wind Energy, Mini-Hydropower Stations and Animal-Driven Power Stations, Solar Energy and Rural Geo-Thermal Resources in China, 1995 340
Energy Conservation Equipment in Rural Production in China, 1995 344
Rural Energy Production Enterprises in China, 1995 346
Rural Energy Service Companies (Stations) in China, 1995 348
Rural Energy Administrative Organizations in 1996 350
Rural Energy Technical Extension Systems in Various Places in China, 1996 352
Rural Energy Research, Education and Training in China, 1996 354
Rural Energy Production Enterprises in China, 1996 355
Rural Energy Service Companies in China, 1996 357
Financial Input in Rural Energy Construction in China, 1996 359
Rural Energy Consumption in China, 1996 361
Rural Household Bio-Gas Pits in China, 1996 367
Large and Complete Bio-Gas Projects in Various Places in China, 1996 368
Urban Domestic Sewage Purification Bio-Gas Pits in China, 1996 371
Comprehensive Utilization of Bio-Gas in China, 1996 373
Energy-Efficient Stoves, Energy-Efficient Brick Beds and Shaped Coal Processing in China, 1996 375
Utilization of Wind Energy, Mini-Hydropower Stations, Solar Energy and Rural Geo-Thermal Resources in China, 1996 376
Energy Conservation Equipment in Rural Production in China, 1996 379
Rural Hydropower Projects in Various Places in China, 1996 380
Year-End Power Installation Capacity in China, 1996 383
Annual Power Output by Region in 1996 385
Average Utilization Hours of Power Generating Equipment by Region, 1996 386
Installation Capacity of Small Power Stations at the End of 1996 387
Total Power Generation by Small Hydropower Stations in China, 1996 389
Power Generating Equipment in Various Places in China in 1996 390
Power Consumption in Various Places in China, 1996 392
Electricity Access in Various Places in China, 1996 394
Operation of County Power Grids under the Administration of the Water Resources System in 1996 396

Documents, Laws, Government Decrees(1979-1996)

Report on the Problems in Rural Bio-Gas Project Construction by the State Economic Commission, the State Science and Technology Commission, the State Agricultural Commission and the Ministry of Agriculture with the approval of the State Council(September 5, 1979) 399

Report on the Problems in Rural Bio-Gas Project Construction by the State Economic Commission, the State Science and Technology Commission, the State Agricultural Commission and the Ministry of Agriculture(June 19, 1979) 399

Circular Issued by the Office of the National Leading Group for Bio-Gas Project Construction on the Transmitting of the "Minutes of the First Meeting of the National Leading Group for Bio-Gas Project Construction"(January 18, 1980) 401

Minutes of the First Meeting of the National Leading Group for Bio-Gas Project Construction (November 18, 1979) 401

Circular Issued by the National Leading Group for Bio-Gas Project Construction and the Science and Technology Cadres Bureau of the State Council on Carrying out Examination and Assessment and Granting Technical Titles on Technicians in Bio-Gas Construction(July 4, 1981) 402

Resolution on the "Report on the Sixth Five-Year Plan" Adopted at the Fifth Session of the Fifth National People's Congress of the People's Republic of China(excerpts) (Adopted at the Fifth Session of the Fifth National People's Congress on December 10, 1982) 403

Circular Issued by the Ministry of Agriculture, Animal Husbandry and Fisheries on the Transmitting of the "Minutes of Meeting on Exchange of Experience Among National Bio-Gas Technical Service Companies" (January 21, 1983) 403

Minutes of Meeting on Exchange of Experience Among National Bio-Gas Technical Service Companies (November 27, 1982) 403

Circular Issued by the General Office of the State Council on the Transmitting of the Report by the State Planning Commission and the Ministry of Agriculture, Animal Husbandry and Fisheries on Accelerating the Pace of Rebuilding Stoves to Save Energy in Rural Areas (February 10, 1983) 405

Report on Accelerating the Rebuilding of Fuel-Saving Stoves by the State Planning Commission and the Ministry of Agriculture, Animal Husbandry and Fisheries. 405

Circular Issued by the General Office of the State Council on the Transmitting of the Report by the Ministry of Agriculture, Animal Husbandry and Fisheries on Further Developing Bio-Gas (August 7, 1984) 406

Report by the Ministry of Agriculture, Animal Husbandry and Fisheries on Further Developing Bio-Gas (July 2, 1984) 406

Circular Issued by the Ministry of Finance on the Exemption of Industrial and Commercial tax and Industrial and Commercial Income Tax for Bio-Gas Technical Service Companies (September 27, 1984) 408

Circular Issued by the Ministry of Agriculture, Animal Husbandry and Fisheries on the Issuing of the Minutes of the First Meeting of the National Energy Conservation Office (October 5, 1985) 408

Minutes of the First Meeting of the National Energy Conservation Office 408

Circular Issued by the State Planning Commission, the Agricultural Bank of China and the Ministry of Agriculture, Animal Husbandry and Fisheries on Actively Providing Loans to Rural Energy Development Projects (February 27, 1986) 409

Circular Issued by the State Economic Commission on the Issuing of the

"Proposals on Strengthening Rural Energy Construction" 409
Proposals on Strengthening Rural Energy Construction 409
Circular Issued by the Ministry of Agriculture, Animal Husbandry and Fisheries, the State Planning Commission, the State Science and Technology Commission and the State Economic Commission on the Issuing of the Report by Comrade Bian Jiang to the National Rural Energy Work Conference (April 31, 1986) 411
Persist in reform and Do Well in Rural Energy Construction to Stimulate the Rural Economic Development-Work Report by Comrade Bian Jiang to the National Rural Energy Work Conference (March 21, 1986) 411
Circular Issued by the China Association of Science and Technology, the Ministry of Agriculture, Animal Husbandry and Fisheries, the Ministry of Water Resources and Power and the Ministry of Forestry on the Issuing of the "General Rules (for trial implementation) for Granting Technical Titles to Farmer-Turned Technicians and Their Promotion" (July 29, 1987) 415
General Rules (for trial implementation) for Granting Technical Titles to Farmer-Turned Technicians and their Promotion 415
Supplementary Remarks by the Ministry of Agriculture, Animal Husbandry and Fisheries on the General Rules (for trial implementation) for Granting Technical Titles to Farmer-Turned Technicians and their Promotion (September 28, 1987) 416
Circular Issued by the Energy and Environmental Protection Department of the Ministry of Agriculture, Animal Husbandry and Fisheries, the Resources Conservation and Comprehensive Utilization Department of the State Planning Commission, the Rural Energy and Electrification Department and the Fuel Department of the Ministry of Materials on the Issuing of "Minutes of Rural Shaped-Coal Production Forum" (January 19, 1989) 417
Minutes of Rural Shaped-Coal Production Forum (December 12, 1988) 417
Circular on Building 100 Rural Energy Comprehensive Construction Counties in the Country Issued by the Stat Planning Commission (August 20, 1991) 418
China Agenda in 21st Century (Adopted at the 16th Executive Meeting of the State Council on March 25, 1994) 419
Circular Issued by the General Office of the State Planning Commission, the General Office of the State Science and Technology Commission and the General Office of the State Economic and Trade Commission on the Issuing of "Program for the Development of New Sources of Energy and Renewable Energy" (January 5, 1995) 419
Program for the Development of New Sources of Energy and Renewable Energy (1996-2010) 419
Circular Issued by the General Office of the Ministry of Agriculture on the Transmitting of the "Circular of the General Office of the People's Government of Hunan Province on the Transmitting of the Report on Strengthening Rural Energy Construction by the Office of the Provincial Leading Group for Rural Energy (August 11, 1995) 423
Report on Strengthening Rural Energy Construction by the Office of the Provincial Leading Group for Rural Energy (May 26, 1995) 424
Circular on the "Request for Approval of the Work of Continuing the Rural Energy Construction during the Ninth Five-Year Plan Period" issued by the State Planning Commission, the State Economic and Trade Commission, the State Science and Technology Commission, the Ministry of Finance, the Ministry of Agriculture, the Ministry of Forest, the Ministry of Water Resources and the Ministry of Electric Power (November 24, 1995) 425

"Request for Approval of the Work of Continuing the Rural Energy Construction during the Ninth Five-Year Plan Period" by the State Planning Commission, the State Economic and Trade Commission, the State Science and Technology Commission, the Ministry of Finance, the Ministry of Agriculture, the Ministry of Forest, the Ministry of Water Resources and the Ministry of Electric Power (June 16, 1995) 425
Proposals for the Execution of the Comprehensive Rural Energy Construction Projects during the Ninth Five-Year Plan Period 425
Program of Action on the National Comprehensive Rural Energy Construction Projects 426
Circular Issued by the Environmental Protection and Energy Resources Department of the Ministry of Agriculture and the China Rural energy Industrial Association on the Transmitting of the "Proposals for Strengthening the Management on the Technical Development and Utilization of New Types of Fuel" (January 12, 1996) 427
Proposals for Strengthening the Management on the Technical Development and Utilization of New Types of Fuel (January 1996) 428
Circular Issued by the Ministry of Agriculture on the Issuing of the Program of Environmental Protection and Energy Conservation for Township Enterprises during the Ninth Five-Year Plan Period (April 4, 1996) 429
Program of Environmental Protection and Energy Conservation for Township Enterprises during the Ninth Five-Year Plan Period 429
Circular Issued by the Ministry of Agriculture on Accelerating the Pace of Energy-Related Environmental Protection Projects during the Ninth Five-Year Plan Period (April 18, 1996) 431

Research Achievements and Quality Standards

Major Research Achievements in Rural Energy 433
Projects Winning State Technological Progress Awards 435
Projects Winning Technological Progress Awards Conferred by the Ministry of Agriculture 435
Part of the Projects Winning Ministerial Technological Progress Awards 437
Projects Winning Awards for Outstanding Achievements in Rural Energy and Agricultural Environmental Protection Granted by the Ministry of Agriculture 438
Projects Winning Rural Hydropower Technical Progress Awards 1994-1995 Granted by the Ministry of Water Resources 440
Part of the Prize-Winning Projects at the Provincial, Autonomous Regional and Municipal Level 442
Current State Standards for Rural Energy Industry 442
Items continuing to be valid 442
Items to be revised 443

Information Network

Rural Energy Information Network 444

Appendix

National Population and Composition (year-end figure) 450
Natural Resources of China 452
Total Output and Makeup of Primary Energy in China 453
Total Consumption and Makeup of Primary Energy in China 454
Cultivated Land in China 455
Irrigated Area, Amount of Farm Fertilizer Applied, Rural Hydropower and Power

Consumption 455
Basic Conditions of Rural Households 456
Living Expenses and Makeup of Farmer Families (Per Capita) 457
Basic Conditions of Coal Mines Operated by Township Enterprises in Various Places in 1995 458
Output of Township-Run Coal Mines in 1995 460
Installation Capacity of major Wind Power fields in 1996 461
List of Counties for Comprehensive Rural Energy Construction during the Ninth Five-Year Plan Period 462
List of Counties for Comprehensive Rural Energy Construction during the Ninth Five-Year Plan Period 463
List of the First Batch of 109 Counties Realizing Rural Electrification during the Seventh Five-Year Plan Period 464
List of the Second Batch of 208 Counties Realizing Rural Electrification during the Ninth Five-Year Plan Period 464

Index

Index 466

农村能源建设概况

中国农村能源建设综述

一、中国农村能源形势

中国地域辽阔，资源丰富，人口众多，然而人均资源量远低于世界平均水平，尤其是能源资源人均占有量还不足世界人均水平的一半，而且能源是以燃煤为主，占一次能源消费总量的75%，因此能源长期是中国经济发展和环境改善的制约因素之一。特别是在农村，作为世界上最大的发展中国家，在12亿居民中约有80%生活在广大农村地区，由于商品能源供应不足，农村居民生活用能相当一部分仍靠传统生物质资源。目前，中国依靠占世界7%的耕地改善着占世界22%人口的食物供应，还需继续投入数以千万吨的能源以实现农业现代化，为持续增长的人口和农村经济发展提供足够的农产品，能源的供应和消费长期作为一个问题存在。当前农村经济发展正进入一个新时期，面临从计划经济向市场经济转变，增长方式由粗放型向集约化转变，作为农村经济物质基础的能源供应和消费也在呈现新的变化。

（一）农村能源供需矛盾初步缓解，但离小康水平的能源需求尚有差距　中国农村长期处于能源短缺状态，经济落后，改革开放以来，经济形势发生了很大的变化，在经济体制转轨过程中，从两个方面促进了能源供应量的增加和资源合理配置。一是改革开放，发展经济，鼓励多种经济成分并存，因而调动了地方能源建设的积极性，尤其是小煤矿、小水电等开发利用加强，增加了能源供给；二是实行市场经济，初步打破了部门，条块分割，逐步放开了农村能源市场，促进资源合理分配。这种形势使农村地区能源，主要是商品能源供应增加，从而对农村用能紧张状态的缓解起了重要作用。

然而，我国农村居民超过8亿，占世界农村人口的27%，如此大量、分散、平均收入偏低的人口，给能源供应带来了巨大的压力。在现代社会中，维持最低限度的温饱，每人每年仍需0.6吨标准煤的能源。目前全国农村人均能耗为0.7吨标准煤，所以仍属于温饱水平；据研究，小康水平的人均能耗至少需要1.6吨标准煤，因此，两者差距甚远。

（二）农村商品能源消费量剧增，但供应量仍不足　农村能源消费总量1979年约为3亿吨标准煤，1996年上升到6.5亿吨标准煤，翻了一番多；其中商品能源消费量在短短的十几年中增加了3倍。以“八五”计划为例，农村能源消费总量1995年比1990年增长20%，年均增长3.8%；其中商品能源消费量，增长约38%，年均增长6.6%。

商品能源剧增的原因是生产用能快速增加，目前生产用能总量已超过3亿吨标准煤。农业生产现代化要求提供更多的农机、化肥、农药以及排灌设备，而这些生产资料都是高耗能的。1996年，全国农机总动力达3.86亿千瓦，灌溉面积5 474.5万公顷。化肥施用量约3 828万吨，而生产每吨化肥综合能耗约为3吨标准煤；生产1吨农药所消费的能源为7～8吨标准煤，全国农药使用量已超过100万吨。目前，部分地区某些作物单位面积直接和间接投入的能源已接近发达国家的水平。与此同时，异军突起的乡镇企业已成为中国农村能源经济的支柱和国民经济的重要组成部分，然而乡镇工业也成为农村的耗能大户，90年代中期消费能源2.8亿吨标准煤，已相当于70年代整个农村地区的能源消费量，现约占全国商品能源总消费量的1/4。

然而，商品能源供应量严重不足，以致生物质能仍占农村能源消费总量的1/3。而在一些地区，由于商品能源供应不足，已影响农业生产和农村经济发展以及农民生活水平提高。

（三）农村居民生活用能仍要依靠柴草，但正向优质化发展　在我国广大农村地区，至今仍有近70%的生活燃料依靠传统生物质能，虽然其占能源总量的比例已呈下降趋势，但1996年消费量仍达2亿多吨标准煤，其中秸秆1.2亿吨标准煤，薪材0.8亿吨标准煤，约占世界生物质燃料总消费量的30%，是世界上消费生物质能最多的国家。

随着经济的发展，农民生活水平不断提高，对高品位能源的需求也逐步增加。90年代中期，农村居民在炊事、取暖、家用电器等生活用能方面消费了约1亿吨标准煤的商品性优质能源，相当于80年代初全国农村地区商品能源消费总量。据统计，目前已有约5 000万户农村居民使用电炊、液化石油气、天然气、沼气等优质能源作为主要或部分生活用能。全国乡、村、户通电率1996年分别达98.6%，96.7%，94.7%。家用电器日益普及，如电视机的万户占有率已大到75%，农村用电量约为1 700亿千瓦时，在经济发达很快的沿海省市农村居民生活用能基本上已城市化。

（四）农村仍面临严峻的环境压力，一些地区有待治理　农村地区因用能而影响环境的因素主要来自两方面，即燃煤和烧柴。小煤矿目前生产煤炭共约6亿吨，绝大部分作为当地和附近的乡镇企业生产和居民生活用能，这些煤炭一般没有经过处理，燃用时排放大量温室气体和污染物。如乡镇企业的二氧化碳排放量占全国的1/5以上，硫的排放量也很高，尤其乡镇企业大部分采用落后的生产工艺和设备，高耗能行业的单位产品能耗远高于大型企业，加重了对环境的污染。

生物质能是农村的传统燃料，目前虽然从消费总量来说，已不构成全国性的生态影响，但在相当一部分地区，大量秸秆仍被燃用，不能还田，导致土壤有机质含量减少，地力下降。薪材消费超过合理采伐量，造成大面积植被破坏，加剧水土流失。致使这些地区农业生产上不去，不能摆脱贫困。由于柴草可就近获得，不用花钱，居民仍通常用来取暖和作家庭辅助能源，易使室内污染，损害人体健康。此外，农村生产、生活用能的低效高耗现象仍较严重，既浪费能源，也是造成环境压力的原因之一，亟待改进。

二、农村能源建设概述

中国农村能源建设，指农村地区各种能源资源的开发利用以及商品能源的供应、消费和节约等，具有不同于其他国家的特点，它一开始就将能源供应与生态环境保护紧密结合在一起，并随着建设的进展，逐步纳入国家可持续发展战略之中。进行农村能源建设，既可适应农村经济的高速增长，增加能源供应量，同时又能合理利用资源，保护环境，实现可持续发展。

新中国成立后，政府注意到了农村能源问题，号召开发小煤矿，研究和推广沼气技术，采取措施解决农村烧柴问题，发展农村电网和小水电等。80年代初期，国家有关部委广泛进行了农村能源问题的讨论，开展有关对策研究，并制定了一系列方针政策。1983年我国“六五”国民经济发展计划，明确了农村能源“因地制宜，多能互补，综合利用，讲究效益”建设方针，同时执行国家的“能源节约与能源开发并举，把能源节约放在首位”的方针；并将农村省柴节煤炉灶、沼气池、小水电和薪炭林作为国家指导性计划下达，农村能源建设首次正式列入国民经济计划，中央和地方各级财政部门相应安排了农村能源事业费。从此，农村能源建设在全国展开，各项农村能源技术较大规模地推广应用。为了适应农村经济的全面发展和促进农村生态环境的良性循环，国家有关部门在各项技术推广的基础上，还开展了以县为单元的能源综合建设，将商品能源节约和合理利用与多种能源资源的开发利用作为一个整体，取得了能源、经济、社会、环境的综合效益。“八五”以来，国家计委、经贸委、科委，农业、林业、水利、电力、财政等八个部委联合在全国300多个县开展了农村能源综合建设，成就卓著。

各级地方政府和有关部门先后建立了相应的管理、科研和推广机构，采取各种方式推进农村能源工作，开展了以小水电供电为主的初级电气化县，薪炭林营造试点县，沼气重点县、省柴节煤灶试点县等示范和推广。农村能源建设从小到大，思路不断开拓。从单纯解决生活用能发展到包括生产用能的供应与节约；农村能源设备和装置的生产，从简单的手工操作转向产品的工厂化生产和商品化供应及社会化服务，并逐步产业化。农村能源建设在增加能源数量，提高用能水平的同时，以其特有的综合利用效益，在农业和农村经济以及环境保护和扶贫等方面，越来越显示强大的生命力，初步走出了一条具有中国特色的农村能源建设之路。

三、农村能源建设成就

近20年来，在政府的推动下，经过多方面努力，农村能源建设取得了巨大成就，科学研究、技术开发和推广应用全面开花，管理体系和基础建设日益完善：

（一）农村节能工作成效显著　节能是国家发展经济的一项长远战略方针，也是农村能源建设的一项重要任务。节能是指加强用能管理，采取技术上可行、经济上合理以及环境和社会可以承受的措施，减少从能源生产到消费各个环节中的损失和浪费，更加有效、合理地利用能源资源。

从1983年起，全国大规模推广省柴节煤技术，取得了举世瞩目的成效。传统旧式烧柴灶技术工艺落后，热效率在10%以下，燃煤炉灶只在18%左右，新型炉灶大大提高热效率，柴灶达到20%～30%，煤灶30%～40%，因此平均每台节能炉灶可节约燃料40%～50%，同时具有使用方便、卫生、安全等特点。到1996年底，全国已有1.77亿户使用省柴节煤炉灶，占总农户数的76%，现在城镇不少地区也都采用新型节能炉灶。农村地区型煤加工点达1.3万个，年加工能力5 000万吨。利用煤矸石加工成型煤有578个点，年加工量303万吨。目前省柴节煤炕已推广0.17亿铺；既节约能源又使用方便，取暖效果好。上述省柴节煤技术的推广，已形成年节能能力3 000多万吨标准煤。

在炒茶、烤烟和砖瓦行业，现在广泛采用节能烤烟房、节能炒茶灶、节能砖瓦窑、节能大灶（粉坊、豆腐房、油房、饮食业等）技术和装置，开展农村生产节能工作不但节约了能源，降低了成本，还提高了加工产品的质量。使用商品化节能型炒茶灶可节约1/4～1/3燃料，节能型烤烟房可较传统工艺节约40%能耗，且烟叶质量提高0.5～0.1个等级。目前推广节能炒茶灶22.4万个，年加工量28.8万吨；推广节能烤烟房184.7万座，年加工量519万吨，现有节能砖瓦窑5.4万座，年生产量975亿块，三者年节能量200万吨标准煤。

农业系统的农业、农垦、农机、畜牧、渔业、乡镇企业等部门都在本行业开展节能工作，降低单位产值能耗和单位产品能耗，逐步提高能源利用效率，促进行业经济向节能型发展。“八五”期间乡镇工业增加值由2 010亿元增加到8 260亿元，增长了3倍，乡镇工业的能源消耗由1990年的1.5亿吨标煤增加到1995年的3.7亿吨标煤，年均增长19.7%。由于采取有效的节能措施，万元工业增加值的综合能耗由7.46吨标煤下降到4.48吨标煤，年均降低9.7%。主要产品单耗也明显下降，如万块砖平均能耗从1.05吨标准煤下降到0.85吨标准煤，单耗下降19%，吨水泥平均综合能耗从0.188吨标准煤下降到0.158吨标准煤，单耗下降16%。

（二）农村电气化工作进展迅速　中国农村电气化事业，经过40多年建设，已初具规模。1996年乡和村通电率分别达到98.60%和96.72%，户通电率94.67%。1995年全国县及县以下用电量3 779亿千瓦时，占全国总用电量的38.2%。农村电源作为大电网供电电源的补充正持续发展，年供电量占县及县以下总用电量的22.8%，其构成是小水电（装机1 920万千瓦，发电量730亿千瓦时）、小火电（989万千瓦，450亿千瓦时）、柴油发电机（837万千瓦，73亿千瓦时）、可再生能源和新能源（8万千瓦，1亿千瓦时）；形成了以大电网为主和农村小水电、小火电为辅及可再生能源多能互补的农村电源格局。全国已形成以35～110千伏为主的相当规模的农村电网，形成了部、网、省、地、县、乡六级农电管理机构，为农村电气化事业的发展提供了有效的保障。近年农村用电水平不断提高，人均年用电量由1987年的165千瓦时提高到1995年的351千瓦时，增长1.13倍。目前全国大约还有7 000万农村人口未用上电。

（三）积极开发利用可再生能源和新能源　可再生能源和新能源的概念是1981年在联合国的有关会议上确定的，即可再生的和新的能源资源采用新技术和新材料加以开发利用。由于常规化石能源资源有限和对环境有污染性，清洁的可再生能源被认为是当前的补充能源或替代能源，并将是可持续发展的未来能源家族的重要一员。中国目前开发利用可再生能源和新能源资源相当于3亿吨标准煤。

1. 生物质能开发利用。在中国农村地区，直接作为燃料的农作物秸秆达2.8亿吨，是秸秆总量的近半数；以及薪材1.7亿吨，二者相当于供给2亿多吨标准煤，高居世界首位。

（1）沼气。中国农家利用农牧和生活有机废弃物建小型户用沼气池已有数十年历史，沼气等产物主要用于炊事、照明、农业生产等。农村地区使用沼气的用户到1996年已达602万户，年户均产气量314.5立方米，总产气量16.3亿立方米，目前推广规模居世界首位；沼气技术在发展中国家处于先进水平。

全国大中型沼气工程已有近600处，总池容34万立方米，年产气量1亿多立方米，供气10万户；发电量583.4万千瓦时，处理有机废弃物4 016万吨。城镇生活污水净化沼气池近年发展快速，全国已有5.2万个，池容量181万立方米，年处理量1.6亿吨。沼气综合利用广泛开展，如推广沼液浸种面积达116万公顷使粮食增产；还利用沼液喂猪、养鱼，沼渣种菇，沼气储粮，水果保鲜，还提供大量优质有机肥料。

（2）气化、固化。随着农村居民生活水平的提高，将低品位的生物质能转换成高品位能源已提上日程，目前生物质气化技术正日趋成熟，已研制出多种型式的热解气化炉，将各类生物质转换成气体燃料。不少气化设备已在木材加工、农副产品烘干、居民集中供气和发电等方面投入使用。如山东省桓台县陈庄镇东潘村的秸秆气化工程，每小时产气120立方米，秸秆气化率70%，输出气体燃料热值5 020.8～6 276千焦，每天户均供气3～5立方米，年产可燃气18万立方米，通过管道供应97家农户，年消化秸秆90吨，占全村剩余秸秆量的45%。

生物质固化成型技术是将玉米秸秆、稻谷、木屑等农村废弃物压制成燃料块、棒，接近中质煤，可替代煤作生活或工业燃料。现在河北正定、陕西武功、河南巩义等都可以批量生产作物秸秆压缩成型机；秸秆成型、炭化设备，每套年处理900吨作物秸秆，产出300吨炭和15吨焦油，生产成本较低。

（3）薪炭林。近十几年来，全国营造薪炭林480万公顷左右，使我国薪炭林总面积达到562万公顷，加上其他可合理采集的薪柴，年薪柴采集量约1亿吨标准煤。薪炭林已成为我国森林的五大林种之一，它以生产燃料为主要营林目的，有计划地发展薪炭林是扩大我国薪材资源的主要途径，是农村能源建设的重要内容。10多年来，培育出适合不同地区的优质高产薪材树种，突破传统栽培经营方式，改用密植和超短轮伐方式，生物质产量比传统的树种提高2～3倍。

2. 水能开发利用。中国农村地区主要开发利用的是小水电和微水电，其开发利用的规模居世界首位。中国可开发的小水电资源（装机25千瓦级以下的电站）有1.3亿千瓦，年可发电4 680亿千瓦时。目前小水电发展到6 000多座，总装机容量1 920万千瓦，发电730亿千瓦时。全国有780个县（占总县数36%）主要靠小水电供电。目前全国有40个农村水电地区电网，高压输电线路75万公里，配变电设备2 000万千伏安。小水电资源主要集中在边远山区，且大多是大电网难以达到的地区；因此，小水电建设对农村电气化有很大推动作用。

微水电，即小于10千瓦的水电站，近年发展很快，1996年共有8.2万台，装机16.4万千瓦，年发电量1.96亿千瓦时，为82万户远离电网的山区居民供电。

3. 太阳能开发利用。中国是太阳能丰富的国家，全国有2/3以上的地区年日照在2 000小时以上，年均辐射量约为5.9×10^6千焦/平方米。目前中国太阳能热利用规模为世界之最。1996年太阳能热水器524.4万平方米，全国太阳能热水器厂有400多家，总产值超过10亿元，年产热水器近90万平方米。产品种类繁多，有塑料型、铜铝复合型、真空管和热管型等，主要提供生活用热水，也有为生产提供热的。平板式和真空管式热水器质量达到国际先进水平，而且价优于国外。

全国简易太阳房面积455.5万平方米，设计合理，选型多样，节能明显，因此发展迅速，尤其在一些寒冷地区的中小学教室普遍采用，在冬冷夏热的不采暖地区正在逐步推广。

全国太阳灶推广数量19.5万台，居世界首位；西北地区应用较多，主要在西藏、甘肃等地。

中国农业生产推广太阳能温室7.2亿平方米，太阳能暖圈168.8万个，塑料大棚38.7万公顷和地膜覆盖面积超过600万公顷。现不仅已在种植业广为应用，在水产养殖、禽畜饲养等方面的应用也不断扩大，其利用规模现居世界首位。

在光电利用方面，太阳能光伏电池达到12.6万峰瓦，目前主要生产单晶硅电池，有少量非晶硅电池。推广应用最多的是光伏小系统，主要为户用，也用于电视差转和通讯方面。已建成的最大光伏电站在西藏，容量是25千瓦；并在西藏无电地区建了几座供县城使用的小型光伏电站，发挥良好作用。

4. 风能开发利用。中国可利用风能资源约2.5亿千瓦，主要分布在沿海和北部两大风带。风能开发利用的主要方式是发电，中国制定的技术线路是先行开发微型和小型风力机，在此基础上逐步发展中、大型机组。目前，全国已推广户用微型和小型百瓦级风力发电机近16万台，装机2.3万千瓦，主要分布在边远牧区、山区和海岛等；其推广利用规模居世界首位。现正研制千瓦风力发电机组，同时通过国际合作，从国外引进一批中大型风力发电机，并建成联网运行电场16座，装机237台，总容量6万千瓦。目前国内最大规模的新疆达坂城风电场有33台机组，装机容量1万千瓦。此外，全国还有风力提水机1 100台，排灌面积2 658.7公顷。

5. 地热能开发利用。中国高温热储主要分布在西南和华南，中、低温地热遍及全国各地，仅自然露头就有3 000多处。高温地热多用来发电，全国地热装机有3.21万千瓦。西藏羊八井地热电站装机2.5万千瓦，年发电量1亿～1.1亿千瓦小时，占拉萨电网的50%左右。中、低温热水多直接利用于生活、农业等，其利用规模在世界上居前列。目前，农业生产年利用量相当于80万吨标准煤，有1 319处，种植面积2 819公顷，养殖面积1 475公顷。

6. 潮汐能开发利用。中国可开发利用潮汐能资源2 170万千瓦，其中90%分布在浙江、福建。目前全国已建成潮汐能电站8座，总装机1万千瓦。其中最大的浙江江厦潮汐电站有5台机组，装机3 200千瓦，年发电量1 070万千瓦时。

（四）小煤矿起大作用　具有中国特色的小煤矿是农村能源建设中的一个重要方面。早在50年代政府已经注意到小煤窑问题，并公布有关法规；在1957年小煤窑的原煤产量达649万吨，为全国原煤产量的7%，但它的大发展是在80年代，与农村经济改革，乡镇企业兴起分不开的。

中国煤炭资源丰富，小煤矿可采储量达100多亿吨，分布在1 264个县，1996年以乡镇煤矿为主的小煤矿有7万多个，产量6.14亿吨，占全国煤产量的44.7%。其产量的75%供应农村地区，为解决现阶段农村能源问题起了很大作用。小煤矿对促进农业和农村经济尤其是乡镇工业的发展，减轻国家财政负担，缓解能源供应紧张局面，转移农村剩余劳动力，促使农民摆脱贫困，改善煤炭工业布局，回收从大矿遗弃和无法开采的煤炭储量等做出了重大贡献。

当然，小煤矿的开发利用，目前存在资源保护、安全生产和治理污染等问题，但这些都是可以通过技术改造，加强管理来逐步解决的。国务院已经公布管理条例，要求加强行业管理，全面贯彻落实“扶持、改造、整顿、联合、提高”的方针。

（五）以县为单元的农村能源综合建设不断扩大规模　早期农村能源建设以单项技术的开发利用为主，如薪材林试点县，初级农村电气化试点县、沼气建设重点县和省柴改灶节柴试点县等。随着农村经济体制改革的深入和市场经济的发展，开展以县为单位的农村能源综合建设，才能使农村能源建设更上一层楼。县级农村能源综合建设就是在一个县的范围内，根据可持续发展战略要求，按照能源、经济、社会、环境相协调的目标，遵循“十六字”方针，通过综合规划，对资源合理配置和优化能源结构，选择项目，制定总体方案和技术路线，因地制宜开发当地资源，高效利用商品能源，发展林业、农村能源产业，治理并开发工农业有机废弃物，建立起多能互补的合理用能体系，建立和完善农村能源组织管理和服务体系，全面系统地解决农村能源问题，同时取得经济、环境和社会的协调发展。在“六五”和“七五”18个试点县成功的基础上，“八五”期间，国家计委、经贸委、科委、财政部、农业部、林业部、水利部和电力部共同组织在全国开展了138个农村能源综合建设即百县项目。第一批百县示范成功，“九五”又安排了第二轮百县项目，迄今全国已有350多个农村能源综合建设县，将农村能源建设推向了新的高度。

此外，综合建设县还建立了农村能源管理、技术推广、服务和产业等网络体系，保证农村能源建设可持续发展。

（六）农村能源管理体系建设不断完善　按照政府对农业和农村经济“引导、支持、保护、调控”的方针，各级农村能源管理体系逐步建立和完善，并形成网络；到1996年底，全国已有省区级、地市级、县级和乡级行政机构3 381个，工作人员7 548人，其中具有大中专以上学历的达到3 600余人，占总数的49%。农村能源技术推广单位6 685个，推广人员2.3万人，其中乡级推广机构近5 000个，技术服务专业队发展到近1万个，约8.13万人，使技术推广成果得到巩固。全国省市和地县级科研机构已建69个，科技人员700名，其中获高级职称的有124人。同时，在中央科研单位和大专院校，有关农村能源的专家有100余人。教育培训工作一直是农村能源建设的重要任务之一，尤其是短期技术培训，从1980年至1996年累计达588万人次，平均每年培训30多万人次。1996年教育培训大学本科以上97人，大专337人，中专597人，短期培训11.35万人次。

农村能源建设已经纳入有关法规的内容，《中华人民共和国农业法》、《中华人民共和国农业技术推广法》、《中华人民共和国环境保护法》、《中华人民共和国节约能源法》和《中国21世纪议程》等，都对农村能源工作提出了明确的要求。地方法规也在加快制订，农村能源建设逐步走向法制管理的轨道。

各级政府采取扶持政策，增加投入，加上用户自筹，全国农村能源建设总投入已从1981年的0.37亿元增加到1996年的34.27亿元，增长92倍。16年累计投入达93亿元。80年代总投入6.8亿元，90年代前6年已达86.2亿元。1996年度的省市拨款和贷款为0.77亿元，地县2.21亿元，区乡2.50亿元，用户自筹28.79亿元。其中自筹资金22亿元，折劳投资6.78亿元。

（七）农村能源产业建设稳定发展　农村能源建设把建立农村能源产业和完善技术服务体系、开拓能源的供应渠道，作为重要内容之一。在社会主义市场经济体制逐步建立和完善过程中，农村能源产业不断壮大，对支持农村能源建设起了极为重要作用。1996年全国共有各类农村能源产品生产企业1 300家，职工2.56万人，资产7.14亿元，销售额9.9亿元，实现利税0.87亿元。各级服务企业共2 123家，有2万余人，资产5亿元，销售额11.4亿元，实现利税0.68亿元。

四、农村能源建设效益

中国农村能源建设在取得巨大成就的同时，也获得明显效益，为农村社会经济持续发展作出贡献。

（一）能源效益：初步建立了农村地区能源供应体系　通过农村能源建设，已经建立起现阶段较为稳定的农村能源供应渠道，逐步使农村地区的能源供应体系与国家能源市场接轨。目前，农村地区能源消费总量约为6.5亿吨标准煤，煤、油、电为主的商品能源约3.5亿吨标准煤。可再生能源开发利用和节能形成农村地区年开发和节约3亿吨标准煤的能力；其中，使用薪柴和秸秆作燃料约2亿吨标准煤，小水电、沼气、太阳能、风能、地热能、潮汐能等开发利用和推广省柴节煤炉灶等节能措施形成约1亿吨标准煤。这个体系的建立，保障了农村能源供应，缓解了长期存在的农村地区能源短缺问题，为减轻政府财政负担和国家能源供给压力做出了贡献。

在农村能源数量上增加的同时，在质量上也有所提高，低品位的生物质能，一方面通过节能炉灶提高能源利用效率，利用更为科学、合理；另一方面采用新技术将其转化为高品位的气态燃料，使用方便、干净，以适应农民生活水平提高后相应的生活质量要求。我国山区、牧区、海岛等一些地区，国家能源系统和大电网难以达到，建设各类小型装置可就地解决当地居民的用能问题，如小水电和微水电为大约3亿山区居民提供动力和电源，弥补了电网难以覆盖地区的居民用电问题，太阳能电池和风力发电机为广大牧民提供照明和电源。以可再生能源开发利用和节能为主要内容的农村能源建设，在市场经济条件下不以牺牲环境为代价，符合国家可持续发展战略要求，因此农村能源已成为国家能源系统不可缺少的组成部分，在近期作为重要的补充能源，必然在未来能源结构中占据重要地位。

（二）环境效益：为可持续发展做出贡献　农村能源建设在农村生态环境保护方面起到了不可替代的作用。

(1) 保护森林植被。农村能源技术的大量推广应用，使农村地区传统方式利用的生物质能源消费比例有了明显的下降，加上薪炭林建设，使我国年薪材可采集总量与薪材消费量基本上持平。而过去薪柴的过量消费曾达9 000万吨，相当于少砍伐1 333.33万公顷林木。据赣州江西地区统计，每个沼气用户一年可节约柴草2 500千克，相当于0.33公顷薪炭林生长量，全地区一年就可封山育林4.7万公顷，该地区十几年的沼气建设，相当于恢复了60多万公顷森林植被，全地区森林覆盖率由1982年的43.6%上升到1995年的65%。由于森林保护，植被增加，也使水土流失得到了有效的控制。

(2) 改良土壤，提高土壤肥力。近十几年来，农作物秸秆作为燃料的比重已由1979年占65%，下降到1996年的50%以下，使秸秆还田量大大增加。通过秸秆直接还田、过腹还田、堆肥还田等多种形式，土壤肥力发生了明显变化。尤其是沼气池的推广应用，沼气发酵剩余物如沼液、沼渣的应用，使土壤有机质含量明显增加，土壤含氮量和含磷量也稳步提高。农村能源建设也有控制土壤沙化的功效，如地处毛乌素沙漠边缘的宁夏盐池县，通过农村能源建设工程措施和薪炭林、草建设，历时5年使林草总治理面积达6 666.67公顷，其中26.7%的沙化土地沙漠化危害得到了控制，林草覆盖率达88%以上。生态环境的改善也为发展畜牧业和增加生物质资源创造了有利条件。

(3) 沼气生态模式受到各地欢迎。近年小型沼气工程获突破性进展，正以不同模式在南方和北方迅速推广。如南方猪-沼-果（菜、粮、鱼等）模式，北方农村能源生态模式，也称“四位一体”模式，兼具能源、社会、经济、环境效益。这些模式以沼气为纽带，农业有机废物通过沼气池厌氧消化，除生产沼气外，以沼液、沼渣为原料、饲料和肥料，作用于农田、果园、鱼塘等，促进种植业和养殖业的协调发展，取得粮、果、菜、鱼等农产品增产和增收，受到农民欢迎，发展很快。

(4) 能源-环境工程，造福于民。以大型沼气工程为主的能源-环境工程技术是以厌氧发酵技术为核心，利用和处理养殖场禽畜粪便，取得多种效益和产物的综合性应用技术；这类大型沼气工程的厌氧发酵装置容积通常在100立方米以上。应用这类技术，不仅可以稳定地供应高品位沼气燃料，而且提供无害优质有机肥、饲料蛋白等，并改善农业生态环境，治理有机废物对周边居民和水质、土壤的污染危害，实现能源、物流的多层次利用，工程及其周边形成良性循环的生态经济圈。如上海星火农场沼气工程于1991年建成，每天处理牛粪106吨，鸡粪水243吨和工业有机废渣43吨，仅产生的沼气可供应全场3 800户职工炊事用能。中国的大中型能源-环境工程无论在工艺水平、利用规模和综合效益方面均已达到国际先进水平，如杭州浮山养殖场的工程项目曾获农业部科技进步一等奖。

(三) 经济效益　促进农民增产增收　从宏观看，农村能源建设，可再生能源开发利用和农村节能，形成约1亿吨标准煤的能力，其总体经济价值是相当可观的。

从微观看，农村能源建设对一家一户的农村居民来说，经济效益是非常明显的，如辽宁省推广庭院式农村能源生态工程，沼气大棚和普通大棚相比较，冬季黄瓜、番茄和茄子等每平方米可增产2～5千克，而且都是无污染的优质产品，可以卖稍高的价格；牲猪在冬季仍可增重出栏，由于自产能源和肥料，大大节省支出，因此一般农户年纯收入可超过2 000元；若营销良好，有的可收入4 000～5 000元，当年可收回建棚成本。该省北宁市田家村实施此项工程，1995年全村节约电费7.8万元，节煤65吨，蔬菜增收44万元，户均增收超过3 100元。江西赣州地区推广沼气工程，一个示范户种植业和养殖业平均增产幅度25%～30%，增收约4 000多元，节约饲料、燃料、电费、化肥、农药等约3 000元，一增一节效益大致在7 000元左右，全地区8.5万个示范户，可实现综合经济效益6亿元。

(四) 社会效益　农村树立新风，身心健康　省柴灶、户用沼气、型煤推广等使生物质用能量减少，每年可节约大量砍柴工，解放了农村劳动力，尤其是减轻了妇女劳动强度，摆脱了以往做饭的烟熏火燎时代。北方农村冬季漫长，过去妇女无聊度日，打牌、串门、邻里纠纷事多，如今妇女勤于庭院沼气塑料大棚的管理，忙于蔬菜上市，有时间还要缵研技术，完全改变昔日面貌。大批社会闲散劳动力转转到种植业、养殖业，推动第三产业发展，促进两高一优农业发展，如山东省栖霞县6.2万户家庭妇女得以受益，太阳能热水器应用，使9 000户居民养成卫生习惯，经常洗澡。还每年减少收集柴草100万工日。广西恭城县大力发展沼气，消灭蚊蝇孳生场所，使一些寄生虫卵和病菌在池内被基本杀灭，断绝了传染源，减少了疾病传染，尤其是农村过去常见的传染病肠道寄生虫病等，净化了农村环境，提高了农民健康水平。据统计，恭城县的传染病发病率从1980年的1 466.5/10万下降到1996年的105.3/10万，周边县几次发生严重疫情，恭城都未被波及。又如四川、湖北省在氟污染严重地区推广降氟灶，使10多万人解脱疾病之苦。江苏省东海县煎饼灶的改造和推广，使妇女的白内障率明显下降。

五、农村能源建设主要经验

在农村能源建设取得成就的同时，积累了一些经验，主要有下列四方面：

(一) 牢固树立为农业、农村和农民服务的指导思想，是进行农村能源建设的基本出发点　农村能源建设的特点是既要贯彻执行国家有关能源建设的方针政策，又要服务于农业、农村和农民。在我国12亿人口中有80%生活在农村；农业、农村和农民问题始终是关系到党和国家全局的重要问题，因此在工作中紧紧抓住了能源建设与农业增产、农村经济发展和农民增收的结合点，积极主动地开展工作。由于所有工作都是直接为农业、农民和农村经济服务的，很快受到农民的欢迎和政府的支持，同时也体现了农村能源建设的地位和作用。

(二) 有关部门相互合作和配合，是保证农村能源建设的基本合力　农村能源建设涉及多个学科，并是跨部门的工作，因此各个专业部门的协作和配合以及计划、经贸、科技、财政等综合部门的支持和指导十分重要。如数百个农村能源综合建设县就是在各有关部门的重视和支持下，才获得今天的局面和声势，并受到国务院领导同志的重视。地方上也同样，凡是各有关部门配合好的省、市、县，农村能源建设都开展得很顺利。

(三) 加强工作体系建设，是开展农村能源工作的组织保证　农村能源建设是新事物，目前在各省、市、县，农村能源管理机构设置和隶属关系不尽相同，基础条件也各异，但普遍重视加强工作体系的条件建设和业务建设，逐步形成较为强有力的工作系统，推动农村能源建设事业发展。

(四) 加强宣传力度引起社会共识，是推动农村能源建设的必要工作　农村能源建设是社会公益性质的新兴事业，又是国际社会的热点问题，党中央、国务院对农村能源问题历来十分重视。但是就全国而言，由于受文化水平和对现代科学知识了解不够的限制，社会各界和许多农村干部群众对农村能源建设的重要性认识还很不够，以致使社会各界和地方各级领导对农村能源工作的重视和支持以及公众的主动参与受到影响。所以宣传领导和群众是一个不容忽视的问题。近年来，在报刊、电台、电视加强了宣传报道，通过各种渠道传播农村能源建设的先进典型和经验，邀请新闻记者参加各类有关会议和考察等，都收到了很好的宣传效果。大力开展宣传工作，为推进农村能源建设创造了一个良好的社会环境。

近20年来，农村能源建设取得了一些成绩，但也存在这样或那样的困难和问题，如各个地区发展不平衡，投入不足，科技推广有待加强等。农村能源建设面临种种挑战，但有更多的机遇，党中央、国务院对农村能源工作非常重视。《中国21世纪议程》中对发展农村能源事业，有明确的要求。《中华人民共和国国民经济和社会发展"九五"计划和2010年远景目标纲要》中，强调了实施科教兴国和可持续发展战略，提出要"加快农村能源商品化进程，推广省柴、节煤炉灶和民用型煤，形成产业和完善服务体系。因地制宜、大力发展小型水电、风能、太阳能、地热能、生物质能"。国务院领导同志1996年在接见全国农村能源综合建设县工作会议代表时指出，农村能源工作要在开发利用和节约相结合上做文章，要充分利用可再生能源，发挥多种能源的效益，使之形成良性循环，走农业可持续发展之路。

在党中央、国务院和地方各级人民政府的重视和支持下，全体农村能源工作者正满怀信心，振奋精神，再接在厉，开拓进取，在20世纪的最后一个五年计划，把农村能源建设再推上一个新台阶。

（农业部环保能源司　王锡吾）

中国农村能源建设历程

中国农村能源建设在中共中央、国务院、国家有关部门、各级地方政府的支持下，经过广大农村能源工作者40多年的奋斗，取得了举世瞩目的成就。到1996年底，全国农村的总用能量已达6.4亿吨标准煤，仅商品能源即达4亿多吨标准煤，已占全国总消费量的30%；非商品能源（薪材、秸秆）消费量2亿多吨标准煤，占农村总用能量的30%以上。中国农村的能源建设，依据国家“开发与节约并举”和“因地制宜、多能互补、综合利用、讲求实效”的发展方针，从无到有，从小到大不断发展。到目前为止已形成年开发和节约能源8 000万吨标准煤的能力（不包括乡镇煤矿的年产量），有600多万农户用上了沼气，使1.7亿多农户用上效率较高的省柴节煤炉灶，近5 000万户用上了优质、清洁能源，92%的农户通了电，500多个县实现了农村初级电气化，全国100多万台农用柴油机已完成综合技术改造，约有975亿块砖瓦、130多万吨烤烟、近30多万吨茶叶出自节能型炉窑。同时，全国乡镇煤矿的年产量超过国有煤矿，成为全国煤产量的主体来源。此外，太阳能、风能、地热在农村中的应用也初具规模。所有这些成就都直接间接地支持了农村经济的发展和农民生活水平的提高，对缓解全国商品能源的供需矛盾和改善农业生态环境做出了积极的贡献。

中国农村能源建设经历了一个曲折漫长的发展过程，大体上可分为四个阶段：

第一阶段，从新中国成立初期到60年代末，其特点是农村电力和沼气建设率先发展。在这一时期，新中国刚刚建立，国民经济处于困难的恢复期，解决农业和粮食问题是当时整个国民经济发展的关键。同时广大农村缺柴烧非常严重，森林遭到破坏，影响农村经济发展。所以，新中国一成立，农村电气化建设即受到政府的重视。早在《农业发展纲要》中就明确指出，凡有水利资源的地方，都要积极发展小水电，以逐步解决农村用电的需求。据此，水电部在四川、河南、福建等地区举办了小水电技术培训班，召开全国性会议，研究解决小水电建设的问题，提出小水电建设应坚持“小型为主、服务生产为主、社办为主”的原则，并制定了一整套促进农村电力建设的方针，如土洋结合、发电与动力并举、大中小结合、农村电站与国家电网相结合等两条腿走路的方针。1958年出现的农业合作化高潮也为农电事业的发展提供了机遇。为了适应这一形势的需要，当时即提出一个省先抓5个县、100个乡的电气化规划，然后以点带面，逐步发展。

50年代全国各地掀起了大办沼气的热潮，得到中共中央、国务院和各级政府的重视，由于科学技术未能跟上，加上管理不善，能坚持使用的为数不多。

1960年底，中央政府进一步明确提出“以农业为基础、工业为主导”的经济建设方针，并决定在全国重点建设32个商品粮基地，要求农电建设为商品粮基地建设服务。为此，在1963年全国电力工作会议上，明确提出农电的发展要“以商品粮基地为重点，以排灌用电为中心，以电网供电为主，电网和农村小型电站并举”，并优先安排了540个重点县工程。这期间每年安排的电力排灌工程计划多达20万～30万千瓦。到60年代末，程度不同地用上电的县已达1 000多个，农业用电量增长到37亿千瓦时，约占当时全国用电量的7%。而1949年全国农业用电量只有0.20亿千瓦时，小水电装机仅为0.28万千瓦。

第二阶段，1970年后，农村能源建设进入发展时期，其中尤以农村电气化和沼气建设的发展引人注目。在农村电气化建设方面，为了适应农业机械化、水利化、化肥化和农村五小工业的兴起的需要，农电建设又有新进展。其主要表现是：(1)农村县社工业用电迅速增长，用电结构发生变化。如1978年农村用电量超过510千瓦时，其中工业用电量即占一半以上，打破了农村用电即排灌用电的单一结构；(2)农村电网出现新格局，即不少地区已形成以35千伏为骨干的电力网，全国高压送电线路已达102万公里，变电站容量为7 900多万千伏安；(3)针对小水电建设一度发展缓慢的问题，及时调整了政策，制定了“谁建、谁管、归谁所有”和“自建、自管”等一系列扶持政策，调动了地方和群众办电的积极性，使小水电装机容量每年平均以30万千瓦的速度增长。1978年底，全国小水电装机容量已达527万千瓦。

这个时期在沼气建设方面也出现新的高潮1968年，四川中江县部分农民为了解决缺柴烧又重新办起了沼气，当时引起了国务院有关部门的重视，1973年中国科学院等部门在四川召开了第一次现场会；1975年和1978年国家科委、农业部、国家经委在四川先后召开了二次推广沼气经验交流会。国务院正式确定由农业部主管沼气，建立了办事机构。当时不少中共中央文件、国务院文件中强调要发展沼气和小水电，这是农业现代化建设的重要内容。中央领导同志都有重要讲话。这一时期沼气建设的特点是：来势猛，速度快，10年间即发展到700多万个沼气池；这次发展热潮的出现不是偶然的，而是有着深刻的背景。一是1973年世界性能源危机给中国工业造成的影响；二是人口增长快导致农村能源需求的剧增，全国农村各地平均一年有3个月以上缺柴烧；三是50年代和60年代农村政策指导上的失误，致使农村能源资源大面积毁坏，加剧了农村能源供求矛盾，生态环境受到严重破坏。在这种情况下，农民为满足生产和生活对能源的需求，开始了沼气的开发和利用。但是，由于50年代同样的原因急于求成，科技重视不够，土法上马，缺乏管理，加之资金、水泥等建池材料的不足，沼气池的质量较差，平均寿命一般只有1～3年，到70年代后期，即有大量池子服役期满报废。

第三阶段，党的十一届三中全会以后，1979年国家科委在杭州召开了能源座谈会。经过这次研讨，农村能源的严重性和紧迫性受到社会各界和政府部门的关注。上至中央政府，下到省、自治区、直辖市的领导同志，在不少场合多次强调必须把农村能源作为一件大事来抓，中共中央、国务院在关于加快农业发展和农村工作若干问题的多个文件中都强调要抓好农村能源建设，指出：小水电、风力、沼气、太阳能和薪炭林等能源开发更带有急迫性，必须抓紧。国务院还批转了国家经委、国家科委、国家农委、农业部《关于当前农村沼气建设中几个问题的报告》，制定了政策，推动农村能源的建设。至此，我国的农村能源建设进入了一个新的历史发展时期，其主要标志是：农村能源建设由自发的、单项技术的开发利用到有组织的、有计划的、多项技术的开发利用。具体是：

1. 中央和地方政府在巩固原有的农电和沼气机构的同时，又相继建立了农村能源的主管机构，国务院还专门建立农村能源领导小组，以推动、协调全国的农村能源建设工作（国务院领导小组撤销后，由国务院节能办公会议行使其职责），并正式确立了“因地制宜、多能互补、综合利用、讲求效益”的农村能源建设方针。

2. 在政府部门的支持下，一大批有关农村能源的科研单位和大专院校，相继围绕沼气开发、省柴节煤技术推广、小水电建设、太阳能、风能、地热利用、农业生产节能以及农村能源战略、政策等问题开发了大量的实验、研究，为农村能源的全面开发利用提供了科学基础。

3. 在全国五届人大会议上，省柴节煤灶、沼气、薪炭林、小水电、农村电网建设和太阳能等开发利用，被列入“六五”国家计划。在此期间，沼气建设进入积极稳步发展的阶段；农电建设也由过去主要抓小水电开发向建立农村电网、提高小水电调节能力方向发展；101个沼气建设县、700个省柴节煤灶推广重点县和100个农村电气化县的建设任务相继完成；还完成了18个县级的农村能源综合建设研究试点。

4. 领域不断开拓，沼气建设形成以能源、环境保护和生态农业为目标的中国沼气建设模式，各类农村能源建设由生活用能向生产用能扩展，由资源开发节约向建立产业发展，并涌现了一批具有实力的农村能源产业。

第四阶段，从1991年开始，以开展百县农村能源综合建设，推动管理的规范化和现代化，以及多项能源技术推广综合利用、讲求规模效益为基本特征。尽管本阶段历时仅仅6年，但从工作的进展来看，这个特征已明显展示出来。一是强调农村能源建设必须同经济建设、环境建设、农民脱贫致富、小康工程、社会进步相结合，走持续发展的道路，既抓资源的开发，又抓商品能源的节约，建立适应社会主义经济体制的产业体系，于1992年成立了中国农村能源行业协会。“八五”期间全国已有138个县完成农村能源综合建设。实践证明，百县农村能源综合建设是加速农村能源建设的有效方式，已得到党中央和国务院的肯定，并重点列入“九五”国家计划，继续在中央八个部委的共同组织下，在全国实施191个农村能源建设县。二是农村电气化建设试点，在此期间又扩大了推广规模（“八五”200个县，“九五”300个县)。三是以沼气为纽带的生物质能综合开发利用。各地结合菜篮子工程建设、环境保护、改善生态环境、发展农村经济普遍展开，并引起各地政府的重视。四是举办全国百县农村能源综合建设专项技术培训班，大力普及计算机应用技术知识，积极推进管理工作的科学化，其第一步目标已初步实现，即首先（在“八五”之内）建成百县农村能源综合建设计算机管理系统。五是进一步推进标准化建设和基础设施建设。到目前为止，经过国家技术监督局审查并已实行的技术标准已有13项，其中涉及沼气建设的8项，省柴节煤灶方面的3项，太阳能利用和小水电各1项。农业部还筹建了省柴节煤、沼气、微水电、乡镇企业节能产品与设备共5个质量监督监测中心，并在北京、南京、武汉、成都、沈阳、陕西杨陵建立了区域性农村能源技术培训中心。六是进一步推动农村能源政策法规建设。山东省、河北省出台了加强农村能源发展的政策和法规，其他一些省、自治区、直辖市及全国性的农村能源建设法规正在酝酿之中。可以预料，这些政策法规的出台必将进一步推动农村能源建设在市场经济中向更高的层次发展，产生更大的能源、经济、环境和社会效益。

我国农村能源的发展离不开历届国家领导人的关心和重视。50年代，毛泽东主席在武汉、安徽等地视察时曾参观过沼气技术，指出“沼气既能点灯，又能做饭，又能做肥料，要大力发展”，“好好地推广”。60年代中共中央和国务院发出了“关于解决农村烧柴问题的指示”。70年代，周恩来总理亲自过问新能源的发展情况，要求国防科工委和中国科学院就太阳能的利用问题（主要是光电池的空间应用和太阳灶问题）写出一个详细的材料。后来，在邓小平主持国务院工作期间，此事被列入国家计划。80年代，党和国家的许多领导人都对农村能源和可再生能源的发展给予关心和支持。中央领导同志在内蒙古视察时指出：“能源要多样化，水电、火电、核电，还有太阳能、沼气、潮汐能和风力发电，各种能源一起来。八亿农民需要电。农民用电主要靠自力更生，搞小水电和风力、太阳能、地热、潮汐发电。科学在进步，新能源有很大前途”。与此同时，中共中央、国务院不止一次地发布过关于农村能源建设的文件，在有关文件中都强调了开发利用可再生能源和农村能源的重要性和紧迫性。从1985年起，农村能源和可再生能源开发技术正式被列入国家计委“七五”科技攻关计划。90年代，国家主要领导人江泽民主席在浙江、湖南等地视察时指出：“农村能源开发大有可为，可以多搞一点沼气”。李鹏总理在论述小水电时指出：“小水电要有自己的电网和供电区，没有自己的电网是发展不起来的”，“必须对农村小水电采取进一步扶持政策，包括对小水电的贷款、电价以及和大电网的关系都要进一步调整，目的是支持小水电的发展”。他在1996年接见全国农村能源综合建设的“八五”总结及“九五”工作会议代表时充分肯定了农村能源建设及可再生能源开发的成绩，进一步强调了开发利用可再生能源的必要性和长远的战略意义。

上述事实表明，40多年来，我国农村能源的建设取得了重大的进展，并为进一步发展奠定了良好的基础。随着我国能源持续发展战略的推进和农业现代化建设的发展，以可再生能源开发利用和能源节约为主要内容的农村能源建设，必将得到党和国家及各级政府更多的关怀和支持，逐步走向更加美好的未来。

（农业部环保能源司　屠家琪　张正敏）

中国农村能源政策法规建设

政策和法规作为国家在一定的形势下，为解决实际问题或实现任务目标而制定的行为准则，在不同时期，根据面临的形势和问题作相应的调整，以实现宏观管理的目标。新中国成立以来，根据农村能源事业发展的需要，我国制订了一系列农村能源建设政策、法规，并随着国民经济、农村能源供需、生态环境等发展形势，及时作出相应的调整、充实和完善，有效地引导了农村能源建设事业的健康发展。

一、历史的回顾

我国农村能源政策、法规工作大致经历了三个阶段：

（一）70年代以前为探索阶段　国家最早关注农村能源问题是关于沼气、小水电和地方煤矿的发展，主要来自国家领导的指示。毛泽东主席在1950年和1959年先后指出，沼气能点灯、做饭、沼渣能做肥料，要好好推广，要大发展。1957年以周恩来总理的名义发布了《关于发展小煤窑的指示》，指出由于封山育林，秸秆还田，水土保持工作的发展，柴草减少，需要煤炭大量增加，决定在有煤炭资源的地区，根据情况，要有领导地发展一些小煤窑，以就地解决燃料的供应问题。

60年代，农村燃料短期问题突出，中共中央、国务院1965年发出《关于解决农村烧柴问题的指示》，提出烧柴问题是关系到农村居民生产、生活的一件大事，各级领导必须从关心人民生活出发，当作一项重要工作认真抓它几年，切切实实地解决农村的烧柴问题。中央和国务院文件专门确定解决农村烧柴问题的政策，在农村能源建设历史上是绝无仅有的举措。

此后，由于管理体系不健全，缺乏调查研究和管理手段，缺乏相应的政策和法规，农村能源建设基本处于停顿状态。农村地区能源短缺日益严重，消费水平低下，1979年农村人均商品能源消费只有122千克标准煤，仅为全国平均水平的19%。在农村总能耗3.2亿吨标准煤中，70%属低品位的生物质能，83%用于生活，全国缺柴户占70%，其中缺烧3个月以上的农户占47%，农村通电户只有50%；生产用能紧张，柴油短缺1/3。另一方面，能源利用效率低下，浪费严重，炊用柴灶热效率只有10%左右，煤灶16%～18%；电网线损超过15%，农机用油普遍超耗18%。由于2/3秸秆用作炊事燃料，很少还田，土壤有机质下降，牲畜饲料也紧张，薪材过量樵采，植被破坏，水土流失面积达150万平方公里，农村生态环境严重恶化。

严峻的形势推动了有关农村能源建设政策的出台和强化实施。1979年国务院批转农业部等部委《关于当前农村沼气建设中几个问题的报告》，指出兴办沼气关系到我国农村能源建设、肥料建设、环保和卫生建设，是实现农村现代化的一项重要内容。为此国务院决定：(1)为健全各级沼气推广机构、加强对沼气工作的领导，成立全国沼气建设领导小组；地方上也要建立相应的常设组织机构，配备正式编制；(2)将沼气建设纳入各级计划、贯彻社会自办为主，国家、集体扶持为辅的方针；(3)国家给予经济上的扶持；(4)沼气利用要结合处理“三废”；(5)开展科研工作、培养沼气专业人才；(6)组织好沼气物资的生产供应工作；(7)加强领导、统一规划，综合治理、讲求实效。该文件阐明了发展沼气的政策，沼气建设首先进入发展的高潮时期。同年，王任重副总理在全国农业自然资源调查和农业区划会议的报告中指示，要发展沼气和小水电。中共中央《关于加快农业发展若干问题的决定》中指出，要大力推广沼气，各地都要根据当地条件，确定推广的步骤和具体要求，纳入农业基本建设规划，安排和供应必要的资金和材料，组织技术训练。要积极利用风能和太阳能，采取一切切实可行的措施，扩大农用能源；为此，财政部安排沼气补助费500万元，以及下达了农村低压电网整改补助费3 000万元。当年末，国务院副总理方毅召开能源专家座谈能源形势，把农村能源列为重要问题进行讨论。接着在国家科委召开的全国第一次能源政策研究座谈会上，有关专家就“我国农村能源问题”，提出农村能源建设十条建议。上述决策和政策奠定了农村能源政策法规工作的基础，自此，在政策指引下，我国农村能源建设开始起步。

（二）80年代为政策、法规工作重点发展阶段　在国家有关部门的支持下，经过各方面的深入调研，80年代，国家和有关部门出台了一系列有关农村能源建设的政策和规定，加速了农村能源建设的发展。

1980年中共中央、国务院在《关于大力开展植树造林的指示》中指出，在烧柴困难的地方，还要大办沼气和积极发展薪炭林。1981年中共中央、国务院在《关于保护森林发展林业若干问题的决定》中指出，在烧柴困难的地方，要把发展薪炭林作为植树造林的首要任务，积极营造，谁造归谁所有。对沼气和薪炭林在农村能源中的作用给予肯定，并制定了政策，指明了全国薪炭林的发展方向。

在前期工作和调查研究的基础上，1981年召开的全国沼气工作会议上，首次提出了农村能源建设十六字方针：因地制宜、多能互补、综合利用、讲求实效。

1982年，在第五届全国人大第五次会议上，通过了国家"六五"计划报告的决议，决议第十章第五节为农村能源建设。决议指出：根据因地制宜、多能互补、综合利用、讲求实效的方针，努力搞好农村能源的合理使用和节约。并提出五年内的主要措施是推广省柴节煤炉灶、稳步发展沼气池、营造薪炭林、建设小水电和搞好太阳能、风能和地热能的利用等。从"六五"开始，农村能源建设正式列入国民经济计划，并由国家明确了农村能源建设的方针政策，确定了农村能源发展的途径，迈出了农村能源法制建设的第一步。

接着在1983年，国家提出了农村能源发展方向，工作重点更加明确。当时的国务院负责人明确指出：从长远来看，农村能源必须作为一个战略问题来对待，解决农村能源必须立足于当地，国家要有扶持政策，要真正提到日程上来，作为一个重大问题来研究。同时，中共中央《关于当前农村经济政策的若干问题》中指出，小水电、风力、沼气、太阳能和薪炭林等能源开发，更带有紧迫性质，必须抓紧。1983年国务院办公厅转发《关于加快农村改灶节柴工作报告》，指出解决农村烧柴问题是一件大事。这不仅关系到广大农民当前的生活，而且关系到农村的长远生态平衡，现在到了非认真研究解决不可的时候了。此后，在全国农村改灶节柴试点县工作会议上明确提出，根据当前农村能源短缺严重、浪费惊人的现状，解决农村能源问题必须要开发与节约并重，当前尤其要抓好节能工作。最现实有效的途径是发展薪炭林，推广省柴节煤灶。缺柴地区要抓，不缺柴地区也要抓。中共中央、国务院在《关于深入扎实地开发绿化祖国运动的指示》中指出，解决缺柴地区农民和部分地区城镇居民的燃料问题，对于保护好林草植被至关重要，在燃料困难的地方，应把发展薪炭林作为植树造林的首要任务。

1984年国务院办公厅转发农业部《关于进一步发展沼气的报告》指出，发展沼气是充分利用农村资源，解决农村能源，减轻环境污染的一项重要措施，具有综合的经济效益，应给予高度的重视。应把沼气建设同农房建设、城镇建设和环保建设结合起来。要求各级政府切实加强领导，有关部门要积极支持，帮助解决实际问题。国务院批转《关于积极发展小水电、建设中国式农村电气化试点县的报告》，指出农村电气化是8亿农民的大事，应在那些水能资源较好的地方，提倡以地方和群众自力更生为主，有关部门给予指导和帮助，对已经选定的100个电气化试点县要加强领导，及时总结经验，起示范带头作用，为推进中国农村电气化事业做出贡献。《中共中央关于一九八四年农村工作的通知》中指出，当前农村兴起的饲料工业、食品工业、建筑建材工业和小能源工业是最为社会所急需而又能较快发展的几个产业部门，应有计划地优先发展，有关部门和地方要给予积极的指导和扶持。这是中央首次对农村能源产业明确表示支持。

1984年，国家科委、计委和经委联合向国务院提交了《能源技术政策要点》报告，该报告收入1986年国务院批准的《中国技术政策能源卷》中，农村能源技术政策正式列入国家技术政策。《中国技术政策》提出要建立合理的农村能源结构，尽快扭转农村严重缺能局面；要积极开发利用新能源，以补充常规能源之不足，尤其在农村和牧区。

1986年是农村能源政策建设的重要一年，一是在农村能源建设十六字方针中，根据发展情况，"讲求实效"改为"讲求效益"，意思是搞能源设施不仅要有实效，而且要注重提高能源的使用效率；同时，讲提高效益，就包括"开发和节约并重，近期把节约放在优先地位"的方针。二是从政策上确定"七五"期间农村能源建设任务，即认真贯彻16字发展方针，积极发展薪炭林，大力推广省柴节煤灶，稳步发展沼气，在有条件的地方大力发展小水电和小煤窑，搞好风能、太阳能、地热能等能源开发利用的试点示范，努力做好节能工作，探索一条具有中国特色的农村能源建设道路。三是国务院召开第三次节能办公会议，专门研究农村能源问题，随后，经国务院同意，国家经委印发《关于加强农村能源建设的意见》，文件指出，农村能源建设是关系到我国8亿农民生活，生产的大事。开发农村能源对于加快农业现代化步伐，改善生态环境，促进社会主义建设，都具有重要意义，必须作为战略问题对待，真正提到工作日程上来，争取在近10年内取得重大进展。根据这个文件精神，各有关部门和地方各级政府纷纷制定促进农村能源发展的有关政策和措施，在全国各地推进农村能源建设全面发展。国务院1986年发布《节约能源管理暂行条例》指出，要积极发展薪炭林；推广省柴和节煤炉灶。在有条件的地区应当积极开发和利用沼气、太阳能、风能、地热能等新能源。

"七五"期间农村能源建设基本政策确定之后，各部门通过不同方式制定了各自发展政策和规定。农业部制订了农村能源贴息贷款使用管理的规定、农业部基建计划要包括农村能源建设和节能并有正式项目安排的规定、农垦系统节能管理实施细则、农民技术人员职称评定晋升试行通则中包括农村能源专业的规定、生态农业把农村能源作为重要结构单元的规定等。1989年国家确定的能源开发政策也包含了农村能源的内容，即：以电力为中心，煤炭为基础，积极开发石油和天然气，大力发展水电，积极发展核电，同时加快农村能源及电气化建设。

国家和有关部门重点政策确定后，农村能源工作环境越来越好，带动了农村能源建设的快步发展。

（三）90年代为政策、法规全面发展阶段　随着我国进一步深化改革开放，经济体制逐步从计划经济向社会主义市场经济过渡，法制建设逐步完善，农村能源建设法规工作全面发展。

1990年11月国务院发布的《关于积极发展环境保护产业的若干意见》中提到，当前环境保护产业中包括生态农业工程、沼气工程、提高太阳能利用率技术、无公害粮食、水果、蔬菜生产技术、食物链和农业废弃物综合利用技术等。12月，在《国务院关于进一步加强环境保护工作的决定》中明确指出，保护和改善生产环境和生态环境，防治污染和其他公害，是我国的一项基本国策。

1992年3月《国家中长期科学技术发展纲要》由国务院第九十四次常务委员会审议通过《纲要》指出，能源是推动国民经济发展的关键因素。能源科学技术的发展要采取开发与节约并重的方针，大幅度提高能源利用率，改善结构，减少污染。能源科学技术发展的重点之一，是开发经济适用的新能源和农村能源技术；大力推广、应用先进的节能技术。

党中央、国务院对可持续发展十分重视，世界环发大会后，国务院常务委员会通过的《中国21世纪议程》，强调新能源和可再生能源是未来能源结构的基础，要认真保护和改善农业环境，要把开发可再生能源放到国家能源发展战略的优先地位，要“广泛开展节能和积极开发新能源及可再生能源”；要大力加强农村电气化建设和县级农村能源综合建设，建立示范点，实现农村经济和生态环境的协调发展，积极推广省柴节煤灶，大力发展沼气、薪炭林、小水电、风能、太阳能利用技术。《议程》接着提出近期农村能源建设政策和方案，大致可归纳为以下几方面：(1)制订和实施与市场经济体制相适应的政策法规体系；(2)加强农村能源综合规划和管理；(3)增加农村能源开发利用的投入；(4)加强农村能源建设研究，开展县级农村能源综合建设试点；(5)开发和推广农村能源生产和利用技术，包括大力发展薪炭林，推广省柴节煤灶、特别加强沼气、地热能、太阳能、风力发电、小水电等可再生能源的开发利用，增加农村能源供应；(6)保障大中型能源基地对农村的能源输送，发展农村小型能源建设，促进初级能源的换代和转化，特别是对生物质能要进行新使用价值的研究、开发和利用；(7)提高能源利用效率和节能；(8)维护生态平衡，减少环境污染。

国务院1992年批准的《我国环境与发展十大对策》，对农村能源建设和发展生态农业、保护农业生态环境也提出了要求。1996年八届人大四次会议批准的《中华人民共和国国民经济和社会发展“九五”计划和2010年远景目标纲要》，把农村能源建设作为农业和农村经济可持续发展的重要组成部分，同时，提出要“加快农村能源商品化进程，推广省柴节煤炉灶和民用型煤，形成产业和完善服务体系，因地制宜大力发展小水电、风能、太阳能、地热能、生物质能”。

“九五”期间，中央有关部门还相继印发了一系列的文件，如国家计委、科委、经贸委印发的《新能源和可再生能源发展纲要》、八部委联合印发的《关于开展农村能源综合建设县工作的通知》，农业部《关于加快能源—环境工程建设的通知》、《关于进一步加快农村能源技术扶贫工作的通知》等等；同时，及时转发各地重要的政策性文件，如农业部转发的《湖南省政府办公厅关于加强农村能源建设的通知》，转发《南通市编委关于建立乡镇农能服务机构的通知》等，在农业部、劳动部联合颁发的《农业行业工人技术等级标准》中，指出在135个种中，包括农村能源行业的省柴节煤灶、沼气、太阳能三个工程。从政策上指导农村能源建设。

随着我国经济体制改革的深入发展，农村能源建设作为发展农村经济、农业生产和农民生活需要的一项基础性工作，已经成为国家可持续发展战略的组成部分，越来越受到国家领导和社会各界的关注，新的形势对事业发展十分有利。为了加强地方农村能源政策法规工作，1995年以来，农业部召开了两次农村能源政策法规座谈会，推动了各地政策法规工作的进程，取得了明显的效果，许多省市先后出台了一批重要文件。黑龙江、江苏、湖北、湖南、广西、四川、重庆等7个省、直辖市已经以省政府或办公厅名义，印发了有关加强农村能源建设的意见；浙江、新疆、陕西、广东等省、自治区以多委厅局或农业厅的名义，印发了有关加快农村能源综合建设、积极开展农村能源工作等重要文件；特别是320个农村能源综合建设县，普遍出台了支持农村能源建设的优惠政策，有力地推动了当地农村能源工作的进程。目前，大多数省、自治区、直辖市都在积极组织制订省级农村能源管理规定。浙江、山东等地还有20多个县也已出台了有关农村能源的管理办法和规定，保障了事业的健康、稳步发展。

二、以国家大法为依据，农村能源建设步上新台阶

90年代出台的许多国家大法，都关系到农村能源建设，为事业的进步提供了法律依据。1993年，《中华人民共和国农业法》第五十四条规定，发展农业必须合理利用资源，保护和改善生态环境，并要求各级政府制订农村能源发展计划。同时，《中华人民共和国农业技术推广法》第二条指出，本法所称农业技术包括农村能源利用技术。

《中华人民共和国环境保护法》第一条指出，要保护和改善生活环境与生态环境，防治污染和其它公害，保障人体健康，促进社会主义现代化建设的发展。第十九条又指出，开发利用自然资源，必须采取措施保护生态环境。并提到应当加强对农业环境的保护，防治植被破坏、水土流失等。这些要求都与农村能源建设密切相关。

《中华人民共和国水土保持法》，指出要预防和治理水土流失，保护和合理利用水土资源，减轻水、旱、风沙灾害，改善生态，发展生产。强调对人为活动造成水土流失，要采取预防和治理措施。要求根据当地情况种植薪炭林，禁止在陡坡地、干旱地区铲草皮、挖树兜等。

《中华人民共和国大气污染防治法》指出要防治大气污染，保护和改善生活环境和生态环境，保障人体健康，促进社会主义现代化建设的发展。提出要防治向大气排放污染物，防治烟尘污染，防治废气、粉尘。《中华人民共和国水法》第十六条指出，国家鼓励开发利用水能资源。

《中华人民共和国矿产资源法》第五章第三十四条指出，国家对乡镇集体矿山企业和个体采矿实行积极扶持、合理规划、正确引导加强管理的方针，鼓励乡镇集体矿山企业开采国家指定范围内的矿产资源，允许个人采挖零星分散资源……以及为生活自用采挖少量矿产。并明确提到国家指导、帮助它们不断提高技术水平、资源利用率和经济效益；有关部门应当按照积极支持、有偿互惠的原则，提供地质资料和技术服务。这些要求为规范农村能源建设奠定了基础。

若说早期农村能源建设是在全国范围内推行单项能源技术开发利用的政策，到80年代就发展到以县为单元的重点建设政策。如“六五”期间农业部先后安排了沼气建设重点县72个，改灶节柴试点县390个。而到90年代，农村能源建设已经步上新的台阶，其特点是进行以县为单元的农村能源综合建设，重视规模效益。“八五”期间，国家计委、经贸委、科委、财政部、农业部、林业部、水利部、电力部联合实施百县农村能源综合建设项目，国家安排100个农村能源综合建设县，地方安排23个县，连续开展五年重点建设，以县为单元，综合规划，全面实施能源节约、可再生能源资源开发和资源综合利用计划，取得大规模效益，促进当地农村经济发展和改善生态环境，为各地农村能源建设提供好的典型。“九五”期间，经国务院批准，又继续扩大规模，选择“脱贫温饱型”、“小康型”和“富裕型”三种类型，在195个县实施农村能源综合建设项目。

水利部从1983年起在100个县搞小水电试点，在完成109个农村水电初级电气化县试点工作之后，“八五”部署了第二批200个农村电气化试点县，要使这些县的7 000万人民用电达到初级农村电气化标准。国务院批件中指出，这是关系到少数民族地区、贫困地区的经济发展，关系到增强农业发展后劲和农村经济的振兴；认为在水力资源较好的地区，积极发展农村水电是实现我国农村电气化的重要途径。“九五”期间，第三批300个农村电气化试点县已经开始实施。

乡镇煤矿是农村经济改革与我国国情相结合的产物，广泛分布的煤炭资源吸引了农村2 000多万的剩余劳动力。目前，乡镇煤矿不仅是农村能源最重要的组成部分，而且已成为全国煤炭和能源供应的主力。1995年，全国乡镇煤矿7.3万处，分布在1 250个县，覆盖60%的国土，产量达到5.79亿吨，比1980年增长4倍多，占全国原煤总产量的42.3%，占全国一次能源总产量的32.0%，“八五”期间新增煤产量全部来自乡镇煤矿。发展乡镇煤矿，不仅为农村剩余劳动力提供了就业机会，而且对促进农业和农村经济发展，减轻国家财政负担，缓解能源供应紧张局面，改善煤炭工业布局，回收大矿遗弃和无法开采的煤炭储量作出了重大贡献。针对乡镇煤矿存在的私开乱挖，管理薄弱，资源浪费大等问题，为促进其健康发展，1994年12月国务院颁布《乡镇煤矿管理条例》，强调国家扶持、指导和帮助乡镇煤矿的发展。乡镇煤矿开采煤炭资源，必须依照有关法律、法规的规定，申请领取采矿许可证和煤炭生产许可证；并应当遵循开发与保护并重的原则，依法办矿，安全生产，文明生产。为加强行业管理，全面贯彻落实“扶持、改造、整顿、联合、提高”的方针提供了依据。

在薪炭林建设方面，1990年由国务院批复《1989—2000年全国造林绿化规划纲要》。《纲要》指出，积极发展速生、高产、热值高的薪材树种，增加薪炭林面积，是保护现有森林资源，解决农村能源困难的重要措施。根据解决农村能源问题要实行多能互补的建设原则，各地除根据需要，在现有林分中调增薪炭林面积外，到2000年，规划新增薪炭林面积411.6万公顷，占新增森林面积的10.4%。为此，林业部利用财政部安排的农村能源建设专项经费，1985年下达10个省、自治区的23县营造薪炭林试点计划。在“八五”期间每年安排50万元基建费，在全国增加50个薪炭林试点县。“九五”期间又提出了“森林能源工程”项目。

总的来说，农村能源建设是一项政策性很强工作，正是国家和各级政府制定了一系列政策，指导着我国农村能源建设事业蓬勃发展。

（农业部环保能源司　贺　亮）

农村能源资金投入

一、历年农村能源投入情况

（一）国家专项拨款　从1978年开始，国家每年对农村能源建设就有专项投入。1978年，财政部安排事业费100万元，国家经委安排技术开发费590万元用于沼气建设；1979年，财政部根据国务院文件精神，安排沼气补助费475万元，国家经委安排720万元；1980年国家经委安排1 600万元，其中1 000万元支持四川省沼气建设，用于改造500万个“远、大、深”老沼气池。“六五”期间，国家经委、国家计委、国家科委、财政部和农牧渔业部每年对沼气和省柴节煤灶的推广和科研工作都有专项投入，其中：国家经委投入4 185万元、国家计委投入1 471万元、国家科委投入72万元、财政部投入680万元、农牧渔业部投入133万元，共计国家投入6 541万元。“七五”期间，共计投入2 650万元，其中：财政部每年安排农村能源建设专项事业费380万元，计投入1 900万元；1986—1988年国家计委每年安排农村能源产业贷款贴息金250万元，计750万元，国家给予的贴息率最高为月息6.6厘，超过部分有借贷单位自理；根据银行收息凭证统一平衡后，下拨贴息金额。“八五”期间，财政部共计投入3 370万元专项事业费，用于支持农村能源建设。1996年财政部投入700万元农村能源专项事业费。从1979年到1996年国家对农村能源建设的专项拨款总计达1.4761亿元（表1、2、3）。

表1　1979—1985年农村能源（沼气、省柴节煤灶等）经费投入情况

单位：万元

时间	合计	农牧渔业部		国家经委			财政部	国家科委	国家计委	
		事业费	三项费	沼气	省柴灶	综合试点			沼气科研	省柴灶
1979	1 255	20	10	720			475	30		
1980	1 644	20	8	1 600				16		
“六五”合计	6 541	97.5	35.5	3 050	1 000	135	680	72	822	649
1981	857	20	7	800				30		
1982	1 039	20	7	1 000				12		
1983	1 797.5	13.5	7	500	500	45	300	25	87	320
1984	1 801.5	20	7.5	500	500	45		5	395	329
1985	1 046	24	7	250		45	380		340	

注：1.1982年国家经委沼气经费1 000万元中有296万元为科研经费。
2.财政部1983年300万元为沼气推广经费，1985年380万元为省柴灶推广经费。
3.国家科委1983年25万元为地热专项经费，1984年5万元为太阳灶专项经费。

表2　“七五”期间农村能源经费投入情况

单位：万元

时间	合计	财政部专项事业费	国家计委产业贷款贴息金
合计	**2 650**	**1 900**	**750**
1986	630	380	250
1987	630	380	250
1988	630	380	250
1989	380	380	
1990	380	380	

表3　1991—1996年农村能源专项事业费投入情况

单位：万元

时　间	财政部专项事业费	备　注
“八五”合计	**3 370**	
1991	670	其中70万元专项用于陕西省西安市户县农村能源建设
1992	600	
1993	600	
1994	700	
1995	800	其中100万元专项用于百县项目“八五”总结表彰和“九五”启动
1996	700	

表4　1981—1996年地方各级农村能源建设经费投入情况

单位：亿元

时间	合计	省市补助	地县补助	乡镇补助	用户自筹
1981	0.36	0.18	0.06	0.12	
1982	0.4	0.2	0.11	0.09	
1983	0.42	0.18	0.14	0.1	
1984	0.72	0.42	0.17	0.13	
1985	0.75	0.47	0.19	0.09	
1986	0.66	0.32	0.19	0.15	
1987	0.62	0.31	0.2	0.11	
1988	0.73	0.28	0.24	0.21	
1989	1.04	0.33	0.44	0.27	
1990	1.1	0.34	0.47	0.29	
1991	1.13	0.33	0.61	0.19	
1992	1.58	0.45	0.67	0.46	
1993	14.6	0.46	0.8	0.72	12.62
1994	15.28	0.4	0.66	0.5	13.72
1995	18.71	0.38	0.81	0.91	16.61
1996	34.27	0.77	2.21	2.5	28.79
合计	**92.37**	**5.82**	**7.97**	**6.84**	**71.74**

（二）国家专项贷款　1981年，国家计委、中国农业银行联合发出通知，为了扶持农村沼气建设，在“六五”期间，国家每年安排4 000万元贴息贷款指标，贴息金由中国农业银行于本年或下年初汇总各省的实际贷款额，由国家计委从节能经费中支出。

1984 年，国务院第三次节能办公会议决定，每年安排6 000万元贴息贷款，用于国有农村能源企业技术改造，国家给予的贴息率最高为月息 6.6 厘，超过部分由借贷单位自理。1992 年 11 月 7 日，国务院领导在农业部《关于支持农村能源产业发展的请示报告》上批示：同意从 1993 年起，农村能源技术改造贴息贷款额度由原来每年 6 000 万元增加到 1 亿元，以进一步支持农村能源产业的发展。

（三）地方投入　由于国家专项事业费的引导和支持，吸引了地方各级政府和农民群众对农村能源建设事业的资金投入（表 4）。

二、专款专用、效果显著

农村能源专项事业费的使用，严格按照国家有关规定和使用范围合理安排项目，年初制定经费使用预算，年终向财务主管部门上报经费使用决算报告，采取计划与项目合同管理，分项目签订合同后拨补经费，根据项目管理和验收办法，及时跟踪和检查项目执行情况，做到专款专用，充分发挥国家资金的引导作用，积极吸引地方和群众自筹资金，提高了资金使用效益。

农村能源专项事业费主要用于试点示范、技术培训、综合建设县工作补助以及宣传和调研等方面。“六五”期间的经费专项用于沼气重点县和改灶节柴试点县的工作补助，共安排 72 个沼气重点县和 390 个改灶节柴试点县。“七五”期间的农村能源专项事业费，主要用于省柴节煤试点县、沼气重点县和沼气综合利用、太阳能、风能及节能砖瓦窑、节能烤烟房等农村生产节能技术的试点示范和宣传培训工作。从 1991 年开始，每年 600 万～800 万元农村能源专项事业费重点用于全国农村能源综合建设县项目的工作补助经费，每年至少安排 400 万元，安排 50 万元左右用于支持农村能源产业的发展，安排 150 万元左右支持农村能源技术扶贫和农村能源单项技术的规模性推广暨能源环境工程建设，安排 50 万元左右用于农村能源政策法规、宣传、培训和调研等项工作。

在国家农村能源专项事业费的引导支持下，贯彻“因地制宜、多能互补、综合利用、讲求效益”和“开发与节约并举”的农村能源建设方针，坚持“国家扶持为辅，地方和群众自筹为主”投入原则，取得了显著的能源、经济、环境和社会效益。

总的来讲，国家每年对农村能源建设有专项的经费投入，但是现有的专项事业费远远不能满足农村能源事业发展的需要，农村能源建设工作存在引导经费短缺的问题。从 1986 年起，农业部分管的农村能源内容增加，但国家资助的专项经费却由“六五”期间的平均每年投入 1 308 万元，减少到“七五”期间的 530 万元。从 1991 年开始，财政部支持的农村能源专项事业费虽然由“七五”期间的每年的 380 万元增加到 700 万元左右，但是由于工作领域的进一步拓宽，仍然不能满足事业发展的需要，“八五”和“九五”期间开展的全国农村能源综合建设县项目，每县只能补助工作经费 3 万元，再加上项目的日常管理费用，每年至少用去 400 万元，也不能很好地满足项目的需要。农村能源面上工作的开展经费更显紧缺，使得许多成熟的农村能源单项技术无法规模性推广，限制着农村能源建设更有效地为农业生产、农村经济发展和增加农民收入服务。

（农业部环保能源司　郝先荣）

农村能源建设管理

（一）农村能源建设管理概况　农村能源的含义从管理的角度，泛指农村地区利用的能量物质的综合概念。农村能源的提出，是基于我国的基本特点而来的。中国是一个人口众多的农业大国，80%的人口在农村，经济不发达，能源工业基础差，加上交通运输落后，国家能源产品不可能为农村用能需求给予充分的供应，广大农村仍然主要依靠生物质能，这和发达的国家有着明显的区别。在发达国家，城乡都用着同一种类的商品能源，因此，农村能源问题成为我国经济发展和现代化建设的一个突出问题。1978 年，有关专家们对农村能源建设的呼吁引起国家科委和国家农委的重视，开始由分别推广小水电、沼气等能源设施，进入研究整体农村能源问题。决定在全国农业资源区划委员会中设立农村能源专业委员会，开展农村能源建设区划工作，同时开展农村能源政策研究工作。从此，农村能源管理进入政府行为。

我国农村能源建设工作的目标是开发农村能源资源和节约商品能源，以适应农村经济建设和人民生活改善对能源的需求，保障农村经济持续发展和改善农村生态环境。80 年代的重点目标是尽快缓解农村能源严重短缺的局面，满足生活用能之需，遏止生态破坏的趋势。进入 90 年代，重点是提高用能品位，能源开发与农村经济发展紧密结合，改善生态环境。我国农村能源建设的内容，一是开源，二是节流。开源是指对农村能源的开发利用，如营造薪炭林、开发水能、风能、太阳能、地热等可再生能源和新能源，以及利用农村生物质资源开发沼气等转换的二次能源。节流是指农村生产和生活用煤、油、电、生物质能的节约工作。因此，农村能源建设的管理就是国家对上述农村能源开发和节约工作的管理，包括规划、计划和实施的各个环节，更具体的有政策、法规制定、试点示范、标准化、科技和教育培训、宣传、国际合作等方面。

（二）国家农村能源管理机构的前期沿革　新中国成立以来较长时期，即 1949—1978 年 30 年间，我国农村用能基本处于传统的生物质能利用阶段，农村用电、用煤以及农业生产用燃料油，处于一个发展时期。国家经济生活中还没有将农村能源提到一定位置，因此，这一阶段尚未形成完整的国家农村能源管理机构。

从 50 年代后期出现中国沼气的新生，到 70 年代中期，为解决日益普遍的农民烧柴困难局面，中国开始大规模发展沼气，先由国家科委牵头开展工作，到了1978年，国务院成立了全国沼气建设领导小组，办公室设在农林部，负责全国沼气建设管理工作，同时，各省、地、县级政府也普遍建立了沼气建设领导小组及其办公室，负责各地沼气建设工作。

随着农业机械化事业的发展，农机用油不断增长，至1978年，国家物资部门按计划每年分配农机用燃料油900万吨左右，由农业部做分配计划，各地石油公司或农机公司实施供应。

民用煤主要是按国家计划，供应城镇居民、部分城市郊区和经济作物地区，农民生活用煤和部分农副产品加工用煤按计划分配，由各地煤炭公司供应。

农村用电也有一定的发展，主要是生活用电，由当地电力部门按计划供电。

1978年前，全国农村煤、电、油的年消费总量只有800万吨标准煤，仅为农村总能耗的26%。1978年后，随着国家重点工作转到经济建设上来，随着农村改革的发展，乡镇企业的崛起，农村用能问题显得更加突出，引起国务院的高度重视。

1984年国务院成立了国务院农村能源领导小组，其主要任务是：审查农村能源总体规划；提出开发农村能源的方针政策；督促检查和协调各部门的有关工作。领导小组下设办公室，由国务院农村发展研究中心代管。与此同时，国务院有关部门按分工都相应设立了管理机构，国家计委节能局内设农村能源处、农业部设立能源环保办公室、水利部农水司内设小水电处、林业部营林司内设管理薪炭林的处、国家科委工业司内设有新能源处、国家经委由农业司综合处管农村能源。各省也相继成立了农村能源领导小组和下设的办公室。由此，形成了政府系统从上到下的农村能源管理系统。

1986年3月，国务院办公厅发出《关于撤销国务院农村能源领导小组办公室的通知》，《通知》指出，为了更有效地开发农村能源工作，精简临时机构，国务院决定撤销国务院农村能源领导小组办公室，以国务院节能办公会议方式协调和推动农村能源工作。有关农村能源整体规划、方针、政策和各部委间必要的协调工作，由国务院节能办公会议讨论决定。农村能源的日常工作以国家经委为主，其他有关部委的工作，仍按原分工各司其责。《通知》还指出：随着我国农村经济的发展和生态环境改善，对于提高广大农民的物质和文化生活水平，特别对于乡镇工业的发展，日益显出其重要性，因此，各级政府应切实加强对农村能源工作的领导，按照“因地制宜，多能互补，综合利用，讲求效益”（简称“十六字”方针）和“开发与节约并重”的农村能源建设方针，抓紧抓好。

（三）当前国家农村能源管理体系　国家农村能源管理体系，在1988年和1994年两次机构改革中，各部委机构有所变动，但都保留了原有分工的职能。至1996年底，国家农村能源管理体系形成如下格局：

国家计委交通能源司内设节能与新能源处，负责农村能源总体规划和方针政策以及年度计划，组织农村能源科技攻关；国家经贸委在资源节约和综合利用司内设新能源处，负责农村能源产业，组织制定和实施农村能源技改贷款计划；电力部农电司内设新能源发电处，负责制定农村电气化的发展战略和规划，归口管理农村电气化工作；水利部水电及农村电气化司归口管理小水电开发和农村小水电网点建设工作；林业部造林绿化和森林经营司归口管理森林能源开发和林区节能工作；国家科委工业司能源处归口管理农村能源科技攻关工作；农业部环保能源司分工负责组织沼气、农村省柴节煤工作、太阳能、微水电等在农村的开发利用和农村生产节能工作，研究制定农村能源建设的方针、政策、法规和标准，并监督实施，提出农村能源建设的规划及重大技术措施，并负责试点、示范、推广的组织管理工作。农业部乡镇企业局、渔业局、农业机械化管理司、农垦局内都设有管理农村生产节能的处。

除了上述国家行政管理体系外，我国还有一批事业、社团单位，从不同角度协助政府部门开发农村能源的管理工作，如挂靠在农业部的中国农村能源行业协会、中国农业工程设计研究院、中国能源研究会农村能源专业委员会、中国沼气学会、农业部沼气研究所；杭州小水电中心、国家计委能源研究所、清华大学能源经济研究所、中国农机学会能源动力学会、中国太阳能学会、中国林学会、中国水力发电学会等。构成了我国较为完整的农村能源建设管理体系。

（四）农村能源方针政策、规划管理　制定正确的方针政策和先进可行的规划是农村能源建设的基础。我国政府遵循“能源节约与开发并重，把能源节约放在首位”的能源建设总方针，80年代初通过深入调查研究，确定了适合我国国情的农村能源建设“十六字”方针。同时，又组织全国农村能源资源区划和农村能源区域规划工作，制定了农村能源技术政策，确定了农村能源建设投入以国家和地方支持为辅，用户投入为主、优惠贷款支持的经济政策。每个五年计划都制定了农村能源综合建设规划和分部门的规划，并制定每年的农村能源建设计划和分部门的计划，列入国民经济计划。

在有效完整的方针政策和规划指引下，在前期农业部门开发研究和大力推广省柴节煤炉灶和户用沼气池，水利、电力和林业部门分别开发小水电、农村电气化和薪炭林建设，随后各级、各部门又因地制宜地开发利用太阳能、风能、地热等新能源和可再生能源，综合利用各种能源，广泛开展农村生活和生产节能。1996年与1980年相比，共形成开发和年节能能力达8 000万吨标准煤，取得了巨大的能源、经济、社会和生态环境效益。

（五）农村能源建设的实施管理　从80年代起，我国采取了科技先行，典型示范，效益吸引的实施管理措施，推进农村能源建设的效益型规模化发展。农村能源建设以项目合同方式进行管理，在项目建议书的基础上，政府与项目承担单位逐级签订项目合同书，项目合同书规定了项目的技术基础、条件、工作路线或方式，目标、经费、完成时间等，大项目一般首先进行培训，包括技术和管理两个方面。明确委托单位和承担单位责任。最后，要进行鉴定或验收，并对完成出色的给予评奖。

我国农村能源建设中几个大项目，如全国100多个沼气建设重点县、700多个省柴节煤灶试点县、300多个农村小水电电气化试点县、前后两批百县规模的农村能源综合建设县等项目，都是以县为单元开展的，规模大、涉及学科和部门多。在实施管理中，一是抓培训，二是实施检查督促，三是横向交流，四是总结验收。同时，组织技术专家组深入各县进行技术指导，增加科技投入。

我国各级领导对农村能源建设十分重视，为实施管理增添了动力。国务院领导同志多次出席农村能源工作会议讲话并接见与会代表。政府部门重视农村能源建设的实施管理。如从1991年开始的百县农村能源综合建设是经国务院批准，由国家计委、农业部等八部委成立了领导小组，并各派联络员组成常设项目办公室，设在农业部，负责项目实施的日常管理工作。五年一期的项目，每年都进行检查、交流，并不定期印发《综合建设动态》，在各省、各县沟通信息交流，推进工作。

（六）农村能源建设的科技管理　我国农村能源研究工作从80年代开始，由国家科委组织项目，进入“六五”、“七五”期间，列入国家科技攻关，开展了生物质能、沼气、太阳能、风能、地热等一列应用研究工作，为农村能源技术推广形成规模起到了先行作用，科研项目的管理由科委、计委归口，先行项目专家论证，再订科研项目合同，由专业部门组织实施。同时，根据科研三项费用的管理权限，专业部门还设有部管重点项目。如农业部每年都安排一定量的农村能源部管重点项目。项目鉴定验收后，为便于推广，农业部每年编印《农村能源科技成果》。优秀成果还参加部科技和国家科技评奖。由国家科委、国家计委归口农村能源科技攻关、各部门开展专业重点科研项目、地方科委和有关部门安排地方攻关和重点科研项目，以及科研单位和企业单位自选科研项目，构成了我国农村能源的科研工作管理体系。

技术推广和标准化管理是科技管理的又一重要构架，从国务院各业务部门到各省、地、县各有关部门的农村能源管理机构，承担科研成果和新技术、新工艺、新设备的技术推广工作，具体进行技术资料的编辑发行，新技术试点、示范和总结推广各地的工作经验，组织技术培训和交流。为做好重点推广工作，农业部组建了六个区域性的培训中心，加上各省、市的培训中心，形成了全国农村能源培训体系。至今我国已制定颁布了包括沼气、太阳能、省柴节煤炉灶、新型燃料、风机等数十个国家和部门标准，同时建立了微水电、沼气、省柴节煤炉灶等产品质量监督检测中心，推动农村能源建设质量标准化管理工作。

（七）农村能源建设统计管理　农村能源建设统计是农村能源建设管理的一项重要工作，每年的统计资料是检查计划执行情况的根本资料，是分析农村能源建设形势和制定规划、计划的重要依据。农村能源统计从80年代初开始，经过多次修订，在统计部门的参与合作下，形成了一整套统计格式，以农业部农村能源统计为例，由各省市汇集县级资料，以省级汇总统计资料报农业部。农业部汇总全国的资料形成年度农村能源统计资料，并逐年召开统计研讨年会，分析统计资料，检查年度计划完成情况，为农村能源建设形成新的发展思路起决策依据作用。

（八）地方农村能源管理机构设置情况　地方农村能源管理机构是从1979年建立起来的沼气推广机构的基础上逐步建立和完善起来的。1979年，随着全国沼气建设领导小组的成立，地方也建立相应的常设机构，配备正式编制，将沼气建设纳入各级计划，贯彻社会自办为主，国家、集体扶持为辅的方针。此后，农村能源建设领域不断拓宽，在原有沼气推广机构的基础上逐步建立了地方各级农村能源主管机构。到1996年底，除西藏外各省、自治区、直辖市及计划单列市均设有农村能源建设领导小组和农村能源管理机构。有23个单位挂靠在省、自治区、直辖市及计划单列市农业（林、牧）厅（局），有4个单位挂靠在省、直辖市及计划单列市农委，有1个单位挂靠在省委农村工作部，有2个单位挂靠在省、自治区林业厅，有4个单位分别挂靠在省农经委、计经委、科委和建委。全国绝大多数地（市）、县和乡都设有农村能源管理机构，有135个地（市）、924个县和2 308个乡（镇）设有农村能源行政管理机构，共有行政管理干部7 548人；全国有204个地（市）、1 504个县和4 952个乡（镇）设有农村能源技术推广机构，共有推广人员23 063人；全国有农村能源生产企业1 279个，职工人数25 638人；全国有农村能源服务企业2 123个，职工人数20 206人；有农村能源技术服务专业队9 665个，技术员81 294人。

（农业部环保能源司　屠云璋　郝先荣）

农村能源建设的工作经验

我国农村地区的能源消费量，从1979年到1996年，数量翻了一番，支撑这一变化，除了经济发展和常规能源生产、供应量增加外，农村地区的能源建设发挥了重要作用。在农村能源建设过程中，创造和积累了一些宝贵的经验。归纳起来主要有以下几个方面：

（一）制定正确的方针和政策　正确的方针指引农村能源建设的发展。农村能源建设遵循了“能源节约与能源开发并举，把能源节约放在首位”的能源建设方针，在此基础上，80年代初，国家政府有关部门通过深入调研，确定了适合国情的“因地制宜，多能互补，综合利用，讲求效益”的农村能源建设方针。农村能源管理部门自始至终全面贯彻这一方针，将农村节能和开发利用新能源和可再生能源作为农村能源建设的主要任务。综合利用各种能源，广泛开展农村生活和生产节能，逐步发挥出巨大的能源、经济、社会和生态环境效益。

有效的政策措施推动了农村能源建设的快速发展。从1983年开始，政府将农村省柴节煤炉灶、沼气池、小水电和薪炭林正式列入国民经济计划，并从“六五”开始了国家级以县为单元的能源综合建设的研究和试点项目。“八五”到“九五”，经国务院批准，八个部委联合在全国300多个县开展了农村能源综合建设，更加有力地促进了农村能源建设事业的发展。各级地方政府和有关部门先后建立了相应机构，制定了财政和信贷扶持政策，采取各种方式推进农村能源工作。在全国开展了以小水电供电为主的初级电气化县，薪炭林营造试点，沼气重点县，省柴节煤灶试点县等试点示范，推动了技术的广泛应用。在政策的支持和引导下，农村能源建设走上了健康稳定的发展道路。

农村能源建设，坚持“以受益者投资为主，国家扶持为辅”的原则，充分发挥各方面的积极性，多渠道筹措资金。据不完全统计，“八五”时期的138个农村能源综合建设县项目，投资近60亿元，其中政府投入约1亿元，其余投资均来自各类贷款和集体、农民自筹，这对保证项目的实施和顺利完成起到了很大作用。

可持续发展战略的确立为农村能源建设创造了新的机遇。无论在《中国21世纪议程》，还是在《中华人民共和国国民经济和社会发展“九五”计划和2010年远景目标纲要》中，都强调了建设农村能源的重要性，并提出了一系列相应的政策措施，为农村能源建设创造了空前好的发展机遇。

（二）理清工作思路，搞好协调管理　农村能源建设工作，只有很好地与中心工作相结合，才能取得基础和活力。辽宁省太阳能、沼气、种植、养殖四位一体的北方农村能源生态模式、江西赣州地区的“猪—沼—果”工程以及广西的“恭城模式”就是很好的实例。各地的成功经验表明，农村能源建设工作，只要找到了与当地农业和农村经济的结合点和突破口，围绕中心工作和现实的发展需要，积极进取，真抓实干，就能够发挥更大作用，路子也越走越宽。

农村能源建设工作涉及多学科、多部门。搞好部门协作，健全管理体系，是重要的措施和方法。从中央到地方，都分别建立了农村能源建设的管理机构，负责本行政范围内农村能源建设的领导、组织、协调和实施工作，形成了上下一致的指导协调机构和系统的管理网络。尤其是开展农村能源综合建设的省、地县，参照国家八个部委的项目领导方式、方法，都分别建立了农村能源综合建设项目领导小组和办室室。按照本县的经济社会发展规划要求，综合规划、统筹安排。县政府有关部门按照业务分工对所列建设项目，实行全过程的管理，跟踪和服务，并实行政策倾斜，在人力、物力上给予支持。实践证明，统一领导，综合规划，分工协作的体制，既发挥了各部门的优势，又体现了齐心合力办大事的优越性，保证了建设项目的顺利开展。同时，制定科学的管理办法，加强对项目的管理。

（三）依靠科技进步，注重典型引路　农村能源建设一开始就注重科学技术的运用，努力增加项目的技术含量。近年的农村能源建设，各地依靠科技，逐步创建了一批适合当地情况的建设模式。例如，北方逐步发展起来“四位一体”农村能源生态模式，就是在农民创造的基础上，经过科研和推广工作者的科研和试点应用，逐步形成了规范的技术体系和操作规范，并被列为国家级重大科技推广项目。又如许多地区把薪炭林建设与小流域建设综合治理相结合，治水、治山又治坡，取得增加能源供应、防止水土流失和提高经济效益的多种效果。为提高建设项目技术水平，国家和多数省、自治区都选定有关科研单位为项目技术指导单位，负责技术服务，开展人员培训。在项目的具体实施中，始终坚持以软科学为先导、硬技术为基础、示范推广为手段、综合效益为目的的原则。

坚持科学技术是第一生产力的思想，尊重群众的发明创造，广泛发动和依靠科研力量，及时开发，及时总结，使多项实用新技术在实践中不断得到完善和提高。多年来，各地系统地编印了有关技术的施工规范、图集、科普读物，使新技术的规模性推广工作有较为配套的技术保障。农村能源建设工作的作用与效益，重要的是典型吸引。根据不同地区的特点，各地的技术推广从单一到综合，从户到村，从村到乡、到县进而连片发展起来的。成功的做法在于选点好，带好面。一些地区针对农民的需求，选择好结合点，找到突破口，求真务实地办好试点，产生一定区域效益和影响。

（四）围绕事业办产业，发展产业促事业　农村能源生产和销售服务企业，是农村能源产业建设的重要基础。农村能源产业是农村能源建设发展到一定阶段、一定时期的必然产物。农村能源建设把建立和完善农村能源产业与技术服务体系、开拓能源的供应渠道，作为重要内容之一，倡导“围绕事业办产业，办好产业促事业”。为处理好产业与事业的关系，提出坚持“一业为主、多种经营”的指导思想，进行多角化经营，以利效益的反哺。要求产业项目建设逐步按照市场经济机制运行和操作，通过产业项目建设获得实际的经济效益。在农村能源综合建设县项目当中，特别强调了以项目建设推动产业发展，以发展产业促进项目建设。农村能源建设的重要成果之一是发展了产业，而农村能源产业又构成了事业发展的关键性基础。

农村能源产业，本身的微利性、公益性和弱质性，使其在市场竞争中处于劣势，国家要从财政、信贷、税收和技术等方面进行多方位的政策性支持，这也是国际上惯用的做法。但随着市场经济的发展，农村能源产业，也必须企业化、市场化。因此，发展农村能源产业，应遵循经济效益与社会效益相结合的原则。

目前，从农村能源产业的专业构成来看，几乎覆盖了新能源和可再生能源各种领域。但各专业发展很不平衡，有的产品技术已经成熟，并形成一定的规模占领了较大的市场。例如，太阳能热水器的生产企业的生产能力初步满足了不同地区、不同档次的需求。但是，部分农村能源技术尚处于开发阶段，未形成批量生产，相应的市场开发能力很薄弱，应进一步转变观念，把政府宏观管理的着力点，放在开发和培育农村能源市场，并保障其健康运行。

（五）强化基础　对农村能源建设，硬件基础、工作基础和人员素质这三方面很重要。经过多年的努力，农村能源体系的基础初见规模，但还比较薄弱。硬件基础即体系建设，已初步形成了从中央到地方的农村能源管理和推广服务体系，逐步建立了几个重要的能源产品监测中心和区域性培训中心，但体系的基础设施能力较差。工作基础包括法制建设、规范性管理。农村能源工作必须强调法制建设，逐步做到依法管理。几年来，各地一直在努力推进政策和法规建设，并取得了一定成效。人员素质是根本性的基础。人员素质包括政治素质和业务素质两个方面，都很重要。农村能源建设队伍是好的，能吃苦、能战斗。一些农村能源办、处、站，十分注重加强职工培训教育，采取措施，提高职工的业务素质，树立献身农业、服务农民的责任感和使命感，进一步树立了优良的行业风尚。几年来，各地农村能源技术培训，组织师资力量和培训教材，选派事业心强的业务尖子，多渠道、多层次地开展技术培训。实践证明，提高从业人员的业务素质，是保证技术推广质量和效果的有效措施。

农村能源建设工作是取得了一些经验，但对社会主义市场经济体制下的农村能源建设运行机制的探索，还需要多方面的共同努力。

（农业部环保能源司　白金明）

农村能源标准化和技术监督

标准化和技术监督作为国家行政管理和质量监督的重要组成部分，农村能源标准化和技术监督工作作为农村能源建设和服务农业的一项重要技术基础，在实施科教兴农战略、促进农业实现两个根本性转变和可持续发展中具有越来越重要的作用。

（一）标准化和技术监督工作为农村能源建设持续、快速、健康发展做出了积极的贡献　1985年国务院发布了《产品质量监督试行办法》，从而使农村能源产品质量监督工作在行政法规上确立了地位。“七五”以来，各有关部门和地方政府大力加强农村能源标准化和技术监督工作，为推动农村能源科技成果转化、促进农村能源技术开发和产品推广、规范农村能源市场秩序和保障农村能源建设持续发展做出了显著成绩。

一是加强农村能源标准体系建设，促进农村能源科技成果转化。从“七五”开始，农业部几乎每年都投入大量的资金，召集有关科研院所和大专院校的众多专家参与制修订农村能源国家标准和行业标准。据不完全统计，截至1996年底，全国共颁布实施了农村能源国家标准30项，行业标准6项，部门技术规范3项。这些标准和规范覆盖了农村生活和生产领域中各种能源开发和节能技术及工艺，涉及省柴节煤炉灶、户用沼气池、大中型沼气工程、太阳能热利用（包括太阳能热水器、太阳房、太阳干燥器、太阳灶等）、新型液体燃料、微水电、风力发电以及烤烟房、炒茶灶等产品和技术。目前，一个以主要的农村能源产品标准为重点，由国家标准、行业标准、地方标准、企业标准和部门技术规范相配套，包括产前、产中、产后全过程的农村能源标准体系已初步形成，在一定程度上满足了农村能源行业发展的需要。在农村能源标准的制修订过程中，始终突出了以加快先进适用的农村能源科技成果的转化为重点，针对“六五”以来开发推广的省柴节煤炉灶、沼气池和太阳能热利用技术等农村能源科技成果，制定了各种民用炊事和取暖节能炉具、户用沼气池及大中型沼气工程、太阳能热水器、太阳房、太阳灶和新型液体燃料及灶具技术条件和技术规程等国家标准、行业标准和地方标准。其中，沼气开发利用的全套技术标准不仅在全国90%以上的沼气池建造中应用实施，而且译成外文，被20多个国家采用，受到普遍欢迎。《农村家用水压式沼气池图集》国家标准曾获得1992年国家科技进步二等奖。许多地方配合节能炉具的推广，将其标准编成“明白纸”，发到千家万户，便于农民尽快掌握农村能源最新的科学技术成果，效果极为显著。

二是加强农村能源标准宣贯实施，促进农村能源产品推广和质量提高。在加快农村能源标准制修订的同时，一方面狠抓重要的农村能源标准的宣传贯彻普及，使农民增加了对农村能源标准化的知识；另一方面狠抓农村能源标准的典型示范，在遍布全国790个省柴节煤炉灶试点县和100多个沼气建设试点县中，大规模地推广应用《民用省柴节煤炉灶测试方法》和《农村家用水压式沼气池图集》等技术标准，同时还在北方地区普及太阳灶、太阳房等农村能源实用技术标准，在南方地区推广烤烟、炒茶等节能技术标准。农村能源标准的宣贯实施，对促进农村能源产品推广和质量提高起到了积极作用。据不完全统计，仅全国推广的1.77亿户省柴节煤炉灶每年即可为国家节约商品能源约4 420万吨标煤，以沼气为纽带的各项技术措施，更是给农业增产带来明显的效果。

三是加强农村能源监测工作，为规范农村能源技术和产品市场发挥了重要的作用。从1991年开始，农业部即着手建立农村能源产品及设备质量监督检测体系，在首批筹建的部级农村能源产品及设备质量监测中心当中包括省柴节煤产品及设备、沼气产品及设备、微型发电产品及设备质量监督检测中心。这些中心充分依托农业部规划设计研究院、农业部成都沼气科学研究所和农业部南京农业机械化研究所等具有长期从事农村能源技术及产品科研开发、标准制定、推广示范经验的科研单位，一方面利用自身的技术优势和精良的仪器设备，在筹建过程中密切配合农业部以及行业中的质量监测工作，积极制定有关农村能源产品及技术标准，开展产业调查；另一方面坚持监督与服务相结合，努力将各自的中心建成农村能源行业中相关技术的“产品质量评价中心”、“技术咨询服务中心”、“市场商品信息中心”和“人才交流培训中心”，较好地维护了广大农村能源产品生产企业和农民的合法权益。

（二）建立健全标准化体系和质量监督体系已成为农村能源建设的当务之急　从整体上看，在深化农村经济体制改革和实施可持续发展战略过程中，农村能源标准化和技术监督体系建设的现状还不能适应新形势发展的要求。存在的问题主要表现为：农村能源标准化和技术监督意识还不够强，工作开展不平衡；农村能源行业的标准化和技术监督工作体系不健全，组织不落实；缺乏组织协调，没有真正形成合力；投入不足，经费不落实，缺乏提高农村能源行业总体质量的原动力；一些农村能源产品质量不高，粗制滥造、假冒伪劣现象时有发生。

因此，加强农村能源行业标准化和技术监督工作，制定农村能源行业质量振兴计划，对促进农村能源产业化发展，提高农村能源产品质量、工程质量和服务质量水平，增强有关产品和企业的市场竞争能力，实现我国经济发展的两个根本性转变，有着十分重要和紧迫的意义。

（三）全力做好“九五”期间农村能源标准化和技术监督工作　首先，按照两个根本性转变的要求，明确“九五”及2010年农村能源标准化和技术监督工作的指导思想。即以两个根本性转变为指针，以服务农业和农村经济发展为目标，以建立健全农村能源标准化体系和监测体系为基础，狠抓农村能源标准宣传贯彻实施和农村能源产品及设备质量监测工作，因地制宜，突出重点，典型示范，注重实效，为加强农村能源建设在农村社会经济发展中的基础地位，推进农村能源产业化进程，全面实现党中央的战略目标做出贡献。其次，围绕国家《质量振兴纲要(1996～2010年)》，制定切实可行的农村能源标准化和技术监督工作目标。即根据农村社会经济发展需要，经过5～14年的努力，从根本上提高农村能源产业的整体素质和质量管理水平，建立健全农村能源质量监测体系和标准体系，全面提高农村能源行业的产品质量、工程质量和服务质量。第三，突出工作重点，认真抓好各项任务和目标的落实。一是建立健全农村能源行业标准化体系，加快标准制修订步伐。二是加大农村能源行业标准化和技术监督工作的宣传，采取多种形式强化农村能源质量普法教育、质量意识教育和质量管理知识培训，全面提高农村能源系统从业人员的质量管理水平、贯彻执行标准的业务水平和质量意识。三是进行农村能源系统质量调查研究，并作出评价。四是加快完善农村能源产品及设备质量监督检测体系，在筹建部级沼气、省柴节煤炉灶和微型发电装置质量监督中心和地区性监督站的同时，继续补充太阳能和新型液体燃料产品及设备质量监督检测机构建设，结合全国农业、农村经济发展的需要，以贴近农业、贴近企业、贴近用户为主要原则，分层次、分地区、分期分批地逐步建立起以国家级质监中心为龙头、以部级质监中心为主体，以地方质监站为基础的农村能源产品及设备质量监督检测机构体系。五是在农村能源生产企业内推行科学的质量管理方法，全面贯彻GB/T19000-ISO9000质量管理和质量保证系列标准，积极开展质量体系认证和农村能源系统主导产业的产品质量认证、认可工作。六是提高农村能源生产企业的基础管理工作。七是抓好农村能源产品的使用技术指导，规范产品的标签、标识，改进产品包装质量，通过商标、专利、条形码等知识产权手段，依法促进农村能源主导产品全面实现商品化、市场化和国际化。八是加大对农村能源行业标准化和技术监督工作的投入，加强质量振兴工作。

（农业部环保能源司　李景明）

农村能源产业建设

农村能源产业是指农村能源产品和设施的生产、建造、施工、销售和技术服务业。农村能源产品包括与农村生产和生活用能相关的能源开发与有效利用能源的产品、设备、配件等。农村能源技术服务包括产品、设施的使用、管理、维护、技术咨询和技术培训等。

一、农村能源产业发展的历史回顾

农村能源建设是从手工搭砌省柴节煤灶和户用沼气池开始的。随着农村能源建设内涵的扩展，规模的迅速扩大和农民对提高生活水平的要求，这种原始的方式已不能适应。为保证农村能源建设具有持续发展的能力，提高效益，需要商品化、系列化、标准化的农村能源产品，畅通的销售网络和专业化的服务队伍。因此，农村能源产业是农村能源建设发展到一定阶段、一定时期的必然产物，是农村能源建设的一项重要内容。

（一）农村能源产业的发展历程　农村能源产业从无到有，从小到大，其发展过程大致分三个阶段：第一阶段是适应农村户用沼气发展，形成的沼气技术服务队和沼气技术服务公司，承担建池、零配件供应及日常维修管理工作；第二阶段是在沼气技术服务的基础上，结合农村省柴节煤工作的开展和新能源在农业上的开发利用，而形成的技术推广、技术服务和产品加工生产体系；第三阶段是为适应农村能源建设业务领域的拓宽和改革开放的形势，遵循“围绕事业办产业，办好产业促事业”的方针而形成的经济实体，它不仅从事农村能源建设的技术推广、服务工作，还向全行业提供技术开发产品和生产设备，初步形成了贸、工、农一体化的较完整体系，产品品种增加，质量提高，农村能源产业的构成，也由原来的以国有、集体为主，内引外联，发展到国有、集体、个体、联营和中外合资等多种形式。此外，还发展到多种经营，以副养能，增强了农村能源产业的市场竞争能力。

农村能源产业的发展变化，总的看来是稳步发展，虽受大环境的影响，出现了几次波折，产业数量和产值有所下降，但固定资产和效益一直是增长的态势。

（二）农村能源产业建设成效的取得得益于国家政策的支持　农村能源产业具有弱质性和社会公益性的双重特点，其发展壮大离不开国家宏观调控政策的支持，农村能源产业建设的成效是国家宏观调控政策支持的结果。

1984 年，财政部印发了《对沼气技术服务公司免征工商税和工商所得税的通知》。《通知》指出“发展沼气是解决农村能源，减轻环境污染的一项重要措施。为扶持沼气技术服务公司（站）的发展，经研究决定：对新办的沼气技术服务公司（站）取得的收入，从开始营业之日起，免征工商税和工商所得税”。对原有公司（站）纳税有困难的可酌情予以减免税照顾。

该文件积极扶持和推动了农村能源产业这个新兴、弱质行业的发展，使各地沼气技术服务公司（后改为农村能源技术服务公司）迅速发展，有力地支持了农村能源建设的开展，并为建立农村能源市场打下了基础。

1986 年，国家计委、中国农业银行、农牧渔业部下发了《关于积极扶持农村能源发展贷款的通知》。《通知》指出，“为扶持农村能源产业、技术服务行业和农村生产节能试点示范工作，‘七五’期间农村能源管理部门和农业银行要积极扶持农村能源建设发展”，“国家在可能的情况下，安排一定的信贷资金给予支持”，“对某些利润较低而社会效益好的项目，国家计委节能局给予适当的利息补贴”。同年，在国务院第三次节能工作办公会议上决定每年安排 6 000 万元贴息贷款，用于国有农村能源企业技术改造。1993 年初，国家又将贷款额度增加到 1 亿元。

三、农村能源产业发展的现状

经过多年的努力，我国农村能源产业取得了一些令人欣慰的发展成绩。但由于农村能源产业的微利性、社会公益性和发展机制的不完善，总体上仍属于弱质产业的范畴。

（一）农村能源产业结构状况　截至 1995 年底，全国农村能源系统所属的生产企业已达 1 814 家，资产总额 6.9 亿元，职工 3.8 万人，年产值 12.4 亿元，利润 9 845 万元。全国有农村能源技术服务公司 3 137 家，资产总额 6.4 亿元，从业人员 2.5 万人，营业额 12.7 亿元，利润 5 509 万元。

1. 产权形式结构。农村能源产业在产权形式上具有明显的多元性特征。在 4 951 家农村能源企业中（包括生产企业和服务公司），国有企业约有 815 家，占总数的 16.5%，集体企业 2 710 家，占 55.1%，其他企业（包括个体企业、乡镇企业、合资企业和股份制企业等）约有 1 426 家，占 28.4%。在农村能源生产企业中，国有企业占 13.0%，集体企业占 55.0%，其他企业占 25.5%。

2. 管理模式结构。目前，各级农村能源主管部门与农村能源企业的关系，主要有两种管理模式：

（1）纯粹行政管理模式。在这种模式中，农村能源办多为行政部门，宏观调控能力强，一般不直接创办和经营企业。这种模式的能源办由于没有自己直属企业，通常可在产业发展规划和指导方面投入更多精力，如技术服务、提供市场信息、协调政策和行政关系等。同时在资金扶持、项目分配等方面也能较好遵循效益优先、公平等原则。

（2）直接从事企业经营模式。这种模式的能源办一般属事业单位。这种模式又可分为两种情况：一是能源办主任直接出任企业管理者。即能源办与企业是两块牌子，一套人马，能源办主任直接兼任公司总经理（厂长），能源办工作人员同时也是企业员工。二是能源办聘任专家管理企业。即能源办不直接参与企业管理，仅对企业重大经营方针、计划施加影响，从社会上招聘专家管理企业。通常，能源办与经理（厂长）订有目标责任制，完成经营目标按比例奖励，完不成受罚或解聘。这类企业由于较好地贯彻了专家管理原则，能人治厂，相比较而言管理水平较高。

3. 行业结构。从农村能源产业的行业构成来看，我国的农村能源产业几乎覆盖了所有新能源和可再生能源领域。但各行业发展极不平衡，有的产品与技术已经成熟，并形成了一定的生产规模，占领了较大市场；有的产品与技术尚处于开发阶段，未形成批量生产，相应的市场开发能力也很薄弱。

（1）太阳能热利用行业。据估算，目前全国太阳能热利用行业的单位有 442 个，其中省、地行业管理部门 48 个，科研、开发单位 71 个，生产研究单位 259 个，经销维修单位 64 个。

太阳能热利用行业的主导产品太阳能热水器的生产厂家，由 1979 年的十几家已发展到 300 多家。具有千万元产值的厂家有 10 多家，500 万元以上产值的 30 多家。1995 年全国太阳能热水器销售已达 100 万平方米，其中华北和华东两地区各占 25%，西南地区占 20%，华南与西北地区合计占 15%，其他地区为 15%。在热水器总销量中，闷晒式占 20%，平板式占 40%，真空管占 20%，总销售额约为 8 亿元。另外，太阳能热利用的另一种产品太阳灶也取得了一些发展，目前全国太阳灶保有量已达 14.2 万台，大多为聚光型，反兴型材料有玻璃镜片和真空镀铝薄膜等。全国每年太阳灶销量在 3 万台左右。

（2）节能炉具行业。节能炉具范围很大，已形成一定规模的有两种：一种是家用炊事水暖炉。每年生产和销售这种炉具约 30 多万台，产值超亿元。生产该种炉具的厂家约有 1 000 家，但多数为小型企业或“小作坊”。另一种是节煤炉。节煤炉生产产量在万台以上的厂家约有四五家。也有一些骨干企业，如湖北钟祥市农村能源器材总厂的节煤炉年产量达 25 万台，行销 6 省、自治区，有 46 个销售网点。

（3）沼气行业。沼气行业主要由农村沼气、城镇沼气和工业沼气三部分组成。据统计，1996年底全国农村户用沼气池的数量已达602万户，总产气量16.29亿立方米；城镇污水净化沼气池5.22万个，总容积180.8万立方米；大中型工业沼气工程592处，总容积33.49万立方米。目前，全国已有农村能源（沼气）服务公司（站）2 810个，从业人员2.4万人，固定资产3.2亿元。在为农村沼气建设提供设备和配件、技术推广、工程承包、咨询维修等方面已初步形成较为完善的服务体系。

（4）生物质能转换技术行业。生物质能转换技术包括两类，一是微生物转换技术，利用微生物消化制取沼气；二是热转换技术，包括直接燃烧、气化、液化、成型和制炭。目前从事生物质气化技术研究的科研单位有十余家，并已初步形成产业，如山东能源所生产的XFF型气化炉，已在山东、北京等地投入使用，反应良好；北京怀柔气化炉具设备厂等一些生产企业也有了一定规模，多种型式和规格的工业和民用气化炉产品正逐步走向市场。

（5）新型液体燃料及燃具行业。80年代以来，各地对新型液体燃料的开发和利用技术有了一定发展，新型液体燃料如甲醇、乙醇、醇醚和轻烃燃料等发展较快，到1994年全国已有20多个省市开发了新型液体燃料，已有8万多户用上新型燃料。多家燃具企业已销售新型液体燃料燃具2万台左右。但总的来看，这一行业技术上还尚待完善，市场可发能力也有待增强。

(6)太阳光伏发电技术行业。我国太阳光伏发电始于70年代初期，在“七五”期间，先后从国外引进了七条太阳能电池生产线，使我国太阳能电池的额定生产能力猛增，截至1995年底，全国太阳电池的累计用量已超过6兆峰瓦。

三、农村能源产业发展的目标、原则与政策措施

“九五”期间，在继续贯彻“因地制宜、多能互补、综合利用、讲求效益”和“开发与节约并举”方针的基础上，农村能源产业建设的发展目标和政策措施是：

（一）农村能源产业发展的目标　为满足我国《国民经济和社会发展“九五”计划和2010年远景目标规划纲要》的要求，农业部制定的《农村能源建设“九五”计划和2010年规划》中明确提出，到2000年，农村能源产业产值将达到100亿元，利润达到8亿元，形成固定资产50亿元，从业人数达30万人。其中，农村能源生产企业和年产值达到70亿元，年利润达到6亿元，形成固定资产40亿元，职工人数达10万人。建立各级农村能源服务公司(站)800个，到2000年累计总数达到3 000个，形成固定资产10亿元，年营业额30亿元，利润达2亿元，从业人员20万人，其中各种专业技术服务队15万人，从而形成较为完善的农村能源技术开发、技术咨询、销售服务和质量监督等农村能源服务体系。

（二）农村能源产业的发展原则　农村能源产业作为一种特殊产业，在宏观发展原则上有自己的特色。在现阶段要推进其健康成长，应主要遵循以下原则：

1. 经济效益与社会效益相结合原则。农村能源产业本身的微利性、公益性和弱质性，使其在市场竞争中处于劣势，发展农村能源产业，必须遵循经济效益与社会效益相结合的原则，引导企业彻底抛弃“等、靠、要”的传统观念，真正树立“自主、自立、自强”的经营思想，敢于并善于在市场经济中搏击风浪。因为，目前国家不可能拿出大量的资金进行扶助。同时，一个单纯依赖政府输血的产业，是没有前途的产业，在市场竞争中是没有生命力的。

2. 多角化经营与“反哺”原则。多角化经营战略具有以下综合优势：一是拓宽了产业收入来源的渠道，有助于增强总体经济实力；二是最大限度地分散了经营风险，有助于产业的稳定发展；三是通过广泛的市场参与，积累了经营管理经验；四是克服了农村能源产品（如太阳能热水器、节煤炉等）生产经营活动的季节性特点。应当指出的是，在多角化发展原则下，企业极易走向完全的趋利性经营，把主要精力投入与农村能源产业没有直接关系盈利性活动，而放弃传统的能源产业经营。针对这种情况，必须采取适当的政策措施，用非能源产业的经营利润补贴能源建设，即实现类似乡镇企业“以工补农”、“以工建农”的“反哺”效应。

3. 区域性原则。农村能源产业不仅受社会经济发展水平，而且受自然因素影响。农村能源产业，必须坚持地域性原则，从当地社会经济和自然条件出发，确定区域产业发展重点和核心产品。

4. 阶段性原则。在社会经济发展的不同阶段，农村能源产业发展的指导思想、扶助的产业重点和政策措施，也应有所不同。如在经济发达地区，传统户用沼气日渐衰落，但大型沼气工程却方兴未艾。究其原因：一是经济发达地区政府环保意识增强，通过政策法规形式，强制企业建设污水处理设施；二是企业经济实力较强，有能力拿出数百万元建设沼气工程；三是城乡居民自我环保意识的增强，给企业巨大的社会压力。因此，农村能源产业必须根据经济发展的不同阶段，及时调整自身产业和产品，以获得相应的市场机会。

5. 合理布局原则。科学规划、合理布局，是事关总体发展的宏观战略问题，必须引起高度重视。在农村能源产业指导上必须遵循合理布局的原则，积极调整和引导企业合理分工、协作，通过相应的资金政策和项目审批制度，实现产业宏观布局的科学规划。

6. 整体推进，重点突破的原则。在整体、全面推进我国农村能源产业发展的基础上，必须选择技术、市场较成熟的行业和产品重点突破，以起到以点带面的效果。

（三）政策措施

1. 资金扶助政策。资金扶助政策包括财政、信贷和税收优惠支持等。在争取全国统一性的资金扶持政策的同时，各地能源办应发挥其协调功

能，争取当地财政和信贷的支持，寻求区域性税收优惠。

按照发展经济学原理，对农村能源这一弱质产业来说，财政和信贷的支持首先应遵循分散化集中的原则，即为了促进产业的全面发展，应尽量使资金分散化，但决不是“撒胡椒面”式的平均分配，而是向各地均等提供资金的过程中，把资金投向当地核心骨干企业，通过核心骨干企业的连带效应带动当地整个产业的发展。其次，应当承认并接受各地区农村能源产业发展的不平衡性。不平衡发展既是一种发展过程，也是一种发展结果。作为财政和信贷扶持是谋求发达地区与落后地区共同成长，而不是消除现实的不均衡。

2. 市场扶持政策。市场扶持政策十分重要，在市场经济条件下，有时与其给企业资金扶助，不如给它们提供或帮助它们寻找市场机会。市场扶持政策包括：逐步建立农村能源企业市场信息系统，保证及时、准确、全面地为企业提供各种国内外市场资料；增加政府订货或政策性订货；协助企业扩大宣传，提高企业和产品在市场上的知名度。

3. 技术扶持政策。技术扶持政策涵盖十分丰富，主要包括：为企业提供技术信息，包括技术发展、产品信息和技术政策等；培训技术人员；健全国家行为技术标准，加强技术、质量监测；协助企业与科研单位、大专院校、行业技术先进企业建立协作关系，通过技术咨询、技术转让、技术承包、技术入股等形式把先进技术引入农村能源企业；在加强行业的国内外技术交流、协作，通过技术交流捕捉国内外市场的技术进步信息，开发新产品。

4. 促进联合政策。针对农村能源企业资产结构中形成的“散、乱、小”现状，通过多种政策途径促进、引导其联合、兼并。如对联合、兼并企业优先提供财政、信贷支持；优先提供先进适用技术等；对有联合、兼并意向的企业进行组织、协调，牵线搭桥。

5. 加快建立现代企业制度。农村能源企业在产权制度和经营方式方面存在诸多问题，要真正推进农村能源产业发展，必须加快产权制度改革，完善经营方式，建立现代企业制度。

(1) 产权制度改革对策。在农村能源企业中，国有企业和集体企业占到71.6%，是主体形式。农村能源企业产权的目标模式改革思路是：

对于具有一定规模、经济效益较好的国有或集体企业，引导其向有限责任公司方向改造。

对于一般小型国有、集体企业，引导其向股份合作制方向改造，对经营效果不好的企业，要按股份合作制方式重建。股份合作制企业应是农村能源企业产权改革中居第二位的目标形式。

加强对民营企业的指导、扶持和规范。民营企业（私营企业和个体企业）是我国农村能源产业中一支不容忽视的发展力量，在未来的农村能源产业发展中，民营企业将会发挥越来越重要的作用，必须主动把它们纳入我国农村能源的总体发展计划之中，加强对它们的指导、扶持和规范。

(2) 完善经营方式对策。产权制度改革与经营方式紧密相连，随着有限责任公司和股份合作制企业的建立和完善，企业在经营方式上就会形成科学、规范的法人治理结构。但产权制度改革是一项长期、复杂的工作，在尚未完成产权制度改革的相当长一段时期内，承包制、租赁制和目标责任制仍是农村能源企业的重要选择。

对小型、微利、甚至亏损的农村能源小企业，倡导实行承包制或租赁制经营方式。但要防止包盈不包亏，要广泛实施风险抵押承包或租赁。对承包或租赁指标要进行反复科学论证，保证指标的完整性、科学性、公开性和综合性，防止承包者或租赁者掠夺式经营。

对于实施目标责任制的企业应从三个方面引导其不断完善和规范：一是提高目标的科学性和可行性，聘请有关方面专家参与制定目标指标；二是在确定目标责任制后，应通过合同形式规范能源办行为，保证经营者的经营自主权；三是严格兑现，防止流于形式。

6. 提高企业经营管理水平。针对目前农村能源企业经营管理方面存在的不同问题，如：农村能源企业规模狭小，经营分散；产权制度改革滞后和经营方式不完善；经营管理水平较低；技术标准不健全与行管不力等需急待解决。今后要加大政策投入，对绝大多数农村能源企业来说，在微观管理上应以推进科学管理为主，即建立健全基础管理环节。对于少数大型骨干企业，应以倡导建设企业文化为主要内容的管理改造。提高农村能源企业管理水平，关键要建设一支高水平的管理队伍。加强管理教育的培训，以适应农村能源产业走向市场的新要求。不仅要在管理者中树立牢固的以市场为导向的全新经营观念，而且要教给他们经营管理技巧。

（农业部环保能源司　陈彦宾）

农村能源科技进步

经过20年的努力，我国农村能源已发展成为初具规模的新兴行业，成为我国能源工业的一个重要组成部分。这是科技兴能的必然结果。农村能源科技工作，在我国是一个新兴的领域。进入70年代以来，农村能源建设的推广管理机构、科研机构以及技术服务机构等都有了很大的发展，已成为我国农村能源建设的重要支柱。

（一）建立健全了农村能源建设的技术行政管理机构和技术推广体系　自1979年9月，国务院批准成立全国沼气建设领导小组及其办公室以来，全国除个别省、自治区外，都成立了相应的沼气推广机构，为了适应业务范围扩大的需要，1984年4月国务院批准成立国务院农村能源领导小组及其办公室。1984年后各省在原沼气推广机构的基础上改名为农村能源办公室。据1996年统计，全国30个省、自治区、直辖市以及绝大部分的地（市）、县都建立了农村能源办公室，不少区、乡也都设有机构或专人分管农村能源工作，全国有行政管理机构人员7 548人；有技术推广单位6 685个，从业人员23 063人；技术服务专业队9 665个，从业人员81 294人。

（二）建成一支训练有素的科技队伍　为了提高我国农村能源建设的科技水平，解决生产中出现的新问题和充分发挥农村能源建设的效益，中央和地方都加强了农村能源科研工作，研究机构和科技人员都有了很大发展。

1979年农业部组织成立全国沼气科研协作组时，只有12个科研单位，70多人。到1996年，据不完全统计，全国有专业研究所8个（4个沼气所、1个太阳能所、1个地热所、1个风能所、1个小水电所），省级能源研究所24个，地县级科研所（站）45个，还有许多高校也有农业能源科研所室。全国从事农村能源科研和技术开发机构有150个，科技人员3 000余人。这是一支专业齐全、业务素质较高的科技队伍，曾参加过国家"六五"、"七五"、"八五"科技攻关项目和省部级重点科研项目的研究，均做出过积极贡献。

（三）开展了内容广泛的科学研究　包括农村能源的基础研究、应用技术及设备研究、工程试点示范开发研究和技术标准研制等，而且研究范围较广，例如沼气科研方面包括厌氧发酵菌（纤维分解菌、产甲烷菌、产氢菌等）的分离鉴定技术，甲烷菌在沼气池中的垂直分布、厌氧发酵工艺、发酵装置、沼气利用装置（灯、灶、冰箱、孵蛋、发电、热水器等）、沼气环境卫生、沼气综合利用（包括沼渣育菇、沼渣肥效、沼液浸种、沼液喂猪、沼液养鱼、沼液叶面肥等）、沼气脱硫、沼气池密封涂料、沼气池出料机械以及各种标准等。生物质液化，成型，气化技术、薪炭林优良树种技术、太阳能热利用高新技术、光电技术、地热农业利用等科研、试点均有较大的进展。

（四）取得了大批科技成果　近20年来，我国农村能源科技工作者通过各种渠道开展了900多项农村能源课题研究，取得了860余项鉴定成果，其中有相当一部分成果达到国内领先和国际先进水平。据不完全统计：1985—1996年共获省部级以上科技进步奖169项，其中获国家科技进步奖9项，许多成果已在生产中推广应用，产生了良好的经济、环境和社会效益。

1."七五"攻关研究成果太阳能热水器和被动式太阳能采暖房，深受农民欢迎。到1996年分别累计推广了524万平方米和455万平方米，比1990年分别增长了3.4倍和11倍，特别是真空管太阳能热水器，国内已在20多个厂家专门生产，许多厂家的产品还销往国外。我国太阳能热水器、太阳房、太阳灶及太阳能干燥器等，无论在式样上，还是数量上，均居世界之首。

2.县级农村能源综合建设研究成果已在全国342个县推广，不仅可以全面推进地区能源建设，而且促进农村社会、经济和生态环境持续协调发展。截至1995年底，第一批百县项目已形成开发和节约能源2 217万吨标准煤的能力，年创经济效益能力达60亿元，不仅带动了农能产业和行业的发展，也有效地支持了农村经济的发展。

3.适合北方地区的"四位一体"沼气、太阳能源新技术成果，既推动农业生产技术的进步，又增加农民收入（一般每户可增加经济收入2～3倍，增收5 000元以上），颇受农民欢迎。1996年累计在东北、华北、西北试点推广了12万户，其中辽宁省达11.2万户。

4.沼气综合利用成果的推广规模不断扩大。据1996年统计，全国沼气贮粮4.83万吨，沼液养猪473.28万头，沼液养鱼水面3.8万公顷，沼液浸种115.94万公顷，分别比1990年增长6.3倍、11.5倍、9倍、34倍，此外，沼渣育菇达690.87万平方米，沼气水果保鲜8 941吨。其产生的效益是不言而喻的。

5.沼气气体利用方面，我国研制的沼气灯、沼气灶，其亮度和热效率均超过巴西和印度的产品；四川南充地区农机所研制的S195型双燃料沼气柴油发动机，热效率达到38.5%～40.1%，超过了世界先进水平，突破了日本专家关于改装后的双燃料发动机功率可保持柴油机改装前的功率、热效率低于原柴油机的论断。此外，我国专家徐曾符等人为联合国大学编写的《中国沼气工艺学》一书，获得了该大学的赞赏和好评，也被国家出版署评为优秀科技图书。

在肯定我国农村能源建设成就的同时，也应看到我国农村能源科技工作起步较晚，基础薄弱，投资强度低，所取得的成果还不能适应农村能源建设发展的需要，农村能源科技贡献率还很低，科研成果转化为生产力较低等问题急待解决。

（农业部环保能源司　屠家宝）

县级农村能源综合建设

（一）发展背景　我国农村居住的人口多、分散，沿用落后的农村能源工艺技术效率低、能耗高，加之商品能源在农村供应量少，致使农村长期处于能源短缺的困扰之中，制约了经济发展，破坏了生态环境。这一状况引起国家有关管理部门及广大科技工作者的关注，有关部委依据"因地制宜、多能互补、综合利用、讲求效益"、"开发与节约并举"的农村能源建设方针，按照各自的分工，分别组织开发相应的技术并进行试点示范。国家科委、国家经委、原国家农委、农业部、林业部、水电部等安排了太阳灶、太阳能热水器、被动式太阳房、风力发电、风力提水、地热养殖、户用沼气池、省柴节煤炉灶、营造薪炭林、小水电等项技术。其共同特点是，根据业务分工，来抓单项技术的开发利用；试点研究范围有农户、有以村或乡、有以县为单位。这些试点示范对农村能源建设和各单项技术的发展、成熟起到了不同程度的作用。同时也反映出，靠单项技术来摆脱农村能源短缺的困扰，发展农村经济，改善生态环境是很困难的。必须从国情出发，走联合和合作的道路，开展以县为单位的农村能源综合建设的路子。

农村能源综合建设，就是以划单位县（或县级市）为单元，由县政府统一领导，应用大系统的观点，综合发展的思路，根据能源、环境的总目标、通过综合规划，选择项目，制定总体方案和技术路线，因地制宜地开发利用当地能源资源，有效利用商品能源，建立起多能互补的合理用能体系，建立和完善农村能源组织管理、能源产业服务体系。全面系统地解决农村能源问题，同时取得能源、生态、经济、社会的协调发展。县级农村能源综合建设是“因地制宜、多能互补、综合利用、讲求效益”十六字方针的完整体现。

（二）县级农村能源综合建设发展过程：

1. 建设途径的探索。原农牧渔业部、林业部、水电部有关业务部门通过实践切身感到，以前那种分割独立的工作和仅进行乡、村小范围的试点，已不适应农村能源建设发展的要求。只有从国情出发，走联合和合作之路，才能促进我国农村能源与生态环境问题更快、更有效的解决。1983 年 3 月，国家经委向农业部、林业部、水电部下达了“县级农村能源综合建设试点研究”课题，选择了福建永春县、四川铜梁县、河南郸城县等三个县首次进行我国农村能源多部门、多学科合作的综合建设尝试。1985 年底，三部又选择湖北省通城县、河北省遵化县、湖南省绥宁县进行试点研究，探索我国农村能源建设途径和模式，为加速我国农村能源建设提供有益的经验。通过 6 个试点研究，初步探索出适合我国国情的农村能源建设的路子。

2. 科技攻关，增强科技投入，发挥多学科、多部门联合优势。为了更广泛深入探索农村能源综合建设的前景和具有我国特色的农村能源建设的道路。1986 年国家计委、科委、财政部下达“七五”科技攻关任务，在农业部、林业部、水利部、中国科学院、机电部、国家教委、能源部等部委主持和指导下，在有关省区县政府和部门直接领导和支持下，认真贯彻执行能源建设方针，采用以软科学为指导，硬技术为基础，软硬结合，综合研究，联合攻关，试验示范与推广应用相结合的技术路线，有 64 个科研单位和大专院校近 1 000 名科技人员投入广东五华县、四川宁南县、湖南南县、福建平潭县、安徽舒城县、江西玉山县、浙江富阳县、江苏如皋县、辽宁喀左自治县、宁夏西吉县、河南通许县、河北河间县等 12 个不同类型地区农村能源综合建设的研究，建立了 12 种各具特色的能源综合建设系统模式，形成配套技术体系；初步建立起促进农村能源综合建设的服务体系和产业体系；积累了一套行之有效的组织管理方法和实施措施；取得了显著的能源效益、经济效益和生态效益：能源开发量 1990 年比 1985 年增加 27%，节能能力达到 87 万吨标煤，人均生活有效能提高 25.7%；治理了水土流失，约占应治理面积的 1/3，林木覆盖率平均提高 6 个百分点，每年增加 7 万吨有机肥；能源建设的投入产出比为 1∶5，同时也取得了很好的社会效益。该项目成绩突出，获得国家科技进步二等奖，农业部科技进步一等奖。

3. 面上推广。在 18 个农村能源综合建设县试点、示范的成效引导下，更大规模地推进县级农村能源综合建设势在必行。因此，由国家计委和农业部牵头、国家经贸委、国家科委、财政部、林业部、水利部、电力部等八部委于“八五”期间在 100 个县中，“九五”期间在 100 个县中进行农村能源综合建设示范性推广，连续五年进行农村能源综合建设，先后两期的试点示范带动了 129 个县也按照统一的要求进行工作，可见综合建设县的成就对周边地区起到了试点示范作用。

（三）农村能源综合建设的推广　农村能源综合建设是根据我国的特点，经过实践，总结出的一条适宜农村能源建设的道路。能源建设是依据调查、分析，在全县系统规划的基础上，为达到预期目标编制出五年计划而进行的，因此农村能源综合建设是科学的。总体目标是：根据当地资源和条件，开发利用无污染和少污染的生物质能、太阳能、风能、水能和地热能，增加能源供应量；提高商品能源使用效率，减少二氧化碳及氮氧化物的排放，使全县的生产、生活能耗居于全省先进水平。经过五年努力，达到一定的规模效益，使森林覆盖率有明显增长、水土流失趋势基本得到控制、土壤有机质含量和生态环境均趋向好转，进一步促进农村经济发展，使农民人均收入有较大幅度增长，并使农民生活条件有较大改善。“九五”期间农村能源综合建设县具体目标如下：

(1) 县政府要制定出推进本县农村能源管理规定和有关财政、金融、信贷、税收等优惠政策；设置具有行政职能、独立的农村能源管理常设机构；建立县级农村能源推广服务站（中心），全县 60%以上的乡镇应设有农村能源服务站，人员的专业技术有较大的提高。

(2) 农村能源产业得到快速发展。其农村能源产品、设备、设施的生产销售、施工等能力，基本满足全县的需求；建立具有固定资产不少于 50 万元、产品技术先进、年创利税能力较强的农村能源骨干企业。

(3) 发展农村用电。农村电网发展应纳入省、地电力发展计划，要求乡通电率、村和户通电率分别达到 90%和 85%以上。用电水平较低的县，人均用电量应有较大幅度增长。加强电网改造，促进送配变电设备合理配套，10 千伏网损不超过 11%，供电可靠率不低于 85%，电能质量和电压合格率达 85%以上。小水电供电区，通电户率低于 80%的应增加 6 个百分点，网损高于 18%的应低 5 个百分点。

(4) 生活用能以节能型的炉、灶、炕为主，全县要普及省柴节煤炉、灶、炕，其中节能商品炉达 90%；

商品省柴灶达 50%；商品（组装）炕达 30%；以煤为主要生活用能的地方要全部使用型煤，新增使用优质燃料的农户要占总农户的 10%～20%。

（5）加强县级节能管理工作，形成管理网络。在县办工业、农机、乡镇企业、水产、畜牧、农垦等生产领域，积极的推广各种成熟的节能技术，生产用能的利用率应达到本省自治区、直辖市同类行业先进水平，其中工业锅炉热效率应达到 65%；增加免烧砖、空心砖的比例，减少粘土砖的数量，粘土砖万块砖能耗下降 100 千克标准煤。

（6）要积极采用厌氧技术处理有机废弃物，使用有机废弃物资源化，改善卫生条件。在适宜发展沼气的地区，新增小型高效户用沼气池 3 000 户以上；全县沼气设施规范化、标准化；同时推广沼气综合利用，其比例达到全县累计建户用沼气池数的 80%；北方沼气户用普及应用北方农村能源生态模式技术；要积极采用厌氧技术处理有机废弃物，全县城镇医院、卫生院和新建办公楼要基本普及应用生活污水沼气净化技术，机关、学校、公厕和居民聚居区的生活污水也应有计划的分期分批予以处理；禽畜场、酒厂、糖厂、肉联厂等有机废水（物），要积极采用厌氧技术进行处理，使其达到或接近国家、地方污水排放标准。

（7）太阳能资源丰富地区，太阳能利用要形成规模。新建和改建的太阳能禽畜舍要占禽畜舍总面积的 50%以上，太阳能温室、大棚蔬菜栽培技术推广，要形成规模经济效益；新建和改建的中小学校校舍都要建成太阳房校舍；新建和改建的太阳房户数要占农户新建住宅的 20%～40%以上；使用太阳能热水器的农户占总农户的 10%。

（8）加快发展以薪炭林为主的薪柴资源。植树造林有较大发展，五年内新增薪炭林面积应占同期新增造林面积的 10%以上，薪炭林经营技术规范化。平原县实现绿化。森林采伐剩余物得到合理利用，基本停止林木过量樵采（包括搜集林地落叶）。

（9）有小水电资源的县，应积极开发小水电。人均可开发小水电资源超过 100 瓦的县要求开发利用达到人均 30 瓦以上。已建成的小水电县，全县发电设备年均平均利用小时数超过全省平均水平，发电成本低于全省平均水平。加强科学调度，增加发电小时数，列入全国第三批小水电初级电气化县应按要求达标。

（10）依据本县的情况，在进行能源建设的同时，注意水、土、气的污染控制。

农村能源综合建设项目是在县政府的统一领导下，全县范围内，开发利用新能源与可再生能源，充分合理利用能源资源，建立相互协调的供能、用能体系，发展相应的能源生产和技术服务网络，从能源建设这一环节来支持、促进经济发展，提高人民生活质量，改善生态环境。从已验收的 148 个县看，达到了预期目标，成效是显著的。仅以“八五”农村能源综合建设县为例进行说明。

以较高的效率利用能源资源，提高能源有效供给。建设期内，各县合理开发利用新能源与可再生能源，有效利用商品能源，采取适合于本地的、先进的、成熟的技术，节约能源。经过五年的建设，共形成年开发能源能力 1 080 万吨标准煤，人均 135 千克标准煤；形成节约能源能力 1 137 万吨标准煤，人均 142 千克标准煤。农村居民生活用高品位能源比重逐年增加，到 1995 年已达建设区农村居民的23.4%。

在进行能源建设的同时，实现能源、经济、环境、社会协调发展。能源建设是在进行了全面调查、分析，依据全县经济发展规划，编制能源建设规划后实施的，五年开发就形成节约能源能力为 2 217 万吨标准煤；1995 年与 1990 年比较：乡通电率提高 5.5 个百分点，村通电率提高 9 个百分点；户通电率提高 9.3 个百分点；森林覆盖率提高 7 个百分点；生活、生产用煤量减少。五年累计减少CO_2排放 475 万吨、SO_2 排放 2.7 万吨，由于森林植被覆盖率提高，水土流失面积得到控制；生活污水和人畜粪便得到处理，大大改善居住环境；沼气的综合利用和庭院经济的发展，促进了生产，活跃了农村经济，加速了实现小康的进程，创立了农村持续发展新的模式。上表是武鸣县的统计数据来说明综合建设前后生态环境的变化。

广西壮族自治区武鸣县 1990—1995 年情况对照

项目	工业废水处理量（万吨）	工业废水处理率（%）	污水处理量（吨/年）	COD 去除率（吨/年）	CO_2 排放量（万立方米/年）	SO_2 排放量（万立方米/年）	烟尘排放量（吨）	森林覆盖率（%）	水土流失面积（平方公里）	得到控制面积（平方公里）	应占治理面积（%）
1990	193	16.9			697.1	84.6	2 074	25.1	57.7		
1995	472	75	33 945	68	251.9	67.8	1 163	37.5		56.7	98.3

随着农村能源综合建设的发展，推动了全国的农村能源事业的发展，政策法规建设、标准的制定、监测机构的建立健全等基础工作得到加强，使能源建设的管理走上了科学的轨道；经多次技术培训和实践，农村能源队伍素质在不断提高；产业从无到有，从小到大，不断发展，形成体系，走上产业化发展道路，初步形成农村能源技术服务社会化，为农村能源建设成果的巩固和提高，提供了有力的保证和支持。县级农村能源综合建设已经成为农村能源可持续发展的有效模式。

（农业部环保能源司　梁宝芬
农业部规划设计研究院　施德铭）

农村能源

国际交流与合作

在党和政府的积极指导和推动下，经过我国农村能源界的不懈努力，中国的农村能源发展取得了巨大成绩，通过广泛的国际交流与合作，引起了国际社会的广泛关注和高度评价。中国的沼气和小水电举世闻名。改革开放以来，我国农村能源的国际交往一直比较活跃。

一、广泛交流，促进我国农村能源的国际合作

在国际交流方面，据不完全统计，1979—1995年接待来我国参观和考察沼气、小水电等农村能源的外宾共1 500多人次，我国派出参观、考察和参加有关农村能源国际会议的人员共300多人次。其中"六五"期间接待400人次，派出83人次；"七五"期间接待400人次，派出81人次；"八五"期间接待120人次，派出100人次（"八五"统计的主要是农业部直接接待和派出的人员）。

1985年11月，以世界能源理事会中国国家委员会和中国沼气协会的名义，在广州召开了第四届国际厌氧消化研讨会。来自36个国家和地区的180名外国代表参加了会议。这是我国沼气界第一次承办这么大的国际会议，会议取得了圆满成功。

70年代和80年代，我国政府派出50多名专家和技术人员到菲律宾、泰国、伊朗、肯尼亚、布隆迪、卢旺达、扎伊尔等20多个国家进行讲学和传授建造农村沼气池技术，受到了这些国家的好评，为增进我国同这些国家的合作与友谊奠定了基础。

通过广泛的国际交流，一方面对外宣传了我国农村能源的巨大成绩，扩大国际影响；另一方面通过对外的开放，开阔了眼界，取他国之长，补己之短，促进了我国农村能源事业的进一步发展。

二、通过国际交流，加强了我国农村能源事业的能力建设

70年代末以来，在国际组织和外国政府的支持下，主要开展了以下的能力建设：

1. 通过多种渠道，积极组织我国农村能源方面的技术人员出国参加各种国际培训和学习；另一方面，还主动邀请外国专家学者来我国讲学和交流最新技术、管理经验。通过这种"走出去、请进来"，增长了知识，开阔了眼界，为我国农村能源界培养了大批的管理人员和技术专家。这些人员是我国农村能源发展的骨干力量之一。

2. 1981年11月4日中华人民共和国农业部和经贸部与联合国开发计划署（UNDP）签署《援助沼气开发技术推广研究与培训中心》项目文件，由联合国开发计划署、亚太经社会资助40万美元，成立中国成都亚太区域沼气研究和培训中心，挂靠在农业部成都沼气科学技术研究所，负责为亚非拉发展中国家培训沼气技术人员，并承担UNDP和联合国粮农组织（FAO）等国际组织的沼气科研项目。该中心成立15年以来，共举办了14期国际沼气培训班，为60多个国家和地区培训了350多名沼气技术人员和管理人员，使该中心成为我国沼气技术对外交流与合作的一个窗口。

3. 经过多方面谈判，1984年中国政府和意大利政府达成协议，双方共同在北京建立中国农村能源研究培训中心。1984年3月17日中国农业工程研究设计院和意大利阿吉普（AGIP）公司，在北京签署了该合作项目协议。意大利政府赠款150万美元，提供可再生能源系统设施及装置，中国农牧渔业部提供配套资金550万元人民币，用于基本建设。自中心成立以来，举办了多期的国际和国内农村能源培训班。

4. 80年代，中国政府和UNDP联合在杭州建立了杭州国际小水电中心。10多年来，该中心开展了积极的国际交流，对国内和国外开展技术培训，取得了可喜成绩。

三、国际领域的多方合作，推进了我国农村能源的发展

近10年来，农业部等有关部门积极引进国外资金和技术，开展了许多的国际合作项目，为我国的农村能源发展做出了贡献。近期主要开展的合作项目有以下几个方面：

1. 1987—1990年，中国农业部、林业部和世界银行、UNDP开展了"中国县级农村能源综合建设规划评价"项目。该项目属于世界银行"能源行业管理资助计划（ESMAP）"内容之一，是首次利用国际组织的资金，对我国的农村能源综合建设试点进行了综合评价。主要对湖南省衡南县、江西省修水县和辽宁省喀喇沁左翼蒙古族自治县进行案例研究，完成了预定任务。继ESMAP项目之后，1992年7月至1993年7月，农业部又与世界银行、UNDP合作开展了"中国乡镇企业节能与污染控制"项目。主要是对占中国乡镇企业能源消费量近一半的砖瓦、炼焦和铸造行业的用能情况和节能效率，以及污染控制能力进行调查研究。该项目的研究成果，为后来申请全球环境基金（GEF）项目奠定了良好的基础。

2. 亚洲开发银行（ADB）技术援助项目"中国农村能源发展研究"（TA2100 PRC）。1992年8月农业部环保能源司经农业部外经办向亚洲开发银行申请了技术援助项目"中国农村经济、生态、能源持续协调发展的研究"。经过ADB和中方的多次讨论与修改，该项目于1994年下半年被ADB批准，改名为"中国农村能源发展研究"，由中国人民银行国际司代表中国政府与ADB签署了项目协议。协议规定ADB无偿援助50万美元，中方为项目的实施提供必要的办公条件、技术资料、人力等，项目执行期为一年；项目的执行单位农业部环保能源司负责项目的组织和协调，中方主要技术承担单位有：清华大学、国家计委能源研究所、中国农业工程研究设计院和国家农业发展银行等；项目的国际咨询专家由荷兰蒂尔博格（Tilburg）大学等单位的4位博士组成。

该项目的目标是，在“八五”全国100个农村能源综合建设县内通过4个案例县(天津市南郊区、河北省迁安县、陕西省户县和上海市奉贤县)的调查研究和案例分析，研究中国农村能源产品和技术商品化以及利用外资的可行性。

该项目于1995年1月16日正式启动，于1997年初结束。如期完成了案例县调查、农户和企业问卷调查、案例分析和人员培训(该项目执行中，有6名中方人员赴澳大利亚悉尼理工大学进行了为期4个月的培训)等任务，并完成了项目最终报告，基本实现了项目的预期目标。

3. 中国农业部与美国能源部合作项目“在中国百县农村能源综合建设项目中合作开发可再生能源”。1994年10月美国能源部代表团访华，探讨中、美能源合作的可能性，并安排美国能源部部长1995年访华的有关事宜。农业部环保能源司与代表团就我国农村地区的可再生能源利用进行了正式会谈，双方都希望在可再生能源领域开展合作。双方初步商定在农村地区开展可再生能源合作项目，并在美国能源部长1995年访华时签署合作意向书。

根据美方的邀请，1995年1月农业部代表团应邀赴美与美国能源部等单位进行了会谈，磋商了美国能源部与中国农业部签署意向书的有关事宜。同年2月23日，中国农业部部长刘江和美国能源部部长奥里瑞女士在北京签署了《中华人民共和国农业部与美国能源部关于在节能和可再生能源协议框架下合作开发可再生能源意向书》。

根据上述《意向书》，1995年6月27日农业部国际合作司司长与美国驻中国大使馆科技参赞在北京签署了“在中国百县农村能源综合建设项目中合作开发可再生能源”的具体合作协议书。

协议目标是，在美国可再生能源工业的协助下，通过加速可再生能源发展，推动中国农村地区的持续发展，以试点探索中国农村居民利用各种可再生能源的技术、经济可行性。合作的主要领域包括：村级生物质气化和发电技术，以及大、中型沼气池；光电和太阳能热水器；小型风力发电；小水电和微水电。协议规定美方提供500万美元的技术援助(主要是硬件设备)，中方进行等额配套。

4. 全球环境基金(GEF)资助的“中国乡镇企业节能和温室气体减排”项目(EG/CPR/95/G31，简称TVE项目)。在中国农业部环保能源司与世界银行、UNDP的合作项目《中国乡镇企业节能与污染控制》案例研究成果的基础上，1993年农业部环保能源司和乡镇企业局联合提出了申请GEF资助的建议，经过中方专家和联合国开发计划署(UNDP)、国际专家的共同努力，对原项目建议书进行多次修改和完善，于1994年正式将项目建议书报给了GEF秘书处。1995年2月GEF正式批准立项，将该项目分为两期执行，第一期100万美元，主要是调查和为第二期示范项目的实施进行设计；第二期736万美元，主要是进行项目示范和机构能力建设。

项目的发展目标是通过对乡镇企业砖瓦、水泥、炼焦和铸造四大耗能行业提供技术帮助，提高乡镇企业的能源效率，实施温室气体的减排。

项目第一期的直接目标是，用一年的时间，为中国乡镇企业的四个关键行业实施节能技术的示范和实现商业化，准备一份综合的项目计划书。

该项目由联合国开发计划署作为国际融资机构，整个项目由联合国工业发展组织(UNIDO)为技术执行单位。中方在财政部世界银行司和国家环保局的统一协调下，由农业部环保能源司具体负责，乡镇企业局和国际合作司积极配合。项目的中方技术负责单位为国家计委能源所。在GEF批准该项目立项之后，中方和联合国开发计划署(UNDP)和联合国工发组织(UNIDO)密切合作，经过多次互访和商讨，拟定了项目文件书。1996年4月，在UNDP北京代表处通过了项目评审(PAC会议)，项目文件经修改后报UNDP总部。1996年6月UNDP亚太局在纽约组织召开了评审会(RBAP/GEFPAC)，根据纽约评审会提出的意见，三方对项目文件作了修改，又重新报UNDP总部。

总之，在过去的十几年中，中国的农村能源通过国际交流与合作，取得了显著的成绩，为将来进一步的发展奠定了良好基础。

(农业部环保能源司　高尚宾)

农村能源开发利用

中国农村能源资源

中国农村地域辽阔，人口约占全国总人口的80%，农业生产、农民生活和农村发展需要消费大量能源，因此农村能源成为中国在一定发展阶段的特有问题。

我国农村能源资源包括生物质能和畜力等生物能源资源以及水能、太阳能、风能、地热能、潮汐能等自然资源，根据这些能源的形成和特征，均属可再生能源，即不会随着其本身的转化或因人类的开发利用而有所减少，可以不断再生和循环使用。同时它们在转换和利用过程中，没有或很少有污染性，因此属于清洁能源。

1. 生物质能资源。生物质是有机物中除化石燃料外的所有来源于动植物的可再生物质。地球上以各种形式存在的生物质年净生长量的能源当量，最低估计为当前世界能源总产量的10倍左右。自古以来，生物质能一直是人类利用的主要能源，只是到19世纪中叶，先是煤炭，接着是石油的大量开发利用，它才逐渐退居后位。但至目前为止，仍属仅次于天然气的第四大能源，现约占世界能源消费总量的14%。目前，全球每年生物质新增数量与消费量大体保持平衡，但各国情况不尽相同，如在非洲和南亚地区许多国家，其消费量大于可开发资源量，已造成生物质能资源短缺。

我国农村地区长期以薪材、秸秆等生物质能为主要燃料，其资源量主要随森林和农业状况而变化。90年代前期，我国生物质能可开发资源量大致在4亿吨标准煤的水平上。

薪材，即是树木提供作燃料的生物质，据1985年全国第三次森林资源调查，全国薪材资源总量为1亿吨标准煤。但过去的消耗量长期超过其可开发资源量，如1985年同期统计薪材消费量为1.4亿吨标准煤，缺柴率0.253。近年由于采取了一系列有效措施，1993年薪材消费量已降至1亿吨标准煤。目前在总量上收支已保持平衡，但各地区发展不平衡，一些省、自治区或同一省、自治区内的一些市县的薪材消费量还超过其可开发资源量。

秸秆资源量与当年农作物产量、作物品种与种植结构，当地水热条件等有密切关系，90年代初期秸秆实物量为6亿吨左右，其中1/2作为饲料、工业原料或直接还田作为肥料使用；其中1/2约3亿吨作为燃料，1993年能源用秸杆总量为1.54亿吨标准煤（表1）。

我国每年约可产人畜粪便1.8亿吨，在一些牧区和燃料缺乏地区常用牛粪作燃料，年消费量约0.1亿吨；还有100万吨人畜粪用于产生沼气。

生物质能在我国能源消费量中的比重呈下降趋势。80年代初期，我国生物质能消费总量超过3亿吨标准煤，占全国能源消费总量30%以上；至90年代初期，生物质能消费量2.5亿吨标准煤，占全国总量的17%。生物质能在农村能源消费总量中在80年代初期约占70%，至中期和末期其比例下降到

表1　各地区生物质资源量和消费量

（1993年）

单位：万吨标准煤

地区	粮食作物秸秆资源量	秸秆消费量	薪材资源量*	薪材消费量
全国总计	**22 172.62**	**15 353.67**	**10 659.95**	**10 552.30**
北　京	136.32	87.82		13.45
天　津	95.90	100.94		0.21
河　北	1 142.50	810.71	148.45	401.28
山　西	475.30	254.33	102.89	200.54
内蒙古	532.03	439.31	1 805.47	131.60
辽　宁	814.08	579.17	342.78	331.21
吉　林	912.43	570.68	270.84	210.01
黑龙江	1 147.58	1 273.83	374.11	278.34
上　海	100.8	72.59		2.83
江　苏	1 532.06	2 032.70	155.79	160.41
浙　江	689.38	390.20	655.90	608.86
安　徽	1 233.55	1 041.93	192.77	384.45
福　建	417.12	153.93	826.40	738.79
江　西	728.21	390.61	535.35	631.23
山　东	1 903.01	1 389.21	284.78	243.37
河　南	1 746.72	894.10	291.99	347.80
湖　北	1 116.34	977.55	467.75	1 063.47
湖　南	1 233.70	704.96	561.37	1 152.36

*　1985年全国第三次森林资源调查资料。

（续）

地区	粮食作物秸秆资源量	秸秆消费量	薪材资源量*	薪材消费量
广　东	768.72	611.54	649.34	206.09
广　西	699.12	534.54	540.47	706.91
海　南	88.37	45.97		81.86
四　川	1 992.29	864.73	904.55	731.73
贵　州	417.36	154.26	181.88	423.76
云　南	520.90	174.95	732.58	1 045.85
西　藏	31.44			
陕　西	583.49	317.82	403.50	292.95
甘　肃	363.98	359.32	36.83	84.88
青　海	56.93		9.77	
宁　夏	98.50	13.82	23.44	4.16
新　疆	333.36	112.14	160.95	63.99

55%和52%，90年代前期已降至43%。

2. 畜力。畜力作为能源是指牲畜作为动力使用的机械能。畜力仍是我国和发展中国家农村的重要动力之一，虽然总的趋势正逐步转向利用机械力，但目前在农村耕作、收获、加工、运输等各个方面仍大量利用役畜。

据联合国粮农组织统计，80年代在发展中国家的农业生产用能中畜力平均占到23%，役畜近1.7亿头。按理论计算，我国畜力相当于35×10^6千瓦，约为420亿千瓦时电，我国农村的田间作业的2/3还靠畜力以及人力，只有1/3是由机械力完成的。畜力的发展趋势是役畜总数将略有增加，但在动力总量中的比重将逐步下降。

3. 太阳能资源。据估算，我国陆地表面每年接受的太阳能约为5.02×10^{22}焦，相当于1.7万亿吨标准煤，数量是非常巨大的。全国各地太阳能年辐射总量每平方厘米$3.34\times10^4\sim8.4\times10^5$焦，中值为$5.9\times10^5$焦。从全国的分布来看，青藏高原地区最大，这里平均海拔高度4 000米以上，大气层透明度好，纬度低，日照时间长。有“日光城”之称的拉萨市，年平均日照时间为3 005.7小时，太阳总辐射为816 246焦/平方厘米·年。全国以四川省的太阳年辐射总量为最小，那里雨多、雾多、晴天少。成都市的年平均日照时数仅1 152.2小时，年平均晴天24.7天，阴天244.6天（表2）。

表2　全国太阳能利用区划系统及分区特征

分　区	太阳辐射强度 千焦/平方厘米·年	主　要　地　区	月平均气温≥10℃、日照时数≥6小时天数
资源丰富区	＞628.02	新疆南部、甘肃西北一角	275左右
		新疆南缘、西藏北部、青海西部	275～325
		甘肃西部、内蒙古巴彦淖尔盟西部、青海一部分	275～325
		青海南部	250～300
		青海西南部	250～275
		西藏大部分	250～300
		内蒙古乌兰察布盟、巴彦淖尔盟及伊克昭盟一部分	＞300
资源较丰富区	502.42～628.02	新疆北部	275左右
		黑龙江、吉林大部、内蒙古呼伦贝尔盟	225～275
		内蒙古锡林郭勒盟、乌兰察布盟、河北北部一隅	＞275
		吉林、辽宁、长白山地区	＜225
		山西北部、河北北部、辽宁大部分	250～275
		河北大部分、北京、天津、山东西北部	250～275
		山西南部、河南大部及安徽、山东、江苏部分	200～250
		内蒙古伊克昭盟大部分	275～300
		陕北及甘肃东部一部分	225～275
		青海东部、甘肃南部、四川西部	200～300
		四川南部、云南南部一部分	200～250
		西藏东部和四川西部、云南北部一部分	＜250
		云南东南一部分	175左右
		云南西南一部分	175～200
		福建、广东沿海一带	175～200
		海南	225左右

（续）

分　区	太阳辐射强度 千焦/平方厘米·年	主　要　地　区	月平均气温≥10℃、日照时数≥6小时天数
资源较贫乏区	418.68～502.42	湖南、安徽、江苏南部，浙江、江西、福建、广东北部	150～200
		湖南东部和广西大部分	
		湖南西部、广西北部一部分	125～150
		陕西南部	125～175
		湖北、河南西部	150～175
		四川西部	125～175
		贵州西部、云南东南一隅	150～175
		广西西部	150～175
资源贫乏区	＜418.68	四川、贵州大部分	＜125
		成都平原	＜100

资料来源：王炳忠，中国太阳能资源利用区划，太阳能学报，7（1983）（3）。

我国太阳能的分布情况与一般的太阳能随纬度变化的规律相反，太阳能不是随着纬度的增加而减少，而是随着纬度的增加而增加。为了按照各地不同条件更好地利用太阳能，根据各地接受太阳总辐射量的多少，将全国划分为五类地区：一类地区包括青海、西藏的西部，宁夏、甘肃的北部和新疆南部；二类地区包括青海、西藏的东部，宁夏、内蒙古的南部，山西北部，甘肃中部等地。这两类地区年日照时数大于3 000小时，辐射总量高于5.9×10^5焦/平方厘米·年，是我国太阳能资源丰富和较丰富的地区，具有利用太阳能的良好条件；三类地区包括新疆北部、陕西、江苏、安徽的北部、山东、河南、吉林、辽宁、河北和甘肃东南部、山西、广东和福建的南部等地，是太阳能资源中等类型区。其余的四五类地区，虽然太阳能资源条件较差，但也有一定的利用价值。总之，从全国来看，我国是太阳能资源较丰富的国家，具有发展太阳能利用的自然条件。

4. 风能资源。世界风能资源估计约有1 200×10^{12}瓦，但各地的差别很大，只有当高出地面20～30米，平均风速达到5米/秒时才值得开发利用。

我国地处亚洲大陆东南部，季风盛行，有较丰富的风能资源。我国风能资源总量为16亿千瓦，其中10%左右可供开发利用。根据各地有效风能密度的大小，可将全国划分为五类地区：一类地区为东南沿海及其岛屿，为我国风力资源最丰富地区，有效风能密度大于每平方米200瓦，平均风速大于每秒3米的时间全年有6 000～8 000小时；二类地区是内蒙古和甘肃北部，风能密度每平方米200瓦左右，平均风速大于每秒3米的时间大于6 000小时；三类地区是黑龙江南部和吉林东部，以及辽东、山东半岛，是风能资源较佳区；四类地区包括青藏高原北部、华北、西北部分地区，是风能资源较小区。其余地区为风能资源贫乏区，平均风速大于每秒3米的时间，全年小于2 000小时，风能资源很难加以利用（表3）。

表3　全国风能资源分区及风能特征

分　区	年平均有效风能密度（瓦/平方米）	≥3米/秒年平均有效风速时数（小时）	≥6米/秒年平均有效风速时数（小时）	包括地区
风能资源最佳区	＞200	6 000-8 000	＞3 500	东南沿海及岛屿
风能资源丰富区	200左右	＞6 000	＞2 200～2 500	渤海沿岸及内蒙古等
风能资源较佳区	＜200	5 000～6 000	2 000左右	黑龙江南部、吉林东部等
风能资源较小区	100～150	2 000～4 000	750～2 000	青藏北部，华北，东北、西北北部，江苏、浙江东部
风能资源贫乏区	＜50	＜2 000	＜150	云南、贵州、四川、甘肃、陕西及河南、湖南、湖北西部，福建、广东和新疆塔里木地区

资料来源：根据“朱瑞兆、薛桁，中国风能区划，太阳能学报，4（1983）（2）”，整理而成。

5. 地热能资源。我国地热资源尚待继续勘探，目前已探明的地热储量约为 4 626 亿吨标准煤，现利用的仅约十万分之一，至今已经发现的天然和人工地热露头点，包括温泉、热水井及矿坑热水等有 2 700 多处。按已经勘查的 2 412 个地热点统计，天然热流量总值约为 9.5×10^{16}焦/年，这些热量相当于 378 万吨标准煤。

从地热能的分布来看，按热量计算，西藏的地热能资源最多，折合 162 万吨标准煤，占全国查明地热能的 43%。发现地热最多的是云南省，有 706 处。另外，四川、广东、福建、台湾，以及京津地区地热资源也较多，不少温度在 80℃以上，开发利用有较好的经济价值（表 4、5）。

表 4　各地区地热资源区域分布

地区	已查明资源		远景资源	
	面积（平方公里）	可采量（10^{12}千焦）	面积（平方公里）	可采量（10^{12}千焦）
全国总计	**10 149.5**	**92 510.55**	**257 047**	**3 962 319.6**
北　京	174	1 514.78	200	1 717.11
天　津	387	3 337.41	17 474	155 662.95
河　北	9 240	83 577.99	6 922.5	144 142.45
山　西				
内蒙古				
辽　宁	4.83	59.08		
吉　林				
黑龙江			3.50	63.94
上　海				
江　苏			24.28	259.00
浙　江				
安　徽	4.12	9.54		
福　建	20.89	189.95	591.52	11 647.31
江　西	4.38	19.33		
山　东	125.70	295.98		
河　南			65 124	405 245.50
湖　北	9.92	66.44		
湖　南	13.5	183.18		
广　东	8.73	57.20	780	1 630.13
海　南				
广　西				
四　川				
贵　州				
云　南	107.73	2 644.23	18 528	377 995.97
西　藏	35.87	512.16		
陕　西	11.85	27.58		
甘　肃				
青　海	1.0	15.75		
宁　夏				
新　疆			147 400	2 865 672.4

资料来源：中国能源研究会等主办，《能源政策研究通讯》，1994 年第 9 期。

6. 潮汐能资源。据第 8 届世界动力会议统计，全世界潮汐能的理论蕴藏量约为 3.0×10^{13}瓦，其中可开发率为 2%，约有 6 400 万千瓦，大都集中在海湾和河口等潮差比较大的地方。目前世界上有 28 个潮差较大的区域，是建设潮汐发电站较好的场所。

我国也是潮汐能资源较为丰富的国家。如果按照堤线长 2～5 公里以下、堤线处水深一般在 10 米以下、多年平均潮位差在 0.5 米以上的 500 处潮汐能地址来计算的话，全国潮汐能的理论蕴藏量大约是 1.1 亿千瓦，年可发电 2 750 亿千瓦时，其中可开发的约为 3 580 万千瓦，年发电量 870 亿千瓦时。从资源的地理分布来看。全国有 11 个省、自治区、直辖市有潮汐能资源。其中，浙江和福建两省的蕴藏量最大，约占全国潮汐能总资源的

80.9%，并且港湾地形优越，潮差较大，有利于开发。其他蕴藏较多的省有山东、广东、辽宁等省。

7. 小水电资源。我国小水电资源十分丰富。据1980年的普查统计，全国小水电资源理论蕴藏量约1.5亿千瓦，其中，可开发资源约为7 131.7万千瓦，年发电量2 000～2 500亿千瓦时，目前已开发13%。

表5　中国不同类型地热资源结构

资源类型			10^7 千焦/年	对流型（$\times10^6$ 瓦）（电）		传导型（$\times10^6$ 瓦）（热）	
				确定的	可能的	确定的	可能的
	天然放热量		11 135 426				
	对流为主地热田			220	3 513	494	3 491
	高温			(220)	(3 513)	(133)	(3 357)
	中、低温					(361)	(134)
	传导为主地热田					1 096 095	2 104 930
总　计	总量（$\times10^6$ 瓦）	3 212 269	相当于3 521（热）	220	3 513	1 096 589	2 108 421
	百分数（%）	100	0.1	0.007	0.1	34.1	65.6

资料来源：杨期隆编著，1985，地热资源（勘探、开发、利用），冶金出版社。

我国小水电资源不仅数量多，而且分布比较广，在全国2 300多个县中，有1 100个县每个县可开发小水电资源超过1万千瓦，其中134个县每个县的装机容量可达10万千瓦以上。这些资源46.3%分布在西南地区；21.85%在中南；西北和华东各占13%左右；华北、东北都只有2%～3%（表6）。总的看来，小水电资源主要集中在边远山区，且大多是大电网难以达到的地区。因此，开发利用小水电资源，对解决农村用电具有重要的作用。

表6　小水电资源的分布

地区	可开发小水电资源		已开发小水电装机容量	
	万千瓦	%	万千瓦	%
西南	3 339.2	46.8	168.6	22.3
西北	936.1	13.1	45.75	6.0
中南	1 554.2	21.8	320.63	42.3
华东	942.4	13.2	183.71	24.3
华北	164.1	2.3	17.40	2.3
东北	195.3	2.8	21.27	2.8

资料来源：黄志杰、张正敏，1985，农村能源资源及其区划，能源出版社。

8. 小煤矿资源。我国小煤矿资源丰富。据调查，1 220个县有煤炭资源，保有储量近3 000亿吨，地方煤矿储量417亿吨，资源保证系数80%左右，小煤矿可采储量有100多亿吨。全国小煤矿数量从1985年的6.1万多个增加到1994年12万个，年产煤炭从2.83亿吨增至3.5亿吨左右，占全国产煤量的1/3，其中1/4左右用于发电。我国小水电年发电量约70亿千瓦时。小煤矿生产的煤炭大部分供应农村，约占农村煤炭消费量的75%。

小煤矿的优点是矿点多，可就近生产和利用；运输距离短，可减少运费和运输中能源消耗。井型小，开采灵活；可以充分利用资源，包括如小块、零散、煤质较差、大矿废弃的资源等。投资小、见效快，每吨煤投资约为国营大矿的1/3。但是小煤矿也存在资源保护、安全生产和治理污染等问题。如挖1吨煤一般要丢失4～5吨煤；伤亡事故严重，每年死亡人数要比国有大矿高5～6倍，污染也较严重。但这些都可以通过技术改造，提高素质等逐步解决。

（能　环）

农村能源资源区划

农村能源资源不是能源分类上的概念，也不是能源资源的一个类别，而是能源管理工作的一种划分。但是它有特定的含义和研究对象，它是指农村地区中各种可以就近开发利用的自然资源，其中主要包括小煤矿、小水电、农作物秸秆、薪柴、畜禽粪便、太阳能、风能和地热能等资源。

农村能源资源具有不同于煤炭、石油、天然气等能源资源的特点：一是具有可再生性。在农村能源资源中，除小煤矿资源外，其他资源基本上都具有这种特性，即资源不会因开发利用的延续而枯竭；二是能量密度低，如1千克秸秆的含能量仅相当于煤炭的1/2，石油、天然气的1/3或1/4，风能和太阳能的能源密度则更低，通常不适于长途输送；三是间断性，即资源量和能源密度随季节和昼夜变化而变化，呈现不连续性；四是在地区分布上呈明显的地带性。山区一般拥有比较丰富的森林能源和小水电资源，丘陵平原地区则秸秆、粪便资源比较丰富；南方地区太阳能、风能资源贫乏，而小水电、薪柴和秸秆资源比较丰富；北方小水电资源较少，而小煤矿和太阳能资源条件比较好；五是农村能源资源和生态环境密切相关。它不仅和农业生产过程的能量循环有关，而且和物质循环过程有关。农村能源资源的不合理开发和利用可直接造成农业生态的破坏和不平衡，如森林的乱砍滥伐和小煤矿资源的不合理开采，都会带来严重的水土流失和地表及植被的破坏；同时，农村能源资源又是支持水土系统平衡的基本物质之一，如作物秸秆、人畜粪便中的营养成分即是构成土壤水土平衡的一些基本元素。因此，农村能源资源的开发和利用，必须在科学规划指导下进行。

我国第一次开展全国性农村能源资源调查和综合区划工作是从1980年开始的，历时两年于1981年底正式完成。当时我国农村能源供应严重不足，资源利用极不合理，大量生物质被直接烧掉，秸秆不能还田，土壤的养分和有机质得不到补充，林木资源过伐，致使水土流失加剧，干旱风沙日频，农业生态失衡，严重影响农业的全面发展和农民生活的改善。为此，国家农委于1980年4月成立了农村能源专业组，组织有关部门开展了全国性的农村能源资源调查和区划。

这次区划的主要任务要求是统一考察农村能源资源蕴藏量的地域分布和可利用的程度，划分各类区域，阐明不同地区的能源构成、利用现状和存在问题，提出进一步开发、利用能源的重点、步骤和方法，为加速发展农业生产，改善农民生活，制定农业现代化规划提供科学依据。

通过各有关部门的积极努力，分别进行了农村能源的专项区划工作。全国沼气办公室主持完成了全国沼气建设区划草案，提出了十年规划意见；林业部造林局、规划局和科技局调查统计了全国林地面积和每年可提供薪材量的分县资料，提出全国薪材自给程度类型图及发展规划意见；水利部农田水利局调查统计了全国小水电可装机容量万千瓦以上的县，以及全国小水电可装机容量的分县资料，绘制了全国小水电可装机容量万千瓦以上县分布图，并提出了发展小水电的初步规划意见；农业部社队企业局提出了社队工业生产用能的情况及社队煤窑资源调查报告，调查统计了全国小煤窑1979年产量的分县资料；中国农业机械化科学研究院和中央气象研究院编制了全国风能资源区划和发展意见初稿；中央气象研究院、中国科学院能源研究所和中国农业工程研究设计院编制了太阳能资源区划初稿；中国农业工程研究设计院编制了地热在我国农业上的利用及区划的初步意见；中国农业机械化科学研究院、农垦部工业局、水产总局调查分析了本部门生产用能情况，提出节能的措施意见。此外，中国农业工程研究设计院和中国科学院能源研究所还进行了为本区划服务的专题研究工作。然后由中国农业工程研究设计院和中国科学院能源研究所在以上工作的基础上，进行综合分析，初步编制了全国农村能源综合区划。

本区划分为两大部分。第一部分为综论。对我国农村能源消费和资源利用作了分析评价，进行了规划年度我国农村能源需求量的预测，说明了区划的编制原则和方法及区域的划分。本区划将全国划分为3个一级区和26个二级区，提出了发展各项农村能源建设和综合利用的措施意见。第二部分为分区论述。分别阐述了26个二级区的特点，能源建设的重点及解决本区农村能源的途径。

80年代中期以来，农村能源出现了新的形势和问题。一方面农村能源消费量随着农林牧副渔业的发展，尤其是乡镇企业的迅速崛起，商品能源的消费量大幅度增加，缺油缺电的现象更加普遍；另方面农村生活用能出现了新的需求，特别是在经济发展较快的地区，大批农民从种植业中转移出来，农民的消费行为包括对生活能源的需求也发生了变化，希望使用清洁方便的能源及转换设施的要求与日俱增。在这种背景下，1986年6月国家计委节能局提出并下达了在全国范围内开展农村能源区域规划的任务，并委托中国农业工程研究设计院和国家计委能源所第三研究室作为这项工作的总技术负责单位。

这次能源区域规划在性质上仍属于能源战略规划的范畴，它的基本目的是根据农村能源存在的问题和农村现实社会、经济、自然等条件，探讨不同地区合理开发利用农村能源资源以及有效利用商品能源的方向、途径和方案，以建立起良好的供能体系和用能体系，既要达到解决能源供不应求问题，又要实现促进农村经济发展，取得能源、经济、社会和生态等多方面的效益。

这次区域规划分三个阶段实施。第一阶段为规划方法的开发和技术培训；第二阶段为各省、自治区、直辖市根据全国区域规划课题组提供的方法编制本地区的规划；第三阶段为综合分析阶段，编制全国性区域规划。

经过将近两年的努力，本次规划完满结束，获得一系列成果：一是各省、自治区、直辖市都提交了本地区农村能源的区域发展规划。这些规划报告从本地区的实际情况出发，对本地区农村能源资源、能源供需现状进行了全面的调查研究和分析，展望了1990—1995年、2000年的需求和变化趋势，提出了农村能源建设和节能的规划意见；二是在此基础上，国家计委能源所和中国农业工程设计院共同研究制定了全国农村能源的区域发展规划，比较系统地论述了改革开放10年来全国农村能源的变化，对农村经济发展趋势、农村能源供求关系提出了预测，并对农村能源资源和开发技术路线进行了较详细的分析，提出了不同类型地区能源建设的方向与途径，以及相应的政策和措施；三是通过上述实践，初步形成了一套可用于能源建设综合规划的方法。这个方法突破了单纯的以资源而论规划和就能源而论能源的传统，实现了农村经济、能源建设、生态环境的有机结合，在一定程度上提高了农村能源发展规划的科学性、合理性和可实施性。以后，在“六·五”和“七·五”期间成功地进行了18个县级农村能源综合建设实践基础上，由清华大学，国家计委能源所和中国农业工程规划设计院等单位系统地进行了理论上的总结，出版了"农村能源综合建设规划与实施"的专著，为后来开展县级能源综合建设规划奠定理论和实践基础。

进入90年代，我国又一次兴起大规模的农村能源资源调查和规划工作（严格地说从1987年开始的）。这次规划工作以县为单元，到目前为止，全国已有300多个县完成了能源建设的综合规划。本次县级能源建设综合规划较之前两次规划具有以下三个显著特点：(1)具有更大的实用性。由于此次能源规划是直接配合全国农村能源综合建设县工作而进行的，要求规划内容和结果必须符合当地实际，具有很高的可操作性。事实证明，这些规划已成为各县制定综合建设县项目合同的基础，得到广泛的应用；(2)突出了项目的选择和评价。规划的性质决定了规划必须符合当地农村经济发展、人民生活条件改善和保护环境目标的要求，所选项目必须通过成本效益的分析，对实现地区经济、能源和环境的稳定持续发展具有促进作用；(3)为了满足上述规划目标的要求，在规划方法论上有一系列改进和发展。一是在规划思路上较好地体现了能源、经济和生态环境之间互相影响、互相制约的关系，突破了单纯地以需求而论规划的格局；二是在项目经济分析方面，引进并发展了传统费效分析方法，使之更加适合农村能源资源技术的特点；三是在综合平衡分析方面，广泛地采用了目标规划、线性规划和系统动力学等方法；四是在项目实施方面，增加了项目实施管理（包括资金筹措、市场调查、政策制定等方面）的内容和知识等。

（国家计划委员会　能源研究所　张正敏）

生物质能开发利用

生物质能一直是人类赖以生存的重要能源，它仅次于煤炭、石油、天然气而居于世界能源消费总量的第四位，在整个能源系统中占有重要地位。有关专家估计，生物质能极有可能成为未来持续能源系统的组成部分，到下世纪中叶，采用新技术生产的各种生物质替代燃料将占全球总能耗的40%以上。

我国是一个80%人口生活在农村的发展中国家，在即将进入21世纪的时刻，面临着经济增长和环境保护的双重压力。因而开发利用可再生的、二氧化碳零排放的生物质能源，建立可持续的农村能源系统，是农村能源建设的重要组成部分，也是保护全球生态环境的需要。

我国生物质能资源十分丰富，主要包括农作物秸秆、薪材、山林草类、人畜粪便、生活垃圾和水生植物等，仅农林废弃物及禽畜粪便资源量每年即可达10亿吨。生物质能开发利用在我国现有能源供应中，特别是在农村地区占有重要地位，每年开发利用量约2亿吨标准煤，提供了40%的农村用能，占农村生活燃料的70%以上。

（一）生物质能直接燃烧利用　通过直接燃烧生物质而获得热能是目前生物质能利用的最主要方式。直接燃烧所耗用的生物质能源主要是农作物秸秆和薪材。在牧区也燃用少量的牲畜粪便（人畜粪便作为能源的开发利用主要是通过厌氧发酵制取沼气）。

秸秆和薪材是传统的农村生活燃料，在农村用能中一直占有重要地位。1996年，农村地区消耗秸秆2.8亿吨，占当年农作物秸秆总处理的55%左右；折合标准煤1.2亿吨，占当年农村能源消费总量的18.8%，占农村生活燃料的35.3%。

党的十一届三中全会以来，我国社会经济形势发生了巨大变化，工农业生产迅速发展，人民生活水平有了很大提高。与此同时，农村能源消费总量3.06亿吨标煤，到1996年增加到6.40亿吨标准煤，增长了1倍多，年均增长率为4.4%。而秸秆在农村用能中的比例由36.9%下降到18.8%，降低了18个百分点。这一方面是由于国家能源工业的发展提供了农村社会经济发展所需要的商品能源的增加，另一方面也是自70年代末期以来研究开发和推广高效省柴灶而控制了秸秆消费的增加。目前，农村地区已有70%以上的农户使用了热效率在25%以上的省柴灶，而在70年代末，灶的效率仅10%左右。

尽管秸秆在农村能源构成中发生了很大变化，但以直接燃烧方式消耗的数量没有太大变化，秸秆仍是农村的主要生活燃料之一。

（二）生物质气化利用　生物质气化即通过化学的或生物的方法将固体或液体的生物质能转化为气体燃料。由于气体燃料高效、清洁、方便。因此生物质气化技术的研究和开发得到了国内外广泛重视，并取得了可喜的进展。在我国，利用人畜粪便厌氧消化制取沼气取得了举世公认的成效，将农林固体废弃物转化为可燃气的技术也已初见成效，其中低热值秸秆气化技术已初步实现了商品化和产业化。

1. 秸秆气化及集中供气系统取得重大成果。从"七五"开始，国家就安排了重点科研攻关，试点示范，低热值生物质热解气化技术取得重大成果，开创了适合我国农村特点的集中供应生活燃气的新技术，技术达到国际先进水平。山东省能源研究所研制成功的XFF型生物质气化机组及集中供气系统的配套技术已进入商品化阶段并被列入"星火"示范工程，先后在山东、河北、北京等地建设了数十个规模各异的集中供气示范工程，受到国家有关部门的高度重视和农民用户的普遍欢迎。连续运行证明，秸秆气化集中供气技术对处理大量的农作物秸秆，改善环境，提高农民生活水平，实现低质能源的高档次利用是行之有效的，具有良好的社会经济效益。

秸秆气化就是秸秆在缺氧状态下加热反应的能量转换过程。秸秆由碳、氢、氧等元素和灰分组成，当它们被点燃，只供应少量空气，并且采取措施控制其反应过程，使碳、氢元素变成一氧化碳、氢气、甲烷等可燃气体，秸秆中大部分能量都转移到气体中。

去除可燃气体中的灰分，焦油等杂质，通过供气系统将其送入农户家中就可供农户炊事之用。

由于生物质燃气在常温下不能液化，必须通过管网送至用户。集中供气系统的基本模式为：以自然村为单元设置气化站（气柜设在气化站内），敷设管网。系统中包括原料处理（铡草机），上料装置，气化机组，风机，气柜，安全装置，管网和灶具等设备。

经过气化，每千克秸秆可以产 2 立方米可燃气，一户 4 口之家每天约需燃气 5～6 立方米，燃气成本约每立方米 0.11 元。XFF 型机组已有系列产品，可供 100～500 户居民用气。建设一个秸秆气化集中供气系统，设备投资约 600～800 元/户，配套工程投资（包括土建、贮气柜、管网及户内煤气表、灶具等）约为 1 200～1 600 元/户。低热值秸秆气化效率约 70%左右。

2. 各种生物质气化技术均有较大进展。除低热值秸秆气化及集中供气技术外，"七五"以来，在生物质气化技术的各个方面均有较大进展，并建立了一批成功的应用示范。

中国农业机械化科学院研制的 ND-400、ND-600、ND-900 型生物质气化炉用于烘干木材，集中供暖，集体供热水等。ND-600 型气化炉气化效率达 72%～75%，供热量 50 万～65 万千焦/时，燃气热值 1 000 千焦/立方米左右。HQ-280 型小型家用气化炉已有数百个用户，其气化效率≥70%，燃气热值 6 000 千焦/立方米，产气量 8～10 立方米/时。

中国科学院广州能源所研制的 GSQ-1100 型中热值木质气气化装置，以柴制气，以气代柴，利用树枝等木质燃料制取燃气用于炊事，供暖等，其输出热功率 108 万～263 万千焦/时，平均气化效率＞75%，碳转换率＞99%。

中国农业工程研究设计院研制的 RH 系列高效热风炉，以果壳、木柴、稻壳为原料，输出洁净的热空气，广泛用于各种物料烘干，是 90 年代国内最新型高温节能供热设备。其输出温度高达 450℃，热效率＞65%，额定换热量从 62.8×10^4 兆焦/时到 $1\,507\times10^4$ 兆焦/时共八个炉型。

另外，大连市环境科学院、中科院工程物理所、中科院石家庄农业现代化所等单位研究的生物质气化技术也获得了较好的研究成果和应用典型。

利用秸秆厌氧干发酵工艺生产沼气的技术也取得了初步成果。

（三）生物质成型燃料技术开始试验　具有一定粒度的生物质原料，在一定压力作用下（加热或不加热），可以制成棒状、粒状、块状等各种成型燃料。原料经挤压成型后，密度可达 1.1～1.4 吨/立方米，能量密度与中质煤相当，燃烧特性明显改善，火力持久黑烟小，炉膛温度高，而且便于运输和贮存。

用于生物质成型的设备主要有螺旋挤压式、活塞冲压式和环模滚压式等几种主要类型。目前，国内生产的生物质成型机一般为螺旋挤压式，生产能力多在 100～200 千克/时之间，电机功率 7.5～18 千瓦，电加热功率 2～4 千瓦，生产的成型燃料为棒状，直径50～70 毫米，单位产品电耗 70～120 千瓦时/吨。曲柄活塞冲压机通常不用电加热，成型物密度稍低，容易松散。

环模滚压成型方式生产的为颗粒燃料，直径5～12 毫米，长度 12～30 毫米，也不用电加热。物料水分可放宽至 22%，产量可达 4 吨/小时，产品电耗约为 40 千瓦时/吨，原料粒径要求小于 1 毫米；该机型主要用于大型木材加工厂木屑加工或造纸厂秸秆碎屑的加工，粒状成型燃料主要用作锅炉燃料。

利用生物质炭化炉可以将成型生物质块进一步炭化，生产生物炭。由于在隔绝空气条件下，生物质被高温分解，生成燃气、焦油和炭，其中的燃气和焦油又从炭化炉释放出去，所以最后得到的生物炭燃烧效果显著改善，烟气中的污染物含量明显降低，是一种高品位的民用燃料。优质的生物炭还可以用于冶金工业。

辽宁省能源研究所、西北农业大学、中国林科院林产化工研究所、陕西武功轻工机械厂、江苏东海县粮食机械厂等 10 余家单位研究和开发生物质成型燃料技术和设备。

（农业部能源环保技术开发中心　王革华）

沼气综合利用

沼气及沼气发酵料液在农业生产中的直接利用统称为沼气综合利用。换句话说，就是指沼气发酵产物不仅解决生活能源，而且是把它当成一种农业生产资料，作为肥料、饲料和饵料，用于作物浸种、防治作物病虫害、提高作物果品产量和质量、农产品储存保鲜等等。沼气综合利用把沼气与农业生产活动直接联系起来，成为发展庭院经济、发展生态农业，增加农户收入的重要手段，另一方面也开拓了沼气研究的新领域。沼气综合利用是我国发展沼气的特点和优点。

沼气综合利用是随着沼气的应用和研究的深入而逐渐发展起来的。

我国发展沼气可追朔到本世记 30 年代，以后在 50 年代又有一定的发展。这两次发展均只是将沼气当成解决能源的一种手段而没有涉及到沼气综合利用。从 70 年代开始的新的一次沼气发展最初也主要是为解决农户生活燃料问题。在我国农村，沼气需要大量畜禽粪便，而这些粪便又是农户习惯于施用的有机肥。此外，沼气池还产生很大数量的发酵料液。这种情况就自然产生了沼气和农业生产用肥的矛盾。问题的焦点就是畜禽粪便经沼气发酵后还有没有肥力，沼气发酵料液能否作为农肥？

为此沼气管理部门投入了一定资金和人力来研究这一问题。主要开展了粪便发酵前后成分变化的研究、沼气发酵料液成分分析、在不同的地点测定施用不同量的沼肥对土壤性能长期和短期的影响、沼气发酵料液的使用方法、沼肥对作物生长和产量的影响等等一系列研究。同时农户也亲自在观察和了解沼肥对作物的影响。研究和实践都表明沼肥是一种优质有机肥，它与我国农民长期养成的用肥习惯也没有矛盾。这一矛盾的解决不仅促进了沼气的发展，也使沼气与农业生产直接联系起来了。

广大农户在长期应用沼肥的过程中发现沼肥还具有另外一些新作用，例如能提高作物的抗病能力、提高种子发芽率、提高抗冻性、沼液可以喂猪和养鱼等等。进一步的研究发现沼液成分是相当复杂的，在沼气发酵液中不仅有沼气微生物未利用的原料，还有微生物的各种代谢产物，这些产物可分为三大类。第一类是作物的营养物，第二类是一些金属或微量元素的离子，第三类是对生物生长有调控作用、对某些病害有杀灭作用的物质。这些代谢产物的农业利用开拓了沼气综合利用的新领域。在此基础上开展了一些新的利用方法，例如沼液浸种、沼液叶面喷施、沼液喂猪、养鱼等等。在沼气本身的利用上也发展到水果、粮食保鲜，沼气加温养蚕、育秧等领域。同时有关部门更加重视沼气综合利用。《中国沼气》杂志从 1984 年第 2 期起开辟《沼气综合利用》专栏。中国沼气学会也于 1988 年将沼气残留物利用学组改名为沼气综合利用专业委员会。

90 年代以来，沼气综合利用又向“沼气综合利用产品”方面发展。主要是开发三个方面的产品。一是以沼气发酵为手段开发生物技术产品，即将沼气微生物的代谢产物浓缩，再配合其他物质生产高档农业特殊肥料。如绿霸、洞庭丰等。二是在大中型沼气工程中加大前处理或后处理力度，利用发酵原料或发酵料液中的固形物生产商品肥料或饲料，如上海星火农场沼气工程。三是厌氧微生物的开发，其中与农业生产有关的是利用沼气微生物处理农作物秸秆后将其作为饲料以利家畜更好地吸收。

我国农业人口数量大，人均土地、水和其他农业资源人均占有量少，这种国情从战略上决定了在要开展农业资源的高效、多层次利用。沼气综合利用正是适应这一形势的技术。各级政府沼气管理部门高度重视沼气综合利用，把它提高到与发展沼气本身同等重要的位置来对待。除了在资金方面给与支持外，还制定了一系列有利于沼气发展的政策。1987 年在湖南省南县召开了以沼气综合利用技术为中心的农村庭院经济建设现场会，1992 年又在湖北省宜昌市召开了沼气综合利用经验交流会。这些措施有力地推动和保证了沼气综合利用的迅速推广与发展。

目前将沼气发酵料液作为一般农家有机肥使用已经普及，几乎所有建有沼气池的农户都利用沼气发酵料液作为肥料。近年来在我国北方发展起来的“四位一体”庭院经济中，沼气料液作为蔬菜生产肥料起了重要作用，它提高了蔬菜产量和品质，增加了农户收入。从总体上看沼气料液当成一般农肥使用，已为广大农户接受和掌握，可以随着户用沼气池的发展而发展。

除了沼液作为一般有机肥料使用外，沼气的其他综合利用技术主要是利用沼气微生物的发酵产物，如各种氨基酸、各种酶类，金属离子，低分子量化合物等等。利用方式也有较大变化，如叶面喷施、浸种、种子包埋等。主要利用内容有沼液（渣）用与于喂猪、喂鱼、沼液浸种，沼液用于液面喷施，沼气储粮等等，利用内容是极为丰富的。由于使用方法相对复杂一点，有关部门进行了大量研究和试验，并已在较大规模应用的基础上总结出了适合本地的“操作规程”、“技术要点”等材料。各级管理部门还将这些材料以各种方式，如宣传资料、电视、录像等传送给农户。此外，还在基层建立各种综合利用技术示范点，这样就促进和保证了这些技术的广泛应用和推广。在这类综合利用技术中，沼液浸种的推广面较大，效益也高，全国每年达到 100 万公顷以上。主要浸种作物有水稻、小麦、玉米、棉花等。四川、山东、江西、湖北等省农村能源和农业部门作了大量对比试验并颁布有详细的《技术操作要点》、《技术操作规范》资料。大面积的应用显示它能使作物增产 3%左右。全国用沼液养鱼近 4 万公顷。在一些地方还利用沼气来储存粮食，全国每年达到 4 万多吨，利用沼气保鲜水果达到近万吨。

以商品形式开展的沼气综合利用有以下主要内容：

沼气发酵原料进入沼气池之前，进行固液分离，分离后的固形物经烘干后，添加其他物质，然后作为饲料或肥料出售。分离出的液体进入沼气池。另一方法是将厌氧消化后的渣、液进行固液分离，分离出的固形物经过和上述相同的处理，成为饲料或肥料产品，这种工艺所出产品中含有一定比例的微生物菌体和微生物代谢产物。全国大中型沼气工程每年生产商品肥料约 7 万吨、生产商品饲料约 9 万吨。利用沼液生产高技术产品是一个有潜力的领域。这方面所涉及的基础研究还较薄弱，相应的产品开发也处于初期阶段。目前只有洞庭丰、绿霸两种产品有一定的销售量，但其在市场上的影响远远小于喷施宝等市售叶面肥。除此之外的其他产品正处于试验阶段。厌氧纤维分解菌在秸秆转化为饲料方面已获可喜进展，但离生产上大规模应用还有一段距离。

（农业部成都沼气科学研究所　熊承永）

北方农村能源生态模式

北方农村能源生态模式，是在冬季寒冷地区的农户庭院内，将日光温室、禽畜舍、沼气池和厕所优化组合，形成太阳能、沼气、种植业、养殖业四位一体的结构，使之相互依存，优势互补，多业结合，综合利用，构成一个较为完整的农村庭院能源生态系统。

典型的北方农村能源生态模式结构，为在农户庭院内建塑料大棚，在其一端建一个沼气池，在池上建猪舍和厕所，均通过进料口与池相通，猪舍和作物大棚隔墙上设置换气窗。人畜粪便源源不断进入沼气池内，沼气池处理了粪便，净化环境，并产生沼气作为生活用能，供照明和做饭；沼液、沼渣则作为温室蔬菜生产用肥料。由于猪舍和地下沼气池建在一个塑料大棚内，这样利用温室养猪可加速猪的生长发育，缩短猪的存栏周期；同时既为沼气池提供资源，又为其保暖，解决在北方寒冷越冬问题。此外，猪舍与蔬菜温室相连通，利用种植与养殖的二氧化碳和氧气的互补，减少了大棚通风散热的损失，形成一个物能多极利用，良性循环系统。

北方农村能源生态模式的发展过程，是群众干部和专家相结合，以及技术进步的过程；也是农村能源建设从原先单一解决农民生活用能向综合利用，有助于农业和农村经济发展以及环境改善的过程。辽宁省从70年代末到80年代初，大力发展沼气，先后建了10万余个沼气池，这对当时解决农村能源问题起了一定的作用，但在后来几年中，农村能源建设逐渐处于停滞状态；大部分沼气池弃管弃用。主要原因在于该省冬季严寒长达6个月，冻土层深达0.8～1.5米，裸露的单一沼气池很难过冬，造成半年闲，发挥不了作用。这时，农村能源工作者深入基层和群众共同研究；丹东市和朝阳市有农民将沼气池建在蔬菜大棚内，同时养猪、种菜，既保证沼气池常年产气，又有利于冬季生猪生产和蔬菜增产增收。干部和科技人员重视群众的创造，及时总结经验，在科研和实践相结合的基础上，跳出就能源抓能源的小圈子，使沼气建设与农业、农村经济发展和环境改善相协调，形成塑料大棚、沼气池、禽畜舍和厕所科学结合的“四位一体”模式，既具有科学性、实用性和可操作性，并力求“短平快”、投资少、效益高；从而受到农民群众欢迎，并经在大洼县等试点后，进一步推广。省的领导干部亲自部署、检查和现场指导，并且拨专款加以扶持，使北方农村能源生态模式得以推广普及，辽宁省的模式户由1990年的1 703户发展到1996年的11.2万户，形成了一定的规模，并在东北、华北和西北地区稳步发展。

北方农村能源生态模式为冬季寒冷地区庭院经济一种优良模式。其特点，一是多业结合，集约经营。以沼气为纽带，把养殖和种植结合起来，采用先进的技术，充分利用有限的土地、劳力、时间、资金、达到集约化经营。二是利用资源，变废为宝。充分利用太阳能，使转化为热能和生物能；将人畜粪便等有机废弃物作为原料，通过厌氧发酵，转化为沼气燃料、肥料和饲料。由于上述特点，四位一体模式具有明显的经济效益，社会效益和环境效益。

北方农村能源生态模式的效益明显。如以庭院为基础，充分利用空间，搞立体生产，提高了土地利用率。农时不受季节、气候限制，使冬季农闲变农忙；充分利用劳动力资源，由于在自家庭院内，闲散劳力，男女老少都可从事生产。尤其发挥了家庭妇女劳动力的作用。

由于缩短养殖时间，延长作物生产期，家庭养殖和种植经济效益较高。四位一体大棚与普通大棚相比较，冬季黄瓜、番茄和茄子等，每平方米高产2～5千克。而且都是无污染的优质产品。生猪在冬季仍可增重出栏。由于自产能源、肥料和饲料，大大节省支出，因此其纯收入远超过农户从大田生产所得。据辽宁省调研，一般农户年可养猪20头，种植蔬菜150平方米，年效益占总收入的50%，平均5 000元左右，少的也可达3 000元，收入多的超万元。1996年底，全省11.2万模式户每年向市场提供无公害蔬菜11.2万吨，出栏肉猪112万头，沼气提供的清洁能源7.84万吨标准煤，提供有机沼肥179.2万立方米，年总体纯收入达5.6亿元。辽宁省北宁市田家村实施“四位一体”工程，1995年全村节约电费7.8万元，节煤6.5万千克，蔬菜增收44万元，户均增收3 100元。大洼县清河村推行“四位一体”技术，养猪每头每天可增重0.75～0.90千克，6～7个月出栏达到150千克。由于猪出栏提前，缩短了饲养周期，减少了饲料消耗，降低了成本。每平方米产菜20千克以上；由于使用沼气，农家每户可节省烧柴2.5～3吨，节电200千瓦时，人均可创收700余元。

在社会效益方面，表现在繁荣了城乡市场菜篮子，尤其在寒冷季节为居民提供充足的鲜肉和鲜菜。同时，解放了家庭妇女，明显减轻繁重家务，改善劳动条件，如使用沼气，干净、卫生、方便、省事，妇女再不受烟熏火燎之苦。过去半年冬闲，常带来一些社会治安问题，现在忙于营销，提高自身科技文化素质以适应新事物。

四位一体模式使环境明显改善，过去农民庭院脏、乱、差，如今庭院面貌整齐、清洁、卫生，家家户户有了一个像样的猪舍和厕所，少见了柴禾垛。“四位一体”技术通过沼气发酵处理了农村有机废弃物，净化了环境，减少了疾病，据调查，沼气化村居民肠道传染病发病率较非沼气化村降低29%～33%；人畜共患的空肠弯曲菌肠炎在动物中的带菌率有明显下降，如猪、鸡和鸭分别减少72%，52%和82%。

“四位一体”模式改变了农民生产与生活习惯，变冬闲为冬忙，变淡季为旺季，变无收为有收，为解决农村环境脏、乱、差，建设小康村、镇，为两个文明建设找到了一个最佳结合点。农民靠模式盖新房，奔小康，模式有利于经济增长方式由粗放型向集约型转变，成为许多地区发展高产优质高效农业和农村经济，带动农民致富奔小康的有效途径。模式把农村能源建设同农民的经济效益紧密结合在一起，因此极大地调动了农民发展模式的积极性；目前正在走向市场经济，按市场需求及时调整生产结构，不断丰富棚内生产内容，防止出现一哄而上，单一品种干到底的局面和随之而来的卖难问题，例如已有农户在棚内种山野菜、草莓、葡萄、桃子、美国油桃等，并取得成功；有些地区根据当地自然条件、资源优势、经济发展现状和农民收入水平等特点，搞规模经营，产供销一体化，有的还因地制宜地创新，北方农村能源生态模式正日益显示出强大的生命力。

（能　环）

广西恭城沼气生态农业模式

恭城瑶族自治县位于广西壮族自治区东北部，是一个偏僻的山区县。总人口27.8万，1981年被定为广西49个“贫困县”之一。恭城县探索出养殖-沼气-种植三位一体庭院经济的富民道路，全县发生了很大变化。粮食连续十年增产，水果每年以40%的比例增产，养殖业以30%的比例增加，人均纯收入以年递增30%的比例上升，森林覆盖率由原来的47%提高到现在的71%。1988年成为全自治区率先越过温饱线的10个贫困县之一，1995年基本甩掉脱贫县的帽子，1996年被评为全区双文明建设先进县。实践证明，恭城模式是脱贫致富奔小康的成功实践，也是实现经济和生态协调发展的有效途径。

（一）恭城模式及其三个发展阶段　恭城模式是以沼气为纽带，带动种植业和养殖业发展，进而推动农业持续发展和社会全面进步，实现生态和经济协调发展的一项沼气生态农业工程。

恭城模式，通常是一家一户在庭院内建沼气池，使以养猪为主的养殖业和以水果为重点的种植业相组合，形成有机整体；猪粪尿、禽粪、生活有机废弃物等入沼气池，产生的沼气入室照明、烧饭、解决生活用能；沼液、沼渣入田入地作肥料和部分做饲料，使资源多层次利用，形成养殖-沼气-种植三位一体的庭院经济格局，典型的模式是一个6立方米沼气池带有小猪圈、小果园、小菜园、小鱼塘。

恭城模式集科学性、实用性和可操作性于一体，具有投资少、见效快、效益高的优点；又面对较为贫困山区的现实，采取经济上有效益、社会能接受，环境可改善，有利于可持续发展的先进适用技术，因此是实现农村经济与生态环境协调发展的一条新路。恭城模式经历了三个发展阶段：

第一阶段主要抓沼气建设，解决农村能源问题。70年代末至80年代初。由于严重缺柴，过度砍伐森林，破坏了生态环境，造成水土流失，水源枯竭，河溪断流，旱情严重。为了解决能源问题，又要保护生态环境，从1983年起，开始引进沼气技术，先在黄岭村试点，并在缺煤的平原地区推广。

第二阶段主要是发展庭院经济，解决群众温饱问题。在发展沼气过程中，农民就需多养几头猪；沼液、沼渣多了，群众便在房前屋后种水果、蔬菜，挖小鱼塘养鱼，作为肥料和饲料，收入随之增加。年终统计，使用沼气的农户比不使用沼气的农户，每年平均多收入1 994.5元。1990年，初步形成了“一池带四小”（即一个沼气池，带一个小猪圈，一个小果园，一个小菜园，一个小鱼塘）的庭院经济格局。全县建成沼气池累计1.19万座，种果3 520公顷，肉猪出栏8.9万头，农民人均纯收入500多元，全县越过温饱线。

现阶段主要是大力发展沼气生态农业模式，加快奔小康进程。庭院经济虽然是一种较好的生产与经营形式，但层次低，规模小，难于形成大气候，必须让水果业、养殖业走出庭院，实现规模化、集约化经营。恭城县在统一认识的基础上，进一步明确把沼气生态农业模式作为振兴恭城经济的突破口，使沼气建设、种果、养殖以前所未有的速度发展。到1996年，全县共建有沼气池3.03万座，占全县总农户的60.5%，水果种植面积16 400公顷，年均增加水果种植面积1.5万公顷，人均水果收入1 641元，居全区第一。肉猪出栏50.8万头，年均增加出栏7万头，人均出栏肉猪1.8万头。由于群众用沼液、沼渣喷施水果，使每千克水果降低成本0.2～4元，而且果形漂亮，质量好，含糖高，耐贮存，有市场竞争力。

（二）恭城模式效益显著　实践证明，恭城模式具有显著的经济效益，社会效益和生态环境效益，按当地的说法是：粮丰、钱多、环境美。

粮丰：沼气生态农业模式使农民普遍增加了收入，从而有条件增加种粮投入，使用良种，采用先进耕作技术，改善灌溉条件等，连续十年增产，1996年全县粮食总产12.6万吨，人均有粮455千克，调出粮食2 300吨，而1987年以前曾是粮食调入县，每年调进达1 380吨。

钱多：沼气生态农业模式推动了全县经济快速发展。1996年全县国内生产总值13.84亿元，在1980年的基础上翻了两番；农业总产值10.3亿元，比1990年增长3倍；全县财政收入5 460万元，比1990年增长1.3倍。农民人均纯收入2 537元，比1990年558元增长4.3倍，其中65%收入来自水果。贫困人口由1990年前的9.8万人下降到1.93万人，占全县总人口比例由42.5%下降到6.9%，获自治区“扶贫先进县”称号。

对一个农户具体来说，采用三位一体模式，首先是使用沼气作燃料，减少了上山砍柴工；若是烧煤，减少了买煤的钱和运输费用。用沼气照明，节省了电费，同时使农户养殖和种植方面增产增收，大致相当于年增收1 000元以上。如养猪用沼液拌料喂猪，每天能增重1.2～1.5千克，一般4个月，最快78天就可出栏；沼肥用于水稻每公顷年增产20%～25%，用于蔬菜、水果可增产10%～30%，品质还有所提高；与此同时，还节省了商品肥的费用，因此使用沼气的农户一般来说要比不使用沼气的农户较为富裕些。

环境美：由于沼气生态农业模式的推广普及，沼气用作生活燃料，大大减少了生活用柴。据测算，一座6～8立方米沼气池，每年可节柴2 000～2 500千克，相当于0.04～0.05公顷薪柴林生长量，恭城3万多农户使用沼气，一年就相当于封山育林1 600公顷，再加上其他节能设施，每年可减少森林砍伐2 133.3公顷，从而森林得到保护，林木生长量开始超过砍伐量，森林覆盖率由1987年的47%提高到1994年的71%，如今恭城全县生态环境优美，山绿，水清，泉水重新喷涌，河溪常流不断。

在卫生环境方面，由于人畜粪便、生活污水都进了沼气池，在农村看不到遍地污水现象；农户使用沼气后，厨房难见烟熏火燎的痕迹，普遍明亮干净。各种污物经过沼气池厌氧发酵后，细菌、虫卵基本被杀死，断绝了污染源，过去常见的传染病、肠道寄生虫病大大减少。据统计，恭城的法定传染病发病率从1980年近1 466.5/10万下降到1996年的105.02/10万，近几年周边县几次发生急性传染病，恭城都未波及。

（三）恭城模式的成功经验

1.坚持领导抓，抓领导。具体做法一是用恭城精神凝聚人心，即“艰苦创业，扶贫济困，求真务实，为民造福”。二是目标不动摇，一届接着一届干，坚持不懈走下去。10多年来，先后换了六任县委书记、五任县长，但换人换届不换招。三是以点带面。每一个发展阶段都有示范点，历届书记、县长、分管副县长和乡（镇）书记、乡（镇）长都带头抓，先后建成50多个生态示范点。四是搞好督查。建立督查网络，激励先进，鞭策后进。

2.加大投入的力度。多年来，采取县乡财政拨款、银行贷款、群众个人筹款、争取上级支持等办法切实增加对沼气生态农业的投入。尽管县财政比较紧张，每年仍安排25万元以上资金作为农村能源建设费，发挥引导作用。1991年以来，全县共投入农村能源综合建设项目资金4 439.3万元，其中，国家和自治区支持173.3万元，贷款1 268万元，县、乡财政，单位集资共674.6万元，农户自筹2 323.4万元。此外，投入发展林果业和畜牧业3亿多元，投入的增加为沼气生态农业的发展打下了坚实的基础。

3.大力推广科学技术。他们主要抓了四个方面：一是充分发挥职能部门的作用，齐抓共管。县科委组织实施“星火计划”，推广先进实用的科学技术；畜牧部门抓好科学养殖技术的推广、品种的改良、规模饲养，抓好猪病春防、秋防工作，提高生猪的成活率和出栏率；能源部门抓好沼气建设，开展沼气的综合利用；水果部门巡回办班，传授保花、保果、病虫害防治和改造低产果园技术，引进、繁殖优质种苗。二是建设一支事业心强、技术精湛、吃苦耐劳的科技推广队伍。科技人员常年坚持深入生产第一线，随时帮助农民解决问题，作出示范。三是运用贴近农民群众的科技推广方法，抓好科技普及。四是下大力气培养一支土生土长的农民技术队伍。经过近几年有针对性地培养，已培养农村骨干1 324名，这支队伍分散在各乡村，对带动农民发展沼气生态农业有极大的推动作用。全县3万多座沼气池，建池成功率为100%，99%的沼气池至今仍在使用；几千名种果能手、沼气师傅到外地承包果园、建沼气池，一大批农民运用新技术走上了富裕道路。

（能　环）

江西赣州地区“猪沼果”工程模式

赣州地区位于江西省的南部，是全省最大的行政区，共有18个县（市），总面积39 380平方公里，以山地为主，耕地面积仅35.04万公顷，总人口735.29万人，其中农业人口630.54万人。现在沼气技术在赣州日趋成熟，许多沼气用户家中配上了自动电子打火的沼气双眼灶和沼气灯，小巧玲珑的盒式指针压力表，整齐布置的输配管道，像城市居民家庭炊具使用效果一样。农户猪圈、厕所和沼气池三结合，实现了进料自流，居住环境卫生面貌焕然一新。在1月份寒冬季节，许多沼气用户还能用沼气烧水做饭和点灯，沼气显然已经成为他们厨房的当家燃料。农户使用沼气肥料可以随出随用。

赣州地区在沼气技术成熟和应用技术提高的基础上，将沼气与农业综合开发、生态环境建设相结合，发展成为“猪沼果”工程模式。“猪沼果”工程是一个以沼气为纽带，连动畜牧业、果业、农业等相关产业共同发展的生态农业模式化工程，其基本内容是“户建1口池、人均年出栏2头猪、人均种好1亩果”。实际上就是因地制宜开展多种形式的沼气、沼液、沼渣综合利用，创最高的经济价值。试验结果表明，用沼液加饲料喂猪，毛光皮嫩，增重快，可提前出栏，节约饲料1/5，大大降低了饲养成本，增加了养猪收入，激发了农民养猪的积极性。经过沼气池厌氧发酵的沼液（渣）是一种综合型优质、速效的有机肥料，施用沼肥的脐橙等果树，要比未施沼肥的年生长量高20多厘米，多长5～10个枝梢，而且植物抗旱、抗寒和抗病能力增强，生产的脐橙品质提高1～2个等级。会昌县文武坝、麻州乡一些村庄的农民用沼液喂鱼、喂蝌蚪，都取得了增产增收的效果。1995年，珠兰等乡村农民用沼液搞旱床育秧，栽插稻田8公顷，取得了每公顷减少投入300元，粮食增产15%的好效果。沼气技术与农业、畜牧业、果业等结合，赋予更强的生命力，这种生产模式已经深受农民欢迎，使沼气的推广充满了希望。

从解放生产力角度考虑，每个沼气池年节约砍柴劳力150个，全地区10万个沼气池，一年可以有1 500万个劳动力用于发展经济。会昌县政府规定给建沼气池的农户适当补助，从总体效果分析，是有利的。一是节约烧柴。有了沼气池，农户就不会再到山上去砍柴，如会昌县1万口沼气池，一年节约木柴10万立方米，节约用电100万千瓦时，可以有效保护森林资源和生态环境，二是促进畜牧业的发展。一般情况，建池户每年要比未建池户多出栏肉猪6头以上，全县年增加6万头肉猪，两税收入就可增加近150万元；沼气肥多了，化肥就可以少用，有利于农业持续发展。寻乌县领导做过经济评价，一个8立方米沼气池建池费1 800元，每年养4头猪，就可解决日常生活能源问题，每头猪的粪便经沼气池发酵后，肥力增加相当于40元；从节省柴、电和劳力的角度看，每头猪可增加间接收入100元；施用沼肥的果树，增产幅度均在25%以上，每公顷可减少投资3 000元，大大降低了两业的成本，效益大增；1995年，寻乌县发挥沼气池的作用，直接获得经济效益达1 200万元。

统计数字显示，全区“猪沼果”工程建设在试点的基础上，开始大发展，沼气池、畜牧业和果业快速增长。1995年全区新建沼气池23 700多户，占全省建池总数的2/3，是上年的5.3倍；肉猪出栏数比上年增长34.1%，是“七五”期间平均年递增7.4%的3.5倍；“八五”期间新开发果园平均每年2.37万公顷，相当于“七五”期间新增果园的总面积。

“猪沼果”工程开创了一条富万家百姓的新路，在赣州地区如春潮涌动，势不可挡。目前，赣州地区行署决定举全区之力，加快工程的推广速度，扩大名、特、优产品的生产规模，带领群众脱贫致富奔小康，再造一个赣南经济。地委、行署要求各县、各部门，把“猪沼果”工程作为发展农村经济和地区特色农业的重中之重的工作来对待，努力实现“猪沼果”工程（户均1个池，人均2头猪，人均1亩果，简称“121”工程）的发展目标：1996年200个村（每村70%的农户达到“121”标准）；“九五”期末达到1 000个村，使全地区果业面积达到26.67万公顷，兴建沼气池70万个，肉猪出栏800万头；到2010年，全区70%以上的农户达到“121”工程的目标。

（王　翔）

薪炭林建设

森林能源在我国农村能源中占有重要的地位。1980年前后，全国农村年消费森林能源为1.04亿吨标准煤，占农村能源年总消费量的31.4%；森林能源在全国农村生活用能中占近40%，特别是丘陵山区、林区，农村生活用能50%以上靠森林能源，有些地方烧砖瓦、瓷器、石灰及炒茶、烤烟等用能也靠森林能源。因此，森林能源是我国农村群众生活乃至一些生产的基础条件。

新中国成立后，随着农村人口的增长和生产的发展，农村能源长期紧缺，薪材供求缺口很大。1979年全国年合理提供薪材量8 885万吨，而实际年消耗量为18 100万吨，超过合理提供量的1倍以上，是靠过量樵采，消耗森林资源，破坏森林植被取得的。人们为了取得燃料，到处搜集一切可燃之物，造成资源破坏生态恶化的后果。

我国农村薪材严重不足，其重要原因，薪炭林在森林资源中仅占3.95%，林种结构不适应农村需求。然而，全国各地发展薪炭林的典型表明，发展薪炭林，建立薪材基地，方便了群众生活，有效地解决了燃料问题；改善了森林结构，增强了林业适应社会需要和抗御自然灾害的能力；缓解了林木过度樵采，保护林草植被和生态环境；促进了秸秆和畜粪还田，对农村经济的发展和农村群众生活水平的提高起了积极的作用。薪炭林解决薪材短缺，保障森林资源发展具有战略地位。

（一）建设工作概况

1. 制定计划。1981年，林业部制定了“六五”全国发展薪炭林计划；同年建立了全国营造薪炭林统计制度。从此，我国薪炭林走上有计划发展的新时期。“七五”期间，薪炭林同其他林种一起下达年度造林计划。

2. 试点示范。为加强发展薪炭林宣传，提高各级有关部门、领导和缺柴地区农村群众对发展薪炭林的认识，探索发展薪炭林的经验和生产技术，做出示范样板，从1985年起，在财政部、国家计委、国家经委支持下，林业部组织在全国开展营造薪炭林试点工作。到1990年，在全国建立了50个试点县，取得了很好的效果，促进了地方薪炭林工作，辐射带动面上薪炭林发展。为了在全国增加试点县密度，“八五”期间，林业部从林业基建经费中每年安排50万元，在全国新增50个试点县。至此，林业部在29个省、自治区、直辖市建立了100个薪炭林试点示范县。

3. 组织全国农村薪材消耗量调查，摸清了薪材供求状况。1984年底和1985年初，林业部造林司分别召开北、南方农村薪材消耗量调查工作会议，制定了统一调查方法和要求。经过各省林业厅主管部门一年的工作，25个主要省、自治区调查统计，农村年消耗薪材量28 730万吨，为同期合理提供量的2倍以上。通过这次调查，各省看到了本省薪材供求矛盾的严重性，增强了加快发展薪炭林的意识和紧迫感。

4. 组织薪炭林发展战略研究。1995年组织林业部属调查规划设计院、西北、华东、中南四个调查规划设计院，对全国各省、自治区、直辖市进行调查研究，为今后薪炭林发展提出意见和科学依据。1995年全国合理可提供森林能源14 322.9万吨，全国农村年消耗森林能源21 339万吨，供求缺口约7 000万吨。加快发展薪炭林仍是一个紧迫而长期的工作。

此外，为了推动薪炭林建设，1986年以来，就薪炭林的发展、经验、造林、经营等问题先后召开了五次薪炭林会议。

5. 举办薪炭林展览。我国农村能源是多元结构，多能互补，是涉及多部门、多学科的事业。国家有关部门一致认为，加强宣传与交流非常重要。从1982年起，全国农业展览馆就拿出一个馆为农村能源展览馆，作为宣传阵地。1982年、1988年、1990年举办了三届农村能源展览（长期展出），其中，薪炭林是展览的重要组成部分。

6. 薪炭林科研工作。在国务院农村能源领导小组办公室、国家计委等部门的关心和支持下，从1983年起林业部安排薪炭林科研项目，由中国林科院林研所薪炭林课题牵头，组织协作组，在全国按气候带布设薪炭林试验区，进行薪炭林树种筛选试验和造林技术研究。“七五”转为国家科技攻关研究，1990年完成项目任务，取得一大批成果，为各地发展薪炭林提供了优良树种和造林技术。

（二）建设成就和经验　1981年我国开始有计划的薪炭林建设，至1995年15年间，全国累计营造薪炭林494.8万公顷（年报造林统计），其中：“六五”完成205万公顷，“七五”186.3万公顷、“八五”103.5万公顷。根据这些年全国造林成效调查，薪炭林成林面积和单位面积年生物量测算，薪炭林年增加薪材量2 000万～2 500万吨，对缓解当地农村能源短缺起到了重要作用。15年的薪炭林建设，全国涌现出一大批发展薪炭林典型县，他们的共同特点是：县政府重视，发展快，规模较大，使当地森林结构趋向社会要求，有效地缓解了农村能源短缺，对当地农村经济发展起到积极作用，对面上薪炭林发展产生了很大影响。

各地发展薪炭林的主要特点是：

1. 相对集中连片，建设薪炭林基地。我国发展薪炭林主要是乡村集体和农民。营造薪炭林，根据需要和林业用地情况先进行规划，选择距居民点较近，交通方便的低山丘陵，一座山、一面坡的营造，建立基地。

2. 推广使用现代薪炭林造林技术，引导规范化经营利用。薪炭林以生产燃料为主要营林目的，以高产生物量（能量）为目标，贯彻薪炭林造林生产技术，选择萌芽力强、产量高等优良薪炭林树种，合理密植，搞好造林整地，保证造林质量，实行短轮伐期平茬采薪基本方式，保持林地落叶以维护林地生产力等。

3. 实行造、封、改、转多途径发展。宜林地多的地方，应以人工造林为主，有封育条件的，结合封山培育薪炭林；基本完成造林灭荒的地方，疏残林补植薪炭林树种改造为薪炭林，或因立地条件较差的阔叶林，达不到培育目的的，经平茬更新转为薪炭林。

4. 因地制宜采用经营类型，拓宽薪炭林的发展，提高经营效益。目前，我国薪炭林有五个经营类型，即，短轮伐期平茬采薪经营型；以生产薪材为主，兼生产少量用材的材薪经营型；树草间作的薪草经营型；采用多效益薪炭林树种的薪材经济经营型和头木育薪经营型。

十多年来，在薪炭林建设中积累了不少经验。

1. 各级政府领导关心和重视是加快薪炭林发展的关键。如：1980年前后，黑龙江省农村燃料严重紧缺，对此，省委、省政府十分重视，及时作出决定，要求燃料困难的40多个县，给每个农户划分0.2公顷土地，发展薪炭林，以解决燃料问题。

2. 制定发展薪炭林规划，确立发展目标。发展规划是发展的目标，是建设的蓝图，动员干部群众为实现其目标。吉林省集安市委、市政府，为保护森林资源，解决农村燃料问题，提出了“建一保九”的新思路，“为建设2.4万公顷薪炭林而奋斗”的铁牌横幅悬挂城市马路上空，指导着薪炭林建设，已取得完成1.33多万公顷的成就和显著效益。

3. 抓点带面。从1985年至1995年，林业部在全国的100个县开展营造薪炭林试点示范，带动各地薪炭林工作；许多省、县也是发现总结本地的典型，进行推广他们的经验发展薪炭林的。

4. 加强组织领导。发展薪炭林是一个系统工程，在农村关系到千家万户，关系到土地资源利用，也关系到群众思想认识与行动。凡是发展薪炭林成绩大、质量好、效益佳的地方，那里的县乡政府都注视营造薪炭林工作，使群众种苗保证供给，统一技术标准，保证造林质量，适时搞好造林。

5. 落实造林政策，按薪炭林生产特点经营。当代薪炭林以其短轮伐期采薪利用，一次造林，多次采薪，长期受益，建立基地为特点，对群众有很大吸引力。要落实“谁造谁有谁受益”的林业政策，支持群众按薪炭林营林技术规定经营利用。以生产燃料为主要目的，进行综合开发利用，以提高效益。

为了继续推进薪炭林建设，改善森林结构，提高我国森林适应社会的能力，缓解全国农村薪材供不应求的状况，1996年林业部推出了《全国森林能源工程“九五”实施计划》，其指导思想是：根据国家农村能源建设方针和全国农村薪材供求状况，在加快植树造林中增加薪炭林造林，扩大薪材资源，缓解农村薪材矛盾，切实保护森林资源，改善生态，保障农村经济发展与社会全面进步。

森林能源工程建设任务：用20年左右时间，在全国严重缺柴地区植树造林，增加森林能源基地1 200万公顷，建立起布局科学、结构合理的农村能源体系。整个工程分三期进行：1996—2000年为一期工程，2001—2010年为二期工程，2010年以后为三期工程。一期工程，即“九五”计划发展薪炭林300万公顷，其中抓100个重点县作为一期工程的重点工程，每年每个县发展666.67公顷，每年6.67万公顷。

1996年是实施森林能源工程的第一年，全国完成发展薪炭林15.06万公顷，比1995年增加了3.3%，初步扭转了“八五”以来薪炭林造林连续5年下滑的局面，为能源工程的实施开了个好头。

（林业部造林司　郭怀让）

1991—1996年全国薪炭林面积

单位：公顷

年　　份	面　　积
1991	311 667
1992	235 300
1993	191 100
1994	152 070
1995	145 260
1996	150 040

1996 年各地区薪炭林造林面积

单位：公顷

地　区	薪炭林面积
全国总计	**150 040**
北　京	30
天　津	
河　北	10 720
山　西	1 100
内蒙古	3 390
辽　宁	23 970
吉　林	1 720
黑龙江	10 080
上　海	
江　苏	
浙　江	800
安　徽	80
福　建	6 760
江　西	12 410
山　东	370
河　南	6 040
湖　北	9 890
湖　南	490
广　东	300
广　西	200
海　南	140
四　川	4 030
贵　州	1 270
云　南	26 650
西　藏	
陕　西	7 490
甘　肃	10 580
青　海	8 060
宁　夏	280
新　疆	3 190

（陈年汇）

乡镇煤矿建设

乡镇煤矿，包括乡（镇）、村办的集体所有制煤矿，个体私营煤矿，以及国有重点煤矿办的集体所有制煤矿和其他非国有煤矿（军办矿、二轻系统开办的矿等）。

（一）乡镇煤矿的发展　乡镇煤矿是农村经济改革与我国独特的国情相结合的产物。分布广泛的煤炭资源，农民摆脱贫困的强烈愿望，巨大的市场需求，农村大量剩余劳动力的转移以及政府的政策，是乡镇煤矿得以产生和发展的主要因素。

农村集体小煤矿 50 年代初就已萌芽。“大跃进”年代出现第一次高潮，集体煤矿（当时称社队煤矿）产量从 1957 年的 649 万吨猛增到 1960 年的 2 195 万吨。十年动乱以后，能源严重短缺，集体煤矿再度兴起，1978 年产量达 9 532 万吨。

党的十一届三中全会以后，改革开放推动了乡镇煤矿的大发展，出现两次高潮。第一次是 1984～1985 年，1983 年 4 月，国务院发布《关于加快发展小煤矿八项措施》，鼓励农村集体和个人办矿，乡镇煤矿得到空前的大发展，1985 年产量增加到 27 318 万吨，比 1983 年增加 10 312 万吨。第二次是 1993 年开始的，国务院决定放开指令性煤价，促使乡镇煤矿出现新的高潮，产量由 1992 年的 42 548 万吨增至 1994 年的 55 490 万吨，1996 年达 61 477 万吨。

（二）乡镇煤矿现状

1. 产量及分布。据煤炭部统计，1996 年乡镇煤矿产量为 61 477 万吨，占全国煤产量的 44.7%。

乡镇煤矿分布在全国 27 个省、自治区直辖市的 1 264 个县。据调查，1995 年，乡镇煤矿产量超过 2 000万吨的省、自治区有 8 个：山西（15 730 万吨）、四川（5 570 万吨）、贵州（4 480 万吨）、河南（4 340 万吨）、湖南（3 530 万吨）、内蒙古（3 010 万吨）、黑龙江（2 510 万吨）、河北（2 380 万吨）；产量 1 000 万～2 000 万吨的省、自治区也有 8 个：陕西、云南、江西、辽宁、新疆、山东、甘肃、湖北。这 16 个省、自治区的乡镇煤矿产量占全国的 91.8%。有 10 个省、自治市乡镇煤矿的产量占其煤产量的 50%以上：贵州（81.4%）、湖北（78.9%）、福建（74.4%）、湖南（71.2%）、江西（70.4%）、云南（64.5%）、四川（57.2%）、广东（54.2%）、甘肃（52.6%）、北京（50.8%）。产量在 100 万吨以上的产煤县有 165 个。

2. 数量和类型。1995 年，全国乡镇煤矿共有 7.3 万个。其中乡镇集体所有制煤矿 3.4 万多个，产量 4.55 亿吨，分别占全国的 46.9%和 78.6%；个体煤矿 3.5 万个，产量 1.03 亿吨，分别占 47.6%和 17.8%；国有重点煤矿办的集体所有制小矿、军队办的矿和其他集体煤矿 0.4 万个，产量 2 100 万吨，分别占 5.5%和 3.6%。

年产 3 万吨以上的乡镇煤矿有 6 646 个，产量 2.45 亿吨，分别占全国的 9.1%和 42.4%。已装备“五小件”（绞车、风机、水泵、矿灯、瓦斯测定器）的有 3.3 万个，产量 4.39 亿吨；实现“五消灭”（消灭独眼井、自然通风、井下明火照明、明火放炮、明刀闸开关）的有 2.6 万个，产量 3.93 亿吨。

3. 从业人员。乡镇煤矿从业人员流动性大，难以确切统计，1996 年估计约 330 万人。井下采掘工人 90%以上是农民合同工和临时工。山西乡镇煤矿来自外省的从业人员占 54%。乡镇煤矿从业人员文化素质很差，文盲半文盲占 50%以上。

4. 生产与安全。总的来说，乡镇煤矿开采工艺和技术装备落后，抗灾能力低，安全状况有待进一步改善。

5. 煤炭运销。目前，乡镇煤矿生产的煤，约60%供当地消费，40%运销外地（出县），其中出省的占20%，占全国省际净输出量的1/4。

6. 投资和成本。乡镇煤矿投资省，见效快，成本低。资金来源渠道较多，包括群众集资、部分地方政府的补助、农业银行和信用社贷款以及企业留利和维持简单再生产费用（简称维简费）等。其中群众集资是主要来源。国家主要支持资源勘探以及矿区交通运输和输变电等基础设施建设。据煤炭部重点产煤县发展规划测算，1995年新建符合设计规定的乡镇煤矿，吨煤综合投资约168元，其中矿井建设投资120元，矿区配套工程和其他投资48元。乡镇煤矿技术装备程度低，生产和生活福利设施简单，因此，吨煤成本低，1995年可盈利的生产成本最低仅30元，最高不超过100元；售价34～185元/吨；利润3～85元/吨。

7. 企业经营和体制改革。乡镇煤矿一般采取个人承包经营，在市场竞争中优胜劣汰。因此，企业千方百计降低成本，用工制度灵活，管理人员很少。据180个乡镇煤矿的调查，井下作业人员占从业人员总数的72%，管理人员仅占6%。

1988年以来，乡镇煤矿在煤炭行业中率先引入股份合作制，通过多种形式的联合或兼并，组建企业集团。有些地区出现国有煤矿与乡镇煤矿联合的新格局，这种打破所有制界限的联合，使国有煤矿的技术和乡镇煤矿的市场机制相结合，实现优势互补，是煤炭行业改革的一项重大创新。

8. 行业管理。为促进乡镇煤矿健康发展。1994年12月，国务院颁布《乡镇煤矿管理条例》，规定乡镇煤矿由煤炭工业部和县以上政府煤炭主管部门负责行业管理，进行统筹规划，组织协调，监督检查，提供服务。规定了乡镇煤矿的开办条件和审批程序。在取得采矿许可证后，由煤炭部或省级煤炭主管部门核发生产许可证。

（三）乡镇煤矿的贡献

1. 促进农业和农村经济社会发展。乡镇煤矿为支援农业和农村公益事业提供了大量资金，带动了电力、建材、冶金、机械、化工、食品、运输和服务等乡镇企业的发展，成为农村工业化的支柱，为农村大量剩余劳动力提供了就业机会，使许多贫困地区农村居民的生活水平大大提高。全国乡镇煤矿以及以煤为燃料和原料的乡村工业总产值，占全国乡村工业总产值的1/3；从业人员超过2 000万人。全国约有一半产煤县的乡镇煤矿，已成为本县的经济支柱。

2. 缓解能源供应紧张局面。1980～1996年，乡镇煤矿产量净增5.01亿吨，占全国煤炭增长量的66%，占全国一次能源生产总增长量的48%。

3. 减轻国家财政负担。乡镇煤矿主要依靠自筹资金开办，靠自身积累发展。按1996年乡镇煤矿产量估算，如果国家投资建设同等产量的国有煤矿，约需投入3 040亿元，这是很难实现的。

4. 改善煤炭工业布局。煤炭资源比较贫乏的东部和南部沿海16个省、自治区、直辖市，煤产量的增长85%来自乡镇煤矿。对保证这些地区的煤炭供应，减轻北煤南运压力，发挥了重要作用。

5. 回收大矿遗弃和无法开采的煤炭储量。乡镇煤炭在十分艰苦的条件下，回收国有煤矿遗弃和无法开采的储量。1995年，开采大矿边角、复采残煤和表外储量的乡镇煤矿的产量，占总产量的27%。

6. 保护生态环境。我国农村居民的生活燃料主要依靠薪柴和秸秆。薪柴消耗量超过合理采樵量，导致森林植被减少，水土流失加剧。乡镇煤矿大大促进了农村民用燃料以煤代柴的过程，对改善广大农村和牧区的生态环境起了重要作用。

7. 为国有煤矿建立市场经济体制提供经验。乡镇煤矿是我国能源部门率先冲破传统计划经济体制束缚，进入市场的庞大企业群，在市场竞争中，不断创新。其发展模式为国有煤矿转向市场经济的改革提供了许多有益的经验。

乡镇煤矿在发展中还存在伤亡事故多、资源回收率低、危及国有煤矿生产安全、资源得不到保障、负担过重等问题，迫切需要解决。

（四）发展乡镇煤矿的政策措施　为全面贯彻落实国务院确定的“扶持，改造，整顿，联合，提高”的方针，采取的主要政策措施有：

1. 财政支持。1995年规定乡镇煤矿按实际产量提取维简用，最低标准为8.5元/吨。建立乡镇煤矿发展基金，向用户价外征收，一般5～6元/吨。已有24个省、自治区建立此项基金。山西地方煤矿出省煤，价外征收20元/吨能源基地建设基金和1元/吨水资源补偿费；并给予10元/吨生产补贴和5元/吨专项维简费，进入煤价。

2. 建设重点产煤县。指导思想是：办矿体制以股份制乡镇煤矿为主，增产途径以技术改造为主，资金来源以自筹为主。重点产煤县的总体规划，包括生产、建设、集运、加工和相应的配套设施，建设成为矿、电、路、站配套，产、供、运、销协调的商品煤生产基地。引导乡镇煤矿依法办矿，正规生产，规模经营。

3. 整顿生产秩序。根据不同情况分别采取取缔无证矿井、停产整顿或边生产边整顿矿井等方式使违法生产已初步得到有效制止，煤炭经营秩序明显好转。

（王庆一）

农村电气化建设

农村电气化事业

在党中央、国务院的正确领导下，经过农电系统广大职工艰苦创业，我国农村电气化事业取得了可喜的成绩。

（一）“电力扶贫共富工程”取得丰硕成果　为配合国家“八七”扶贫攻坚计划，适应农民脱贫、奔小康的要求，电力工业部针对当时我国还有28个无电县、1.2亿人没有用上电的现实，及时提出“电力扶贫共富工程”，为无电地区通电，增强农村的脱贫“造血机能”。各网、省局对该工程极为重视，主动向当地政府汇报，争取社会各方面的支持，广大电力职工把扶贫通电作为自己义不容辞的责任，短短几年，就投入资金21亿元，到1996年底，全国共消灭无电县17个，解决无电行政村14 840个，无电人口约5 000万人。全国乡、村、农户通电率分别达到98.6%、96.72%和94.67%。北京、天津、上海、辽宁、吉林、山东、宁夏、江苏、安徽、河北、浙江、福建等12个省、自治区、直辖市实现了村村通电。电力扶贫取得了巨大成功，为广大贫困地区脱贫致富奠定了坚实的基础。

（二）农村电气化建设成绩辉煌　农村电气化和农村电网建设是加强农业基础设施建设、加快农村实现小康和农村社会主义精神文明建设的物质基础。各级农电部门加大投入，加快农网建设，坚持安全文明生产，重视技术改造和技术进步工作。到1996年底建成110千伏变电站2 786座、容量10 826万千伏安；35千伏变电站14 319座、容量9 209万千伏安；110千伏线路9万米，低压线路567万公里。全国县及县以下用电量达到4 088.8亿千瓦时，占全国、全社会总用电量的38.7%，全国县及县以下人均年用电量达到376千瓦时；大电网供电地区建成农村电气化县378个；建成县级调度自动化系统近400个，其中达到实用化标准的有216个；县级通信组网530个；建成小型化农村变电站1 450座，变电站实现无人值班的300多座；建成并验收了10个节电示范县；由国家经贸委立项的10个农村电网技术改造示范工程，有的已竣工投产；100个节电先进县建设工作正在顺利进展。以35～110千伏为主，布局合理，结构协调，运行经济可靠的农村输电网络基本形成。

（三）电力“三为”服务深化创新　各级农电部门紧紧围绕当地政府的中心工作，为农业、为农民、为农村经济发展提供优质服务（以下简称“三为”服务）。针对难点、热点问题办实事、办好事，使“三为”服务深入人心。中共中央、国务院关于《切实减轻农民负担工作的决定》发出后，农电系统坚持不懈地抓了农村电价电费的整顿工作，治理“三乱”、落实农村分类综合电价和生活照明最高限价。据统计，有1 218个县实行了农村最高限价，电费张榜公布的村达到89.3%，电价合理水平的村占85%以上。几年来共减轻农民用电不合理负担达40亿元以上。与此同时，各地农电部门不违农时确保抗旱防汛用电和农村照明用电，全国有85%的村月照明保证率在80%以上。全国已有1 040个县（市）局“三为”服务达标，并被地（市）“双文明”建设指导委员会评为“双文明”达标单位。1996年有16个县局被评为电力系统“双文明”达标先进单位。为进一步拓宽电力“三为”服务活动的深度和广度，各地还开展了创建行业文明窗口活动。吉林、山东等到省农电部门文明窗口形象已受到广大农民群众的好评。

（四）农电体制改革稳步推进　随着电力工业体制改革的深化，农电管理体制改革有了突破。一是各网、省局领导高度重视农电体制改革，进一步完善、充实农电管理机构，主动对本区域的农电体制进行调研和改革探索。二是确定了“县为实体”的农电体制改革方向。湖北等省对直供直管县局进行了内部电力市场或内部趸售经营的改革试点。三是强化电力行业管理，确认了趸售县局是管电机构、是电力企业，不是用户的地位。并根据趸售县局人员膨胀、经济效益差、技术力量薄弱的问题，普遍实行了代管经营，有效地改善了趸售电力企业的经营状况。四是普遍进行了三项制度改革，通过减人增效、改革内部机构，全面提高企业的经营管理水平，并在此基础上探索建立现代企业制度，实现两个根本性转变，增强企业市场竞争的实力。五是许多省还进行了合并、联营以及股份制改革等其他形式的改革试点。如云南、河南对国家电力公司及其子公司以外的资产进行资金注入和赎买；海南省则采用股份制的运作方式；山西、广东等省对乡镇电工和村电工实行统管，建立社会化服务体系。这些都为农电管理体制改革提供了可以借鉴的模式和新思路。

农村电气化事业虽然取得了显著成绩，但也还存在不少问题，如认识还有差距，部分已通电地区电力短缺、电网设备陈旧、电能损耗高，农电发展资金短缺，农电管理体制不顺等等亟待解决。

（电力工业部农村电气化司　任西萍）

小水电建设

（一）小水电建设　我国是世界利用水力最早的国家之一，但利用水力发电比欧美和日本都迟了几十年。1912年在云南建成的第一座石龙坝水电站，装机480千瓦（以后扩建为6 000千瓦），距今已有85年历史。但到新中国成立前夕，全国只有水力发电装机26万千瓦，其中小水电26座，装机只2 800千瓦。新中国成立以后，随着社会主义建设事业的发展，小水电事业也不断壮大起来。

我国小水电发展，按年代总结如下：

50年代是始发时期，早在新中国成立初期，党和政府就十分重视中小水电，在《农业发展纲要》中提出：凡有水力资源的地方，要积极兴建中小水电，以逐步解决农村用电要求。为了推动小水电发展，1956年先后在山西、四川、福建举办了技术培训班，还在烟台、四川、郑州召开了全国性会议，提出了“小型为主，服务生产为主、社办为主”的三主方针，同时提出了“土洋并举、发电与动力并举、大中小结合、小水电与国家电网供电相结合”等一套两条腿走路的方针。1958年为适应农业合作化形势，还提出了每省抓5个县、100个乡的电气化规划。这些方针、措施在当时起了积极推动作用。

这个时期农村的办电能力小，用电水平低，小水电装机容量只限于500千瓦以下，平均每年发展只有1.5万千瓦，但它为山村指出了梦寐以求的“点灯不用油、磨米不用手”的一个方向，人们称小水电为山区的夜明珠。

60年代，是持续发展时期。1960年党中央提出了“以农业为基础，以工业为主导”的国民经济总方针，要求各行各业都要把工作重点转移到以农业为基础的轨道上来。1963年水电部设立了农村电气化局，提出农电发展以“商品粮食基地为重点，排灌用电为中心；大电网供电为主，电网和农村水电站并举”的方针。小水电纳入农电统一体系后，一方面有明确为生产服务的积极一面，同时也带来很多消极因素。一是发展重点的粮食基地主要在沿海平原，而小水电资源主要在山区；二是强调了大电网供电，忽视了地方电源，电力下乡后，使部分小电站停机拆除，挫伤了地方、群众办电积极性，出现了等电要电的依赖思想。60年代的灾难和动荡给小水电带来很大困难，但由于工农业生产和人民生活的需要，仍有一定发展，电站容量由500千瓦上升到3 000千瓦，年平均增加5.8万千瓦。

70年代，是小水电大发展时期。总结了过去的经验教训；一是认识到只提出建设方向是不够的，还需要有扶持和保护小水电发展的经济政策；二是广大农村只靠国家给电、大电网送电是不够的，必需强调自力更生开发当地水力资源。全国小水电现场会后制定了一系列扶持政策：在建设上发动县、社、队三级办电，实行“谁建、谁管、归谁所有”的政策；规划上提出，从山区到平原，从大电网外到网内，充分利用水力资源兴建小水电，治水办电相结合；资金上实行以电养电，国家补助20%（每千瓦150元）；主机设备，取消国家统配办法，各省自产留用、国家补助原材料；管理体制上实行“建设和管理统一”、“发电和供用电统一”，保护各级办电利益；在大小电网关系上制订了保护小水电供电区的并网办法。由于这些政策的实施，调动了地方、群众办电积极性，使小水电有了大发展。70年代的小水电容量范围上升到1.2万千瓦，年平均装机58万千瓦，发展最多的1979年，新增装机112万千瓦。

80年代，是小水电进入电气化时期。国家把农业和能源建设列为发展重点，小水电已具相当规模，很多县形成了地方电网。中央领导于1982年11月，提出在小水电地区首批建设100个具有中国特色的电气化试点县，争取到1990年建成。国务院发了文件，批转100个电气化试点县名单，决定每年补助1亿元资金（拨改贷）。经过几年的努力、电气化试点进展很快，到1988年底已有48个县提前达到标准，验收合格，1990年建成109个电气化县。实践证明电气化县试点是成功的。

随着电气化县建设，小水电本身发生了质的变化。单站容量不断扩大，骨干电站越来越多，容量范围由500千瓦上升到2.5万千瓦；联成了地方电网，有78%的容量并网运行，改变了过去分散孤立供电的缺陷，发展到县级电网统一调度；在很多梯级电站上游补建了水库，提高了调节能力；管理体制和装备不断完善，一般都成立了地方电力公司，效益不断提高。

90年代，是小水电事业向高深发展的时期。为适应经济建设的需要，小水电事业在建设规模、经营管理、科技进步和方针政策等方面都向高度和深度发展。其特点一是在兴建小水电的基础上，重点开发了中型骨干电站，单站装机容量由2.5万千瓦发展到10万千瓦。并对河流实行梯级滚动开发。二是在完善各县电网的基础上，开始发展跨县的区域电网。电网的电压等级普遍由35千伏升为110千伏，有的区域电网兴建了220千伏线路。三是在总结第一批100个电气化县试点经验的基础，继续建成了第二批200个电气化县，1995年开始第三批300个电气化县正在实施。四是在管理上推行股份制，建立“产权清晰、权责明确、政企分开、管理科学”的现代企业制度。有些地区，以区域电网建设和流域开发为基础，建立一批以产权联结及生产经营协作为主要纽带，具有多层次结构的，以母子公司为主体的区域电力集团；流域开发集团，对筹资办电、转换机制，对发挥群体优势，实现互补效应、扩大效益，以巩固发展中小水电产业起了很大作用。

到1996年底，小水电装机容量达到1 920万千瓦，有800多个县形成了小水电电网，跨县的区域电网43个，拥有35千伏以上高压线路11万公里，变电容量超过3 000万千伏安，电网内还建有配套火电241万千瓦。1996年底县以上小水电职工47万人，其中技术人员7万人，乡以下小水电职工21万人，其中技术人员3万人、农村电工31万人，全行业近100万人。全国小水电拥有固定资产821亿元，小水电企业2.2万个。国有企业1996年上缴税金15.5亿元，利润总额14亿元。中小水电供电范围，包括全国近1/2的国土面积、1/3的县、3亿人口的用电需要，小水电已经成为我国能源建设中不可忽视的一支重要力量。

我国政府在贫困山区发展中小水电，建设300多个农村电气化县，改变了贫困山区落后面貌，取得了丰富经验，引起了各国政府的关注，受到联合国有关组织的重视，认为这符合联合国提出的反对贫困，保护环境的主题，值得在全世界特别是在发展中国家推广。为此，联合国与中国水利部、外经部商定，1996年在杭州成立了联合国国际小水电中心，该中心属全球性中心，拥有60多个成员国。联合国国际小水电中心能够建在中国，是我国小水电发展史上一件大事。近20年来，有80多个国家和地区来到中国学习、培训、交流，并购买我国制造的小水电设备，或请我国专家讲学，指导建设小水电。充分显示了我国小水电发展的实力和在国际上的领先地位。

（二）中小水电资源情况　我国水能资源居世界之首，理论蕴藏量达6.8亿千瓦，可开发量3.7亿千瓦。其中：小水电资源，据1980年普查成果并经1988年核实修正，理论蕴藏量为1.8亿千瓦，可开

全国中、小水电可开发资源量分布

单位：万千瓦

地　　区	小水电	中水电	中小水电合　　计
全国总计	**7 539.80**	**6 318.17**	**13 857.93**
北京	9.00	44.85	53.85
河北	93.93	61.54	155.47
山西	58.10	34.60	92.70
内蒙古	38.70	119.60	158.30
辽宁	42.91	102.89	145.30
吉林	188.79	142.31	331.10
黑龙江	72.80	77.78	150.58
江苏	11.20		11.20
浙江	322.65	117.25	439.90
安徽	68.45	45.05	113.50
福建	359.40	272.49	631.89
江西	308.33	230.89	533.22
山东	21.50		21.50
河南	103.10	52.25	155.35
湖北	403.60	159.1	562.71
湖南	414.60	279.82	694.42
广东	416.60	231.32	647.92
广西	232.20	258.90	491.10
海南	39.74	28.63	68.37
四川	587.80	1 278.63	1 866.43
贵州	255.40	364.05	619.45
云南	1 025.00	717.58	1 742.58
西藏	1 600.00	234.80	1 834.80
陕西	156.90	153.30	310.2
甘肃	108.90	254.76	363.66
青海	200.00	321.46	521.46
宁夏	2.30	5.50	7.80
新疆	397.90	728.77	1 126.67

发量为 0.75 亿千瓦；中型水电资源可开发量为 0.64 亿千瓦，中小水电资源合计可开发量为 1.39 亿千瓦。目前中小水电资源已开发量为 18%，待开发的资源潜力很大。

我国中小水能资源分布面广，几乎遍及全国。按中小水电区划，可分为南北两大资源带。长江以南的云南、贵州、四川、重庆、广东、广西、湖北、湖南、海南、福建、浙江、江西以及西藏、青海、新疆等 15 个省、自治区、直辖市拥有可开发中小水能资源 1.18 亿千瓦，占全国总可开发量的 85%。这些地区多为雨量充沛、河床陡峻的多山地区，是中小水电发展的重点地区：长江以北和华东沿海平原、华北、东北等 16 个省、自治区、直辖市拥有中小水能可开发量为 2 071 万千瓦，占 15%。黄淮海平原和松辽平原，地势平缓，西北黄土高原气候干旱，中小水能资源均不多，但资源多集中在山区，对解决边远山区能源很有现实意义。如陕南、甘南、河南洛阳、晋东南、河北承德、辽宁、吉林、黑龙江的东部山区，也是中小水电资源丰富的地区。

从能源布局看，中小水电分布面广，而且主要集中于国家电网供电范围以外的边远山区，可以补充大电网之不足，对发挥国家和地方两个积极性，加速山区经济发展和农村电气化建设十分有利。

从我国实践看，开发中小水电资源具有很多优势：工程规模小、工期短、投资少、受益快；可就近建电站，就近联成地方电网，供当地工农业生产和人民生活用电；可充分利用当地建筑材料，水库淹没损失小，移民容易解决。更大的优势还在于容易广泛动员地方政府和群众举办，并与防洪、灌溉、供水结合。我国已建成了大量中小型水电站，技术比较成熟，培养锻炼了一支技术管理队伍，可以制造各种规格型号的水轮发电机组和配套设备，为开发中小水电资源创造了有利条件。

（三）农村电气化试点及其发展

1. 100 个农村电气化试点县完成情况。100 个农村电气化试点县的提出是在 1982 年，当时，我国广大农村在党的十一届三中全会后，实现了具有深远意义的伟大转折，农村改革取得了举世瞩目的成功。广大农村正在由自给半自给的自然经济向商品经济转化，由传统的农业生产向现代化生产转化；农村的产业结构已由单一的农业经济转向农林牧副渔、工商运建服，即第一、第二、第三产业同时发展的新阶段。经济的发展，生活的改善，乡镇企业的崛起，对电的要求越来越迫切，“无农不稳，无工不富，无电不工”，成为农村脱贫致富的途径，加速农村电气化建设势在必行。

在我国农村电气化建设中，中小水电有很大优势：一是中小水力资源丰富，全国有近半数县可以立足于发展当地中小水电解决初级电气化问题；二是中小水电发展已具相当规模，全国有 1 531 个县建有小水电，其中主要由小水电供电的有 717 个县，中小水电发展为电气化县建设提供了较为可靠的电源；三是中小水电建设可以广泛调动地县乡镇各级办电积极性，在国家扶持下，把农村用电的任务交给地方和群众自己解决，就地开发、就近供电，同时减轻国家电网的负担，这在当前全国严重缺煤缺电情况下，兴建中小型水电尤为重要。

鉴于上述原因，1982 年底，中央领导同志到南方视察了四川、福建的小水电，了解到农村经济发展后，能源十分紧张，工农业生产缺电，群众生活出现“锅上不愁、愁下锅”，在商品经济转化中电已成为制约因素，而山区农村以极大的热情发展小水电，解决了当地用电及部分烧柴问题。因此，提出首先在小水电地区，以自力更生精神，建设 100 个具有中国特色的农村电气化试点县，全国各地反响很大，争先申请列点。1983 年初，水利电力部党组为贯彻中央领导指示，组织调查组到福建、广东、湖南、四川进行调查研究，对在小水电地区建设电气化县进行了可行性研究。1983年10月，水利电力部在北京召开了由省计委主任、水电厅长和县长参加的六省十县农村电气化试点县座谈会，会议确定了建设电气化试点县的方针、政策及措施，国务院批转了《关于积极发展小水电，建设中国式农村电气化试点县的报告》，同时批转了“全国100个农村电气化试点县名单”。国务院在批转中强调指出：农村电气化是八亿农民的大事，在国家兴办，大中型电力建设的同时，应当在那些水力资源较好的地方，提倡以地方和群众自力更生为主，积极发展小水电，实现农村电气化。这是关系到我国农业现代化建设，特别是在加速老少山边穷地区建设中，带有战略意义的问题。

2. 电气化规划及其标准。建设中国式农村电气化试点县，是个新课题。如何结合我国实际情况，探索具有中国特色的道路，重要任务是从规划抓起。1983年初水电部编制了电气化规划提纲，指出规划的目的是加强宏观控制，克服盲目性，以最优方案，最省投资按期完成电气化目标，经过两年的努力，几经研究修改，1984年底，各县都完成了电气化规划，并经省计经委审查批准，开始全面实施。

结合我国国情，规划原则是：①在电源上，考虑近年我国能源紧张，大电网缺电的实际情况，主要依靠各地蕴藏的丰富中小水力资源，减轻城乡争电矛盾；②在建设上主要依靠地方和群众力量，贯彻“自建、自管、自用”方针，建设资金主要由地方、群众自筹，国家资助一些贷款；③在管理上，实行“建设和管理统一”、“发电和供用电统一”的地方管理体制，以调动地方办电的积极性；④用电标准要与预期的小康水平相适应，不能攀高喜洋，脱离实际可能条件。以上四点概括为：电源要因地制宜，建设要自力更生，管理要依靠地方，用电水平要实事求是。搞中国特色的农村电气化离开这些国情是很难实现的。

电气化标准，1990年以前达到初级电气化标准，其内容包括：

全县有90%以上的家庭用上电，满足在照明、电风扇降温、电褥取暖、电鼓风助燃，以及使用电视、收录机等方面的生活用电需要，其用电保证率应达85%以上；全县有一部分家庭，一年内有6个月时间、利用丰水期季节电能“以电代柴”；满足全县农副产品加工，包括碾米、磨面、榨油、酿酒及饲料粉碎等用电需要；满足全县农牧业生产，包括小型排灌、脱粒、灭虫、育秧、剪羊毛、挤奶、自动化饲养以及粮食烘干等用电需要；基本满足县办工业、乡镇企业和专业户的用电需要。

以上综合用电水平，全县总用电量每人年均200千瓦时以上，对于牧区、林区、少数民族等地区可降低到150千瓦时；户均年生活用电量200千瓦时以上（包括公共照明、文化娱乐）。

3.100个电气化县试点经验。

(1)在水力资源丰富的地区，以地方为主，开发当地中小水电，建设初级农村电气化县是可行的。100个试点县大部分地处偏僻山区，距离国家电网较远，或处于大电网的边沿。采取当地开发，就地利用，地方为主，国家扶持的方式，有效地解决了农村电气化，这是结合中国实际，建设具有中国特色的农村电气化的路子之一。试点实践证明，这条路子是可行的，农村自办电源，形成了县为实体的独立电网有了供电的主动权，可按当地用电特点，灵活调度，改变了不靠国家电网就难以实现电气化的传统观念。

(2) 做好电气化规划，保证发、供用电同步发展，是加快速度，提高效益的重要措施。多年来，各县小水电建设，没有较完整的规划，造成径流电站多、调节能力差，装机容量偏大，保证出力低。同时不重视电网布局，有的县发、供、用电不配套，影响了效益发挥。试点中，首先抓了规划，根据负荷预测，进行电力电量平衡，水量平衡及经济计算，择优选择电源点，确定合理装机规模，基本做到发、供、用电同步发展，提高了电的效益，促进了全县经济发展。

(3) 依靠地方办电，实行“自建、自管、自用”，“以电养电”，多方集资，是解决电气化资金的重要途径。根据规划标准，建成100个电气化试点县共需资金34.89亿元。试点中采取多渠道多层次集资，资金逐年增加，1984年2.95亿元，1985年4.94亿元，1986年6.56亿元，三年共投14.45亿元。国家从1985年起每年补助“拨改贷”资金1亿元，共计2亿元，只占13.8%，其余资金都是集资解决，其中“以电养电”资金3.1亿元，占总投资的21.4%。

(4)电气化试点，促进了100个县的经济、文化和群众生活的迅速发展。据统计，1982～1986年，随着电气化的发展，100个县的工农业总产值增长了65.15%。工业产值增长1.06倍，乡镇企业产值增长2.42倍。工业产值由过去32.7%上升到43.7%，有38个县的工业产值超过总产值的一半；农业劳动向第二、第三产业转移了210万人；人均纯收入由199.18元提高到37.9元，增长了53.1%。四川灌县（现改都江堰市）试点后，发挥了自办电源的优势，吸引了成都市等十余家工矿企业与该县发展横向联合，两年内增加产值8 700多万元，创利税2 111万元；吉林省中朝边境的长白县电视普及率达51%，平均每两户一台电视机。试点县普遍利用丰水期季节电能实行“以电代柴”，有48万户约220万人用上了电饭锅。

100个试点县多选在老、少、边贫困山区，其中中央及省级重点扶贫县占36%，发挥这些地区的水力优势发展电气化也是脱贫致富重要途径。

4. 坚持建设与管理统一、发、供、用电统一管理的体制，是调动地方办电积极性的重要保证。试点实践证明，在一个县内建立一个建、管统一，发供用电统一的管理体制，实行县为实体，统一规划，分层调度，分级管理，有利于消除建管矛盾，有利于保护地方办电的积极性，对管理的完善化，对贯彻“以电养电”，积累资金，对发、供用的合理配套，都是很有利的。在体制改革中，建立能够充分保护和调动地方办电积极性的管理体制，是确保电气化发展的关键。

根据上述经验，我国在“七五”成功地建设了第一批109个农村电气化县，接着在"八五"又成功地建设了第二批209个农村电气化县。"九五"计划兴建的第三批300个电气化县，正在加紧实施。

（四）小水电技术开发状况　我国小水电得以迅速发展，一靠政策保护；二靠科技进步。在小水电发展中十分重视科技进步和技术管理。50年代我国工业技术装备水平较低，小水电多用自制木质水轮机或铁制水轮机，质量差、效率低。60、70年代小水电设备制造厂不断增加，小水电设备机组由专业厂生产，但型号、品种不多，效率仍然不高，加上水工建筑质量差，设计运行不尽合理，80年代前小水电的发电设备年平均利用小时数长期停留在2 000小时以下。

进入80年代，水利部加强小水电技术管理工作，技术培训、企业管理培训相继开展。从1985年起，小水电企业经理、厂长培训纳入国家统考培训范围，全国四年间共举办了厂长经理培训班35个，有1 600名小水电企业厂长经理通过统考管理培训，取得国家合格证书，举办全国性小水电技术培训班40多期，培训小水电技术人员近2 000人。

近年来，在研究采用新技术方面也取得了较好进展，主要成果有：

1. 研究制订了农村水电初级电气化验收标准等一系列规程规范，进一步完善了小水电的行业技术标准。

2. 研究并实施了农村电气化规划新方法。

3. 推广应用新坝型，水工新技术，如采用碾压混凝土坝，堆石面板坝，砌石双曲拱坝等。在水工结构方面，采用虹吸引水，预应力钢筋混凝土压力水管等。

4. 进行了小流域规划，梯级开发系统研究工作。

5. 推广应用小水电站或小水电群的水库优化调度技术。

6. 开展了地方小电网调度自动化的研究和实施，采用微机对电网发、供、用电进行调度，实现遥讯、遥测、遥控，提高了小水电电网的供电可靠性、电能质量和效益。此外，在优化设计、统计、电费结算、办公自动化等方面也逐步推广应用了微型计算机技术。

7. 研究应用了小型化变电站技术，一般可节省占地一半以上。

8. 开展水轮机防气蚀，抗磨损的研究，取得了较好成果。

9. 开展了新型水轮机操作器，电力负荷控制器等控制设备新产品的研制工作。

10. 开展了小电网低压机组自动控制的研究和制造。

11. 中小水电主机设备标准化工作，现已设计出可供选择的水轮机共21种转轮85个品种，统一设计生产的水轮机共有8个系列32个品种，可适用于单机容量6 000千瓦以下，水头自2.5米到400米各种条件要求的小水电机组，并充分考虑了与国际小水电设备设计制造的接轨，现已向美国、印度尼西亚、巴西、越南、尼泊尔、巴基斯坦、菲律宾等数十个国家出口小水电机组设备。

（五）方针政策及措施　中小水电事业，涉及千家万户，地方性强、群众性强，因之政策性很强。我国30多年来，小水电事业能够有较快发展，主要是党和国家及时制定了符合我国国情的方针、政策及其所形成的威力。政策对头了小水电就蓬勃发展，反之就发展迟缓，甚至遭到破坏。制定政策的核心是在党的方针指导下，充分调动和保护地方、群众办电、管电的积极性。

1. 立足我国国情，以地方为主，以县和地区为单元平衡，分期分批有计划地开发利用中小水力资源，促进地方国民经济发展。

2. 贯彻执行"中央、地方、集体、企业、个人一起来，大中小一起上"和"自建、自管、自用"的方针，实行多渠道、多层次办电、管电的政策。

3. 因地制宜，多电互补，中小水电供电地区，视当地其它能源资源情况，发展中小水电、潮汐电站以及风力、地热发电。有条件与国家电网联网的尽可能联网，联网办法按1973年水利电力部制定的并网办法。办法中强调，国家电网要积极扶持小水电发展，小水电和大电网联网后，地方电网的所有权和管理权不变，大小电网相互调剂，互供电量可按月（或季）抵销，电费按抵销后差额结算。为了改善电网的供电质量，中小水电可根据需要和可能，多发无功或调相运行，多发无功电网应给予报酬。

按照《农村电气化发展纲要》规定，大电网向农村分配的用电指标，不受自办电源的影响，随着大电网装机容量的增长按比例增加，以鼓励地方自办电源。

4. 要继续贯彻"以电养电"的办电政策，这是国家支持小水电发展已行之有效的基本政策，规定小水电的发、供电利润不纳入各级财政预算，全部用于小水电建设和改造。财政部、建设银行、农业银行和人民银行对中小水电应继续实行优惠贷款和一定数量的补助资金；政府规定的在一定时期内对小水电减免税收的政策还应继续执行。

5. 改革中小水电电价政策。中小水电系地方、群众自办电站，自建、自管、自用，也应允许其当地自己调整电价，提高中小水电的自我生存和自我发展的能力。

6. 制订扶持老、少、山、边、穷地区发展中小水电的优惠政策，将开发这些地区中小水电资源纳入国家扶贫计划。

7. 中小水电开发要纳入各级发展计划、开辟资金、材料、设备的计划供应渠道。

8. 中小水轮发电机组设备要保证供应。多年来水电、机械两部协作，共同编制小水电产品系列规划，并在此基础上设计、试制了一批改进的新机型，基本满足了建设需要。今后对单机6 000千瓦以下的小水电机组，以地方制造为主，各省自产自用，国家补助一部分国家牌价的原材料；单机6 000千瓦及以上的水轮发电机组，主要由水利、机械两部协商，委托地方生产，按计划分配。

9. 坚持改革，理顺管理体制。实行以县为实体的管理，在一个县内的中小水电及其配套的地方电网，实行建设与管理统一领导；发电、供电和用电统一管理。管理体制的核心问题，是要保持中小水电有自己的供电网和供电区，即在一个县内发供用电统一于县水电局管理。实行这样的体制，才能保证“自建、自管、自用”和“以电养电”政策的落实，这对国家、地方、集体、群众都有利。

随着中小水电发展，特别是中型水电的发展，地区电网将逐渐形成，地区电网可以在与县之间相互调剂电力，但县为实体仍然保留。

在管理体制上，还要强调水利（水电）系统要加强管电能力，克服“重建设、轻管理”、“重电站、轻电网”、“重装机、轻电量”的缺点。为了加强管电，水利部已设立农村水电司，各省（区）在机构改革中也要相应加强机构，以适应中小水电发展需要。

全国中小水电装机容量及年发电量
前10名的县（县级市）名单
（1996年）

县(市)	水电装机（千瓦）	年发电量（亿千瓦时）	年利用小时（小时）
广东阳山县	115 588	4.97	4 459
四川都江堰市	83 810	3.94	5 335
广东仁化县	77 203	3.13	5 854
四川彭州市	72 198	2.99	4 258
福建龙溪市	91 905	2.88	3 159
福建永安市	72 342	2.81	4 020
广东信宜市	79 807	2.75	3 134
福建安溪县	87 700	2.60	3 923
湖南石门县	76 114	2.55	3 354
广东广宁县	73 956	2.28	3 103

（水利部　白　林　刘自箴　李　荧）

太阳能开发利用

中国是世界上最早利用太阳能的国家之一。早在3 000多年前就懂得利用“阳遂”汇聚太阳光取火。它是原始的太阳能利用器具在世界科学发明史上占有着重要位置。

随着世界能源形势变化，太阳能利用受到各国瞩目，1974年8月30日周恩来总理指示，要求对太阳能利用问题写一份详细报告材料，提倡开发利用太阳能。同年和次年由国家计委和中国科学院联合召开二次全国太阳能利用经验交流会并举办展览。1979年9月国务院主办了第二届全国太阳能利用经验交流会及成果展示会，并编制了《全国太阳能利用科学技术发展规划》，同时正式成立了中国太阳能学会，自此中国太阳能利用开始了崭新的历史阶段。

1. 光伏发电技术。我国研制太阳电池始于1958年，目前全国有近40个科研单位和大学从事光伏技术的研究与发展工作，政府给予了一定重视。“五五”期间，中央政府投资7.0（包括1.5推广费）百万元，地方政府及部委2.0百万元；“六五”期间，中央政府投资7.0（包括2.5推广费）百万元，地方政府及部委2.0百万元；“七五”期间，中央政府投资18.0（包括2.0推广费）百万元，地方政府及部委3.0百万元；“八五”期间，中央政府投资20.0（包括2.0推广费）百万元，地方政府及部委19.01（包括17.0推广费）百万元。1975—1995年中央政府共投资62.0（包括1.5推广费）百万元，地方政府及部委28.0百万元。

我国目前光伏技术的研究项目包括：使用性单晶硅太阳电池；高效单晶硅电池；多晶硅太阳电池、非晶硅太阳电池；GaAs太阳电池，空间应用单晶硅电池及系统；CuInSez及CdTe化合物太阳电池，低倍聚光硅太阳电池系统；此外还有一些与电池相关材料的国产化研究。

1995年国产单晶硅电池最高效率15%；多晶硅电池13%；非晶硅电池8%～10%。我国目前有12条地面用太阳电池生产线或工厂，每条线的生产能力从30千瓦/年至1兆瓦/年不等，全部生产能力为5.5兆瓦/年。

1985年前因价格问题太阳能光电只有在小型光伏电源系统得到应用。如航标灯、小型军用电台、气象台站、农用黑光灯、电围栏、割胶灯、公路铁路信号和部分直流照明等，这一时期是我国太阳光电利用的初级阶段。

1985—1990年国家利用“七五”科技攻关项目投入较大的资金对太阳光电利用进行全面研究和推广，同时扩大了利用范围和系统功率，如农村载波电话供电系统、小型太阳能充电站、无人值守中继站等，这一时期是我国太阳能光电利用示范发展阶段。

1986年日本援建的10千瓦光伏电站，在甘肃省榆中县园子乡建成，解决了当地的群众照明和电视电源。

1990年后，太阳光电已不仅局限与小功率电源，而扩大到农村电气化、交通、通讯、石油等应用领域，每年的市场增长不低于20%，1990年以来“西藏阳光计划”的实施就是光伏电站建设的典型实例。同时在此期间中小型利用装置也在不断完善得到推广，太阳电池推广总量也从1976年的0.5千瓦增至1996年的8.8兆瓦。此阶段为太阳能光电利用逐步推广应用阶段。

2. 太阳能热利用技术。

（1）太阳能热水器。太阳能热水器在中国有文字记载研究生产始于1958年，现有生产组装厂近千家，年产量在200万平方米以上，居世界第一，绝大多数产品用于城乡居民生活用水和公共浴室，已初步形成太阳能热水器产业，每年直接工业总产值已有50多亿元。

我国太阳能热水器是从闷晒式和自然循环式两大类太阳热水器发展起来的，早期的研究工作主要致力于与平板集热器的优化设计有关的热工分析及材料选择，为批量化生产研究合理的加工工艺和专用设备，并取得一批国内领先或达到国际水平的研究成果，例如扁盒式集热板芯曾获1980年北京市科技成果二等奖，并在80年代初期为平板集热器的主流产品，自1986年北京市太阳能研究所从加拿大引进当时国际先进水平的铜一铝复合生产线后，扁盒式板芯逐步退出市场，使平板型太阳集热器有了较大的发展，并占领国内市场的绝大部分，目前平板型板芯除了国外引进的铜一铝复合板芯外，国内自行研制的铜一铝复合板芯以其价格低在市场也占有一定份额，同时全铜焊接集热板芯也有一定市场，而且将来有一定的前途。

在研究集热板芯的同时对吸热涂层也进行了较深入的研究，目前市场上有相当部分产品的吸收涂层是选择性涂层，其太阳吸收率都在90%以上；红外发射率都在10%以下。

闷晒式太阳热水器以其结构简单、制造容易、安装方便在农村有一定市场，其中以1979年由市太阳能研究所设计、天津宝坻县水利机械厂生产的双筒热水器为代表，目前此种类型的太阳热水器在市场上占有20%份额，在很长的一段时间内还将会持续下去。

在研究集热器的同时也开展了对太阳热水系统的研究，初期的太阳热水系统都是自然热循环系统，1980年开始在多层住宅为用户安装太阳热水系统解决职工淋浴，目前国内已有单个系统近1 000平方米的系统在运行，晴天时每天可提供近百吨的40～60℃的热水。

由于北方天气到冬季后太阳热水器有冻结的可能，1980年开始对抗冻型太阳热水器和防冻太阳热水系统的研究。该项成果获1984年度北京市科技进步二等奖。

为了扩大太阳热水器的使用范围和提高热水温度，在国外技术的基础上，通过"七五"期间的科技攻关，研制出具有世界先进水平的两种真空管式太阳集热器。全玻璃真空太阳集热管获国家发明三等奖，现在已完全进入市场。热管式真空集热管能够提供100℃以上的热水，应用范围将比目前产品有着广泛前途。同时也获得国家发明三等奖。

此外，我国已编制了相对完整的太阳热水器方面的国家标准和行业标准。《平板型太阳集热器产品技术条件》(GB6424-86)、《平板型太阳集热器热性能试验方法》(GB/T43271-94)以及《家用太阳热水器热性能试验方法》(GB/T12915-91)。

(2) 太阳房。按国际惯用名称太阳房分为主动式和被动式两大类。被动式太阳房按集热形式又可分为直接受益式、集热一蓄热墙式、附加阳光间式和复合式。

自1979年在甘肃、青海和天津先后建造5栋试验性太阳房以来，适合我国国情的被动式太阳房技术随着太阳能技术有组织的研究和推广得以迅速发展。1985年以前被动式太阳房的发展处于自发试验阶段，据统计当时全国推广使用数量仅有300栋左右，2万平方米。

"七五"期间被动式太阳房技术列入国家科技攻关项目，对太阳房进行了有组织的研究和推广，在此期间进行了太阳房动态物理、数学模型及相应的计算机软件技术的研究和开发，已编制完成了被动式太阳房设计软件。同时在建造被动式太阳房的技术方面也有了很大的提高，现已灵活、熟练地应用各式太阳房技术，还创造了具有中国特色的花格墙，快速集热墙等新型的采暖方式、对墙体、屋顶、地面的保温措施也因地制宜地创造了多种利用形式，还创造出适合国情的保温门、窗帘、门窗密封材料和保温贴膜等，有效地解决了被动式太阳房温度波动大的问题。

近年随着市场经济的发展，太阳房技术已从有组织的研究和推广过渡到利用市场经济自然发展阶段，从1990年初20万平方米，迅速增至目前的455万多平方米，这些太阳房其用途几乎覆盖了除工业建筑外的所有民用建筑，其建筑形式和层数也从单层发展到多层和多样式，虽然太阳房还存在着不同程度上的缺点，但它们的节能效果已被证明，一般节能在60%～80%左右，初投资增加幅度在10%～40%之间波动，投资回收年限为2.5～10年之间，根据已建的太阳房收集的资料换算经济效益如表：

太阳房节能效果

地点	投资增加(%)	节　能(千焦/平方米·年)
北京	15～26	92.05～125.52
天津	20	142.26
河北石家庄	15～20	83.68～125.52
山东潍坊	13	50.21
辽宁营口	12～20	104.6～146.44
西藏拉萨	15～25	～125.52
西藏那曲	27～39	～292.88
西藏狮泉河	20～40	251.04～292.88
甘肃敦煌	18～25	125.52～167.36
甘肃合作师专	18～27	188.28～271.96

经过近20年的努力，在引进、消化吸收国际太阳房技术的基础上，并结合中国重质建筑的实际，形成了具有中国特色的太阳房理论、设计、施工、试验及评价方法的整套技术，并已形成一支包括科研、设计、测试、施工、专用零配件生产门类基本配套的技术力量和队伍，为下步有计划、规模化推广准备了较好条件，据不完全统计国内从事太阳房科研、设计、施工、构配件生产等项工作的单位分布在13个省、自治区、直辖市的39个单位。

(3) 太阳灶。太阳灶是直接利用太阳辐射能进行炊事活动的一种装置。中国有记载正式研制太阳灶已有40多年的历史，起源于1956年的上海。甘肃省永靖县为了保护植被不被破坏，提高群众生活水平，利用国家的扶贫款统一给每户发放一台聚光式厚壳水泥太阳灶，从1980年开始2年内在县内能源严重短缺地区基本普及了太阳灶，推广应用2万多台，深受群众的欢迎，它不但缓解了当地群众严重缺柴的局面，而且基本制止了植被的破坏，至今还保持着全国县级单位推广使用太阳灶最多，普及率最高的先进单位，保有量一直保持在2万多台。在其影响下附近的县、市也积极效仿，甘肃省农村能源办及时抓典型，在全省推广，使其成为国内推广使用太阳灶最多的省份，目前全省有12.5万台太阳灶在使用。

由于太阳灶的实用性，特别对太阳能资源丰富、常规能源严重缺乏、生活较贫困地区有着明显的经济效益和社会效益，受到国家有关部门的重视，1988年在国家科委、国家计经委和农业部的支持下，由中国农业工程研究设计院牵头，组织了全国18个单位参加的全国太阳灶联合攻关组对聚光太阳灶的设计理论、测试方法、灶型结构设计、材料与工艺进行联合研制，经过三年的系统研究、试制、应用使中国聚光式太阳灶技术达到初步成熟的阶段，攻关组的成绩充分体现出科研工作中的集体的力量，它主要标志是：在设计理论上提出了“三圆计算作图法”为截光曲面选择的设计方法，在材料和工艺方面，提出以铸铁、水泥和GRC复合材料等为主的成熟的制作工艺，同时研究成功新型反光材料——真空镀铝反光薄膜和薄玻璃反光材料及粘结剂。研制和生产了五种不同材料的系列太阳灶和高效节能锅具，有部分薄壳铸铁太阳灶产品出口国外。

中国太阳灶的推广使用初期得到国家有关部门的关心，并在资金方面给予大力支持，1984年国家为了支援西藏发展，从中央财政中根据西藏的要求援建了43项工程，其中包括在西藏推广使用1 000台太阳灶，经过了多年的实用，薄壳铸铁太阳灶在西藏深受广大农牧民的欢迎，目前在西藏推广使用近7万台太阳灶，是国内推广使用普及率最高的省级单位，占全自治区总户数的10%。

由于太阳灶技术的逐步成熟，“七五”期间国家在科技攻关项目上又安排了11项研究课题，包括理论研究、新型太阳灶的研究、太阳灶制作工艺研究、新型反光材料的研究、以及太阳灶测试方法的研究；通过5年的研究和试制进一步完善了太阳灶技术，在理论研究方面探讨了太阳灶作为光学接收器时的光效率以及光学参数：反射率、截获率和吸收率；太阳灶作为光——热转换器时的热效率和热功率以及光热效率的关系，提出了光效率和热效率之间关系的计算式，同时研究了太阳灶整体设计的结构参数，给出了设计参数的计算方法和取值范围，编制了实用的太阳灶设计程序，达到了优化设计的目的，为今后太阳灶的规范设计提供了依据。研制了7种不同类型的太阳灶，有固定锅架太阳灶、新式热箱式太阳灶，抛非太阳灶，它们都不同程度的改进了太阳灶结构，扩大了太阳灶的使用范围，并首次利用热管技术研制成功户内用太阳灶，比国外报道过的室内太阳灶的工作温度还高50℃以上，从工艺上对铸铁薄壳太阳灶的铸造工艺进行深入研究，对壳体精度进一步提高，获得更好的焦点温度，利用提前聚焦设计思想和方法使操作高度降低并能获取理想的焦点温度。进一步扩大批量生产、商品化销售使其成为唯一能完全商品化的太阳灶，首先在世界上提出具有中国特色的太阳灶标准，NY219—92它完全能指导我国太阳灶的生产、保证产品质量，促进产品的商品化、通用化和系列化。进一步完善了镀铝薄膜生产工艺，提高了产品质量和使用寿命，其质量达到了国外3M公司同类产品的技术指标。

根据各地调查情况综合，使用较好的太阳灶每年可节柴100千克左右，折合100元左右，阳光充足的西藏、利用率高，加之常规能源价格昂贵，每年可节省牛粪、柴草3 000千克，合600元左右，每年26万台太阳能节省上千万的烧柴费用。另外还可节省劳力、节省常规能源、提高健康水平、保护环境、减少水土流失，为此太阳灶作为直接利用太阳能的装置将会得到发展。

(4) 太阳能温室。据历史记载，太阳能温室发源于中国。我国汉代就建造过最古老的单面窗式太阳能温室，用以栽培花木。国外太阳能温室是在发明玻璃之后。我国太阳能温室历史悠久，但现代化技术起步较晚。早在30年代初在北京、河北、辽宁等地利用太阳能温室种植蔬菜，随着塑料工业的发展和改革开放不断深入，太阳能温室从80年代初得以迅速发展。到1996年底全国有太阳能温室约21 460.74个，成为世界第一，人均占有面积达到发达国家80年代水平，基本能够解决新鲜蔬菜问题。

太阳能温室分类有多种形式，可按墙体材料分为干打垒土温室、砖石结构温室、复合结构温室等；按前屋面形成可分二折式、三折式、拱圈式、微拱式等；按后坡长度可分为，长坡温室、短坡温室；按结构形式可分为：竹木结构、钢木结构、钢一钢筋混凝土结构、全钢结构和全钢筋混凝土结构。全钢筋混凝土结构温室投资较全钢温室少，结构合理，是目前推广较多的太阳能温室。

(5) 塑料大棚。塑料大棚的主要采暖能源来自于太阳能。我国地域辽阔，气候复杂，利用塑料大棚进行蔬菜、花卉等设施栽培始于50年代，到了70年代，由于多功能塑料薄膜的发展和应用，塑料大棚有了较快的发展，特别是在90年代，在吸收国外经验的基础上，我国自行研究开发了薄壁镀锌钢管装配式塑料大棚，形成工厂化生产的系列产品成为标准、规范、现代化的设施，也带动了我国塑料大棚栽培花卉、蔬菜的迅速发展。至1996年我国塑料大棚种植面积达38.7万公顷。

从塑料大棚的结构和建造材料上分类，应用较多和比较实用的主要有简易竹木结构、钢结构和镀锌钢管装配式三种类型。

此外，太阳能还可用于干燥。太阳能干燥装置可分为高温和低温两大类型。1977年河北省邢台粮库建造了国内第一台大型太阳能聚焦高温粮食干燥器，经过几年使用，由于设备复杂，操作困难、造价高等原因国内再没有生产此类大型干燥装置。低温太阳能干燥装置由于结构简单、管理使用方便，投资少等特点被广泛应用，低温干燥又可分为温室型和空气集热器型两种，温室型干燥装置适合于物料含水量低，而且可以受阳光直接照射的物品进行干燥；空气集热器型干燥装置可以提供较高温度的干热空气，适合高水分和不宜受阳光直接照射的物品进行干燥，同时容易与其他能源配合使用，进行连续干燥，便于工厂化利用。另外上述两种方法混合使用的干燥装置一般被称为整体式干燥装置，它兼有两种方法的优点，同时更容易大型化应用，更具有发展前途。

由于农业生产季节性很强，用于农副产品加工的太阳能干燥装置利用率低，经济效益差，在国内从70年代开始研究的太阳能干燥装置项目就是因其经济效益不明显，投资回收期年限长，综合利用率差，没有发展起来。

（中国农业工程设计研究院　高援朝）

风能开发利用

我国是风力资源较丰富的国家，也是利用风能进行风力发电、风力提水较早的国家，到1996年底我国小型风力发电机组保有量达15.85万台，其中内蒙古自治区占80%多。风力提水机组年生产能力达3万台，无论是产量、保有量均为世界之首。据不完全统计到1996年，从事风力机械的科研、生产、应用的单位共46个，其中主机厂17个，配套厂9个，大专院校9个，科研院所11个。

由于风力发电、风力提水机械的广泛应用推广，风能作为农村能源的一种补充，在我国边远山区沿海岛屿和少数民族地区取得了很好的社会效益和经济效益，对于提高我国“老、少、边、穷”地区人民的文化生活和物质生活水平，加强民族团结，振兴中华，巩固国防具有极其重要意义。实践证明在有风力资源，而电网又一时难以达到的地区推广应用风力发电机组是解决广大农、牧、渔民生活用电的最好途径。

我国小型风力发电机组的兴起和发展大体经历了四个阶段。

第一阶段是科研及需求探索阶段（1958—1977年）　这一阶段原八机部和一机部组织有关科研单位重点探讨我国牧区风力资源状况、需求及科研重点，并进行产品开发，根据当时牧区需要，科研单位完成了50～150瓦小型风力发电机的研制并投产，原一机部对商都牧机厂及协作配套厂进行了技术改造，形成年产2 000台的能力，满足了牧民需求，受到了牧民欢迎，原八机部和一机部又组织科研单位和企业对500瓦、1 000瓦、2 000瓦、5 000瓦和12千瓦进行了科技攻关，但由于当时没有需求而未投产，在这一时期牧民购买小型风力发电机国家是有补贴的，因而推动了小型风力发电机的应用推广工作。为了推动小型风力发电机的发展，一机部对当时内蒙古农牧机械化研究所进行了重点扶植，并定为风力发电机科研基地。

第二阶段是科研攻关和推广应用阶段（1978—1983年）　1978年，国家把风能利用列为重点项目，安排并组织国内有关科研单位和工厂进行技术攻关，地方政府对小型风力发电机机组的使用推广采取了积极的支持政策，为小型风力发电机的推广应用奠定了基础。从此小型风力发电机组的研制工作得以稳定健康发展。到1983年底，研制出30多种，其中约有10种通过了技术鉴定，投入批量生产和应用，与此同时，国家科委、计委还在几个地区开展了风能利用的中间试验，如在内蒙古西苏旗等建立了100瓦级风力发电机组的三个应用示范点，积累了实际使用经验，为小型风力发电机的大批推广做了充分的准备，此后示范试验扩大到9个盟市，1983年，内蒙古自治区确定从1984年开始在全区10个牧业镇（县）进行新能源民办公助试点工作，促进了推广应用速度和扩大了使用范围。

第三阶段是市场成熟与科技开发深入发展阶段　1984年由机械工业部、水电部、国家科委组织召开全国微小型风力发电机工作座谈会，探讨了市场需求和发展趋势，拟定了联合攻关办法。内蒙古自治区政府还成立了新能源办公室，负责微小型风力发电机组的推广应用工作，并于1986年制定了补贴扶持政策。从此，我国小型风力发电机组（主要是50瓦和100瓦级的）进入了成熟发展和实用推广阶段。

青海、甘肃、西藏等西北地区、东南沿海各省、东北也相继开展了小型风力发电机组的研制、引进和推广应用工作。同时，风能资源并不十分丰富的河南、河北、云南等省也开始注意风力发电机的开发应用。全国湖区也出现了这种苗头。至此，我国小型风力发电机组的发展已形成一定的气候。

科技开发工作进一步深入发展，参加科技开发的科研单位和生产企业迅速增加，据了解，这个时期参加科技攻关的科研单位在30个左右。生产企业也达到20多个，机械工业部组织商都牧机厂、北京联合收割机厂、内蒙古动力机厂从美国、法国、瑞典引进了50～10千瓦10个机型制造技术，组织了消化吸收工作，并投入了生产。

第四阶段是调整、巩固，走向稳定发展的阶段　进入90年代以来，我国小型风力发电机销售出现了波动。由于内蒙古自治区政府对小型风力发电机的补贴政策进行了调整，减少了补贴额，再加上国内原材料涨价，风力机售价提高，使得农牧民购买能力下降，小型风力机销售推广在一段时期内有所低落，一些生产小型风力发电机的工厂，由于产品质量不过关，销售量减少，利润太少或导致亏损，而逐渐停止了小型风力机的生产。与此同时，少数工厂由于地理位置接近用户区，不断改进巩固了产品质量，扩大了销售渠道和应用范围，成为我国小型风力发电机的主导企业。

经过波动、调整、巩固，从1993年后我国小型风力机生产、应用已经上了稳定和健康发展的道路。目前我国小型风力发电机组从50瓦至10千瓦共有11个品种，这些产品技术成熟，质量也较稳定，销售最多的是100～300瓦，这些产品的特点是叶片多数是用玻璃钢制造，电机为永磁发电机，上风向、尾叶侧偏调速调向，用蓄电池蓄能技术。

我国风力提水机组目前共有9个品种，风轮直径2～8米，其中分南方型和北方型，北方型是高扬程，小流量，主要用于解决广大农牧民的人、畜饮水及小面积的牧区草场灌溉等。南方型是低扬程，大流量，主要用于制盐，海水养殖，滩涂改造，盐碱地排碱等。

我国大型风力发电机组的生产应用是从80年代末开始的。目前世界上风力发电总装机容量为5 334兆瓦，使用风力发电机组进行并网发电最好的国家7个，占世界装机总容量的93.1%。我国参照国外技术，自行设计制造了55千瓦、200千瓦并网风力发电机组，其中青岛大华机器厂、杭州机科所生产过55千瓦风力发电机组，浙江机电设计院、鞍山铁塔厂生产过200千瓦风力发电机组。

目前我国共有风力发电场16个，装机237台，总装机容量为59 855千瓦，其中极大部分是国外进口的机组。我国最大的风力发电场是内蒙古自治区辉腾锡勒风电场。

过去农牧民购买风力发电机组以小型50瓦、100瓦为主，随着人民生活水平的提高，需要看彩电、用冰箱、洗衣机，因此用电量增加，风机也要选用300瓦、500瓦。

过去每户农、牧民自已购买一台风力发电机组自用，现在几台风力机并联供几户或一个小村庄、苏木用电。

由于风能随机性很大，因此当没有风时，用柴油发电或光电作补充电源，逐步发展到“风—光”，“风—柴”，“风—光—柴”互补。目前我国最大的“风—柴”互补系统是130千瓦风力发电机组与75千瓦柴油发电机组联合运行系统，已在辽宁大连长海县乌蟒岛上运行。最大的“风—光”互补系统是25千瓦风力发电机组与5千瓦太阳能电池互补系统，已在山东即墨小关岛上运行。

过去风力发电主要用于农牧民照明、看电视，现在小型风力发电机组应用扩大到边防哨所、公路道班、电视微波差转台、气象站、海岛江湖渔民。江河沿海航标灯等。

我国是一个地域广大，多民族的发展中国家，电力供应仍十分紧张，还有很多地方缺电或无电，作为农村能源的风力发电发展前景是十分光明的。

（中国农牧业机械总公司　李德孚）

地热开发利用

（一）地热资源　地热是指地球内部可资开发的热能。每年地球表面向太空散发的热量达9.6296×10^{20}焦，由于地球内部温度高，储热量大，必然会通过各种传热途径传到地表。地热按其在地下热储（热储系指地热能相对富集，具有一定渗透性并含载热流体的岩层或岩体破碎带）中存在形式可分为五种：蒸气型、热水型、地压型、干热岩型及岩浆型。

地热资源的分布主要受地质构造的控制，世界四大地热带都沿着板块边缘分布：环太平洋地热带、大西洋中脊地热带、红海—亚丁湾—东非裂谷地热带、地中海—喜马拉雅地热带。

上述四个地热带中有两个是通过我国。环太平洋地热带西经我国台湾省，而地中海—喜马拉雅地热带东端就是藏滇地热带的主体。根据大地构造特征，我国地热资源可分为东部、西部和西北三区：

东部地区：根据古老基底构造特征而划分出几个地热活动区—台湾地区、华北断块区、华南断块区、东北断块区。

西部地区：根据构造条件和地热田的分布划分三个区—喜马拉雅地热带、川西及昆仑南部地区。

西北地区：即古亚洲构造域，也是断陷盆地分布区。

全国总的地热出露点（包括天然及人工的）约有3 000多处，已利用的点有1 100多处。

（二）地热利用回顾　我国地热利用有着悠久的历史，根据利用范围，利用的技术水平，大致可划分为四个时期：

第一个时期——自发利用时期。古代至本世纪70年代以前，温泉直接利用是这个时期的最大特征，此时，人们尚未认识到地热是一种能源、是地下矿产资源。仅是利用温泉水洗浴、治病、灌溉及提取盐、硫、硝等。新中国成立后，各地利用温泉建立一些疗养院。

第二个时期——有计划地勘查、大量开发地热时期。本世纪70年代以来，地热资源勘查开始纳入国家计划，对全国的温泉进行了全面调查、研究。地矿、石油、煤炭等地质勘探部门打出了一批地热井。有70多个城镇相继打出地热水。地热利用已从单纯的洗浴，发展到温室种植、水产养殖、供热供暖、皮革加工、造纸、缫丝、木材加工、纺织洗染、食品加工、以及发电、制冷等。我国开展了地热资源的系统勘查、资源评价以及分布规律和形成机理的研究。这个时期的特点是：从城镇到农村地热利用范围越来越广，国家还确定了一批试点项目，如：制冷、发电等。仅地热试验电站就建有8座。然而，由于发电利用的地热能焓值低，除西藏羊八井外，均在100℃以下，加之发电设备不配套，自身耗能大，装机容量小（500千瓦以下），成本高，效益差，目前，只有广东丰顺和湖南的灰汤在间歇运转。井口温度在150℃以上的西藏羊八井高温地热发电得到了发展，装机容量已达25兆瓦。其他利用，如：温室结构、开发地热的仪器、仪表、设备，以及各种利用工艺流程等方面也进行了研究。这个时期的地热利用虽然获得了一定经验，但设备仍较简陋，种植、养殖的品种也较单一，技术水平和生产管理水平还很低，还没有形成系统化、规模化。

第三个时期——加强科研和法规建设时期。1980年以来，地热作为一种新能源进行了开发利用和研究，为适应新形势的发展，相继成立了研究机构和管理部门，全国地热科技人员的学术团体——中国能源研究会地热专业委员会于1985年4月成立。这个时期的地热工作内容非常丰富，除继续进行资源评价外，还在探索地热开发利用技术、制订区划、规划和系统研究工作。1982年在辽宁省召开了第一次全国地热工作会议，总结经验，提出了工作方向，明确指出中低温地热以直接利用为主，100℃以下不搞发电。从"六五"计划中期开始，地热作为国家科技攻关内容立项进行研究，如利用地热建立育种基地工程、地热可控温室花卉果木扦插苗床工程、北方利用地热进行河蟹越冬工程设施、北方利用地热进行元鱼越冬工程设施和地热在养禽业上综合利用等方面的研究。取得了一批重大科技成果。"七五"期间国家在地热方面主要进行了地热资源评价及数据库建立、地热温室技术、地热水对环境影响及防治、地热梯数利用技术研究及试验基地建立、地热采暖干燥及孵化技术和地热水产养殖、越冬、繁育及高产技术等方面的研究。

从此，我国的地热开发利用登上了一个新台阶，在直接利用方面有的已接近国际水平。

为了培养人才，我国曾派出多名技术人员出国学习和考察，参加国内外的地热学术交流。接待过美国、日本、匈牙利、新西兰、冰岛、法国、前苏联、前捷克斯洛伐克、罗马尼亚等地热考察团。接受了联合国开发署，意、法等地热开发的援助。

1989年10月在山东召开了第二次全国地热工作会议，会议提出我国地热利用拟采取巩固提高、稳步发展的方针，同时还制定了《地热资源地质勘查规范》和《地热资源开发利用管理条例》，使我国地热开发利用事业逐步走向法制化管理轨道。

根据1990年国际地热能研讨会上发布的情况报道，地热直接利用有39个国家，利用量相当于11 728.5兆瓦（吨），5年中年平均递增7.7%，我国直接利用以年均12%的速度递增，开发热量居世界第二位。

第四个时期——向高温地热利用进军，即"八五"开始到现在。我国地热开发利用的研究重点，从中低温地热直接利用向高温地热发电为主的综合利用转变。高温地热发电具有与常规能源相竞争的地位，在偏远缺能的地区更有其优势，但与其他地热发电国家相比，我国进展缓慢，造成这种局面，固然与资金不足有关，但高温地热的勘探、开发和利用技术不配套、风险性较大也是重要方面。为了扭转这种局面，确定以解决高温地热发电中的关键技术，开展了高温地热、热储工程及地热基础、地热示范县（区）等研究作为"八五"地热科技攻关的主攻方向，以此带动中低温地热利用。

（三）地热利用现状　据统计，全国已利用的地热点1 300多处，其热量为89 485.96×10^{12}千焦/年，相当标煤305.33×10^{4}吨/年。利用点最多的省、直辖市有：北京、天津、福建、云南。利用项目有：洗浴、灌溉、种植、水产养殖、采暖、烘干、发电、皮革加工、食品加工、造纸、洗染、烤胶、地震预测、矿泉饮料、晒盐碱、取硫矾、疗养、游泳共20余项。

1. 温泉洗浴。凡有地热的省、自治区、市，均建有地热浴池，全国有地热浴池600多处，以云南最多有120多处，其次是天津、北京及福州市，并形成向社会开放的商业性浴池。

此外，在青藏高原，畜牧业发达且有温泉出露的地区，如西藏当雄县、阿里、那曲等地建有牛羊畜牧浴池，经地热水洗浴后，对治疗皮肤病及消灭牛羊身上的寄生虫有明显疗效。对一些弱畜、病畜有增膘复壮的作用，牲畜饮用地热水能增强消化功能并促进生长。

2. 地热温室种植。全国有14个省、自治区、直辖市建有地热温室，总面积40多公顷。利用地热温室生产蔬菜，可起到春提早，秋延后的作用。生产的品种有：黄瓜、番茄、蘑菇、芹菜以及从国外引进的特菜，还有观叶植物、花卉以及草莓、甜瓜等。另外，利用地热温室育种、育秧均取得了较好的经济效益。

3. 地热水产养殖。全国有19个省、自治区、直辖市利用地热水进行越冬水产养殖，总面积166.7公顷，养殖品种有：罗非鱼、鳗鱼、四大家鱼、福寿螺、罗氏沼虾、胡子鲶、白鲳、鳖、对虾等。地热养鳗主要集中在福建、广东两省，并形成出口创汇的规模。此外还用地热加温养金鱼、蛇等。

4. 地热水灌溉。地热水中含有许多有利于农作物生长的化学元素，如钾、钙、硫等。用其灌溉可以起到加温土壤、防治病害、缩短作物生长期、促进增产作用。全国有100多处地热灌溉点。

5. 地热采暖。全国地热采暖面积已达190多万平方米，主要集中在北方地热资源丰富的大中城市和县城。如天津塘沽区地热集中供暖已达到较高水平，面积为80多万平方米，年采暖期节煤3.19万吨，取消了采暖和洗浴用的锅炉113台，地热利用率达到62%，可减少烟尘量1 276吨，二氧化硫829.4吨，氮化物290.3吨。根据北京地热采暖的估算：地热采暖一次性投资高于锅炉采暖，但运行费用较锅炉采暖低59%，12年可收回成本。

6. 地热烘干。1979年我国第一个土法上马在广东丰顺建造的炕式地热烘干、催芽两用房。之后1986年福州能源所在福建连江县，研制了地热烘干香菇装置。"七五"期间河北省能源所又研制成了"地热—太阳能两用的烘干房"，使用效果很好。

尽管我国地热利用有悠久历史，但地热利用有它的局限性，如：受地形、地理位置、交通、常规能源拥有情况，以及尾水排放条件的限制，加上地热不能长途运输，也不能长时间贮存，更不能完全取代燃料所起的作用，对充分利用地热能带来一定困难。因此，地热开发利用的前期，要做好可行性规划论证工作，切忌盲目上马。

（农业部规划设计研究院　初　滨）

潮汐能开发

我国海洋能资源现代开发利用首先从潮汐能开始，迄今已40余年，波浪能、潮流能和温差能、盐差能的开发利用研究，开始于70年代末和80年代初。潮汐能开发已经在沿海部分地区为缓解能源紧张和社会经济发展做贡献，波浪能、潮流能开发研究也取得了可喜的进展。波浪能航标灯浮发电装置在南北沿海已推广近1 000只，20千瓦岸式波力发电装置已试发电成功，10千瓦潮流试验电站已完成技术设计。迄今除潮汐能外，其他尚处在开发试验研究阶段。

一、潮汐能利用的演进

我国现代利用潮汐能开始于1956年，福建、广东首先兴建潮汐动力站，利用潮汐能作动力提水灌溉。随后进入利用潮汐能发电的时代，迄今大致可分为三个时期。第一个时期是1958年前后，相继建成潮汐电站40余座，如山东蚧口，上海群明，浙江沙山，福建太古，广东大良等。这批潮电站装机容量较小，多为几十千瓦，最大的144千瓦，最小的仅5千瓦。第二个时期是70年代，又建成潮汐电站十几座，如山东白沙口，江苏浏河，浙江海山、岳浦，广东镇口，广西果子山等。这批潮电站的装机容量一般比前一批大，多为200～300千瓦。其中最大的是白沙口潮汐电站，装机容量为960千瓦。以上潮电站的多数，因选址不当而泥沙淤积，或与排灌、通航矛盾，以及设计不周、设备简陋、使用不当等问题，运行时间不长，就停办或废弃了。其中有6座电站一直长期运行，沙山站运行时间最长达31年。第三个时期是80年初至今，是完善、巩固、稳步推进的时期。这个时期已做的工作主要有：

1. 新建成两座电站，1980年在浙江建成全国最大的江厦潮汐试验电站，总装机容量3 200千瓦。福建省1989年在平潭县建成总装机容量1 280千瓦的幸福洋潮汐电站。

2. 现有电站的继续建设和完善工作，如江厦和白沙口站部分机组的研制安装至全部投产发电；白沙口和海山站库内外泥沙淤积的治理；浏河站研制成功电子计算机控制运行调度；海山和岳浦站更换新机组，并网运行等。

3. 在国家科委、计委和有关部局支持下，浙江福建开展大中型潮电站的选址考察，并重点进行了浙江三门湾健跳港和福建沙埕港八尺门万千瓦级潮

表1　我国潮汐电站技术经济指标

站　名	江厦	白沙口	海山	岳浦	沙山	浏河	果子山	幸福洋
所在地	浙江省温岭市	山东省乳山市	浙江省玉环县	浙江省象山县	浙江省温岭市	江苏省太仓县	广西区钦州县	福建省平潭县
水库位置	乐清湾江厦港	白沙湾（泻湖）	毛埏岛滩　涂	南田岛滩　涂	江厦港外滩涂	浏　河感潮段	果子岛滩　涂	海坛岛围垦区
平均潮差（米）	5.08	2.36	4.91	3.60	5.08	2.07	2.49	4.54
水库面积（平方公里）	1.60	3.20	0.26	0.19	0.05			0.756
兴建时间（年、月）	1974.4	1970.11	1973.7	1970.11	1958.10	1973.12	1976	1984.10
投产时间	1980.5	1978.8	1975.10	1972.5	1961	1976.8	1997.2	1989.12
开发方式	单库双向	单库单向	上下库连程	单库单向	单库单向	河闸双向	单库单向	单库单向
装机容量（千瓦）	3200	160×6	75×2	75×4	40×1	75×2	40×1	320×4
实际年发电量（10^4 千瓦时）	600	110	30	30	9.3	6	2	315
总投资（万元）	1 130	380	32	29	3.98	25.3	1.5	370
单位装机投资（元/千瓦）	3 000	2 500	2 100	967	994	1 688	375	2 890

注：海山站1986年前1台发电；岳浦站1981年前1～2台发电；浏河站5—11月排水，12—4月发电。

表 2 我国潮汐电站的发电和效益状况

站名	发电情况	效益情况
江厦站	1980 年 5 月 1 台 500 千瓦，1985 年 12 月 5 台3 200千瓦，1980 年 5 月入县网，1980—1985 年发电 508 万千瓦时，1986—1996 年发电 599 万千瓦时，年发电 525～646 万千瓦时，平均 545 万千瓦时	1. 1985 年养殖。滩涂贝类：牡蛎 900 吨，蛤 3 500 吨，毛蚶 1 500 吨；水面鱼类：500 吨，虾 3.2 吨。共净收 78 万元 2. 围垦 373 公顷；柑桔 98 公顷，水稻 115 公顷，棉花、甘薯、豆类 54 公顷，共可净收 187 万元
白沙口站	1978 年 8 月 2 台 320 千瓦，1983 年 4 月 4 台 640 千瓦，1987 年 5 月 6 台 960 千瓦，1994 年 3 台停发，1978 年入县网，1978 年 8 月—1992 年 12 月共发电 1 600 万千瓦时	1983 年前电站亏损，1983 年起相继办起对虾养殖场 67 公顷，扇贝养殖场 7 公顷，泥蚶养殖场 20 公顷，冷库 200 吨，渔轮修造厂、海水浴场，旅游宾馆。1984 年盈利 10 万元，1987 年纯利 82 万元，1988 年纯利 100 万元
海山站	1975 年 10 月 1 台 75 千瓦，配蓄能电站 55 千瓦，1986 年 4 月 2 台 150 千瓦，1996 年 6 月 2 台 250 千瓦，1987 年入县网，1976—1985 年发电 50 万千瓦时，1986—1996 年发电 190 万千瓦时	1. 为 16 个乡村企业供电 2. 供 1 200 户家庭生活用电 3. 为 4 000 人供淡水 4. 灌溉水田 67 公顷；单产6 000千克提高到 9 675千克，抗旱能力 30 天提高到 70 天；1986 年大旱 120 天，单产全县第一 5. 1986—1990 年水产养殖总产 91.9 万元，为发电收入 10 倍
岳浦站	1972 年 5 月 1～2 台 75～150 千瓦，1983 年 12 月 2 台 150 千瓦，配柴油机 99.2 千瓦，1983 年入县网，1972 年 5 月—1981 年 9 月共发电 106 万千瓦时。1984 年—1987 年 3 月共发 103 万千瓦时	1. 作提水动力为主，灌溉水田 600 公顷，单产 4 500 千克提高到 8 500 千克。抗旱能力从 42 天提高到 115 天。旱涝保收 2. 为 20 多个企业供电； 3. 供 600 户家庭用电
沙山站	1959 年 8 月动力站，1961 年 1 台 16 千瓦，1964 年 1 台 40 千瓦，配柴油机 44.1 千瓦，1980 年入县网，年发电量 9.3 万千瓦时	1. 为十几个企业供电，发展工农渔副产品加工等 2. 电力 灌溉水田 53 公顷，单产 3 000 千克提高到 9 750 千克 3. 27 年总收入为电站投资 10 倍

汐电站可行性研究。

二、主要成就

（一）建设生产成就　经过三个时期的建设，我国目前运行发电的潮汐电站共 8 座，总装机容量 6 220千瓦，实际年发电量 $1\ 100\times10^4$千瓦时。8 座潮电站的主要技术经济指标见表 1。4 座潮电站的发电情况和经济社会效益状况见表 2。

我国小型潮汐电站建设的道路是艰辛曲折的，就数量讲成功率不高。但是对比三个时期的情况，又不难看出，事业是发展的，技术水平和成功率越来越高。目前有 8 座小型潮汐电站长期运行发电，这在世界上是独一无二的，对此国际上已引起关注，韩国请我国对加露林潮汐电站（40 万千瓦）英法等国的可行性研究进行咨询评估就是例证。论开发规模，在国际上我国虽然不能与法国（24 万千瓦）和加拿大（2 万千瓦）相比，但是还没有第三个国家达到我国的规模。

（二）开发技术成就

1. 机组设计制造技术。80 年代我国自己研制成两种机组，并在江厦站运行成功。一种是双向贯流灯泡型机组。另一种水轮机和发电机直联。这些机组的研制成功填补了国内空白，主要性能指标接近法国朗斯潮汐电站的水平。90 年代我国已具备研制 1 000千瓦级潮汐水轮发电机组的能力。

2. 连续供电技术。潮汐发电存在发电不稳定不连续的弱点。经研究和实践，采用和提出了以下几种延长发电时间，力争连续供电的办法。①水工建筑物布置采用上、下层闸门两边进水、出水形式，实现单库双向发电；②上、下库单向连程运行，加抽水蓄能电站，达到平潮和小潮也能发电；③小型潮电站另备柴油发电机配合；④采用双向水轮发电机组，实现单库双向发电；⑤并网运行，发出电力送入电网。现有电站除果子山站外，均已并网运行。

3. 防腐防污技术。解决海水腐蚀近水设备金属构件和海洋生物附着水轮机转轮及流导问题，现采用的办法有：①用原浆型环氧沥青防腐，用高接触型氧化亚铜防污，以及电解海水外加电流阴极保护等，如江厦站；②用 AC-15 铝粉防锈漆和 836# 沥青防污，如海山站；③用喷灯烧死附着生物后涂水柏油，用不锈钢制水轮机叶轮防腐，如岳浦站；④定期人工冲洗水轮机叶轮和导水机构，如沙山站。各站采用以上办法，实践证明是行之有效的。

4. 降低造价技术。单就电站本身造价而言，潮汐电站与低水头水电站相当，高于燃煤电站，发电成本在海岛低于柴油发电，这些结论已成共识。由表1可见，小型潮电站采用民办公助建设，一般造价较低。潮电站造价高主要是由潮差小，能量密度低，水轮机体积大造成的。这也正是潮汐能开发进展不快的主要原因，所以降低潮电站造价是推广潮电站的基础。我国的实践和研究认为降低造价的途径有：①选用高效低价的水轮发电机组。②水工建筑物厂房闸坝等采用预制沉箱结构，浮运法施工。这样不作围堰，可缩短工期和降低造价。③利用已有的围垦工程和养虾池塘改建或增加发电功能。在一些海涂围垦区坝内，尚有部分水面（低滩）可建潮电站，不少对虾养殖塘也可加建潮电站，这将会工期短投资省。幸福洋站是利用围垦工程，果子山是由养虾塘改建的。④机电设备，乃至小型潮电站的厂房、水闸等，进行标准化系列化设计，批量生产，那将比单个研制大大降低造价。

三、主要经验

1. 在偏僻沿海和海岛采用民办公助建设小潮汐电站，具有工程简单，建设周期短，见效快，管理方便的特点，对当地乡镇工农渔副业生产发展和人民生活水平提高起了促进作用。在电网不及的地区，潮电站建成后，解决了家用电器供电，提水灌溉农田，提高抗旱能力，发展农副产品加工和机械加工企业等一系列问题。沙山站27年的总产值已超过建设投资10倍，深受群众欢迎，30年运行长盛不衰就是证明。

2. 正确地选址是决定潮汐电站生命力的关键。以往潮电站夭折的原因主要是选址不当，或泥沙淤积严重，或与排灌、通航矛盾，今后潮电站建设一定要深入调查，充分论证，确保站址优良。

3. 综合利用多种经营是当前提高电站经济效益的有效途径。潮电站本身单位装机造价较高，发电量较少，单纯靠发电效益较差。但如能统一管理，多种经营综合利用，可获得较好的经济效益。如白沙口站利用库内滩涂、水面可以养殖，进水渠附近可停靠船只，以及有廉价电力（输入电网与电网供电价格相同）等优越条件，自1983年相继办起对虾养殖场、扇贝养殖场、泥蚶养殖场、海产品冷藏库、渔轮修造厂、海水浴场、旅游宾馆等，不但改变了亏损局面，而且年年有余，已跨入省、部级先进企业行列。

目前小型潮电站技术上尚不够完善，水轮机水平不高（多用常规小水电机组），多存在效率较低，出力不足，发电量达不到原设计等问题；适合小型潮电站的专用水轮发电机组尚未定型标准化；水工建筑物施工尚未采用先进方法。这些均是目前潮汐能开发技术尚存的问题，也是造成单位装机造价偏高及电站本身经济效益欠佳，影响潮电站推广的原因。今后要贯彻积极稳妥的方针，实行扶持和优惠政策；加强对潮汐能开发的领导，统一领导协同攻关；与风能等可再生能因地制宜，综合开发联网互补运行；总结推广小型潮汐发电技术；对潮汐电站实行综合开发集中管理；加强开发的前期工作。

（国家海洋局第二海洋研究所　王传昆）

农 村 节 能

农村节能综述

节能是国家发展经济的一项长远战略方针。节能是指加强用能管理，采取技术上可行、经济上合理以及环境和社会可以承受的措施，减少从能源生产到消费各个环节中的损失和浪费，更加有效、合理地利用能源。

随着国民经济的高速增长和人民生活水平的日益提高，常规能源的需求量不断增加，然而我国能源浪费严重，单位产值能耗是发达国家的3～4倍，能源平均利用率只有30%左右。为此，1980年国务院提出了"开发与节约并重，近期把节能放在优先地位"的能源建设方针。据国民经济发展总体规划，近年我国经济增长所需能源有50%必须依靠节能途径解决。

节约能源是我们国家的一项重要国策，尤其像我国是一个以燃煤为主的国家，开展节能工作，既可以提高能源利用效率，缓解能源供需矛盾，又可以保护环境，减少污染。

我国农业是最大的用能部门，农业生产直接和间接用能约占全国能源消费量的1/3，再加上数亿农民的生活用能，则已近半数。尤其近年商品能源需求量大幅度增长，原因在于农业现代化建设，乡镇企业持续发展和农民生活水平提高等，使煤、油、电用量与日俱增。然而，农村地区由于技术较落后，能源利用效率低于城市，而浪费程度又高于城市，因此节能工作更具有重要性。

90年代初，在农业部的一次节能办公会议明确提出，农机节能工作是关系到农业生产正常进行和扩大再生产所必需的保证条件，因此要求使农村单位国民生产总值能耗年均节能率达到2%的指标。农机节能以管理节能为主，同时大力推进节能技术进步，努力挖掘节能潜力。在《"八五"及2000年农村生产节能战略研究和发展规划》中指出节约能源是一项系统工程，加强能源管理和推进技术进步是实现节能的两个必要条件，因此在农村节能工作中要坚持管理节能与技术节能并重的原则。考虑到我国农村生产企业管理水平普遍低下，管理节能潜力巨大的现状，近期应把管理节能放在首位。同时在农村生产和生活中，逐步加快推广业已成熟的节能技术。在可能的条件下，根据行业发展需要，调整产业结构，搞好结构节能。乡镇企业是农村生产节能工作的重点。

农村能源的节约主要包括农民生活用能的节约，农业生产用能的节约，乡镇企业用能的节约三大部分。按节能技术分类，可分成生活节能技术与生产节能技术两部分。如省柴灶、节煤炉、节能炕等属生活节能技术；砖瓦生产节能、锅炉更新改造节能技术、小水泥节能技术、农机节能技术、农用变压器和线路改造、烤烟房节能技术、炒茶灶节能技术、小化肥节能技术、节水灌溉技术等等均属生产节能技术范畴。而农业部门节能工作往往按部门分类，如乡镇企业节能、农机节能、农垦节能、渔业节能、畜牧业节能、农业生产节能与生活节能。

（一）农村节能工作发展概况

1. 建立健全节能机构，管理节能居当前节能工作首位。国家有关部委及部门从1983年起就对有关的农村节能工作作了大量的、全面调研、分析、交流和研讨。1985年，国务院负责同志在全国节能工作会议上，要求重视农村的节能工作，把它提到议事日程上来。同年农牧渔业部党组决定建立部节能工作办公会议制度，加强部节能工作的统一领导和组织协调工作，指导和推动农村节能工作的开展。相继，国务院发布《节约能源管理暂行条例》、《关于加强农村能源建设的意见》等文件，要求抓好农村节能工作，农牧渔业部及各系统也分别制定节能管理实施细则，推动全行业节能工作。

80年代末农牧渔业部初步建立了部及各系统的节能工作机构，明确农村能源建设的一项重要任务就是开展农村节能工作。同时开展了多项工作。

农业部环保能源组织编制了《"八五"及2000年农村生产节能战略研究和发展规划》，为近年开展农村生产节能工作提供科学依据。

农业部1992年印发《关于在全国100个农村能源综合建设县中开展生产节能工作的通知》，要求农业系统积极参与，把农村能源综合建设县的工作抓紧抓好。同年6月，由农业部和能源部共同筹建的中国农村能源行业协会正式成立，加强行业管理，推广实用节能技术，进一步推动了农村节能工作的发展。农业部1994年又编制了《农村能源科技发展"九五"计划和2010年规划设想》，其中包括农村节能科技发展内容。

农业系统行业节能管理工作逐步开展。1996年农业部编制《"九五"期间乡镇企业环保节能计划》，总结了“八五”期间环保节能工作情况，并对重点行业及工业小区、重点流域、区域提出控制措施和计划指标，在乡镇企业实现增长方式从粗放经营向集约经营转变的重要阶段，对推动乡镇企业各行业的环保、节能起到重要作用。

中国农业科学院早在1987年就召开了院节能工作会议，院属28个研究所分管节能工作的同志参加了会议；会上成立了院节能领导小组，对全院系统节能工作做了安排，并制定了具体措施。

2. 依靠科技进步，推广节能技术。农业部在80年代中期就开始做了一系列农村节能的基础工作，如1984年在全国范围内开展乡镇工业用能现状、节能潜力的调研和1990年、2000年能源需求预测工作。首次在全国摸清了乡镇工业用能现状，提出了解决乡镇工业用能问题的建议。接着在1987年完成《全国农牧渔业用能现状及节能潜力》的调研报告。指出农村地区商品能源消费逐年上升，农口已成为我国商品能源的第一大用户。农村节能工作已是十分紧迫的任务。

农业部门最重要的农村节能工作是在全国范围内推广省柴节煤炉灶工作，并设立试点县，在1993年12月9日《农民日报》以《农村节能工作十年成绩卓著，硕果累累》为题，公布了农业部和国家计委联合表彰全国省柴节煤先进集体740个，先进个人3 425人名单。

在农村地区推广型煤是我国一项重要的节能工作。1988年12月国家计委委托农业部能源环保局在北京召开了农村型煤生产座谈会，国家计委、能源部、物资部和国家能源投资公司及九个省、市农村能源办主任参加会议，指出1987年农村生活用煤总量大约8 000万吨左右，其中约有90%未加工成型煤，能源浪费，污染严重。会后上述部委联合发出通知，要求各地结合自己实际情况，将农村推广型煤工作开展起来。

为节能产品质量提供了保证，促使农村节能工作顺利开展，1991年农业部批准筹建农业部微型发电设备、沼气产品及设备、省柴节煤产品、乡镇企业节能产品及设备（上海、天津）、水产节能产品及设备等六个农村能源和生产节能产品及设备质量监督检验测试中心。

为培训农村节能技术人员，1993年以来，农业部环能司会同乡镇企业司、渔业局、农垦局、农业机械化管理司和中国农业科学院等单位举办9期节能技术及管理培训班和1期函授班，共培训学员600多人次。

行业系统节能技术工作卓有成效，如水产系统成立的全国水产节能协作组十几年来做了大量工作。

农业部环保能源司于1991年组织编写《农村节能技术选编》，全国农村能源综合建设县项目领导小组办公室先后于1993年、1995年编写了《农村能源实用技术》、《农村能源适用技术选择》，为农村生活、生产节能提供了实用、有效的节能技术，对农村节能工作起了很大作用。

3. 加强农村节能法制建设。农业部各系统根据国务院《节约能源管理暂行条例》制定了《节约能源管理暂行条例》的实施细则和主要产品的耗能定额，如《农垦系统节能管理实施细则（暂行）》、《农垦工业企业节约能源管理升级（定级）办法》，此后，大多数省、自治区、直辖市农垦主管部门都制定了落实办法；至1991年农垦系统共有8个单位达到国家节能二级企业标准，对推动农垦企业节能工作起了积极作用。又如《节约能源管理暂行条例水产系统实施细则》以及《水产企业节约能源管理升级（定级）评审细则》（试行）至1991年水产系统已有19家企业被评为国家级节能企业，其中国家一级2家，国家二级17家。这些企业涉及到海洋捕捞，水产加工、船网机具修造、港建等各个行业。再如1991年农业部《乡镇集体工业企业节能管理暂行规定》发布实施。同年农业部下文印发《乡镇集体工业企业节能管理升（定）级评审试行办法》，有力推动了乡镇企业的节能工作。

1990年能源部颁发《全国农村节电实施细则》（试行）。

国家计委、农业部1991年先后转发国务院《关于进一步加强节约能源工作的若干意见》。《意见》中包括：第三条，要强化节能管理工作；第四条，要大力推进技术进步；第六条，要加强节能法制建设。这个意见对农村节能工作具有十分重要的指导意义。

1996年国家计委、经贸委、科委发布《中国节能技术政策大纲》中11.2重视农村能源建设和节约用能和12.12农村生产用能两部分，涉及农村节能及主要耗能行业工艺节能。这项政策将指导今后农村节能技术研究和推广工作。

（二）农村节能工作成效显著　大规模推广省柴节煤炉灶是农村节能常抓不懈的一项重要工作。传统旧式烧煤炉灶技术工艺落后，热效率在10%以下，燃煤炉灶只在18%左右，新型炉灶大大提高热效率，柴灶达到20%～30%，煤灶30%～40%，因此平均每台节能炉灶可节约燃料40%～50%，同时具有使用方便、卫生、安全等特点。到1996年底，全国已有1.77亿户使用省柴节煤炉灶，占总农户数的76%，现在城镇不少地区也都采用薪型节能炉灶。炕是北方农村居民休息的场所，又是冬季取暖的设施，目前省柴节煤炕已推广0.17亿铺；既节约能源又使用方便，取暖效果好。上述省柴节煤炉灶和炕技术的推广已形成年节能能力3 000万吨标准煤。

农村生产节能工作同样正在有效开展。如炒茶、烤烟和烧砖瓦在农村生产中具有特殊地位，都是耗能大户，现在采用节能烤烟房、节能手工炒茶灶、节能砖瓦窑、节能大灶（粉坊、豆腐房、油房、饮食业等）技术和装置，不但节约了能源，降低了成本，还提高了加工产品的质量。如传统炒茶工艺生产1千克茶叶要消费5千克薪材，使用商品化节能型炒茶灶可节约1/4～1/3燃料，节能型烤烟房可较传统工艺节约40%能耗，且提高烟叶质量和等级。目前推广节能炒烟灶22.4万个，年加工量28.8万吨；推广节能烤烟房184.7万座，年加工量519万吨，现有节能砖瓦窑5.4万座，年生产量975亿块，三者年节能量200万吨标准煤。

型煤下乡又是一项有效的节能措施，如燃蜂窝煤炉其热效率普遍高于35%。现在农村地区型煤加工点达1.3万个，年加工能力5 000万吨。利用煤矸石加工成型煤有578个点，年加工量303万吨，两者节能量在500万吨标准煤以上。

农业系统的农业、农垦、农机、畜牧、渔业、乡镇企业等部门都在本行业开展节能工作，降低单位产值能耗和单位产品能耗，逐步提高能源利用效率，促进行业经济向节能型发展。如"八五"期间乡镇工业增加值由2 010亿元增加到8 260亿元，增长了3倍。乡镇工业的能源消耗由1990年的1.5亿吨标煤增加到1995年的3.7亿吨标煤，年均增长19.7%。由于采取有效的节能措施，万元工业增加值的综合能耗由7.46吨标煤下降到4.48吨标煤，年均降低9.7%。主要产品单耗也明显下降，如万块砖平均能耗从1.05吨标准煤下降到0.85吨标准煤，单耗下降19%，吨水泥平均综合能耗从0.188吨标准煤下降到0.158吨标准煤，单耗下降16%。

至1996年底，农村节能（未包括乡镇工业节能）已形成年节能能力约5 000万吨标准煤。

农村节能工作是量大面广、门类繁多、基础薄弱、管理水平低、素质差、问题较为突出。主要表现在：对节能工作的认识和重视程度不一，管理机构不健全；法制不健全，有的法规条例虽已有，但落实和检查监督力度不够；节能产品质量检测中心尚不完善，缺乏资金，未能充分地发挥作用；国内外信息交流不够，需加强人员技术培训，有待进一步提高人员素质。

（能　环）

渔业节能

（一）渔业耗能基本情况及特点　渔业是一个耗能比较大的行业，现年耗各种能源折合标准煤约1 000万吨，主要耗能行业有水产捕捞、水产养殖、水产品加工、船网机具修造、水产供销等，消耗的能源品种主要是成品油、电力和煤炭。渔业耗能有如下几个特点：

1. 水产捕捞业耗能最大，占渔业总能耗的60%以上，其次是水产养殖业、水产加工业，分别占水产总能耗的10%以上，船网机具修造业和水产供销业耗能较少，均不足10%。

2. 渔业能源消耗品种构成中，成品油的消耗最大，占渔业总能耗的60%以上，其次是电，约占总能耗的20%，煤的消耗在10%左右。

3. 水产养殖业较之于水产捕捞业节能，其吨鱼能耗仅为水产捕捞业吨鱼能耗的1/6左右。

4. 渔业耗能最大的设备是渔船，所消耗的能耗占渔业总能耗的60%，其次是冷冻加工设备。

（二）渔业节能工作发展概况　渔业节能工作是在全国渔船节能技术与管理协作组（成立于1983年，1986年更名为全国水产节能协作组，1996年又更名为全国渔业节能协作组）成立之后才逐步开展起来的。10多年来，渔业节能工作以渔船节能为重点，以贯彻国务院颁发的《节约能源管理暂行条例》和农业部发布的《节约能源管理暂行条例》水产系统实施细则为中心，通过加强管理、依靠技术进步、调整产品和产业结构等措施，取得了显著成绩，吨水产品耗能和万元产值耗能逐年下降，节能量逐年增加，平均每年节约20多万吨标准煤。在这10多年里，渔业节能工作经历了从无到有、由小到大、由弱到强的发展历程，工作范围不断扩大，由单一的渔船节能逐步扩大到养殖、加工、船网机具修造各个行业；各项节能管理基础工作得到加强，形成了初具水平的节能管理网络；建立了必要的规章制度，制定了《节约能源管理暂行条例》水产系统实施细则，使渔业节能工作有章可循，制定了渔业主要耗能行业的产品能耗与设备能耗标准，使渔业节能工作纳入科学化管理轨道；开发了以渔船节能为重点的节能技术与节能产品，推广了适用的节能技术与节能产品。渔业节能工作的逐步开展对缓解能源短缺与渔业生产之间的矛盾、提高经济效益、促进渔业发展起了很好的作用。

渔业节能工作之所以在这10多年里能取得成效，是由于：领导重视和支持节能工作；能实事求是，因地制宜，讲求实效，综合利用行业所能掌握的行政、经济、法律、物资手段推动节能工作开展；有一支热心于节能工作的基本队伍；能针对渔业耗能特点，有重点地开展工作，开发、推广适用的节能技术与节能产品；能充分发挥全国渔业节能协作组的咨询、协调、服务作用，通过协作组组织开展各项渔业节能活动；能抓好宣传，培养典型，以点带面推动工作。

（三）1996年渔业耗能与节能情况

1. 1996年渔业耗能情况。1996年渔业生产继续保持良好的发展势头，据统计，1996年全国水产品总产量达到3 288万吨，其中捕捞产量1 425万吨，养殖产量1 863万吨，分别比1995年增长16.89%、11.15%、21.69%。随着渔业的发展对能源的需求越来越大，据渔业耗能调查获取的数据，1996年渔业系统的总耗能、分品种耗能均比1995年有所增加，1996年渔业总耗能为1 088万吨标煤，其中耗油497.4万吨、耗电67.8亿千瓦时、耗煤143.8万吨，分别比上年增长6.36%、3.59%、11.86%、14.21%。虽然渔业耗能随着渔业的发展在增加，但渔业系统通过采取有效的节能措施，经过广大从事渔业节能工作人员的努力，节能工作取得了一些成绩。据渔业耗能调查数据，1996年渔业系统总产值能耗为0.63万吨标煤/万元，比上年下降了10%；1996年渔业吨水产品耗能为0.25吨标煤/吨，渔业产值耗能为0.67吨标煤/万元，分别比上年下降10.71%、4.2%；水产捕捞吨水产品耗能为

0.47 吨标煤/吨，水产养殖吨水产品耗能为 0.07 吨标煤/吨，分别比上年下降 7.84%、12.5%。1996 年，水产加工、船网机具修造和水产供销三个行业共消耗了 266.7 万吨标煤，仅占渔业总能耗的 24.5%，但这三个行业的产值能耗与 1995 年相比有所上升，分别为 0.72 吨标煤/万元、0.81 吨标煤/万元、0.17 吨标煤/万元。

2. 1996 年渔业节能工作情况。1996 年，渔业系统在节能工作上重点抓了以下两项工作。一是召开了第 11 次全国渔业节能协作组全体会议。这次会议总结了协作组成立 10 年多来的工作情况，交流了节能工作经验，审议通过了全国渔业节能协作组成员调整方案，原则上审议通过了全国渔业节能协作组章程修改意见，讨论了渔业耗能调查方案和渔业节能技术与节能产品推广目录，探讨了如何在新形势下进一步开展渔业节能工作等。这次会议是在渔业节能工作面临新形势、新问题的情况下召开的，会议明确了今后工作发展思路，对近期工作提出了几点要求，对今后工作的开展有指导意义。二是开展了渔业耗能调查活动，通过此次调查，基本摸清了渔业 1990 年以来的耗能情况，为行业主管部门今后进一步开展节能工作提供依据。

（农业部渔业局　于秀娟）

农 机 节 能

随着农村经济的发展，农业机械的保有量不断增加，为农业的增产增收发挥着越来越大的作用。农业机械进入农村千家万户，成了亿万农民致富的工具和手段。据统计，截至 1996 年底，全国各种型号的拖拉机保有量已达 986 万台，农业机械总动力达 3.85 亿千瓦。农业机械承担了农业生产总作业量的 40%以上，已成为新时期我国农业生产发展必不可少的技术装备。

石油成品油特别是农用柴油，是重要的农业生产资料，是农业机械的“粮食”。我国每年农用柴油消耗量很大，几乎占全国柴油消耗总量的一半。因此，挖节能潜力，向节约要能，缓解农用柴油供需矛盾，有着十分重要的战略意义。

（一）农机系统耗能及农用柴油使用中的浪费情况

1. 农机系统耗能。

（1）农机动力发展及柴油消耗情况如表所示。

年度	农机总动力（亿千瓦）	柴油消耗（万吨）
1991	2.94	1 205
1992	3.03	1 245
1993	3.16	1 337
1994	3.36	1 400
1995	3.58	1 498
1996	3.85	1 561

（2）农机管理系统工业企业能源消耗。据 1994 年统计，农机管理系统工业企业 929 个，工业总产值（按 1990 年不变价格计算）41.43 亿元，全年工业生产综合能耗 80.8 万吨。

2. 农用柴油使用中的浪费情况。农业机械用油节约潜力很大。我国农村农业机械在使用中能源浪费较严重，主要表现在：

（1）拖拉机使用中技术状态差，功率降低、单位油耗超标现象严重。据调查，功率值比额定值平均偏低 20%～30%，耗油率平均偏高 20%。造成这种状况的原因主要是：制造水平较低，拖拉机出厂时燃油比油耗比国际先进水平高 5%以上；大量老旧、耗能严重超标的拖拉机超期服役。尤其是大中型拖拉机 50%以上超期服役；假冒、伪劣农机配件严重影响了拖拉机的修理质量；农机手素质低、使用不当等造成技术状态下降。

（2）农机作业中的浪费也较大。如主机与农具不相匹配；农机具分散经营，作业规模小，单位作业油耗高；每年用于清洗农业机械的油料仍不少于 7 万吨，造成很大浪费。农机节能法规不健全，缺乏有效的监督手段。

（二）开展的主要节能工作　我国石油资源相对不足，农用柴油的供需矛盾将在很长时期内存在。受机械制造业发展水平的制约，我国生产的拖拉机燃油比油耗在短期内要达到国际先进水平难度较大。因此，必须在提高农业机械使用水平上做文章，大力推广农机节油技术。近几年，农机部门主要做了以下工作：

1. 积极推广农机检测调修节油技术。“八五”期间共推广使用拖拉机功率油耗检测仪 1.4 万台，每年检测拖拉机 200 多万台，调修 100 多万台。这项技术已在全国 80%以上的县普及运用，检测调修后的拖拉机功率平均提高 15%，耗油率平均下降 10%以上。“八五”期间此项技术共节油 50 多万吨。

2. 旧柴油机节能改造技术推广成效显著。该项技术对恢复或提高发动机功率和降低单位油耗效果明显，功率平均提高 20%，耗油率平均下降 16%。经济效益和社会效益显著。此项技术的推广是在国家没有投资的情况下进行的，地方投入约 900 多万元。农业部农业机械化管理司 1987 年开始在旧柴油机节能改造技术科研成果的基础上组织推广，据全国 25 个省、自治区、直辖市的不完全统计，截至 1996 年底，共改造旧柴油机 120.3 万台，节约燃油约 20 多万吨。1990 年国家科委将此项技术列为“国家科技成果重点推广项目”，农业部农机化司牵头组织 17 个省、自治区与国家科委签订了推广合同，并超额完成了任务，1994 年通过了国家科委的验收，1996 年获农业部科技进步三等奖。旧柴油机节油改造技术边推广、边开发，在技术上不断创新和发展，新开发的 195 型柴油机增容节油技术，1995 年已在部分省开始进行试点推广。

3. 喷油泵标准油量传递技术。此项技术在推广的基础上向法制化管理发展。已由 3 个省和技术监督部门配合，成立了在用喷油泵实验台监督检验站，有效地控制了喷油泵在维修调试过程中造成的油量超耗现象。喷油泵维修协会每年都组织各种型号的喷油泵维修技术培训班。

4. 推广金属清洗剂。“八五”期间共推广使用金属清洗剂 3.16 万吨，节约燃油 63.2 万吨。

5. 开展大中型拖拉机更新工作。在各地的努力下，“八五”期间全国共更新大中型拖拉机 13.94 万台(其中 1991 年 2.79 万台，1992 年 2.25 万台，1993 年 2.4 万台，1994 年 2.83 万台，1995 年 3.67 万台)，节油 17 万吨。1996 年更新工作是近几年来最好的一年，共完成 45 638 台。

6. 加强农机作业组织管理，推广新工艺、新技术。目前主要有农田作业复式联合作业机具的应用推广、农田的免（少）耕技术等。而且，通过提高农机作业统一组织的程度，扩大作业规模，也都降低单位作业量的油耗。

7. 其他节油技术。每年还推广拖拉机、柴油机上使用的各种节油装置 30 多万个，柴油净化装置 1 万多个（部）。粘胶堵漏技术、各种柴油和机油的添加剂也得到推广运用。

8. 开展了农机节能技术研究及相关标准的制定工作。重点围绕拖拉机发动机和喷油泵开展了检测、维修技术研究及相关技术标准的编制工作等，部分课题的研究和标准制订工作即将完成。

综合以上节油技术和标准，到 1995 年年节油能力超过 30 万吨。

（姚春生　吕玉芝）

乡镇企业节能

乡镇企业是国民经济的重要组成部分，农村经济的主要支柱。乡镇企业是农村能源的主要消费者，目前年能源消费量约为 3 亿吨标准煤。然而，乡镇企业又是中国能源的重要生产者，近年农村小煤矿生产原煤达 6.5 亿吨。

乡镇企业由于行业结构和产品结构不同于国有大中企业，其万元产值综合能耗略低于国有企业；但是乡镇企业中的冶金、造纸、砖瓦、炼焦、水泥、石灰、铸造、化工和农产品加工业等能源消费重点行业的能源利用率远低于国家重点企业；乡镇企业中砖瓦、水泥、炼焦、铸造、造纸五个行业的产值只占全国乡镇工业总产值的 8%，但能源消费量却占其总能耗的 50%以上，节能潜力占乡镇工业节能潜力的 70%左右。乡镇企业发展不平衡，能源消费的水平处于不同的阶段，地区之间呈现明显的差异。东部地区的乡镇企业发展较快，规模较大，能源消费总量大，行业结构和产品结构是以耗能较低的轻纺工业为主，许多企业具有经济实力和技术条件开展节能工作。中西部地区的乡镇企业还处于发展阶段，能源消费总量低于东部地区，但行业结构和产品结构是以能源消耗较高的建材、冶金、造纸、重化工、炼焦等行业和产品为主，能源利用水平远低于东部地区，节能工作开展不力。

总的来说，乡镇企业节能潜力很大，搞好节能工作不仅可以提高乡镇企业的经济效益，而且能够显著提高国家能源利用的整体水平，有利于环境保护。乡镇企业主管部门在节能工作方面主要开展了以下几项工作：

1. 初步建立了乡镇企业节能的管理网络。农业部乡镇企业局成立环保能源处，有半数省级乡镇企业局，以及不少地、县级的乡镇企业管理部门都设置了节能管理机构，没有设立专门机构的省、直辖市，也都设有专人负责节能工作。从而在乡镇企业行政管理系统中已初步形成了自上而下的节能管理网络，有助于节能工作的顺利开展。

2. 逐步把乡镇企业节能工作纳入法制的轨道。节能法制建设是乡镇企业搞好节能工作的重要保证。1991 年，根据国务院有关的法规，农业部颁布了《乡村集体工业企业节能管理暂行规定》以及《节能管理升（定）级评审试行办法》。在一些省、直辖市还制定了乡镇企业节能的地方法规。1992 年，根据国民经济发展规划，农业部发布了《“八五”乡镇工业节能规划》，这些法规和规划对发展乡镇企业节能工作起到了很大的推动作用。

3. 开展重点行业的调查研究工作。先后用了三年时间对高耗能行业的节能情况进行重点调研，包括制砖、炼焦、铸造、水泥、陶瓷、石灰、啤酒、淀粉、铁合金、炼铁等 10 个行业。在这次大范围的调研工作中，首次在乡镇企业中采用国际通行的成本效益法和假定分析法对节能技术改造的经济效益、环境效益进行定量分析，同时还对行业技术改造的资金投入和行业的发展前景进行定量计算和科学预测。通过调研，基本上搞清了主要行业的耗能情况，为乡镇企业开展节能工作提供重要决策依据。

4. 抓好节能示范项目的建设。一些地方积极筹措资金，引进技术，建设示范项目。如山西省和陕西省建设了不同类型的改良焦炉，吨焦能耗显著下降；四川、辽宁和天津市分别建设了砖瓦节能示范项目，不仅降低了生产能耗，还增加了产品的品种，因此在成都举办了此项技术的培训班。青海和江西分别建设了铁合金和陶瓷生产的节能示范项目。

5. 节能技术服务体系得到加强。“八五”期间，农业部分别与上海、天津、山西、大连四省市乡镇企业局联合投资约 1 400 万元，建设乡镇企业地区性节能产品质量和能源利用检测中心。在乡镇企业管理体系中建立专门的节能检测机构，对提高乡镇企业的用能水平起到了积极的作用。

6. 积极开展国际合作。从 1991 年开始，乡镇企业主管部门与世界银行开展了“中国乡镇工业用能效率与污染控制”的研究工作，同时对企业的近期能耗、污染状况作出评价，与国际标准、国家标准进行比较，并预测发展趋势。

乡镇企业由于开展节能工作，“八五”期间共约节约能源 1.13 亿吨标准煤，形成年综合节能约 2 250万吨标准煤的能力。目前正在进一步落实《乡村集体工业企业节能管理暂行规定》和《“九五”期间乡镇企业环保节能计划》。引导乡镇企业调整产业结构，使乡镇工业的能源消费结构达到基本合理，节能技术水平明显提高，重点用能设备基本达标，主要耗能产品的平均单耗达到全国同行业的平均水平，节能管理水平普遍提高，建立较完善的节能管理基础工作。

（环　能）

农　垦　节　能

农业部农垦系统1996年拥有农场2 128个，470万公顷；国民生产总值621.26亿元。播种面积460万公顷，生产粮食1 551.3万吨。大牲畜年末存栏245万头，生产肉类72万吨和禽蛋23万吨。水产养殖面积26.3万公顷，水产品总产量38.3万吨。

农垦系统的农业机械总动力为1 075.6万千瓦；机耕面积393万公顷，机播327.8万公顷，机收241.2万公顷。有效灌溉面积214.5万公顷，有排灌站5 164座。农场用电总量57.5亿万千瓦时。本系统有工业企业1.16万个。

农垦也是能源生产系统，1996年发电量30.5亿万千瓦时，生产原煤900万吨。

农垦部门重视节能工作，在80年代初已经制定《农垦系统节能管理实施细则（暂行）》，1987年底召开全国农垦节能管理工作座谈会，各地代表讨论和修改了《农垦节约能源管理实施细则》；会议要求各地农垦主管部门要重视节能和农村能源工作，要明确机构和人员，要加强管理人员的培训，以技术进步提高能源利用率，提高农垦系统能源管理水平。

农业部1988年发布《农垦企业节约能源管理升级（定级）办法》。此后近三年，农垦系统有8个工业企业被批准为国家二级节能企业。对推动农垦系统的节能工作起到了积极的作用。农业部农垦局1991年组织编制了《农垦系统“八五”节能计划及2000年发展规划》。使农垦系统开展节能工作有法可依，又有计划执行，从而提高了节能水平。

农垦系统节能基础设施正逐步建立，1996年8月，经批准，农业部农垦北方节能监测中心在哈尔滨成立。该中心是在黑龙江省农垦总局节能检测中心的基础上建立的，主要负责东北地区和内蒙古东部农垦企业的节能检测等工作。

农垦部门积极发展沼气事业。1986年，为了治理农垦系统橡胶加工废水问题，兼顾节能效益，农牧渔业部农垦局利用农村能源发展贷款对原广东省22个天然橡胶初加工厂进行废水厌氧发酵处理，所产沼气作为烘干乳胶辅助燃料。项目的实施，对农垦的节能和沼气利用工作起到了积极的示范作用。1987年7月，农牧渔业部农垦局、能源环保局和中国沼气协会联合在上海市五四农场召开了国营农场场办沼气现场考察座谈会。参加会议的有各省、自治区、直辖市和计划单列市农垦局的负责同志，共60余人。会议总结交流了国营农场办沼气的经验，拟定了农垦系统普及沼气技术的计划，研究了推动农垦系统开展农村能源建设所需采取的政策和措施。1988年10月，农业部农垦司和中国沼气协会委托上海市农场局，有上海崇明举办沼气集中供气技术培训班。学期15天，各地共有60多人参加。

此外，农垦系统的农机、种植业和养殖业也开展了节能工作。

节能炉灶的研制和推广

（一）农村严重缺能的状况亟待解决　我国农村地域广阔，居住着80%的人口，他们生活用能沿用传统的设施，技术工艺落后，热效率在10%以下，炕连灶的热效率更低，只有7%，尽管年平均消耗2.3亿吨的秸秆、1.8亿吨的薪柴及0.45亿吨的原煤，人均用能仅有321千克，仍远远不能满足生活的需要。据测算，8亿农民生活用能约需6亿吨柴草。由于生活燃料不足，农民被迫以各种手段获得燃料，挖草根、过量砍伐林木等，加剧了农村生态的破坏；由于绝大部分的秸秆作为燃料被烧掉，造成有机肥料、工业原料也十分紧张。农村这种缺烧的严重状况，引起国家有关部门的重视，国务院决定由农业部负责，首先从烧掉大能源的小炉灶入手，在农村有组织、有计划，分期、分批的推广节能炉灶，以解决农村能源严重不足，遏制生态恶化。

（二）节能炉灶的发展状况　节能炉灶是具有较高热利用效率和工作效能的炉具、灶具。它是根据炊事和采暖的热负荷量进行设计，计算结构尺寸，并通过反复试验，研制出来的；或引进外地的先进炉具、灶具，经过筛选、定型、示范后在本地推广。为了加速节能炉灶的推广工作，由国家计委、农委、农业部、商业部和国家物资总局联合于1981年5月在河南召开全国农村省柴节煤经验交流会，会议以推广省柴节煤炉灶、解决农村生活能源为主要内容，交流农村节能及能源综合利用的先进经验，同时展出全国各地选送的节能炉灶样品，中国农业工程设计研究院和国家物资总局燃料局对这些炉灶的热性能进行了现场测试并进行了分析比较，对热性能较好的炉灶予以肯定。1982年10月农业部在江西召开了全国农村省柴节煤炉灶评比会议。有17个省、自治区、直辖市的40个炉灶参加评比，其中14个炉灶被评为“全国优秀省柴灶”。会议要求各地把推广省柴节煤炉灶当成农村能源建设的一件大事抓紧抓好。自这两次会议以后，省柴节煤炉灶在全国普遍推开。

农业部自1983年开始每年安排一定数量的省柴节煤试点县：经过2～3年的工作，达到在全县范围内80%的农户使用节能炉具、灶具，其中80%的炉具、灶具要达到预期的热性能技术指标；以秸秆、薪柴为主要燃料的地区，商品炉灶比例达到50%，以煤为主要燃料的地区，商品炉灶的比例要达到90%，炕的商品率要达到30%；全县要具有管理、维修机构，负责日常工作。“六五”、“七五”期间，这项工作作为重点，约有780个县，完成了此项工作，通过了验收。同时还带动了约150个县，按照统一要求也完成了这项工作。随着工作的发展，节能炉灶走向产业化，炉灶成为商品，这不但促进农村能源产业的发展，也保证了炉灶的质量，使节能效益得以巩固。“八五”、“九五”期间，这项工作的重点放在贫困地区，作为脱贫、获得温饱的措施之一。

推广节能炉灶工作由农业部的业务主管部门负责，各省、自治区、直辖市的农村能源办公室，负责辖区内的管理工作，组织科研单位，在技术上给予保证，县农村能源办公室具体实施，全国农村能源战线100多万人参加了这项工作，做到了层层有人抓，层层有人管。随着节能炉灶的推广，炉灶的检测机构和手段逐步建立健全起来，制定了《民用柴炉柴灶热性能检测方法》等国家标准，从技术上保证节能炉灶的推广。

各级主管部门十分注意推广工作的措施和手段，以保证推广工作顺利进行。加强技术培训，进行炉灶热性能测试评比，举办技术交流，提高炉灶的技术性能；加强宣传：向领导宣传，使领导重视，得到领导的帮助与支持。向群众宣传，了解节能炉灶的特点，接受节能炉灶。到1996年，全国使用节能炉灶的已有1.77亿农户，占全国农户的76%，形成年节能能力约4 420万吨标准煤。

为总结这项工作，1993年农业部、国家计委联合对成绩突出的470个先进集体和3 425位先进工作者进行了表彰，肯定了这项工作的成效。

（三）推广节能炉灶的成果　节能炉灶能够大面积推广，得以巩固，除了全国从中央、省（自治区、直辖市）、地、县有主管部门，系统地组织这项工作外，主要是节能炉灶具有节能、使用方便、卫生、安全的特点，被广大农民所接受。

节能效果明显。对比试验表明，节能炉灶热效率明显提高。以燃秸秆和薪柴为主的炉灶热效率由原来的10%或以下，提高到20%～30%，以燃煤为主的炉灶由原来的18%提高到30%～40%，燃蜂窝煤炉具热效率高于35%，同时，根据国家的统一要求，在以燃煤为主的地区推广蜂窝煤及炉具。从热效率来分析，以及厨房性能试验都说明，节能炉灶可以节约燃料40%～50%，平均一台年节约燃料500～1 000千克（实物量），农村地区能源短缺的状况得到缓解，很多地区已自给有余。

社会效益显著。改变了以往做饭时烟熏火燎的状况，使厨房的条件大为改善，特别是厨房卫生条件得到改善，由烟熏火燎引发的眼病以及其他疾病都相应减少了，从而提高了农民的健康水平，特别是深受妇女的欢迎。在林区，减少了火灾隐患。由于使用节能炉灶，节约了燃料，节省了收集燃料的用工用时，减少了用于购买燃料的开支，又带来了经济效益。据统计，使用节能炉灶的农户，每年平均可以节省收集燃料的时间约38个工日。因此，很多地区林业部门、妇联、公安部门也积极支持并参与这项工作。在湖北省的西部、四川省的东部等煤烟型污染导致氟中毒的地区推广降氟炉灶，使煤烟排到高空，大大改善农民居室环境，减少了发病率。

生态效益明显。由于推广了节能炉灶，生活用能短缺的局面得到了缓解，因而不再需要挖草根、割树皮、过量砍伐林木等，绿地、林木得到了保护，形成了一个节能炉灶保护一片林地的局面，水土流失得到了控制。农户节约的秸秆一部分直接还田，或者作为饲料，发展畜牧业，实现过腹还田，增加了土壤有机质，使农村生态明显改善，为农业生产持续发展增强了后劲。尤为重要的是减少了煤炭的燃烧量，因而向大气减排了468亿标准立方米的CO_2、1.09亿标准立方米的SO_2和8 000亿标准立方米的烟气，减少了对大气的污染。

（四）节能炉灶的辐射作用　由于推广节能炉灶取得了能源、社会、生态、经济诸方面效益，引起了农村用能设施一系列的改造，取得了规模效益。

在北方，农村生活离不开的炕，既是休息的场所，又是冬季取暖的设施，推广节能、使用方便、取暖效果好、与省柴灶相匹配的节能炕；随着农村生活水平提高，冬季取暖采用节能高效水暖炉；在学校的教室和农户家中推广的燃池，都是在节能炉灶推广中引起的一系列生活用能设施的改造。

节能烤烟房、节能手工炒茶灶、节能砖瓦窑、节能大灶（粉坊、豆腐房、油房、饮食业等）技术和产品，在农村普遍应用，不但节约了能源，还提高了加工（生产）产品的质量。烟叶的初烤、茶叶的粗加工、砖瓦生产等都要消耗大量的能源，采用节能设施后，效果非常明显，不但节约了能源，降低了烤烟、茶叶的成本，质量还明显提高，平均可以提高1～3个等级，从两个方面增加烟农、茶农的收入。到1996年节能烤烟房加工190.9万吨的烟叶，占全国烤烟总量的64.8%；节能茶灶加工28万吨茶叶，占全国茶叶总产的48.4%，形成年节能量在200万吨标准煤。

随着农村经济的不断发展，能源的消耗量也将不断地增长，因此，短期内能源还是很紧张，在今后相当长的时期内，国家要增加对农村商品能源供应量是很困难的。要解决农村的生活生产用能紧张状况，还是要依靠节能炉灶的研制和推广。从而，节能炉灶研究、推广工作不单是解决燃料短缺的权宜之计，在相当长时期内还是解决农村能源不足的重要途径。随着生活水平不断提高、科学技术的不断发展，生活、生产用能量和品种、用能的设施也将不断提出新的高的要求，节能炉灶也要不断的提高技术水平、改进性能，才能满足需要。因此，节能炉灶的研制、推广工作任重道远。节能炉灶要走产业化的发展道路。利用现代化的科学技术，生产标准化、系列化的炉灶，热性能高，功能多，具有除尘性能，减少烟尘的排放，使我们生活在一个好的环境中。同时节能炉灶推广工作要加强管理，以适应新形势的要求。

（农业部环保能源司　梁宝芬）

各地农村能源建设

北京市农村能源建设

（一）沼气推广　北京市推广沼气工作大体上经历了四个阶段。

1.“五五”前后抓试点。1975 年 8 月，根据国家计委、科委和农业部召开的农村推广沼气现场会议精神，北京市推广沼气领导小组在顺义县李各庄公社荣各庄大队进行沼气试点，召开现场会推广荣各庄大队试点经验。是年，全市建沼气池 1 633 个，仅顺义县就建成 1 200 个，占 73%，涌现出荣各庄、陈各庄、白庙等一批先进典型，成为全市先进县。1976 年，在试点经验推动下，全市建沼气池 6 492 个，仅顺义县就建 4 600 个，仍居全市之首。到 1980 年底，郊区共建沼气池 29 028 个，近 3 万户农民用上沼气。顺义县五年累计建池 10 773 个，被列为全国六个重点县之一。

2.“六五”期间抓发展。1981 年，北京市推广沼气办公室与北京市郊区建筑工程公司合并，组建北京市农村建设总公司，推广沼气具体工作转由北京市农村建设总公司负责，成为市政府农村建设三项事业之一。从是年起，北京市能源建设工作认真贯彻中央提出的“因地制宜，多能互补，综合利用，讲求实效”和“开发与节约并重，近期把节约放在优先地位”的方针。在原有基础上总结经验，提高质量，不断开发新能源，使郊区能源建设又上一个新台阶。

沼气建设向普及和集中供气发展。针对过去建沼气池利用率低的情况，“六五”初期，按照市政府的要求以改造“死池”和“病态池”为主要任务，两年内共改造“死池”和“病态池”10 746 个。与此同时，狠抓沼气普及工作，通县、昌平县、大兴县、房山县、密云县等掀起建沼气池热潮，涌现出通县漷县乡苏庄村、台湖乡兴武林村、胡各庄乡大营村、平谷县山东庄乡小北关村、大兴县长子营乡留民营村等一批好的典型。1984 年，通县苏庄累计建沼气池 124 个，87%的农户用上沼气能，达到常年产气，成为北京市沼气建设对外宣传的窗口，90 多个国家 150 多个考察团到苏庄参观。到 1985 年底，全市共建户用沼气池 59 437 个，建池户数占应建户数 3.4%，约 25 万农村人口用上了优质气体燃料。与此同时，出现了建大中型沼气工程热潮。1985 年，通县玉甫上营、昌平县马连店、顺义县前苏桥、昌平县南邵乡立新牛场均建成了大中型沼气工程。昌平县沙河镇踩河新村沼气工程，是北京郊区第一个集中供气试点工程，池容 200 立方米，可供 100 户用气。大兴县留民营生态农业沼气工程，池容 100 立方米，日产气 300 立方米，供全村 200 多户农民及 100 人用餐食堂常年用气，使 5 万只鸡粪便得到优化处理，在国际上产生很大影响，被联合国命名为“中国生态第一村”。朝阳区苇沟猪场沼气工程，为农牧渔业部重点科研课题《北京地区大中型沼气工程研究》的实施现场工程，经农牧渔业部主持鉴定，认为该工程项目产气率等指标达到国际同业先进水平。大兴酒厂沼气工程（即北京工业沼气试验站），是由联合国工业开发组织利用德国政府特别捐款援建的，日产气达 3 000 立方米，既解决了能源不足问题，又处理了工业废物。大兴县义和庄是中国与德国共同议定开发的能源示范项目定点村庄，也是国内最大的新能源综合实验基地，是由中国和原联邦德国共同命名的“北京市新能源村”，新能源开发与利用达到国内先进水平。此外，还有大兴县南各庄渔场、大红门肉联厂等共建起 7 个大中型沼气工程，总容积 1 300 立方米以上，做到集中供气，取得较好的经济效益、社会效益和环境效益。

3.“七五”期间抓综合利用。80 年代初期，在推广使用沼气过程中，市沼气管理协作组在大兴县留民营大队、密云县走马庄大队、怀柔县小辛庄大队、房山县东闫大队曾经进行过沼气肥试验，取得好的效果。一些使用沼气的农户也取得一些综合利用沼气能的经验。1988 年，北京市把沼气综合利用纳入农村能源建设重要工作，及时推广顺义县前苏桥用沼液喂猪、沼肥种植的经验，在郊区很快掀起研究、实践、开发综合利用沼气高潮。1988—1991 年，全市共开展沼气综合利用科研项目 20 余项，试验推广农作物：大田 2 万公顷，莱田 1 467 公顷，瓜果 2 000公顷，提高产量均 10%以上；养猪 3 万头，养鸡 6 万只，养鱼水面 67 公顷，每头成品猪节约饲料 30 千克以上，鸡提高产蛋率 3.5%。

4.“八五”期间抓重点县。1991 年以后，郊区农村能源建设主要体现与小康水平相适应，与经济发展相适应，与首都地位相适应。1991 年 10 月，经国家计委批准，通县和大兴县被列为“八五”期间全国 100 个农村能源综合建设重点县，昌平县为北京市农村能源建设重点县。主要任务是：节约现有能源，开发新能源，以县为单位建设系统工程，在资源区划的基础上，对各种能源建设项目进行科学分析、评价，统一规划，综合开发，满足京郊地区广大农村早日实现小康需要用能。

（二）节能改灶　1981年全国省柴省煤经验交流会后，北京市在通县进行推广节柴灶试点。1983年，第三次全国改灶节柴工作会议后，顺义县、通县、大兴县被列入全国农村改灶节柴试点县。从此，在郊区掀起推广节柴灶高潮。大兴县以魏善庄为试点推广节柴灶。1983—1984年，两年累计改灶达68 707户，占全县总农户的98.1%，成为全市第一个普及节柴灶县。通县1983—1985年，累计推广节柴灶91 022户，占全县总农户91.85%，三年达到普及并通过了国家验收标准，颁发给合格证书。平谷县从1983年开始推广节柴灶，1984年被列为全国节柴改灶试点县，四年达到普及。密云县从1984年大面积推广节柴灶，1985年与农业部签定三年改灶7万户合同，四年后完成81 882户。1983—1985年，郊区共推广省柴节煤灶519 854户，42%的农户都用上了省柴节煤灶，缺能农户基本上达到了普及。通过推广省柴节煤灶，全市节柴6.5万吨，折标准煤3.7万吨。

1989年以后，在推广节柴灶的同时。农村能源建设增加了推广采暖炉和使用型煤等节煤措施。部分能源服务站在科研单位和大专院校的指导下，研制出一批炊事、采暖两用炉（即土暖气）。为配合采暖炉的使用，在试点基础上，1990年把使用煤球、蜂窝煤等型煤正式列入农村能源建设计划。大兴县、顺义县、通县是第一批全国型煤推广试点县，平谷县、密云县、延庆县、房山区是第二批全国型煤推广县，怀柔县和昌平县是北京市型煤推广试点县。是年，农业部在昌平县召开全国节煤炉评比会，北京生产的年丰、冬宝、房能牌节能采暖炉均获奖。采暖炉的推广，不仅使部分农户改变了过去炕连炕的取暖方式，引起了生活方式的变化，而且充分利用了煤炭能源。仅房山区改用型煤后，每户每年可节煤1.5吨，节约开支100多元。

（三）太阳能利用

1. 推广太阳能热水器。80年代，随着北京市郊区农村经济的发展和农民生活水平的提高，太阳能热水器的出现很快就受到农民的青睐。大兴县留民营村1981年建了152个家庭太阳能浴室，加上沼气池建设，成为大兴县第一个新能源村。1982年全市共建家庭太阳能浴室1 143个，大兴县的小陈庄、永合庄、二合庄、亦庄、小刚村被列为普及太阳能浴室大队。

郊区农村推广普及的太阳能热水器主要是闷晒式和管板式。由于这两种热水器的制作工艺都不复杂，所以许多县乡的农村能源服务站都能加工。1987年，大兴县北藏村乡能源服务站自行设计、自行生产，先后推广了200多个抗碱玻璃纤维早强水泥结构闷晒式热水器和10间太阳能浴室，产品除在本县乡村及城镇楼区使用外，还推广到廊房、房山、涿县等地。与此同时，加工改进原有闷晒盒，生产300多个87—Ⅲ型热水器，安装1.67平方米小型太阳能浴室15所。通县西集乡能源服务站因地制宜，土洋结合，安装高档位铜铝复合板式太阳能热水器，推广低档式热水袋和大油桶式热水器。通县漷县乡能源服务站1989年生产太阳能热水器220台，销售180台，年创产值25万元，获纯利5 000元。房山区农村能源服务站1989年实现了生产管板太阳能热水器1 000平方米，户用双筒太阳能热水器2 000米，同时还完成了安装集体和户用太阳能热水器1 311平方米。太阳能热水器的供应，无论是户用的还是集体的，三年来全是该站加工的，每年都在1 000平方米以上。1981—1991年，全市累计推广太阳能热水器18万多平方米。

太阳能热水器不仅在农村有市场，在城市也越来越受欢迎。由于太阳能热水器需求增大，北京市出现了一批专做太阳能热水器的工业企业，研究部门和工业企业的介入，使太阳能热水器产品不断更新换代，工艺技术水平日益提高。至90年代初，已有不少厂家能够生产全年使用的真空管式太阳能热水器。

2. 建设太阳能暖房。至1991年，大兴县义和庄村与德国合建主动—被动混合型太阳房1座，建筑面积314平方米，采用平板式集热器，并以天窗直接和特勃朗墙相结合，辅助能源采用特制小型燃煤炉。1979年，中国建筑科学研究院空调研究所在北京棉纺织三厂建太阳能空调房（空调致冷式太阳房）一座，使用面积64平方米，房高4.1米，平板集热器40平方米，采用氨—水吸收冷系统，每小时致冷量29 288千焦。

郊区农村在80年代所兴建的太阳房，绝大多数是被动式太阳房，开始时以直接受益式居多，后来多为蓄热墙式。

郊区新村建设为能源建设提供了条件。大兴县黄村镇义和庄村是北京市第一个新能源村，长子营乡留民营村在旧房改造时最早建起太阳能采暖农房。在这两个村的带动下形成建太阳房的高潮。1984年5月，昌平县马池口在国防科委和北京市太阳能研究所的协助下开始动工兴建太阳房，当年建了30多栋（每栋2户）。每栋约160平方米。建成后经测试，冬季平均温度14～15℃，最高时16℃，最低时11℃。全村住太阳房的用户年节煤100多吨。大兴县至1990年共建设太阳房5 000多间。平谷县乐政务乡北辛庄村村民宋浩志家于1989年盖起了全县第一栋太阳房。在宋浩志的影响下，1990年平谷县九户共建762平方米太阳房。大华山镇陈庄子小学旧房改太阳房350平方米。1991年，平谷县又在大峪子村建起一栋2 000平方米太阳能采暖教学楼，在岳各庄村建起一栋4 285平方米五层太阳能采暖居民住宅楼。

至1991年底，全市累计建太阳房面积5万多平方米。

3. 使用太阳灶。郊区农村不少农户使用聚光式太阳灶，如大兴县留民营、义和庄、昌平县马池口、马连店、密云县台上、建新村，平谷县后北宫等村都有不少农户使用太阳灶烧水做饭。

4. 太阳能利用的其他方式。郊区农村利用太阳能还有其他方式，如日光温室、塑料大棚、太阳暖圈等，据不完全统计：

密云县1990年建太阳能暖圈380平方米，建塑料大棚570平方米。

平谷县至1990年累计建日光温室14.4万平方米，建太阳能暖圈170平方米，建塑料大棚2.1万平方米。通县胡各庄乡从70年代初就开始搞日光温室和塑料大棚，至1990年累计建日光温室5.72万平方米，建塑料大棚3.97万平方米。大兴县青云店乡至1990年底累计建日光温室17万平方米，建太阳能暖圈700平方米，建塑料大棚1.5万平方米。

北京郊区农村是全国太阳能利用较发达地区，温室种植、地膜覆盖和大棚种菜已使北京市的农副产品不受季节限制，许多品种四季皆能供应。

（北京市农村能源办公室）

1996年农村能源建设概况

1996年是实施“九五”计划的第一年，也是北京市农村能源及环保机构调整、理顺关系后正常开展工作的第一年。由于关系逐步理顺，调动了人员的积极性，各项工作走上正规化轨道。一年来，市农村能源领导小组办公室（以下简称农能办）在农业部和北京市各有关部门的指导及大力支持下，把农村能源和环保工作作为实现农业可持续发展的重要环节，充分总结了“八五”期间的工作经验，认真学习和贯彻全国农村能源工作会议、全国农村能源综合建设县工作会议和北京市农村能源环保工作会议精神。市、县农村能源及环保战线上的广大干部和群众群策群力，根据年初的计划，围绕着农村能源、农业环保、生态农业三大任务，以农村能源综合建设县和生态农业试点县为中心，狠抓了能源工程、光热工程和环境工程三项工程的建设，推进了农村能源和农业环保产业化建设的步伐，圆满并超额完成了年初下达的各项任务指标。

1996年市农能办仍以合同形式下达任务指标，各县区经过一年的努力，基本完成或超额完成了合同任务，全年新建（增）户用沼气池737个、太阳房2.5万平方米、暖圈舍1.7万平方米、热水器3.5万平方米、省柴节煤炉灶5.455万个、生态模式15公顷。

1. 北方农村能源生态模式试点在全市铺开。根据农业部的要求，市农能办将该模式的试点建设作为1996年的工作重点。先后两次组织县区的有关负责人员赴延庆和辽宁进行实地考察，学习先进经验和具体建设技术。完成了市里下达的在每个县区抓1～2个试点村的建设任务，超额完成了年初的建设计划。

2. 大中型沼气池建设进展顺利。随着北京市农村经济的发展和人民生活水平的提高，养殖业得到迅速发展，规模化畜禽养殖场已经形成一定规模，大量的畜禽粪便难于处理，对环境造成了严重的污染。根据这种新形势，市农能办把大中型沼气工程作为有机废水资源化处理的有效技术确定为今后沼气发展的方向，1996年已有2个建设项目得到落实。大兴县留民营村在完善和巩固现有的100立方米大型高温发酵沼气工程综合效益的同时，又开始筹建200立方米大型中温发酵二期沼气工程，以处理该村鸡场、猪场和鸭场的畜禽粪便。该项目已完成项目论证和工程设计，做好了一切开工的准备工作。房山区琉璃河办事处三街村党支部和村委会从建立生态良性循环和农业可持续发展的高度出发，决定自己投资200万元在该村的万头猪场建500立方米大型沼气工程，目前已完成了基础工程的施工。该项目真正实现了“谁受益谁投资”的原则，为今后大型沼气工程的全面推广树立了典型。通县牛堡屯酒厂、徐辛乡双埠头村、顺义大孙各庄几个试点也已经完成了项目论证，正在积极筹措资金。

3. 生物质气化试点试运行成功。近年来，随着经济的发展和农村能源建设事业的深入开展，农民生活用能的品位逐步提高，纷纷转向煤、油、电，造成大量的秸秆堆积如山，难于处理，最后往往被付之一炬，不但浪费了资源，而且造成了污染。为了解决生物质的综合利用，在农业部和市农能办的重点扶持下，大兴县大辛庄乡引进了山东省能源所研制的XFF-2500型生物质气化集中供气系统。该系统以农作物秸秆为主要的气化物料，经高温裂解作用，将生物质转化为燃气，通过管道将燃气送至用户。经过反复的论证和充分的准备，建设工程于7月正式破土动工，经过半年的紧张施工，该装置已经完成了机组的安装和配套工程的建设，并在100户农户试运行成功。为农村生活燃料质量的提高和秸秆等农村生物质的高效利用开辟了新途径。

4. 以科技为先导，加强宣传与培训。农村能源与环保建设的主要效益体现在生态效益和社会效益方面，具有公益性的性质。因此，进一步加强了宣传工作，向上宣传领导，争取各级政府部门的大力支持，向下宣传群众，争取群众的关心和投入。利用“6.5”世界环境日和节能宣传周的大好时机，配合市环保局和节能中心广泛开展了宣传工作，共张贴了宣传画40多套，发放宣传材料1 500多份。同时还积极和新闻单位联系，为《北京日报》、《北京节能》、《北京农业》等报刊杂志供稿20余篇，密云和平谷等县区还将有关的专题录像通过县电视台向全县播放，收到了良好的效果。

农村能源涉及面广，科技含量逐步提高，要求人们不断更新知识。因此市农能办切实加强了科技培训，进一步壮大技术队伍。先后3次组织县区的有关负责同志到辽宁、山东等地进行实地考察，学习了兄弟省市的先进技术和建设经验。积极参加了农业部组织的有关培训，同时开办了多期不同规模的培训班，保证了本市农村能源队伍整体素质的提高。充分利用了首都高校云集的优势，主动和有关科研单位合作，多方申请，主持了多项科研课题的研究。平谷、通县、密云等县区采取“请进来和派出去”的方法培训队伍，吸引高层次专家、教授，为农村能源建设提供技术保障。

5. “九五”农村能源综合建设试点县顺利启动。“九五”期间，平谷、密云、怀柔三县被列为全国农村能源综合建设试点县，为了抓好三县的工作，市里首先调整了农村能源综合建设县领导小组和办公室成员，三县都先后成立了以常务副县长任组长，各局委办参加的农村能源综合建设领导小组并且及时召开了领导小组会议，传达了全国农村能源综合建设县工作会议的精神。

三县按照《全国农村能源综合建设项目工作大纲》的要求，在认真分析本县农村能源供需形势的基础上，根据自身的条件和特色编制了“‘九五’农村能源综合建设规划”。平谷县提出“突出重点，攻克关键，立足实际，以求高效”的建设原则，计划完成能源开发和节能技改两大系列共十大工程21个项目。密云县按照江泽民总书记视察密云时提出的“绿山、净水、富民”的发展战略，以保护密云水库一盆净水，清洁首都重要水源为中心拟订了三大工程18个项目的规划。怀柔县将指导思想确定为山区发展综合利用，平原区以降低能耗和节约能源为主攻方向，设计了环境生态、电气化、环保节能和优质能源四大系列工程共21个项目。三县的规划受到专家的好评，已和八部委正式签定建设合同，部分规划项目年内如期启动，进展态势良好。

（北京市农村能源办公室）

天津市农村能源建设

天津市的农村能源开发利用，由于认真贯彻“开发与节约并举，近期把节约放在优先地位”和“因地制宜，多能互补，综合利用，讲求效益”的方针，特别是近十几年来，在各级政府及有关部门的领导和大力支持下，取得了较大成绩。实践证明，搞好农村能源建设一要充分发挥各级主管部门的行政职能作用；二要切实抓好各级各类试点、示范项目；三要加强与大专院校、科研单位的横向联系；四要巩固发展服务体系和产业建设；五要加大宣传、培训力度；六要制定有关法规，搞好政策调研，只有这样才能使农村能源的开发利用在改善、调整农村用能结构，促进城郊型经济发展，加快农业现代化步伐等方面发挥重要的推动作用，取得更大的经济效益、社会效益和环保生态效益。

（一）农村能源资源状况　从天津的气候、资源条件看，农村能源基本上属可再生能源。全市生物质能资源总量为250万吨标煤，其中薪柴占6%；作物秸秆占52%；人畜粪便占42%。截至1990年，薪柴理论蕴藏量折标煤17.5万吨/年；可开发利用薪柴量折标煤16.6万吨。全市农村人均占有薪柴折标煤仅为44千克。1990年全市作物秸秆的理论蕴藏量为254.23万吨（折标煤为130.03万吨），扣除工业、饲料和其他秸秆用量外，全市作物秸秆的实际可开发量为212.23万吨，人均占有347千克标煤。秸秆主要产于远郊五县，最高是武清县，人均占有资源量456千克标煤，为最少的塘沽区的3倍。因还田、散失等多种原因，用于生活能源的秸秆实际开发量为147.68万吨，折标煤73.9万吨，占秸秆资源实际可开发量的57%。全市人畜粪便年排泄实物量（干物质）共194.34万吨，折标煤104.11万吨，人均占有资源量278千克标煤。天津市的太阳能资源较为丰富，属于全国三类地区。全年太阳辐射总量为523千焦/平方厘米左右，全市年实际日照时数2 600～3 000小时。根据实测风速资料，天津市全年平均有效风速出现小时数大于或等于3米/秒4 533小时，有效风能功率密度年均71.3瓦/平方米，年风能总量平均为647.8千瓦时/平方米，年平均风速为3.7米/秒。天津地区地热资源分布范围广，蕴藏量丰富。全市总面积11 611平方公里，具有地热资源的区域约为9 624平方公里，占总面积的83%。

（二）节柴节煤　新中国成立后，本市农民仍沿用旧式炉灶，热效率一般只有10%。农民为节约柴草，一灶多用，冬季又做饭又取暖。60年代中期以后，由于推广风箱灶，使热效率提高到20%。70年代初，静海县改进煤球炉，使用102型蜂窝煤成功，并在农民中推广，受到欢迎。大规模地推广省柴节煤炉灶，是在80年代初期。

1. 省柴节煤灶。1983年，根据国家有关部门提出的关于加快农村改灶节柴工作的精神，全市掀起了节柴节煤的热潮，宁河县被农牧渔业部列为首批全国改灶节柴试点县，翌年蓟县又被列为全国第二批改灶节柴试点县，这两个县分别于1985年和1986年完成改造节柴任务，并通过部级验收。其他区、县也都不同程度地开展了这项工作。截至1995年底，全市已推广省柴节煤灶26万个，其中试点县占总推广数的58%。主要灶型有：宁河1～5型系列灶，蓟县JN841-3型系列灶等。大多数为冷灶，也有少量的炕连灶和商品灶。

2. 节煤炉、家用暖气炉。自1986年以来，节煤炉、暖气炉发展很快，至1995年全市已推广17万个。使用产品多为本市农村能源产业生产，如蓟县生产的渔阳牌、津南区生产的宝成牌系列炊事、暖气炉，外地产品主要有北京产的桑普牌、华丰牌等系列暖气炉。

（三）沼气建设

1. 户用沼气池。从1958年武清县兰家庄大队农民在家院内建起一个混凝土沼气池起，至1985年，几经周折，全市共建池13 374个，其中13个村户户用上了沼气，24个村70%以上的户用上了沼气。此外，还开展了沼气池越冬保温，沼气肥水利用，沼气池密封涂料，聚氯乙烯硬塑管道等试验，均取得一定成效。1986年以后，随着农村商品经济的发展和人民生活水平的提高，一些富裕户大量购买议价煤和石油液化气，加之建池费用的提高及补助费的减少，以及北方地区无使用水肥的习惯及大出料等管理上存在的问题，弃之不用的沼气池逐年增多，至1995年户用沼气池已减少到0.79万个。为巩固沼气建设成果，开展了综合利用工作，以沼液养鱼、喂猪的沼气用户已发展到1 500户。

2. 大型沼气工程。1958年武清县后河淤大队养猪场建成容积50立方米的二合土沼气池；1975年市农林局投资在静海县东双塘大队建一个200立方米大型沼气池；1980年红光农场奶牛一场投资5 000元建成一个容积200立方米钢筋混凝土结构的沼气池，但均因技术和管理问题停用。1988年大型沼气工程在蓟县建成。挂月酿酒厂利用废液糟制取沼气，一期工程总容积1 200立方米，二期工程总容积2 400立方米，采用二级发酵新工艺，工程总投资225.15万元。年总产气量380万立方米，用于生产用能年节煤6 080吨，节约资金91.2万元；年沼气工程残余物综合利用（饲料、肥料）效益11万元；年环保效益19万元，年总经济效益222.9万元。产出的沼气除用于本厂生产、生活用能外，还使相邻的154户农民实现了集中供气。大型沼气工程的建设填补了本市有机废弃物处理的一项空白，较好地实现了能源、环境、生态综合目标的统一。

（四）自然能源的开发利用

1. 太阳能。1981年东郊区新立村公社邢圈大队建起农村中第一座集热面积50平方米的太阳能浴池，供本村农民洗浴。同时西郊区小年庄13户农民也安装了板管式太阳能淋浴装置。1986年西郊区周庄子村321户农民全部安装了太阳能热水器，成为本市第一个户户用上太阳能热水器村。由于试点、示范获得成功，在农村推广形成高潮，1987年以来，每年发展数量均超过1万平方米。截至1995年，全市已推广太阳能热水器11.75万平方米，其中1/3为板管式太阳能热水器，其余为闷晒式和红泥塑料式，产品多为本地生产。利用太阳能供暖的太阳房，1979年在武清县杨村建成。此种被动式太阳房系统简单，投资少、效果好，是天津大学太阳能建筑科研组设计的。该科研组承担了国家“七五”期间太阳房攻关项目，并于1987年在南郊吕坨子村建起第一座户用被动式太阳房，收到较好示范效果，并先后建起多座单位用的被动式太阳房楼房。至1995年，全市共推广被动式太阳房4.2万平方米。

2. 风能。本市沿海地区风能利用历史悠久，早在清朝同治年间，天津就有风车车海水入池晒盐的记载。1980年以后，风力机的使用又有了新的发展，推广使用的主要为小型风力发电机和提水机。至1995年，全市共安装小型风力发电机117台，装机总容量17.6千瓦。但由于蓄电池使用寿命较短和维修管理上存在的问题，部分农户已停用。1988年南郊区传字营村利用风力提水机，结合暗管排咸水，用于园田地的改造获得成功，使土壤盐碱含量由0.5%下降到0.15%。之后，各郊区相继安装，至1995年，全市共安装风力提水机79台，排碱面积达813.2公顷。随着农村土地的逐步集约化，特别是近郊的园田地区，发展风力提水机还是很有前途的。

3. 地热。早在1936年，天津老西开凿出一眼地热井，深863.8米，水温34℃。70年代大规模开发地热，但70%用在市区工业生产上。进入80年代，地热开始在农业上得到利用，宝坻县里自沽农场组织有关专家对场内闲置的地热井进行孵化育雏为主的开发利用与基地建设，至1985年已形成年饲养种鸡1.1万只，种蛋230万枚，孵化幼雏200万只的能力，此外还建成地热温室、地热鱼池、地热浴室及地热采暖等一批综合利用设施，共投资160万元。因利用地热每年可节电104万千瓦时，节煤2 000余吨，3年投资收回。截至1995年宝坻、静海、东丽、西青、汉沽、大港等地共开发用于农业的地热井15眼，其中种植面积30.2公顷，养殖面积64.8公顷，热能的年利用量相当于6万吨标准煤。

4. 水能。1957年蓟县在城西龙池桥利用么河水源建成一座水力发电站，以供政府机关照明用电。1958年在小下屯闸口修建水力发电站，成为县内第一个用小水电照明的村，1988年由市水利局、电力公司、县政府共投资1520万元，在于桥水库建成一座小型水力发电站设计发电机组4台，总装机容量10000千瓦，平均年发电量2500万千瓦时。

（五）农村优质生活燃料的利用　截至1995年底，全市农村使用优质生活燃料的农户已达37.61万户，约占农村总农户的1/3，其中使用电炊具的农户0.77万户；使用液化石油气的农户29.7万户；使用天然气的农户3.58万户；使用煤制气的农户3.56万户。另外，累计建型煤加工点74处，年加工型煤量66.6万吨。优质生活燃料的利用是农村经济发展的必然结果，也是农民生活水平提高的重要标志，并已成为本市今后农村生活用能的一个发展趋势。

（六）产业及服务体系的发展　随着农村能源开发利用的不断深入，以生产销售、技术咨询、安装服务、维修管理为主要内容的产业及服务体系发展很快。1982年以来，各区、县先后建立了农村能源服务公司（站），开展多种形式的有偿服务，解除了群众的后顾之忧。1985年以后，一些基础较好的区、县还建立了农村能源产业，主要以生产太阳能热水器、节煤炉、暖气炉为主，除满足本市需求外，部分产品还销往外地。至1995年底，全市共有系统内农村能源产业6个，职工总人数311人，固定资产596.2万元，流动资金931.5万元，年产值1 552.1万元，年利润155.94万元；共有农村能源服务公司（站）26个，职工总人数486人，固定资产1 111.10万元，流动资金5 215.90万元，年营业额8 190.10万元，年利润206.61万元。产业及服务体系的发展，初步形成了本市农村能源产品商品化、服务社会化的新局面。

（天津市农村能源办公室　戴　既）

1996年农村能源建设概况

1996年天津市的农村能源建设认真抓实施、抓落实，经过全系统广大干部、职工的共同努力，各方面的工作都取得了较为显著的成绩。

截至1996年底，全市共有沼气池6 900户，总产气量140万立方米；大中型沼气工程共2处，总池容2万立方米，年处理工业有机废弃物53万吨，集中供气154户；累计推广省柴节煤炉灶45万户，其中型煤炉18万多户；累计建设型煤加工点74处，年加工型煤85万吨；发展小型风力发电机104台，装机容量达15.6千瓦，推广风力提水机累计达到79台，排碱面积813公顷；全市累计建太阳房4万多平方米、推广太阳能热水器已达13万平方米（含红泥袋）；地热利用已达17处，种植面积37.17公顷，养殖面积72.53公顷。

农村能源产业和服务体系也有了较大发展，到1996年底全市农村能源系统内产业共计8个，资产总值1 737.86万元，其中固定资产679万元，流动资金1 058万元，贷款240万元，年销售额1 812万元，利润137万元；农村能源服务公司（站）48个，总产值787万元，年营业额5 393万元，年利润374万元。

（一）全面完成市政府改善农村人民生活十项工作中农村能源建设的任务　在各级政府的正确领导下，通过全系统广大干部群众的共同努力，全面完成了市政府确定的改善农村人民生活十件实事中农村能源建设任务。推广太阳能热水器10 523平方米，推广省柴节煤炉灶14 833户，新建被动式太阳房6 700平方米。为了确保这项工作的完成，加大了领导和管理力度，采取了以下措施：一是在全系统开展了“为人民办实事、为市政府作劲”的思想教育，克服了松动情绪，增强了责任感，为确保工作目标的实现奠定了坚实的思想基础。二是早布置、早准备、早动手。1995年底就开始着手计划并落实了1996年农村能源建设任务，年初就把任务分解落实到区县并建立了岗位责任制，责任落实到人。同时还在技术上和物质上做了充分的准备，动员和组织有关厂家安排好优质节能产品的生产并提前为建房户准备了建设图纸。三是坚持把农村能源建设与小康村、明星小康村结合起来，并与小康办联合加强了对这项工作的领导和技术指导工作。四是进一步加强了在经营、安装以及维修使用等方面的技术指导和技术服务工作。五是加强了监督检查工作，突出了阶段性的总结，及时对各区县的工作予以指导，确保工作任务的完成。

（二）抓好建设项目的试点示范　为推动和引导全市农村能源建设，在项目建设上突出了它的试点和示范作用。全年重点抓了以下四个建设项目的工作。一是完成了蓟县农村能源综合建设的规划工作，建立了县农村能源领导小组和相应的办事机构，市级建立了综合建设县工作指导小组，同时配合蓟县加强了宣传和组织发动工作并指导该县实施了年度工作计划。共完成本年度11项合同任务，计划投入资金2 803万元，其中建设单位自筹1 849万元，贷款820万元，争取国家投入134万元。实际投入资金4 995.4万元，其中自筹3 625万元，贷款1 100万元，国家投入270.4万元，比计划多投入资金2 192.4万元，从而保障了合同任务的完成。二是完成了汉沽高庄村地热开发利用项目，完成新建地热井一眼，实现养殖面积4.67公顷，并在全市范围内进行了示范和推广。三是开展了能源环境工程建设，全年完成酒精厂大型沼气扩建工程2 000立方米，全市总池容已达5 000立方米，形成年处理工业废水22.5万立方米和年产沼气50万立方米的生产能力，同时大大降低了酒精废醪对环境的污染。四是抓好津南区农村能源综合建设“九五”跟踪工作，通过制定“九五”规划扩大项目建设规模和效益，继续发挥津南区在全市农村能源建设中的排头兵作用。

（三）完成了太阳热水器地方标准的制定工作　在市农林局和技术监督局的领导和支持下，市农村能源办着手了“太阳热水器卫生、技术条件”的制定工作，通过开展调研、立项、起草、广泛征求意见，完善修改和专家审定几个阶段，完成了“家用太阳热水器卫生、技术条件”的制定工作。该标准具有较强的实用性和可操作性，已通过市技术监督局的审定。

（天津市农村能源办公室　戴　既）

津南区农村能源综合建设

津南区是全国首批也是天津市唯一的农村能源综合建设县，经过5年的实施，依照规划提出的各项指标，圆满地完成了农村能源综合建设县任务，并被国家评为全国农村能源综合建设先进县。

津南区是天津市的近郊区，辖5镇5乡1个办事处，共171个行政村，总人口36万人，其中农业人口28万人，总户数10.4万户，其中农业户8.2万户。人多地少，人均耕地不足0.05公顷。1990年全区国民经济总产值9.85亿元，其中乡镇企业24.47亿元，国民经济收入9.09亿元。本区无常规能源资源，主要可开发利用的资源是生物质资源、太阳能和风能，其农村能源消费特点：一是商品能源供不应求；二是生产用能消费比重大；三是生产用能中乡镇企业用能量居首；四是农村生活用能中生物质能源利用不合理。供需矛盾较为突出。为满足本区经济和社会发展目标的能源需求，应采取依靠国家供应和利用价格杠杆，从外地调入常规能源；开发利用新能源以增加供应量；通过提高能源利用率，减少能源消费量等办法，并通过实施农村能源综合建设来实现。

根据本区能源资源状况、消费供应特点，能源需求预测和分析，以及人口、技术经济发展状况及实施条件，共确定农村能源综合建设项目13项，其中新能源开发利用6项，能源节能项目3项，生态环境建设3项，其他建设项目1项。在上述项目中，重点抓好新能源开发利用和能源节约两大类项目。在新能源开发利用方面，突出大城市郊区的特点，把新能源的开发利用与发展菜篮子工程和改善人民生活紧密接合起来，逐渐形成规模，不断提高新能源的经济、社会和生态效益。在能源节约方面，重点放在乡镇企业上，优先发展节能效果好、周期短、见效快的项目，坚持把节能技术改造与发展生产，提高产品质量，增加经济效益紧密接合起来，把技术改造的重点放在改造耗能高的旧生产工艺和设备及提高能源利用率上。对于综合建设的资金筹措，本着谁受益谁投资的原则，以企业和群众自筹为主，并积极吸收社会闲散资金，向有关部门争取贷款，以确保项目顺利实施。

根据《天津市津南区农村能源综合建设发展规划》和津南区人民政府与全国百县农村能源综合建设项目领导小组签订的合同，在区委、区政府的领导下和上级有关部门的指导下，经过5年的共同努力，全面完成和超额完成了合同的各项任务。

1. 实施结果。通过对项目执行的结果可以看出：一是项目的执行加深了对农村能源综合建设方针的理解，形成了较为完整的农村能源综合建设的思想体系，体现了加大政府行为力度和综合协调的工作方法。二是形成了多层次、全方位合理开发利用农村能源的新格局，体现了农村能源建设的综合领域，计划外完成了机械化秸秆还田、农机节油、低压电网线路改造等建设项目。三是项目的实施体现了城郊型农村能源建设的特点，反映了地方特色，深受广大干部和群众的欢迎。四是乡镇企业节能技术改造有了大的突破性的发展，企业的能源意识和节能意识不断提高，开始由被动节能向主动节能转化。五是新工艺、新技术的投入和推广不断为农村能源综合建设注入新的活力。六是全区农村能源服务体系建设有了较大的发展，为巩固农村能源综合建设成果和进一步发展农村能源建设增添了后劲。

2. 实施项目的效益。津南区在5年的农村能源综合建设中，国家拨建设项目款190.74万元，国家贷款1 058.46万元，集体自筹4 210.31万元，个人自筹5 459.31万元，累计投资10 918.68万元，取得了较为显著的能源效益、生态效益、经济效益和社会效益。

(1) 能源效益。在新能源的开发上，5年累计新增开发量12.32万吨标煤，主要是太阳能的开发利用，人均新增327千克标煤。农民的生活用能水平也有了很大提高，有效能从1990年的0.285千克标煤/天·人，增加到1995年的0.398千克标煤/天·人，提高了40%。在常规能源的节约上，共节能6.78万吨标煤，其中节电0.24万吨，节煤6.48万吨，节油0.06万吨。乡镇企业万元产值能耗从1990年的1.93吨标煤下降到1995年的1.38吨标煤，下降了40%。

(2) 生态效益。5年内，全区共植树238.59万株，林木覆盖率提高3个百分点，达到1995年的10%。由于企业及农村生活的节能改造，用能量相应减少，累计节约6.78万吨标煤，减少烟尘排放量1 789.2吨，年二氧化硫减排量250吨，有效地净化了环境。根据区环保局1995年的监测结果，各项指标都达到或超过了预期指标。

(3) 经济效益。从已实施的13个农村能源综合建设项目情况看，总经济效益6 802.04万元，其中大部分建设项目为1993—1994年完成，而建设项目的寿命一般为8～10年，在未来的9年中，这些建设项目仍然会发挥着巨大的作用，其节能效益和经济效益仍会逐年递增。

(4) 社会效益。农村能源综合建设有力地促进了农村的精神文明建设，优质能源和节能产品、设施的使用，充分体现出高效、快捷、卫生、方便等诸多优点，使农村群众有了更多的空余时间用于读书学习和文化娱乐。同时消费趋势和节能意识也发生了明显的变化，农村的环境卫生也得到很大程度的改善。

(天津市农村能源办公室　戴　既)

河北省农村能源建设

河北省新能源、农村能源建设起步于70年代。20多年来，历任省政府领导亲自抓，使河北省新能源、农村能源事业从无到有，从小到大，已初具规模。

(一) 农村能源资源及消费结构　河北省薪柴年产实物量779.47万吨，折标煤445.08万吨。农作物秸秆回收量4 551.4万吨，折标煤2 353.22万吨。沼气资源（人畜粪便、干物质）可开发利用实物量1 288.54万吨，折标煤741.17万吨。小煤矿可开发资源量37 478.47万吨。小水电可开发利用资源量94.936万千瓦。太阳能年总辐射量4 981～5 966兆焦/平方米在全国太阳能资源五个类型区中属可利用区。风能最佳区包括北部坝上、渤海沿岸及沿海岛屿。全年平均风速4～5米/秒；有效风能密度180～220瓦/平方米；有效风速出现时数为5 200～7 000小时。风能较佳区为张家口坝下、洋河、桑乾河河谷地区、涞源县及东部平原区。年平均风速3～4米/秒，有效风能密度100～150瓦/平方米；年有效时数4 100～4 600小时。其他地区属局部可利用区。此外，有山区天然外露的地热温泉75处，资源量相当5.68亿吨标准煤；平原地热井471处，可采地热能资源量相当16.5亿吨标准煤。均属100℃以下的中低温地热水。

随着农村经济的发展，农村用能不断提高。1996年农村能源消费量达4 387.88万吨标准煤，占全省能源总消费量9 600万吨标准煤的45.7%。比1985年全省农村能源消费量2 587.53万吨标准煤，增长69.58%。其中，生活用能2 334.18万吨标准煤（生物质能占45.8%），比1985年增长36.7%。人均年生活用能由1985年的356千克标准煤，提高到1996年的438.4千克标准煤，增长23.1%。生产用能由1985年的879.81万吨标准煤，增加到1996年的2 053.7万吨标准煤，增加1.33倍，生产用能增长快于生活用能的增长。因此，在农村能源消费量中，生活用能所占比例在下降，由1985年的66%，下降到1996年的53.2%；生产用能所占比例在上升，由1985年的34%，上升到1996年的46.8%。这说明了农村生产力水平得到迅速增长，特别是乡镇企业的大发展是生产用能增长快的主要原因。

1996年，在全省农村能源消费量中，共消费商品能源3 271.15万吨标准煤，占全省能源总消费量的38.38%，占全省农村能源消费量的74.55%，商品能源在农村起着主导作用。在商品能源消费中，煤炭、电力和成品油消费分别占全省农村能源消费量的54.27%、13.55%和6.7%。生物质能源消费折标煤1 070万吨，占农村能源消费量的24.39%。新能源等占农村能源消费量的1.09%，以煤为主的商品能源结构十分明显。这种消费结构与1985年相比商品能源所占比例提高了15.1%，其主要原因是生产的发展，人民生活水平的提高，使能源消费结构发生了变化。

（二）农村能源建设发展历程　河北省农村能源建设大致经历了四个阶段。

第一阶段，1975—1980年为开创阶段，探索试验新能源开发利用的可行性。当时，主要是试验沼气、太阳灶和太阳能热水器。

试办沼气。1973年6月获鹿县永壁公社技术员云凤祥学习四川省中江县土法制取沼气的技术成功后，引起了获鹿县领导的重视，开始建造沼气池。1975年5月省科委在获鹿县召开了全省沼气利用现场会。会议确定了获鹿县、柏乡县等10个发展沼气池的重点县。同年12月省政府召开了沼气利用推广座谈会，全省掀起了大办沼气的高潮。由于当时急于求成，技术不成熟，时间不长，所建成沼气池报废。为了解决这些问题，省、市科委组织科研人员对沼气池的池型结构、密封技术、提高产气量、沼气肥肥效、沼气池发酵杀菌灭卵、施工技术、沼气炉具、沼气肥出料机等八个方面开展了研究。池型逐步改进结构日趋合理，配套设施有了改善。截至1980年全省建沼气池10万个。但这些二合土、三合土沼气池在80年代初沼气池大清查时都报废了。

河北省太阳灶研制始于1974年，首先在临西、承德、平山、定县、盐山等县，相继制作了箱式灶。到1975年已生产出各种太阳灶450多台。1980年召开全省太阳灶选型会议，在总结各地经验的基础上，就制作太阳灶规范了采光面积、聚光方式、方位跟踪、锅架等四个主要技术指标。据此，省能源研究所牵头，临西县、大厂县、沧州地区新能源办公室参加，于1981年研制出河北Ⅰ型太阳灶，经使用效果良好。

在研制太阳灶的同时，也开始了太阳能热水器的研制。1975年藁城县孟村建成第一座采光面积18平方米的太阳能浴室。之后，全省各地出现了太阳能热水器研制热潮。1978年底省科委组织部分地、市科委等单位参加的调查组，对张家口、廊坊、石家庄、邢台4个地、市太阳能热水器的研制、使用、推广情况进行调查。通过对管板式、平板式、管屑式、瓦楞式、扁盒式5种太阳能热水器进行技术分析，提出了必须加强技术管理，设置专门工厂生产，逐步走向商品化的建议。

为了加强对沼气、太阳能开发利用工作的领导，1976年5月省里成立了沼气、大阳能推广利用领导小组和办事机构，重点地、市建立了相应机构。1979年在省、重点地（市）、县均设立常设的办事机构，人员编制在原来55人的基础上增至160人。其中：省20人，10个重点地（市）和27个重点县140人。1980年6月省沼气领导小组更名为河北省新能源建设领导小组，沼气办公室更名为新能源办公室，挂靠省农业委员会。在健全机构的同时，省里每年从机动财力拨付科研推广补助经费，省计委把所需水泥、钢材、木材、玻璃等列入到物资供应计划，保证了全省新能源试验研制工作的顺利进行。

第二阶段从1980年—1985年，重点是建立健全新能源、农村能源管理、科研、服务三大体系，业务范围拓宽为沼气池建设、太阳能、风能、地热能等新能源在农村生活领域的应用和农村省柴节煤炉灶技术的推广。其特点是计划指导和行政手段相结合。

期间，省里转发了国务院批转国家经委等四部委《关于当前农村沼气建设中几个问题的报告》，并提出了五条落实措施：一是调整和加强省新能源建设领导小组。二是将沼气建设所需的物资和经费纳入各级计划。省里每年拨补助经费200多万元，1万吨水泥，800吨钢材，1万标箱玻璃，几十方木材。要求各地、市、县也要积极筹措资金、物资，纳入各级计划。三是卫生环保部门把沼气建设列为卫生、环保工作的一项内容，把农村“两管五改”、城市“三废”处理与办沼气结合起来；四是全省有关科研单位和大专院校要积极开展沼气科研工作；五是各级政府切实加强对这项工作的领导。实行山、水、田、林、路、气（沼气）统一规划，综合治理。到1982年，全省18个地（市）都建立了新能源管理机构，在139个县中，有128个县建立了新能源管理机构，全省管理干部由160人增至433人。管理机构体系基本形成。为了不断地解决新能源开发利用中的技术问题，到1985年全省已有中国科学院石家庄农业现代化研究所、华北电力学院、河北省科学院能源研究所、微生物研究所、河北省农业科学院土壤肥料研究所、河北省机电学院、河北农业大学等12个科研单位和大专院校共110多位科研人员投入了新能源的科研工作，取得了各类科研成果200多项，获部、省级科技进步奖31项，科研体系开始形成。同时，为新能源推广工作服务的生产企业发展到53个，服务公司（站）发展到32个，服务体系建设开始起步。

三大体系的建立推动了全省新能源的发展。1981年沧州地区研制出CZ-81型被复玻璃纤维早强水泥聚光太阳灶，采光面积2.5平方米，反光材料为镀铝镜片，粘接牢固，焦面中心温度高，寿命长，到1985年生产销售5 771台，其中800多台销往山东、河南等省。1987年泊头市、沧州地区马国通、蔡建华等人合作研制成功铸铁底壳，真空镀铝反光薄膜太阳灶，专家鉴定评价为总体性能达到国内先进水平；结构新颖，便于折装维护，有利安全。该产品为国内独家生产，为西藏、甘肃等省、自治区阳光计划成批供货，还出口国外。1980年12月石家庄市房地产管理局、省能源研究所等单位共同设计，在石家庄市建成国内第一座多层住宅被动式太阳能采暖楼，建筑面积617.5平方米。冬季不住人时，室内温度保持在10～16℃之间。1982年在石家庄市裕东小区建成第二座五层住宅太阳能采暖楼，建筑面积1 235平方米。1983年，河北省开始在农村试办太阳能采暖房。其结构，一种是直接受益式，另一种是辅助墙式，深受到农民欢迎。至1985年全省太阳能热水器生产能力已达到29 770台。

1980年以后农村户用小沼气池的技术日趋完善，建筑材料普遍采用混凝土现场浇筑。1984年农业部组织科技人员完成了《GB4750-84农村家用水压式沼气池标准图集》和与之配套的沼气池质量检查验收标准和沼气池施工操作规程。标志着沼气池建设走上了一个新的阶段。

河北省的风能、地热能的开发和利用从80年代初开始。1984年开始了小型（单机100瓦、200瓦容量）风力发电机的试验示范工作，目的是解决边远山区农牧民生活照明用电问题。1985年，河北省机电学院承担了300瓦低速同步风力发电机的研制工作，同年9月，样机风洞试验达到设计要求，11月安装在平山县九里铺村现场运行成功。省新能源办公室将省机电学院研制生产的25台100瓦风力发电机分别安装在康保、乐亭、平山等地试验。并将康保县马鞍架村作为全省风力发电试点村，安装小型风力发电机30台，基本解决了该村照明和生活用电问题。到1987年康保县发展到7个乡53个村安装风力发电机226台，全省累计安装280台。河北省的地热资源比较丰富，山区温泉和平原地热井有500多眼（处）。70年代末，80年代初地热利用主要用于洗浴疗养，1983—1985年开始作为采暖热源用于温室种植蔬菜、花卉和水产、孵化等养殖业。1985年雄县共投资117万元建地热温室1.47公顷、地热大棚1.76公顷，食用菌0.11公顷。同年7月国务院批准雄县列为全国中低温地热田勘探开发示范区，国家科委将其列为蔬菜生产星火计划。开始了大规模地热开发利用工作。

1983年农牧渔业部下达“节柴改灶”试点项目，河北省的昌黎、固安、献县三个县列入全国试点县。1984—1985年又批准滦县、宣化、饶阳、无极、威县、平泉、大名、定兴、围场、盐山、赤城、武邑等12个县为全国省柴节煤试点县。到1985年底，全省推广省柴节煤灶180万户。固安、昌黎、献县通过了部级验收。3个县的连炕灶热效率最高的39.85%，最低的16.55%。普及率、完成率、热效率均达到验收标准。该项目获1986年省科技进步三等奖。

第三个阶段，1985—1990年，新能源建设从生活领域扩展到生产领域，与发展农村经济相结合，为建设高产优质高效农业服务。在这个时期，新能源由单项技术向综合利用发展，各项新能源技术和产业、服务行业全面发展。

新能源用于农业生产的，首先是日光温室冬鲜菜生产。1982年，永年县高级农艺师凌云昕设计出建造简单的塑料大平棚，在冬季生产一茬韭菜或芹菜，每公顷产值可达到4.5万元以上，接着在平棚顶上加盖草苫，改善了棚内温度，一茬变两茬，公顷产值达到7.5万元。之后，结合本县的实际，又设计出了矮后墙、长后坡、半拱形的永年2/3式简易土温室，提高了日光温室的采光增温和保温能力，使整个冬季可以进行多种喜温蔬菜的栽培。结合与之相配套的高产栽培技术，使日光温室的公顷产值上升到30万元以上。1989年在省科委、省新能源办公室支持下，永年县成立了三北地区日光温室技术协作攻关组织，带动了全省日光温室的发展。到1990年全省发展到802公顷，提供冬季鲜菜20多万吨。

在此时期全省建成太阳能采暖房（指采暖面积）36 290平方米，南皮、栾城、安国等县在乡村中小学建成了太阳能采暖教室，改善了冬季教学条件。1987—1990年，遵化、迁西、内丘、南宫等县建成了冬季太阳能采暖猪舍、鸡舍等。例如遵化县种猪场，1987年建成20间太阳能采暖猪舍，在环境气温－17℃时，猪舍内为15～20℃，夏季比普通猪舍低2℃，冬暖夏凉。猪只育肥快，省饲料，冬季可以照常繁殖小猪，喂养仔猪。在水产养殖方面，太阳能和地热联合装置发展高密度养鱼、亲虾越冬获得大面积成功。太阳能在工副业加工方面，有多种用途。例如，太阳能温室制面酱技术，已在全省制酱行业普及；太阳能烘干室，可烘干果脯、皮革、挂面、中药饮片、草编制品等等。1985年，张家口市的太阳能保温油库，建筑面积756平方米，采光面积538平方米，9个立式油罐总容量1 800立方米。冬季在气温－15℃时，库内温度达23℃，满足润滑油管道输送对温度的要求。

沼气池技术在生产领域的利用，主要是处理工业有机废水和养殖场的畜禽粪便。1988年华北制药厂投资600万元建成发酵容积为6 000立方米的沼气发酵装置，日产沼气3 000立方米，供2 600户职工炊事用能，日处理污水800吨，加后处理达到了环保排放标准。1989年，省新能源办公室列项，沧州地区新能源办公室设计，在泊头市酒厂，投资60万元，建成2 000立方米沼气发酵装置，日产沼气2 400立方米，用于烧锅炉，年节能效益20万元。户用小沼气池的沼渣、沼液、沼气开始试验综合利用。

地热水用于生产，主要是发展种植业和养殖业。种植业主要是蔬菜、花卉的温室种植。在养殖业方面，1986年中捷农场利用地热和太阳能结合，建成我国北方最大的、配套设施比较完备的尼罗罗非鱼鱼种场。越冬大棚25栋，有效水面积1.97公顷，形成了亲鱼越冬、繁殖培育、养殖生产配套体系。平均每年保护越冬鱼1.5万千克，繁殖鱼苗1 000多万尾。1985—1991年该场建起了8栋亲虾越冬池，总面积3 000平方米，保护亲虾3万尾，成活率95%。

1988 年，雄县建成一座地热肉鸡孵化厂。孵化厅 900 平方米，年产雏鸡 500 万只，供全县 100 余家肉鸡专业户养殖育肥，年产白条鸡 3 000 吨，创产值 1 200 万元。同年，又建成地热蜗牛养殖试验场一座。

"七五" 期间，遵化、河间两县列为国家农村能源综合试点县。省新能源办公室组织省内外专家和科技人员 75 人，历时 5 年，在两县进行科研攻关，共获得科研成果 18 项，找出了黄淮海平原和丘陵山区这一类型区农村能源综合建设模式，为"八五"开展农村能源建设，振兴河北经济提供了科学依据。

第四个阶段，"八五"以来到 1996 年。新能源建设的主要特点和目的是：成规模，上档次，适应市场经济需要，提高经济效益。为此，在遵化县和河间县农村能源综合建设试点基础上，"八五"期间以宣化、承德、平泉、雄县、元氏、武邑、南皮、卢龙、迁安县和丰南市等 10 个县的规模开展了农村能源综合建设。通过 5 年的建设全部完成了计划内项目 152 项，增补项目 42 项，形成了各具特色的 10 种建设模式和相关配套技术。5 年 10 个县累计开发节约标煤 539.59 万吨；取得直接经济效益 33.5 亿元，投入产出比 1：2.32。林木覆盖率平均由 1990 年的 25%，提高到 1995 年的 35%，土壤有机质含量由 1.045%，提高到 1.216%，5 个山区半山区县治理水土流失面积 105 千公顷，占应治理面积的 31.88%；有害物质减排量达 145.6 万吨；秸秆还田量 50 万吨，生态环境得到了改善。在"八五" 农村能源综合建设的基础上"九五"又开展了八县一市农村能源综合建设。全省已形成 20 个县和唐山市全面开展农村能源综合建设的态势，规模大，效益好。

为了适应市场经济的需要，建立和培育农村能源商品市场，省新能源办公室把农村能源建设分为两大类，在 15 个方面开展推广工作。第一类是组织商品生产，满足市场供应。产品主要包括：省柴节煤炉灶、节柴节煤炕、太阳能热水器、太阳灶、风力发电机组、风力提水机组、光电机组和微水发电机组、型煤加工等八个方面。全省生产上述产品的厂家 1996 年发展到 123 个。负责安装、维修等技术服务公司(站)发展到 83 个。第二类主要是组织施工、安装、维修服务队伍，开展优质、有偿服务。主要包括：太阳能采暖房、太阳能采暖畜禽舍、户用小沼气池和大中型沼气工程、日光温室冬鲜菜生产、地热种植、养殖、加工、供暖等方面的应用及砖瓦窑节能技改、太阳能干燥装置等七个方面的内容。以上 15 个方面的推广工作，年度计划都能较好的完成，并逐年有所增加，截至 1996 年底，全省累计安装太阳能热水器 148.12 万平方米，晴天每天可供 250 多万人淋浴。本省年产太阳能热水器的能力达到 25 万平方米，可提供高、中、低档次的系列产品，质量监督、检测、安装、维修已形成配套服务体系。太阳灶已推广 2 万台，为边远山区缺柴群众提供炊事能源。建成太阳能采暖房 51.62 万平方米，其中太阳能采暖校舍百余座，15.9 万平方米，改善了教学条件。在生产应用方面，建成太阳能采暖畜禽舍 239.86 万平方米，太阳能温室生产 13 277 公顷，满足了冬季鲜菜市场需求，增加了农民收入。

农村户用沼气池全省已推广 13 万个。沼气池技术不断提高，综合利用效益好。1991 年容城县利用昆明小型高效沼气池技术和太阳能采暖猪舍结合，以猪粪为发酵原料，自动进出料，从根本上解决了大换料和冬季不产气的问题。6 立方米容积的沼气池年产气量可以达到 650 立方米，结合太阳能畜禽舍养猪，年纯效益 5 000 元以上。1996 年河北省技术监督局发布实施了地方标准《农村庭院能源生态综合设施》。目前全省正在推广这种 "三位一体沼气池"。承德县政府把它作为封山育林的配套措施大搞沼气池建设，宽城县领导把它作为全县新的经济增长点，发展养猪业、建立饲料厂、肉联厂，大力推广三位一体沼气池。"八五" 以来，河北省大中型沼气工程有了新的发展。建成处理畜禽粪便的沼气工程 17 处，处理工业有机废水的沼气工程 14 处，总发酵容积 1.45 万立方米，年产沼气 467.44 万立方米，除本厂生产用之外，还供 6 500 户职工炊事用能。

全省拥有小型风力发电机近 2 000 台，为部分农牧民解决了照明、看电视用电问题。从 1996 年开始，国家在河北省张北县建设风力发电场，单机容量 300 千瓦，1998 年将达到 40 台，总装机容量 1.2 万千瓦。为坝上缺电牧区提供电力。到 1996 年底，全省地热温室种植面积 121.9 公顷，养殖面积 77.7 公顷，办公楼、宿舍等冬季供暖面积 25 万平方米，浴池面积 1 万平方米。

全省省柴节煤炉灶已经普及，累计推广 1 006 万台，80%以上的农户用上了节能炉灶；建节能炕 103.69 万铺，砖瓦窑改造 1 033 座。新式灶热效率普遍提高 1～2 倍，不仅使 900 多万户农民结束了烟熏火燎之苦，而且节能相当于 500 万吨标准煤。节省了柴草，保护了植被，为建设生态农业，保护生态环境，创造了有利条件。

纵观 20 多年来，河北省农村能源建设已形成年节能 700 万吨标准煤的能力，为农民增收节支 14 亿元，为建设经济强省做出了贡献。

（河北省新能源办公室　罗庆华）

1996 年农村能源建设概况

1996 年，河北省以推广为中心，以普及户用沼气池，发展大中型沼气工程和太阳能多方位利用工程为重点，坚持 "上档次、成规模、出效益、有特色" 的工作目标，新能源事业有了新的发展，实现了 "九五" 第一年，开局好，起步好的要求。

(一) 10 项推广任务完成较好　1996 年推广不同类型的户用沼气池 11 375 个，全省累计共有沼气池 13 万个，年产气 3 326 万立方米。全年包括大中型养殖场沼气工程，约有 60 万吨人畜粪便直接进入沼气池厌氧发酵，改善了环境卫生，消除了蚊蝇及农作物病虫卵孳生地，还为农业新增速效肥料约 54.12 万吨，节省化肥约 1.08 万吨，改善了土壤结构成分。

推广日光温室4 774.3公顷。推广太阳能热水器27.96万平方米，全省累计148.12万平方米。推广销售太阳灶1 137台，全省累计2万台。新增太阳能采暖房12.34万平方米，累计51.62万平方米，其中，中小学采暖校舍15.9万平方米。新增太阳能采暖畜禽舍80万平方米，累计推广239.86万平方米。推广省柴节煤炉灶85.11万户，累计发展省柴节煤炉灶1 006万台。完成型煤加工637万吨。改造砖瓦窑45座。新开发利用地热种植、养殖7.9公顷，累计全省地热种植121公顷，养殖77.7公顷，百余座地热洗浴、疗养院，直接经济效益4 872万元。10项推广任务共节约标煤约700万吨，经济效益、环境效益也十分显著。

另外，利用沼液叶面喷施农作物1 333.3公顷，浇菜833.3公顷，果树叶面喷施700公顷，浸种播种面积630公顷。以沼液为原料生产绿霸叶面肥20多吨，可喷洒266.7公顷。沼液综合利用新技术使农作物及蔬菜水果增产幅度约8%～15%。全年累计大中型沼气工程31处，池容量为1.45万立方米，年处理工业有机废水排放量124万吨，取得较好环境效益。

风力发电由过去小型化向大型化发展。张北新安装3台风力发电机，每台300千瓦，装机容量为900千瓦，已发电30万千瓦时。太阳能利用有了新突破。秦皇岛阿尔法太阳能动力有限公司，生产第一台15千瓦自动跟踪大型聚光太阳能电站，填补了我国太阳能聚光自动跟踪光电产品空白。

（二）完成了农村能源综合建设县“八五”总结和“九五”启动工作　河北省“八五”10个农村能源综合建设县国家验收合格。丰南县和省计委以及18名个人受到了国家的表彰。八县一市，列入“九五”农村能源综合建设县、市，并启动工作：一是农村能源综合建设县、市都成立了领导小组和办公室。二是完成了农村能源综合建设县、市五年规划，市、县政府与国家农村能源综合建设项目领导小组签订了合同书。三是农村能源综合建设县、市按合同完成了15类，32个子项目，直接经济效益约3亿。四是国家、省、市、县匹配资金基本落实。“九五”农村能源综合建设县、市工作与“八五”同期相比，工作更细，运作更早，标准更高，效果更好。

（三）省确定的新能源综合利用促小康建设示范村取得了一定成效　各市、县围绕省新能源办公室提出的示范村要上档次、成规模、出效益要求，深入示范村狠抓规模推广。56个示范村中有48个村工作开展较好，共有29个村建沼气池提前达到30%以上。保定市10个示范村，9个村已达标。新能源综合利用促小康示范村活动，给农民带来了千元经济收入，清洁了庭院卫生环境，节能节电，改善土壤，增产增收，受到了当地干部、群众好评。为实现规模发展，省办新确定的平泉县黄土梁子镇、容城县容城镇为新能源技术综合利用生态示范镇，于1996年底开始启动。

（四）新能源产业有了新的发展　全省新能源产业主要分为太阳能光热、光电利用，风能发电、提水，农村节能炉灶以及地热利用四大类。据不完全统计，四大类约有固定资产4亿元。太阳能热水器年生产能力约25万平方米，毛坯玻璃管3 200吨，真空管200万支，铜铝复合板芯10万平方米，三环、光源热水器和怀来毛坯管三家被建设部列为推荐产品。户用采暖炉具23万台。仅太阳能热水器销售额在1亿元以上。

（五）新能源立法有明显进展　在全省新能源战线广大干部职工共同努力和省法制局领导的大力支持下，河北省第一部新能源法规《河北省新能源开发利用管理条例》于1996年12月13日省八届人大常委会第二十四次会议初审通过。为加快大中型沼气工程步伐，省新能源办公室分别与省环保局、省畜牧局会签了在排放工业有机废液和有机粪便的企业和畜牧养殖场推广厌氧沼气工程的意见，文件下发到各市、县。省技术监督局发布了《农村庭院能源生态综合设施》和即将出台的《中型采暖煤炉产品标准》两个标准，使该项工作进入规范化管理。

（河北省新能源办公室　罗庆华）

开发利用地热资源

河北省地热资源丰富，按地下热水的成因类型可划分为三大区：即褶皱山区及结晶岩体构造带地下热水区，山间盆地构造带的地下热水区，河北平原沉降带地下热水区。山区可供开发利用地热资源量相当于5.68万吨标准煤，平原可供开采利用的地热资源量相当于16.5亿吨标准煤。全省露头地热点546处，其中天然外露地热泉75处，石油勘探出的地热井471处，占全国地热露点的1/5。河北省地下热水埋藏较浅，水温一般在40～90℃，属于中低温型热水，水质中性偏碱，含有较多的微量元素，未发现有酚、氰、汞、铅等污染离子，个别井中含有微量砷、硝酸盐等。总的来说，河北省地热地质条件优越，存在着很大的开发潜力，十多年来，从全省地热开发利用来看，主要有三个特点：

（一）在农业应用起步早，取得了一批科研成果　1977年雄县科委、农业局利用地热井搞小型地热温室400平方米，在冬季生产了韭菜、番茄、芹菜等蔬菜，同时还进行了雄二自交系和冀单11号玉米杂交种加带培育取得成功。1980年后河北省新能源办公室在种植业应用又进行了扩大试点，由此河北省平原地热资源引起了国家的重视，并对河北省牛驼镇地热资源批示“此事可开发利用”，1985年国家科委、农牧渔业部等国务院有关部委的专家20多人到河北省雄县考察地热开发利用现场，之后成立了华北地热联合研究规划办公室，在河北省安排了多项技术攻关项目，其中有经国家批准雄县为中低温地热勘探开发示范区，国家科委把雄县地热蔬菜生产基地建设列为国家星火计划。1987—1991年先后在沧州、雄县与河北省新能源办公室联合召开华北地区地热开发利用经验交流会。会议交流了河北省所取得开发利用地热温室发展淡季蔬菜、无土栽培种植黄瓜、利用地热工厂化养殖罗非鱼种越冬、亲虾和甲鱼越冬、地热采暖、地热尾水净化等十多项技术成果，对推动全国地热在农业上的开发利用起到了积极作用。

（二）开发利用范围广，并初步形成规模 到1996年底，河北省地热开发利用地热点115处，占全省出露地热井总数的1/5，开发利用范围包括种植、养殖、采暖、医疗、洗浴、工业应用等。已形成地热种植面积累计121.91公顷，养殖面积累计77.7公顷，采暖面积25万平方米，医疗洗浴77处，工业应用9处，其中雄县、河间、中捷农场、丰南、固安、隆化、遵化、南大港农场、黄骅、昌黎、卢龙等20多个县已初步形成规模开发、集约经营、综合利用的格局。在地热种植方面如隆化县七家乡温泉村，1984年建起地热温室16栋，面积0.34公顷，试种了12种蔬菜获得成功。1990年后与首钢联营扩建地热温室13.3公顷，冬、春季生产的蔬菜全部供应北京市场。在地热养殖方面继1986年中捷农场利用地热建成我国北方最大、设施配套完备的罗非鱼种场后，1994年丰南县利用国家技改贷款建成了地热罗非鱼种越冬 养殖场。有效面积2公顷，1995年鱼种生产量100吨，年纯收入32万元。在地热医疗洗浴方面，如华北油田在任丘利用地热井建成浴池16座，解决了油田10万余职工和家属的洗浴问题。还在雄县、平山、遵化县（市）都新建或扩建了温泉疗养院，年接待国内外宾客100万人次以上。在地热采暖方面，如1994年雄县利用国家技改贷款扩建采暖面积，1996年达到18万平方米，已解决了县城部分机关、企业、学校和相当一部分居民的生活采暖问题。在工业应用方面如高阳县利用地热建立洗毛场一座最大洗涤能力8～9吨/日，洗毛质量好、效益高。

（三）适应市场需求，开发利用向效益型产业化发展 随着人民生活水平的提高，为开发利用地热生产新产品提供了市场。河北省有些县已建立起效益较高的地热利用产业。如雄县1985年地热温室3.3公顷，年产冬春菜200吨，“八五”期间投资200万元自打地热井2眼，省地矿局新打地热井4眼，建地热温室种植蔬菜，1993年根据市场需求部分转为花卉基地，1994年该县地热开发公司与香港世柱投资有限公司组成保定世柱园艺有限公司，两期工程总投资600万元，一期工程建6.7公顷地热温室花卉基地，种植花卉有21个品种。年生产鲜切花360万枝，年利润170万元。现正在进行二期工程，新建4.7公顷高档花卉温室，全部由微机控制温度，同时种植蔬菜3.3公顷。还有1994年河间市与北京花卉公司合作，由北京投资80万元建起6.7公顷地热温室种植玫瑰花基地，玫瑰花有品种20种，主要供应北京市场，1995年利润达80万元。再如1995年遵化市畜牧水产局兴建了汤泉养殖中心，建甲鱼鱼塘2.2公顷，引进日本新技术，可使甲鱼四季产蛋，大幅度提高了效益。

（河北省新能源办公室 周连生）

逐步建立新能源法制管理体系

河北省各级领导十分重视新能源和农村能源建设，经过多年的努力，全省逐步实现了对新能源、农村能源开发利用的法制化和规范化管理。

（一）领导重视，制定条例 为了推动全省新能源开发利用的步伐，1985年2月9日河北省第六届人民代表大会常务委员会第十一次会议通过了《关于加快新能源开发利用的决议》,《决议》进一步明确了新能源、农村能源范围。同时，在围绕开发利用新能源的意义，加强政府规划、做好科研、有计划地组织产业化生产和健全新能源机构等七个方面做出了具体规定。随着新能源事业的发展，省新能源办公室为了在社会主义市场经济中依法开展质检工作，加强行业管理，1995年提出《农村能源产品技术检测实施细则》被省政府法制局列入当年立法工作计划。1996年4月省新能源办公室通过与省政府法制局研究确定将该项质检实施细则改为《河北省新能源开发利用管理实施细则》，质检工作纳入开发利用管理细则之中。后经省政府法制局领导和省新能源办公室的努力，列入1996年省人大条例计划。经广泛征求意见，1996年12月13日，河北省第八届人民代表大会常务委员会第二十四次会议进行了讨论，肯定了制定这一条例的重要性和必要性，初审原则上通过。

（二）建立健全各项规章制度 1986年制定了《河北省新能源建设业务统计工作暂行规定》；1987年制定了《河北省新能源建设服务公司管理办法(试行)》，1988年制定了《河北省新能源建设专项经费管理暂行办法》、《河北省新能源建设计划管理试行办法》、《河北省新能源建设统计报表、经费决算考核评比办法》和《河北省新能源建设试点管理试行办法》。这六项规章制度对全省新能源建设健康发展起到了一定作用。

（三）编制新能源产品和工程设施地方标准 1990年河北省标准计量局发布实施《家用太阳能热水器热性能试验方法》、《家用太阳能热水器》；1991年6月发布实施《被动式太阳能采暖房技术条件》、《被动式太阳能采暖房热性能测试方法》；1994年1月发布实施《塑料日光温室建筑技术规程》；1995年3月发布实施《农村庭院能源生态综合设施》等地方标准，这些标准的编制和实施使新能源产品和工程设施质量提高了一步。

（四）成立河北省新能源质检中心站 1992年河北省编委和省政府生产办公室批准河北省新能源办公室挂“河北省新能源产品工程设施质量监督检验测试中心站”的牌子，1993年组建了太阳能热水器、节能炉具检测室，是河北省新能源质检站的分支机构，1994年通过了省标准计量认证，取得了计量认证合格证书，1994年6月投入正常运转至今。

（河北省新能源办公室 周连生）

山西省农村能源建设

山西省的农村能源建设在省委、省政府的正确领导下，在省有关部门的支持下，经过40多年的奋斗，取得了显著成绩。到1996年，全省农村能源消费量达949.17万吨标准煤，其中生产利用536.4万吨标准煤，生活消费412.77万吨标准煤。

（一）农村能源资源状况

1. 煤炭资源。山西的煤炭资源十分丰富，素以“煤炭之乡”称著于世。全省煤炭地质储量5 363.8亿吨，含煤面积6.18万平方公里，占全省土地面积的39.6%，遍布全省94个县（市、区）。山西煤种齐全，有气煤、肥煤、瘦煤、无烟煤、弱粘结煤、贫煤和褐煤八大类。其中炼焦用煤（气煤、肥煤、焦煤和瘦煤）占全省储量的61%，为全国炼焦煤的53%。非炼焦用煤以贫煤（占全国贫煤的68%）为主，其次为弱粘结煤、无烟煤等。山西煤的可燃基弹筒发热量在33 472～35 982千焦之间。

山西是国家的能源重化工基地。山西煤炭的开采以国家为主，以农村乡镇为辅。

2. 水电资源。山西省地处山地型的黄土高原东部，分属黄河、海河两大流域，水电资源十分丰富，黄河流经本省西南边界，规划开发水电资源6级，装机640万千瓦；省境内较大河流有汾河、沁河、漳河、滹沱河、桑干河五条河流及多条支流，可开发水电资源62万千瓦。山西山高坡陡，抽水蓄能电站资源总装机可达1 020万千瓦；引黄入晋，可提供39万千瓦水电资源。全省共计可开发利用水电资源1 760万千瓦，目前仅开发134.3万千瓦，只占可开发量的7%。

3. 生物质能资源。山西属少林省份，森林植被稀少，且多分布于各河流源头山地，薪柴的收集系数小，产柴量低。全省总耕地面积389万公顷，年产农作物秸秆1 000万吨以上。此外，每年还有人畜粪便5 880万吨。

4. 太阳能资源。山西地处黄土高原，空气干燥，日照丰富，年辐射总量达490～598千焦/平方厘米，仅次于青藏高原和西北地区，是我国光能资源高值区。年日照时数在2 200～2 900小时之间，年日照百分率为51%～66%，全省由北向南日照时数和日照百分率逐渐减少。

5. 风能资源。山西属于季风气候，大部分地区全年有两个主导风向，即偏北风和偏南风。全年平均风速多在1.4～4.5米/秒之间。最大风速一般在17～20米/秒之间。山西大部分地区年平均有效风速频率在30%～50%。平均有效风能密度在50～150瓦/平方米，风能资源较为丰富。

6. 地热资源。地热资源在山西省主要表现为地下热水。山西的地下热水形成的水文地质条件可分为山地地下热水（第二地带）和盆地地下热水（第一地带）。山西的地下热水，按空间分布来划分，相对集中于中部五大断陷盆地地带和东北部隆起地带。山西省开发利用地下热水资源有相当的经济价值和医疗价值。

（二）农村能源建设的历程　山西省农村能源建设经历了一个曲折漫长的发展过程，大体上可以分为四个阶段。

第一阶段，从新中国成立初期到60年代末，其特点是农村电力建设首先发展。过去，山西农村从未用过电，新中国成立后，随着电力工业的恢复和发展，从1953年起，首先在临汾、长治、太原等城郊就近接引电源，用于农村照明和浇灌菜地。这一年，建成了全省有史以来第一座国营临汾农场电力机灌站和全省第一座可浇地107公顷、36.8千瓦的长治潞安河湃村“五一”电力机灌站，揭开了山西农村使用电力的序幕。

为了适应县区农村工农业生产发展需要，从1957年开始，在一部分县区开始兴建小火电厂。1958—1965年，全省70个县与县营工矿企业搞起了装机容量为几千瓦至几百千瓦的小火电站百余个。到1962年底，由国家投资兴建的500千瓦以上6 000千瓦以下的小火电厂共15座，装机总容量49 730千瓦。1966—1970年全省小火电厂新建6座，扩建5座，装机容量16 500千瓦。

与此同时，全省水电也得到了发展。1955年山西省兴建了第一座装机容量为48千瓦的洪洞县明姜电站。截至1957年水电装机达到12座，容量为530千瓦。1958—1964年小水电在总结经验的基础上，陆续兴建了洪洞县李村、武乡县关河、平顺县侯壁等装机1 000千瓦以上的小型骨干电站，为以后兴建较大电站积累了经验。

随着农村电网建设和覆盖范围扩大，全省农村通电、用电数量不断增长。1957年部分城郊农村依靠城市电网直供，全省农村用电量为22.2万千瓦时，仅占全省总用电量的0.05%。此后由于农村电源、电网建设迅速发展，到1962年底，全省通电的有60个县市，506个公社的农村通了电，分别占其总数的61%、27.7%，农村用电量为8 710千瓦时，占全省总用电量的5.7%，比1957年农村用电量增长396倍。经过三年经济调整时期，对农村电源、电网通过整顿巩固充实提高，到1965年底，全省已有68个县、639个公社、7 000个农村生产大队通了电，分别占其总数的69%、34%和28.7%。全省农村用电量1.79亿千瓦时，占全省总用电量的8%，比1962年增长2.1倍。第二阶段是1970—1980年，尤以农村电气化和沼气建设最引人注目。农电建设又有新进展，1971—1980年第四五两个五年计划时期，是全省农村小火电建设发展最快的时期，共新建电厂14座，扩建20座，装机总容量111 080千瓦。从70年代开始，全省大型农田水利灌溉工程和县社工业 发展很快，农业机械化作业范围不断扩大，农村用电负荷大大增加，已有的农电设施远不能满足农业用电负荷增长的需求，于是开始建设为发展农业服务的110千伏输变电工程，逐步形成了全省以

110 千伏为骨干的农村电力网。到 1980 年底，全省已建成 110 千伏高压轨电线段路 719 公里，35 千伏线路 5 333 公里，变电站 241 座，主变压器容量 97.7 万千伏安，3～10 千伏配电线路 5.6 万公里，配电变压器总容量 365.0 万千伏安，低压线路 7.9 万公里。1977 年全省 111 个县(市)实现了县县通电。到 1980 年全省1 816个乡镇、23 501 个村通了电，分别占其总数的 95.8%和 76.1%。农村用电量占全省总用电量的比重由 1970 年的 5.3 亿千瓦时，占 15.47%，1975 年增加为 16.5 亿千瓦时，占 27.98%，1980 年为 32.8 亿千瓦时，占 35.01%。

这个时期在沼气建设方面也出现了新的高潮。短短几年时间就发展到 2 000 多个沼气池。但是，由于 50 年代同样的原因，到 70 年代后期，即有大量池子服役期满报废。

第三阶段是 1981—1990 年。80 年代初，从中央到地方，各级领导都把农村能源建设作为一件大事来抓。为了推动这项工作的顺利开展，省里专门成立了农村能源领导小组。自此，山西省的农村能源建设进入了一个新的历史时期。

小煤矿迅速发展。党的十一届三中全会后，认真贯彻执行中央提出的"大中小煤矿并举"、"国家、集体、个人一起上"的方针，在重视和发展国营煤矿的同时，采取各种政策和办法，扶持乡镇小煤矿的发展。农民办矿挖煤的积极性空前高涨，全省乡镇小煤矿蓬勃发展。1978 年全省乡镇小煤矿只有 1 000 多座，年产量为 1 646 万吨，到 1985 年，矿点发展到 5 600 处，分布在全省 11 个地市的 83 个县，从业农民达到 29 万人，原煤产量达到 9 053 万吨，比 1978 年翻了两番还多。"六五" 期间平均每年增产 1 210 万吨，每年递增 24.7%，5 年时间翻了一番多。

薪炭林得到长足发展。80 年代初，认真贯彻了党中央、国务院提出的"在燃料困难的地方，应把发展薪炭林作为植树造林的首要任务"等一系列指示，大力开展植树造林，积极发展薪炭林。截至 1990 年底统计，全省共发展薪炭林 7.3 万多公顷，多功能灌木林 6.7 万多公顷，进一步缓解了群众的燃料问题。

全省农村通电、用电数量不断增长。1988 年全省农村通电率已达到 94.5%，县及县以下用电量为 77.76 亿千瓦时，占全省总用电量的 34.21%。其中农村用电量为 30.57 亿千瓦时，县城用电量为 47.20 亿千瓦时，分别占全省总用电量的 13.45%和 20.76%。在农村用电量中，排灌用电量 7.61 亿千瓦时，生产用电量 1.66 亿千瓦时，农副产品加工用电量 3.86 亿千瓦时，乡镇工业用电量 12.26 亿千瓦时，乡村居民用电量 3.42 亿千瓦时，其他用电量 1.74 亿千瓦时。

以节能为重点的省柴节煤改灶工作全面展开。按照国家的部署，从 1983 年开始，到 1990 年完成了 30 个重点县的省柴节煤改灶工作。

以地膜覆盖、阳光塑料大棚为重点的太阳能利用技术得到了大面积推广。沼气建设进入积极稳步发展的阶段。

第四个阶段是从 1991 年开始的。在这个阶段，农村能源建设向更高的层次发展。其基本特征有三，一是：从单项技术开发利用向综合开发利用扩展。按照国家计委、农业部等八部委的安排，在闻喜、清徐、祁县、芮城等四县开展了农村能源综合建设工作，对农村能源技术进行了综合开发与应用。二是生活用能向生产用能扩展。强调农村能源建设必须同经济建设、环境建设相结合。三是由资源开发节约向建立产业发展。为了促进农村能源产业的发展，相继办起了省环发新型燃料燃具开发公司、新能源开发公司、太阳能热水器厂等。为农村能源产业的发展奠定了良好的基础。

（三）农村能源建设的现状

1. 小煤矿建设。90 年代以来，小煤矿经过"改造、整顿、联合、提高"，趋于平稳发展阶段。到 1995 年底，全省小煤矿发展到 5 878 个，煤炭年产量 1.46 亿吨，占全省煤炭年生产总量的 40%，分别比 1990 年多 291 个、0.3 亿吨和 4%。

2. 农村电力建设。"八五" 期间，全省在主网建设的同时，大力实施"电力扶贫工程"，使农村电气化事业长足发展。5 年共完成扶贫通电投资 7 500 万元，又有 814 个行政村、1 067 个自然村、11 万农户通了电。全省行政村通电率由 1990 年的 93.7%，提高到 1995 年的 96.2%；农户通电率由 1990 年的 94.4%，提高到 1995 年的 96.5%。

全省办水电站 142 处，装机容量 31 401 千瓦，发电量 9 449 万千瓦时。

"七五" 期间，国务院批准平顺县为全国第一批 100 个农村水电初级电气化试点县，取得了显著成效。在此基础上，"八五" 期间，又完成了国务院批准的全国第二批农村水电初级电气化之一的沁水县电气化建设任务。全县累计装机 21 处，43 台，容量为 1.7 万千瓦。"九五" 期间，国务院批准泽州、阳城、陵川、垣曲等四县为全国第三批农村水电初级电气化县。

畜力发电发展较快。全省累计投资 96.4 万元，其中群众自筹 27.4 万元，先后在无通电贫困地区的 23 个县、49 个乡、157 个自然村试点推广了畜力发电，使 1 827 户农民解决了生活用电。

风力发电和微水发电，由于自然资源及农民的承受能力等因素的影响，发展较慢。80 年代以来，先后在五台、阳高、天镇等县开展风力发电；在柳林、阳城、沁水、翼城等县利用当地小泉小水开展了微水发电，都取得了一定的成效。

3. 生物质能利用。

(1) 薪炭林建设。经过十几年的建设，到 1995 年底，已形成 6.7 万多公顷的薪炭林基地，有多功能灌木林 13.3 万多公顷，有效地缓解了 29 个缺燃严重区群众的燃料问题。与此同时，经过多年的植树造林和封山育林，林地面积由新中国成立初期的 36.7 万公顷发展到 216.8 万公顷，森林覆盖率由 2.4% 增加到 13.8%，四旁树由 1 500 余万株发展到 5.7 亿株，平原绿化、丰产林、经济林都有了迅速发展。

林多了，每年采伐剩余的枝叉，在解决群众燃料方面也起到了巨大作用。

(2) 秸秆和粪便利用。据1995年统计，全省总产1 000万吨农作物秸秆，其中，还田用390万吨，饲料用200万吨，工业用100万吨，农民生活用100万吨，大约有100万吨左右没有利用。人畜粪便除少部分用于沼气发酵外，大部分作为肥料还田。

4. 省柴节煤改灶工作。1983年以来，先后在天镇等42个县内开展省柴节煤改灶工作。共推广省柴节煤炉灶186.5万户，其中型煤炉灶96万户，年节煤140余万吨，年节柴100余吨。据测定，改灶后热效益平均达34.4%，比旧灶提高1倍以上。同时二氧化硫、一氧化碳、烟尘排放量分别减少了61.4%、10%和60%。

5. 沼气建设。沼气推广工作经过几次大的反复后，已趋于稳步发展阶段，并正在走上了综合利用的轨道。运城、晋中、吕梁等地区的部分县（市），发展了果园沼气、家庭作坊沼气、养殖场沼气以及大棚沼气等多种形式的沼气池，并对沼气肥进行了综合利用，收到了较好的效果，深受广大农民群众欢迎。

6. 太阳能利用。太阳能利用发展较快，已广泛应用于工业、农业、畜牧业生产和人民生活等多个领域。如日光温室已有4 667公顷；阳光塑料大棚1.1万多公顷；地膜覆盖67万多公顷，畜禽暖圈20余万平方米；太阳能热水器（袋）近5万平方米。

7. 新型优质燃料。随着农村经济的发展和人民生活水平的提高，广大农村特别是城市近郊和经济比较发达地区的农民，已自然地形成了应用新型优质燃料的热潮。如液化石油气和电炊灶等。截至1995年底全省已达56.4万户；新型液体燃料在省环发新型燃料燃具开发公司的大力宣传和多点示范推广下，发展很快，已达1万多户。

8. 地热利用。山西省现在发现和开凿的地下热水点有19处，高温较少，多数在20～60℃之间，属于中温和低温热水。在已出露的19处热水点中，有天然露头点的温泉7处，经过人工钻孔揭露的热水点有12处。19处年总出水量5立方米/秒。

9. 农村能源产业和服务体系建设。随着改革开放和农村能源建设的深入发展，山西的能源产业建设也得到了迅速发展。如本省生产的风力和畜力发电机在全国范围内得到了推广应用；几百家型煤加工厂和节煤炉具生产厂，基本满足了当地用户需求；十几家太阳能热水器厂可生产高、中、低档多种规格型号的太阳能热水器和热水袋，基本满足不同层次用户的需求。新型燃料燃具的开发和生产也出现了可喜局面，全省已有6个小化肥厂和1个大化肥厂进行了联醇改造，粗甲醇与精甲醇的生产能力分别达到了2.5万吨和6万吨的年生产能力。专业灶具厂5个，每年可产灶具8 000～25 000台。

在服务体系建设方面，已有18个农村能源服务实体，从业人员达200多人，主要从事节能产品新技术的引进和销售推广工作。

10. 农村能源综合建设县。"八五"期间，在闻喜等4县实施了农村能源综合建设项目，取得了十分显著的成绩。4县项目总投资5.26亿元，总效益14.19亿元，投入产出比为1：2.44。累计节能231.67万吨标煤；能源供应量由1990年的214.628万吨标煤增加到1995年的240.3025万吨标煤，增长了12.43%；治理水土流失面积8 523.3公顷，植树造林（薪炭林）1.55万公顷，使森林覆盖率提高10个百分点。4县农村能源综合建设为农村开发和节约了能源，进一步缓解了农村用能的供需矛盾；大大降低了劳动强度和劳动时间，进一步解放了生产力；提高了农民的科技文化素质；改善了农村的环境和卫生条件。

"九五"期间，在交城、太谷、洪洞、定襄、平遥、离石、阳曲、稷山、长子、浑源等10县实施这一项目。该项目涉及的子项目就有28项，自1996年启动以来，各项工作进展顺利。

山西省的农村能源建设经过40多年的奋斗，取得了显著成效，但也还存在一些问题，主要是：能源生产、利用、消费方式落后，技术水平低、设备陈旧。煤炭丰富地区能耗高，节能意识差。煤炭缺乏的山地丘陵区过度开发利用薪柴、林木等生物能源，植被破坏严重。农村能源开发利用结构不够合理。管理机构不健全，资金渠道不畅通、经费甚少。

（山西省农业环保农村能源管理站　张伟基）

1996年农村能源建设概况

1996年，山西省的农村能源工作在省委、省政府的正确领导下，抓住农村能源与农业和农村经济发展的结合点，积极主动地开展工作，圆满地完成了各项工作任务，为"九五"计划的顺利实施奠定了扎实的基础。

（一）健全机构，更新观念，培训人员　1996年，根据全国农业环保、农村能源工作会议精神和要求，经多次向上级主管部门请示、汇报，并上报省编委批准，决定将原"山西省农业环境监察站"更名为"山西省农业环保、农村能源管理站"。通过这一变更，理顺了上下级之间、机构名称与工作职能之间的关系，为今后农村能源工作的健康、稳步发展创造了条件。1996年从长远着想，从改变观念着手，组织省、地（市）、县一部分农村能源管理人员赴辽宁、山东两省进行了实地考察，在学习和借鉴他们农村能源建设新技术、新经验的基础上，寻求本省农村能源建设与农业生产的结合点，通过考察，提出了加快发展我省农村能源建设步伐的意见和建议，主要有三点：一是进一步建立健全农村能源管理机构，二是要积极试点、示范和推广农村能源新技术；三是要大力发展农村能源产业。

农村能源是一项系统的工程，在其发展过程中，引进、推广新技术和培养自己的技术人员就显得极为重要。1996年，在省、地（市）、县三级普遍开展了农村能源新技术的培训工作，从基础理论着手，重点培训了农村能源综合建设、省柴节煤改灶、太阳能利用、沼气、四位一体等方面的新技术。据不完全统计，1996年全省仅省级以上培训人员达200多人次，派出省外学习或聘请外省技术人员达100多人次。

（二）组织实施农村能源综合建设县项目　“八五”期间，在闻喜、清徐、芮城、祁县实施的农村能源综合建设项目，取得了能源、经济和社会效益，“九五”期间，在总结“八五”工作经验的基础上，经省政府批准，确定在交城、太谷（国家级）、洪洞、定襄、阳曲、离石、平遥、稷山、长子和浑源10个县内实施这一项目，其中国家级2个县，省级8个县。按照国家计委、农业部等八部委的要求，在10个县内组织落实了农村能源综合建设规划，鉴定项目合同，建立健全组织机构，配套项目工作经费及单项技术的试点、示范等工作。为了确保“九五”10个农村能源综合建设县的顺利实施，经省政府批准，由省计委牵头成立了山西省农村能源综合建设县项目领导小组，成员单位有省经贸委、省科委、省财政厅、省农业厅、省林业厅、省水利厅、省电力厅等8个委厅局。领导小组定时召开会议，及时处理工作中出现的问题。

（三）示范、推广新技术

1. 农村能源北方生态模式试点。1996年，在运城、临汾、晋中、吕梁、晋城等地（市）的十几个县试点推广了“四位一体”、“三位一体”模式70余座。起到了较好的试点示范作用，同时结合本省实际情况，在大田中试点“四位一体”模式一次成功，为今后该项新技术在大田中大范围的推广普及取得了可靠的依据和成功的经验。

2. 省柴节煤改灶技术。1996年，结合扶贫工作和农村能源综合建设县工作，在古交、浑源、洪洞、离石、长子等5个县内试点推广省柴节煤炉灶10万余户，节省原煤10万余吨，节柴5万余吨，直接经济效益1 000余万元，同时取得了显著的环境和社会效益。

3. 太阳能利用。1996年，在广大农村大面积推广了日光温室2 089.5万平方米。结合畜牧业生产，推广了畜禽暖圈4 170座、2 093万平方米，基本上普及了这项技术，为畜牧业的大发展创造了条件。随着人民生活水平的提高，太阳能热水器的推广，已由过去的中、低档水平向高档水平迈进。1996年全省以高档次真空管太阳能热水器为主，共推广2 000余套，取得了较好的社会效益和能源效益。

（四）农村能源产业建设　1996年，利用农业部农村能源技改贷款300万元，重点扶持了两个农村能源产业项目，即粗甲醇液体燃料推广和真空管太阳能热水器生产线。粗甲醇液体燃料推广技改贷款主要用于废水回收粗甲醇和管道供气项目，项目完成后，年处理废水1 500吨，回收粗甲醇500吨，年经济效益35万～40万元；管道供气项目将达到年供气1 500～2 000户的能力，实现年经济效益60余万元。真空管太阳能热水器生产线实现年生产热水器2 000台的能力。这两个项目，将带动全省农村能源产业的稳步发展。

（山西省农业环保农村能源管理站　武铁平）

内蒙古自治区农村能源建设

内蒙古地处祖国的北部边疆，东西跨距2 400多公里，南北直线距离1 700多公里，素有东林西铁，南粮北牧，遍地有煤之称。全自治区2 300万人，约70％生活在农村牧区，而且居住分散。农村牧区社会经济比较落后。农村能源资源相对较为丰富，但地域分布很不均衡，加之交通不发达，以及历史形成的生活习惯和不合理的用能方式，造成农村能源资源的浪费，同时一些优势的农村能源资源未得到充分的开发利用，影响农村牧区社会经济的发展和农牧民生活水平的提高，因此，从1979年开始，进行农村能源建设，取得了较大成绩，在农村社会经济发展中发挥了重要作用。

（一）农村能源资源现状　内蒙古煤炭资源十分丰富，小煤窑遍布全自治区8盟、4市54个旗县。理论蕴藏量1 195.34亿吨，可开采量21.11亿吨。实际年开发量为1 004.00万吨。薪柴资源比较丰富，但地域分布不均。理论蕴藏量1 070.35万吨标煤，可开发量466.20万吨标煤。其中薪炭林年可开发量31.35万吨标煤。内蒙古的秸秆资源除部分用于饲料、工业原料、沼气发酵原料外，约70％直接燃烧作为生活用能。1996年全自治区秸秆产量约1 600万吨，折标煤约800万吨。全自治区有人畜粪便1 414.98万吨/年，折标煤717.38万吨，可开发量267.05万吨标煤。牧区大部分用于直接燃烧，农区用于肥料和沼气发酵料。内蒙古小水电资源贫乏，理论蕴藏量102.91万千瓦时，可开发量40.93万千瓦时，实际开发5.3万千瓦。太阳能资源丰富，年日照时数3 031小时。在全国属于二类区，仅次于青藏高原。风能资源十分丰富。年平均风速3.7米/秒，风能密度133.4瓦/平方米。

（二）发展历程　内蒙古的农村能源建设，经历了三个发展阶段。

第一阶段：从70年代末到80年代中，主要开展了以沼气为主的单项农村能源技术的示范推广。这一阶段全自治区的农村牧区的大部分地区“三料”（燃料、饲料、肥料）严重短缺，生态环境严重恶化，农村牧区通电率极低，农牧民生活比较贫困，在这种情况下，普遍开展了以解决炊事照明用能和生产用肥为主要目的，以沼气建设为主要形式的农村能源工作。这一时期全自治区共建各种类型的沼气池3万多个，利用率达80％以上。为解决偏远地区农牧民的炊事、照明问题，同时为农田提供优质有机肥料，缓解农村牧区“三料”间的矛盾，改善农村的环境卫生条件，促进生态向好的方向转化，发挥了很好的作用。

第二阶段：以省柴节煤灶炕研制和推广为主要内容快速发展阶段。80年代中期，随着农村经济的发展，农牧民的生活条件有所改善，但由于传统的燃烧习惯，大部分农牧民沿用过去的旧式灶炕，热效率不足14%，而且费时，不好烧，不卫生，针对这一情况，开展了节柴改灶、改炕。全自治区共改灶220多万户，占应改农户的77.44%，热效率提高到25%以上。匹配节能炕23.2万铺，推广成型商品灶4.4万套。研制和筛选适应不同类型区的省柴节煤灶型30余种。省柴节煤灶的推广，取得了明显的能源、环境、生态及社会效益。

第三阶段：以沼气综合利用，太阳能、风能开发利用，农村生产和生活节能，农村能源综合建设为主要内容的稳步发展阶段。80年代后期至90年代，随着改革开放的进一步深入，乡镇企业迅速崛起，对农村能源建设提出了新的要求。遵循农村能源建设"因地制宜、多能互补、综合利用、讲求效益"的方针，结合本地区的实际开展农村能源建设。各级政府把重视环境与经济的协调发展，因地制宜开发本地区的能源资源，有效地利用商品能源，提高农民的生活质量纳入了议事日程，促进农村社会经济的稳步发展。这一阶段的农村能源建设体现了"开发与节约并重"的原则，发挥了综合建设的优势，取得多重效益。

（三）农村能源建设的成效　经过十多年的努力，内蒙古农村能源建设取得了较大成绩。到1996年，全自治区沼气池保有量达1.8万个。其中沼气综合利用户，北方农村能源生态模式户达2 500户。共生产和安装各类太阳能热水器1.07万平方米；生产和推广太阳灶5 148台；建太阳能暖房（包括校舍）6.81万平方米；太阳能畜禽舍91万平方米；太阳能温室619万平方米，塑料大棚1261公顷。全自治区共生产和安装各种类型的风力发电机14万台（套），约40万农牧区户解决了照明、看电视、听收音机等用电。

全自治区共完成节柴省煤灶220多万户，占农户总数的77.4%，热效率提高到25%以上。推广节能架空炕34.94万铺。推广各种节能炉具186.5万台（套）。共完成砖瓦窑改造95座，烤烟房改灶5 100多座。配合有关部门进行了农机节油，低压线路整改，农业节水灌溉等生产节能技术的推广。在农户、商店、办公室、校舍推广地燃池300多处。

"八五"期间有两个旗县列为国家农村能源综合建设县，两旗县共完成46个建设项目，总投资1 665.7万元，新增及节约能源折标煤45.53万吨，经济效益26 239万元，产投比1∶1.58。林草覆盖率分别提高5.3%和2.3%，增强可持续发展能力。"九五"期间有4个旗县列为综合建设县，其中省级联系县2个，现正按项目合同进行建设中。

内蒙古农村能源产业起步较晚，发展慢，现有年产1 000台以上的太阳灶厂，小型热水器生产厂，小型节能炉具生产厂，以及农村能源经营服务等产业，年创收50万元。

总之，内蒙古的农村能源建设在生物质能和可再生能源的开发利用方面，在农村的生活和生产节能方面，在农村能源综合建设方面，形成年新增和节约能源量折标煤150万吨的能力，使农村能源有效供给增加3%以上。

（内蒙古自治区农业环保能源监测管理站
刘福英　郝俊魁　林　莉）

1996年农村能源建设概况

1996年是"九五"计划的第一年，内蒙古自治区的农村能源建设继续贯彻农村能源建设"十六字"方针，坚持为农村经济，为农业生产，为提高农民生活水平服务的思路，加大农村能源适用技术的推广力度，取得了长足发展。

1. 农村生活和生产节能。1996年在农村生活节能方面，主要以节能炕、灶、炉为主。全年共推广节能架空炕7万铺，推广和维修省柴节煤灶10万户，生产和推广各种节能炉具1 300台（套），节能率达25%以上。生产节能方面，完成砖瓦窑改造5 488座，节能烤烟房88座。

2. 沼气建设。1996年全自治区开展沼气综合利用户500户。推广北方农村能源生态模式1 000多处，户均纯收入1 600～6 000元，显示出良好的发展势头。

3. 太阳能开发利用。1996年全自治区生产和安装各种类型的太阳能热水器1 300平方米，首次引进全玻璃热管直空管热水器进行示范，使用效果良好；推广太阳灶717台；新建太阳能畜禽舍40万平方米；太阳能暖房8 300平方米，建日光温室620万平方米。

4. 燃池技术应用。全年共推广地燃池100处，冬季不用其他取暖设备。

5. 农村能源综合建设县项目。"九五"期间自治区有4个旗（县）列为农村能源综合建设县，其中省级联系县2个，按要求1996年4个旗（县）全部完成"综合建设县规划"和项目选择，签订了项目合同书。分年度项目已开始启动运行，进展顺利。

6. 农村能源产业建设。1996年全自治区农村能源系统围绕事业办实体，积极开展有偿技术服务，广泛开展节能产品的生产、加工、销售、安装、维修等服务，据统计1996年全系统创收达40万元。

（内蒙古自治区农业环保能源监测管理站
刘福英　郝俊魁　林　莉）

大力开发利用风能资源

可再生能源的开发利用对于发展内蒙古的地方经济和改善人们的生活质量，具有重要的意义。多年的实践证明，通过大量消耗化石能源发展经济的路子是行不通的。因此，寻求适合地区特点的多能互补的能源发展途径来加速本地区经济社会的发展成为唯一选择。自治区政府历来十分重视解决农牧区的电力问题，但由于广大牧区居住极度分散，用常规能源来解决边远农牧区能源问题十分困难。但自治区具有得天独厚的可再生能源的资源优势，特别是全区风能总储量占全国的1/5，全自治区年平均风速3.7米/秒，风能可利用区占全自治区的80%。内蒙古在风能资源的开发利用上历经几十载，取得了令人瞩目成绩。

内蒙古风能开发利用起步较早，始于50年代，大致经历四个发展阶段。

第一阶段：从1958—1979年，是风能利用的起步阶段。最初的风力发电是从群众的自发研制活动开始的。70年代初自治区科技局、机械局组织了小型风力发电机的研制和小批量生产，并在牧区进行了试验。同时，电管局组织3千瓦以上风力发电机的研制工作。这一阶段尽管存在着缺乏统一规划和协调，方针不够明确，一些关键技术问题有待进一步解决等问题，但初步解决了风能转变为机械能、电能的转换设备，通过自治区和国家安排的中试，初步探索出利用风能解决牧区能源问题的可能性，为风能的开发利用奠定了基础。

第二阶段：从1980—1983年，风能开发利用步入有组织、有计划发展的关键阶段。1980年，自治区将风能的开发利用作为重点项目列入自治区科技计划。确定了明确的发展目标："风能利用应以解决牧区和边远地区农村生活和部分生产用电为主要目标"，"风能利用研究工作重点应放到10千瓦以下小型风力发电机组和提水装置上来，提出结构合理，运行可靠，操作简便，造价低廉，适合广大牧区使用的定型机型"。在具体做法上，提出："加强领导，统一规划，明确分工，协同攻关，从研制、生产、中间试验，推广应用形成一个统一体系。"1981—1983年，在锡林郭勒牧区3个点组织了风力发电、风力提水试验示范，采用单机单户，一机多户，充电站等几种供电方式，提供了解决牧区用电的几种模式。3年安装风力发电机141台，总装机容量18.2千瓦，建风力发电充电站3处，使236户牧民用上了电，76户牧民看上电视；安装风力提水机15台；建风能、太阳能电围栏12处，总长52公里，围护草场1 733公顷。使风能开发利用初具雏型，为大规模开发利用做好了物质、技术、管理等方面的准备。

第三阶段：从1984—1990年，是以小型风力发电机户用系统为标志的推广阶段。这一阶段的主要标志：一是科研取得重要成果，研制出20多种型号的风力发电机，10多种型号的风力提水机，使小型风机从50瓦、100瓦、200瓦、300瓦、500瓦、1千瓦、2千瓦到5千瓦形成系列。二是扩大示范成果，建立一批试验基地和民办公助点。示范规模扩大到13个旗。到1987年，这13个旗安装风力发电机13 353台，总装机容量1 176.7千瓦。三是初步形成了风力发电机产业，确定了17个主机和配套生产企业，制定了技术标准，建立完善了测试手段。四是制定扶持政策，进行大面积推广，1986年自治区政府颁发《关于新能源开发利用的暂行规定》，和《风力发电机，硅太阳能电池经济扶持办法》。1986—1990年5年间，自治区财政共拨补贴经费1 600万元，促进了风力发电机的推广普及。每年平均装机1.4万台。到1990年底，全自治区共安装风力发电机8.6万台，解决了全自治区56个旗县，9万多牧户的基本生活用电问题。

第四阶段：从1991年开始，自治区风能开发利用进入全面深入发展阶段。从1991—1996年，自治区财政在十分困难的情况下仍拨出900万元用于风力发电补贴，这一时期共推广小型风力发电机3.9万台，至此，自治区安装的风力发电机总数量累计达到12.5万台，解决了12万多牧户的基本生活困难，部分牧户还用上了电冰箱、洗衣机。在大力发展小型风力发电的同时，大型风电场建设得到长足发展，到目前自治区已建成朱日和、商都、锡林浩特和辉腾锡勒四大风电场，共安装风力发电机55台，装机容量1.5万千瓦。

由于内蒙古特殊的自然地理条件和经济不发达的现实，到1996年底全自治区仍有36个苏木（乡），1 600多个嘎查（村）和30万牧户无电，因此解决广大牧区能源问题的任务仍十分艰巨。

（内蒙古自治区农业环保能源监测管理站
刘福英　郝俊魁　林　莉）

辽宁省农村能源建设

辽宁省农村能源建设始于50年代，在长达20多年的历程中，就能源抓能源，使农村能源工作始终徘徊不前。党的十一届三中全会后，特别是"七五"以来，全省上下经过反复研究、探索和实践终于找出了一条符合本省自然资源状况、农村经济发展和社会主义市场经济规律要求的发展之路，各方面工作取得了长足进步。

（一）资源现状　辽宁省秸秆、薪柴、粪便、小煤矿、小水电等农村能源资源比较丰富，年资源总量为8 425万吨标准煤，人均占有量3.6吨标准煤。年实际可开发量1 457万吨标准煤，年人均占有量为630千克标准煤。太阳能、风能、地热能资源也很丰富。是我国风能丰富的省份之一，有效风能密度全省都在100瓦/平方米以上；太阳能资源在全国被划为东北区，第三热能等级，日照率为50%～70%，年日照时数为2 000～3 000小时，年总日照量为5 020～6 066千焦/平方米，合标准煤171～207千克/平方米·年；地热资源已发现49处，其中水温在80～100℃之间的高温热水点占7%，60～80℃的中高温热水点占21%，40～60℃中温热水点占34%，20～40℃的低温热水点占38%，热水排出量大于30吨/小时的有7处，占全省热水点的14%。

从资源特点来看，一是资源分布不均衡，差异较大。秸秆多分布在辽河平原的产粮区，薪柴以山区和丘陵地带最多，小煤矿多分布于大煤矿的边缘区域，小水电主要集中在落差较大的东部山区。二是生物质能是辽宁农村能源主体。可开发量中，约占76%，作为能源主要用于生活。三是煤、电资源不足，对国家商品能源有较大的依赖性。四是农村能源开发程度有限，与发达国家相比资源利用率较低，有待进一步加大农村能源资源开发与节约的力度。目前，小煤矿、小水电、人畜粪便已开发量仅占可开发量的40%、16%和0.8%，太阳能、风能、地热能开发程度也很低。本省有较长的海岸线，蕴藏着极其丰富的海洋能，也有待于开发。

从消费情况来看，由于农村经济的迅速增长，尤其是乡镇企业迅猛发展，农村对能源的需求数量不断增加。1994年全省农村消费各种能源达1 824万吨标准煤，其中农村生活耗能1 219万吨标准煤，农村生产用能605万吨标准煤。

农村总能耗中，农村年可提供的农村能源资源量为1 457万吨标准煤，年短缺277万吨标准煤，其中农村生活耗能占农村总耗能的80%，农村生产耗能占农村总耗能的30%。

（二）建设成效 “八五”期间，辽宁农村能源建设，在各级政府的领导下，遵循“因地制宜，多能互补，综合利用，讲求效益”的农村能源建设方针，以发展市场经济为导向，以优化农村用能结构为目标，大力推广北方农村能源生态模式、高效预制组装架空炕灶、被动式太阳房等农村能源实用技术，取得了丰硕的成果。全省已形成600万吨年节柴能力，相当于300万吨标准煤，缓解了农民生活用能短缺的问题，减少了国家常规能源的供应量，改善了农村生态环境，提高了人民生活水平，经济效益、生态效益和社会效益十分显著。三大技术全面推广，推动了农村经济发展。

到1996年，北方农村能源模式已发展到11.2万户，户均纯收入达到5 000元，占农户年总收入的50%以上。全省“模式”每年向市场提供无公害蔬菜11.2万吨，出栏生猪112万头，年产沼气折7.84万吨标准煤，年总纯收入达5.6亿元。实践表明：以庭院资源为基础，以太阳能为动力，以沼气为纽带，把沼气池、猪（禽）舍和日光温室优化组合，形成四位一体的生产体系——北方农村能源生态模式是优化农业资源配制、发展高产优质高效农业的一个重要途径，是增加能源、农副产品有效供给和提高农民收入的有效措施，是农村经济新的增长点。

全省累计推广清洁、美观、实用的高效预制组装架空炕灶105万铺，单体年平均节约691千克标准煤，平均热效率由第一轮改炕改灶的45%提高到70%以上，已形成年节约72.6万吨标准煤的能力。

被动式太阳房累计推广160万平方米，已由农户推广至县、乡中小学校，近几年推广速度很快，发展前景十分乐观。此外，薪炭林建设、乡镇企业、农机农电节能技术的推广也形成一定的规模效益。

在业务工作发展的同时，全省农村能源产业发展力度不断加大，初步形成了农村能源产业化格局。农村能源产业和服务体系，本着围绕农村能源为产业、办好产业促发展的指导思想正在稳步发展，到1996年末，全省共建服务企业58个，从业人员506人，资产1 451.08万元；成立技术服务专业队517个，从业人员2 433人。这些服务组织负责农村能源建设物资的供应、应用技术的推广以及产品的销售等任务，使农村能源配套建设及建后的管理服务逐步走向系列化、标准化、社会化。产业的发展强化了自身的造血功能，增强了农村能源对市场经济规律的适应性，进一步稳定了队伍，为事业的发展奠定了良好基础。

（三）技术水平 从80年代起，辽宁省在开发新能源和节能技术工作中，遵循依靠科技进步的指导思想，由省农村能源办公室牵头，会同省内有关大专院校、科研机构的各个专业的专家协作攻关，反复实践，不断改进、提高和完善现有的各项技术，为大规模推广奠定了坚实的基础。如北方农村能源生态模式，最初只是个别农民将沼气池建在温室内，解决了沼气池的越冬问题。省农村能源办公室在调查研究时发现了这个好的做法，为使其达到生产、生活、生态（即种植、养殖、生活用能、保护环境）共同发展的目的，组织了科研、教育、推广等部门的专家进行了长期的跟踪研究，弄清了“模式”的运行机理和技术结构，掌握了“模式”内生态因子、CO_2含量、冬季增保温、优化配套等大量科学数据，经过反复实践，这些技术日臻成熟，使简单的温室沼气成为“四位一体”的北方农村能源生态模式。

进入90年代后，辽宁农村能源工作由于科学技术的进步已逐渐走上综合建设的健康发展轨道。到1996年，已对适应农村经济发展要求的开发、节能、效益好、群众欢迎的单项技术，进行了系统地、科学地规范，并在实践的基础上分别制定了高效预制组装架空炕灶、北方农村能源生态模式、被动式太阳房等单项技术标准，省技术监督局以辽宁省地方标准向全省颁布实施，为全省农村能源建设实现标准化、规范化管理奠定了基础。

为保证农村能源建设的技术标准，7年中，全省上下加大了对基层施工技术人员的培训力度，使乡（镇）施工技术人员能按技术标准的规定施工，保证了工程质量和建后管理，目前沼气池建池成功率达99%。

辽宁省北方农村能源生态模式技术已由农业部组织国内专家鉴定为国内领先水平，该项成果被国家科委列入“九五”国家重大科技成果推广计划。

（辽宁省农村能源办公室 牟恩东）

1996年农村能源建设概况

1996年，在省委、省政府的正确领导下，在各级政府及有关部门的大力支持和密切配合下，全省农村能源系统广大干部、群众共同努力，坚持以社会主义市场经济为导向，以发展农村经济、增加农民收入和改善农村生态环境为目标，以加速农村能源产业化建设和服务体系建设为重点，依靠科技进步，扩大规模效益，全面超额完成了农村能源建设任务。北方农村能源生态模式（以下简称“北模”）、高效预制组装架空炕灶（以下简称“吊炕”）和被动式太阳房等三个主要项目均超额完成任务，形成年新增开发和节约能源83.34万吨标煤的能力，折合2.08亿元。取得了良好的经济效益、生态效益和社会效益。

（一）提高认识，明确思路，强化政府行为　农村能源建设，是整个能源建设的一个重要组成部分，是保证农业和农村经济可持续发展的基础建设之一。发展农村能源，是利在当代、功在千秋的伟大事业。但是，农村能源本身又是一个跨系统、多学科的弱质行业，需要社会各界的积极参与和共同扶持。基于这种认识，省农村能源办公室于1996年初，根据省领导关于“要把发展农村能源事业作为农村的一场革命来抓。农村能源上不去，农业现代化就很难实现”的指示精神，确定了农村能源工作的总体思路是“一个目标，两条线”，即以大规模推广三个主要项目建设为目标，以抓好农村能源综合建设县及产业化建设这两条线为重点，推动全省农村能源建设稳步深入地发展。

在具体做法上，各地都把农村能源工作纳入重要议事日程，通过强化政府行为，来切实推动这项工作。大连、阜新、朝阳、本溪等市，农村能源工作已成为市委、市政府为农民办的大事或实事之一，自市至乡，层层签订责任状，并制定一系列优惠政策，在财政困难情况下拿出一定资金扶持农村能源建设。从全省看，农村能源工作已呈现出各级领导重视、亲自抓，各部门紧密配合，广大农户积极性高的局面。

（二）树立典型，突出重点，加大推广力度　为了有效地推动全省农村能源建设工作的开展，按照“以点带面、点面结合、梯次推进”的方针，坚持“领导重视、群众基础好、当地自然状况适宜”的原则，在全省14个市选择试点村，实施农村能源建设项目。1996年全省共新建标准化试点村65个。这些典型极大地吸引了周边农民，起到了良好的辐射示范作用使试点户和周围的农民都深刻地认识到“北模”是致富奔小康的绿色工厂，太阳房和“吊炕”是现代农民居室的发展方向，从而在全省上下形成了发展一方农村能源，致富一方农民的热潮。

在抓好试点村建设的基础上，强化了“九五”时期15个国家农村能源综合建设县的工作。年初召开了动员暨培训会议，使综合建设县提前半年启动，确保了当年各项任务的超额完成。15个综合建设县共发展“北模”1.2万户，推广“吊炕”8.2万铺，新建被动式太阳房8.7万平方米，分别占全省总完成量的41%、34%和27%。同时，在农机、农电改造以及薪炭林建设等方面也取得了较大进展。1996年，全省三项主要建设项目均超额完成了当年计划任务，其中，新建“北模”30 020户，比上年增长33%；推广“吊炕”24.4万铺，增长94%；建设被动式太阳房32.2万平方米，增长25.6%。此外，太阳能热水器推广、薪炭林建设以及农机节能工作等也得到了进一步的发展。

（三）坚持标准，加强培训，提高科技含量　为了保证建设质量，省农村能源办公室在工作中以提高科技含量为中心，坚持“两手抓”。一手抓建设标准的制定和技术改造。1996年《被动式太阳房设计施工规范》颁布实施，使三项技术都有了完备的施工标准。省农能办要求农村能源建设项目必须按照省颁布的技术标准和提供的图纸施工。在坚持标准的基础上，农村能源战线广大干部、群众在实践中不断摸索，进行了许多项技术改造，如沼气池取消了活动盖，从而减小了漏气因素，同时具有省工省料、增加畜舍有效利用面积等优点；浇筑沼气池池墙木模在全省推广，使浇筑时间由采用砖模的4—5小时降至1.5小时；利用菱苦土、竹、钢筋制作的模式大棚骨架使用寿命长，造价却仅为钢结构造价的30%，已形成批量生产。1996年，“北模”被列为国家重大科技推广项目和省级科学技术研究成果。

另一手是抓技术培训工作。省农能办组织有关人员编写了《北方农村能源实用技术》一书，并与中央电视台合作录制了三项技术的教学录像带，作为培训教材发放到各市、县。采取一级抓一级，层层开展培训的手段，通过理论讲解、现场观摩、经验交流等多种培训形式，利用广播、电视、报刊等传播媒介宣传和普及各项农村能源实用技术。一年来，省举办培训班3次，培训人员180余人次；各市共培训人员6 016人次。通过专业培训和普及教育，农村能源技术队伍素质显著提高，广大农户也进一步掌握了农村能源实用技术。

（四）推进产业，稳定队伍，促进事业发展　辽宁省坚持“一个目标，两条线”的总体思路，积极推进农村能源产业化建设。省农能办于5月份成立了辽宁省农村能源开发服务公司，为全省农村能源建设供应零配件及有关物资，基本满足了全省农村能源建设物资的需求。省办还积极筹备了辽宁省农村能源节能产品综合加工厂，以引进技术和生产先进节能产品。

各市、县认真贯彻省农村能源产业工作会议精神，加大了产业及服务体系的建设力度，到1996年末，全省共建服务企业58个，从业人员506人，资产1 451.08万元；技术服务专业队517个，从业人员2 433人。这些服务组织负责农村能源建设物资的供应、应用技术的推广以及产品的销售等任务，使农村能源配套建设及建后的管理服务逐步走向系列化、标准化、社会化。同时，农村能源产业化建设的发展，适应了市场经济规律，增加了农村能源自身的造血功能，稳定了农村能源建设队伍，从而促进了农村能源建设事业的持续、健康发展。

（辽宁省农村能源办公室　王　莹）

推广三项农村能源技术
促进农村经济发展

“八五”以来，辽宁农村能源建设在省委、省政府的领导下，遵循农村能源建设方针，以本地优势资源为依托，以发展市场经济为导向，以振兴农村经济、促进农民致富、优化农村用能结构为目标，采取全面规划、突出重点、整体推进的做法，重点推广了北方农村能源生态模式、被动式太阳能采暖房和高效预制组装架空炕灶三项技术，各方面工作有了较大发展。到1996年末，全省北方农村能源生态模式已发展到11.2万户，由原来2个县，扩展到全省74个县（区）；户均年纯收入达5 000元以上，占农户年总收入的50%；年生产无公害蔬菜11.2万吨，出栏肉猪112万头，沼气提供的清洁能源达7.84万吨标准煤，提供有机沼肥179.2万立方米，增加农民纯收入5.6亿元。被动式太阳能采暖房已由农户推广至县、乡中小学校，达到160万平方米，形成年节能2.24万吨标准煤的能力。高效预制组装架空炕灶由1990年的5万铺，发展到105万铺，炕连灶平均综合热效率由原来第一轮改炕改灶的45%，提高到75%以上，每铺炕灶年平均节约691千克标准煤，形成年节约72.6万吨标准煤的能力。到1996年底，这三项主要农村能源技术已形成年开发与节约639万吨的节柴能力，相当于319万吨标准煤。由于这三项技术的发展，缓解了农民生活用能短缺的矛盾，减少了国家常规能源的供应量，改善了农村的生态环境，提高了农民的生活水平，推动了农村经济的发展，取得了良好的经济效益、社会效益和生态效益。

（一）北方农村能源生态模式　这一模式是辽宁广大农业科技工作者和农民群众，遵循自然和经济规律，从实际出发，经反复实践，探索和创造出的符合北方地区农村特点的能源生态模式。实践证明，它的推广和应用，家家户户都可成为一个绿色工厂，投资少、见效快，深受群众欢迎。是优化农业资源配置，发展高产优质高效农业的一个重要途径，是增加农民收入、提高农副产品数量和质量、保证社会有效供给的有效措施，是农村经济新的增长点。

“八五”国家百县农村能源综合建设项目实施以来，这一模式作为发展农村能源一项重要技术措施，越来越引起各级政府的重视，通过加强领导，增加投入，强化管理，依靠科技进步，大力抓点示范，完善服务体系建设等措施，逐步得到发展。它改变了农民生产与生活方式，变冬闲为冬忙，变淡季为旺季，变无收为有收。根据省委、省政府提出的辽宁农业要从自给型农业向产业化、商品化和现代化为特征的现代农业方向发展的总体思路，北方农村能源生态模式建设已从抓点示范，进入大面积、大范围、大规模的发展阶段。

（二）被动式太阳能采暖房　80年代以前，全省许多地区除炊事用柴外，几乎不再有采暖用能，农户冬季室内温度经常在5℃以下。为了缓解农村用能的短缺状况，改善农村居住条件，辽宁省从1982年开始，在农村开展了被动式太阳能采暖房的试验与研究工作，到1987年取得了初步进展，1988年开始在有条件的地区进行试点示范，1990年起，以“八五”期间的八个农村能源综合建设县为龙头进行大面积推广。为了促进太阳房的发展，各级政府制定了一系列扶持政策，将被动式太阳房建设纳入了村镇建设规划，集中连片地发展。不少村镇将被动式太阳房与北方农村能源生态模式、预制组装架空炕灶联在一起，统一规划，统一设计，综合利用，规模发展。太阳房小区和新村不断涌现。同时，在省教委的支持下，县城及农村中小学普遍建起了太阳能校舍。

（三）高效预制组装架空炕灶　1983年以来，辽宁省用6年时间，完成了节柴省煤改炕改灶工作，95%以上农户用上了新式炕灶，其综合热效率由原来的10%提高到22%—25%。“八五”开始，全省推广了高效预制组装架空炕灶，使综合热效率达到75%以上，比老式炕灶提高了30%，平均每户每年比原来节约0.7吨标准煤左右，形成500多万吨节柴能力，在一定程度上，缓解了农村生活用能的紧张局面，克服了落地式火炕热能利用率低，结构不合理，不美观不卫生，年年扒砌等问题，改变了有米一锅，有柴一灶的浪费能源的原始取火局面，较大幅度地提高了农民有效能获得量，保护了生态环境。

（辽宁省农村能源办公室　赵　伟）

大连市农村能源建设

大连市农村能源建设从1974年开始起步，至1977年为沼气建设试点阶段。这4年间，共建三合土结构沼气池133户。1978年市政府拨款50万元用于沼气建设，共建三合土沼气池7 120户。翌年又在大连召开沼气工作会议，由于领导重视、部门配合，沼气事业发展很快，仅这一年就兴建三合土沼气池11 690户。

“六五”期间，大连市沼气建设进入稳步发展阶段。前一时期，由于以公办为主、重建轻管、全额补贴，加之建筑材料以三合土为主，致使沼气利用率低，报废池不断增多，产生了许多负面影响。为了抓好沼气建设，大连市政府成立了推广沼气领导小组，以抓管理、抓配套、注重能源效益为突破口，科学安排建设进度，加强了沼气建设，使沼气池每年以800户左右的速度增加。此间，根据农业部的要求，还注重抓了太阳能热水器的试点工作。与大连市金属制品研究所共同研制的TRMS-50塑筒闷晒式太阳能热水器，每台可日产40～60℃热水50～80千克，节约标准煤100千克，经用户几年实践，效果很好。经新产品投产技术鉴定后，每年批量生产1 000多台用于农村。

随着农村城镇、郊区人民生活水平的逐渐提高，又及时引进了清华大学研制的一年四季可用的集热器部件，回来组装玻璃真空管的太阳能热水器，这种热水器，夏季最高水温达到95℃，冬季最低水温40℃左右，可解决农村居民四季洗澡问题。

几年来，在太阳能热水器发展过程中，根据农民生活水平不同，发展不同档次的太阳能热水器。在贫困山区，发展红泥塑料袋热水器，这种热水器构造简单、价格低廉，每年可发展几千台；较富裕的农户发展塑筒热水器，这种热水器每台300元左右，每年可发展2 000台左右；在城镇、郊区富裕地区，发展玻璃真空管热水器，这种热水器虽价格偏高，但四季可用，每年可发展近千台。

"七五"期间，大连市重点抓好省柴节煤炕连灶建设。各区市县根据本地区的实际情况，研制出马蹄型、簸箕型、圆锥型、鸡窝型、长海U-2型节能灶和八字花洞炕。这些炕连灶不仅技术工艺简单、取材容易、施工方便，而且具有好烧、炕热、热效率高的优点，深受用户欢迎。先后通过国家级验收，颁发了合格证书。其中甘井子区、金州区农村能源办研制的高效节能组装吊炕，在东北三省现场测试比赛中分别荣获二、三等奖。长海县研制的长海U-2型灶荣获大连市科技进步三等奖。还参照农业部制定的沼气池新标准，抓好三结合沼气池建设，不仅注重能源效益，而且在综合效益上下功夫。庄河市通过国家级沼气重点县验收，金州区农村能源办研制的底层出料沼气池，经过几年实践，解决出料难的问题，由市科委组织了新技术推广鉴定。

根据农业部关于要在北方地区抓好太阳能暖房试点工作的要求。大连市农村能源办在辽宁省能源研究所指导下，于普兰店市皮口镇宋家村能源助理孙茂增家兴建第一座太阳能农舍，经过三个冬季实践，效果很好。居室平均温度13—15℃，最低温度9.5℃，与同年建成的普通民房相比，平均室温高出8℃。夏季室内平均温度19.2℃，比普通民房低5.1℃。经受住1987年冬寒潮的考验。在室外温度为－20℃，邻街200多户室内自来水管冻坏的情况下，孙家的室内温度却保持在9℃以上。

"八五"期间，为了适应农村能源建设，主要抓高效节能组装吊炕、太阳能热水器、太阳能暖房新技术应用和沼气"四位一体"建设。1990年大连市农村能源办开始与市教委配合，抓好太阳能校舍试点工作。为了抓好太阳房校舍测试工作，市农村能源办于1990年在采暖期前下发了《关于搞好农村太阳房测试的通知》，对测试对象、仪器、时间、方法等方面做出了统一规定。为了抓好太阳能校舍建筑质量，与市教委于1991年5月，在金州区联合召开了太阳能校舍建筑现场经验交流会，参观了大魏家镇后石小学的施工现场，又对太阳能校舍的集热、储热、保温等技术环节的材料选用、施工程序、施工工艺、质量标准和验收方法等都做出具体规定。

为了保证全市太阳能校舍任务的完成，市里召开了农村中小学太阳能校舍试点工作会议，交待任务、明确责任、加强领导，制定了兴建太阳能校舍的优惠政策。由于领导重视、设计标准高，注重施工质量，太阳能校舍试点取得成功。行家评价其节能有效、经济合算、使用舒适、方向对头、路子可行。1992年，由市科委组织对大连市被动式太阳能校舍进行鉴定，荣获大连市科技进步三等奖。

由于历史原因，"八五"前四年沼气"四位一体"发展缓慢，除了庄河市在"八五"期间作为国家农村能源综合建设县之一，每年发展百十户外，其他县（市）区寥寥无几。

1995年，是大连市农村能源建设突飞猛进的一年。市领导检查农业生产时，察看了集养猪、种菜、沼气、积肥为一体的"四位一体"温室后，十分赞赏。并当即要求各区（市）县各自推广500户这种"四位一体"。此后，又召开市长办公会议，专门研究沼气"四位一体"建设，要求全市农村要下大气力完成"四位一体"农业生态模式3 200户。为保证任务完成，还对发展"四位一体"所需资金进行了安排，要求农能办对工作排出进度表，抓紧组织实施，年底验收。同时采取两项措施：一是加大资金投入，市县两级财政1995年共投入资金达291.2万元，是上年的8倍。市财政还单独拨出100万元用于太阳能暖房建设，拨出15万元用于能源工程及试点推广应用。二是制定优惠政策，为加快农村能源建设，各级政府制定一系列优惠政策。如对院落南北长不足10米，建"四位一体"沼气池有困难的户，在不影响规划和交通的前提下，经有关部门同意，允许延长至12米；凡农户申请建太阳能暖房的可优先予以审批，并在普通住宅基础上增加5%面积；当年建房指标不足，可将次年指标提前安排使用等等。由于领导高度重视，增加了资金投入，颁布了扶持政策，使当年的农村能源建设呈现了突飞猛进发展的好形势，仅"四位一体"生态模式，当年就完成3 226户，是前4年的7.6倍。

"八五"期间，共推广沼气"四位一体"6 504户，是"七五"期间的2.2倍；兴建被动式太阳能采暖房21.3万平方米，是"七五"期间的9.2倍；安装太阳能热水器1.53万平方米，是"七五"期间的7.6倍，修建高效节能组装架空炕12.3万铺，是"七五"期间的24倍。这些节能设施的安装和利用，达到了预期效果，年均节标煤8.1万吨，节电26万千瓦时。同时在净化环境，减小污染，提高农民生活质量方面起到了积极作用。

进入"九五"以来，大连市农村能源建设真正为农村、农业、农民服务，走上了注重效益，规模发展，综合建设，全面推进的规范化道路。

1996年，大连市农村能源主要项目（完成"四位一体"6 000户、太阳房500栋）被列入市政府经济建设和人民生活的16件实事之中，公开登报，责任到人。在大连市农村能源建设领导小组与大连市城乡规划土地局联合下发的《关于太阳能暖房建设有关问题的通知》中，进一步强调太阳房的审批手续、设计规范、施工标准、使用原则的要求，加强了对太阳房建设的领导。在各级财政极其困难的情况下，为支持农村能源建设，市县两级财政下拨了475万元用于农村能源建设，是上年的1.6倍。1996年，完成了"四位一体"6 859户，是上年的2.1倍；太阳房农舍632户，太阳房校舍19栋，总建筑面积107 983平方米，是上年的1.55倍。

（大连市农村能源办公室）

吉林省农村能源建设

吉林省位于我国东北中部，东经 121°38′～131°19′，北纬 40°52′～46°18′。全省面积 18.74 万平方公里。截至 1995 年全省行政区划为 9 个省辖市(州)，41 个县(市)，19 个市辖区。总人口为 2 515.6 万人，其中农业人口 1 434.5 万人，占人口总数的 57%，农村总户数为 348.8 万户。全省地貌由东向西可分为三个区域：东部长白山山地，中部吉林丘陵，西部松辽平原。吉林省气候属大陆性季风气候区，四季更替分明，年平均气温 5.1℃，年降水量在 400～950 毫米之间，年无霜期 114～149 天。吉林省有丰富的自然资源，全省现有耕地面积近 400 万公顷，森林覆盖率 42%。有着良好的发展农业生产的自然条件，党的十一届三中全会以来，全省农业生产得到了迅猛的发展，粮食产量相继登上了 1 000 万吨、1 500 万吨、2 000 万吨的台阶，是国家重要的商品粮生产基地之一。全省农村经济正朝着建设粮食生产大省、畜牧业大省、农副产品加工大省进而实现农村经济强省的方向发展。

（一）农村能源资源构成及分布特点　1996 年全省生物质资源产量为 3 629 万吨，折标准煤 1 895 万吨，其中，年产各类农作物秸秆折标准煤 1 724 万吨，占生物质资源量的 91%。全省林地面积 700 多万公顷，年产薪柴折标准煤 171 万吨，占生物质资源量的 9%，薪柴资源中约有 70%用于农村生活用能。全省小水电资源理论蕴藏量为 172.81 万千瓦，可装机容量为 119.8 万千瓦，年发电可达 39.67 亿千瓦时。全省可供开采小煤矿资源地质蕴藏量为 3.5 亿吨，可开采量为 1.7 亿吨。吉林省太阳能年辐射总量为 459.8～543.4 千焦/平方厘米，全年日照时数为 2 200～3 000 小时，为太阳能第三类热能等级，属太阳能丰富区。太阳能年资源量折标准煤 3.26×10^{10} 万吨。风能比较丰富，属风能可利用区，年平均风速在 2 米/秒以上，年有效风速在 3 000～6 000 小时，风能密度为 60～80 瓦/平方米。风能资源蕴藏量为 692 亿千瓦时，折标准煤 8 510 万吨。

由于全省地貌由东向西形成了三个区域，农村能源资源分布的区域差异也很大。农作物秸杆主要集中在中、西部地区，占全省秸杆总产量的 77%左右。小水电、小煤矿和薪柴资源主要分布在东部山区和半山区，风能资源主要分布在西部地区，太阳能资源全省分布较为均衡。

（二）农村能源建设的主要成就

1. 省柴炕连灶推广。省柴炕连灶大规模推广是从 80 年代初开始的。经过“七五”和“八五”的巩固提高，全省已推广省柴炕连灶 310 万户，占全省农户总数的 88%。农户使用柴灶的热效率已由 80 年代初的 10%提高到 25%左右，全省每年可节省各种秸秆、柴草 400 万吨。在推广巩固省柴炕连灶技术的同时，各地还研制开发了白城节能地炕，因地制宜地引进了吊炕、节柴“神炉”、热管节能炉。逐步使节柴省煤技术多样化，满足了不同层次群众生活的需要。全省推广白城节能地炕 2.6 万铺，吊炕 1 万余铺，节柴“神炉”3 000 台。

2. 沼气建设。全省的沼气建设从 70 年代开始，已有 20 多年的发展历史，这期间沼气建设有起有伏，波动发展。进入“八五”期间，全省的沼气建设逐步走上了稳步发展的轨道。主推池型以小型高效铁沼气罐和“四位一体”地下水压式沼气池为主，全省现有各类沼气池 1.4 万个，年利用率为 97%，其中“四位一体”生态模式户 1 500 多户。在抓好户用沼气池建设的同时，大中型沼气工程已由初期农村集体供气建设为主向企业的沼气环境工程方向发展，全省现有大中型沼气环境工程 4 处，每年为企业节支增收 200 多万元。

3. 太阳能开发。基本形式以太阳能光热转换为主。民用太阳房试点从 1989 年开始，以被动式太阳能采暖房为主。到 1996 年末，全省新建、改建各类太阳能采暖房 66.07 万平方米。1986 年通化县农村能源服务公司研制开发了 JT-B-Ⅱ型太阳灶，累计生产推广太阳灶 590 台。全省累计推广太阳能热水器 1.16 万平方米。“八五”期间，蔬菜生产、种植业、养殖业利用太阳能取得了重大进展。到 1996 年末，全省有日光温室 1 042 万平方米，塑料大棚 3.34 万公顷，太阳能畜禽舍 302 万平方米。

4. 风能利用。风能开发以西部白城地区为主要区域。在全省农村通电率达 100%的前题下，几年来，在农村养鱼点、苇塘、果园等临时生产居住点安装风力发电机 197 台，装机 20 千瓦。

5. 生产节能。“八五”期间，全省开展了烤烟房和砖瓦窑的节能技术改造工作。新建和改建节能烤烟房 2.95 万座，年节煤 1.6 万吨，改造砖瓦窑 842 座，年节能折标准煤 25.2 万吨。

6. 农村能源综合建设。“八五”期间，全省首次进行了以县为单位的农村能源综合建设工作，大安市、磐石市和德惠市被列入由国家八部委共同组织实施的全国 100 个农村能源综合建设县项目中。经过 5 年的建设，3 个市全面完成了与国家签定合同的 54 个项目的建设任务，于 1995 年 10 月通过国家验收。据统计，5 年来国家、省、地、县四级投入项目工作经费 262.5 万元，3 个市累计投入建设资金 1.35 亿元，节约和开发能源 77.28 万吨标准煤，创经济效益 4.77 亿元。

7. 农村能源产业开始起步。随着农村能源事业的发展，各地相继办起了 20 余家农村能源企业或服务公司，内容涉及生产、加工维修能源设备，新型节能炉具研制开发，商贸和种养殖业等，仅各级农村能源办公室直属的产业固定资产总额达 200 多万元。比较有规模、有新产品的产业有：延边州农村能源服务公司，吉林市农村能源产品经销公司，大安市节能型煤厂，永吉县节能热管炉厂，磐石市节能“神炉”厂，集安市太阳灶厂等。

8. 农村能源科研工作成效显著。吉林省从事农村能源科研的机构的有吉林农业大学工程技术学院能源与环保教研室、吉林省能源研究所新能源研究室和省农科院土壤肥料研究所等。近10年来，技术人员，克服了起步晚、基础条件差等困难，取得了一批科研成果，如生物质能、液体燃料发展战略的研究；FT-2.6型风力提水机研究；沼气环境工程；利用太阳能、地热能多功能养鱼；生物增施CO_2肥对蔬菜生产增产效果研究；震荡增温处理玉米淀粉废水回收蛋白饲料等。开发研究了一批与生产紧密结合、适合东北农村生产、生活特点的节能新产品和设施，并成为全省农村能源建设近来的主推产品和技术。如榆树市、通化县农村能源办公室研制的榆树83-Ⅰ型炕连灶和JT-B-Ⅱ太阳灶分获农业部农村能源新产品一、二等奖，省农科院土肥所研制的小型高效铁罐沼气池获省科技成果二等奖，白城市农村能源办公室、省农业机械化研究所研制的节能地炕和下气式自然引风节能炉等十几项科研成果均通过了省级鉴定，在全省推广面很大，成效显著。

9. 初步建成农村能源管理和服务体系。经过十几年的努力，全省初步建成了农村能源管理和服务体系。现有独立的地（州）、县（市）农村能源管理机构45个，占全省地（州）、县（市）总数的90%，19个市辖区有2个区有独立管理机构，其余17个区都有兼职机构和专人负责，省、地、县三级共有行政事业管理人员300余人。全省还有各级农村能源技术推广机构279个，技术推广人员867人，其中高中级技术人员227人，有技术专业服务队伍74个。初步形成了一个自上而下的有较强实力的管理服务体系。

（吉林省农业厅能源环保处　郧晓东）

1996年农村能源建设概况

1996年是“九五”计划实施的第一年。全省的农村能源工作以服务农业为宗旨，围绕“九五”计划发展目标和年初制定的各项任务，结合农村小康建设和农民增收致富，开展了多项农村能源建设，全面完成了全年的工作任务，为促进全省农村经济持续稳定发展做出了新贡献。

（一）农村能源建设稳步发展　全省当年节约和开发各种能源折标准煤200多万吨，为农村各业和农民节支增收近10亿元。有效地提高了农村的生活用能水平，保护了森林和草原，为保护和改善农业生态环境、发展畜牧业创造了有利条件。

1. 农村能源综合建设县项目进展顺利。为了进一步推动农村能源综合建设县工作，“九五”期间根据国家项目领导小组的统一部署，在省计委等部门的支持下，启动了6个农村能源综合建设县，规模比“八五”扩大1倍。这6个县（市）的政府高度重视，科学规划，措施到位，真抓实干，在抓好软件设计的同时，不放松硬件建设，实现了当年规划，当年启动，当年建设。据年末统计，6个县都落实了当年的配套工作经费，加强了机构，充实了专业人员，全面完成了合同内的年度计划任务，有30%的项目还超额完成了任务。综合建设县工作的开展，不但有效地提高了各县（市）农村能源建设的水平，而且对全省工作起到了良好的示范推动作用。如项目实施县之一的梨树县建设的八里庙村“四位一体”能源生态点，已成为全省有较高知名度的典型。

2. 沼气建设稳步发展。近年来吉林省的沼气建设继续朝着良性化方向发展。一是从单纯解决生活用能向支持农民增收致富的生产领域转变。集中力量重点推广“四位一体”生态模式户建设，继1995年建成600户后，1996年又新建了700余户，示范村（屯）达到十几处，遍布全省9个地区，为今后大发展起到了良好的示范作用。在抓好新池建设同时，狠抓了以沼气为纽带的生态户建设，开展了形式多样的综合利用，全省90%的沼气池用户都开展了1—2项综合利用项目，平均每户当年可实现增收近千元。二是沼气建设实现从农户向工厂的大中型沼气环境工程扩展。全省已建成4处处理酒（精）厂废液的沼气环境工程，如梨树酒精厂沼气工程1996年达到日处理废液450吨，产沼气5 000多立方米，企业年节支增收140余万元。

3. 太阳能开发保持良好势头。1996年全省新建和改建太阳房10.86万平方米，连续4年保持每年10万平方米左右的建设速度。全省当年日光温室、塑料大棚、太阳能畜禽舍利用面积分别达到1 042万平方米、3.34万公顷和302万平方米，推广地膜118.9万公顷，太阳能热水器1 600平方米，太阳灶53台。

4. 省柴炕连灶得到巩固提高。对于这项推广多年的技术，全省各地做到了常抓不懈，从灶型、质量、普及面等几个方面不断巩固提高省柴灶成果。到1996年底，全省省柴炕连灶拥有量达310万户，占农户总数的88%；新建节能地炕3 100铺，吊炕2 000多铺。针对本省生物质资源丰富，节柴改灶工作普遍开展后，秸秆等资源有较大剩余的问题，开展了生物质固化、气化试点的准备工作，做了引进国外生物质固化生产线和生物质气化项目的前期考察、论证工作。

5. 机构进一步充实完善。在1995—1996年全省市（州）、县（市、区）机构改革中，农村能源管理机构继续得到了加强，尤其是6个综合建设县农村能源办公室的人员得到了大大的充实。据年末统计，全省76%的市（州）、县（市、区）有独立的农村能源办公室，有16个市（县）将农村能源办公室列入行政机构，一部分乡（镇）也设置了兼职工作人员。全省现有农村能源行政事业管理人员300人，比1995年年末增加50多人。

（二）主要措施

1. 抓宏观，强化领导。农村能源工作是一项公益性很强的事业，加强领导，工作中真正体现政府行为是工作得以顺利开展的重要保证之一。在1996全省工作中，重点加大了宏观指导的力度。一是起草了《关于加强领导，开创我省农村能源工作新局面》的意见，经省计委和财政厅会签，已于当年十月由省政府办公厅转发至各市、州、县人民政府及省直各委、办、厅、局，《意见》转发后，对全省的农村能源工作起到了重要的促进作用。二是在国务院批准“九五”期间继续开展农村能源综合建设县工作后，及时向省政府汇报“八五”工作情况，提出“九五”发展设想，经主管省领导同意，将省综合建设县的规模扩大1倍，达到6个县（市）。三是各级农业部门积极主动，取得政府支持。“九五”6个综合建设县在项目建设中体现政府行为，将综合建设规划列入当地“九五”发展计划中，并通过政府逐项落实到各部门和乡镇。九台市还把综合建设县规划在市人大会议上通过，使5年的综合建设工作有了法律的保障。一些地区和市（县）的主要领导都亲自过问本地的农村能源建设进程，帮助解决困难和问题，并将农村能源建设列入了各级政府和部门的年度考核责任制中，保证了全省农村能源的建设规模和效益的稳步提高。

2. 抓协调，争取多部门支持。在农村能源综合建设工作中，省农业厅加强了同省计委、省财政厅、省经贸委等部门的协调工作。为了更好启动“九五”百县项目，1996年7月省农业厅会同省计委、省经贸委、省财政厅等八个部门联合召开全省农村能源综合建设工作会议，全面部署了“九五”综合建设县工作，并以省计委、省经贸委、省农业厅名义对“八五”项目先进集体和个人进行了表彰。这次会议既调动了各相关部门的积极性，加强了协作，又保证了各综合建设县的工作真正纳入了政府工作日程。同时还协调省计委落实了1996年全省6个农村能源综合建设县省级配套工作经费21万元，协调省财政落实了全省农村能源建设经费。在“四位一体”模式户建设中，各级农业部门积极主动与相关部门配合，有效地加快了建设步伐。如通化二道江区人大，图门市人大、政协，延吉市财政局，梨树县开发办等部门都出资金、出物质、出政策支持当地的“四位一体”建设。

3. 抓重点，突出规模效益。在1996年全省农村能源建设中，突出了农村能源综合建设县和“四位一体”模式户、太阳房和节能地炕三项技术推广这两个重点。为了使综合建设县项目顺利启动和实施，上半年集中力量，先后5次召开项目规划审查会议，并请吉林农业大学及省直各相关部门专家严把项目技术关。在全省规划基本结束后，又请国家项目专家组到吉林审查各县规划和合同，保证了规划的科学性和可操作性。在省级配套经费没到位的情况下，省农业厅预拨部分资金，支持各县开展工作。在农村能源建设中，要求各地结合实际，重点抓好三项建设，提倡集中连片发展，示范点要选在交通便利、窗口作用好、辐射面大的地方，严把质量关和效益关，集中有限的财力和人力，建成了十几处有一定规模、标准高、效益好的示范基点。“四位一体”建设继梨树县、延吉市后，又新形成了通化市二道江区、桦甸市、图门市等几处示范点。太阳房建设继磐石、德惠后，在桦甸和九台也形成了规模。节能地炕过去只在白城地区推广，现在已在全省十几个县（市）推广应用。这些示范点技术档次高，有一定的规模效益和综合利用效益，示范作用大，吸引了各级政府、部门领导和群众自发前去参观，扩大了影响，推动了工作。

（吉林省农业厅能源环保处　郭晓东）

大力开发利用生物质能和太阳能

吉林省的农村能源建设是从70年代末开始的，当时仅为单纯解决农民生活用能开展了沼气和省柴节煤灶推广工作。进入80年代后，特别是“七五”和“八五”期间，认真贯彻农村能源建设方针。针对东北地区农村生活用能量大、冬季寒冷漫长的特点，结合农村能源资源现状，将合理开发利用生物质能和太阳能作为全省农村能源工作重点。经过10多年的建设，全省在生物质能和太阳能的开发利用上成效显著，取得了良好的经济效益、生态效益和社会效益。

（一）合理利用生物质能　70年代末，全省农村生活用能旧灶的热效率在10%左右，而当时全省每年农作物秸秆产量仅为750万吨，加上薪柴等其他生物质资源，户均年资源占有量仅在3吨左右。农户缺柴烧现象十分严重，一方面能量大量浪费，另一方面造成有机质还田量不足，土壤板结，森林、草原过樵现象严重，影响农业生产持续发展，造成生态环境恶化加剧。为了尽快扭转这种局面，结合东北农村生活用能习惯及用能设施特点，在生物质资源节约和合理利用上，全省重点推广了以下几项节能技术。

1. 省柴炕连灶。以榆树市农村能源办公室开发研制的榆树83-I型炕连灶为全省主推灶型。该炕连灶的特点是：设计先进，结构合理，经国家权威部门测试，单灶热效率达29.6%，它一改旧式柴灶“三大一高”（灶门大、灶膛大、喉眼大，吊火高度高）为“三小一低”，具有好烧、省柴、炕热、屋暖、热效率高的特点，与旧灶相比年平均可节柴1/3左右。1986年被农业部评为农村能源先进产品一等奖。从1983年九台市、榆树市和集安市被国家列入第一批改灶节柴试点县起，全省先后有20余个县（市）被列入国家和省级改灶节柴试点县，占全省县（市）总数近50%。经过“八五”期间的巩固提高，到1996年末，累计推广省柴炕连灶310万户，占农户总数的88%。单灶平均热效率由80年代初的10%提高到25%左右，户均年节柴1～1.5吨。

2. 白城节能地炕。该节能设施是1989年由白城市农村能源办公室研制开发的。1991年通过省级科研成果鉴定，1993年获省农业厅农业技术改进二等奖。白城节能地炕的特点：一是结构独特，将炕由传统地上式改为地下式，扩大了房屋使用面积；二是高效省时，地炕填一次料，可燃用2个月左右，在东北地区冬季采暖期内，填2～3次即可彻底解决采暖问题；三是适应性强，建造容易，燃料来源广泛，锯末、树叶、碎秸秆等均可；四是取暖效果好，管理方便，据几年来多点实测，在最寒冷季节，室温可保持在15℃左右，且昼夜温差小，屋内无烟无尘。仅5年时间，在全省农村已建节能地炕2.6万铺。不仅农户使用，不少农村乡镇机关办公室、中小学也用地炕取代了其他采暖设施。特别是将白城节能地炕与太阳能采暖房配套建设，优势互补，既有效延长了节能地炕的使用时间，又发挥了太阳房的保温效果，在农村中小学试点后，深受师生欢迎，这项配套节能技术正在全省得到逐步推广。

3. 积极开发引进节能新设施。为了不断满足群众生活水平提高对用能设施的要求，适应不同家庭用能需求。各级农村能源办公室和科研部门还积极研制开发节能新设施，如永吉县农村能源服务公司生产的热管式节能炉在当地供不应求，省农机所研制的下气式自然引风烤烟炉，在烟叶生产地区大受农民欢迎。仅大安市"八五"期间就推广节能烤烟炉5 000多台，每年节能3 000吨标准煤，节支增收300多万元。各地还先后引进并推广了"吊炕"、节柴"神炉"，已推广"吊炕"1万余铺，节柴"神炉"3 000台。全省节柴、节煤领域得到了新的扩展，正由农村向中小城镇扩展。

4. 稳妥探索生物质能开发新途径。为了拓宽生物质资源利用方式，不断提高利用层次，为农民致富创造新途径。省农业厅能源环保处会同有关科研、教学单位积极稳妥地开展了生物质固化、气化的研究探索工作。首先是省里已决定引进丹麦生物质固化设备，兴建5条加工生产线。一期工程上2条生产线，在省原种繁殖场建厂，成功后再在3个县建设生产线。整个工程总投资2 000多万元。二是经省科委批准，"生物质气化供燃村（镇）模式的研究"课题已正式立项，试点选择在榆树市大坡镇关道东屯，总投资55万元左右。准备用1～2年的时间在引进山东省能源研究所技术的基础上，探索出适合东北农村的生物质气化集中供气技术。

通过以上几项措施，全省农村每年生物质资源节约量达到400多万吨，农作物秸秆用于生活用能和畜牧业、造肥还田的比例由80年代初的90%、4%、6%变为现在的53%、16%、10%，年人均生活用能实物量也增加了近一倍，此外每年尚有10%的秸秆剩余。有效地保护了森林和草原，防止了水土流失，为培肥地力，发展畜牧业创造了有利条件。

（二）大力开发太阳能　太阳能开发的历史由来已久，如建日光温室和塑料大棚在50年代就已进行。由于当时塑料薄膜材质不理想，温室结构设计也不尽合理，发展速度一直很缓慢。80年代以来，随着太阳能应用技术水平的不断提高，全省太阳能开发利用进入了迅猛发展时期，发展领域也从单纯的蔬菜生产扩展到养殖业及农村民用建筑节能。

1. 农村生活方面。全省重点推广了被动式太阳能采暖房，因地制宜推广太阳能热水器和太阳灶。太阳能采暖房是从1989年开始在扶余县万发乡新农村进行试点的，之后又在各地建了十几处示范点。通过试点，感到太阳房很适合东北的气候特点和冬季取暖需要，节能增温效果明显，技术上可行，投入上农民也能接受。据磐石市三年来对太阳能采暖房的观测，冬季太阳房比普通房屋提高室温3～5℃，一个采暖期每平方米可比普通房屋节柴40千克左右。从造价上看，太阳房仅比普通房增加成本10%左右，即每平方米增加20元左右投资。到1996年末全省累计新建、改建各类太阳能采暖房66万平方米，总面积位居全国第二，年节能折标准煤1.32万吨。尤其是近几年，每年全省太阳房推广面积均保持在10万平方米左右。1996年，被动式太阳能采暖推广获省政府科技推广一等奖。全省先后有四平市通用机械厂、光机所劳动服务公司引进技术，生产太阳能热水器，累计推广1.16万平方米。推广通化县农村能源服务公司研制的JT-B-II型太阳灶590台。

2. 农业生产方面。重点推广日光温室、阳光塑料大棚、太阳能畜禽舍三项技术。到1996年末，全省推广各类日光温室1 042万平方米，阳光塑料大棚3.35万公顷，太阳能畜禽舍302万平方米。对全省农村经济的发展，农民增收致富起到了良好的促进作用。

生物质能和太阳能是可再生能源，也是一种清洁能源。相当长一段时期内，受客观经济条件的限制，生物质能仍将是我国农村能源消费主体。全省要大力倡导、引导农民合理利用生物质资源，不断提高其利用水平，继续加大太阳能开发力度，保护资源，保护环境，进而促进农村经济持续稳定发展。

（吉林省农业厅能源环保处　郇晓东）

黑龙江省农村能源建设

黑龙江省位于我国东北边陲。地域辽阔，资源丰富，气候特点显著，具有开发利用农村能源的优势。

气候特点显著。年平均气温在－5～4℃之间，为全国最冷的省份。年降雨量450～650毫米，太阳能辐射量4 200～5 200兆焦/平方米·年，日照时数2 300～3 000小时，风能密度60～140瓦/平方米，平均风速2.5～4米/秒。为充分利用太阳能、风能提供了较好的自然条件。

土地辽阔。全省土地总面积45.4万平方公里，居全国第六位。草原面积753.2万公顷，森林面积1 380万公顷，为发展农业生产提供了得天独厚的条件。

水域广阔。水面和河泛地200万公顷，地表水资源656亿立方米，地下水资源273亿立方米，水力蕴藏量844.3万千瓦，可开发量612.3万千瓦。为农村开发利用水电资源，进行农田灌溉和经营水产、种植、养殖业等农村生态农业建设提供了发展条件。

地下矿藏丰富。小煤炭保有储量为37.3亿吨，为合理开发利用煤炭资源，提高农村用能品位，满足商品能源供应提供了有利条件。

生物质资源丰富。全省有高棵植物2 200多种，

1995年年产秸秆量折成2 308.2万吨标准煤。为发展农村生物质能综合利用提供了资源保障。

随着农村经济的发展，农村生产、生活用能的品位和结构，正不断发生新的变化。1995年，全省农村能源消费总量约为2 901.6万吨标煤，其中生活用能约为2 113.6万吨标煤，占总能耗的72.8%（在生活能耗中，采暖能耗约占70%。燃料构成为：秸秆占60%，商品能源占14%。生活能源以秸秆、薪柴和柴草为主）。生产用能约为78.8万吨标煤，占27.2%。

1975年，根据国家沼气领导小组要求，省政府为了解决缺柴问题，成立了推广沼气领导小组，下设推广沼气办公室。1984年易名为省人民政府农村能源办公室。截至1996年末，全省有农村能源行政机构173个，其中，地市级3个、县级32个，乡级138个，工作人员262人。现有农村能源生产企业33个、职工705人；服务企业62个、职工546人。

22年来，黑龙江省的农村能源工作，遵循“因地制宜，多能互补，综合利用，讲求效益”和“开发与节约并重”的方针，围绕本省各个不同时期的中心工作，对农村生活、生产所需的能源进行综合开发与节约利用，使农村能源建设从无到有，从小到大，从单一抓沼气建设到开展以县为单元的农村能源综合建设，已经逐步探索出了一条适合省情的农村能源建设路子，并形成了一定的社会、经济和环境效益。到1996年，累计节约和开发约1 600万吨标煤，综合效益约达40亿元。

取得农村能源科研成果近百项，其中部级以上成果48项；获得国家专利技术2项；制定地方标准5个；制定的《民用炕连灶热性能测试方法》被批准为国家标准。编辑出版了《黑龙江省优秀炕连灶图册》、《黑龙江省农村能源区域规划》、《望奎家用全塑式红泥塑料沼气池应用技术》、《黑龙江省农村能源动态》等书刊。

回顾22年来黑龙江省农村能源建设的历史，可以分为三个阶段。

（一）以沼气示范推广为中心的农村能源建设 1974年初，黑龙江省第一个沼气池由桦南县科委试验成功。到1975年7月，全省已有23个县进行了试点，共建沼气池131个，其中正常产气的49个。1976年各县相继建池2 000余个，由于沼气池建在室外，冬天池体冻裂渗漏，这些沼气池基本全部报废。1977年8月，召开全省沼气工作会议，提出了黑龙江省发展沼气仍然处在试验、示范阶段，重点应放在松花江、嫩江、绥化三个严重缺柴地区。改远（沼气池远离住房）、大（池容过大10～12立方米）、深（池深3米左右）为圆（池体为圆柱）、小（池容为4～6立方米）、浅（池深2.5米），改室外建池为室内建池，这样冻害是解决了，但夏天地温低、污染环境且进出料困难等问题仍未解决。1980年，龙江县沼气办公室设计建造了全封闭浮沉式沼气池，这种池型体积小、结构简单，气压稳定，利于保温，但储气容积小，易跑气。同年，省沼气办公室在肇东县试验成功了地上顶反水下开口式沼气池，这种池型产气率较高，出料方便，冬季空池越冬，在全省进行了较大范围的推广。同年，省沼气办又相继在双城、肇源利用牲畜粪便在温室内建100立方米以上的中型沼气池，双城县成功发电两年。在富裕县温室内建成总计200立方米的小沼气池群体，取得了“粪便—沼气—有机肥—蔬菜”的“四位一体”经验。1982年，望奎县高效季节性红泥塑料沼气池试验成功，并通过了国家鉴定。这种池型省工、省料、成本低、进出料方便。到1985年，全省共建各类沼气池11 545个，其中红泥塑料沼气池6 200个，主要分布在当时严重缺柴的25个市、县，但因管理体制和未能做到燃料、肥料、饲料等综合利用，致使一部分沼气池没能发挥很好的作用。

（二）以农村生活用能节约为中心的农村能源建设 黑龙江省地处高寒地区，冬季漫长。长期以来，农户既用柴草生火做饭，又用柴草烧炕取暖。全省农民使用的几乎是青一色的旧式炉灶，热效率只有8%—10%；农民睡的火炕是土坯炕，结构不合理，受热不均匀，炕头过热，炕稍过凉，保温蓄热性能差，综合热效率不足50%。这种落后的旧式炕灶，每年都消耗和浪费着大量的柴草和秸秆，致使1983年以前生活能源十分紧张，约40%的农户，年均缺少2～4个月的烧柴。1981年，省沼气办深入农村，走访农户，结合当地特点，研究设计出全省第一个节柴灶——桦南灶，这种灶比旧灶热效率提高1倍，节柴1/3—1/2，节省时间1/3，并获省政府科技成果三等奖。1982年7月，省科委在桦南县召开全省农村推广节柴灶现场会。同年9月末，巴彦县就有近10万农户用上了节柴灶。1983年有3个县被列为国家第一批改灶节柴试点县，在试点县建设中，省农村能源办公室根据黑龙江省的气候特点，提出了改灶和改炕必须同步进行，同时相应开展住房保温研究的工作建议。至此，黑龙江省农村生活用能节约工作有了长足的发展。1984年，继桦南灶之后，出现的呼兰回笼炕灶、巴彦异向通风透笼炕、汤原板凳腿炕灶、甘南架空炕灶和海伦花洞炕灶等均被评为省优秀炕灶。这些节能炕灶，结构合理，受热均匀，综合热效率高达70%—80%；1985年，望奎县改建成第一栋被动式太阳能住宅，其综合采暖节能效益在50%以上，突破了在北纬45°以北，不能建设太阳房的禁区。并于当年通过了省级鉴定；1986年，省农村能源办公室组织研制的HLJ-Ⅰ型炕连灶、汤原TY-Ⅱ型炕连灶均获全国评比一等奖。龙江-Ⅰ型炕连灶成为黑龙江省农村主推炕灶；1987年省农村能源办、东北农学院和中国农业工程研究设计院共同制定的《民用炕连灶热性能测试方法》被确定为国家标准，这项工作填补了我国在这方面的一项技术空白，获农业部环境保护优秀成果二等奖；同年，在绥化市建成第一栋太阳能小学校舍；1988年，双城市试制成功了炊事——水暖煤炉，该炉热效率高，供热强度适用，外型美观，经评比通过了技术鉴定；同年9月，省举办炊事——水暖煤炉评比，并受农业部委托主持编制了《多用煤炉热性能测试方法》。1990年，省里派出专家主持全国炊事——采暖炉评比。同时，省农村能源办公室还参与编制了《家用炊事——水暖煤炉热性能测试方法》(国家标准)。同年，铸铁片式节能取暖炉、立式下排烟管子母炉获国家专利。到1991年，全省共有8批、31个县相继通过了国家改灶节柴试点县验收，累计推广节煤灶331.5万户，占全省总农户的80%，推广节能炕87.4万铺，占全省总农户的20%，每年可节约秸秆330万吨，相当于165万吨标准煤。

其他新能源和可再生能源的开发利用，也都有长足的进展。望奎县农村能源办公室承担的“高寒地区沼气干发酵技术”、省农科院沼科所承担的“甜菜渣和废水制取沼气的研究”、肇东市机电化学工业公司研制的“柴油乳化剂”等，也相继通过了省级和部级鉴定。此外，小型风机、太阳灶、太阳能热水器等也都在一定的范围内示范推广。

在重视开展生活用能节约工作的同时，省农村能源办公室又开始向生产节能领域拓展。1988年，望奎县“三双二改节能烤烟房”通过部级鉴定，获得了千克烟节千克煤的效果，并提高了烟叶的等级，增加了农民的收入。到1996年，全省已推广8.04万座，年节约标煤9.20万吨标煤；引进了“Ⅱ型”节能吊丝窑，比普通砖窑每万块砖节煤300千克，每座吊丝窑年获利2万元，年节煤15～18吨。

（三）以农村能源综合建设县、乡为中心的农村能源建设　1990年，经国家批准，由国家八部委联合实施的全国“八五”期间百县农村能源综合建设项目，黑龙江省列入6个县（3个为省级联系县)，经过5年的工作，6县（市）的104个项目，全部按合同要求完成或超额完成了计划指标，1995年11月圆满通过了国家验收。6县(市)共形成年节能40.38万吨标煤、年开发能源25.67万吨标煤的能力，年综合效益达到6.04亿元。在5年的建设中，绥化市利用太阳能资源大面积推进太阳能房建设、桦川县乡镇企业节能和农村“三房”(豆腐坊、粉坊、油坊）节能改造、呼兰县大规模利用太阳能进行棚室生产和太阳能畜舍建设、克东县实行农村能源建设与小康村建设相结合和通河县利用光电池全面根治无电村等典型经验，为全省农村能源建设树立了样板。1992年，省里同时安排了14个农村能源综合建设乡项目(分布在13个县)，作为“九五”后备。经过几年的工作，14个乡均已达到预期目标，在本县起到了示范作用，1995年通过了省级验收，形成了年节能4.62万吨标煤的能力，年综合效益8 478.49万元。14个乡所在县已有5个升为“九五”期间农村能源综合建设县。

通过农村能源综合建设的实践，在省立项的“农村能源综合建设的试验与研究”课题，归纳、总结了黑龙江省农村能源综合建设的经验，适用于本省的农村能源综合建设模式，为今后的农村能源综合建设提供了经验，该课题获省星火一等奖。综合建设的规模效益带动了面上重点项目的推广，双面散热炕、“四结合”沼气池、燃池采暖等，在农业部立项的项目均按要求完成或超额完成了计划指标。

1994—1995年，省农村能源办公室开始注重农村能源规划、标准和法制建设。制定了黑龙江省农村能源“九五”计划和2010年发展规划，并以省四委办的名义下发全省。起草了《黑龙江省农村被动式太阳能保温住宅的技术规范》、《家用炊事——水暖炉通用技术条件》、《家用炊事——水暖炉热性能测试方法》、《户用烤烟房技术规范》、《户用烤烟房热性能测试方法》，经省技术监督局批准为地方标准。起草了《黑龙江省农村能源管理规定》。1995年省农村能源办公室组织调查并起草了“关于黑龙江省农村能源建设情况的调查报告”，省长做了重要批示，省政府下发了“关于加强农村能源工作的通知”，加强了全省农村能源工作的力度。1996年，在国家八部委召开的全国农村能源综合建设项目工作会议上，黑龙江省农村能源办公室被授予“全国农村能源综合建设项目先进指导单位”的称号，绥化市农村能源办公室被授予“全国农村能源综合建设先进县”的称号。1997年黑龙江省除有10个县被确定为“九五”期间国家农村能源综合建设县（5个为省联系县）外。还确定了10个省级农村能源综合建设乡。

此外，在农村能源产业建设方面也有长足发展。从1984年开始至今已发展到95家，职工1 251人，拥有资产3 109万元，销售额2 256万元，利税195.8万元。初步形成了省、地、县一条龙的农村能源产业和服务体系。

1984年，望奎县率先成立了黑龙江省第一家农村能源技术服务公司，加工并营销红泥塑料沼气池袋和红泥塑料太阳能热水器袋。此后，相继有富锦、甘南、龙江等十几个县办起了农村能源产业。主要营销炕面板、定型灶膛、各种炊事采暖炉、太阳能热水器、太阳能光电池等，为农村能源建设注入了活力。1985年，省农村能源办公室成立了黑龙江省农村能源技术咨询服务公司，1989年成立了黑龙江省农村能源综合试验厂，为本省农村能源建设提供了技术咨询和试验基地。1992年成立了黑龙江省北方能源经济开发公司，并先后成立了驻黑河办事处、绥芬河办事处、七通公司等，为促进全国农村能源系统经贸洽谈、旅游、参观等提供了条件。

通过农村能源系统提供政策、信贷扶持起来的系统外的产业也有很大的发展。黑龙江省型煤联营总公司、哈尔滨市能源电子公司、宁安市型煤厂、尚志市机制炭厂、呼兰县炉具厂等都为本省的农村能源产业建设作出了贡献。1988年，黑龙江省最大的一家中美合资企业——哈尔滨太阳能克罗拉公司建成，该厂生产的非晶硅太阳能光电池及其产品，远销日本、澳大利亚、非洲及东南亚等国家和地区，年产值100万元。同时，还为黑龙江省十几个无电村屯和铁路道班解决了生活用电问题。

（黑龙江省农村能源办公室
王书侠　金　成　朱　伟）

1996年农村能源建设概况

1996年黑龙江省的农村能源工作在省委、省政府的重视支持下，紧密围绕实现农业和农村经济的可持续发展，加快农业强省建设，以抓农村能源综合建设县（乡）为重点，推动面上工作的开展，较好地完成了全年工作计划。全省已形成了年节约和开发70万吨标煤的能力，年综合效益达到6.6亿元，农村能源综合建设呈现出良好的发展势头。

农村生活节能步伐加快。全省新增商品灶11.6万个、型煤炉3.6万个、新型节能炕11万铺、燃池722个。

农村生产节能取得新进展。全省改建节能烤烟房4.16万座，年加工量12万吨，年节能达5.6万吨标煤；砖瓦窑节能改造667座，年节能7.46万吨标煤；农村“三坊”（豆腐坊、粉坊、油坊）改造达到777座。

新能源开发利用朝着深广方向发展。全省新建或改建各类太阳房26.7万平方米、日光节能温室3 156万平方米、阳光塑料大棚7 250公顷、太阳能畜禽舍522万平方米；推广使用太阳能热水器5 600平方米，太阳灶212台，太阳能光电池1.4万峰瓦；新建微型水力发电站6座，年发电量634万千瓦时，示范推广新型液体燃料千余户。

营造薪炭林和使用型煤日益扩大。全省新造薪炭林1.44万公顷。型煤利用也更加广泛，许多住宅、饭店、农村学校和敬老院等公共事业单位及生产企业都越来越多的接受和使用型煤。全省型煤生产能力已达24万吨。

取得科研成果多项。全省有4项农村能源项目获奖，其中“高寒地区被动式太阳房扩大试验”项目通过省级鉴定，项目提出了适用于本省农村被动式太阳房的类型和结构。“黑龙江省农村能源综合建设的试验与研究”通过省级鉴定，并获省科技星火一等奖。

回顾1996年的农村能源工作，主要抓了以下几个方面：

（一）统一思想，进一步增强新时期农村能源建设的责任感　1996年是“九五”期间的开局年，也是关键性的一年。为确保各项任务的顺利完成，必须提高各级领导及有关项目实施单位工作人员的思想认识，增强新时期农村能源建设的责任感。1996年5月，“八五”和“九五”期间部分农村能源综合建设县的代表参加了全国农村能源综合建设项目工作会议，并受到党和国家领导人的接见。6月份，省政府召开了全省农村能源工作会议，传达贯彻了全国农村能源综合建设项目工作会议精神。会议还以省四委办的名义表彰了“八五”期间农村能源建设先进集体和先进个人。各级政府和领导对农村能源工作的重视支持，极大地推动了全省农村能源工作，各地市、县认真贯彻落实会议精神，纷纷召开县委常委会、政府常务会、农村能源工作会，全面动员，层层落实，加深了对农村能源工作重要性的认识。省直各有关部门也对全省农村能源工作给予了极大的支持，省计委在经费比较紧张的情况下，一次性解决了全省五年农村能源综合建设配套经费300万元。

（二）抢前抓早，“九五”综合建设县启动工作进展顺利　借鉴“八五”期间的成功经验，本省“九五”期间10个农村能源综合建设县，从开始就立足于抢前抓早。一是加强培训，完成规划合同的编制工作。1996年2月，省农村能源办在春节前召开了全省农村能源综合建设工作启动会，并采取以会带训的形式，举办了以规划和合同为内容的培训班。10个县全部按国家要求编制了规划，并通过了农业部专家组的审定。二是突出特点，制定相应的优惠政策。在综合县建设启动工作中，各县都能结合本地实际，突出自己的特点。“龙江第一县”海林市，以政府文件形式发布了支持农村能源综合建设的优惠政策，以市长令的形式颁布了有关政策法规。十强县之一的讷河市，制定了具有本地特色的“121”典型实施计划。即每乡1个模式村、2个模式屯、100个模式户。克山县政府常务会对综合建设工作做出了四条决定。海伦市开展日光节能温室生产，结束了地处北纬47°高寒地区冬季不能生产新鲜蔬菜的历史。赵光农场重视政策法规建设工作，在项目运作之初，便率先出台了《赵光农场农村能源暂行管理规定》，把农村能源工作纳入法制管理轨道。农村能源综合建设乡的启动工作也各具特色。富裕县召开了12次现场会，并出台了建一栋太阳房补500—800元，每盖一个太阳能保温猪舍补50%建设费等优惠政策，积极引导农民应用农村能源先进技术。庆安县为三个林场检查站安装了太阳能光电池，既解决了部分边远山区无电问题，又丰富了职工的文化生活。

（三）完善提高，“八五”综合建设县为全省再做新贡献　“八五”期间，绥化等6个县开展农村能源综合建设工作，取得了显著的经济、生态、社会效益，发挥了很好的辐射示范作用，并全部通过了国家验收。进入“九五”时期，这6个县又面临新的挑战。全国农村能源综合建设先进县——绥化市，在年初召开的农村能源综合建设领导小组会议上，提出继续抓好综合建设项目的跟踪服务工作。一年来，他们不仅完成了已建项目的维修改造和完善提高工作，而且又新建太阳能房1 000平方米，扩大太阳能棚室生产35 000平方米。桦川县在通过验收后，不仅没有削弱工作力度，反而加强了对农村能源工作的领导，县在机构改革中，把县农村能源办列入政府序列，将农村能源工作纳入全县国民经济和社会发展计划。1996年，该县又新建日光节能温室1 900平方米，改造节能烤烟房1 216个，新建太阳能房6 300平方米。

（四）整体推进，面上农村能源建设工作取得新进展　在国家和省农村能源综合建设县（乡）的示范、带动下，1996年全省面上的农村能源工作又取得了新进展。肇东市大面积推广太阳能棚室蔬菜生产，建成了省内最大的120栋日光节能温室群，年经济效益达到 384 万元；五常市大力推广太阳能光电池，在冲河镇、龙凤乡安装光电池 5 124 峰瓦，解决了 80%无电村农户的生活用电。地处边陲的东宁县，根据本地优势，利用热电厂循环温水养殖热带珍稀鱼，年产 140 吨，创产值 224 万元，为农村能源建设开辟了新的领域。

（黑龙江省农村能源办公室　张宝林　刘　慧）

开展生活用能节约工作

1975 年以来，经过实践和探索，逐渐摸索出了一条适于黑龙江省特点的农村能源建设路子，即由单一开发利用新能源，转向以实施生活用能节约为主，开发利用新能源和可再生能源为辅的农村能源建设路子。1982 年农业部和国家计委实施改灶节柴试点，这是一项投资少，见效快的好办法，适于在黑龙江省推广，省里即投入力量进行了研究。根据分析，当时全省农村总能耗中，生活用能占 78%，而其中有 75%用于采暖，即农村总耗能中约有 60%要用于采暖。这就表明要解决黑龙江省农村的生活能源，必须着力解决农村的采暖耗能问题。15 年来，把农村能源建设的着力点放在这项工作上，不但在结构上有了一定的创新、改造，而且在理论上获得了遵循的原则，在方法上制定了多种有关的“技术规范”和“测试方法”的标准，并编写了一些教材，取得了明显的效果，现已由政府指令性推广转为自发的在农村持续地进行发展。15 年来，围绕采暖耗能的节约，工作是具有地方特色的，而且在技术上、理论上奠定了基础。主要的技术成果有以下几个方面：

（一）炕灶的研究　黑龙江省农村 90%以上的农户都采用炕连灶，在节柴改灶工作中发现，带炕的灶，若不相应改炕，则改灶后的炕会不热，改灶成果的巩固率就会较低。为此，从 1983 年开始，便组织力量对炕连灶进行了系统的研究，取得的结果如下：

1. 在结构原理上获得的结论。烟气在炕的流通截面应有大幅度增大，这样，不但可以减少烟气流动的阻力和降低烟气在炕内的流速，还可以增加烟气和炕面间传热的时间。增加烟气和炕面间受热面积，以加快传热。为达到上述两项要求，应采用大块炕面板和较大幅度减少炕洞内的支持点。

采用引导式分火而不采用阻挡式分火，用后分火取代前分火。烟囱入口截面积大于喉口截面积，使炕面内后侧静压大于前侧静压，可使热烟气自动在炕洞内扩散。取消前后落灰塘，以减少热烟气的滞留点。

采用蓄热量大而传热快的炕面材料，如混凝土板和石板。

2. 制定了《民用炕连灶热性能测试方法》的国家标准。

3. 主持了全国炕连灶评选，并编写出《省柴节煤炕连灶讲义》培训教材。

4. 新型炕灶在省内推广近 100 万铺，并向外省推广新型炕的结构技术。

根据上述结构原理，炕本身的热量利用效率可提高 25—30 个百分点，所以，即使用省柴灶也可以达到热炕的效果。

（二）被动太阳能保温建筑的研究和推广　解决采暖耗能过多的问题，必须从提高供热设施的热效率和房屋建筑节能两方面同时着手。被动太阳能保温房建筑是农村节能中首选的型式。由于黑龙江省处于高纬度，冬季平面上的太阳辐射很低，太阳能利用划入Ⅲ类地区，被列入太阳房推广的禁区。经过研究开发发现，在高纬度地区虽然平面上的太阳辐射强度低，但在垂直面上的太阳辐射强度数值是相当高的，这恰恰符合了太阳房南立面对太阳能的收集。为此，1986 年和 1988 年相继建成了全省第一栋被动太阳能住宅和被动太阳能小学校舍，取得了较好的效果。至 1995 年，全省相继推广各类太阳房 35 万平方米，取得了明显的经济、社会和环境效益。

通过反复计算、试验和十几年的实践，取得如下的结论：

1. 在黑龙江省建被动太阳房必须同时重视围护结构保温和太阳能的收集，被动式太阳房和农村传统建筑相比节能率可达 40%～65%，而关键在围护结构保温措施加强上。

2. 黑龙江省冬季由于室外气温过低，如果保温不好，太阳能收集部分把收集到的太阳能又重新损失掉。所以太阳能收集部分的保温也是非常重要的。集热——蓄热墙式太阳房，虽然集热面大，但散热面也大，若采用双层玻璃，又会大大提高造价。根据实践和计算分析，黑龙江省适用的太阳房为直接受益式，这种形式的太阳房为三层玻璃或双层玻璃带保温蓄热板的结构。

3. 黑龙江省被动太阳房的太阳能收集部分，只要结构合理，可以做到有太阳能净热收益，太阳能供暖率可达 10%～15%。

同时，还制定了地方标准《农村被动太阳能保温住宅的技术规范》。

（三）“燃池”供暖　黑龙江省农村中小学校由于教学经费紧张，近十余年来，校舍采暖经费基本上没有着落，农村中小学校舍的采暖问题已成为教育部门的主要难题之一。1992 年林甸县教委根据林区地炕的结构加以改造和完善，提出了“燃池”供暖技术，实施后效果良好。

省农村能源办公室就此项技术开展了试验、改进和推广工作。目前，这项技术已在全省许多农村中小学广泛应用，并逐步向住宅、温室、猪舍等场合发展。

“燃池”是一个设置在地下的带有可调通风和排烟装置的密封坑腔，坑内充填带有高水分（45%～50%）的碎屑燃料，点燃后，调节通风和排烟，控制燃烧速度。所以，一次装料、点燃后可应用 20～40 天，不用管理，省时、省工，室内连续采暖温度均匀。燃料来源丰富、低值、易就地解决，受到农民的欢迎，有的农民已将“燃池”引入住房中应用，效果也很好。

“燃池”的技术关键是坑的密封性好，通风和排烟装置调节灵敏、精确，燃料的水分控制范围严格，燃池充填严实。

15年来，黑龙江省根据地域条件，致力于农村生活用能节约工作，在搞清工作原理的基础上，进行了新的结构设计和实施，在实践过程中逐步进行优化。“八五”期间开展的农村能源综合建设县，已充分显示出实施生活用能节约的宏观效果，根据已验收的农村能源综合建设县表明，生活能源节约工作的效果在不增加燃料用量的条件下，室温可以提高4～6℃。

随着黑龙江省农村能源建设的发展，生活用能节约工作已由政府指令性行为转入农民自发性推广，生活用能的品位正日益提高。这对加快农村经济发展和提高农民的生活水平必将产生积极作用。

（黑龙江省农村能源办公室　陈荣耀　付大龙）

黑龙江农垦节能工作

黑龙江农垦是国家的重要商品粮生产基地之一。拥有机械化农牧场103个，工业企业829个。1996年生产粮食715.5万吨，工业总产值58.1亿元。拥有大中型拖拉机22 947台，联合收割机7 988台，汽车13 634台，锅炉2 824台，三相异步电动机57 519台，谷物烘干机267台，排灌动力机械21 595台，机械总动力372.9万千瓦。年综合耗能274.4万吨标准煤，其中年耗煤244.7万吨、汽油12.8万吨、柴油30.4万吨、电力90 366万千瓦时。1986—1996年，全垦区综合节约能源323.5万吨标准煤，综合节能经济效益达3.1亿元。

（一）“八五”期间的节能工作　“八五”期间，由于各级领导重视节能工作，加强了对节能工作的领导。各部门密切配合，对节能工作给予了很大的支持。因此，垦区的节能工作取得了突破性的进展。万元国民生产总值综合能耗从1990年的5.63吨标准煤降到了1994年的4.6吨标准煤，万元工业产值综合能耗从1990年的5.79吨标准煤降到了1994年的3.94吨标准煤，降到了全省平均水平以下。实施了从计划经济向社会主义市场经济的转变，步入了法制管理的轨道。综合运用行政、经济、技术和法制的手段，获得了显著的节能经济效益。

1. 健全机构，加强领导，部门间密切配合。在总局领导的带动下，全垦区自上而下地建立起由主要领导挂帅的能源管理领导小组，配备了专兼职的节能机构。从总局到管理局，从管局到农场、到工厂，基本上都有领导管节能，都有人抓节能工作了。各级计委、科委、扶贫办、农机、财务、经委等部门，全力以赴地支持节能工作，为搞好节能工作创造了良好的条件。

2. 制定一整套能源管理办法。为了加强对节能工作的管理，总局能源办公室编制了《垦区能源开发、利用和节约“八五”计划和十年发展规划》，制定了《垦区节能技术经济管理办法》。在《垦区节能技术经济管理办法》中规定了节能基本建设项目管理和节能技术改造项目管理、节能技术政策、节能基础工作管理和节能经济政策，制定了《主要产品能源单耗定额》、《主要设备能耗定额》和《主要能源消耗定额》，使节能工作有章可循。之后，根据节能工作中遇到的实际情况，又制定了《关于农业机械节约用油的规定》、《关于贯彻执行〈关于基本建设和技术改造工程项目可行性研究报告增列节能篇（章）的暂行规定〉的实施意见的通知》。每年年初下达工作计划，年终进行总结。这样，使垦区的节能工作有组织、有领导、有计划地开展起来。

3. 运用法制手段管理节能工作。为了使节能工作从单纯依靠行政手段管理步入法制管理的轨道，制定了《国营农场能源统计报表制度》，在省统计局备了案，使国营农场系统的能源统计取得了合法的地位。建立了黑龙江农垦节能监测中心和农业部农垦北方节能监测中心，经黑龙江省技术监督局、国家技术监督局和全国节能监测管理中心认定为法定检测机构，依法对工业锅炉的热能利用、三相异步电动机的电能利用、汽车的油耗、煤炭的工业分析、节能产品的能耗指标进行了监测。组建了黑龙江省农垦能源计量检定测试中心，经黑龙江省技术监督局建立了计量标准，开始对垦区依法管理的立式罐、卧式罐等进行了计量检定和测试。使能源计量、能源统计、节能监测工作步入了法制管理的轨道。对节能中涌现出的先进单位和先进工作者每年奖励一次，调动了各方面的积极性，促进了节能工作的开展。

4. 加强能源管理的基础工作。在全垦区建立了《国营农场能源平衡表》、《重点工业企业能源消费与库存》统计报表制度，开展了能源计量工作，组织培训了能源统计员、汽车驾驶员节油、应用磁性槽泥改造电动机、安装“节能拱”、能源管理干部等5 350人。结合每年开展的“节能宣传周活动”，宣传国家的能源管理方针政策，宣传垦区节能先进经验，宣传节能新技术、新产品。特别是1995年举行了全垦区的节能知识竞赛，收到了比较好的效果，提高了全民的节能意识。

5. 依靠科学技术进步推广节能新技术、新产品。根据总局有关文件规定，坚持择优推广的原则：欢迎所有的节能新技术和节能新产品；依据法定检测报告和使用报告（经在垦区实验过的）；择优，谁的节能率高、省钱多、质量可靠，就推广谁的。五年来，凡是在垦区推广的节能新技术、新产品，都是经过总局能源管理领导小组审查批准的，并以总局的文件下达的。依靠科学技术进步，推广工作取得了比较好的经济效益，维护了垦区的整体利益。

五年来，组织应用磁性槽泥改造JO、JO_2系列电动机77 660千瓦，在KZL2-4吨/时锅炉上安装“节能拱”144台，推广应用清洗剂236吨，推广应用无功就地补偿器15 000千瓦，推广天润抗磨节能剂38 592升，推广以节本增效技术为重点的农机节能新技术，推广少耕法82万公顷，措施节煤49 833吨，节油63 519吨，节电4 914万千瓦时。“八五”期间，综合节能98.9万吨标准煤，综合节能经济效益达1.8亿元。

（二）1996年的节能工作 1996年经全垦区的共同努力，实施《“九五”期间垦区节能规划》，取得了较好的成绩。22个重点工业企业，万元工业产值综合能耗比上年下降了1.2吨标准煤，节能量为12.4万吨标准煤，节能率为14.5%。万元国内生产总值综合能耗下降了2.38吨标准煤，节能量达144万吨标准煤，节能率达34%，超额完成了省经贸委和总局下达的节能工作任务，被评为全省节能先进单位。

1. 提高各级领导对节能工作的认识，加强了领导。为提高各级领导对节能工作的认识，取得了国家经贸委和农业部的支持，结合开展全国节能宣传周活动，在大连中国节能教育中心举办了领导干部岗位培训班，培训了各级主管节能工作的领导56人，通过学习提高了认识。为了促进各级领导抓节能工作，制定了《节能工作考核办法》，下达了《节能工作考核指标》，把节能指标列入对各级领导政绩考核的重要内容，实行节奖超罚，从措施上加强了对节能工作的领导。

2. 抓典型带动全局。经过多方面的努力，赵光农场被列入了“九五”期间国家八部委联合实施的全国百县农村能源综合建设项目，帮助赵光农场制定节能规划，上闭路循环、吊胆锅炉等节能项目。力图开拓出一条国营农场能源综合开发、利用和节约的路子来，带动102个农场，为国家商品粮基地建设贡献力量。

3. 运用法制手段开展节能工作。依法开展了工业锅炉和三相异步电动机的节能监测，还开展了能源计量和能源统计工作，有力地促进了企业节能降耗，农场每播种1公顷油耗下降了10.20千克。为了全面地开展节能监测工作。进一步促进节能降耗，起草了《农用拖拉机节能监测标准》、《联合收割机节能监测标准》、《排灌动力机械节能监测标准》和《粮食烘干机节能监测标准》，并列入了农业部的计划。

4. 突出重点抓节能技术改造和节能新技术、新产品推广。总局能源办公室选择的“废蒸气及高温冷凝水回收压缩机”、“稻壳煤气发电机”和“风机水泵节电技术改造”项目，已列入垦区重点科技成果推广项目。1996年应用废蒸气及高温冷凝水回收压缩机等17台套，安装“节能拱”10个，在3台35吨/时工业锅炉上应用了分层燃烧装置，应用天润抗磨节能剂7 540升，推广少耕法146.7万公顷，维修和改造低压线路265公里，继续使用了无功就地补偿器2 000多台。在八五八农场落实了稻壳煤气发电试点计划，在老柞山金矿试点风机水泵节电技术改造项目，在宝泉岭局直砖厂试验了风机节电技术改造项目。

5. 扶持和引进资金上节能项目。帮助八五六农场研制的《烟气余热两用热管换热器》通过了省科委组织的专家鉴定，准备在1997年推广应用。征得国家计委能源研究所、辽宁省锅炉技术研究所和中外合资深圳海龙光电科技有限公司的支持，先在垦区安装锅炉分层燃烧装置和应用电子镇流器等节能新技术、新产品，安装运用检测合格后再付款，深受企业的欢迎。

6. 实施节能产品认证制度。为了管理好节能产品市场，防止假冒伪劣产品进入垦区，在调研和学习的基础上，制定了《黑龙江农垦节能产品认证管理办法》。

1996年在9个分局中：红兴隆、九三、北安、牡丹江、建三江、绥化等6个分局超额完成了总局下达的节能任务。在22个重点工业企业中，虎林电厂、赵光糖厂、九三油脂化工厂、宝泉岭糖厂、北安油脂化工厂、双山糖厂、松花江啤酒厂、红兴隆电厂、红兴隆机械厂等9个企业超额完成了总局下达的节能工作任务。涌现出了17个节能先进单位和30名节能先进工作者。

1996年，总局统一组织实施的措施节能，共节约煤16 200吨、节电110万千瓦时，节约成品油21 828吨。措施节能经济效益达4 256万元，取得了节能量、节能率和节能经济效益三超历史的好成绩。

（黑龙江省农垦总局能源办公室 张公博）

上海市农村能源建设

上海市郊基本无矿物能源资源的开发，但拥有较丰富的可再生资源和来自自然界的太阳能、风能、潮汐能资源。农村经济的持续发展，迫切需要进一步开发能源资源与合理利用能源。

（一）可利用能源资源现状

1. 秸秆资源。按1994年农作物粮棉油产量推算，秸秆总产量200.06万吨，折合92.94万吨标煤，其中以粮食秸秆为主年产179.55万吨占89.75%。近期随着农村生活用能商品能源供应量增大，实际上用作燃料的秸秆量逐年在下降。1995年估算秸秆作燃料量仅78.90万吨，仅占39.44%，因而出现收获时节连片烧荒在急剧增加。

2. 粪便资源。根据市有关部门1994年对上海郊区各类畜禽饲养量及排泄量调查统计，市郊年产各类畜禽粪尿量达703.19万吨，折合干物质220.72万吨，理论蕴藏生物质能达118.63万吨标煤，理论可开发沼气量为53.3亿立方米。

3. 太阳能资源。上海市郊位于北纬31°45″，东经121°29″，年平均温度15.7℃，按1958—1980年气象资料统计，年平均光照时数2 014小时，日射百分率54%，年平均总辐射量为466.89千焦/平方厘米，属于太阳能资源可利用区域。

4. 风能资源。上海市郊地处长江和杭州湾的东海之滨，海拔高度4～5米左右，处于东亚季风盛行地带，年平均风速在2.8～4.5米/秒，以春季3～4月平均风速在3.5～4.5米/秒为最大，年有效风速在3 143～4 317小时之间，有效风能密度在74～127瓦/平方米，年有效风能量在400～800千瓦/平方米，属于我国东南沿海风能资源丰富地带。

（二）农村能源建设的发展历程和成就 从70年代起上海农村能源建设大致经历了以下三个阶段：

1. 强调沼气化的阶段(1973—1979年)。这一时期，为缓和缺烧的燃眉之急，市石油煤炭公司在采取增加发放补贴煤供应外，还组织试验推广家用人工沼气池。1975年在市科委、郊区组领导下，组成上海开展沼气推广和研究协作组，组织有关单位协作研制水压式沼气池，1976年市、县分别都建立沼气推广小组。又掀起了群众性大办沼气的热潮。到1979年底统计共建人工沼气池6万多只。但因操之过急，过分强调以“土”为主，重数量轻质量和管理，形成一大批病池、废池。与此同时，还推广以烧硬柴为主的节柴灶和炉条灶，但由于难以适应郊区秸秆为主和农户传统用灶习惯，形成改一批，倒一批，不能持久使用。

2. 巩固提高，稳步发展的阶段（1980—1990年）。党的十一届三中全会后，农村能源建设进入改革、整顿、巩固、提高、稳步发展的新阶段。改正了过去一刀切的做法。1980年召开了沼气建设领导小组第一次会议，提出：“加强领导，狠抓管理，提高产气率，充分发挥效益，以管促建，扎扎实实地向前发展”的工作要求。1981年开始，市、县两级先后建立起沼气服务体系，抓维修保养，加强管理，巩固提高了家用小池的使用率，使5万多只人工沼气池的平均使用率保持在75%以上。同时，配合“菜篮子工程”对禽畜粪便处理与利用，减少有机物对环境的污染，开展对大中型沼气工程的研究与试验，取得了成功。1982年按照农业部的要求，开展了适合上海郊区省柴灶的研制与推广工作。经过调查、试点、推广、验收等几个阶段的工作，到1989年底，推广省柴灶107.92万户，占有灶总农户95%以上，10个县(区)均通过国家和市级验收，提前完成了改灶任务。

3. “八五”期间农村能源建设（1991—1995年）。

（1）省柴灶、节煤炉推广应用。在“七五”普及推广省柴灶、节煤炉使用成果的基础上，“八五”主要抓好巩固提高工作，把好新砌炉灶标准化、规范化、商品化的技术关，完善服务网络，实施专业服务与产业化供应。据1995年底统计实有省柴灶101.69万户，占总农户的75.55%，节煤炉由于扩大煤制品生产与供应网点，用煤炉已基本上实现节煤炉化。由此，实际上已形成农户多灶化，多能互补格局。一些地区已是省柴灶节日备用，煤饼炉、液化气灶常用情况。所以实际上省柴灶使用率大为下降，用作燃料的农作物秸秆消费量已是年产量的39.44%，烧荒还田量大为增加，这说明农村长期来缺能情况已改善，炊事用能已开始进入一个新的阶段。

（2）沼气建设与沼渣液的利用。按稳步发展沼气建设的方针，依靠科技进步提高技术含量，重点配合禽畜饲养场的粪便处理与综合利用，组织有关大专院校、研究所共同研究与开发了一批高效集中供气的大中型沼气工程，开展沼渣液综合利用防止二次污染。据1995年底统计，“八五”新增大沼气池175只，容积2 017.2立方米，累计实有66个集中供气沼气站，计550只大池，总容量43 960立方米，年产沼气1 121.3万立方米，常年供应22 425个用户。新增户用小池709只，容积5 992立方米，累计实有量34 903只，总容积284 839立方米，年产沼气632.42万立方米。由于农村家畜饲养户减少，沼气料源不足而停用或报废池增加，户用小池实有量比1990年锐减33.13%。随着农村经济与居住条件改变，户用小池还将继续减少。

在开展沼渣液综合利用与净化处理研究与试验上，已得到推广利用的有沼液浸种、混合饲料养猪、养鱼、种菇、制配合肥料、营养土及漫流净化、还田等，从而减少了由于沼液排放造成对水域环境的二次污染状况。

（3）太阳能利用。随着太阳能利用技术日趋成熟，上海郊区“八五”期间把太阳能利用重点放在推广太阳能热水器和结合“菜篮子工程”建设，扩大塑料大棚建设。据1995年底统计，实有太阳能热水器7 560平方米，“八五”新增太阳能热水器5 760平方米。塑料蔬菜大小棚田实有量1.5万多公顷，5年中新增1 053公顷，为确保常年蔬菜供应市区和丰富节日品种起到了积极的作用。

（4）商品能源合理利用。随着市郊扩大和一系列基础设施建设，城乡用能结构缩小了差异，近郊和集镇用能结构已接近市区水平，广大农村用能结构亦开始由以自给非商品能源为主结构，向商品能源为主的结构过渡。按1995年底统计，全郊区能源消费量602.12万吨中，商品能源要占总量的93.3%，比1990年上升16.9%，而生活用能量146.27万吨中，煤炭占38.25%，油品占28.2%，电力占17.79%，燃气占15.76%。全市郊已有125.42万户实现管道煤气、瓶装液化气、沼气化，农村生活用能其商品能源要占66.84%自给非商品能源仅占33.16%。这说明工、农、商业用能已商品能源化，农村生活用能自给非商品能源比重还在逐年下降。能源利用率将逐步提高，能源结构更加合理。

（5）郊区工业节能。“八五”期间，由于中心城市扩大，区域调整，推动了市属工业梯度转移与结构调整。广大乡镇工业抓住时机，向中型企业发展，使郊区工业得以迅速发展，成为上海经济的重要支柱。1995年郊区工业生产总值1 240.63亿元，比1990年增长152.10%，工业生产用能403.73万吨，工业万元产值能耗从1990年的0.47吨下降到0.33吨，主要采取工业结构调整，优先发展低能耗无污染产业，以科技攻关形式推广节能新工艺和节能产品，对年耗能量在5 000吨以上工业企业，实行按市行业能耗标准进行节能技改措施，加强能源管理。同时，开展工业锅炉、炉窖、低压电网等更新改造，形成年新增节能能力42万吨。

（6）“八五”农村能源综合建设县工作。闵行区完成了规划与项目合同所定的沼气工程建设、管道煤气化小区、液化气储配站、低压电网与工农业节能技改、塑料大棚等15个建设项目，总投资3.14亿元，年新增优质能源与节能3.83万吨，燃气普及率达96.6%，与1990年相比，社会生产总值增长412.8%，而能源消费总量只上升77.97%，万元综合产值能耗下降20%，人均能源消费量增长23.2%，年开创直接经济效益1.86亿元。长江农场完成规划与项目合同所定的大型沼气工程建设、低压电网改造、工业节能技改、塑料大棚、植树绿化等9个建设项目，总投入资金933万元，形成年增优质能源与节能625吨能力，直接经济效益503万元，全场居民燃气率61.33%。两个农村能源综合建设县单位都取得了较好的经济、社会与环境等综合效益，促进了区域性能源设施建设。

上海农村能源建设在各方面的支持下取得了一定的成绩。通过太阳能热水器、阳光塑料大棚、商品能源（煤气、液化气）的推广利用和沼气生物质能的开发，“八五”期间累计新增能量57.65万吨标煤；而通过工农业节能和节煤炉灶的推广，5年累计节能量47万吨标煤，合计104.65万吨标煤。

在取得节能、增能效益的同时，还取得了良好的社会与生态环境效益。优化了郊区供能用能结构，改善和提高了城乡居民生活用能水平，降低了万元产值单位的能耗，提高了企业经济效益，促进了工农业生产的发展，高能耗、高污染行业得到了一定控制，工农业有机废弃物得到了综合利用与净化处理，大气及河流水质质量因此得到了改善。

（上海市农村能源办公室　金　尧）

1996年农村能源建设概况

1996年是“九五”规划实施的第一年，为做好各项工作，上海市农村能源办在市农委的直接领导下，认真贯彻农业部制定的农村能源建设方针，努力进取，在各县（区）能源办、农场局节能办的积极支持配合下，做好本职工作。据1996年底普查统计：市郊共有家用沼气池32 245个，总容积269 139立方米；集体大中型沼气池775个，总容积59 151立方米，集中供气用户17 178户，郊区全年新发展太阳能热水器2 400平方米，累计拥有太阳能热水器9 960平方米，农村省柴灶拥有97万户，液化气在农村继续得到普及。

（一）抓好农村能源综合建设县工作　在完成了闵行区、长江农场农村能源综合建设县项目总结工作后，奉贤县在被明确为“九五”期间上海农村能源综合建设县单位，成立了由副县长任组长，计委分管主任、财政局局长为副组长，16个部、委、办、局负责人为成员的奉贤县农村能源综合建设工作领导小组，下设办公室，正式开展工作。在中央有关部委办和技术指导单位的指导帮助下，按照《全国农村能源综合建设规划大纲》要求，由16个部门组成了规划编写小组，克服困难，按时按质完成了规划的编制，并同项目领导小组办公室签订了合同。经过一年的努力，在较好地完成规划编制等任务的前提下，奉贤县1996年已有7个项目正式启动，并取得了较好的成绩，太阳能暖棚和农村低压电网改造都按计划完成了任务。排灌机泵改造，农用柴油净化节能装置，散装水泥推广，液化石油气的发展，农村改厕都超额完成了计划。

（二）在抓好原有示范点的基础上，开展了新的试点工作　按照农业部总结出的“科技先导、典型引路、示范推动、效益吸引”的工作方法和经验，在金山县兴塔镇布点试验，二组沼气净化池相继建造完工，投入运转。净化池共分五级处理，1—3级为厌氧发酵处理，第四级为过滤处理，第五级为好氧折流处理，每组容积31立方米。净化池投入运转后，9月12日经县环境监测站取样测试6个指标，除氨氮略高外，其它都低于国家规定的排放标准。试点的净化池具有投资省、运行费用低、不多占用土地，有利于改善环境卫生。因此，沼气净化池适合在小城镇住宅楼、医院、学校等单位推广使用。

1996年7月份，与宝山区能源办和横沙乡政府共同在横沙岛布点开展真空管太阳能热水器试点示范工作，在岛上共安装了26台真空管太阳能热水器，热水器在晴好天气夏秋两季水温能达到80℃以上，能满足全家4—5口人洗澡，在初冬季节只要天气晴好，水温亦能达到50℃以上，隆冬季节也有热水供应。

在星火农场开展沼液水稻种浸种试验。参与试点的农科专家与科研人员通过试验认为：沼液浸种是项简单易行的增产技术，从增强水稻抗病性、壮苗、健株以及分蘖、穗粒数、穗粒重方面都超过了浸种灵浸种，在沼液浸种基础上结合中、后期沼液根外喷施，其产量与浸种灵浸种相比，增加15%，沼液浸种的稻苗生长明显优于浸种灵浸种。

（三）组织编制上海市农村能源“九五”发展计划　整个计划在回顾总结了“八五”期间的工作后对上海农村能源消费现状作了分析，并对“九五”农村能源的需求作了预测，明确了“九五”期间本市农村能源发展的目标和工作重点，并提出完成“九五”计划的必要政策措施和建议。

（四）配合市节能宣传周和6.5世界环境保护日宣传活动，办公室组织市计委、经委、科委、环保局等有关部门的领导、专家多次考察大型沼气工程，组织座谈会，反映基层工作动态，取得了比较好的效果。办公室接待了来自德国的可再生能源代表团，加拿大秸秆气化考察组来沪考察和洽谈。接待了来自辽宁、江苏、成都沼科所、北京清华大学等同行、专家学者来沪考察、参观。组织了二批人员赴菲律宾、德国、美国、加拿大开会、培训和考察。

（上海市农村能源办公室　金　尧）

上海郊区的沼气建设

为了解决农村能源短缺，从1970年起郊区开始推广人工沼气，迄今，主要有2种沼气建设形式，一是主要用于解决农村家庭用气的家用沼气池，这类家用沼气池主要分布在农民居住比较分散、原料不易收集的地区。另一种是大中型沼气工程，主要是结合畜牧场粪便治理，能源建设而建。到1996年底上海郊区共有32 245个家用沼气池，775个大中型沼气池，全年可产沼气约1 840万立方米，事实表明，在农村地区推广沼气不仅节约了大量能源，而且有利于农村地区的环境保护。

从1980年起，随着上海郊区经济改革的展开，畜牧养殖业也起了很大的变化，公共沼气站应运而生，1982年上海郊区第一个沼气集中供气工程在川沙县严桥乡建成，沼气工程建于地下，地面建猪圈，猪粪水与冲棚水直接进入沼气池，既减轻了劳动强度，也改善了猪场的环境卫生，并使周围的农民用上了管道沼气，这是出现在上海郊区最早的集中供气模式。

随着郊区经济的发展和城市副食品的需要，畜牧场规模越来越大，畜禽饲养业向集约化规模经营发展。集约化饲养后，一方面给城市提供大量的禽、蛋、鱼、肉、奶，同时也给农村留下了大量的畜禽粪便和污水，给农业生态环境带来了严重的污染和负效应。利用沼气技术，对畜禽粪便的资源化开发和多层次利用，既制取了优质气体燃料，又开发了再生饲料和优质有机肥料，同时治理了污染，净化了环境，形成了以沼气为纽带的生态农业良性循环系统。

上海大中型沼气工程的建设开始于80年代初，经过10多年的曲折与发展，以制取沼气，治理污染为目的的大中型沼气工程进入了稳步和健康的发展。其处理的原料包括工业有机废水、农业废弃物和生活污水等。沼气工程的发酵原料主要是禽畜粪便，一般大多采用完全混合式工艺。发酵装置80年代早期为地下水压式沼气池，此后针对其缺点对工艺进行了改进。80年代中后期出现了污泥滞留式厌氧接触工艺，增设了搅拌装置和污泥回流设施，并有保温装备的地面式沼气池。由于固体污泥和厌氧发酵的微生物滞留时间长，产气率明显提高，达到1.2～2.0立方米/立方米·日。近年来，随着城市“菜篮子工程”和大型集约化养殖业的发展，一些沼气工程又在厌氧消化工艺前增加了原料预处理装置，粪液用上流式污泥床等工艺处理，提高了产气量，COD的去除率可达到85%以上。

东风农场奶牛场共有750头奶牛，以前由于环境污染限制了畜牧业的发展，1983年在上海交通大学的支持下，以沼气为纽带，农场开展了生态农业建设，全场共建有17个中型沼气池，总容积1 600立方米，所产生的沼气每天供应1 300户农场职工生活用能，每年可节约700吨煤炭。发酵后的沼液、沼渣用于栽种无公害蔬菜，并促进了蔬菜的早熟，提高了产量，每公顷年产量可达6 000千克，沼液喂猪每天可增重600克，同对照组相比，可节省20%饲料，沼渣制成鱼饲料同样取得很好的经济效益，东风农场以沼气为纽带，走出了一条生态农业建设的路子。

1980年前，有很多关于利用牛粪进行厌氧发酵处理的例子。但很少有超过1 000头规模的实例。1990年，星火农场与上海市工业微生物研究所，上海城乡建筑设计院合作利用奶牛场2 000多头奶牛的粪便建成一个大型沼气站。1991年底竣工，工程由6个450立方米的发酵池及配套设施组成，总容积2 700立方米，1 400立方米储气柜，敷设了4 500米管道，平均产气率1.2立方米/立方米·日，最高产气率可达1.93立方米/立方米·日。工程年处理牛粪31 000吨、鸡粪4 380吨、工业有机废物3 000吨。每天产气量足够3 000户农场职工使用，70%的职工家庭用上了管道沼气。为此每年替代了3 140吨煤的直接燃烧，大大减少了煤烟的污染。居民集中居住区成为清洁优美的“无烟区”，环境得到了美化。

发酵后残余液（渣），星火沼气站每天排出量约150吨，如不妥善处理，将给周围环境造成二次污染，为此沼气站采用多种措施，多种渠道来处理发酵残余物，一是利用输粪管道的空余时间用泵压喷灌沼液还田灌溉，每天约100多吨沼液采用这一处理方式。农场350余亩青玉米田使用沼液后，生长高度增加17%，出苗率提高了21%，产量增加28%，节省了大量的农药和化肥，平均亩产量高达5 500公斤，创上海国营农场青玉米产量最高纪录；试种的蔬菜，生长期短，成为市场上受欢迎的无公害蔬菜，试种的西瓜产量高，糖度提高20%。二是用拖拉机槽车将剩余的沼液输送到管道喷灌不到的农田和鱼塘，充分利用沼渣、沼液，避免沼气站周围遭受二次污染。三是固液分离发酵残余物，选定适合于沼液固液分离的离心机，分离出的沼渣制成绿色营养土投向市场取得成功。分离出的固形物同上海水产研究所合作制成鱼饲料，每吨粗渣售价620元，在市场上供不应求，为沼气站增加了可观的经济收入。

（上海市农村能源办公室　金　尧）

江苏省农村能源建设

开发利用农村能源是促进农业现代化，实现农村经济社会全面发展，改善生态环境的重要措施。江苏省在“因地制宜、多能互补、综合利用、讲求效益”和“开发与节约并重”的方针指导下，更新观念，经过近20年的努力，一手抓事业，一手抓产业，不断拓展农村能源建设的外延内涵，农村能源建设事业取得了显著的成绩。

（一）农村能源建设发展总概况

1.机构体系的建设。江苏省农村能源体系建设，经过近20年的发展，几经变更，已形成了省、市、县级、技术推广机构80个，另有部分乡镇也建立了农村能源推广服务机构，从事农村能源管理推广工作的专职、兼职人员已达到1 030人。省级机构的主要职责是：管理农村能源建设、环境保护和节能工作；负责研究起草农业环境保护、农村能源建设的政策、法规和标准并监督实施；提出能源建设和农业环境保护的规划及重大技术措施，并负责试点、示范推广的组织教育工作；负责生态农业建设和农业环境污染控制与防治。

2. 农村能源政策。江苏省在70年代初期大办沼气阶段，曾3次以省政府名义发文，明确对农村能源事业发展要引起各级领导的重视，纳入政府的议事日程，并明确投入一定的资金。在1983年以前江苏省政府每年都召开一次由地区专员、县长参加的全省沼气工作会议。1983年以后，分别在1986年、1990年、1996年召开过3次由各市分管农村能源主管部门参加的会议。1987年省政府发了关于"加强农村能源建设的通知"。1995年省农林厅会同省建委、省计经委、省环保局、爱卫会发出了"关于进一步加强生活污水净化沼气池技术推广工作的通知"。1996年省政府发文批转了省计经委、省农林厅等7部门"关于'九五'期间继续开展农村能源综合建设工作意见的通知"。

3. 农村能源科技。江苏省农村能源事业以科技发展带动取得了显著成绩。1991年编制了分离浮罩式沼气池标准图集省地标准《大、中型沼气工程设计规范》(DB32/T022-93)；1995年编制了苏9402《生活污水净化沼气池标准图集》，1995年并与省技术监督局共同颁布了《江苏省家用太阳能热水器地方标准》。

4. 农村能源产业的发展。为适应经济体制改革的形势，近10年农村能源的产业建设，发展迅猛，已形成了四大支柱产业。一是有百余家太阳热水器生产销售公司，集太阳能真空管、太阳热水器生产销售、安装服务为一体，年生产销售太阳热水器20余万台，年产值突破2亿元的太阳热水器推广企业；二是以大中型沼气工程建设、净化沼气池专业化设计、施工服务一体的产业化发展，社会效益、经济效益显著。到1996年全省已有专业服务施工队311个。

（二）农村能源的综合开发利用

1. 沼气发展及综合开发利用。江苏省的沼气利用及发展，大体经历了三个阶段。第一阶段：1975—1979年为大办阶段。70年代初期，江苏省科技局下达沼气的科研项目，1972年全省召开了沼气利用现场会。1974年农户沼气池的建设出现迅猛发展势头。自1976—1978年，每年建户用沼气均在15万—20万只以上，到1978年底，全省有建池专业队324个，专业人员7 317人。

第二阶段：1979—1987年为稳步发展阶段。由于第一阶段池型结构不合理，质量差、管理不善等原因，也使沼气利用的更深入发展受到影响。在党的十一届三中全会以后，对户用沼气池建设，坚持建管并举，质量第一，提高建池科技水平。1982年全省推广水压式家用沼气池标准化建设，坚持建设猪圈、厕所，沼气池相结合的"三结合"式沼气池，"五配套"(沼气灯、炉具、管道、开关、压力表配套齐全)，建池质量不断提高。这阶段全省每年以新建沼气池4万只左右的速度稳定发展。到1987年底全省已有户用沼气池68.4万只，全省沼气池的数量仅次于四川，占全国第2位。

第三阶段：1987—1996年为提高效益阶段。这一阶段以沼气利用为主体农村能源建设已突破了单纯解决炊事用能的观念。由生活领域向生产领域、由能源领域向生态、环境领域发展，由农民一家一户分散生产管理向商业化生产，社会化服务发展。由数量型建设向质量型、效益型转换。由农村向集镇、城市发展。并按照苏南、苏北、苏中三个经济发达程度不同地区，确定城郊型(大中型沼气工程)，农户兼有型农村能源发展模式进行指导。建立健全管理服务网络，发展管理专业队、专业户，实行社会化有偿服务。在此期间，沼气综合利用有了很快的发展，开发了小沼电、沼气孵鸡、蚕室增温、贮粮、沼渣育菇、养蚯蚓、沼液养鱼、喂猪等20多个沼气综合利用项目，取得了显著的经济效益和社会效益。到1996年底，实有农户用沼气池48.7万只，大中型沼气工程114处，3.25万立方米。兴建城镇沼气净化池1 202处、3.16万立方米。1996年全省沼液浸种播种面积9 017公顷，增产粮食2.19万吨；沼液喂猪28.99万头，节约饲料4 958.95吨；沼液养鱼1 998.5公顷，增产656.18吨；沼渣种菇67.18万平方米；沼气储粮1 628.75吨，减少损失102.2吨。

2. 省柴灶的推广及应用。江苏的改灶节柴工作是从1966年开始的，经过反复实践，多次改革使省柴改灶推广、使用日趋完善。1983年起全省有31个县(市)先后被列入全国省柴改灶试点县。在推广试点县阶段中，广大干群把推广省柴改灶工作列入农村能源工作的重要议事日程。扎实工作，加强培训，积极推广。1989年底，在31个试点县中新建灶或改老式灶的农户有645.32万户，平均热效率27.81%。以每户每年节柴500千克计，全省每年可节柴327万吨，将节省下来的柴草还田或过腹还田，不仅增加土壤肥力而且提高农民收入。到1996年底全省推广省柴灶1 307万户。

3. 太阳能的开发利用。对于太阳能资源的利用，历史上主要是生产农副产品的温室、温房。太阳能热水器是近十几年开始发展的，1978年，海安县研制了水泥老聚光式太阳灶，节能效果显著。同时南京部队仓库安装了一座100平方米太阳热水器，解决100多人洗澡问题。到1987年底全省推广太阳热水器779.7平方米。进入90年代，农村能源的主管部门把太阳能利用技术作为农村新能源开发的一项重要工作来抓。与科研单位、生产企业联合争取多方面支持，增加对太阳能热水器科研、生产的资金投入。太阳能热水器利用技术日趋成熟。如盐城市锅厂研制的薄型铸造太阳灶；灌西盐场发明的PBG075-1型家用太阳热水器；南京太阳能光伏研究所研制的太阳能电池、太阳能电磁板等。

到90年代，太阳热水器进入了兴盛时期。自1992年扬州市从清华大学引进了第一条真空管生产线技术以来，全省已有5个市上真空管生产线，年生产300万只真空集热管。太阳热水器生产企业从1993年43家，年生产能力5.7万台，到1996年已达百余家，年生产能力近20万台，到1996年底全省已累计推广太阳热水器27.03万平方米。太阳热水器产品的类型也从当初的闷晒式、平板式太阳热水器，发展到真空管式、电热两用真空管式，热管式太阳热水器，产品日趋成熟，档次、质量不断提高。

4. 风能的开发利用。江苏东临黄海，风能资源较丰富。1951年全省有提水风车4 000台，到1959年，全省已有各类风车20万台。此后随着常规能源利用的发展，油电动力机械逐年增加，风能转化技术发展缓慢。“八五”期间，通过省、市、县各级农村能源办采取将风能利用推广纳入目标管理考核，召开现场交流会，示范推广等措施。推广风力发电机357台，57.24千瓦，风力提水机48台，灌溉面积16.6公顷，新增年节约能力240万吨标煤。1996年推广风力发电机42台，9.6千瓦。

（三）农村能源综合建设　“七五”期间，如皋市被列为全国12个农村能源综合试点县之一，完成了县级农村能源区域规划，并建立了农村生物质能源优化处理模式，探索出了乡镇企业节能管理办法与技术改造途径。

“八五”期间，经国家计委、农业部等八部委批准的江苏邗江县、东海县、扬中县、南京市雨花区为国家级农村能源综合建设县。经过5年的努力，完成或超额完成合同所规定的各项指标。邗江县作为全国试点验收单位，于1995年6月中旬通过国家级验收。东海等县（市、区）的农村能源综合建设项目，受全国项目领导小组委托，由省项目领导小组主持，一致通过验收合格。通过5年的综合建设，邗江等4县（市、区）形成年节约和开发42万吨标煤的能力，年获经济效益3.09亿元。同时形成了代表经济发达地区，城市郊区和经济欠发达地区的各种不同农村能源综合建设模式，为全省综合利用推广农村能源技术，提供了可借鉴的经验和示范。

“九五”期间根据国家计委、农业部等8部委的精神，与省里7个厅（局）共同组织，通过调查有关地区社会经济发展情况，能源资源、消费情况，确定了“九五”期间农村能源综合建设试点县国家级4个：南通市、射阳县、金湖县，武进市。省级综合建设试点县3个：睢宁、泰兴和吴县。于1996年初各综合建设县(市)都相继成立了由政府分管领导为组长的领导小组和工作班子。射阳县政府并与各乡镇级县属有关部门签订预期目标责任状，把农村能源工作列入年度考核内容，把乡镇指导站列为乡镇事业编制。1997年初，并在睢宁县召开了全省农村能源综合建设试点县协作交流会。

（江苏省农林厅农村能源环境保护办公室　徐国良）

1996年农村能源建设概况

1996年，江苏农村能源工作在各级领导的关心和支持下，紧紧围绕农业和农村经济发展，以改善农民生活、生产条件，促进农村现代化为目标，牢固树立可持续发展观念，坚持农村能源开发与节约、资源利用与保护并举的方针，稳中求进、进中求高。经过全省农村能源战线广大干部职工的共同努力，取得了较为显著的成绩。全省新建户用沼气池9 636只、净化沼气池1 202处3.16万立方米，沼气储粮1 628.75吨，沼液浸种播种面积9 017公顷，增产粮食2.19万吨，沼液养鱼1 998.50公顷，沼液喂猪28.99万头，沼渣育菇67.18万平方米。推广太阳能热水器9.34万平方米，太阳能暖圈66.37万平方米，太阳能温室71.38万平米，推广省柴节煤炉灶73.71万户，其中：商品灶6.81万户，节煤灶25.83万户，推广风力发电机42台，装机容量9.6千瓦，风力提水机2台，灌溉面积5.2公顷。全省农村能源系统有70个企业，职工2 399人，拥有固定资金3 377.58万元，流动资金2 938.33万元，利税924.24万元；有214个服务公司、服务站，职工2 454人，拥有固定资金3 838.38万元，流动资金3 274.20万元，年营业额24 214.10万元，利税1 503.00万元；农村能源技术培训1 024人次。

（一）任务分解、层层落实，强化目标管理责任制，保证全年各项工作如期完成　1996年全省农村能源工作继续实施目标管理，重新制定了考核办法。在任务指标、项目管理、增加经费等16个方面作了具体要求，做到任务明确，责任到岗到位，考核办法科学合理，并以文件的形式发到各市执行。各市农村能源办公室，根据省办的要求，从实际出发，将各项任务指标分解到各县（市），并签订责任书。各县(市)又将指标层层分解到各乡镇，并落实责任人，要求将任务指标纳入政府对乡镇的考核指标。不少县（市）还纷纷开展以目标管理责任制为主的“农能杯”竞赛活动。年底采取自查和抽查的办法，组织全省农村能源系统对口检查、考核评比各地全年目标管理责任制实施情况，奖励先进。由于工作方向、目标要求明确，任务、责任奖惩分明，使各市、县(市)政府主管部门自觉地把农村能源工作列入重要议事日程，有力地推动全省农村能源工作的开展。

（二）树立典型、积极引导，大力推进农村能源建设全面展开　1996年，在工作中注重发挥典型的示范作用，以点带面，大胆进取，使全省农村能源建设工作蓬勃发展。

1. 农村能源综合建设县项目开局很好，实施得力。1996年是实施“九五”农村能源综合建设县项目的第一年。省农村能源办与省计经委、科委、财政厅、水利厅、电力工业局及乡镇企业局等7个厅（局）共同组织实施7个农村能源综合建设县项目。省里及时调整了农村能源综合建设县领导小组成员，并争取以省政府文件的形式进一步明确了农村能源综合建设县的指导思想、预期目标和主要措施。省政府召开了全省农村能源综合建设县工作会议。4个国家级和3个省级县(市)都相继成立了由政府分管领导为组长的综合建设县领导小组和工作班子。在调查研究的基础上，各县（市）结合当地的实际，突出重点，制定了规划和实施方案。并于九月初召开省农村能源综合建设领导小组会议对规划进行评审。

2. 户用沼气池建设又有新的举措。户用沼气池建设仍是本省的重点。不少地方进一步完善户用沼气池建设专业承包责任制，增加投入，加强管理。睢宁县、丰县采取从公积金中每人提取 0.5 元和 0.3 元的办法作为建池基金。淮阴县采取了经济合同建池办法。他们以签订合同的方式，由县能源办保证建池质量，并补助沼气池总造价的 50%，将沼气池建好，投入使用后 3 年可收回全部投资。采用这种方式，有效地调动了群众建设沼气池的积极性。现在普遍推广后，主动要求建池的农户越来越多。

3. 沼气综合利用结合多种经营取得规模效益。全省在沼气综合利用方面结合发展养殖，发展多种经营，产生了较好的经济效益，受到各级领导的支持和广大农户的欢迎。新沂市青年农民沈乐忠办起中园生物链养殖场，采用鸡粪喂猪、猪粪进行沼气发酵，沼渣用于养鱼、种菜、肥田，沼气用于生产、生活燃料等，1996 年收益达到 12 万元。沈乐忠本人还被评为江苏省劳动模范和"十大农村青年致富状元"。这个典型在科教兴农工作中发挥了较好的示范和带动作用。各地先后都建起了一批沼气综合利用生态养殖场或养殖户，仅徐州市 1996 年就建造大中型沼气综合利用生态养殖场 37 处，庭院型养殖户 1 200余户，已逐步形成了一定的规模效益，为推动农村经济特别是多种经营的发展发挥了显著作用。

4. 太阳热水器推广利用风靡城乡。太阳能的推广利用在江苏稳步增长，太阳能产业发展迅猛。目前全省有上百家太阳热水器生产厂家，真空管生产线 20 多条，这是开发利用太阳能的优势。各市、县把推广太阳热水器作为一项重要工作内容。广泛宣传，特别注意抓好典型工程，以点引路，达到全面普及目的。一些市、县与建设部门合作抓太阳热水器"三同时"工程试点。要求新建住宅楼与太阳热水系统同时设计、同时施工安装、同时竣工验收。一些市、县抓成片发展，建一批房屋、安装一批太阳热水器。到 1996 年底句容、高淳、金湖等县城区已有 70%以上的居民装用了不同类型的太阳热水器。1996 年省办还举办了太阳热水器实用工程技术培训班，来自全省 60 多位从事生产和推广管理人员学习了生产、安装、维修等方面的知识。从全省情况来看，太阳能利用正在由低档向中高档发展，由城镇向乡村扩展。

5. 大、中型沼气净化工程有了长足的发展。1996 年新建的净化沼气工程比 1995 年增加 10.8%，一些地方结合"菜篮子"建设，创建卫生城市等工作加快兴建大、中型沼气净化工程的步伐。扬州、盐城等市农村能源办 1996 年建净化沼气池达 200 多处，苏州市先后在万头猪场、定点屠宰场、蔬菜基地、垃圾处理场、食品站等地建造了 207 处大、中型沼气净化工程，总容积 1.74 万立方米，年处理人畜粪便和生活污水 20 多万吨，年产沼气 196 万立方米，节煤 5 700 多吨。

（三）调整结构、形成特色，扩大农村能源产业的规模效益　1996 年，省农村能源办提出办好产业实体做到"树立一个观念、抓住两个重点、办好三件实事"的总要求。"树立一个观念"就是树立依托事业发展产业的观念。即以自身事业为依托，发挥系统优势，围绕职能办好产业实体。"抓住两个重点"就是发挥职能优势，重点推广生活污水净化沼气池和生产、销售、安装太阳热水器。"办好三件实事"：一是农能办主动参与产业规划、项目选择和重大经营决策，加强对企业领导。二是充分发挥职能优势，为企业营造发展腾飞的外部条件。三是做好服务，及时提供资金、技术、信息支持。经过一年的积极努力，取得了可喜的成绩，实现了事业、产业齐发展，能源、财源双丰收的目标。扬州市 1996 年在创建卫生城市中，市属公司大搞生活污水净化沼气工程 80 多处，建生态公厕 5 座，创利税达 30 多万元。生产太阳能热水器远销 10 多个省市，还出口国外，1996 年创利税 150 万元，壮大了自己的实力，稳定了农能队伍。盐城市 1996 年共建净化沼气池 307 处，推广太阳热水器 4 573 平方米，加之其他农能辅助产业，创利税 80.9 万元。江都市农能办主要抓好市属农能企业扭亏增盈工作，从组织上充实加强了企业领导力量，由于上下齐心协力，科学决策，1996 年实现利润 25 万元，从中拿出 9 万多元支持农村能源事业的发展。睢宁县坚持为了能源办产业、抓好产业促能源的原则，调整产业结构，办起了新型液体燃料厂、能源器材厂、能源物质供销公司、长征工程公司等 6 个企业。产业有了一定的发展，不仅为职能部门开展工作提供了一条重要的资金渠道，而且在资金上对该县农村能源综合建设做出了贡献。

（江苏省农林厅农村能源环境保护办公室　曹友军）

推广净化沼气工程

随着改革不断地深化，乡镇企业的崛起，江苏农民的生活环境和用能结构均发生了很大的变化。单纯推广户用沼气池和省柴节煤炉灶已和新形势下的农村能源建设不相适应。为此，也须探索农村能源建设新领域，开创具有江苏特色的农村能源发展之路。

（一）紧密联系实际，选准特色项目　针对江苏经济发展较快，环保任务十分繁重的特点，把农村能源建设的一个重点放在如何为保护环境，促进可持续发展上。据初步统计，江苏省的废水处理能力仅为总排放量的 16%，每年直接向江河湖海排放的废水约 24 亿吨，预计到 2000 年将达到 1 500 亿立方米左右。这样就严重地污染了水体，破坏了环境，对江苏经济发展、环境改善和人民的身体健康带来了很大的危害。生活污水是整个水体污染中的重要污染源。因此加强对生活污水的治理是一项十分必要而又非常紧迫的任务。推广生活污水净化沼气池是减少生活污水污染的一条有效途径，它可以利用和发挥农村能源建设中掌握的厌氧消化技术，处理大量的生活污水。另外，该项技术具有占地少、投资省、工期短、不耗能等优点，具有良好的经济性。而目前采用的常规好氧污水处理技术，不仅在建设污水处理厂时需投入大量的资金，且在运转时，需要耗费许多能源，运转费用高。因而两者相比，净化沼气池技术更加适合于在江苏县、乡普及推广。

经过探讨和研究，省农村能源办确定把推广生活污水净化沼气池作为江苏农村能源建设的特色项目来抓。

（二）认真试点示范，提高技术含量　1987年以来，江苏就开始寻求和探索处理生活污水的途径与方法，同时不断地学习外地经验，最终采用了厌氧—兼氧—好氧过滤的工艺方法。江苏省生活污水净化沼气池推广利用工作大致经历了三个阶段。1987—1989年为试验阶段。在海门市临江卫生院、徐州市某老干部活动楼采用了多级沼气净化装置处理粪便污水，对数据进行测试记录，并对装置逐步进行改进。如增加好氧过滤处理等。1990—1993年为试点示范阶段，并加以逐步完善。1994年至今为巩固发展阶段。至1996年底，全省有城镇生活污水净化沼气池1 202座，总池容3.16万立方米，年处理量2 566.62万吨。在试验和示范试点的基础上，结合江苏池型规格大多在15～40立方米的特点，会同省建委编制了《江苏省给排水通用图集》、《生活污水净化沼气池标准图集》。按此图集设计施工可达到国标GB7959-87《粪便无害化卫生标准》和国标GB8928《污水综合排放标准》的第二类污染物允许排放浓度。使这项技术成为江苏水污染处理，尤其是在没有集中污水处理厂的地区或不能与污水处理厂并网的地区，进行水污染处理的一项行之有效的实用技术。

（三）加强部门协作，明确部门职责　生活污水净化沼气池的推广工作涉及到多部门、多学科。于是以省农林厅名义会同省建委、省计经委、省环保局以及省爱卫会联合签发了关于进一步加强“生活污水净化沼气池”技术推广工作的通知。该文下达以后，各级政府都将生活污水净化沼气池的推广列为城镇建设、创造国家卫生城市或文明卫生城镇的重要内容来抓，使这项工作得到了领导的重视，列入了政府的议事日程。各市、县计经委、建委、环保局、爱卫会下文，对加强净化沼气池的建设作出具体规定。由于各级政府牵头，各部门加强协作，齐抓共管，从1995年开始，每年以新建1 200座净化沼气池的速度递增，为治理生活污水的污染，改善环境质量，创建卫生城镇等奠定了良好的基础。

（四）建立保障体系，巩固特色成果　加强净化沼气池的工程质量监督，把好技术关、质量关需要一套质量、技术保障体系。为此，省农能办会同省建委印发《关于江苏省新能源和再生能源环境工程施工企业资格等级标准的通知》由专业施工队伍承担生活污水净化沼气池的工程建设。同时，省农能办举办了两次施工人员培训班，经考核合格后，由省建委颁发施工人员上岗证。从而在施工人员和施工队伍上保证工程质量。在施工中，通过建立规章制度严格要求按图施工，按照设计的工艺路线和技术路线施工。在装置投入运行稳定后，要出具环保监测部门及卫生防疫部门的出水水质指标报告和卫生指标报告，达到标准后方能通过验收，以维护生活污水净化沼气池的声誉，使该项工作能进一步得以推广。

（五）完善管理手段，注重产业建设　在推广生活污水净化沼气池工作中，一方面注意发挥该技术的社会效益、环境效益，同时也重视农村能源队伍的产业化建设，把这项工作作为江苏农村能源建设四大支柱产业之一。到1996年底，市、县成立的能源环境工程公司或服务队214个，有管理人员、技术人员、技工2 400多人，有配套齐全的设备和完善的管理、服务制度，这几年在生活污水净化沼气池的施工中发挥了重要的作用，并取得了较大的经济效益。

（江苏省农林厅农村能源环境保护办公室　徐国良）

浙江省农村能源建设

浙江省农村能源建设事业起步于70年代，在各级政府和有关部门的重视和支持下，从小到大，已初具规模。

（一）农村能源的开发和节约取得较大成绩　到1996年底，全省累计推广户用沼气池15.4万口，年产沼气2 105万立方米，正常使用的10.4万户；大中型沼气工程41处，发酵装置总容积2.25万立方米，年产沼气412万立方米供8 860户和30多个食堂用气；推广生活污水净化沼气池4 867处，年处理污水2 566.6万吨；推广太阳能热水器6.83万平方米；推广微水电站549处，装机容量840.5千瓦，年发电87.9万千瓦时解决贫困山区4 621户的照明及加工用电；推广小型风力发电装机容量418.37千瓦，年发电437.03万千瓦时，供电2 800户；小型潮汐电站正常运行3处，装机容量3 600千瓦，年发电1 036万千瓦时；到1996年底全省66个县（市）圆满完成国家和省下达的改灶节柴任务，累计改灶895.95万户，全省年节柴800多万吨，折合标煤459万吨，相当于封山育林54.73万公顷；推广制茶节煤炉5.92万个，改造节能砖瓦窑1 331座，全省农村能源形成年开发和节约528万吨标煤的能力，占全省农村生活生产用能总量的28.9%。

（二）农村能源综合建设县项目实施取得显著成效　富阳县列为“六五”、“七五”全国18个农村能源综合试点县之一，通过十多年的农村能源建设，逐步形成以开发森林能源为主体，工农业生产节能为重点，新能源开发利用作补充，全方位综合建设县级农村能源的模式，通过综合建设项目实施，全市森林覆盖率提高9.9个百分点，能源自供量年增7.5吨标煤。

“八五”期间建德、余杭、临安、瑞安和余姚等5个县（市）列入八部委的“百县项目”，经过5年的实施，综合建设成效显著，共投资10.836 6亿元，完成了营造薪炭林，开发小水电、生物质能、风能和太阳能、建设用电标准合格村、推广各类节能技术和服务体系建设等方面项目122个，各项指标都完成和超额完成了合同规定的任务。形成年开发和节约

89.8万吨标煤的能力，年经济效益8.78亿元，同时在提高农村用能水平和改善农村生态环境等方面取得良好的社会效益，促进了农村社会经济可持续发展。

（三）农村能源服务体系和产业建设稳步发展 80年代中期以后，浙江省农村能源服务体系和产业发展较快，到1996年底，全省已有83个服务企业，从业人员894人，年销售额达3.1亿元，年创利税746.46万元；农村能源生产企业236家，职工人数2 293人，固定资金2 763.12万元，流动资金997.98万元，年销售额3.169亿元，年创利税1 574万元。同时全省已有30多个农村能源设计室和工程队通过资金质审查并由农业厅颁发资质证书，农村能源工程设计和施工队伍逐步规范化。农村能源系统的经济实体逐步从单项（技术推广）经营服务向产、供、销、建、修、管一条龙综合服务经济实体转变。

（四）农村能源的法规和政策建设有新进展 90年代初，省里陆续出台促进农村能源事业发展的有关政策和法规，1995年由省农业厅颁发了《浙江省农村能源工程设计和施工单位资格审查管理规定》，并报法制局备案，从而进一步规范了全省农能工程设计和施工单位，对加强农能工程管理和保证工程质量起了重要作用。1996年由省计经委、省科委、农业厅、林业厅、财政厅、电力局等11个委厅（局）就"加强农村能源综合建设的意见"联合发文，同时由省农业厅、建设厅、环保局、卫生厅联合发布《关于加快生活污水净化沼气池推广的意见》加快此项技术在我省的全面推广，温州、宁波、诸暨、萧山。富阳、乐清、苍南等10余个市、县都相继发文件、出政策推广净化沼气池。

（浙江省农村能源办公室）

1996年农村能源建设概况

1996年是实施"九五"计划的第一年。浙江省的农村能源建设在各级各部门的支持配合下，取得了新的进展。

（一）综合县建设项目工作进展顺利 "九五"期间又有平阳、江山、丽水、义乌、象山等5个市（县）列入国家八部委联合开展的100个农村能源综合县建设项目。通过调整省市（县）项目领导小组和专家组成员，进一步落实项目配套资金，使"九五"5个农村能源综合县建设项目顺利启动，进展较快。5个市（县）共89个子项目，项目预计总投资14.07亿元，预计年节（供）能33.235万吨标煤。到1996年底，共投入经费5.9亿元，产生年节（供）能6.8万吨标准煤的能力，年产生经济效益0.941亿元。

同时，继续抓好"七五"、"八五"农村能源综合县建设的跟综工作。全省共有11个市（县）开展农村能源、经济、环境共建生态村的试点工作。能源生态村项目试点主要落实在"七五"、"八五"综合建设的试点市（县），从而进一步促进"七五"、"八五"综合建设县工作的开展和延续。1996年11个县的能源生态村建设投入资金481.6万元，占预计总投资的16.6%，项目完成量达29%。

（二）农村能源与环境保护结合良好 1996年，浙江省的农村能源建设，在成熟技术推广的基础上不断扩大和延伸。特别在能源工作与环境保护结合上取得了新的成绩，适合了市场的需求和形势的发展。

1996年新建户用沼气池509个，比上年增22.9%；新建大型沼气池2处比年增50%，容积1 000立方米；新建城镇生活污水净化沼气池841个，比上年增长20%，容积3.983万立方米。

到1996年底共有大中型沼气池41处，总容池2.25万立方米，年产气412.47万立方米，可供8 900户农村居民的用气；年处理禽畜粪便21万吨；处理工业有机污水139.5万吨。到1996年底共有城镇生活污水净化沼气池4 867处，总池容14.94万立方米，年处理生活污水11.87万吨。

沼气综合利用技术的不断推广和延伸，既增加了优质能源的供应量，又治理了禽畜粪便和生活污水对环境的污染，取得了良好的社会效益和经济效益。

（三）农村能源资源开发利用进一步加快 1996年，浙江省利用太阳能资源，积极推广太阳能热水器成效显著，新增15 646平方米，比上年增长22.2%。推广品种由原有双筒式、平板式在向真空管太阳能热水器方向发展，适应了农村经济发展后，农民生活水平提高的要求。1996年结合科技扶贫，在贫困山区，利用水资源积极发展微水电。青田、永嘉、文成泰顺等县（市）共推广微水电122台92.9千瓦，分别比上年增9.9%和3.7%。到1996年底，全省累计推广微水电728台、4 430千瓦，年总发电87.09千瓦时，解决了4 621户偏远山区农户的照明用电问题。

同时，根据本省农村稻草较多的特点，1996年，对生物质能转换项目，进行了资源调查和考察。

（四）农村能源产业化进展明显 浙江农村能源产业发展较早，主要是结合农村能源技术的推广，开展经营和服务。1996年农村能源企业创利比上年增长57%，农村能源产业从业人员比上年增长33.4%。

农村能源产业的发展，使农村能源实力不断增强，工作条件和环境得到了改善，在技术推广的基础上与经济相结合，拓展了工作范围和内容，有利农村能源的可持续发展。

（浙江省农村能源办公室）

大中型沼气工程和优质能源

浙江省在农村能源建设中，注意发挥本省优势，办出了特色。

（一）大中型沼气工程技术居国内领先水平 浙江省大中型沼气工程起步于80年代，随着规模养殖场的发展，作为菜篮子工程的配套设施，大中型沼气工程发展较快，而且采用国内外先进技术，建成一批上技术档次，上规模的工程，畜牧场的沼气集中供气工程相继建成50多处。杭州市成为全国10个大中城市畜牧场能源环保工程试点城市之一。沼气工程技术的优势和推广的成功，主要由于多年来，技术人员学习、吸收农业部成都沼气科研所、中国农业工程设计研究院、上海工业微生物所等单位先进技术。而且应用范围扩大，在原来畜牧场沼气工程的基础上，现能够处理黄酒废水（沼兴中粮酒厂）、酒精废水（青岛第一酿酒厂）、屠宰废水（北京顺义粮种场）等。还引进和吸收国外先进技术，1995年，杭州市农村能源办公室所属的杭州能源环境技术公司和工程设计所引进德国利浦-双折边咬合工艺，并进行优化组合，提高了技术档次，降低了造价。浙江省技术力量浓厚，杭州能源环境技术公司和工程设计所，是目前这一领域的国家级技术依托单位；省沼气太阳能所，金华农能办，鄞县农能办也多次成功设计，建造了多处大中型工程。

（二）高档优质能源发展较快　在能源结构比例上，全省已有761万农户不同程度的使用沼气、液化石油气、煤气、太阳能、电炊等，在920万农户中，优质能源比例达82.7%。高档新能源商品容易接受，发展势头迅猛。前几年主要推广双筒式太阳能热水器，每年推广数量在1万平方米以内，从1996年开始产品逐步向真空管热水器转移，推广步伐也骤然加快，1996年增加1.6万平方米。太阳能热水器的使用范围已包括城乡居民，如新昌县、桐乡县、江山市的乡镇农技站开始推广这一产品。

（浙江省农村能源办公室）

安徽省农村能源建设

安徽省农村能源资源十分丰富，开发利用的潜力巨大，建设发展的前景广阔。安徽省农村能源从50年代大办沼气开始，几十年来，经历了几上几下、曲折艰辛的发展道路，党的十一届三中全会以后，在各级政府和有关部门的重视和支持下，通过认真贯彻执行国家关于“因地制宜、多能互补、综合利用、讲求效益”和“开发与节约并举”的方针，使全省农村能源建设事业逐步走上稳步健康的发展轨道。经过全省农村能源战线的全体干部职工与农村广大干群的共同努力，在大力开发可再生能源，狠抓农村生活、生产节能，发展农村能源产业和服务体系等方面，取得了显著的成绩与长足的进展。

（一）农村能源资源　安徽省地处亚热带与暖温带的过渡地带，属北亚热带季风湿润气候区，气候温和，雨量充沛，四季分明，光、热、水资源较为充足。由于得天独厚的地理位置和气候条件，所以，安徽省的农村能源资源十分丰富。

1．生物质能资源。

（1）农作物秸秆。1995年，安徽省粮食总产2 650万吨，所产秸秆用作能源的为1 325万吨；油料总产190万吨，产秸秆380万吨；棉花、麻类总产40多万吨，产棉、麻秆110多万吨，以上主要作物秸秆资源合计折合920多万吨标准煤。

（2）薪柴。截至1995年底，全省林业用地400多万公顷，其中有林地300多万公顷，薪炭林约10万公顷，年产薪柴总计达600多万吨，折合标准煤340多万吨。

（3）人畜粪便。到1995年底，全省农村人口约4 800万人。1996年，全省生猪饲养量达2 970万头，大牲畜存栏800多万头。一年所产人畜粪便2 070万吨，折合标准煤620万吨。

（4）城镇生活、生产有机污水。至1995年底，本省城镇人口约1 200万人，一年所产生的生活污水达2亿吨之多（以50公斤/人天计），另外加上酒厂等工业高浓度有机污水一年排放超过200万吨。这也是一笔可观的生物质能资源。

2．太阳能、风能和地热资源。

（1）太阳能。安徽省太阳能资源较为丰富，全省各地皆可利用。从总体上看，自南向北逐步增加。年日照时数：淮河以北为2 500小时左右，最高达2 700小时；江淮之间为2 300小时左右；长江以南为2 100小时左右。年辐射总量：淮北为543.9千焦/平方厘米以上；江淮之间为502千焦/平方厘米；江南为460—481千焦/平方厘米。

（2）风能。安徽省风能资源属一般区。其中沿江、沿淮、沿湖及黄山地区年有效风速（3～20米/秒），可利用时数为4 500～6 800小时，风能密度为150～390瓦/平方米。淮北、江淮及江南东部风能密度为70～110瓦/平方米，年有效风速可利用时数为3 300小时左右。本省其他地区风能密度一般为65～80瓦/平方米，年有效风速可利用时数在3 000小时以下。

（3）地热。安徽省地热资源分布在14个县，共有20个地热点。地热水流量较小，温度大多偏低，目前，只有几处利用地热水供洗浴或用于种植养殖。其余大都因温度低没有开发利用。

3．小水电、小窑煤资源。

（1）小水电。安徽省小水电资源，理论储藏量为398.08万千瓦，可开发量为117万千瓦。目前，全省已开发小水电资源装机容量不到20万千瓦。尚具较大的开发潜力。

（2）小窑煤。安徽省小窑煤资源比较丰富，总储量达7亿吨。主要分布在两淮煤矿的周边和沿江江南近20多个县（市）的广大地区。目前，全省开采的小窑煤总产量约350万吨。由于受资金、技术等条件的限制，开采的产量波动较大。

（二）农村沼气及综合利用稳步发展　安徽省农村户用小型沼气池建设与发展，经历了50年代和70年代两次大起大落的过程。70年代末80年代初以来，在总结50年代和70年代大办沼气的经验教训的基础上，提出“加强领导、稳步发展，巩固提高，讲求实效，狠抓重点，搞好示范”的指导思想，强调农村沼气的推广要坚持“质量第一、效益吸引”和“自愿、自办为主，国家和集体扶持为辅”的原则，认真抓好建池技术员的技术培训，要求从池型结构到建池施工都要逐步实现标准化、规范化。各地建沼气池都能按标准设计施工，坚持实行猪圈、厕所、沼气池三结合，严把质量关。建池成功率达98%以上。据统计，到“八五”末，全省农村户用沼气池保有量累计达10万口，已形成150多个“百池村”、14个“千池乡”和庐江、肥东两个“万池县”。不少地方坚持把农用沼气建设与当地农村的改水、改灶、改厕等同步进行，东至、望江、宁国等沿江江南部分县、市还将沼气建设与血防工作结合，均收到了良好的效果。近年来，各地又将沼气建设纳入文明村，小康村建设的重要内容，发挥了积极的作用。

在建、用、管的基础上，广泛开展综合利用。如用沼液浸种面积达1.5万公顷，增产粮食近2万吨；添加沼液喂猪24万头，节约饲料8 000多吨；施沼肥养鱼达2 000多公顷，增加鱼产量700多吨；用沼渣育菇达3万平方米，产量达200多吨；生产优质商品有机肥1.4万多吨。各地还探索创造出多种多样的以沼气为纽带的综合利用模式，积累了丰富的经验，有力地促进种植、养殖业以及庭院经济和生态农业的发展。同时也涌现出一大批建沼气、用沼气，实行种、养、加结合，开展沼气、沼渣、渣液综合利用，走上致富之路的新型能源生态村、沼气专业户等先进典型。如80年代涌现出的颍上小张庄、和县勤王庄、舒城束庄等沼气生态村，以及合肥郊区刘明生、芜湖县赵桥乡潘正新、舒城县南港镇朱欧平、滁州市担子乡沈增会、郎溪县涛城镇徐铭光等都是办沼气致富的典型户，在全省闻名遐尔。90年代又有一批新秀脱颖而出。如肥东县的罗岗村、邓岗村、滁州市琅琊区的小上庄。特别是阜阳市颍州区的宁小村因地制宜，从建沼气入手，实行猪—沼—粮、菜、鱼、果等综合开发利用模式，大力发展养殖、种植业，走出了自己的小康之路，引起了各级领导的高度重视。党和国家领导人视察大京九时，亲临宁小村视察，对宁小村的小康建设给予充分的肯定。

（三）大中型沼气工程建设加快　安徽省大中型沼气工程建设始于50年代末，1959年，阜阳县为大食堂建了一座525立方米的大型沼气池。1960年肥东县梁园中学兴建了2口50立方米的浮罩式沼气池，运行使用效果良好。1978年灵璧县酒厂兴建全省第一座酒厂沼气工程。之后，安庆、阜阳、滁州等酒厂相继兴建了大型沼气工程。到90年代，随着环保意识的增强，发展大中型沼气工程的认识日益提高，建设的速度逐步加快。至“八五”末，全省建酒厂、畜禽场等大中型沼气工程33座，总容积11 585立方米，集中供气38处，共9 743户，年供气664.97万立方米。兴建城镇生活污水沼气净化池、沼气公厕共138处，总池容6 800立方米，一大批大中型沼气工程和净化装置的建成和运行，不仅增加了能源，而且有效地治理了污染，净化了环境，变废弃物为资源，充分加以开发利用，取得了显著的能源、经济和环境效益。灵璧县酒厂和滁州市酒厂沼气工程所产沼气与化肥厂弛放气混合，作为城市煤气输送到千家万户供居民生活使用，收到良好的经济效益和社会效果。

（四）农村生活、生产节能效果显著　从80年代初开始，在各级政府的高度重视和认真组织下，在全省农村普遍开展了改灶节柴工作。先后5批36个县（市）承担了全国省柴节煤试点县项目，42个县（市）达到了国家验收标准。到1989年底，全省已基本普及省柴灶，提前一年完成了国家下达的任务。阜阳、宿县两地区，在全省率先普及省柴节煤灶，其“科研与推广”成果获农业部农村能源农业环保优秀成果一等奖，全省获三等奖。截至“八五”末，全省累计新建改建省柴节煤炉灶1 200万户，占总农户的95%以上。炉灶的热效率由改灶前的10%～15%，提高到20%～30%，节约柴草50%左右。

在大力推广农村生活改灶节柴的同时，狠抓农业生产节能不放松。全省共改建各种类型的节能制茶灶1万多台，节能烤烟房3万多座，对1 800多座小型砖瓦窑进行了节能改造。尤其是阜南县的小型立式砖窑，通过节能改造后，万砖耗标煤由原来的将近1吨降至0.7吨以下，效果十分明显。此项技术不仅推向全国各地，还输往印度、巴基斯坦，受到国内外专家的好评。据不完全统计，到“八五”末，全省农村生活、生产累计形成年节能能力500多万吨标准煤。不仅有效地缓解了农村生活、生产用能的紧缺状况，而且减少了农村秸秆、薪柴等生物质的过量消耗，控制乱砍滥伐山林，促进农村经济的可持续发展，保护生态环境。

（五）太阳能的开发利用势头强劲　早在50年代，就着手进行人工开发利用太阳能的试验工作，80年代初以来，随着地膜覆盖和阳光塑料大棚在农业生产上的应用获得成功，并迅速推开，各种类型的阳光塑料大棚如雨后春笋在全省各地蓬勃兴起。进而，太阳能在农业生产上的开发利用，就步入了一个快速发展的新阶段。到“八五”末，共建太阳能生产温室2万多平方米，阳光塑料大棚11万公顷，太阳能猪暖圈3万多平方米。且面积越来越大，档次越来越高，经济效益也越来越好。发展阳光温室和塑料大棚，种植反季节蔬菜和瓜果，对于调整本省种植业的结构，促进农业增产增收，产生了重大的影响，起到了积极的作用。

近几年来，推广安装太阳能热水器已成为市场热点，其发展的势头异常强劲。据不完全统计，到1995年底，累计安装家用太阳热水器10多万平方米；兴建大中型太阳能热水系统工程30多处、1 500多平方米。太阳能热水器生产厂发展到30多家、十几个品种，由闷晒式、管板式发展到全玻璃真空管式，产品性能质量和技术档次不断提高。太阳能的开发利用为发展生产、节约能源，减轻污染，方便生活，做出了积极的贡献。

此外，皖南、皖西山区及沿淮地区的微水电资源和风能资源也得到应有的开发，共安装微水发电机284台，小型风力发电机617台，为部分深山区农民和沿淮区渔民解决了生活用电问题。

（六）综合建设结硕果　“七五”期间，舒城县承担了全国农村能源综合建设试点县。5年共承担和完成科技攻关项目10项，自选项目5项，形成年开发和节约能源9.8万吨标煤，经济效益与社会效益十分显著。1990年舒城县农村能源综合建设顺利地通过了国家的项目验收，名列全国12个试点县之首，同时还获省科技进步二等奖。

“八五”期间，肥东县、庐江县、岳西县、滁州市（南谯区、琅琊区）、亳州市列为全国农村能源综合建设县，六安、青阳、阜南等3县被列为省级农村能源综合建设县。5年中，八县、市、区共签订合同项目118项，总投资5.4亿元。实际完成135项，超额完成任务14%以上。年新增节能60多万吨标煤，累计形成年节能71.6万吨标煤，年创经济效益7.8亿元。通过项目实施，将农村能源的开发利用与农村生产、生活节能、农电网改造及县办工业节能等有机结合，综合建设，协调发展，涌现出一大批农村能源资源开发与能源节约的优秀项目，既推动了县级经济的发展，又开辟了农村能源长期可持续发展的新路子，“八五”结束，肥东县被评为全国农村能源综合建设先进县，其他各县、市、区均通过国家的项目验收。全省有14人被评为先进工作者，受到国家八部委的表彰。

此外，“八五”期间，省里还根据各地实际选列18个县（市、区）作为省内“沼气建设及其综合利用”的重点，绝大多数县按期完成了项目任务，并通过省农能办组织的验收，有力地促进了全省沼气建设的发展。

（七）产业发展初具规模　为增强农村能源事业发展的后劲，“八五”期间，始终坚持一手抓事业，一手抓产业，使农村能源的产业建设初具规模。到“八五”末，全省共有农能经营服务性公司（站）184个，其中地县级96个，从业人员1 519人，固定资产3 000多万元，年营业额8 000多万元，创利税300多万元。兴办各种农能生产企业48家，职工人数1 135人，固定资产2 400多万元。主要产品有太阳能热水器及其配件、节煤炉等20多个品种。年创产值6 000多万元，利税300多万元。“八五”期间，自行研制开发农能新产品十余个，有28项科技项目成果通过省级或国家有关部门的鉴定和验收。这些有力地推动了全省农村能源事业和产业的科技进步。

（八）机构队伍逐步壮大　随着事业的发展和产业的扩大，安徽省农村能源的机构与队伍也逐步发展壮大起来。全省有各级农村能源技术推广机构252个，技术推广人员共880多人。其中具有大专以上文化程度的236人，具有高中级技术职称的188人，初级职称的300多人。建立农村能源服务、生产企业共230多个，从业人数达2 600多人。全省农村能源管理、推广、产业服务体系正在逐步形成和壮大。

（安徽省农村能源办公室　陶学军　许　洁）

1996年农村能源建设概况

安徽省1996年农村能源建设，在认真总结“八五”经验的同时，积极围绕省委、省政府提出的“科教兴皖，外向带动和可持续发展”三大战略任务，全面贯彻“因地制宜，多能互补，综合利用，讲求效益”的十六字方针，明确了未来5年农村能源建设的目标任务和具体实施步骤，加大了年度工作力度，为“九五”目标的实现迈出了坚实的一步。

1996年全省兴建户用沼气池3 500户，城镇生活污水净化沼气池88处，沼液浸种面积7 416公顷，沼液养猪13.15万头，沼液养鱼面积406公顷；推广省柴节煤炉灶51万户，型煤202万吨，液化石油气2 483万立方米；推广风力发电机272台，微水电32台；推广太阳能热水器3.1万平方米，太阳能暖圈10万平方米，塑料大棚50 631公顷。制茶、烤烟、砖瓦窑节能量全省达12万吨标准煤。全省农村能源实现农村生产生活供能1 737.64万吨标准煤。

（一）认真抓好“840工程”的启动与实施，开展“七五”、“八五”综合建设县的跟踪建设工作　在5月份召开的全省农村能源工作会议上重点推出了“九五”全省农村能源建设“840工程”，提出在“九五”期间，除抓好由国家下达的8个综合建设县项目实施外，再组织力量从1997年起分两批上40个农村能源重点项目县（项目建设周期3年），以此推动全省农村能源建设的全面开展，努力达到“重点突出，整体推动，滚动发展，全面获益”的总体目标。

“840工程”中的8个农村能源综合建设县（宁国市、桐城市、濉溪县、合肥郊区、阜阳颍州区、天长市、含山县、祁门县），经国家项目办一次审批下达后，省农村能源领导小组先后与省计委、财政厅联合印发了《关于开展农村能源综合建设县工作的通知》和《安徽省农村能源综合建设县实施方案的通知》等一系列文件，对项目的实施、管理机构设置和各级配套工作经费的落实都作出具体布置和要求。在有关科技人员的协助下，各项目县完成区划规划报告书的编制，筛选出了项目110个，并通过了专家鉴定。各县都与国家项目办签订了项目合同书，项目的启动与实施开局良好。

40个重点项目县，在各地申报的基础上，经认真审核筛选，本着“立项基础好，经济技术条件成熟的优先上，同时，兼顾区域平衡”的原则，于12月份，由省农村能源领导小组一次审批下达，并与各县签订了项目责任书。

在启动“840工程”的同时，对“七五”、“八五”综合建设县实行项目跟踪建设，各县均在巩固提高已取得的成果的基础上，选列3—5项高档项目，加大建设力度，提高建设水平。省里拨出相应的工作经费，地、县按比例配套，各项目县做到领导力度不减，工作机构不变，经费跟着项目定。到年底，各县都相继上报了跟踪计划，并签订了项目责任书。

“840工程”的启动实施，给全省农村能源建设工作注入了新的活力，以农村能源为纽带，结合生态农业、开发性农业、菜篮子工程建设，取得良好的经济、环保和社会效益。一批能源新技术的推广应用，使之在一些领域发挥着举足轻重的作用。沼气、省柴灶被应用于长江防护林建设、淮河水污染治理、血吸虫病防治和山区小流域治理、林业二次创业等；阳光塑料大棚应用于种植反季节蔬菜，面积大，效益好，被农户誉为“白色工程”；在全国黄牛养殖大县涡阳、蒙城、利辛等地，牛粪经沼气发酵后种蘑菇；管道液化气在合肥郊区、宁国市等地应用；太阳能热水器由城市推向农村、由闷晒式向真空管式发展，迅速形成生产力，发展成为农村能源支柱产业；太阳能光电技术应用于生产取得成果，宁国光伏泵厂产品畅销国内外。农村能源建设有力地支持农村经济的发展。

（二）围绕事业发展，狠抓产业建设 1996年，把发展农村能源产业以及建立和完善技术服务体系，增强农村能源事业发展后劲，作为农村能源建设主要内容之一来抓。4月份以来，省办对全省农村能源生产及经营性企业进行了摸底登记，在此基础上，出台了全省《农村能源重点企业条件及实施方案》，决定在全省农村能源企业中，产生10家骨干企业，重点加以扶持，促进其上规模，上档次，上效益，以此带动全省农能企业快速健康发展。

为全面提高农村能源产品档次和质量，省办组织编制并经省技术监督局批准颁布了《全玻璃真空管太阳能热水器安徽省地方标准》。桐城市、阜南县等地还出台了有关农村能源管理办法。由于强化管理，增加投入，转变运行机制，使得一批农能企业在激烈的市场竞争中脱颖而出。如固镇县能源公司、宁国市新能源公司、枞阳县太阳能设备厂、天长市能源公司、濉溪县能源设备厂、合肥烽火能源器材厂、省能源招待所等都办出了自己的特色，壮大了经济实力。1996年全省农能生产企业56家，服务企业94家，固定资产7 336.8万元，比上年净增2 500多万元。全省全年实现产值（含经营服务营业额）1.26亿元，上缴利税913.71万元。

（三）调整充实内部机构，加强精神文明建设，努力提高职工队伍整体素质 省办机构改革10月份结束。将原省农村能源科研所与原农村能源技术推广站合并，重新组建安徽省农村能源技术推广总站，与省农村能源领导小组办公室合署办公。各地市县机构，特别是项目县机构都不同程度得到充实和加强，现有全省各级农村能源行政管理机构52个，技术推广机构187个，管理和技术推广人员达到730多人。

根据党的十四届六中全会精神，省办制定了《安徽省农村能源办公室精神文明建设“九五”规划》，提出了指导思想、奋斗目标和具体措施。7月份，皖南地区突发大面积洪灾，各级能源办在抗洪抢险中谱写了社会主义精神文明建设的新篇章。宁国县能源公司，在居民因灾断烧的紧急关头，克服重重困难，主动积极免费为石油液化气用户抢修灶具，尽快恢复供气，及时解决居民燃眉之急，受到了当地政府和群众称赞。省办派员深入灾区慰问，并先后向灾区捐款5.1万元，捐衣物573件。

1996年全省农村能源培训工作扎扎实实卓有成效，先后在固镇、庐江、合肥举办了全省农村能源企业法人培训班、全省农村能源技术骨干培训班和全省地市级农村能源办主任培训班。接受培训的近200人次。通过一年来的努力，农村能源系统的职工队伍整体素质得到进一步的提高。

（安徽省农村能源办公室 胡 瑞）

农村能源特色建设见成效

安徽省认真贯彻农村能源建设方针，发挥本省优势，使农村能源建设办出了特色。

（一）省柴节煤炉灶迅速推广普及 安徽农村改灶节柴工作从1981年开始，省委、省政府十分重视，省政府办公厅曾发出《关于认真抓好改灶节柴工作的通知》，并将推广省柴灶列入省国民经济发展计划，给予经费和物资支持。全省共举办各种类型的改灶节柴培训班1 640期，培训技术人员23万人次。各地研制设计了50多种适合当地使用的新灶型，其中有20多种优良灶型获省、部级表彰和奖励，有13种灶型汇编成图集，由省科技出版社出版发行。1985年，宿县—Ⅱ型省柴灶被评为安徽省行业成果一等奖。1986年，阜阳整体组装灶获全国首次工厂化生产省柴节煤炉灶评比会一等奖。从1983年开始，安徽省有5批36个县（市、区）先后承担了全国改灶节柴试点县任务，42个县（市、区）改灶节柴工作达到了国家验收标准。1989年阜阳、宿县两地区，推广普及省柴节煤炉灶获农业部农村能源农业环保优秀成果一等奖，安徽省获三等奖。截至“八五”末，全省累计新建改建省柴节煤炉灶达1 200万户，占总农户的95%以上，炉灶的热效率由改灶前的10%～15%，提高到20%～30%，节约柴草50%。

在推广普及省柴节煤炉灶的同时，还积极推广灶用节能水箱，全省共安装200多万只，有效地利用了省柴灶的余热。

（二）制茶节能与烤烟节能效果显著

1. 制茶节能。至“八五”期末，安徽年产干茶约6万吨。推广制茶节能技术以前，烘制每千克干茶耗柴4～5千克，有的地方甚至高达8千克（如祁门红茶）。“八五”期间本省制茶灶保有量约6万台（含滚筒杀青灶），需耗干柴25万吨，3.3万多公顷薪炭林才能满足需要。为了保持和扩大森林覆盖率，同时又不影响发展茶叶生产，1983年在交通便利的茶厂开展“以煤代柴”工作，1987年开始推广制茶节能技术。主要普及推广的节能技术有AG-Ⅰ型直热式制茶灶（以烘红茶为主）、强制通风的铸铁节能器（以煤为燃料，主要用于滚筒杀青和精制茶厂）和山区制茶节能灶（主要用于粗制茶和“功夫茶”制作）。节能率达50%以上，每年可节能6万吨标煤，从而使山区3.3万多公顷薪炭林保持在合理采伐的水平上，为实现省林业规划，消灭荒山绿化安徽做出了贡献。

2. 烤烟节能。安徽烟叶种植面积约5.3～6.7万公顷，年产干烟约10万吨。推广节能烤烟房之前，每吨黄烟耗标煤2.1～2.4吨。安徽的户用烤烟房为200竿或300竿小型烤房，“七五”以来，大抓了烤烟节能，普及推广的节能技术主要有：高天窗排湿排气系统、垄上或垄下热风系统、强制通风铸铁省煤器及炉膛改造技术等。凡采用以上技术，只要操作得当，节煤率可达50%～67%，吨干烟耗标煤1.0～1.2吨，同时使干烟质量平均提高半个等级，黄烟一等品率提高到70%以上，基本上没有“青烟”、“红烟”产生。农民种烟取得了显著的经济效益。

（三）沼液喂猪创新路　80年代，阜南县率先进行添加沼液喂猪试验，收到了良好的效果，为沼液沼渣的综合利用开辟了新的途径。为此，省政府和阜阳行署先后在阜南县召开添加沼液喂猪现场会，并在全省各地扩大试验示范。到1987年底，全省开展沼液喂猪达6 000多户。同年农业部环能局把阜南县首创的添加沼液喂猪，列为全国农能新技术试验示范项目，并于1988年在阜南县召开了沼液喂猪项目评议会，来自全国18个省、市的20多位专家、学者通过考察、评议一致肯定了其效果，并建议在全国示范推广。至此，添加沼液喂猪作为一项沼气综合利用技术在全国各地广泛推广开来。

（四）麻秆炭化增值，脱贫致富奔小康　地处沿淮的阜南、颍上、霍邱等县，承担着淮河的行蓄洪任务，是典型的贫困县。当地群众为了向洪水夺效益，选择了种植抗灾较强的红麻经济作物。为了开发利用麻秆资源，三县群众在当地农村能源部门的支持和指导下，进行了麻秆炭化的试验与开发，并获得成功，经济效益十分显著。到1996年底，三县共推广各种麻秆炭化窑200多座，年产麻秆炭4 000多吨，产值1 000多万元，创利税400多万元。近年来，当地农民又引进技术将麻秆炭再加工成活性炭，使效益又提高了1倍多。1996年，新建活性炭厂4个，年产活性炭2 000多吨，产值1 360万元，利税550万元。因此，沿淮行蓄洪区各县政府和扶贫办、农能办把麻秆炭化或进一步加工成活性炭的生产作为当地农民脱贫致富奔小康的重点开发项目，认真加以推广。

（五）制定标准抓的早，行动快　为了加强农村能源行业管理和产品质量的监督，规范市场行为，使农村能源技术和产品逐步向标准化、通用化、规范化方向发展，适应市场经济的要求。近几年来，在省技术监督局的大力支持下，加大力度，抓紧制定了四项产品技术与质量的地方标准。一是制定了安徽省农村能源第一个地方标准DB34/T043-90《民用省柴灶》，于1991年12月30日发布实施。该《标准》内容全面，科学合理，符合省情，符合国际有关规定，对省柴灶的普及与提高起到重要作用，曾获1995年度省科技进步四等奖。二是制定了DB34/065-92《灶用节能水箱》标准，并于1992年9月1日发布实施。该标准属国内首次制定。三是制定了DB34/T084-93《家用太阳热水器》标准，于1994年3月1日发布，并获1996年度省科技进步四等奖。四是制定了《全玻璃真空管太阳能热水器》标准，于1996年3月24日发布实施。后两个标准的制定，为有效地规范全省太阳能热水器产品市场，加强产品质量监督，维护消费者和太阳能热水器生产企业的合法权益，提供了标准依据，有力地促进太阳能资源的开发利用。

（安徽省农村能源办公室　李泉临　王家俊　左明军　朱建萍）

福建省农村能源建设

福建省位于我国东南沿海，海域辽阔，海岸线长。境内山岭耸峙，丘陵起伏，水系发达，素有“八山一水一分田”之称。全省跨越中、南亚热带季风性气候区，雨热同期，农村能源资源品种齐全，常规能源资源农村人均830千克标煤。

福建农村能源建设是新中国诞生后，伴随社会主义农村经济、农业生产的发展逐步发展壮大起来的。特别是改革开放以来，福建农村发生巨大变化。1995年，农村人口占总人口的80%以上；乡镇工业产值约占工业总产值的一半；农业总产值、乡镇企业产值和农民人均纯收入分别达到260亿元、2 268亿元和2 049元。由于人口、经济发展和生活水平提高，经济结构和生活需求结构变化，能源生产利用和市场供应改善，农村能源消费发生很大变化，对能源的量和质，利用设备和方式，都提出更高的需求。其变化趋势明显反映了农村向工业化、城镇化，能源消费向城市化转变的基本特征。

党的十一届三中全会以来，福建认真贯彻“因地制宜，多能互补，综合利用，讲求效益”的方针，在农村普及省柴节煤灶，大力植树造林，积极推广沼气，加快小水电、乡镇煤矿建设，扩大风力、地热、太阳能和潮汐能试点应用，建立健全农村能源产业服务体系，农村能源事业向纵深发展。从能源生产供应发展到开发与节约并重；从常规商品能源建设扩大到新能源应用研究；从单项能源建设进入县级农村能源综合建设新阶段。建设规模和内容不断扩大，科技水平和综合效益不断提高。

（一）改灶节柴效果显著　为了基本控制薪柴和秸秆过量消费，促进农业生态良性循环，从1983年起，福建将改灶节柴列为近期农村能源建设重点，有计划、有组织、有步骤地采取抓试点县，带动面上开展的方法，先在缺燃和浪费严重的地区普及，然后尽快在全省推广。先后共安排国家农村改灶节柴试点县29个，省试点县14个，占全省县（市）的58.9%。要求2～3年内，农村改灶率90%以上，改灶合格率90%以上。目前已按国家标准验收36个县。各地精选或研制的省柴灶型，3种列为全国重点推荐的先进灶，1种评为全国14种优秀省柴灶型之一，2种收入《全国农村推广先进省柴灶图册》。2种节煤灶型在农业部评选中获二等奖。全省共举办培训班897期，培训改灶技工近2万人次。由于讲求科学技术，注重质量效益，据典型调查，新灶性能稳定，节煤率平均37.8%，沿海省柴灶节柴率32.4%，山区58.5%。1995年，全省累计改灶318.20万农户，占总农户数的64.6%，形成年节能180万吨标煤能力，相当于年节省砍柴工日3 000万个，保护和营造薪炭林20万公顷。而且缩短炊事时间，减轻环境污染。三明市将改灶节柴列为国家南方集体林区改革试验区首批项目之一，改灶率91%。1988年，省改灶节柴成果获省农牧业技术推广二等奖。2个试点县改灶成果获二等奖，5个县获三等奖。1993年，全省有省农业厅农村能源办公室等18个单位和101个人分别获全国省柴节煤先进集体和先进工作者称号。

“八五”期间，以耗能大户为重点的农村生产节能技术改造顺利展开。1990年，福安、宁德市列入国家制茶节能试点。福安研制的6CZS-700A型高效节能制茶机，热效率大于45%，每千克干茶耗柴量从4.0千克降至1.2千克。宁德研制的6CL-65型杀青烘干连用机，热效率40.2%，每千克干茶耗柴1.5—2.0公斤，获1988年商业部重大科技成果奖。福建砖瓦窑、烤烟房、炒茶灶节能技改同全国先进水平尚有差距，1995年，全省累计三房节能技改量13.6万座（个）。

（二）八闽林业欣欣向荣　福建是我国南方重点林区之一。薪柴是农村优势能源资源。森林覆盖率57.3%，居全国第一，年开发量1 649万吨，占农村常规能源资源的43.2%。70%以上薪柴资源集中在内地山区。

福建重视薪柴资源的培育。特别是党的十一届三中全会后，林业进行一系列改革，充分依靠社会力量，实行“封、管、造”并举，开展全民植树造林运动，在内地山区结合封山育林利用荒山荒地种植薪炭林，在沿海地区营造一批商品薪炭林基地，林业建设发展很快。1983年，全省人工造林保存面积183.7万公顷。1988年主要提供薪柴的用材林、防护林、疏林、灌木林和薪炭林面积比1983年增加29.3%，达564.8万公顷。其中薪炭林37.2万公顷，占全省土地面积的3.1%，占有林地面积的6.0%。沿海25个县市，万亩以上薪炭林的有23个县市。

1989年，福建决定实施“三五七”造林绿化工程。“八五”期间，坚持把改革开放作为林业发展的根本动力，推行林业股份合作制，划小经营单位，联户经营管理，家庭承包经营等多种形式，落实林业生产责任制，调动林农积极性。同时抓住限额采伐，林地管理，制止乱砍滥伐，森林防火和病虫害防治等关键环节，控制森林资源消耗。推广应用容器苗和工程造林技术，实现多季节造林，大面积推广良种壮苗，抚育施肥和科学间伐技术，提高林业集约经营水平和林木生产量。“八五”期间，共造林95万公顷，年均19万公顷，人工造林更新面积成活合格率，保存面积合格率均达99%以上。1992年，提前一年实现基本消灭宜林荒山目标，1993年起实现森林面积和蓄积量双增长，森林资源消耗量小于生长量。1995年如期完成绿化八闽的宏伟目标，全省有林地面积达到700万公顷。“八五”是福建省林业发展最快，面貌变化最大，成就最为显著的时期，1993年后，福建荣获全国荒山造林绿化先进省、林业建设先进省、造林质量优异省、森林资源和林政管理成绩显著省等一系列称号，1995年省委、省政府对完成“三五七”造林绿化责任目标的9个地市73个县（市、区）、2个国家级自然保护区，授予绿化达标单位称号。

（三）水电事业蓬勃发展　小水电是福建农村优质能源，可开发小型电站近万座，382万千瓦，居华东首位，占全省农村常规能源资源的17.5%。全省大小河流660多条，多属山区性河流。年径流入海水量约1 300亿立方米。水流湍急，落差比较集中，天然比降多在万分之五以上，工程地质条件好。

福建小水电资源虽然丰富，但过去基本没有开发利用。1949年全省水电装机仅505千瓦。新中国成立以后，福建是全国小水电建设起步最早的省份之一，大体经历了50年代试办，60年代普及，70年代发展，80年代巩固提高，90年代高速发展等阶段。小水电站单机容量和规模逐步扩大，由单个电站开发转向河流梯级开发。特别是80年代以后，地方小水电重视建龙头配套小库，联成小网，提高设备利用率和供电质量，加强了企业管理，提高了经济效益。1995年小水电装机容量达186万千瓦，资源开发率48.7%。装机超1万千瓦的县（市）51个。乡、村、户通电率分别达到100%、98.89%和98.46%。发电设备年利用小时数达3 865。10千伏以上网损平均11%。供电可靠率、电能质量和电压合格率均高于85%。为了开发利用微水力资源，改变电网覆盖不到长期缺电的农村（户）落后面貌，1990年，宁德市列为农业部微水电推广试点。5年来，研制成功SJ-L-10/3型0.5—3千瓦微水发电机组，在11个乡镇45行政村的68个自然村，建微水发电站68处，总装机容量132.8千瓦，直接受益1 020户、5 000多人，社会、经济效益十分显著。全省累计安装微水发电机组364台，装机容量827.4千瓦，受益6 000多户、3万多人。

福建是全国实施农村水电初级电气化县最早，比例最高的省份。1983年开始规划准备，“七五”期间实施第一批10个县，超额完成1个县。“八五”期间，安排22个县，提前半年在全国率先完成第二批建设任务。两批33个县，区域面积占全省54%，人口占全省30%。其中31个山区县，2个半山区县。福建33个农村初级电气化县的建成，使当地社会面貌和经济状况发生巨大变化。第一批11个县人均年用电量、户均生活用电量分别达到330千瓦时和278千瓦时。工农业总产值、县财政收入、农民人均纯收入、电力企业利税翻番。第二批22个县，人均年用电量、户均生活用电量分别达到433千瓦时和364

千瓦时，工农业总产值、县财政收入、农民人均纯收入分别增长5倍、178%和165%。电力企业税金翻三翻，利润翻一番半。促进了山区经济全面发展，促进了精神文明建设，促进了生态环境改善，促进了小水电发展。1996年，福建省水电厅等11个单位和91人分别获全国第二批农村水电初级电气化县先进集体和先进工作者荣誉称号，“九五”期间，福建又安排27个农村初级电气化县，各地市县满怀信心向高标准电气化前进。

（四）沼气建设稳步前进　福建热资源丰富，沼气年资源总量20.4亿立方米，资源丰富的县（市）35个，是全国发展沼气重点省。早在30年代，福建就试建沼气池。1958年和70年代中期，由于农村能源短缺，福建两次兴起大办沼气热潮，取得一定成绩。党的十一届三中全会以后，福建贯彻国家沼气建设方针，端正指导思想，加大领导力度，以经济效益为中心，保证质量、综合利用为重点，依靠科技进步，向专业化、商品化、社会化发展，沼气建设走上健康发展轨道。先后有仙游、云霄县列入全国沼气建设重点县，云霄、诏安、平和县列入全国小型高效沼气地试点县，莆田市列入全国农村推广沼气化粪厕所试点。1995年，全省累计有农村户用沼气池7.42万口，分布9个地市40个县（市），建处理畜禽粪便，工业有机废水（渣）大中型工程50处，容积2.8万立方米；推广城镇生活污水净化沼气地1 340多处，沼气动力站3处，总功率2 000瓦，沼气发电站5处，装机总容量254千瓦。沿海缺燃和内地水土流失区涌现出一批管好用好的沼气池，经济、社会和生态效益显著。在沼气发展较好的地方，共创办沼气技术服务公司（站）66个，管理人员66人，技术工人308人。80年代初，在我国最早探讨沼气厌氧发酵化学变化的著名微生物学家王岳教授倡导下，福建省微生物研究所、省农科院相继成立沼气科研组（室），福建农学院设置了农村能源专业，取得了一批沼气科研成果，9项获国家、省部级科技进步、星火和优秀成果奖；7项通过省部级鉴定；10项获省有关部门奖励；21项在全省推广。带动了全省群众性沼气科技活动，建成了一批畜禽养殖场大中型沼气工程、城乡生活污水净化沼气池、小型高效户用沼气池、沼气及其发酵残留物综合利用等科技示范点和以沼气为纽带、沼气综合利用为重点，带动种植业、养殖业和加工业协调发展，环境污染得到治理、实现生态良性循环的村、乡（镇）和农牧场。省微生物研究所能源环保微生物工程组成功设计建成食品、制革、印染、电镀、造纸、垃圾等20多处废水（渣）厌氧处理工程。沼气技术逐步赶上达到国内先进水平。从1983年开始，连续4批7人次赴布隆迪、哥伦比亚等国家援建沼气工程，赢得了国际声誉。

新形势下福建省沼气建设出现了新特点：一是发展沼气与生态农业相结合。二是沼气综合利用与多种经营相结合，促进了商品生产的发展。三是办沼气从获取生活燃料、有机肥料为主向处理有机废物、解决环境污染、维护生态平衡等多功能发展。四是从一家一户分散建池向大中型集中供气发展。

（五）乡镇煤矿在改革中崛起　小矿煤是福建农村重要能源。乡镇煤矿主要分布在闽西，相对集中在龙岩、三明、泉州市的11个县（市）。福建煤田地质结构复杂，煤炭赋存条件差，断层褶曲多，呈鸡窝煤构造。品种单一，除少量瘦贫烟煤外，大部分为无烟煤。

福建乡镇煤矿起步于60年代后期，经历了由少到多，从土到土洋结合的历程。1970年原煤产量9.79万吨，占当年全省总产量的8.9%。1979年产量达到133.39万吨，占全省的27.8%。80年代，随着农村经济的开放搞活，政策进一步放宽，在贯彻“国家、集体、个体一起上”和“大、中、小一起搞”的方针，群众性办矿高潮中，各种所有制煤矿大量涌现。1987年乡镇煤矿产量达到314.67万吨。进入90年代全省乡镇煤矿井口数量急剧增加，原煤产量以年8%速度递增。1995年全省乡镇煤矿471处，峒口4 828个，原煤年产量超过500万吨，占全省煤炭总产量近一半。对援解农村能源供应紧张局面，促进农村经济社会发展起了重要作用。

乡镇煤矿技术改造主要采取乡镇出劳力，国家补助的办法，为煤矿修建公路和输变电工程。大部分乡镇煤矿通了电，为矿井“五消灭”创造了条件，特别是明火照明、明火放炮逐步得到解决，提高了抗灾能力，安全状况明显改善。1989年，新罗、大田、永春、永安等4个（区）县，列入全国第一批重点产煤县，要求稳产20年以上。随后又有永定县列入第二批。

（六）新能源开发崭露头角　新能源是福建中长期潜在的优势能源。地热点207处，居全国第四位，现有地热异常面积62.3平方公里内地热资源储量相当13.07亿吨标煤。福建地热以中低温为主，平均温度51℃。天然温泉最高89℃，钻孔揭露最高121.5℃，平流量7.2升/秒。地热矿化度大部分小于5克/升。pH及二氧化硅、氟、硫酸根含量比常温水高。水质类型以重碳酸钠或重碳酸硫酸钠为主。风力和潮汐能是福建特别优势能源。风力总储量1 000万千瓦以上，年可发电300亿千瓦时。风速大，风向较稳定，有效风频高，有效风能多。季节性、日变化规律明显。沿海平潭一线是全国风能最佳区之一。可开发海湾潮汐电站91处，总装机容量1 038.82万千瓦，年电能284.49亿千瓦时，居全国之冠。基本上属正规半日潮，潮差较大，能量集中。气候温和，港湾终年不冻。海岸线基岩广泛裸露，工程地质条件好，江河含沙量少，受强潮冲刷，泥沙淤积较慢。福建气候条件优越。年太阳辐射大部分地区为426.8～531.4千焦/平方厘米，全省年日照时数1 700～2 300时。北部地区属我国太阳能资源四类区，南部属三类区。夏季热量丰富，冬季也能获得相当热量，只要掌握气候变化规律，仍能充分发挥太阳能作用。

福建以往风力主要用于风帆行船，简单风车、风磨等。60年代初研制以风带动木制龙骨车的扬水机具，用于提水灌溉和提取海水制盐。“六五”期间，研制成功150～1 000瓦系列微型风力发电机。从“七五”开始，在平潭岛研制55千瓦、200千瓦风电机组；引进比利时4×200千瓦风电机组并研究国产化；采用10台500瓦风电机组与8千瓦柴油机发电建成小型瓦补电站，利用海藻为发酵原料，建200立方米沼气池，安装8千瓦沼气发电机与5千瓦风电机组建成小型互补电站；在电网难覆盖，居住分散的农渔户推广100～150瓦户用微型风电机几十台。培训了一批风电研究、制造、安装和应用人才。

福建50年代初，就利用潮汐能进行灌溉和农副产品加工。1955年，建成闽侯浚边水轮泵站后，相继在闽江和九龙江下游河口感潮区，建了20多座水轮泵站，几乎都是在淡水中运行，灌溉农田2 000多公顷。1958年建成全国最早的厦门集美太古潮汐电站，装机容量250千瓦。80年代，福建在平潭幸福洋围垦工程建成潮汐试验电站，选用4台320千瓦贯流式水轮机，有效库容133万立方米。

福建开发利用地热历史悠久。五代后晋年间(945年前后)，福州已用地热水洗浴。长期以来，主要是开发中低温热能，直接用于沐浴、治疗皮肤病，畜禽脱毛和洗涤等。70年代初，通过地热资源普查和勘探，地热在工农业利用得到重视和发展。80年代随着国民经济和科学技术的发展，福建地热利用领域已扩展到旅游、医疗、体育、住宅温泉淋浴、水产养殖、园艺栽培、农产品脱水、工艺烘干等。从单一利用发展到一水多用，梯级利用，从效益低的行业转向效益高的行业。福州研制成功国内第一座地热制冷和地热干燥装置。1980年省农科院地热农业利用研究所成立，研究地热应用于农作物育种、育苗、孵化育雏、食用菌培殖、名贵花卉培育以及鱼苗越冬、人工孵化、热带鱼、观赏鱼冬繁等，开辟地热资源综合利用新途径。福州、漳州、安溪、同安相继建成地热集中供热系统和水产养殖系统。漳州市拥有全国最大规模的地热综合利用工程，先后创建了地热水厂、脱水厂、烘干厂，2.7公顷地热养殖场、10.7公顷地热鳗鳖基地等项目，形成具有农副农产品加工、水产养殖及民用热水供应能力的综合性企业，利用地热水年可代煤万余吨。福建在地热地质勘查和资源评价，地热资源保护与管理，地热能非发电利用的直接利用技术和地热科研方面都取得新成果，许多方面在国内处于领先地位。现已建成一批地热利用设施和科研试验基地，有一支地热地质勘查、开发利用、科研技术队伍。

福建80年代开始研究太阳能开发利用并取得初步成效。研制成功太阳能—电力谷物循环干燥机、金属结构聚光式太阳和太阳电池通讯电源、太阳能养护混凝土构件等。安装的太阳能烟囱余热综合利用热水器，采光面积400平方米，日供热水72吨。先后引进国内从闷晒式到高性能热管真空管和玻璃真空管太阳能热水器，据不安全统计，已安装集体、家用太阳能热水器4 000多平方米。福建太阳能温室利用较普遍。塑料大棚种植蘑菇、养鳗、生产反季节蔬菜发展前景广阔。

(七)县级农村能源综合建设方兴未艾　从“六五”开始，主要由国家计委等八部委主持的县级农村能源综合建设试点、研究和推广，是新中国成立以来，农村能源领域规模最大，范围最广，内容最多，取得很大成功的研究和实践活动。问题首先从福建永春县提出，该县是50年代小水电建设突出的县，进入80年代，年利用小时数从5 000多降至2 620。就其原因是以薪柴、茅草为主的生活燃料的紧缺和浪费，导致森林植被破坏，造成水量剧减。为此“六五”期间，农业、林业、水电部率先在全国选择6个典型县，进行县级农村能源综合建设试点。永春县以东南山区森林和小水电资源比较丰富的县列为之一，经过3年建设，取得显著的能源、经济、社会和生态效益。水电设备年利用小时数1985年已回升至3 352，1992年接近4 000。

“七五”期间，由农业、林业、水利、机电、能源部和国家教委、中国科学院联合主持，在全国选择12个不同类型区代表县，以国家重点科技攻关项目形式，对县级农村能源综合建设，进行更深入的科学研究。平潭县作为东南沿海突出部和海岛地区代表县参加研究。经过5年建设，年可新增薪柴2.61万吨，优质沼气燃料36万立方米，可再生电力720万千瓦时，节柴5.78万吨，人均能源消费量增加34%，人均用电量增加167%，农村无电户从70%降至8%。总结了独具海岛特色的农村能源综合建设模式和经验。《不同类型区域县级农村能源综合建设试点研究》获国家科技进步二等奖。“八五”期间，云霄和同安县列入农村能源综合建设县计划，5年中，两县分别投入1.8亿和1.5亿元，完成和超额完成16和17项能源开发与节约建设项目。云霄和同安县，新增年能源开发能力分别达到4.64和4.13吨标煤；人均能源消费量分别增至515.40和574.63千克标煤；万元产值能耗分别比1990年下降23.2%和34.9%；农村生活用能综合转换效率分别提高6.8和12.2个百分点。农村能源产业和服务体系获得长足的进步。有力地支持县国民经济发展，提高了人民生活质量，改善了农业生产环境，云霄县评为全国21个先进县之一，同安县农村能源办公室评为全国19个组织协调先进单位之一。

“九五”期间，福建成立省农村能源综合建设领导小组，建立联络员，专家组工作制度，加大领导力度，加强技术指导，又有宁德市、诏安县、集美区列入“九五”全国百个农村能源综合建设县，计划增设10个省级农村能源综合建设县，进入了更高水平的发展阶段。

(福建省农业厅农村能源办公室　林肇森)

1996年农村能源建设概况

1996年，福建继续贯彻“因地制宜，多能互补，综合利用，讲求效益”的方针，农村能源建设又有新的进展。新增16万农户用上安全卫生、省时高效省柴节煤灶。1 000多座砖瓦窑、烤烟、炒茶房进行节能技术改造。新建农村户用沼气池 0.43 万口。内地山区出现了办沼气的好势头。闽北建瓯市引进小型高效曲流布料沼气池，试点成功后，有 7 个乡镇 100 多农户踊跃登记建池。建阳市政府将推广沼气作为农村奔小康的重要举措，在市、乡（镇）两级成立领导和办事机构，在省农科院指导下，年建沼气池 427 口，覆盖 13 个乡镇，同时结合发展庭院经济，建立 6 个小康生态示范村。闽西清流县提出《三一生态农业工程》，即试验养猪大户按一头猪，一立方米沼气池，施一亩田农作物的比例，创建以沼气为纽带的生态农业模式。闽西南上杭县为了彻底解决山区封山育林和群众燃料照明问题，制定了沼气建设计划，当年建池 1 000 多口，按猪—沼—果等四种模式开展沼气综合利用，深受群众欢迎。

沿海地区利用厌氧消化技术处理有机废弃物，治理环境污染发展迅速。莆田市结合农村改厕，设计农村沼气化粪厕所，很快推广 1.9 万多户。教育系统要求在乡村中小学校尽快普及。2 个万头猪场，4 个日宰生猪百头的屠宰场，沼气处理系统工程建成后，吸引了众多畜禽养殖场要求建池。利用沼液大面积喷灌、滴灌果园、菜地，为生态农业建设创造了有利条件。省微生物研究所能源环保微生物工程组设计建成 17 处如食品、制革、印染、电镀、造纸等废水（渣）厌氧处理工程，总容量超过 1.2 万立方米；马尾区垃圾场建 1 000 立方米沼气池，日处理渗透水 200 吨；在 8 座花园酒楼，每座建 500～800 立方米沼气池，每小时处理生活污水 5～10 吨，均达到国家规定的排放标准。

农村能源综合建设进入新的发展阶段。省政府成立省农村能源综合建设领导小组，召开了全省农村能源综合建设会议，落实了工作经费，建立了联络员、专家组工作制度。“九五”期间，宁德市、诏安县和集美区分别成立了县级农村能源综合建设领导小组和管理机构，精心编制了县级农村能源综合建设规划和实施方案，经省和厦门市计委等 8 个部门领导和专家审议，获县（市、区）人民代表大会通过，列入了当地国民经济，社会发展计划。诏安县 1996 年实际投入建设资金 6 347.9 万元，展开了 11 个建设项目，完成和超额完成 9 个项目计划任务。全县新增能源开发能力 0.75 万吨标煤，形成年节能 1.2 万吨标煤能力。宁德市、集美区也顺利启动了建设项目，基本实现了“九五”农村能源综合建设开好局，起好步的预期目标。

此外，1996 年，全省农村推广石油液化气 10 万多户，安装太阳能热水器 100 多平方米，微水发电机组 49 台，装机容量 245.5 千瓦。

（福建省农业厅农村能源办公室）

江西省农村能源建设

江西省地处长江中下游南岸，总面积 16.69 万平方公里，其中，山地和丘陵面积各占 36％和 42％。总人口 4 105 多万人，其中，农业人口 3 263 万人，占 79.5％。全省光照充足、雨量充沛、气候温和、无霜期长，具有北亚热带气候特色，适宜多种动植物的生长和农林牧副渔各业的发展，农业生产已形成一定的规模和优势，是一个以农业为基础的省份，主要农产品的产量在全国前 10 位。

新中国成立以来，特别是党的十一届三中全会以来，江西省的农村能源建设在各级党委和政府的领导下，取得了显著的成绩，到 1996 年底，全省农村能源建设已形成年开发与节约 1 200 万吨标煤的能力，使 136.6 万农户用上了沼气、液化气、电炊等优质能源，600.11 万农户用上了省柴节煤炉灶，全省省柴节煤炉灶普及率达 86％，全省小水电站4 884 处，装机容量 96.48 万千瓦，年发电量 25.04 亿千瓦时，有 25 个县达到初级电气化试点县标准，薪炭林已发展到 60.81 万公顷，乡镇煤矿的年产量1 216万吨，占全省煤炭产量的 49.9％，建有大、中型沼气工程 69 处，农村沼气用户 30.07 万户，年产沼气 9 357万立方米，全省有 10 个县沼气用户在 1 万户以上。此外，农村生产节能和太阳能、风能、地热的开发利用也取得一定成绩，农村能源生产与服务企业发展到 89 个，年创利税 144.93 万元。

（一）农村能源资源　省矿物能源缺乏，至今尚未发现石油和天然气资源，是全国八个贫煤省之一，农村能源资源结构是无油、无气、少煤，水力资源及生物质能丰富，太阳能、风能、地热能等新能源，在部分地区有开发利用价值。据 1985 年全省农村能源区域规划调查，全省农村能源理论蕴藏量 2 937.6 万吨标煤，可开发量 2 243 万吨标煤，人均占有量 791 千克标煤，在全国属一般省份。可开发量中生物质能占 68.93％，小水电、小窑煤两项仅占 31.07％，生物质能的开发与利用在江西农村能源建设中占据重要的地位。

1. 生物质能。1996 年江西省森林覆盖率 55.24％，林木蓄积量 2.77 亿立米，有林地面积 889.78 万公顷，其中薪炭林面积 60.81 万公顷，全省森林年合理提供薪柴约 640 万吨。软柴（指可做燃料的草本植物或灌丛）是本省农村广大丘陵地区的重要能源之一，可开发量仅次于薪柴、秸秆，年约 350 万吨。1996 年全省秸秆资源量约 1 914 万吨。人畜干粪资源理论量 1 780 万吨，可收集利用的有 890 万吨。

2. 小水电。江西省有大小河流 2 400 多条，年径流总量 1 436 亿立米，水能蕴藏量 682.03 万千瓦，可开发量 610.89 万千瓦，其中具有装机总容量 2.5 万千瓦以下（单机 6 千瓦以下）的小水电开发资源 297.57 万千瓦，年发电量可达 92.5 亿千瓦时，在全国居第九位。此外，不少山区溪涧还有一批装机 10 千瓦以下的微水电资源。

3. 小窑煤。截至 1987 年底，全省已探明的煤炭储量只有 16.35 亿吨，仅占全国已探明储量的 0.19％。全省 90 个县市中 70 个有煤炭资源，探明储量的 80％分布在浙赣铁路沿线地带，乡镇煤矿保有储量 7.1 亿吨，可采储量 4.62 亿吨。

4. 太阳能。江西省太阳能年辐射总量为 478.0～572.4 千焦/平方厘米，全年日照时数 1 474～2 098小时，属太阳能可利用区，但其分布有明显的区域性，东北部为高区，中部区域总辐射值较低。

5. 风能。江西的风能资源主要集中在鄱阳湖区，年平均风速 4～8 米/秒，有效风能密度 250 瓦/平方米以上，年有效利用时数 5 000 小时以上，可发展大型风力发电机组；其次在鄱阳湖滨、河流两岸地带、海拔较高的山顶及风口等，年平均风速3～4 米/秒，有效风能密度 100～250 瓦/平方米，年有效风力利用时数 3 000～5 000 小时，可发展小型风力发电机组。

6. 地热能。全省现有温泉出露点 92 处，地热水温度 23～40℃的有 54 处，40～60℃的有 35 处，60℃以上的有 17 处，最高温度 82℃，平均温度 40.8℃，主要分布在省境周围的边缘地区和山前地带，赣州地区、宜春地区分布最多。

（二）农村能源发展概况

1. 沼气。1979 年以前，曾多次组织推广，由于当时技术不成熟、管理不善等原因，而未能巩固下来。到“六五”期间，通过试验、试点和示范，相继研究出了椭球形沼气池、夹层水密封、带浆试压、PVC 硬管路、搪瓷压力表、玻璃钢模具、沼气炉、纱罩等技术与产品，取得了一批先进实用的研究成果，有力地推动了全省沼气建设的发展。1980 年在安义县第一期全省沼气新技术培训班上，首次采用混凝土现浇建沼气池，结束了江西省“三合土”建池的历史，1981 年 9 月，全省第一座大型酒厂沼气工程在鹰潭市塔桥园艺场建成投产，总发酵容积 1 024 立方米，浮罩采用钢丝网水泥结构，属全国首创，正常运转至今。同时注意加强沼气建设的规范化和标准化工作，管理注重质量和配套建设，制定了《沼气池施工和安装质量检验办法》、《关于加强沼气池质量管理暂行规定》，提出了“群众不自愿的不建、原料不足的不建、不搞‘三结合’的不建”的建池原则，将建池质量与技工工资挂钩的优质优价原则，组织技工专业队承包建池，实行建、管、用一条龙服务等，全省沼气事业的发展出现了一个质的飞跃，1986 年被评为全国农村能源先进集体。临川县 1985 年、1986 年连续两年建池数超过 1 万，是全国第一个通过农业部验收的全国沼气重点县。

“七五”期间，重点开展沼气池出料技术和沼气综合利用操作技术及其机理的研究，相继研究出沼气孵鸡、沼液浸水稻种、沼气保鲜柑桔、沼肥养鱼等实用技术和手压式出料器，成功地解决了沼气池发展中存在的大出料难，使用效益低的问题。进行了城镇沼气净化池、工厂化养猪场冲栏废水厌氧净化的试点和推广，拓宽了沼气技术利用领域。全省沼气综合利用取得显著成效，兴建了一批城镇沼气净化池、畜禽场沼气工程。有 8 个县被列为全国沼气重点县，其中 6 个县通过了验收。

“八五”以来坚持“三结合”（猪牛栏、厕所、沼气池三位一体）一配套（出料器）建池，坚持技工培训合格上岗等，同时积极参与和配合高产优质高效农业建设、环境保护和农业综合开发与农村建设的有关项目建设，广泛开展“三沼”（沼气、沼液、沼渣）在种养加等方面的综合利用，建设以沼气池为纽带的生态农业和生态庭院经济，使我省沼气建设进一步走上了稳步健康发展。赣州地区结合果业工程建设，大力发展猪—沼—果工程，行署领导高度重视，制定了切实可行的政策和措施扶持沼气事业的发展，如设立沼气发展基金、优先审批建池用地、强化农能机构和人员等，该地区的建池速度明显加快，1994 年建池 4.489 万个，1995 年建池 23 793 个，1996 年建池 98 166 个，占了同期全省建池数的 83%，该地区的猪—沼—果工程模式，受到国家、部、省级领导的高度评价，被农业部定为“赣南模式”，向全国推广，它也有力地推动了全省沼气事业的发展，全省猪—沼—菜、猪—沼—鱼、猪—沼—棉等工程应运而生，以沼气为纽带的生态农业建设为全省沼气发展开辟了一个新的天地。

总之，全省的沼气建设通过现场会议、技术研究、宣传、培训、评选等形式，得以较快推广，农村户用沼气池实现了标准化、规范化，并向工厂化生产发展，应用范围从生活领域发展到生产领域，从户用沼气池发展到城镇沼气净化池、大中型沼气工程，举办各类省级培训班 18 期，培训人员约 3 000 人次，获得省级以上（含省级）科技奖励 6 项，发明专利 1 项，实用新型专利 5 项，全省形成了一套先进实用的沼气技术，积累了丰富的建设和管理经验。近几年来建池速度明显加快，沼气建设在质和量上均取得了突破，取得了显著的成绩。

2. 农村节能。江西省十分重视农村能源资源节约的研究和推广工作，并把它放在优先发展的地位，在全省尽快普及和推广。1980 年，徐石、魏念恪在全国第一次农村能源学术会议上首次提出改灶节柴，并进行了省柴灶现场表演。同年，安义县、东乡县研究出了“赣Ⅰ、赣Ⅱ型”省柴灶，遂川县研究出了遂川型省柴灶，1982 年在全国省柴灶技术评比会上，江西的横峰灶、瑞昌灶被评为优秀灶型。在此基础上，1987 年，全省评选出 17 种热效率高、方便、美观、卫生的优秀灶型，在全省各县、市推广，在建灶工艺上也进行了改进。同时还对农村炒茶灶、板鸭烘房、烤烟房进行了研究和推广，石城县研制的石 89-A 型节能烤烟房达到国内先进水平。先后有南昌、南康、铜鼓、兴国、鹰潭市月湖区等 25 个县列为全国改灶节柴试点县，其中，20 个县通过验收。到 1996 年，全省已有省柴节煤炉灶 600.11 万个，占总农户的 86%，节能烤烟房 3.96 万座，节能炒茶灶 0.53 万个，节能砖瓦窑 0.7 万座，还进行了乡镇工业和部分县办工业的节能工作。

3. 综合建设。1981 年国家科委、财政部在星子县蓼花乡汉岭村建立农村能源示范村，为全省农村能源综合建设之始，于 1984 年通过国家科委验收。

1990年玉山县政府和省科学院能源所承担的国家计委“七五”科技攻关重点项目“全国农村能源建设12个试点县”的子课题“长江中下游红壤低山丘陵区农村能源综合试点县”，通过国家计委和农业部验收鉴定。1995年全面完成“八五”期间临川、南城、宁都、修水、新建等5个全国农村能源综合建设县项目的验收和总结评比工作，5县共完成子项目83项，投入3.51亿元，形成年开发与节约86.71万吨标煤能力，年经济效益3.95亿元，并顺利启动了“九五”4个农能综合建设县。

（三）农村能源建设的主要经验

1. 领导重视。江西省委、省政府和各级党政对这项工作很重视，主要表现在：一是机构设置上不断得到了加强。自1979年成立了省沼气办公室以来，随着改革的深入，机构几经变动。到90年代，进一步把农村能源和农业环保工作结合起来，加强统一领导和管理。1994年将1993年成立的省农村能源建设领导小组改为省农村能源与农业环境保护建设领导小组（1996年改为工作领导小组），1995年机构改革时，将省农村能源办公室改为省农业厅环保能源处。并于1992年成立了省农村能源环保开发公司（1987年成立的原省沼气服务公司已于1989年撤消），1996年又成立了省农村能源环保技术开发中心。从而，省级形成了农村能源和农业环保行政、事业、企业配套的机构体制。各地、市和绝大多数县（市）及部分乡（镇）成立了同省对口的农村能源的协调领导和管理、技术推广机构，二是省政府和各地、市、县政府多次发文和召开专题工作会、现场会、电话会，而且不少党政领导亲自抓点示范，深入农村视察沼气等农能建设，赣州、萍乡等一些地方还作出了政策性扶持的决定，有力的加强了对农能工作的领导，推动了这项事业的发展。

2. 依托项目发展沼气。树立经济与环境协调发展的思想，把农能建设与发展农业和农村社会经济紧密结合起来，利用农业开发、血防、扶贫等项目，依靠项目的资金和资源，促进沼气等农能事业的发展。

3. 坚持技术进步。研究并推广了一套与农村经济发展和农民的需求相适应的先进实用技术，从池型结构、建池技术、配套技术到沼气、沼肥综合利用技术，形成了比较完整的技术体系。

4. 抓好重点推广项目。如沼气重点县、改灶节柴试点县、沼液浸水稻种技术推广等，以点带面，点面结合，促进事业的发展。

（江西省农业厅环能处　万德艾　黎建华）

1996年农村能源建设概况

1996年江西的农村能源工作，紧紧围绕农业增产、农民增收和农村社会经济可持续发展的战略部署，励精图治，艰苦奋斗，狠抓了规划目标的落实，取得了好成绩，是农村能源事业大发展、大提高的一年。全省新建户用沼气池11万多个，比上年增长234%，为历年来江西农村建池数量最多的一年，累计保有量占农户总数的4.24%；“三沼”综合利用进一步扩大，全年沼液浸种播种面积9.51万公顷，增产粮食3.38万吨，较上年增长3.4%，沼液喂猪46.74万头，增长126%，节约饲料2.39万吨，沼液养鱼0.31万公顷，增长35%，增产水产品0.073万吨，沼渣种菇1.58万平方米，增长474%，产菇0.024万吨，沼气贮粮220吨，减少粮食损失19.63吨。新建大中型沼气工程15处，城镇净化沼气池83个；推广省柴节煤炉灶51.82万户，累计占总农户的86.97%；推广节能炒茶灶、节能烤烟房、节能砖瓦窑各0.32万个、0.50万座和0.061万座。兴建微水电站1 843台，装机容量1 548.73千瓦，累计1.24万台，装机总量1.53万千瓦，供电3.53万户。推广太阳能热水器0.14万平方米，太阳能温室0.66万平方米，地膜覆盖8万公顷，塑料大棚1.04万公顷。新增地热利用点7个。农村能源技术推广和服务体系建设得到加强，1996年7月成立了江西省农村能源环保技术开发中心，至年底全省共有各级农能推广机构705个、2 077人，服务公司（站）72个、286人，工程队330个、5 638人，全年培训各类技术人员9 820人次；全省农能产业完成产值1 574.08万元，实现利税100.74万元，分别比上年增长127%和85%；全面完成了“八五”五个农能综合建设县项目的验收和总结评比工作，5县共完成子项目83项，投入3.51亿元，形成年开发与节约86.71万吨标煤能力，年经济效益3.95亿元，顺利启动了“九五”4个农能综合建设县。全省农能建设投入资金1.531亿元，其中，省拨款53万元，地、县、乡补助1 478万元，群众自筹1.2772亿元。

1996年江西农村能源事业的发展呈现明显的特点；一是沼气建设实现超常规，微水电、太阳能开发等其他农村能源和产业等发展也较快，全省农村能源已形成年开发与节约420万吨标煤能力。二是新建沼气池数量翻番，夺得了1996年度建池全国第一名，老池的维修改造和巩固提高工作也加快了步伐。如九江等地已将老池改造作为一个重点来抓。三是不仅赣州地区继续一马当先，而且其他地、市也有较大进展。仅赣州地区的建池数就占全省的89.21%，其他10地市建池1.187万户，也较上年增长25.6%。沼气的建池规模上了新台阶，而且以沼气为主的农村能源工作的质量、内容、效益等都有了较大的提高。主要表现在：农能建设与发展高产优质高效农业、生态农业和农村社会经济建设紧密结合；“三沼”综合利用向纵深发展，拓宽了路子，提高了综合效益；建池成功率近100%，并且配套设备提高了档次。

1996年，江西农村能源建设取得显著成效的原因，主要是：

1. 省委、省政府及农业厅都将农村能源建设工作列入了重要议事日程。省党、政领导多次视察沼气等农村能源建设，强调要加快发展农村沼气及其综合利用，并提出了到“九五”期末全省15%以上农户建用沼气池的要求。省农业厅作出了具体规划并将任务层层分解落实，同时表彰了作出优异成绩的25个农能先进单位和先进工作者102名、优秀技工101名、沼气模范用户100户。所有这些都进一步振奋了广大干部、群众发展农村能源事业的精神。

2. 赣州地区的“猪—沼—果”工程，萍乡市的“三沼”综合利用等农村能源工作成效显著，示范效应佳。赣州以沼气为纽带的生态农业实现了社会、经济和生态三大效益的统一，“赣州模式”已被农业部等国家有关部门作为南方能源—环境工程示范模式给予肯定和推广，为加快农村能源事业的发展带了好头。省农村能源部门及时宣传推广了赣州、萍乡等地的经验，通过典型辐射，推动了全省农村能源环保事业的加快发展。

3. 各级各有关部门密切配合，结合农村奔小康、文明乡村、挂钩扶贫等各级各类领导和部门的示范点，以及建设项目实施配套农村能源环保内容，提供了许多有利于事业加快发展的好模式。爱卫、水保、林业、环保、扶贫、农业开发等相关部门结合改水改厕、保持水土和小流域治理、封山育林、环境治理、挂钩扶贫、红壤开发、果业工程、种养基地建设等项目实施，纳入农村能源内容，拓宽了业务领域。

4. 狠抓了组织领导和宣传引导，加大了科研、培训、技术推广和服务力度。农业厅几次召开专业会议，下发文件，部署工作。中央电视台、江西电视台、《江西日报》等新闻单位多次报道江西省农村能源建设成就和经验，科研方面着重抓了棉花施沼肥综合丰产技术，并通过了专家鉴定。省里还就血防沼气池等内容进行了技术培训，继续推广了沼液浸种、喂猪、养鱼、种菇等适用技术，促进了事业的快速、健康发展。

（江西省农业厅环能处　熊绍员）

山东省农村能源建设

山东省地处黄河下游，是我国重要沿海省市之一。南北长约420公里，东西宽约700余公里，总面积15.67万平方公里，与河北、河南、安徽、江苏四省接壤。全省行政区划为17个地市，137个县，2 400个乡镇，人口8 700万。

山东省的农村能源工作起步于50年代，由最初单纯发展沼气逐步拓展为推广省柴节煤炉灶，开发利用太阳能、地热、风能、微水电等新能源和农村的节能工作。山东省各级党委、政府和有关部门非常重视农村能源工作。党的十一届三中全会之后，尤其是进入“八五”以来，全省认真贯彻国家“因地制宜，多能互补，综合利用，讲求效益”和“开发与节约并举”的方针，坚持农村能源建设紧紧为经济建设服务，为农民奔小康服务，为促进农村的两个文明建设和农业的可持续发展服务的工作思路，全省农村能源战线的广大干部职工努力拼搏，勇于开拓，使我省的农村能源工作走在了全国的前列，呈现出一个健康、稳定、全面发展的新局面。

截至1996年底，全省农村累计建户用沼气池33万多户，年产沼气7 600多万立方米；累计推广省柴节煤炉灶1 700多万户，农村中85%的农户用上了节能炉灶；推广太阳能热水器120多万平方米，太阳能温室1.5亿平方米；年加工型煤500多万吨，全省已累计形成了年开发与节约700万吨标煤的能力，有力地缓解了农村用能短缺的矛盾，为促进农村经济的发展和农民生活的改善，发挥了积极的作用。

山东省农村能源建设由解决生活燃料为主，逐步走上了向工业、环保、生态和无公害化领域发展。许多节能，诸如沼气综合利用、“四位一体”、秸秆气化等新技术的推广应用，为农村能源事业的发展注入了新的活力。《山东省农村能源建设管理规定》的出台，把山东省的农村能源工作纳入了法制化管理的轨道，成为今后一个时期农村能源工作的重要依据和保障。目前，全省农村能源系统拥有管理、推广机构361个，人员1 619人，形成了上下较为健全的管理、推广体系，农村能源工作越来越得到各级领导和群众的重视，农村能源事业的发展，促进全省农村经济持续发展，为实现农村小康目标做出了新的贡献。

（一）农村能源资源概况　山东省的地理条件、地形和气象条件都比较复杂，农村能源资源品类多，矿物质能源及可再生能源资源都比较丰富，分布广泛。

1. 生物质资源。在全国森林能源发展区划中，山东省属于华北暖温带山地、平原区，为暖温带落叶阔叶林区。长期以来形成了以水土保持林、农田防护网以及“四旁”树木为主要结构形式的农区林业。1995年，全省森林面积为162.88公顷，森林覆盖率为15.56%，薪柴资源的理论蕴藏量约为963.86万吨，可开发薪柴实物量903.02万吨，折标准煤516.01万吨。每年山东省约有农作物秸秆6 000万吨，折合2 700多万吨标煤。据调查，1985年全省人畜粪便可开发实物量916.05万吨，折标准煤507.53万吨，人均占有资源量为76千克标煤，在农村能源资源构成中所占比例不小，约为13.4%，是重要的能源资源。

2. 小煤矿资源。山东省的煤炭资源丰富，预测总储量为2 680.3亿吨，划为小煤矿资源原理论储量11.56亿吨，其可采储量为5.505亿吨。小煤矿在全省分布的地区为枣庄、淄博、潍坊、济宁、泰安、临沂、济南、德州等8个地市。其中理论储量达亿吨以上的有济南、济宁、德州、泰安等4个地市。其余淄博、潍坊、枣庄、临沂等4个地市在2万～6万吨。

3. 太阳能资源。山东省太阳能资源比较丰富，总辐射量在481.16～543.92千焦/平方厘米·年之间，日照时数在2 300～2 900小时，属全国统一划分五个热能等级中的第三等级，有较大的开发价值。全省太阳能资源分布受气候条件影响很大，由南到北递增。

4. 风能资源。山东省风力资源比较丰富，其特点是，地区差异大，时效不稳定。据查，全省年有效风能总蕴藏量达5 700多亿千瓦时，可利用风能资源量为1.5×10^7千瓦。

5. 海洋能资源。山东省位于黄海、渤海之间，海岸线长达3 024公里，有大小岛屿296个，20米等深线以内的浅海面积300万公顷，为全省海洋能资源开发提供了良好的自然条件。山东省海洋能资源丰富，有海洋波浪、海流、潮汐、潮流、温度差、浓度差几种形式。山东省沿海平均潮差2.24米，可发电3亿千瓦时，装机容量14万千瓦。山东省渤海海域平均波高为0.6米，平均周期为2.1秒，波能密度为0.38千瓦/米，理论蕴藏量为57万千瓦。黄海海域平均波高为1米，平均周期为4.4秒，波能密度为2.2千瓦/米，理论蕴藏量为330万千瓦。

6. 地热能资源。山东省靠近太平洋西岸的高热流值地带，有比较丰富的地热资源。省内已查明的地热资源仅为热水，已控明的地下热水露出27处，其中地下热水天然露头（温泉）17处，地下热水人工露头（钻孔揭露）10处，最高水温100.5℃，最低水温25℃，总热水流量为8 682立方米/日，总热流量为$1\ 785.31\times10^6$千焦/日，相当于标准煤60吨，全年提供的热量为2.2万吨标准煤。

（二）沼气建设　山东省的沼气建设是从1958年开始，先后经历了试验示范、巩固提高和稳步发展的三个阶段。

60年代初，农村群众生活用能十分困难，各级政府把解决群众生活用能问题摆到一个重要位置。在学习湖北、江苏、浙江等省农村办沼气的经验后，开始在部分地区组织小规模的沼气试点。70年代初，为促进沼气建设的发展，山东省坚持"以社员自办为主，国家、集体扶持为辅"的原则，在济南的历城和泰安、临沂、枣庄等地进行了沼气试点。并在黄县、招远、历城、汶上等县举办了4期沼气培训班，培训技术人员900多人，到1978年6月，全省累计建池6.14万个，沼气试验示范工作取得了初步成效。

1979年6月全国沼气工作会议提出了"加强领导，积极推广，成片发展，稳步前进"的建设方针，山东省认真贯彻全国会议精神，总结了几年来发展沼气工作的经验教训，确立了"讲求实效，稳步前进"的指导思想，调整了全省发展规划，加强了沼气工作的领导，成立了山东省沼气建设领导小组和山东省沼气办公室列行政编制，针对当时部分地方存在的急于求成，追求数量，忽视质量，病池、废池较多的问题，采取了"区别不同情况，实行分类指导，狠抓建池管理"的方法，较快地纠正了沼气建设中的存在问题。1980年，由省财政厅从机动财力每年拿出200万元，并从国家支援人民公社投资中按5%的比例拨出200万元，用于扶持沼气建设。全省沼气建设巩固提高工作收到了明显成效。到1985年全省沼气池已达35.2万个。

"七五"以来，沼气建设进入了稳步发展阶段。沼气由单一效益向综合效益发展，突出了综合利用。特别是1987年全国沼气综合利用现场会后，山东省先后安排60多个包括种植、养殖、水产、庭院经济为主要内容的沼气综合利用试点示范项目，都取得了明显的效果。1990年召开了全省沼气综合利用现场经验交流会，认真总结交流了试点的经验，把沼气综合利用推向一个新阶段。全省涌现出了一批办沼气致富的专业户，以沼气为纽带的沼气村和沼气乡。到1996年底，全省农村建户用沼气池发展到33.38万个，开展沼气综合利用的农户达22.7万户。沼气综合利用主要包括沼液养猪、沼渣种菇、沼气储粮、沼气发电等。其中沼液浸种项目每公顷增产粮食8%—10%左右，效果明显，被评为1996年度省科技进步三等奖。

在农村发展户用沼气的同时，大中型沼气工程也有了一定发展。全省已建大中型沼气工程40多处，主要集中于酿酒业，用于节能治污。1989年临淄区西单村率先建成山东农村第一座大型沼气工程，解决了全村300多户农民的生活照明、炊事用能，使畜禽养殖物粪便和农作物秸秆得到了综合利用，有效改善了农村面貌和生态环境，为发展生态农业，创造了宝贵经验。国家领导人先后视察西单，并给予很高的评价。

沼气建设的发展，缓解了我省农村生活用能紧张的矛盾，改善农村环境面貌和群众卫生状况，促进了农业的可持续发展和农村两个文明建设。

（三）推广省柴节煤灶工作　60年代，山东省农村有70%以上的农户严重缺烧柴，农村燃料短缺的矛盾十分突出。1965年6月，党中央、国务院发出了《关于解决农村烧柴问题》的指示。根据这一指示，山东省把解决农村烧柴问题当作农村的一项重要工作来抓，积极开展了群众性的省柴节煤灶推广工作。在连续多年抓点调研工作的基础上，从1981年开始大面积开展这项工作，集中人力、物力，分期分批安排了国家和省省柴节煤重点县115个，1990年底经国家或省级验收合格的试点县（市、区）有104个。"七五"期间推广省柴节煤灶994.53万户。"八五"末全省累计推广省柴节煤灶1 362万户。经过10年时间，圆满完成了国家部署的省柴节煤工作任务。山东省农村能源办公室被国家计委和农业部授予"七五"期间"全国节能先进集体"的光荣称号。全省推广省柴节煤灶后，年节柴草约1 200万吨，节煤60万吨，增收节支达10多亿元。

在全省省柴节煤灶推广中，创造了许多宝贵经验。一是建立组织，加强领导。被列为省柴节煤试点的县（市、区），普遍建立了农村能源建设领导小组或省柴节煤领导小组，下设办公室，负责协调、组织这项工作的开展。二是广泛宣传，提高认识。各试点县因地制宜，采取多种形式，宣传省柴节煤工作的重要意义。举办展览，放映《改灶节柴》科教片7 000多场次，观看人数达300多万人，利用电视台、电台、宣传车、讲座等多种形式宣传。三是因地制宜，选好灶型。省农村能源办公室编印《山东省优秀省柴灶图集》发往各地，其中推广的高密灶被评为省科技进步三等奖；罗汉床式新型火炕在全国获炕连灶一等奖。四是培训技术，抓好质量。全省共举办各类培训班2 000多期，培训人数达35万人。农村农户中每50户就有一名经过培训的技术员，有力地保障了此项工作的进展和质量。五是以点带面，集中突击。省农村办公室采取以点带面的推广方法，省抓试点县，县抓重点乡镇，乡镇抓示范村，村抓典型户，并利用早春、晚秋农闲时间进行重点突击。六是政策兑现，合理报酬。为调动广大技术员的工作积极性，各县制定奖罚政策，给予合理报酬，调动技术员按时、按质、按量完成改灶任务。

经过"七五"、"八五"，省柴节煤灶在山东省基本得到普及。进入"九五"后，各地在巩固成果基础上，已向多样化、商品化炉灶方向发展。由于各地农村能源工作部门的努力，每年平均以50万户的规模递增，已成为山东农村能源的一项经常性的工作。

（四）太阳能利用　山东的太阳能利用是从1973年开始的，先后在济阳、茌平开始进行箱式太阳灶的测验与研究。1976年后，济南、济宁、烟台、昌潍、泰安等地相继试验成功了太阳能热水器。由于领导重视，加大了宣传力度。1980年后，太阳能利用越来越广泛，主要有太阳能干燥器、太阳能电池、太阳灶、太阳房、太阳能温室塑料大棚、太阳能暖圈等，很受城乡群众的欢迎。太阳能利用在山东主要有两大特点：一是太阳能塑料大棚在农业生产中广泛得到应用。不仅用于冬季蔬菜生产，而且应用在花生、棉花、甘薯等作物的覆盖上。1996年底，太阳能温室发展到14 968.67万平方米，塑料大棚107 940.29公顷。有力地促进了农业和农民的增产增收。二是太阳能热水器发展迅速。进入90年代，从闷晒式、镀锌管板、铜铝复合管芯到真空管式太阳能热水器，光热转换率由20%提高60%。既节约了能源，又改善了广大群众的生活条件，从农村到城市，深受广大群众欢迎。近几年全省每年以10万～15万平方米的速度递增。1996年统计，太阳能热水器本年新增29.54万平方米，累计122.85万平方米。太阳房累计14.19万平方米。

（五）风能的利用　山东省有广阔的海岸线和丰富的风力资源。新中国建立之前，盐民就用风车提取海水晒盐，利用风蓬借风运输、行船。70年代省内有从事风力发电的生产厂家，也有从事这方面研究和测试工作的。1986年，山东省与航天工业部联合从丹麦购进3台55千瓦风力发电机组，安装在荣成龙须岛的马兰湾，全年发电33万千瓦时。1990年，国内生产的2台55千瓦发电机安装在长岛县，以上机组都与大电网并网发电。1994年在中国科学院的帮助下，在青岛市的即墨小关岛建立了全国第一座30千瓦风光互补发电机组，为全岛22户渔民解决了生产、生活用电。

据1996年统计小型风力发电机，本年新增54台，累计1 480台，装机容量384.2千瓦，年发电量43.69万千瓦时，用户0.18万户，风力提水机新增29台，累计41台，灌溉面积1 425.70公顷。

（六）地热能利用　省内地热利用，除招远县汤东泉建立了地热试验发电站外，其余各地主要用于浴池、疗养、冬季供暖、蔬菜温室、育苗、养鱼等。据1996年统计全省地热点61处，依靠地热种植面积达414.4公顷，养殖面积36.4公顷。随着科技的发展和地热利用水平的提高，地热资源必将更有效地为民造福。

（七）农村能源综合建设县工作实施情况　"八五"期间，临朐、栖霞、费县、嘉祥、桓台、荣成、莱西等7县（市）列为国家级农村能源综合建设县；"九五"期间，又安排了薛城区、莒南、汶上、莱州、昌邑、即墨、文登、临淄区、五莲等9县（市）。

"八五"期间，山东省综合建设县项目，严格按照国家项目领导小组的部署，紧密结合本省不同地区的实际情况，在县政府统一领导下，多部门密切配合，进行农村能源综合建设的目标、方法和技术的研究，结合当地经济发展的需要，对能源进行了综合开发和节约工作，探索出一套适合省情的农村能源综合建设的技术模式和管理经验。经过5年的实施，完成子项目174项，累计开发和节约能源415万吨标煤，实现经济效益53.6亿元，取得较好的能源、经济和社会效益，圆满地完成了全国综合县建设任务，经国家验收，全部合格。费县被评为全国农村能源建设县先进集体。

"九五"农村能源综合建设县项目，已于1996年顺利启动，经过一年多的工作，项目进展顺利。1996年底统计，新建沼气池4 340个，沼液浸种1.56万公顷，推广太阳能热水器2.1万平方米，建塑料大棚3 321万平方米，推广太阳能畜禽舍64.55万平方米，建太阳能教室5 430平方米，新建秸秆气化站9处，实现年节能50万吨标煤能力，新增效益10万元。农村能源综合建设县项目的实施，合理地开发利用了农村能源资源，建立了相互协调的能源开发节约的新机制，增强了农村能源的有效供给，促进了农村经济的发展，深受广大干部群众的欢迎。

（八）农村能源产业建设　山东省的产业和服务体系建设是从80年代初开始的。发展产业的总的指导思想是"围绕农村能源办产业，办好产业促发展"，随着市场经济体制的建立，近几年农村能源产业也有了一定发展。据1996年统计，全省共有生产企业49个，职工人数955人，拥有资产3 777万元，销售额4 643.6万元，利税490.38万元。服务企业72个，职工人数1 083人，拥有资产1 789.83万元，销售额2 510.7万元，利税379.59万元。

经营的农村能源产品有14种。主要有：省柴节煤灶、多用炉、余热器、助燃器、沼气配件、不同规格和档次的太阳能热水器、生物质热解气化炉等。几年来，随着农村能源产业从无到有，从小到大，农村能源产业已成为一项新兴行业。专业化生产，商品化供应，社会化服务机制逐步建立起来，为山东省农村能源建设事业的发展，注入了生机和活力。农村能源产业的发展，适应了市场经济体制需要，促进农村能源事业的发展，培育了农村能源产品市场，培养了一支懂经营会管理的队伍，同时积累了资金，稳定了队伍，为农村能源事业在新形势下得以发展，打下了坚实的基础。

此外，为了适应建立社会主义市场经济体制和全省农村能源建设工作发展的需要，进一步搞好农村能源管理，加强了农村能源法规建设，1993 年底着手调研，1994 年开始起草《山东省农村能源建设管理规定》(草案)，前后两年多的时间，完成了草案的编写。1995 年 3 月农业部环能司邀请有关专家召开法规工作座谈会，对《规定》的起草提了许多建设性的意见。省法制局派出专人帮助逐条修改。起草过程中，根据国家关于农村能源建设的方针，紧紧结合山东实际，注重抓重点，抓主要环节，既坚持原则，又从本省实际出发，力争《规定》早日出台，做了大量深入细致的工作。

县级农村能源的地方性法规建设起步也比较早，已有莒南等 5 个县出台县级农村能源管理暂行办法。一批市（地）和县正在着手这一工作，这些法规的出台，促进了山东省农村能源工作的发展，标志着山东省的农村能源建设逐步走上法制化管理的轨道。

（山东省农业厅农村能源办公室
杨金芳　王军海）

1996 年农村能源建设概况

1996 年是“九五”计划的第一年，在省委、省政府和农业部的领导支持下，山东省农村能源建设坚持“因地制宜、多能互补、综合利用、讲求效益”和“开发与节约并举”的建设方针，以改革开放为动力，以促进发展高产优质高效农业、增加农民收入、实现农村奔小康为目标，全面推进，重点突破，经过全省农村能源战线广大干部职工的艰苦努力，使山东省农村能源建设迈上了一个新的台阶。

1996 年，全省新建农村户用沼气池 1.7 万个，比上年翻了一番，累计实有达到 33 万个；新增太阳能热水器 29.5 万平方米，累计达到 123 万平方米；新增太阳房 1.6 万平方米，累计达到 14.2 万平方米；太阳能温室达到 14 969 万平方米，太阳能暖圈 43.94 万个，塑料大棚 10.8 万公顷；新增小型风机 54 台，累计实有达到 1 480 台，装机容量 384.2 千瓦；新建省柴节煤炉灶 57.7 万户，年末累计 1 721 万户；型煤加工点达到 1 057 个，年加工量 519 万吨；累计实现开发与节约能源 700 万吨标煤的能力，从而有效地缓解了全省能源供需之间的矛盾，促进了农村经济的发展和农民生活水平的提高，为加速农村奔小康，发挥了积极的促进作用。

一年来，全省农村能源建设主要做了以下几个方面的工作。

（一）加强领导，搞好农村能源建设工作的组织管理　为了贯彻落实全国农业环保农村能源工作会议精神，总结“八五”工作，部署“九五”任务，经过充分的准备，省农业厅在 7 月底召开了全省农业环保农村能源工作会议。会议总结了全省“八五”期间的农村能源工作，按照实施可持续发展战略和加快农业“两个根本性转变”的要求，提出了“九五”全省农村能源建设工作的思路、目标和任务。省领导提出“不解决好农村能源问题，农村的发展、农民生活水平的提高就会受到很大影响。要像抓农业生产那样，切实加大农村能源工作力度，常抓不懈。”会议之后，各市地都随即召开会议，积极贯彻落实这次会议精神，为开创山东省农村能源建设工作的新局面，奠定了良好的基础。

在省政府及各有关部门的支持下，1996 年 12 月，正式恢复成立了省级领导小组——山东省农村能源建设协调小组，从而进一步加强了对全省农村能源工作的领导力度。全省 17 个市地有 12 个市地建有农村能源建设领导小组，许多县市也都建有农村能源建设领导小组，这些都为全省农村能源建设的顺利开展提供了良好的组织保证。

（二）突出重点，抓好农村能源综合建设县项目　“八五”期间，费县等 7 个县市圆满完成了全国农村能源综合建设任务，取得了很好的经济、生态和社会效益。1996 年 4 月，国家计委等八部委又批准薛城等 9 个县（市、区）参加“九五”农村能源综合建设县项目工作。

为了搞好项目的规划及实施工作，省农村能源办公室组织薛城等 9 县（市、区）参加了全国项目规划培训和省组织的强化培训，各项目县普遍建立了项目领导小组，充实了项目工作班子。经过 3 个月的努力工作，各地都按照当地实际制定了 5 年的项目规划，而后与国家签定了项目合同，并积极有效地开展了项目工作。由于各县政府领导重视，有关部门密切配合，工作卓有成效。例如，莒南县就在当年年底完成了第一个新技术项目，在壮岗乡北李庄村建成秸秆气化集中供气示范点。

按照国家项目领导小组要求，原“八五”项目县，要在“九五”期间，继续巩固和发展。在省里的统一部署下，各县市都普遍制定了“九五”工作计划，并做到了“班子不散，人员不减，经费保证，政策不变”。“八五”项目县在 1996 年中，共新建沼气池 3 405个，沼液浸种 1.56 万公顷，大棚温室 3 321 万平方米，太阳能畜禽暖舍 64.55 万平方米，太阳能教学楼 5 430 平方米，“四位一体”大棚温室 5 600 平方米，新建秸秆气化点 3 处，改造水泥生产线 2 条，砖瓦窑 12 座，锅炉 8 台，电机 133 台，改造中低压线路 24.5 万米；举办技术培训 4 期 920 人，印发宣传材料 1.5 万份。

为了切实加强综合建设项目工作，5 月份，省计委等八厅局联合转发了国家计委等八部委《印发〈关于在“九五”期间继续开展农村能源综合建设工作的请示〉的通知》文件。12 月份，省计委、财政厅、省农业厅联合下发了《关于落实“九五”全国农村能源综合建设县项目配套资金的通知》，通知中对“八五”项目县在“九五”期间的工作经费也一并做了明确的规定，并要求 5 年不变。这些都对全省项目工作的开展起到了很好的促进和保证作用。

（三）适应形势发展，积极推进农村能源法制建设　山东省农村能源工作的法规建设从1994年起步，一直走在全国的前列。由于1995年下半年到1996年上半年进行省级机关机构改革，在“三定”方案公布之前，省级农村能源建设法规的出台处于暂缓状态。5月份，省农业厅“三定”方案公布后，在省法制局的大力支持下，立即组织人力着手进行对《山东省农村能源建设管理规定》（草案）的修订工作。经过几个月时间的连续作战，终于在年底前完成了这项工作，并正式提交省政府常务会议讨论。《规定》共设5章35条，对农村能源建设工作的方针、农村能源的开发利用、农村能源建设的监督管理和法律责任等有关方面都作了比较明确的规定。为了保证《规定》的顺利发布和实施，结合山东省实际，《规定》对“农村能源”的适用范围做出了明确的界定，使其更有针对性，同时可以避免一些不必要的部门争执，有利于争取时间，使《规定》尽早出台。

继莒南等县之后，五莲县等地在1996年也出台了农村能源地方法规。应当说，1996年是我省农村能源法规建设取得重大进展的一年。

（四）贯彻科教兴国战略，大力推进农村能源建设的新技术新成果的应用

1. 重点安排6项技术示范和推广工作。一是13.3万公顷沼液浸种推广项目，平均每公顷增产8%～10%；二是5处秸秆气化集中供气示范点；三是一批集太阳能暖圈养猪、蔬菜温室种植、沼气综合利用为一体的“四位一体”生态温室大棚示范点；四是6处沼气重点建设示范县；五是一处沼气中温发酵集中供气的小规模试验；六是一处城镇污水处理项目。这些新技术项目的试验示范，为全省农村能源建设带来新的生机和活力。

2. 对全省县级以上农村能源办公室主任进行了集中培训。为提高农村能源战线领导干部素质，从1995年开始，分期分批地对全省县级以上农村能源办公室主任进行培训，更新观念，增长知识，进一步做好“九五”农村能源工作。1996年，组织了第二批培训班，有62名主任参加了学习。对社会主义市场经济管理知识、领导科学和农村能源专业技术知识有了更深入的了解。

3. 进一步加强农村能源产业建设和技改工作。为了适应市场经济发展形势的需要，农业部环能司首先确定在5个省份扶持建立省级农村能源质量监督和技术服务站，山东省被列为其中之一。围绕建站，山东省积极进行了各方面的筹备工作。1996年，安排了3个大型农村能源技改项目，贷款总额1 270万元，国家给予半贴息资助，促进了山东省大型工业沼气的建设。

4. 抓住时机，积极推进秸秆气化技术的示范推广。1996年9月，省领导对秸秆气化技术作了专门批示，要求农业部门积极推广。随后，山东省农业厅分别向省政府和农业部提出在济青高速公路沿线建立100处秸秆气化示范点的计划，省政府给予了很大支持，并对有关部门进行了协调，把它作为今后农村能源的重点项目予以批准立项。

（山东省农村能源办公室　吕增安）

青岛市农村能源建设

青岛市地处山东半岛南部，为海滨丘陵城市。全市总面积为10 654平方公里，其中山地约占15.5%，丘陵占25.1%。海岸总长730.64公里。1996年底，全市有耕地98.64万公顷，沿海滩涂11.4万公顷。全市共有6 902.67万人，其中农业人口487.63万人。

青岛市的风能资源非常丰富。据测定有效风能密度为240.3瓦/平方米。有效风能年平均时间达6 485小时。年平均风速为5.3米/秒。青岛的光能资源比较好，全年太阳能辐射总量为502.08千焦/平方厘米，年平均日照时数为25 550.7小时，日照百分率达58%。地热资源主要有即墨市的温泉，该地有3个泉眼，泉水自然溢出，水温30～60℃，有的高达93℃，分布面积约10余公顷。

青岛市的农村能源建设起步于70年代末期，当时根据国家和山东省委召开的有关沼气建设工作会议精神，青岛市委立即发出《关于建立沼气办公室的通知》，并在崂山县召开了全市沼气建设工作会议。其后，青岛市及各县（区）还成立了由计委、经委、科委、农委和煤建等部门组成的沼气建设领导小组。负责研究制定沼气发展规划和实施，检查督促沼气科研和沼气建设工作，形成了大办沼气的新气候。由于沼气的大力发展，开发利用了生物质能源，扩大了农村工副业生产，改善了土壤肥力状况，增加了粮食产量和农村经济收入，缓解了农村生活用能和常规能源的供应问题，有力地保护了农村生态环境，同时也涌现出不少的先进典型。即墨县城关公社冢子头大队是青岛市第一个沼气村，1986年农业部授予该村“全国农村能源先进集体奖”，同年5月山东省农业厅授予该村“山东省农村能源建设先进集体奖”。

沼气建设的不断发展，促进了风能、太阳能、地热能等农村能源的开发利用。为适应农村能源建设的需要，根据有关文件精神，将青岛市沼气办公室更名为青岛市农村能源建设办公室，所属各县（区）也随着更名。为更好地适应农村能源建设的需要，创办集体性质、自负盈亏的事业单位，农村能源研究所、能源实验厂和农村能源服务公司。对农村能源科研、技术推广服务和产业化建设都起到了积极的推动作用。同时还采取了一系列扶持政策，并逐步规范了国家颁布的沼气池、省柴节煤灶、太阳能热水器等技术标准。多年来，一方面对大办沼气时所建的三合混凝土和简易老式旧池进行大量的技术改造和维修，并对那些利用率低、容易出故障和危险，无修复价值的沼气池进行了淘汰；另一方面还积极学习外地经验，推广新能源技术，使青岛市的农村能源建设步入一个新的开端。到1986年，青岛市建池成功率达到了

98%以上，沼气池的完好率达到100%，建达标沼气池20 354个。安装微型风力发力发电机110台，装机容量达3.88千瓦；推广太阳能热水器1 560平方米，太阳灶17台，太阳能干燥器66平方米，太阳能电池200瓦；推广省柴节煤炉灶50.1万户，省柴节煤炕42.7万铺；开发地热水能1处，用地热水养殖尼罗罗非鱼面积1 500平方米，用地热建立蔬菜温室种植蔬菜3 000平方米；建大型沼气工程6处，容积13 440立方米，分别用于城肥无害化处理和酒厂废液处理。对酒糟废液利用高温生物发酵法进行处理，效果显著。莱西市、平度市酒厂发酵后的消化液pH值基本达到国家规定的排放标准，SS去除率达45%～50%，COD、BOD去除率达85%以上；制取的沼气除供应厂锅炉外，还供本厂100户职工炊事用气。解决了环境污染，每年还可节约标准煤2 044吨。

1990年，随着经济体制改革的不断深入，青岛市农委根据市政府有关机构改革的精神，将青岛市农村能源办公室所属的农村能源研究所、能源实验厂和农村能源服务公司，分别与办公室脱钩，进一步加强办公室的行政管理职能，不断拓宽对各县（区）的宏观管理。各县（区）政府把农村能源工作纳入国民经济计划和政府工作的议事日程，各级农村能源办公室还主动与计委、经委、科委等有关业务部门加强密切联系与合作，对农村能源事业的发展起着重要的作用。因此多年来，除了抓好农村户用沼气池、省柴节煤灶、太阳能热水器和型煤加工等项目的推广外，主要抓了生物质能、被动式太阳房、风能、大型沼气工程及沼气综合利用等项目的高新技术的试点工作，并取得了比较成功的经验。

（一）积极抓好生物质热解气化和集中供气的研试，促进农作物秸秆的开发利用　“七五”期间，在国家科委和农业部的大力支持下，生物质热解气化技术和农村集中供气系统的研试工作，被国家列入“七五”科技攻关项目。青岛市农村能源办公室选择试验点，筹措基础工程资金，并积极配合山东省科学院能源研究所攻克科技难点，经多次试验，研制出XFF-600型生物质热解气化机组。首创了适合中国特点的农村生物质供应网的模式。形成了包括生物燃气发生净化、输配和燃烧利用的完整的配套技术，为农民提供了一种高效利用农作物秸秆的先进转换方式。

1990年11月农业部环能司在青岛市胶州市召开了该项目的技术鉴定会，与会专家通过对技术性能的测试和现场考察，该生物质气机组的气效率为76.1%，生活用能系统效率为37.5%，技术性能达到了国内先进水平。在燃气供应网的若干设备、燃气灶具的研究方面也进行了有益的探索。并进行了发电试验，功率达到14千瓦。在节约能源、减少环境污染、提高生活舒适文明度，也有了新的突破。对存在问题也作了客观评价。为今后的生物质气化技术集中供气系统的研究与推广打下了坚实的基础。

（二）认真抓好太阳能资源的开发利用　青岛市在积极抓好太阳能热水器、塑料大棚、地膜覆盖和太阳能暖圈等项目的推广利用外，重点抓了被动式太阳房的试点工作。从1990年开始，分别在各市的民宅住房、敬老院和学校抓试点工程5 200平方米。按国家验收标准规定测试，均达到了指标要求。清华大学建筑学院张家璋教授主持勘察设计的崂山区城阳镇后桃林村二层1 500平方米被动式太阳能教学楼，建筑结构技术合理，采光面积大，集热和保温性能好，不用外加其他热源。冬季取暖期，在环境温度日平均－1.9℃时，太阳能教学楼日平均温度为12.4℃，太阳能供暖保证率100%，太阳能节能率100%，年可以节约取暖费用万元以上。该工程总投资48万元，比建普通校舍增加投资约15%。经周期测试和组织有关部门的专家鉴定，技术性能良好，达到国家测试标准，属国内先进水平，受到青岛市委及有关部门领导的赞扬，并号召大力推广。

（三）搞好风光互补科研试点，解决海岛渔民用电　青岛市沿海岛屿较多，海岛居民长期无电问题仍困扰着渔民的生产和生活，虽经市委、市政府的不懈努力，铺设海底电缆解决了几个比较大的居民海岛的用电问题，但由于造价太高，仍不能完全解决海岛渔民用电问题。30千瓦风光互补发电系统工程是国家拨款，中国科学院电工研究所承担的国家“八五”重点科技攻关项目。经该所领导和专家多次实地考察和技术论证分析，认为即墨市小管岛各项条件最佳。1993年2月中国科学院电工研究所与青岛市即墨市科委农村能源办公室签定了科研攻关试点协议书，由青岛负责基础设施及配套工作，投资50万元。经过近三年的施工、仪器安装和试调等工作，达到了该项目的预期目标，1995年12月中科院与即墨市组织召开了国家有关部门的专家鉴定会，通过对5台5千瓦的风机和35WP光电板144块所构成8个方阵排列的6千瓦光伏发电系统、蓄电池、风电控制柜和线路等仪器的检测，技术性能良好，均达到了预期指标，属国内先进水平。

（四）完成莱西市全国农村能源综合建设县项目和沼气综合利用项目　“八五”期间，莱西市被国家八部委列为全国100个农村能源综合建设县以来，各级政府认真贯彻“因地制宜、多能互补、综合利用，讲求效益”和“开发与节约并重”的方针，全面落实全国百县农村能源综合建设工作会议精神，在农业部环保能源司及有关业务部门的领导和项目技术指导单位的指导下，积极开展农村能源综合开发，建设了一批标准质量较高的节能技改和开发方面的项目，超额完成了国家八部委签定的20个合同项目，取得了明显的经济、社会和生态效益。5年来，新增能源开发量117.23万吨标煤，人均新增1 600千克标准煤；节约能源16.92万吨标煤；其中常规能源节约11.09万吨标煤，使全市增加能源供应量40.8%，促进了莱西市的经济发展，工农业总产值年递增19.7%。5年营造薪炭林1 280公顷，改造残次林1 966公顷，森林覆盖率提高了1.5%，达到了25%，增加了林地涵养水源，防止了水土流失，净化了生态环境。能源开发与节约项目的实施，缓解了农村生活用能的供需矛盾，提高了农村的高品位用能，改善农民的生活条件，促进了精神文明建设。1995年5月全国农村能源综合建设项目领导小组在莱西召开了全国农村能源综合建设县验收试点现场会议，莱西市的农村能源综合建设项目进行了全面的验收，对20个单项合同指标分别进行了技术论证和效益分析。通过现场验收，与会领导和专家对莱西市的综合建设给予了充分地肯定和很高的评价，为今后各省、市农村能源综合建设县的验收工作起到了指导作用。

沼气综合利用，主要抓了户用沼气池和大中型沼气系统工程的利用。多年来，户用沼气的利用重点抓了沼液喂猪、养鱼、浸种和沼渣种菇等项推广工作。由其是连续几年每年2万多公顷的沼液浸种玉米、花生和小麦，都取得了较好的成绩，公顷增产量可达10%左右。大型沼气工程主要用于城肥无害化处理和酒厂废液处理。1978年7月，由国家和省市投资、在崂山县双山建成3个容积各为680立方米的长方形高温生物发酵沼气池进行城肥处理。该建设工程在全国、省、市科技大会上获得了科技成果奖。全市3个城肥处理厂，7个总容积为4 040立方米的发酵沼气池，年可处理粪便量18万吨，使青岛市的近郊蔬菜生产大大减轻了城肥污染。1985年青岛酿酒厂（平度县）和青岛第二酿酒厂（莱西县）分别投资58.4万元和95.4万元，共建总容积为6 800立方米大型沼气池9个，对酒糟废液利用高温生物发酵法进行处理，效果显著。不仅解决了污染问题，而且提供了理想的有机肥料，还可日取沼气5 000～5 500立方米，每年可节约标煤2 044吨。

（青岛市农村能源办公室　韩玉平　苗在京）

1996年农村能源建设概况

1996年，青岛市的农村能源建设随着经济体制改革的不断深入和经济建设的不断发展，各级农村能源部门提高思想认识、更新思想观念，以中央关于执行两个根本性转变和实施可持续发展战略的总体要求为目标，加强宏观管理、强化科技含量，并结合农村的村级建设规划和经济状况，在高、新、尖技术上下功夫，抓好试点示范工程，加快农村能源建设步伐，促进了农村经济发展和两个文明建设。

（一）以发展高产优质高效农业、增加农民收入、实现小康为目标，积极抓好农村能源推广工作　青岛市农村能源办公室与各市、区农村能源办公室（站）签订了农村能源推广项目合同责任书。要求各级政府把农村能源建设工作纳入农村的科技扶贫计划和国民经济计划。并精心组织了高效省柴节煤炉灶、小型高效沼气池、沼气综合利用、太阳能热水器、太阳暖圈、太阳能温室、微型风力发电机、地热能等成熟应用技术的示范推广工作，取得了明显成效。据统计，全市1996年新推广农村家用小型高效沼气池888个，维修旧病池541个，沼气综合利用户数发展到2.08万户。其中推广沼液浸种25 132.67公顷，增产粮食1.82万吨；沼液喂猪0.86万头，节约饲料612吨；沼液养鱼1.83公顷，增加产量3.15吨；沼渣种菇1.33万平方米。推广省柴节煤炉灶2.81万户，其中商品灶0.38万户，型煤炉0.72万户。推广型煤加工11.18万吨，改造节能砖瓦窑277座。推广太阳能热水器1.83平方米，太阳能暖圈8.02万平方米，太阳能温室1 171.73万平方米，塑料大棚2 386.58公顷。推广微型风力发电机25台，装机容量2.85千瓦。地热能利用1处，种植面积1.20公顷，养殖面积0.80公顷。

（二）继续推进农村能源综合建设，为农村经济的可持续发展服务　通过“八五”农村能源综合建设的实践，显示了促进农村经济可持续发展的生命力。1996年根据国家农村能源综合建设县项目领导小组的安排，在总结“八五”综合建设县工作的基础上，对所辖各市区农村能源建设情况进行了认真的分析和综合评估，确定并报国家计委等八部委批准，即墨市为“九五”全国农村能源综合建设县。一年来，青岛市认真贯彻落实全国农村能源综合建设项目工作会议精神，围绕“九五”全国农村能源综合建设县指标，狠抓了项目技术培训，对各部门及项目单位申报的综合建设项目，进行认真的分析和评估，择优筛选出实施项目，编制出综合建设规划，并按要求同国家签定了项目合同，绝大多数项目已开始实施，为今后农村能源综合建设项目的顺利实施奠定了基础。

（三）搞好技改贷款和太阳能热水器生产厂家的普查与整顿，促进农村能源产业建设　主动适应社会主义市场经济体制的需要，积极扶持发展农村能源产业，增强自我发展的能力，是能源事业的基础和保证。青岛市一方面积极扶持办产业，抓好项目，争取技术改造的贷款资金；另一方面提高产品质量，扩大销售额。一年来，市农村能源办公室积极协助即墨市能源技术开发中心，争取贷款资金，扩大太阳能热水器和节能产品的生产规模；申报到农业部和国家经贸委的胶南酒厂大型沼气工程600万元的技术贷款项目，经银行及有关部门的评估审核，已经落实。并完成了该项目图纸设计等项工作，力争1997年建成投产使用。另外，还抓了全市太阳能热水器厂家的普查和整顿工作。以规范生产厂家的产品质量。

“八五”期间，青岛市的农村能源产业主要是生产太阳能热水器，共推广5.04万平方米，对节约常规能源，保护生态环境，发展农村经济及改善居民生活条件，起到了积极的促进作用。但由于热水器生产厂家繁多，部分厂家尤其是个体厂家存在着产品低劣的问题，影响了太阳能热水器的声誉和用户的利益。为此，市农村能源办公室从行业管理的角度下发了文件，要求各市、区农村能源办（站）组成普查班子，对太阳能热水器生产厂家及产品质量进行一次普查和整顿。通过普查统计，青岛市太阳能热水器生产厂家有22家，年生产能力为23万套，年生产能力在千台以上的有6家，产品质量较差的厂家大都是规模较小的企业。在普查和整顿中，采取技术培训和现场说教的方法，提高各厂家的经营观念和技术水平；对产品质量较差的厂家限期改进并跟踪检查。通过普查和整顿，加强了行业作风和产品质量，促进了农村能源产业建设。

（四）落实了即墨市大管岛100千瓦海洋波浪发电站项目　即墨市大管岛有48户人家，至今过着无电的生活，制约着渔岛的生产，影响着群众的生活。1996年，与国家海洋局联系，拟在大管岛进行100千瓦的波浪发电工程试点。通过一年的共同努力，已完成对该岛的地形勘测及波浪技术指标的测试分析工作。经最后综合分析论证后与即墨市签定科研攻关试点协议。此项目完成后，将是世界上比较大的一处海洋波浪发电站，它的研究与建设将对开发利用海洋资源探索出一条新的途径，对解决海岛的电力供应，促进海岛的经济建设，将起到积极地推动作用。

实践证明，农村能源工作，随着农村经济的不断发展，尤其是经济发达地区、要密切联系本地区的实际情况，加大宣传力度，提高思想认识，更新思想观念，增强科技含量，注重经济、社会、环境三大效益，才能不断加快农村能源建设步伐。

（青岛市农村能源办公室　韩玉平　苗在京）

30千瓦风光补电站在即墨小管岛建成

小管岛位于山东省即墨市岙山卫镇东南海域，距陆地约3公里，面积为0.37平方公里。该岛共有居民21户、76人，耕地3.33公顷，浅海滩涂200公顷，居民主要以捕捞和浅海养殖为生。因该岛距陆地较远，无法架设高压电线，若拉海底电缆，需资金2 000万元，因资金问题，一直未通电，严重影响居民生活和渔业生产。

1993年2月，即墨市科委农村能源办公室与中国科学院电工研究所签订了在即墨市小管岛进行建设30千瓦风光互补联合发电系统的协议书，由电工研究所投入仪器、设备105万元，地方配套投资50万元，在小管岛进行科技攻关试验，成功后供小管岛无偿使用。该工程属国家“八五”重点科技项目，由中国科学院电工研究所承担。经过近3年的努力该项目获得成功，于1995年1月建成发电，同年12月召开了由国家有关部门专家参加的鉴定验收会。

30千瓦风光互补电站包括5千瓦风力发电机组5台，5 040瓦太阳电池阵列，110只1 000安时、2伏固定型铅酸蓄电池，30千伏安三相逆变器，以及风、光电控制系统，交直流配电系统，数据采集和处理系统，备用柴油发电机和防雷设施等。

5台5千瓦风力发电机组采用交—直—交运行方式向负载供电，在直流环节将多余的电能向蓄电池充电。太阳电池阵列由144块单晶硅光电板组成，分为5个并联阵列向蓄电池充电，采用增量控制法控制电池阵列对蓄电池充电过程，保护蓄电池不被过充。风、光发电系统在直流环节并联后，通过三相逆变器转换成恒压频交流电供给负载。逆变器采用大功率晶体管脉宽调制方案，在蓄电池电压降到设定过放值时自动关断逆变器，以保护蓄电池不至过放。在连续多天无风、无太阳情况下，蓄电池所贮存电能可保证四五天生活，必要时再启动备用柴油发电机补充供电。

小管岛风光互补电站的建设成功，不仅解决了岛上居民生活用电，丰富了物质文化生活，而且为渔业、海水养殖业生产，为海岛旅游项目的开发，起到重要的促进作用，为小管岛经济的腾飞插上了翅膀，同时为国家进一步开发无电地区提供了比较成熟的风光互补技术。

（青岛市农村能源办公室　韩玉平　苗在京）

河南省农村能源建设

河南省地处中原，是典型的农业大省。全省农村能源资源的可开发量为6 080.42万吨标准煤，人均年占有资源量793.89千克。其中，秸秆2 627.6万吨标准煤，人均占有343.07千克；薪柴213.1万吨标准煤，人均27.82千克；小水电26.08万吨标准煤，人均3.41千克；小煤窑2 923.37万吨标准煤，人均381.69千克；沼气1 292.3万吨标准煤，人均168.73千克。此外，还有较为丰富的太阳能和地热能资源。据1996年统计，全省农村能源消费总量为5 434.14万吨标准煤，人均0.71吨。其中，生物质能占22.2%，常规能源占77.8%，能源消费以常规能源为主。

河南省每年农村能源消耗量占总能耗的70%，因此，有计划、有步骤、积极稳妥地搞好农村能源建设，对全省农业和农村经济的可持续发展具有极其重要的战略意义。十多年来，全省农村能源建设，在各级党政领导的重视和有关部门的支持下，坚持“因地制宜、多能互补、综合利用、讲求效益”的方针，依靠科技进步，注重管理，强化服务，不断扩大规模效益，展示了很好的发展前景。

（一）以项目为引导，精心组织抓好农村能源应用技术的示范推广，增加了农村能源的有效供给　多年的研究和试验，农村能源建设取得了一批很好的技术成果，并融入了农村生活、生产的许多方面。全省农村能源建设正是紧紧围绕农业和农村经济发展，以项目为引导，精心组织了高效省柴节煤炉灶、小型高效沼气池、沼气综合利用，农村生产节能、新能源开发等成熟应用技术的试点、示范推广工作，取得了明显成效。截至1996年底，全省农村能源建设累计形成年开发与节能能力达700万吨标准煤，增加了农村能源的有效供给。

1. 省柴节煤炉灶技术大面积普及推广逐步趋向商品化。推广省柴节煤炉灶是缓解农村用能矛盾的一项有效措施，也是一个时期以来全省农村能源工作的重要内容。自1983年开始，省柴节煤炉灶技术的推广以试点县形式逐步展开，经过“六五”、“七五”、“八五”期间的努力，全省共安排推广试点县93个，有75个通过了验收鉴定。到1996年底，全省累计推广省柴节煤炉灶1 398.39万户，占全省总农户的76%。优秀灶型达38种之多，省柴灶的热效率从10%～15%提高到20%～30%，节煤炉灶热效率由20%～25%提高到35%～45%，农村生活缺烧问题基本得到解决。近几年，为适应社会主义市场经济发展的需要，节能改灶工作的重点又逐步转向了商品炉灶的研制、定型、生产、供销服务工作，把节能改灶工作卓有成效地推向了市场。

2. 沼气已从单一解决生活燃料短缺为目的，向促进农业生产的持续稳定发展和农村经济的繁荣转变。发展沼气是科学利用生物质能的有效途径，河南沼气建设在总结了70年代经验教训基础上，从1987年重新起步后，根据农户承受能力，遵循“因地制宜、分类指导、择优发展、质量第一”的指导思想，依靠科学，以提高综合利用效益为方向，走出了一条符合省情，稳步发展的沼气建设新路。到1996年底，全省累计推广农村户用沼气池5.98万户，城镇生活污水净化沼气池47处，大中型沼气工程12处。

沼气综合利用是河南省沼气建设迈向新阶段的主要标志，近年来，沼液喂猪、浸种，沼渣养鱼、种植食用菌，沼气用于粮贮、水果保鲜、孵鸡、塑料大棚增温等在河南农村得以广泛应用。淇县把发展沼气与养猪有机结合，大力实施沼气生态养殖工程，形成了粮（秸秆）→猪（粪）→沼气（肥）→粮的模式，全县已推广该模式3 000多户，据1996年底统计，全省沼气综合利用已有1.83万户，利用沼液浸种播种面积6 594.2公顷，利用沼液养猪4.27万头，沼液养鱼面积286.66公顷，沼渣种菇面积8 000平方米，利用沼气水果保鲜18吨，储粮168吨，沼气综合利用在促进农业生产和农村经济发展方面正发挥着起来越重要的作用。

3. 以太阳能为主体的新能源开发利用从试点示范逐步推向了市场。随着农村经济的发展，人民生活水平有了显著提高，以太阳能为主体的新能源开发利用，在河南农村能源建设中的比重逐渐增大。并从试点示范阶段走了出来，逐步推向市场，取得了可观的经济效益。特别是太阳能热水器的生产已发展成为农村能源建设的支柱产业。周口地区农村能源的建设，以塑料大棚为突破口，在全地区掀起了一场“白色革命”。到1996年底，全省累计推广太阳能热水器22.23万平方米，发展太阳能温室10 599.35万平方米，塑料大棚25 037.52公顷。

4. 农村生产节能成绩突出。十多年来，在稳步抓好生活节能的同时，还拓展到了生产领域的节能工作，并取得了突出成绩。

河南是烟叶主产区，过去因烤烟炕房落后造成能源浪费和烤烟质量差，每年损失1亿元以上。从1984年开始着手烤烟炕房的节能技术研究改造工作，研制成功的PJK系列烤烟炕房，系统热效率达到40%，烤烟质量平均比旧炕提高一个等级，节能和提质增收达20%以上。到1996年底，全省推广节能烤烟炕房6.74万座，年节能量达2.86万吨标煤。

烧砖历来是农村的耗能大户，河南省研制成功的SJY节能砖瓦窑比旧式砖窑节煤60%。到1996年底，全省累计推广节能砖瓦窑2 258座。使年75亿块砖瓦的生产节能23.98万吨标煤。

（二）围绕农业和农村经济发展，积极开展农村能源综合建设，扩大了规模效益　农村能源综合建设，是在一个县的范围内，以大系统的观点，结合本县社会、经济发展和环境目标要求统筹规模，积极开发合理利用能源，建立起相互协调的供能和用能体系，发展相应的能源生产和技术服务网络，从能源建设这一环节来支持经济发展，提高人民生活质量，改善生态环境。根据国家的布置安排在“六五”、“七五”、“八五”期间，先后在郸城、通许、柘城、罗山、西峡5个县进行了农村能源综合建设试点工作，1995年又会同省计委、科委、财政厅、水利厅、林业厅、环保局等部门在巩义、确山、固始、新野、宝丰5个县组织开展了农村能源综合建设县项目。据对“八五”柘城、罗山、西峡3个农村能源综合建设县统计，共使用各类贷款和带动地方及农民投入约12 633万元，多种成熟的能源技术集中实施推广，形成年新增开发和节约能源能力达30.96万吨标煤，提高了农民的生活水平，促进了农村经济的持续发展，产生了广泛的社会影响。

（三）主动适应社会主义市场经济体制的需要，加大农村能源产业建设的力度，增强了自我发展的实力　经过十多年的努力，全省农村能源的产业从无到有，从小到大，经历了不平凡的历程，从70年代末期的沼气技术服务队和技术服务公司发展到80年代初期的农村能源技术推广、服务和产品加工生产体系，从80年代末至今，由产品生产和技术服务发展到贸、工、农一体化的较完整体系，农村能源的产业建设规模日渐扩大。到1996年底，全省农村能源生产企业发展到25个，年销售额1 321.80万元，创利税114万元；服务公司发展到53个，年营业额2 094.00万元，创利税162.17万元。全省农村能源的技术推广管理工作人员达1 038人，技术服务专业队64支，自上而下形成了服务网络，增强了事业发展的活力。

（四）依靠科技进步，开创农村能源建设新局面　自1981年以来，河南农业大学和安阳农校率先在全国大中专农业院校中创办了农村能源专业，为国家培养输送了400多名大中专毕业生，在农村能源战线上发挥了重要作用。同时，省地县各级举办了各种类型的专业培训班，培养农业技术员25万多人次，形成了一支从事农村能源事业的技术骨干队伍。十多年来，全省农村能源战线上的广大科技人员群策群力，先后承担国家项目50多项，获得科技进步或科技成果奖近100项，累累硕果推动着河南省农村能源建设事业不断发展前进。

（河南省农村能源环境保护管理总站
慕成功　张国强）

1996年农村能源建设概况

1996年是执行"九五"计划的第一年，河南省农村能源工作，在各级领导的重视和广大干部职工的共同努力下，围绕高产优质高效农业和小康村建设，狠抓宣传，加强管理，提高技术服务档次，扩大示范规模效益，取得了一定成绩。据统计，全省1996年新推广农村家用沼气池3 205户，沼气综合利用发展到1.83万户，新推广省柴节煤炉灶72.52万户，太阳能热水器5.67万平方米，发展太阳能温棚10 599.35万平方米，实现年新形成开发和节约能源100多万吨标准煤的能力。

（一）有序推进农村能源综合建设，为农村经济的可持续发展服务　1996年，根据国家的计划安排，在总结"八五"柘城、西峡、罗山3个国家农村能源综合建设县项目的基础上，组织完成了"九五"农村能源综合建设县项目的启动工作。通过市地推荐和专家的考察论证，并上报国家计委等八部委批准，巩义、确山、固始3县（市）为"九五"国家级农村能源综合建设县，宝丰、新野二县为省级农村能源综合建设县。经过一年的工作，各县都高质量地完成了县级农村能源综合建设规划，提出了"九五"期间的任务和措施，并按要求同国家签定了项目合同，向财政部门报落实项目配套经费，组织开展了项目技术培训，绝大多数项目开始实施，为今后5县（市）的农村能源综合建设县项目的顺利进行奠定了基础。

（二）以技术改造项目为契机，加快农村能源产业的发展步伐　1996年，根据市场需求和产业布局，以技术改造项目为契机，首先组织好一年一度的技术改造项目的论证申报工作，帮助赊店酒厂、郸城液糖厂、郑州油脂化工厂等3家企业争取到了国家技术改造项目，贷款资金达1 650万元，现已落实250万元，同时，对虞城县养猪场、温县畜禽开发公司万头猪场、信阳酒厂的大中型沼气工程项目进行了考察论证。其次，在项目的安排上，加强了产业的管理，投入扶持重点企业资金21万元，促进了企业的技术改造和新产品的开发。全省农村能源生产、销售企业已发展到78家，年产值和营业额达3 415.8万元，年创利税276.17万元，增强了事业自我发展的实力。

（三）加强科普宣传工作，扩大了农村能源建设的社会影响　一年来，利用各种舆论工具加大了科普宣传的力度产生了积极影响。一是与《河南农业》杂志编辑部合作，开设了农村能源专栏；二是在《河南日报》（农村专版）上刊载了八讲"沼气技术讲座"，系统讲解了沼气的性质、原理，沼气池的建设、管理、维修知识，受到了农民的欢迎，先后收到群众来信50多封，接待来访十几人次；三是邀请河南电视台科技看台专栏记者，实地录制了淇县宋庄农民赵建营自发在本村推广沼气池及其利用情况，并在电视台播放，取得了很好的宣传效果。

（河南省农村能源环境保护管理总站
慕成功　张国强）

开展大中型沼气工程建设

大中型沼气工程建设是农村办沼气的延伸和扩展，十多年来，河南依靠农村能源和农业环保机构并设的优势，能环结合，沼气建设不仅在农村生活生产中发挥作用，而且在城镇建设和许多畜牧场、食品厂、酒厂等企业中也取得了显著的效果，在资源综合利用、回收和环境保护等方面进一步发挥了沼气多功能、多用途、多效益的作用。截至1996年底，全省已发展大中型沼气工程12处，总池容15 500立方米，取得了令人瞩目的成果。全国沼气工程项目论证会两次在河南召开，进一步促进了我省大中型沼气工程建设的发展。

河南以南阳酒精总厂为代表的大中型沼气工程建设起步较早。近年来，随着社会主义市场经济体制的确立，环保意识的增强，河南省大中型沼气工程建设进展很快，12处大中型沼气工程，其中淀粉废水3处、酒精废液5处、畜禽粪便4处，良好的运用效果，确立了河南省在大中型沼气工程建设中的地位。

（一）工业有机废水处理沼气工程　河南省的工业有机废水处理工程有8处，其池型结构主要是以南阳的酒精总厂为主的厌氧接触工艺的圆柱型发酵池，以周口味精厂为主的UASB工艺。

河南南阳酒精总厂属国家大型企业，年产酒精5万吨，日排放酒精液3 000万吨，COD高达50 000毫克/升。为彻底解决环境污染问题，该厂在1967年建起了我国第一个处理酒精废液的大型沼气工程，但处理能力、处理效果和产气率都不理想。1986年，又设计了2×5 000立方米沼气工程，取得了显著效益。其工程主要特点：一是规模大，结构简单。该工程建有5 000立方米的厌氧发酵罐2座；面积100平方米、高1.5米的脱硫箱2台；1 000立方米的贮气柜1座，是目前国内规模最大的沼气工程。二是工艺先进，产气率高。该工程高温发酵，连续进出物料，并采用厌氧发酵内回收菌种新工艺。发酵罐内设有生物质能搅拌装置，不需要维修保养，不用工人操作，不耗电能，安全连续运行。年平均产气率为4立方米/立方米·日，日产沼气4万立方米。三是效益显著。南阳酒精总厂沼气工程日处理酒精废液2 500立方米，COD由发酵前的50 000毫克/升降至2 300毫克/升，去除率84%；BOD由25 000毫克/升降至2 300毫克/升，去除率90.8%；悬浮物由20 000毫克/升降至700毫克/升，去除率96.5%；pH值由4.2升至7.3升。工厂每年节约超标准排污费36万元，新产沼气除满足本厂工业生产、办公和600户职工用气外，还使2万家城市居民生活实现了沼气化，仅此一项就年获经济效益120万元。

周口味精厂针对其大量高浓度淀粉、制糖、离交有机废水排放，对周围水体造成的污染，于1994年8月建成了1 700立方米UASB厌氧沼气工程，之后，又有2套厌氧处理工程投入运行，现厌氧处理废水工程的总容积已达5 500立方米，完全可以处理完淀粉制糖废水。据监测，进水COD浓度为5 000～9 000毫克/升，出水COD浓度为600～1 000毫克/升，直接进入SBR好氧处理，COD去除率在85%以上，同时，日产沼气6 000立方米，顺利通过了达标验收。

（二）农场、畜牧场沼气工程　农场和畜牧场沼气工程的原料多数为畜禽粪便，工程的主要目的是制取沼气，改善环境卫生面貌。河南省这类沼气工程采用的主要是完全混合式工艺。郑州种畜场300立方米沼气工程以奶牛粪便为原料，主要装置包括1座300立方米的纺锤形发酵罐，进出料、搅拌装置系统，湿式贮气柜及输配气系统等。新乡市冯庄鸡场的50立方米沼气工程，采用的是半连续全鸡粪常温发酵工艺，其隧道式沼气底部采用斜底面，并在中间设置两道过滤墙，便于原料与菌种较好的接触，提高产气量。该工程池顶利用塑料大棚保温，全年的池温基本上能保持在15～25℃之间，工程自1991年建成后，取得了较好的运行效果，年平均产气率在0.48～0.54立方米/立方米·日。

（河南省农村能源环境保护管理总站　慕成功　张国强）

湖北省农村能源建设

湖北省位于长江中游、洞庭湖之北。全省人口5 825.13万人，有汉、土家、回、满、苗、蒙古等民族。土地面积18.59万平方公里，耕地面积334.92万公顷。地势西高东低，属亚热带湿润季风气候，无霜期7～10个月，年降水量800～1 600毫米。

（一）农村能源资源构成及消费　湖北省是一个资源约束型省份，能源资源比较贫乏。煤炭保有储量仅约4.4亿吨，不及全国千分之一。石油地质储量约5 300万吨，可开采量不足3 000万吨，仅有一个气田，可采天然气储量25亿立方米。全省太阳能平均日照时数为1 200—2 200小时/年，年辐射总量$7\ 628.5\times10^{14}$千焦。水电资源，除长江、汉江由国家统一规划开发利用外，理论蕴藏量为717.6万千瓦，可开发量414.6万千瓦。风能主要集中在两条风带区域，一般有效风能密度52～150瓦/平方米，有效风速出现时数3 147～5 009小时。此外，地处鄂南通山县境内的九宫山和地处鄂西利川市境内的齐岳山分别拥有14万、30万千瓦的风力资源。地热点67处，其中温泉58处，人工井9处，天然泉温度23～73℃，钻井揭露水最高达97℃，日总流量112 083吨，日有效载热量1.28×10^{10}千焦。生物质能。1996年秸杆总量3 015.37万吨，人畜粪便可利用量10 581.87万吨。全省林业用地面积746万公顷，其中有林地面积482.8万公顷，活立林蓄积量14 759万立方米。

1996年，全省农村共消费能源2 757.81万吨标煤，其中生活用能1 539.89万吨标煤，生产用能1 217.92万吨标煤，人均年消费量为0.66吨标煤。

（二）农村能源建设历程　湖北省农村能源建设从沼气建设起步，30年代初期曾有小规模发展。1957年3月，在武昌何家垄星星农业社建成一个4立方米长方形水泥式沼气池，发酵正常，沼气用作炊事和动力燃料。1958年4月11日，毛泽东主席在视察了武昌兴办的沼气池以后，提出“要好好推广沼气”，曾引起在全国范围内推广沼气热潮，但由于技术不成熟和采取群众运动方式，未能持久。70年代又开始兴办沼气，以缓解群众日益突出的生活用能矛盾。1978年以后，由于各级政府的重视和支持，农村沼气建设开始步入正常发展轨道。经过十多年的努力，全省农村能源建设已进入农村生产、生活领域的各个方面，建设内容由农村家用沼气池拓展到大中型沼气工程、城镇生活污水净化沼气工程、省柴节煤炉灶、小型风力发电、微型水力发电、地热和太阳能热利用、节能烤烟房、炒茶灶、砖瓦窑等。

截至1996年，全省累计建设农村户用沼气池64.56万户，总利用率86%，单池年均产气量280立方米，总产气量1.5亿立方米。大中型沼气工程71处，总池容0.75万立方米，城镇生活污水净化沼气工程152处，总池容0.52万立方米。推广省柴节煤炉灶1 073万户，商品化率30.1%，年节能能力500万吨标煤。累计安装风力发电机553台，装机55.9千瓦。建设微型水力发电站601处，装机2 073千瓦，年发电403万千瓦时，用户8 462户。全省地热利用点78个，利用地热种植面积241公顷，养殖面积540公顷。年使用太阳房10万平方米，太阳能温室56万平方米，阳光塑料大棚2.5万公顷，太阳能热水器4万平方米。改建节能砖瓦窑1 397座，年节能量3.87万吨标煤。推广节能烤烟房2.13万栋，年加工干烟叶2.46万吨，节能1.2万吨标煤。推广节能炒茶灶0.81万座，年加工茶叶5.68万吨，节能3.44万吨标煤。上述建设成果，已使湖北农村年供（节）能能力达到600万吨标煤以上。

1．实行重点建设，狠抓项目管理。从本省实际出发，在不同的历史时期，针对农村能源供需状况及其特点，根据社会经济发展水平和科学技术发展水平，分别选择了不同的项目，开展重点建设。先后组织实施或承担了沼气合同县、沼气重点县、沼气新技术推广、新型高效户用沼气池推广、改灶节柴试点县、微水资源开发利用试点县、三峡地区煤烟污染型氟中毒防治试点县、农村能源综合建设试点县、“八五”农村能源综合建设县、农村能源科技扶贫县、丰收计划、科技兴农、农民致富竞赛等项目，通过重点建设推动了全省农村能源事业的发展。

（1）沼气合同县项目。1980年，省沼气办公室与沔阳（今仙桃市）、宜昌、枝江、广济（今武穴市）、黄冈（今黄冈市黄州区及团风县）、黄陂等县政府签订建池合同，把经费、物资、建池质量、数量、双方的责任等，用合同的形式明确下来，这是湖北省推广沼气工作中的一项重大改革。此法一直沿用到

1991年，与省沼气办公室签订合同的县（市）共达到42个。

为了加强对合同执行工作的管理，省沼气办公室除安排专人进行技术指导、监督和宣传外，还针对过去重视建池数量、忽视日常使用管理的情况，专门编写了《湖北省农村家用沼气池管理条例》，推动了沼气建设向重质量讲效益方向发展。

（2）沼气建设重点县项目。1984年，农牧渔业部农村能源环境保护办公室将湖北广济、宜昌、黄陂列入全国沼气建设重点县，该项目安排直至1987年。1987年10—11月，受农牧渔业部能源环保局委托，省沼气办公室组织有关人员按规定，对上述3个项目县进行了项目验收，由于在建池数、成功率、使用率、三结合及产气水平等主要技术指标上都达到或超过合同规定的技术指标，因而顺利通过了验收。此外，襄阳、枝江、江陵（今荆州市荆州区及江陵区）、黄冈等4县列入1985年全国沼气建设重点县，麻城市列入1987年全国沼气重点县，并都如期通过了项目验收。

（3）新型高效户用沼气池推广项目。为了完成“八五”期间户用沼气池更新换代的技术储备，1988年，农业部安排仙桃、云梦、黄梅、嘉鱼等县（市）承担新型高效户用沼气池推广项目，时间2年。在1989年和1990年又先后安排了宜昌等19个县（市）为全国或省的小型高效沼气池推广项目试点县。

通过3年的试点示范，该项目在1991年经过专家验收评审后，推荐4种供农村推广的小型高效沼气池型：昆明曲流布料池、枝城预制件底层出料池、宜昌椭圆斜坡底层出料池、粪草分离式池，它们的特点是结构性能优良、管理方便、造价适宜。

（4）沼气新技术推广项目。1984年，农牧渔业部农村能源环境保护办公室安排湖北省沼气新技术推广项目。1993—1995年，农业部环能司安排湖北省沼液浸种技术推广等项目。通过认真地试验对比、示范、宣传和技术培训，顺利地完成了上述各项项目计划。

（5）改灶节柴试点县项目。从1983年开始，英山等37个县（市）先后承担了国家和省改灶节柴试点县项目，并全部顺利地通过了国家验收。在项目实施过程中，省沼气办公室于1983年组织评选出8种优秀省柴灶灶型，编印了《湖北省优秀省柴灶图集》2万册，1985年提出并经省标准局颁布实施了《湖北省农村家用省柴灶技术规程》，举办技术培训班15期，培训人员1 000人次。

在项目建设的带动下，到1990年底，湖北省有783万户使用了清洁、卫生的省柴灶，实现了省委、省政府提出的在“七五”末期普及省柴灶的目标。1993年，湖北省共有23个单位、138名先进工作者受到了国家计委和农业部的联合表彰。

（6）农村能源综合建设县项目。1986年，通城县承担了国家农村能源综合建设试点项目，经过5年的艰苦努力，完成了项目合同，于1990年通过了农业部主持的验收鉴定，受到了好评。

1991年，宜昌、江陵、汉阳（今武汉市蔡甸区）、随州、麻城等5县（市）被列为全国“八五”期间农村能源综合建设县。1992年，省里仿照国家做法，协商确定枝城等16县（市）为“八五”期间省级农村能源综合建设县。这21个县（市）按照农村能源综合建设的要求，统一规划、综合开发，共投资11.78亿元，执行了37类266个单项项目，形成年供（节）能能力344.49万吨标煤，新增年经济效益11.27亿元，既建立起了多能互补的供能体系，又建立和完善了农村能源产业和服务体系，取得了显著的能源、经济、生态和社会等方面的综合效益。1995年全部顺利地通过了国家验收。

（7）农村能源科技扶贫县项目。1995年，农业部环能司安排英山、长阳二县承担农村能源科技扶贫县项目，通过因地制宜地推广沼气综合利用、生产及生活节能技术等，增加有效能供给，降低农业生产成本、提高经济效益，配合山区扶贫开发，推进农民脱贫奔小康步伐。此项目建设期为3年。

2. 抓办点示范，提高农村能源建设事业的知名度和社会影响辐射力。1984年，省沼气办公室在农牧渔业部农村能源环境保护办公室的支持下，运用沼气新技术推广项目经费40万元，同时安排27个县（市、区）在33个村兴办农村能源建设示范点，示范内容包括农村户用沼气池、沼气综合利用、沼气集中供气工程以及省柴灶。这批示范点成为全省沼气、省柴灶管理使用标准、效益好的典型，不仅促进了全省农村能源建设上水平、上档次，而且很有效地争取了领导、吸引了群众，具有较强的说服力和辐射力。这是湖北省第一次有意识、大规模地开展农村能源建设办点示范工作。

“七五”、“八五”期间，湖北省将办点示范作为项目建设和推广普及的日常工作来抓，示范点数量越来越多，示范内容越来越广，建设规模越来越大，技术标准越来越高。到“八五”末期，出现了宜昌县柑桔示范场、武汉市洪山区渔牧二场、宣恩县椒园镇三河沟村、房县化龙镇化龙村等一大批好的示范试点，部分示范点还聚科研与试验功能于一身，使办点示范的作用日趋强化、综合化。

3. 在农村能源综合利用技术推广的深度和广度上大做文章，实现了综合效益的协调发展。湖北省在认真总结农村能源建设的历史经验教训基础上，确定了以综合利用技术推广促进农村能源建设的工作策略，坚持在综合利用技术推广的深度和广度上大做文章。

1981年，省沼气办公室明确地提出在全省范围大力推广“三沼”综合利用技术。先后组织研究实验了沼液养猪、沼液养鱼、沼液叶面喷肥、沼渣种菇、沼渣养蚯蚓、沼气孵化幼禽、沼气焊接、沼气贮粮除虫等单项技术，并进行了单项示范推广。在此基础上，通过多年的实践，形成了一些有代表性的“三沼”综合利用模式：猪（鸡、牛）粪—沼气—粮食作物，猪（鸡、牛）粪—沼气—蔬菜，猪（鸡、牛）粪—

沼气—水果，猪（鸡、牛）粪—沼气—水产，猪（鸡、牛）粪—沼气—贮藏。1992年农业部在湖北省召开全国沼气综合利用现场会议，与会代表参观了宜昌县、枝江县、枝城市、当阳市等地的“三沼”综合利用现场，认为技术配套完善、工艺先进、发挥了规模效益，并从中看到了沼气向深层次利用的潜力和模式。

除了积极推广“三沼”综合利用技术外，湖北省还在太阳能、风能、微水电、地热资源开发上，大力贯彻综合利用的指导思想，努力提高农村能源建设的综合效益。尤其在地热资源的开发和综合利用方面，1976年英山县科委利用地热水养罗非鱼越冬获得成功，结束了罗非鱼不能在湖北省越冬的历史，1992年，英山县科委、农村能源办公室协作完成了西、北汤河并网以及向城区供水的英山县地热开发利用节能工程任务，实现了日供65℃热水5 000吨、年产值75万元。罗田县在开发三里畈镇地热资源中，不仅实现了向城乡居民供热水，而且利用地热水养殖甲鱼，经济效益十分显著。

4. 加强部门间通力合作，形成了农村能源建设的合力。农村能源建设是一项跨学科、跨行业、跨部门的工作，量大面广，要抓好这种工作，必须在各级党委、政府的统一领导和组织下，切实加强部门间通力合作。基于这样的认识，湖北省沼气办公室自成立之初，就在省委、省政府的大力支持下，与有关部门密切合作，取得了很好的效果，这种工作方法不仅延续保持下来并不断加强，而且逐步延伸到地、市、县、乡各级，真正形成了共促农村能源建设发展的部门大合唱。

省沼气办公室与省农电管理局联合组织力量进行调查，1980年写出《湖北省小沼电调查报告》，形成了“沼气发电可作为一种电力不足的补充措施”的共识。省计委主办地、市、县计委主任培训班实地考察沼气建设情况，省计委领导要求各级计划部门积极支持办沼气，并要求各单位亲自办好一个点示范推广。省科委多次为农村能源科研项目立项并主持鉴定，为推进科技进步，提高农村能源建设的科技含量做贡献。为了促进农村能源建设走上标准化、规范化发展的轨道，湖北省标准局大力支持省沼气办公室制订技术标准，并先后颁布了17项地方性农村能源技术标准和产品标准。省经委、财政厅、农行、工行等单位积极落实农村能源企业技术改造，从1986年开始贷款2 000多万元，大力支持农村能源产业的发展。为摸清全省各地农村能源资源情况，省计委委托武汉市能源研究所作为项目技术指导单位，经两年努力，于1989年完成了全省农村能源区划工作。1991—1995年，湖北省计委、经贸委、科委、财政厅、农业厅、林业厅、水利厅、煤炭厅、农电管理局共同组织承担了国家下达给我省5个县（市）的“八五”农村能源综合建设县项目，并实施了省级农村能源综合建设，在16个县（市、区）开展了试点工作，各地、市、州、县的有关部门也都积极参与了农村能源综合建设工作。由于各部门协调一致、统一倾斜扶持，不仅出色地完成了项目建设任务，而且形成了部门大合唱的良好态势。

5. 发展农村能源产业，推进农村能源产业化进程。湖北省农村能源产业始于1980年，到1996年底，省、地、县、乡（镇）四级农村能源企业总数达到245个，其中生产型企业71个，服务型企业174个，拥有3 986名职工，总资产9 652万元、净资产6 203万元，年创产值（销售额）20 913万元、利税853万元。湖北省农村能源产业的发展大致可分为创建、大发展、走向市场三个阶段。

1980—1982年，为农村能源产业创建阶段，主要是试办公司，探索经验，肯定方向，促进发展。70年代末期，黄陂县长轩岭、塔耳等公社首先建立了建池承包队。1980年12月，黄陂县成立了全省第一个沼气服务公司。同年冬，省沼气办公室开始对枝江、宜昌、钟祥、随州、蕲春、沔阳、安陆、黄陂等8县分别拨给0.7万～2.5万元资金，扶持试办沼气公司。1981年，黄冈县研制的沼气水套灯通过技术鉴定，这是湖北省第一个农村能源工业产品。到1981年底，全省县级沼气公司发展至35个，职工252人；乡（镇）建池承包队发展到37个，从业人员372人。1982年，全国沼办在黄陂县召开全国第一次沼气服务公司经验交流会。此后，全省出现了以县（市）公司为龙头，乡镇服务站（队）为基础的建设服务网络。

1983—1989年为农村能源产业大发展阶段。这期间全省农村能源产业通过调整、巩固、提高，逐步形成为发展这一产业提供物资、技术、设备等全方位及建、管、修和产、供、销一条龙服务体系。1987年，湖北省农村能源办公室召开全省农村能源产业工作会议，进一步强调“一手抓事业，一手抓产业”的方针，并提出“一业为主，兼营别样”，对全省农村能源产业主要产品进行合理部署，定点生产，并开展了农村能源产业工业产品展销订货活动。1988年省农村能源办公室召开全省地（市、州）农村能源办公室负责人座谈会，强调统一思想，加强产品开发，进一步促进企业自我发展、自我壮大的能力。全省农村能源产业出现了以县（市）公司为龙头，生产厂家为骨干，乡镇服务站（队）为基础，个体专业户为补充的服务网络。逐步实现了生产工厂化、服务社会化、销售商品化，企业能生产、加工4大类45种产品。湖北省根据省政府提出的“一手抓产业、一手抓事业”的农村能源工作方针，及有关发展农村能源产业的文件，对全省农村能源产业进行了结构调整，实现了由经营型为主转向生产、加工、技术服务为主，开创了产业兴旺、事业繁荣的新局面。

各级领导在深化改革中，为了提高企业活力，增强服务功能，都很重视企业领导班子建设，精心选用人才，加强和完善企业管理，实行多种形式的承包责任制，提倡艰苦创业、开拓进取。

1990—1995年为农村能源产业走向市场阶段。进入90年代，农村能源企业通过提高内部素质，争创名优产品，开发新项目，积极参与市场经济的大潮。

一是加强企业内部管理，提高企业素质。1990年春，各级企业主管单位领导亲自动手，发动干部职工，一个一个单位地进行清产核资、查清问题，总结经验教训，调整加强领导班子，明确服务方向，严肃财经纪律，完善规章制度，严格年终财务报表汇总分析。在清理中，撤销了3个公司、更名了1个公司，分别批准成立了宜昌能源开发服务中心（地区）、黄冈地区能源服务站。钟祥县农村能源器材厂通过清理整顿，建立以成本核算为主的财务制度，以岗位责任为主的劳动管理制度，该厂当年实现扭亏为盈。

二是创名优产品。为促进产品标准化，提高产品质量，制订了3个产品标准，即《家用灶膛热水器产品标准》、《二次进风家用节煤炉产品标准》、《家用沼气灶产品标准》。1992年参加全国农村能源产品和新技术展示交流会，湖北省参展的有16个产品获奖。

三是搞好乡镇服务站及研究市场竞争对策。1991年制订了《湖北省乡镇农村能源服务站办法（试行）》，阐明服务宗旨，自负盈亏等政策，促进了乡镇服务站、专业队、专业户的发展。同年10月召开全省农村能源企业扭亏为盈经验交流会，总结交流经验，研究农村能源产业适应市场经济的对策。1993年，省农村能源办公室召开的全省农村能源发展战略研讨会，将积极引导企业走向市场、大力发展农村能源产业作为主要议题之一。

6. 注重科学技术教育。湖北省历来十分重视沼气（农村能源）的科研工作。早在50年代末期即有专门从事沼气研究的工作班子。70年代初期以来，始终把科学研究放在十分重要位置，并逐步形成了以武汉大学、华中农业大学、华中理工大学、武汉工业大学、湖北省农科院、武汉市能源所等科研单位、大专院校为主体，地县科研所积极参与的科研网络；20多年来，全省共完成各类农村能源科研和技术推广项目近百项，投入经费100多万元。获部省、厅两级科研成果奖20多项。其中如湖北省农科院土肥所沼气室研究的沼肥改土效果及应用研究获农业部科技进步三等奖，并作为重大农业技术，在全国推广。

技术标准的制定和宣传贯彻。湖北省在推广农村能源新技术之中，十分重视技术标准的制定和宣传贯彻，对于农村能源技术进步起到了极为重要的作用。1984年以来，在认真组织宣传贯彻国家有关农村能源技术标准同时，结合本省实际，在省技术标准部门大力支持下，先后制定了涉及沼气（图集、施工工艺、管路安装、质量检验），省柴灶（图集、施工、测试），大中型沼气工程（施工、管路、质量检验），机关大灶（图集、施工、质量检验），节能烤烟房、节能炒茶灶、降氟炉灶以及产品标准等17项地方标准。其中有19项次获省局级科技进步奖。

培训及教育。农村能源干部队伍的素质是农村能源事业发展的基础。湖北省从1981年起，就开始定期培训农村能源干部队伍，培训内容涉及农村能源各个领域的管理及技术知识。20多年来，仅省级培训就达2 000多人次；1985年，针对省里技术干部队伍老化及后备力量不足的问题，在华中农业大学农业工程系开办农村能源专科班，为农村能源事业发展及时补充了新鲜血液，有100名大专生参加到农村能源事业中来。不少从农村能源专科班毕业的学生，已成为湖北省各级农村能源部门的领导和业务技术骨干。

（湖北省农村能源办公室　郑启寿　陈　杰）

1996年农村能源建设概况

1996年是“九五”计划的第一年，湖北省农村能源战线的广大干部职工认真贯彻国家能源建设方针，通力合作，取得了可喜的成绩。

1996年，全省新建农村家用沼气池57 023户，累计64.5661万户，利用率达86%；拥有大中型沼气工程71处，总池容0.75万立方米，城镇生活污水净化沼气池152处，总池容0.52万立方米；推广省柴节煤炉灶75.95万户，累计达到1 073.2万户；推广新型燃料4.2万户；新增小型风力发电机33台，装机4.4千瓦，累计553台，装机55.9千瓦；新增微型水力发电站17处，装机19千瓦，累计601台，装机2 073千瓦；新增地热利用点11个，种植面积89.18公顷，养殖面积47.55公顷，累计78处，种植面积240.68公顷、养殖面积540.25公顷；实有太阳灶1台、太阳房10.46万平方米，太阳能热水器4.13万平方米，太阳能温室56.26万平方米，阳光塑料大棚25 884.41公顷；保有节能炒茶灶0.81万座，年加工茶叶5.68万吨，节能3.44万吨标煤；节能烤烟房2.13万座，年加工烟叶2.46万吨，年节能1.2万吨标煤；节能砖瓦窑1 397座，年加工红砖358 229.4万块，年节能3.87万吨标煤。

（一）顺利启动了“九五”农村能源综合建设县项目工作　1996年初，湖北省政府下发《湖北省人民政府批转省计委等部门关于“九五”期间继续开展农村能源综合建设工作请示的通知》，原则同意省计委、经贸委、科委、财政厅、农业厅、林业厅、水利厅、电力局联合提出的申请。至此，除全国农村能源综合建设县项目领导小组安排湖北省的6个项目县（市）外，省联系的10个项目县（市、区）也确定下来。这16个县（市、区）分别是：武穴、潜江、松滋、枝江、老河口、建始，蕲春、嘉鱼、洪湖、天门、应城、孝南、广水、谷城、丹江口、远安。

4月丹江口市发出了《中共丹江口市委、丹江口市人民政府关于成立丹江口市农村能源综合建设领导小组的通知》，明确了领导，指导了农村能源综合建设工作。此后，“九五”期间16个农村能源综合建设项目县（市、区）陆续成立了项目领导小组，并以县（市、区）政府行文明确安排了农村能源综合建设县项目工作，确定了一系列优惠扶持政策。

7月“九五”16个农村能源综合建设县（市、区）完成各自的项目规划，并初步通过了省计委、经贸委、科委、水利厅、林业厅、电力局、农业厅、华中农业大学和武汉市能源研究所专家的评议。

在启动“九五”农村能源综合建设的同时，湖北省农村能源办公室还认真落实了对“八五”农村能源综合建设县项目的跟踪服务政策，分别落实了1万—2万元的项目跟踪经费。

（二）领导重视，部门协作　年初，各地政府召开了1995年度农村能源工作总结会，围绕实施“九五”计划和2010年规划部署了工作，对1996年工作做了具体安排和要求。5月，省委常委、副省长、省农村能源领导小组组长视察房县化龙村的农村能源建设情况，并听取了房县农村能源办公室的工作汇报，对房县农村能源建设工作给予了高度评价，并作了重要指示：一是要认真抓好试验示范点，在点上总结经验，在面上推广；二是大力推广普及省柴灶，积极稳妥地发展沼气池；三是在推广普及省柴灶时，方法要灵活，根据本地特点，征求群众意见；四是在建沼气池、推广省柴灶过程中，要尽量降低成本。

8月份省经贸委、乡镇企业局、农业厅联合下发《关于进一步加强农村生产、生活节能工作的通知》。

农业厅、计委、人事厅还表彰了“八五”期间涌现出来的农村能源建设先进集体和先进工作者。

（湖北省农村能源办公室　郑启寿　陈　杰）

湖南省农村能源建设

改革开放伊始，农村的能源问题被提上了议事日程。省地县三级都充实加强了沼气办公室，1984年成立了主管副省长任组长，省政府有关部门负责人为成员的省农村能源领导小组，各级都成立了相应的机构。80年代初，国家确定了农村能源建设方针。从此，湖南省农村能源事业伴随着改革开放的深入不断发展壮大。

（一）生活节能全面普及，生产节能蓬勃发展　为减少农村薪柴等能源的消耗，1983年开始试点推广省柴节煤炉灶，从1983—1990年，全省先后有47个县被列入国家和省级省柴节煤试点县，绝大部分县都按期通过了国家验收，试点县省柴节煤炉灶普及率达90%以上。到1990年，全省累计推广省柴节煤炉灶1 200多万户，普及率达80%以上。以后全省每年更新省柴节煤炉灶100万户左右，且商品化程度、技术和档次不断提高。省煤炉灶商品化达90%以上，省柴灶主要部件商品化达50%以上；技术不断成熟，炉灶热效率不断提高，老式炉灶热效率只10%左右，第一代省柴灶20%左右，以后逐步提高，炉灶热效率达到40%～50%；炉灶功能也不断增加，由单纯的炊事或取暖到炊事取暖两用，再到炊事、取暖、热水、开水同时多用，外观质量、规格、品种也有多种档次。1996年底全省累计拥有省柴节煤炉灶1 375万户，普及率达90%以上。

随着改革的深入，生活节能成熟的省柴节煤技术，逐步推广到农业生产领域，全省先后研制推广了节能烤烟房、节能砖瓦窑、节能炒（烘）茶灶（炉），并逐步扩展到乡镇企业节能，节能率均达30%左右。到1996年，全省累计拥有节能烤烟房19.3万座、节能砖瓦窑1 287座、节能炒茶灶1 800座。全省生产生活节能能力达到740万吨标煤/年。

（二）因地制宜多能互补，突出重点发展沼气　湖南省农村能源建设坚持因地制宜、多能互补的方针，大力开发适合当地的新能源和可再生能源。在偏远山区大力发展微型水力发电，在洞庭湖区大力开发浅层天然气，在宁乡、汝城等地切实搞好地热综合利用，在全省组织推广太阳能热水器等太阳能利用技术，在湖区和湘西部分地区示范推广风力发电和风力提水，等等。到1996年，全省累计拥有微型水电1.24万台、装机1.72万千瓦，年发电量5 116万千瓦时，解决了偏远山区农民、机关单位职工近20万人的照明等生活用电；累计拥有风力发电31台、装机12.3千瓦；累计拥有太阳能热水器8 900平方米，地热种植16公顷，地热养殖18公顷，累计开发浅层天然气供气3 500户。

湖南省农业、畜牧业比较发达，有充足的生物质资源，特别是有适合沼气开发的气候条件和资源条件，发展沼气大有潜力，也是本省农村能源建设的重点。50年代开始办沼气，经历了曲折的发展过程，到1983年全省建沼气池仅三四千个。随着改革的深入，沼气建设也适应改革的需要，一方面转变技术推广机制，改行政性推广为商业性推广，逐步实行有偿技术服务；另一方面不断提高技术水平。在提高施工技术的基础上，80年代中后期，全省涌现了一批新技术沼气池。以省农村能源办公室为主研制的“上流式浮罩沼气池”为代表，1989年获省农业科技进步二等奖，1990年获省科技进步三等奖。沼气技术应用范围也不断扩宽，研制并推广了城镇生活污水净化沼气池和沼气、沼液、沼渣、沼肥综合利用技术。推广机制的转变和技术的进步，促进了沼气的发展。到1989年，全省年建户用沼气池自80年代以来首次突破1万个，以后一年一个新台阶，1990年2万个，1991年3万个，1992年4万个，1993年接近5万个，1994年超过5万个，近两年虽遭自然灾害影响，每年仍接近6万个。到1996年，全省累计拥有农村户用沼气池41万个，大中型沼气工程62处，城镇生活污水净化沼气池463处，年处理量73.46万吨；沼液浸种播种面积22万公顷，沼气储粮3万吨，沼渣种蘑菇8 607平方米，沼液养鱼8 189公顷，沼液作饲料添加剂喂猪83万头，同时开展了沼肥开发无公害吨粮田和沼肥培育果树等。全省沼气综合利用年创经济效益5 000多万元。

（三）搞好服务增强后劲，农林能源产业长足发展　80年代中期涌现了一批农村能源专业户、专业队，从事技术服务和工程承包。1985年省、地、县各级开始成立农村能源服务公司（站、部），造就了农村能源产业发展的刍型。业务范围开始仅限于上门技术劳务服务和经营省柴节煤炉灶、沼气池的器材、设备、配件，逐步地一些地方办起了节能炉具厂和配件生产厂等。改革为农村能源产业注入了生机，为搞好农村地区优质燃料供应，一部分县农村能源公司先后成立了石油液化气公司，建起了液化气库。其中沅江市农村能源公司所属的液化气库是全益阳地区储量最多、规模最大的液化气库。1994年以来，连续几年全省农村能源系统直属产业产值都在1.2亿元以上，利税都在1 000万元以上，农村能源产业上缴的税金超过了全省各级财政安排的农村能源事业费。吸纳了农村剩余劳动力三四万人，全行业产值约5亿元。农村能源产业实力大增，既促进了地方经济发展，又增强了农村能源事业发展后劲。其中宁乡县农村能源产业年产值达5 000万元、年利税500万元，短短几年发展，固定资产达到1 000多万元，成了全省农村能源产业的领头雁。除宁乡外，南县、沅江、慈利、湘潭、新晃、隆回、平江、鼎城、茶陵等县一级农村能源骨干企业在当地都有较大的影响。

（四）农村能源建设探新路，综合建设结硕果

农村能源建设是多学科、涉及多部门的事业，农村能源建设既要多部门协作，更要综合抓。绥宁县是国家“六五”农村能源综合建设试点县，南县是“七五”全国农村能源综合建设试点县，均取得了预期的成果。南县研究推广的沼气为纽带生态庭院模式，对全国同类地区起到了示范作用，县域内能源综合开发与节约也取得了巨大的效益。“八五”期间，湘潭县、华容县、鼎城区列入了百县项目。通过5年实施，3县（区）完成建设项目40个，共投入资金2.97亿元，取得直接经济效益4.96亿元，项目产投比为1.67，形成年开发节约能源的能力达81.35万吨标煤。湘潭县被评为“八五”全国农村能源综合建设先进县。“九五”期间，继续组织开展农村能源综合建设县项目，浏阳、湘乡、临湘、衡阳、衡山等5县（市）为国家联系县，长沙、攸县、邵阳、汨罗、桃源、慈利、资阳、冷水江、安仁、祁阳、黔阳、凤凰等12个县（市、区）为省级联系县。通过一年多的实施，开局进展顺利，取得了阶段性成果。

（湖南省农村能源办公室）

1996年农村能源建设概况

1996年，湖南省认真贯彻国家有关农村能源建设的方针，以促进农村经济发展和提高农民生活水平为根本，以科学开路，以发展产业为重点，农村能源建设取得了可喜的成就。

（一）“九五”农村能源综合建设县启动开局好

“九五”期间继续开展全国农村能源综合县建设，浏阳、湘乡等5个县（市）被列为国家联系县项目，安乡县为国家沼气建设及其综合利用重点县，长沙、攸县等12个县（市、区）被列为省级联系县的国家项目。通过1996年一年的努力，湖南省农村能源综合建设起步快、步伐稳，来势好。一是抓了认识的提高。省农村能源办公室及时将中央及省领导有关农村能源建设的指示印发给各级领导和有关部门，还利用请示、汇报、会议、联络、协调等机会，向领导和部门宣传，使大家认识到农村能源综合建设县项目是集中人、财、物，以县为单元进行区域性的能源建设，是大能源建设的重要组成部分，也是农业可持续发展的重要组成部分。认识到农村能源综合建设的特点是它的区域性、综合性，不是农村能源办一家的事情，而是一项跨行业、涉及各部门的全局性工作。认识的提高，使各项目县形成了县长挂帅，各部门通力合作的局面。二是争取领导的重视。领导重视是搞好农村能源综合建设的关键。各级党政领导对农村能源综合建设十分重视，为项目的顺利进行提供了保证，奠定了基础。省委书记对农村能源综合建设作了具体批示。省政府为搞好综合县建设下发了专门文件，对组织机构、经费配套等作了明确规定。主管农业的省领导同样非常重视农村能源综合建设，在资金上、技术推广上给予了大力支持。省里成立了由省计委、农办等10单位组成的项目领导小组。项目县及时调整了项目领导小组，充实了办公室力量。衡阳、衡山、慈利等县已建立或准备建立乡（镇）农村能源技术推广站，制定了优惠政策，明确了资金渠道，把农村能源综合建设真正变成了政府行为。三是切实搞好部门的配合。部门配合是搞好项目工作的重要条件。为了搞好农村能源综合建设工作，省、县项目领导小组成员单位密切配合，大力支持。省计委等10单位联合行文向省政府呈送《关于“九五”期间继续开展农村能源综合建设工作的请示》，省政府及时转发。联合筹办全省农村能源综合建设县工作会议，并提出搞好本省“九五”综合建设的具体措施。县项目领导小组成员单位也十分关心、支持农村能源综合建设，有的部门制订了优惠政策；有的部门安排资金用于综合建设；项目县以计委牵头，部门配合，共同制订了综合建设规划。省项目技术指导单位，更是把农村能源综合建设当作自己份内之事，认真开展技术指导工作，为综合县开展工作提供了技术保障。四是加强了检查指导。检查指导是搞好综合建设的重要保障。为了搞好检查指导，由省项目办和省技术指导单位组成了专家组，通过采取多种形式对18个项目县进行1～3次的检查指导，项目县的认识提高了，机构健全了，班子力量加强了，配套经费落实了，规划制订了，为“九五”农村能源综合建设县项目的实施起好了步，开好了局。

（二）农村能源技术推广和节能工作成绩显著

沼气建设走上了持续稳步发展的路。一是户用沼气建池在大灾之年仍达到了4万个，全省历年累计已达41万个。二是沼气建设的水平普遍提高，新建池均为小康型的上流式浮罩沼气池。三是注重规模效益，连片开发。祁东县每个县领导办的农村点，建池都在50～100个，产生了良好的辐射作用。四是沼气综合利用的面扩大，农户在注重沼气的能源效益的同时，同样注重沼气的综合利用效益。五是城镇净化沼气工程建设有新的进展。全省1996年共建城镇净化沼气池150个。

微水电、太阳能、地热等新能源的开发利用有了新的进展。微水电本年新建1 100处，装机容量1 300

千瓦，累计解决了10.5万户山区农村长期无电的困难。推广太阳能温室7 000平方米，累计推广太阳能热水器8 900平方米，地热种植（养殖）34公顷。

随着人们节能意识的增强和节能新技术的推广，农村节能工作又有新的起色。全年推广与更新省柴节煤炉灶100万户，历年累计1 375万户，普及率85%以上，年推广节能炒茶灶、节能烤烟房、节能砖瓦窑4.5万座，历年累计推广23.5万座，形成年节能能力780万吨标准煤，减少了生物质的过量消耗，同时也使幼林免遭破坏，使乱砍滥伐山林的现象得到了有效控制，对缓解农村用能紧张状况和保护生态环境做出了贡献。

（三）农村能源产业又创佳绩　1996年农村能源产业的总产值、利税、固定资产分别比上年增长29.3%、25.5%、12.5%。产值、固定资产过100万元的“双百”企业在上年20家的基础上又增加了2家，达22家。除宁乡县农村能源产业年总产值5 000万元，仍居全省能源企业首位，慈利县农村能源企业的发展速度相当快，总产值达1 000万元，利税80万元，成为湘西南农村能源企业的一面旗帜。1996年农村能源企业的一个特点是在一些经济相对落后山区县农村能源办公室，立足农村能源本业办产业取得好成绩。新晃县3个人的农村能源办公室，结合部门实际，大胆开拓，1994年自筹资金108万元，兴建贮100立方米的石油液化气储备供应站，1996年销售收入100万元，利税30万元，已成为湘黔交界地区唯一的运输、储存、分装等工艺设施完整，达到国家资质标准的燃气供应企业。

（四）加强了自身建设　在省农办的关心与支持下，在抓物质文明的同时，注重精神文明建设。省农村能源办公室通过爱国主义、集体主义、社会主义教育，开展反腐倡廉活动，深入贯彻党的十四届六中全会精神，全体同志思想稳定，工作积极，遵纪守法，较好地完成了上级交给的各项任务。在省政府和省农办的关心支持下，省农村能源办公室狠抓了基础设施建设，省农村能源综合服务大楼竣工，为全省农能产业的发展创造了条件。通过多方面的努力，省农村能源技术推广站由自收自支事业单位改为差额拨款事业单位，既解决了该站技术人员的后顾之忧，也有利于加强地、县农能技术推广机构的建设。地、县也在优化干部结构、提高队伍素质与基础设施建设方面做出了一定成绩。特别邵阳市1996年抓了三件大事，一是争取市政府下了一个关于加强农村能源建设的文件，二是争取了市、县经费列入了财政预算，三是市办解决了职工办公、住宿用房。通过这“三硬件”建设，为邵阳农能建设发展打下了好的基础。为进一步提高统计人员的政治、业务素质，为领导决策提供准确的数据和依据，1996年对地市一级统计人员进行了培训。由于加强了自身建设，农业部环能司把湖南列为全国的农能产品检测中心和培训基地。省农村能源办公室被评为全国农村能源综合建设县项目组织协调先进集体。

（湖南省农村能源办公室）

农村能源产业建设

90年代，湖南省农村能源产业紧紧抓住改革开放所带来的发展契机，在原家庭工场，手工作坊式的基础上得到长足的发展与壮大。至1996年底，全省农村能源系统拥有生产企业47家、服务企业103家，总资产分别为3 137.72和5 808.64万元，年销售额分别为3 394.83和7 274.98万元，年利税分别为318.96和563.65万元。全省农村能源产业向市场提供的各类节能产品及配件已上百个品种，据1996年底不完全统计，商品炉灶及其配件年产量达96.61万元（套），其他节能，节电产品74.25万件，加工型煤2.8万吨，沼气炉、灯具及配件9.15万件，经销商品油、气燃料1.85万吨。液、气体燃料灶具近6万台。以商品炉灶具及其他节能产品生产为主的工业体系，以经营商品油、气燃料为主的经销体系和以开展各类农村能源技术服务和物资器材供应的服务体系已基本形成。

湖南省农村能源产业以市场为导向、以技术为依托，立足本行，灵活经营，在市场经济发展中显示出了旺盛的活力。一是发展速度较快。从1992—1996年的5年中，湖南省农村能源产业年销售收入的年均增长率为44.8%，利税年均增长率为55.6%。二是整体效益较好。行业总资产报酬率、资本收益率、销售利润率等主要收益性和成长性指标逐年持续稳步上升。与全省乡以上独立核算企业经营状况作横向比较，1995年全部资金利税率高1.16个百分点，每百元销售收入实现利润高4.89元，每百元产值占用流动资金少21.09元，效益和资金利用率均高于全省平均水平。三是骨干企业已经形成。全省79家农村能源企业中，固定资产过百万、年产值过百万的“双百”企业有22家，其中宁乡县、南县的农能产业年总产值（含营业额）逾千万元。这批企业数仅占全省农能企业数的28%，但年销售收入占全行业的76.6%，实现利税占72.9%。

湖南农村能源产业的迅速发展，在全省农村能源建设和农村经济建设中发挥了越来越大的作用。

（湖南省农村能源办公室）

广东省农村能源建设

（一）能源资源及消费　广东煤炭蕴藏量少，贮存条件差，资源分散。1990年全省探明保有储量6.87亿吨，1991年为6.75亿吨。广东河流水力资源理论蕴藏量1 073万千瓦，可开发装机容量666万千瓦，年发电量243亿千瓦时，大部分为中小型水电资源。广东省农村使用的生物质能资主要有薪柴、山草、农作物秸秆和人畜粪便等。据1990年调查统计，全省生物质能资源年可采量折合标准煤为2 225万吨，其中，薪柴633万吨标准煤、山草283万吨标准煤、秸秆1 064万吨标准煤、人畜粪便245万吨标准煤。

地热资源较丰富，集中分布在粤北、粤东和本省西南部，已发现地下热点300余处，已探明178个点，日总流量9万多吨，折标准煤18.5万吨/年，其中流量大于720吨/日的产地34处，约占总流量的59%以上，40～100℃的中高温热水点占总流量的80%。太阳能年辐射总量418.4～564.8千焦耳/平方厘米，年均日照时间1 800～2 100小时，在全国属第三类(可利用)中值区。沿海地区风速多数为3～4米/秒，年有效风速时间为4 500～6 500小时，有效风能密度200～350瓦/平方米。全省海岸线长3 368公里，蕴藏有丰富的潮汐能和波能等资源。

占全省人口八成左右的广东农村，能源严重短缺。农村用能主要依靠生物质能，利用当地的小水电、小煤矿，同时还供应部分煤炭、油品等商品能源。1985年，全省农村总用能量为1 979万吨标准煤，按能源品类分，生物质能约占68%，商品能源占32%；按消费用途分，生活用能约占70%，生产用能占30%。1990年，全省农村总用能量2 367万吨标准煤，其中，生物质能耗1 208万吨标准煤，与1985年差不多，而商品能耗增至1 159万吨标准煤，比1985年多527万吨标准煤，约增八成，生物质能与商品能源几乎各占一半左右。1990年生活用能增加不多，而生产用能较1985年增加319万吨标准煤，约增五成左右，生活用能的比重降至61%，生产用能比重升至39%。

(二) 农村能源建设发展历程　广东是我国试验推广沼气较早的省份。1920年建成广东第一个较完善、具有实用价值的沼气池，1932年在揭阳县玉湖镇建造的一个沼气池至今仍在使用，寿命已超过60年。

1958年，全国农村大办沼气，广东也建造了一批沼气池，用以点灯、发电，但建池质量不高，管理不善，大都已废弃。1973年开始，广东重新发展沼气，通过示范，逐步推广。1976年成立广东省沼气建设工作领导小组，由省委书记任组长。1979年成立广东省沼气研究所，1980年成立广东省沼气办公室。随着事业的不断发展，1984年撤消广东省沼气办公室，成立广东省农村能源办公室，与省沼气研究所合署办公。1993年广东重组农业厅，在机构设置时增设环保能源处，原有的广东省沼气研究所，广东省农村能源办公室和广东省农业环境保护站统一归环保能源处管理。

目前，全省有8个地级和14个县设农村能源机构，乡镇一级约有600名技术人员。

1985年，广东省委、省政府作出"十年绿化广东大地"的部署，确定改燃和改灶工作为实现造林绿化目标必不可少的配套工程。要求全省城乡各部门通力协作，促进了农村能源工作的开展。1986年，省政府在广东南雄县召开全省农村改燃改灶工作现场会，统一了改燃节柴的方针政策，全面动员将砖瓦窑、陶瓷窑、集体食堂、茶楼饭店、城镇居民炉灶改烧硬柴为烧煤烧草，在农村推广省柴节煤炉灶，推广沼气，制止浪费林木资源，取得显著成效。从1987年开始，广东森林资源实现了生长量大于消耗量。1988年省政府又在台山县召开全省第二次改燃改灶工作会议，在巩固提高城镇机关、院校、工厂、企事业单位职工家庭和集体、食堂特别是餐饮服务行业只烧煤、不烧木柴的同时，进一步部署农村改灶节燃行动。1991年在广东荣获中共中央、国务院授予"全国荒山造林绿化第一省"称号的时候，省政府在韶关市召开第三次全省改燃改灶工作会议，目的是进一步发动群众，落实省委、省政府《关于继续奋战五年确保如期绿化广东的决定》，全面开展农村改灶节燃工作，对农村改灶和发展沼气进行统一规划，以确保林木资源的不断增长，为实现绿化广东作出新的努力。省财政在"八五"期间安排了专项经费，"九五"期间又增加了投入。

广东省农村能源办公室认真贯彻执行中央农村能源方针政策，配合省委、省政府的改燃和改灶行动，积极开展农村能源新技术新工艺的研究试验、引进消化和推广应用，在全省各地进行技术培训，办点示范。与此同时，逐步加强管理，1996年省政府办公厅下达了《转发省农业厅关于加强农村能源和农业环境保护工作意见的通知》，要求全省各地着重抓好如下几方面工作：提高认识，加强领导，健全机构，增加投入，搞好规划，加强法制建设。《通知》的发出有力地推动了广东农村能源工作向前发展。

(三) 农村能源建设成效　历年来，省农村能源办与省沼气所一起，承担了63个农村省柴节煤试点县项目(其中农业部下达的34个，省自定29个)，至1996年止已验收48个。"七五"以来，承担了12个农村能源综合建设试点县项目（其中农业部下达的8个，省自定4个)，已有5个县通过国家验收。

同时承担和完成省政府下达的石灰岩贫困地区农村改灶，瑶族移民新村沼气建设和改灶工程等任务。

完成自选课题——PJ系列省柴灶的研制与推广，此课题1988年开题，1992年通过农业部技术鉴定，所研制的省柴灶型升温段热效率达30%以上，至1996年止已在省内推广应用60万户以上。

此外，还组织了南澳风力发电试验站(总装机容量390千瓦)的建设，示范推广微水力发电机3 000多台。经过全省各级干部群众的努力，截至1996年底，全省累计建造农户沼气池16.77万户，当年新增2.02万户。拥有大中型能源——环境工程50多宗，合计容积1.65万立方米，年产沼气1 000多万立方米，处理农业废弃物800万吨，利用沼气发电装机容量800千瓦时；全省沼液浸种播种面积1.6万公顷，增产粮食4 350吨；沼液养猪31.46万头，节约饲料1.27万吨；沼液养鱼2 809.5公顷，增加产量2 562吨；沼渣种菇13.14万立方米，产量达985吨；水果保鲜1 470吨，减少损失58吨；沼气储粮36吨，减少损失2.1吨；1996年全省农村安装家用太阳能热水器面积900平方米，太阳能温室面积2 700平方米；微水电装机容量累计达1.42万千瓦；地热利用共有60个点，种植面积为39.3公顷，养殖面积达153.3公顷；全省累计推广使用省柴节煤炉灶

695.49 万户，其中商品灶 251.41 万户，型煤炉 187.83 万户。

全省通过农村能源的开发利用和农村节能工作，取得了明显的环境、社会和经济效益，对促进秸秆还田，改善生态环境，促进高产优质高效农业和农村经济的发展起到了积极的作用。

（广东省农村能源办公室　陈正辉
蔡　业　欧计寅）

1996 年农村能源建设概况

1996 年广东省农村能源工作的指导思想是：加强法制建设，做好农村能源综合建设，积极推广沼气综合利用技术，加快农村改建节柴灶，合理利用资源，提高经济效益和社会效益。

（一）积极争取省委、省政府支持　为了更好地指导广东省农村能源建设，省农业厅环保能源处组织 4 个调查组，分赴全省各地进行了为期一个月的调查活动。根据调查情况，省农村能源办公室研究提出了关于加强农村能源和农业环保工作的四条意见，并以农业厅的名义上报省政府。在省政府办公厅的大力支持下，征求了省计委、经委、科委、财政厅、环保局等 8 个委（局）的意见，同年 11 月省府办公厅下发了《转发省农业厅关于加强农村能源和农业环境保护工作意见的通知》，要求全省各地提高认识，加强领导，健全机构，增加投入，搞好规划，加强法制建设。文件的转发有力地推动了全省农村能源工作的开展。

农村能源是一项新兴的基础性事业，也是一项庞大的系统工程，要保证这项工作的持续开展，需要政府在财政上的支持。在 1995 年争取省政府连续三年每年安排 300 万元农村能源专项经费的基础上，1996 年省农能办积极配合市县一级争取落实地方配套经费。

（二）根据“九五”规划，安排了一批新项目，并开展工作　完成了“九五”全国农村能源综合建设县推荐申报工作，揭西、雷州、阳山 3 个县市已获农业部等八部委批准列为全国农村能源综合建设县。这 3 个县已组织力量，在省农能办的指导、协助下，完成了建设的规划和合同编制工作。为了推动全省农村能源建设，由省农能办代省农业厅和省计委行文，向省政府建议开展省级农村能源综合建设县项目。经省政府同意，1997—2000 年安排新会、潮阳、惠阳、四会为省级的农村能源综合建设县。

（三）继续抓好重点推广工作，扩大了覆盖面　省农能办对全省发展沼气作了具体部署。1996 年 1 月份在高州召开了全省沼气综合利用技术现场交流会，总结交流了经验，提出“九五”沼气建设和综合利用工作的基本思路，部署了 1996 年工作，8 月份农业厅在顺德市召开了全省大中型沼气工程现场经验交流会，充分肯定了大中型沼气技术对解决环境污染，开发新能源，大力发展菜篮子工程所起的积极作用。会议参观了现场，交流了经验，并部署了全省大中型沼气工程建设工作。新增加了 10 个县 14 个镇的农村沼气建设重点项目，以合同管理方式，规定项目指标和各方责任。据统计，1996 年新建农户沼气池 1.5 万户，全省新建大中型沼气工程 7 宗。重点推广的沼气综合利用，为本省的沼气建设注入了新的内涵，为促进高产优质高效农业和农村经济的发展起到了积极的作用。湛江市雷州、廉江的农户，在发展秸秆氨化养牛的同时，建造沼气池，既得到高品位的生活能源，又得到优质沼肥，这样的模式实现了资源的多次循环利用，深受农民欢迎。在大中型沼气工程建设方面，重点办了顺德长江畜牧猪场和杏坛猪场沼气发电示范工程，装机容量 150 千瓦，年发电 40 万千瓦时，既处理了污染又开发了新能源，工程起到了较好的示范作用。自顺德现场会后，已有广州、湛江、惠州、潮阳等地几家沼气工程开始设计。

（四）继续做好农村的改建省柴灶工作　1996 年对全省炉灶水平低的地区进行了重点调查，据统计全年新改炉灶 25 万户，验收了 2 个县改建省柴灶的工作。还引进了真空管太阳能热水器，结合沼气建设和改、建节柴灶，在惠阳芦洲镇农户安装使用，体现了多能互补的良好效果。

（广东省农村能源办公室　陈正辉
蔡　业　欧计寅）

发展大中型沼气工程

早在 30 年代初广东揭东县玉湖镇就有一口沼气池，经历了半个多世纪的使用，仍然完好。50 年代建了一些大中型沼气池，但终因技术不过关，而纷纷报废。直到 70 年代后期，大型沼气工程才逐步成功，特别是近几年，沼气工程技术不断完善，不断进步，效益不断提高，并形成了几种不同的工程模式，可以满足各方面的需要，大型沼气工程有加速发展的势头。

（一）能源环保效益较好　全省现有大型沼气工程 50 多个，形成了年处理高浓度有机废水 800 多万吨、年产沼气 1 000 多万立方米的能力，折合标准煤 7 000 多吨，这些沼气工程主要建在大型猪场，糖厂、酒厂的沼气也逐步发展，沼气工程的作用主要有：一是变废为宝，开发了能源。广东大型猪场的沼气工程，主要用于发电。目前，沼气发电的总装机容量已经达到了 800 多千瓦，年发电量在 250 万千瓦时以上。沼气发电有较好的经济效益，广东的电价一般在 1.0 元/千瓦时左右，而沼气发电的成本仅为 0.35 元/千瓦时。顺德长江实业公司猪场和杏坛猪场沼气发电工程，每项工程的造价为 50 多万元，可年产沼气 18 万立方米以上，年发电 30 万千瓦时，价值 20 多万元，工程投资在 4 年内可以收回。沼气除主要用于发电外，也解决了职工食堂和居民的生活用能。南海市狮山猪场的管道沼气，连通家家户户，解决了全场 300 多户职工的生活燃料。二是治理污染与发展生产紧密的结合。多数猪场都能充分利用沼液肥种果、养鱼，这样，不但保证了排放水质量稳定，也增加了经济收入，四会下播猪场将沼肥抽上山施灌柑桔，每年增加经济收入 20 多万元，狮山猪场根据沼液的特点，在鱼塘放养耐肥的小鱼，而小鱼又作为养桂花鱼的饵料，保证了鱼塘的高产值禽畜粪便经沼气发酵及结合其它技术处理以后，有机质去除率可达 95%，达到安全排放的要求。1993 年建起的广州市良种猪场沼气处理工程已经运行 3 年，经过厌氧消化和其他技术处理后，污水中的悬浮物、COD、BOD 和 NH_3-N 等总去除率达 98%以上。达到了广州市污水排放一级标准。

（二）技术不断提高，形成了几种不同的处理模式　省农村能源办公室重点办了四会下播猪场、广州良种猪场、顺德长江实业猪场和杏坛猪场沼气示范工程。下播猪场原有近千立方米的隧道沼气池，所产沼气解决了猪场 100 多户职工的生活燃料，1991 年又建起了一座 600 立方米全混合式厌氧消化池，配套 150 立方米贮气柜，发电机组 75 千瓦，沼液作为 13.3 多公顷果园、花园和 1.3 多公顷鱼塘肥（饵）料。办沼气与发展种养业有机的结合，形成了良好的生态环境。广州良种猪场的粪水经厌氧消化后又增加了重力沉降、生物滤池和氧化塘处理，这是对排放水要求较高的工程模式。也有一些工程还增设了射流曝气处理，但因管理要求高、耗电大，多数运行不正常。顺德的两家猪场优化了处理技术，万头猪场投资 50 多万元就建成了治理污染和沼气发电工程，大幅度地降低工程造价，较好地解决了企业效益和社会效益的统一。

（三）管理逐步加强，技术服务体系逐步形成　省农业厅环保能源处、省农村能源办公室和省沼气研究所，负责全省大中型沼气工程发展规划、技术咨询、技术培训和经验交流，同时也承担应用技术研究、引进、试验、推广、工程设计、施工监督等工作。国内外共有十几家的科研设计单位也参与了广东沼气工程的技术开发与设计。

一些地区的农村能源部门积极做好大中型沼气工程技术服务，促进了全省大中型沼气工程的发展。广州市沼气站对大中型沼气工程提供了一条龙的技术服务。他们主动上门为办沼气工程的单位编写可行性报告，做环保部门工作，还负责组织设计、施工、调试以及长期的跟踪服务，取得了工程单位的信任，打开了广州市大型猪场办沼气的局面。四会市沼气服务公司也很注意对建设单位的长期服务，他们对所建的沼气工程定期上门清查、检修，从而保证了沼气工程长期发挥效益。

（广东省农村能源办公室　蔡　业）

广西壮族自治区农村能源建设

广西壮族自治区是个缺煤、缺油、少电、能源紧缺的省区，常规能源每年都需大量调进，加之经济基础条件差，底子薄等多种因素的影响，致使农村能源工作举步维艰，严重滞后。80 年代的 10 年间，完成 4 个沼气建设重点县，平均每年面上建沼池 8 000 多户，农村累计推广省柴节煤灶 278.56 万户，年均推广 28 万户，微水电累计推广利用 9 922 台处，太阳能热水器推广仅有 4 600 平方米，由于农村改灶节柴、改燃节能没有得到很好的推广应用，在农村赖以森林能源为主的耗柴耗能大户没有得到有效的控制，森林资源也没有得到应有的保护。据 1985 年林业勘查资料表明：80 年代的头五年，全自治区能源性消耗森林资源占总消耗量的 46%～50%，1985 年全自治区活立木蓄积量为 2.4 亿立方米，与 1980 年的 2.65 亿立方米相比减少了 2 434 万立方米，年均减少 486.6 万立方米。1980—1985 年广西木材年生长率为 8.6%，但年均消耗率为 10.5%，森林资源消耗量大于生长量，全自治区森林覆盖率也从 1978 年的 23.2%下降到 1986 年的 22%。林木砍多了，自然灾害接踵而来，50 年代发生在广西的水灾 10 年才有一次，60 年代为两次多，70 年代每两年有一次多，进入 80 年代以来，年年都有包括水灾在内的大的自然灾害发生。由于森林资源锐减，广西每年有 4 亿吨以上的泥土被雨水冲走，大部分淤积在水库、山圹、河流沟渠之中，相当部分水利设施因泥沙淤积淹没，库容减少，加上年久失修，设施老化和人为破坏，有的水利工程很难发挥它的最佳效益了。

面对严峻的现实，大灾之后痛定思痛。1990 年 5 月自治区领导同志在一次全区工作会议上提出：必须认识到林业面临突出的问题，森林资源消耗量大于生长量，在消耗量中，农村能源消耗占全区总消耗量的 50%；必须认识到林业的兴衰在很大程度上制约和促进粮食的高产稳产；必须认识到要降低森林资源能源性的消耗，关键是要加强农村能源建设，加快能源建设步代。“八五”初期，在认真总结经验教训的基础上，在认真领会国家制定的农村能源建设方针的同时，根据广西农村的实际情况，提出了广西农村建设应以改灶节柴、改燃节能为重点，积极稳步发展沼气，有计划地开发利用太阳能、风能、地热能和微水发电，在城乡大力推广商品能源，以进一步降低森林资源消耗，合理利用和优化配置资源，实现既满足现代人的需求又不损害后代人满足需求的能力。提出了广西农村能源建设必须与造林绿化、封山育林相结合、与扶贫工作、与发展农村经济、与改善生态环境、与农村精神文明建设相结合的新思路。由于指导思想明确，工作重点突出，加之领导重视，加大了工作力度和资金投入，广西农村能源事业得到了快速发展，出现了好势头，使全自治区农村能源建设进入了最好的发展时期，跨入了全国先进行列，形成了具有广西特色的、务实创新的、开拓进取的格局。

据统计，到 1996 年底，广西各项农村能源设施已形成年节约能源折标煤 500.89 万吨规模的能力，相当于保护了 36.67 万多公顷森林资源，全自治区能源性消耗的森林资源从 1985 年的 46%下降到

1996年的31.2%。为巩固造林绿化成果，降低森林资源消耗、改善生态环境、发展农村经济、引导农民脱贫致富奔小康发挥了重要的积极作用。广西农村能源办公室在“八五”期间，先后三次被农业部、国家计委、国家经贸委、国家科委、全国总工会评为全国节能先进集体，三次获自治区节能先进单位。

（一）省柴节煤推广工作步入全国先进行列　由于各级政府重视和支持，把改灶节柴、改燃节能与造林灭荒、绿化达标结合起来，纳入各级领导的任期目标责任制，增强各级干部的责任感。1994年自治区政府发文要求全区各县市必须在1994—1995年两年内完成农村改灶节柴推广任务，形成了一个全党动员，全民动手，齐抓共管的好局面。“八五”期间，农村新增省柴节煤灶467万多户，平均每年递增90多万户，是80年代年均增长的3.5倍。至1995年底，全自治区92个县（市、区）都完成了省柴节煤灶推广普及任务。据对92个县（市、区）实地验收资料综合统计表明：全自治区农村推广省柴节煤灶达745.5万户，占农户总数的93.18%，95%以上的城镇居民约160万户也实现改灶节柴或改燃节能。灶的完好合格率平均达98%，灶的商品率平均达54.52%，热效率平均为34%，各项经济技术指标都超过国家规定的标准要求。从而使广西成为全国第一个实现省柴节煤灶推广普及的省区。

（二）农村“三窑四坊”以煤代柴、改燃节能技改项目得到快速发展　据统计，全区“三窑四坊”以煤代柴，改燃节能技改累计达7.5万间，占总数的80%以上，农村烤烟房节能技改推广达14万多座，占总数的90%以上，其中富川、平南、武鸣等烤烟基地县的节能烤烟房，均达到国内领先水平。

（三）完成了“八五”期间国家下达的6个全国农村能源建设县项目实施任务　国家下达广西恭城、合浦、贺州、容县、岑溪、武鸣等6个综合建设县共66个单项项目，经过5年的全面组织实施，实际完成24类单项项目建设88个，6县的项目总体水平都达到国内先进水平，形成年开发节约能源经济总值8.47亿元。6个综合建设县成功经验和做法，为全自治区80多个县能源建设增添了新的内涵，也为“九五”期间本地8个综合建设县指明了方向。

（四）新能源与可再生能源的开发利用取得了长足发展

1.沼气的开发利用已从单一生活用能向着农业生产的综合利用方向发展。至1996年底全自治区累计建沼气26万多户。沼气建设推动了以庭院经济为依托，以市场为导向的种养殖加工业和沼气综合利用的发展，形成了小农户参与大市场的好局面。恭城瑶族自治县，是个不沿海、不沿边、不沿路（铁路、国道干线）的少数民族贫困县，经过多年的奋力拼搏，扎实工作，闯出一条集养殖—沼气—种植三位一体的“恭城模式”脱贫致富的路子来。成为全自治区沼气综合利用的典型示范县。

2.微水电的开发利用名列全国榜首。微水电的开发利用已遍及77个县（市），占自治区县（市、区）总数的81%。至1996年底，全自治区累计安装使用的微水电3.7万台（处），总装机容量达7.6万千瓦。解决了20多万户大电网覆盖不到的边远山区农民生活生产用能问题。被山区农民称誉为“山区夜明珠”的微水电，安装使用量位居全国各省区前茅。

3.太阳能、风能、地热能的利用技术进入稳步健康的发展阶段。广西太阳能利用方式主要有太阳能热水器、太阳能干燥房、塑料大棚及地膜育秧等。其中太阳能热水器和地膜育秧仍保持着良好的增长势态，太阳能热水器累计推广达1.1万平方米。风能开发利用尚处于试点推广阶段，仅在北部湾沿海渔村、右江河谷和湘桂走廊风峪区有600余台安装使用。

地热能的开发日臻完善。全自治区地热利用点达225处，其中陆川、龙胜、象州、容县的地热开发利用已初具规模，它不仅是旅游服务行业拓宽，又是农业产业和种养殖业开发利用。

（五）兴办农村能源产业、增强了自身发展活力　为进一步适应市场经济发展的需要，探索农村能源建设新的增长点，给农村能源事业注入新活力，经过几年的努力，到1996年全自治区农村能源系统有生产和服务企业70家，从业人员478人。其中有一定税利能力的产业28家。全自治区农村能源产业年销售额1 074.32万元，创利税305万元。为增强农村能源后劲，经自治区政府批准成立的广西农村能源产业股份有限公司现正加紧筹建中，它的成立，必将进一步充实完善广西农村能源产业服务体系。

（六）农村能源科技推广硕果累累　“八五”以来，广西农村能源科技推广工作取得了重大进展，全自治区农村能源六大类12项科技成果都通过了自治区或地厅科技主管部门的科技成果鉴定，项目技术水平都处在国内领先和国内先进或区内领先水平。其中，“广西农村省柴节煤科技推广”，“恭城县家用沼气综合利用技术研究与推广”两项获自治区政府科技进步二等奖、获区林业厅林业科技进步一等奖。“农村能源综合建设县广西项目”获林业厅科技进步二等奖；“水稻沼液浸种科技推广”等九项均获地、市、厅级科技进步三等奖。“八五”期间，广西农村能源科技成果，是自70年代末建立机构以来最多的时期，填补了广西农村能源无科技成果的空白。

（广西壮族自治区农村能源办公室）

1996年农村能源建设概况

1996年是“九五”计划的第一年，广西的农村能源工作以“因地制宜，多能互补，综合利用，讲求效益”为指导，坚持为农业和农村经济发展服务，紧紧围绕发展农村经济这个中心，抓住农村能源与农业生产、农村经济发展的最佳结合点，努力开拓，积极进取，农村能源工作又上了一个新台阶。

继续做好省柴节煤灶的巩固提高工作。在1995年底，广西93.8%的农户就用上了省柴节煤灶，成为全国第一个完成省柴节煤灶推广普及的省、自治区。

创建和总结了恭城县以沼气为纽带，推动养殖业和种植业全面发展的“三位一体”生态农业发展模式，并在全自治区各地开 展了100个“恭城模式”生态村项目建设，大力推广恭城经验。

“八五”期间，恭城、合浦、贺州市、容县、岑溪、武鸣6个县完成了全国农村能源综合建设县项目建设任务，形成年供（节）能能力159.74万吨标煤，年经济效益84 713万元。1996年在做好对这6个县项目跟踪服务以及巩固提高工作的同时，又抓了“九五”期间8个农村能源综合建设县的启动工作。

沼气建设稳步发展，沼气综合利用领域不断深化和拓展。到1996年底止，全自治区累计发展沼气26.26万户，产沼气1.13亿万立方米，为广大农户提供大量优质卫生的能源燃料。沼气综合利用发展迅速，创造了猪—沼—果、猪—沼—菜、猪—沼—鱼、猪—沼—稻等综合利用模式，沼液养猪，沼液浸种，沼液、沼渣种果等已形成一定的规模。沼气建设与生态、环境保护、扶贫攻坚、小康工程结合起来，给沼气发展注入了新的活力，沼气的综合利用效益日益显著。为促进农村经济持续发展发挥了多方面作用。

新能源和可再生能源的开发利用取得了长足的发展。到1996年底，全区已安装10千瓦以下微水力发电机组3.7万台，总装机容量达7.5万千瓦，年发电量达6 720万千瓦时，解决了20多万户大电网覆盖不到的边远山区农民生活照明及部分生产用电问题，微水电的发展数量及使用效益位居全国前列；太阳能利用已发展到一定的规模，已推广太阳能热水器1.7万平方米；微型风力发电机在北部湾沿海一带推广600多台，使用效果良好；薪炭林种植面积25.46万公顷，蓄积量210.68万立方米；地热能开发和利用也取得可喜进展，地热开发利用点达225处，其中陆川、象州、龙胜、容县等县的地热利用已初见成效。

农村能源服务体系已初步建立起来，产业建设已有一定的基础。全区已有农村能源生产和服务企业70家，从业人员470多人，有一定创利能力的企业28家，全区农能产业年销售额1 074万元，创利税305万元。

农村生产节能技改成就显著。据统计，全区已有7.5万座“三窑四坊”实行了改燃节能，占总数的80%以上，农村烤烟房节能技改达14万多间，占总数的90%以上，大大地降低了这些大户的能耗量。

农村能源科学研究、技术推广取得重大进展。1996年取得了一批科技成果。其中蒙山县农村能源办研制的“双管道水压式自动排渣沼气池”解决了多年来沼气池出料难的问题，获自治区林业厅科技进步三等奖；“广西农村省柴节煤科技推广”及“恭城县家用沼气综合利用技术研究与推广”两个项目均获自治区科技进步二等奖；“全国农村能源综合建设县广西项目”获自治区林业厅科技进步二等奖、自治区科技进步三等奖。这批成果的取得有力地推动了农村能源的科技进步，提高了农村能源项目的科技含量。

以上这些设施及项目的完成，形成了年开发和节约能源500万吨标准煤的能力，相当于保护了37.07万公顷森林。

主要措施：

1. 提高认识，明确工作任务和方向。认真组织学习有关农村能源建设的大政方针，提高对农村能源工作重要性的认识，明确农村能源工作的任务和方向，提出要做好“五抓”做到“五结合”，达到“五促进”。“五抓”：即抓政策、抓宏观、抓管理、抓投入、抓队伍建设；“五结合”：农村能源与农业综合开发相结合，与保护森林资源，改善生态环境和山区林业综合开发相结合，与村镇建设相结合，与扶贫工作相结合，与乡村精神文明建设相结合。“五促进”：促进农村经济发展，促进农村能源紧缺问题得以解决，促进环保、生态得以改善，促进农村精神文明的建设，促进党群关系的密切。

2. 加强领导狠抓落实。按照各级政府“引导、支持、保护、调控”的管理职能，把农村能源切实纳入农业林业和农村经济工作发展规划，并作为农林业的一项主要任务，加强领导，给予政策扶持，增加资金投入，充分发挥农村能源在农业、林业和农村经济持续、快速、健康发展中的促进作用。

3. 广辟资金渠道，努力增加对农村能源建设的投入。积极做好工作，争取国家在农能基础设施建设的资金投入 。坚持国家、集体、个人一起上，多层次、多形式、多渠道、多方面地筹措资金。加强政策引导，从各地实际出发，研究制定新的政策，鼓励和吸引各方面积极参加农村能源建设。在资金使用方面，实行资金滚动机制，保证农村能源建设的资金投入。

4. 加强农村能源工作机构的建设，提高农村能源工作队伍的素质，增加农村能源工作的科技含量。各级农村能源办的工作机构稳定，地（市）、县（市）能源办的编制，与当地农能建设任务相适应。做到“机构不撤，编制不减，经费不少”。为了解决技术干部紧缺和部分干部素质低下问题，自治区农村能源办除积极组织参加全国的短期培训活动外，区里每年还举办1～2期技术和管理方面的培训班。地、市、县的主任（站长）由自治区培训，一般干部由地区培训。

5. 加强部门间协作配合，发挥社会各界积极性各级能源办积极主动地与财政、计委、科委、经委、扶贫办、农业局、环保局、水电局、畜牧局、银行等单位协作并请各级政府作好协调工作，调动各方面的积极性，推动农村能源事业的发展。

（广西壮族自治区农村能源办公室　李　遐）

海南省农村能源建设

海南省是全国唯一的经济特区省，又是土地面积最大的经济特区，同时为全国两个（另一个是西藏自治区）没有被环境污染的处女地之一，是21世纪全球经济开发的热点之一。全省蕴藏着丰富的农村能源资源，温光日照条件好、林木秸秆多、微生物种类多样，有机废弃物多，水利资源丰富，还有风力、地热、潮夕等等，都可利用开发作为清洁能源。加速农村能源的开发，既减缓国家能源供应的压力，又使各种资源得以充分开发利用，从而满足特区工农业生产、人民生活对用能的需要，对促进整个特区的经济发展具有极其重大的意义。

（一）农村能源资源及消费状况　海南省属季风气候，气温年平均高达22.4～25.5℃；光能充足，日照年平均2 177小时，雨量充沛，降雨量年平均1 639毫米，得天独厚的自然条件，造就了全省十分丰富的农村能源资源。

历史上海南全省为天然森林所覆盖，是名副其实的“森林之岛”。1990年森林面积为167万公顷，森林覆盖率达50.2%。这些林木中的薪炭林及经济林的废枝、用材林的废弃物，都是极好的能源资源。据1996年调查，海南省有大型集约化禽畜场17家、制胶厂140间、制糖（酒精）厂30间、食品饮料厂47间、屠宰场315间，它们的有机污水排放量为1 112万吨/年，经处理后就转化为生物质能源沼气，可用于发电、照明、生活燃料等。全省农村每年有人畜粪便、农作物秸秆约650万吨，每年可产沼气1.17亿立方米，能解决农村26万户农户一年一日三餐的生活燃料。海南省的河流多，源流短，坡降徒，暴涨暴落，大量水资源可充分利用。全省独立入海的河流有154条，流域面积在100平方公里以上有39条，总计可调蓄利用水量136亿立方米。全省河流水能蕴藏量为99.5万千瓦，特别利于农村、农户开发小水电、微水电。海南省纬度低，光能资源特别丰富，太阳幅射量大，年平均460.24～585.76千焦/厘米^2。海南省的风力资源也较丰富，据东方风能试验站测记，该地年平均风速在4.2米/秒，平均每天可利用20个小时以上。全省经探查已发现地热资源26处，有的最大流量每小时达120立方米，最高热度达93℃。

海南农村的农村能源消费水平极低，仅占全省商品能源消耗量的10%左右，主要用于农用运输、灌溉、机耕、农产品加工等。而全省农村范围广、人口多，用于生活所消费的能源数量极大，是耗能大户，据统计全省农村人民所用的生活燃料，每年要消耗薪柴207万吨、秸秆147万吨。尽管如此，沿海平原地区的农户，仍然出现生活燃料短缺的问题。在全省农村能源消费中，生活用能占79.7%，生产用能占20.3%。在生活用能结构中各种能源所占比例为薪柴62.76%、秸秆31.15%、煤0.05%、电2.76%、成品油1.66%、沼气0.03%、其他能源1.68%。

（二）海南省农村能源的发展及成就　海南在建省前属广东省的“老、少、边、穷”地区，物产资源丰富，但开发利用较晚。农村新能源也是如此，致使许多资源白白浪费。沼气能是最好开发利用的农村能源，投资小，见效快，家家户户都可以搞，广大农民最容易接受。在六七十年代，虽然全省各市县农村建了许多沼气池，但由于只追求数量指标，建池不讲科学技术，大多数产生不了沼气。1982—1983年农业部为发展海南的沼气建设事业，连续3次组织各省市和科研部门的专家、技工在海南举办沼气技术培训班，先后在文昌、三亚、东方、儋州、琼中、定安、海口等市县培训沼气技术人员206名，建立沼气示范池181个、1 292立方米，使开发沼气能源为广大农民群众和各级领导所接受，为海南的沼气建设奠定坚实的基础。全省以开发利用沼气能源为切入点，坚持贯彻执行“因地制宜，多能互补，综合利用，讲求效益”、“开发与节约并重 ”的农村能源建设方针，积极开发利用新能源，有效地开展农村生产、生活节能，加强农村能源综合建设，使农村能源建设工作有新的突破和得到较快的发展。

1. 沼气能源的开发。建省后，各市县农村能源机构逐步完善，沼气池建设逐步发展。从一池示范发展到“以沼气池为纽带的热带生态农业示范村”，起到由开发农村能源来推动农业生产发展的作用。据1995年末统计，全省累计建设农村户用沼气池8 189个，总容积81 890立方米，使用率达95%以上，遍布全省19个市县农村。特别是以沼气池为纽带的生态农业示范村已发展到65个，如儋州市的美万新村有48户，225人，土地面积700公顷。近年来，加强农村能源综合开发，促进热带生态农业建设和经济大发展，生态、能源、环境，社会效益明显提高。全村建造户用沼气池34个，总容积204立方米；建成容积150立方米处理加工橡胶有机废水的净化沼气工程；30户村民装上太阳能光伏电池；全面推广卫生省柴灶；推广猪饲料生喂技术；累计营造薪柴用材林413.3公顷。现在全村农户炊事燃料用沼气，照明、看电视、电风扇等生活用电有取之不竭的太阳能提供；村民住宅向别墅式庭院经济发展；全村热带经济作物和饲养、养殖业全面发展，有橡胶、水果及人工林510.3公顷，年生产蓄积木材2 750立方米，干胶80多吨，水果65吨，粮食30吨，肉类产品98吨，集体固定资产1 500多万元，1995年工农业总产值350万元，人均收入2 800元，村民住宅面积人均35平方米，各种社会福利俱全。实现以农能建设带动物质能量流动良性循环，解决因能源短缺而带来的经济、社会、生态等诸多问题，解决生活、生产废弃物对环境的污染，回归再生产，改善生态环境，因地制宜组装当地发展生态农业的经济模式。

2. 能源—环境工程发展迅速。全省工业废水调查712个生产企业，其中禽畜养殖、制糖（酒精）、制胶、食品饮料、屠宰等农产品加工企业有542个，排放的有机物污水占全部工业废水排放量的21%，而污染物CODcr排放量占工业生产污染物总量94.3%。特别是175个制糖（酒精）、制胶企业污染物排放量占总量91%，是全省污染废弃物排放大户。这些废弃物弃之则成为污染源，用之则成为资源财富。通过制糖（酒精）、制胶的有机物污水综合治理，污水作为资源综合利用，厌氧生物治理产生沼气，沼气作为制糖锅炉和胶厂烤胶燃料，沼液沼渣作为农业生产的肥料、饲料，治理的污水用于农作物灌溉，实现变废为宝，提供优质燃料，节约能源，又为农业生产提供高效、无害化的有机肥料，改善生态环境，取得能源、环境、社会的极佳效益。1995年全省已建设能源——环境工程23处，总容积34 800立方米，年处理废弃物106万吨，年产沼气391.33万立方米；沼气净化装置186处，总容积13 100立方米，年处理污水91 810万吨，为治理污染，开发能源，建立种养沼三结合物质循环利用的生态农业，做出极好的示范。

3. 其他新能源的开发。海南国信能源公司1995年在东方市建风力电场1座，装机容量600千瓦，有18台机组，并与大电网并网运行，已发电1 500万千瓦时，该公司还拟在儋州市再建一座同样规模的风力电场。全省安装太阳能热水器71 800平方米，建太阳能烘干胶片房15间，推广太阳能聚光灶500台，太阳能电池21 300峰瓦，微水电站11处，装机96千瓦。还在儋州市推广太阳能光伏电池总容量10千瓦，安装47家农户，解决照明、电视、风扇等生活用电问题。

4. 加强农村能源综合建设，促进农村经济持续发展。“八五”期间，全省抓住全国百县农村综合建设县儋州市，组织该市农业、工业、科技等有关部门，互相配合，团结协作，实施农村能源基本建设系统工程，发展热带生态农业，营造用材薪柴兼用林16 842公顷，建成户用沼气池5 446个、35 576立方米、中大型沼气沼化工程10宗、3 850立方米、推广卫生省柴灶136 130户，普及率达96%、渔船节能技改735艘，以及制糖、建材工业系统的锅炉改造、城乡电网的变压供电系统和线路改造，形成了新开发和节约能源年新增总量132 400吨标煤；秸秆和沼肥回归水旱田耕地的有效成分，平均每公顷相当于氮磷钾标准化肥88.39千克，农田土壤肥力得到恢复，土壤有机质含量增加0.12%～0.15%。与1990年相比，1995年儋州市粮食、橡胶、糖蔗、油料分别增长46.21%、86%、32%和110%。儋州市农村能源综合建设为各市、县树立了样板，推动全省农村能源综合建设事业不断向前发展。

5. 贯彻“开发与节约并重”方针，大力推进节能事业。海南农村生活用能多用薪柴、秸秆，是用能大户，且浪费惊人，农户使用的旧式炉灶，热效率仅为10%左右。1956年，全省有森林86.7万公顷，到1980年只余下458 667公顷，除部分用材外，大部分都被烧掉。为解决这一问题，1983年中国农业工程研究设计院帮助海南举办省柴灶技术骨干培训班，迈开了推广省柴灶的第一步。并经过本省农村能源技术人员的研制，开发出适合农村需要的文昌FL系列商品省柴灶，受到农户的普遍欢迎。自1984年以来，有文昌、三亚、琼海、儋州、东方、定安、万宁、屯昌、临高、白沙、琼山等11个市县先后被农业部列为全国省柴节煤试点县，并通过农业部鉴定验收。通过试点县的示范带动，增强了社会节能意识，促进带动全省省柴灶推广工作的开展。到1995年末统计，全省累计推广省柴节煤灶84.4万户，其中推广商品省柴节煤灶35.3万户，每年形成节约能力相当于91.76万吨标煤，相当于38.19万公顷人工林年生长量，年经济效益达10 624.02万元，节能经济效益十分显著。另外，还改建节能砖瓦窑350座、节能烘胶房，渔船节能技改及电网线路改造等，均取得较好的节能经济效益。

（海南省农村环保能源站　高彩均）

1996年农村能源建设概况

1996年是“九五”计划实施的第一年，也是实现“九五”计划和2010年远景规划，打好基础的关键年。一年来，在上级主管部门和各有关部门的领导和积极配合支持下，海南省遵循农村能源建设“十六字”方针，抓住农村能源与环境保护、生态农业、农村经济工作的结合点，积极主动地开展工作，较好地完成年度计划的各项工作，使全省农村能源建设工作有了新的突破和拓展。

（一）农村能源综合建设县项目进展顺利　琼山市是海南省唯一承担全国“九五”农村能源综合建设项目的市县，为能按期按质完成项目，该市领导较为重视，一直把该项目放在突出位置，首先组成了领导班子，并在市长办公会议上决定“九五”期间列入财政年度计划，每年拨农村能源工作经费40万元。多次召开专门会议讨论研究项目规划和合同书的编报，并经市政府办公会议讨论通过，上报全国项目办，还组织有关单位前往“八五”农村能源建设县儋州市参观取经。在市领导重视及省有关部门积极指导下，农村能源建设资金和技术及时到位，全市12个农村能源建设子项目均进展顺利。据统计，全市共举办3期沼气技术培训班，培训技工人数85人次，新建沼气池280户，中型沼气池2处；推广商品省柴灶0.5万户；造林734公顷；新建新型建筑材料厂1座；稻秆还田3 333公顷；砖厂节能改造2座；烟胶灶改造1座；渔船惯性增压技改20艘。基本完成年度计划。

儋州市是通过“八五”全国验收挂牌的100个农村能源综合建设县之一。按全国农村能源综合建设县项目办公室“继续巩固提高”的指示精神，该市做到农村能源机构不撤，原拨工作经费数量及渠道不变，继续加大农村能源工作力度使原有的农村能源建设成果得到巩固并有新的突破和发展。1996年市政府提出把沼气建设、修路、种果作为农民致富奔小康和建设农村两个文明的主要措施。因此，全市的沼气建设发展迅猛，全年新建沼气池945个，占全省1996年新增沼气池数的53%。

（二）省柴灶普遍推广，优质气体燃进入普通家庭　1996年的省柴灶推广工作重点，主要放在保亭、陵水、通什、琼中等少数民族聚居的地区，由于居住条件及生活习惯的方面的影响，省柴灶在这些地区推广应用难度较大。据统计，1996年共推广省柴灶1.2万户，其中商品成型灶0.37万户。

随着开放改革的不断深入，海南农民生活水平也不断提高，特别是沿海市县及城郊农民，生活水平普遍提高，居住条件大为改善，普遍要求使用高效、清洁的炊事能源。因此电炊、液化石油气炉大量进入这些地区的农民家庭。据不完全统计，全省农村（包括城郊居民）使用电炊、液化气的用户达79.73万户，其中液化气用户为33.2万户，占全省总农户的36%。目前，海南农村炊事用能形成三个层次：中部山区以使用省柴灶为主；沿海市县的农村省柴灶、液化气兼用；城镇农村及沿海渔民以电炊、液化气为主。

（三）开展沼气综合利用，促进沼气建设稳定发展　海南有发展沼气的得天独厚的自然条件，但过去推广沼气只重视解决生活能源问题，使沼气综合效益未能充分发挥，导致沼气建设速度缓慢，且利用率低。近一二年来，认真总结经验，注重沼气规模开发和综合利用，结合高产优质高效农业和扶贫工作，积极开展以村级为单位的沼气成片开发，形成规模，并全面开展沼液浸种、沼液喂猪、沼渣（液）施用热农作物和各种瓜菜等综合利用，努力使沼气建设成为发展农村经济，致富奔小康的重要措施。一年来，全省新建户用沼气池1 800户，比上年同期多建池1 000个。新增保亭县毛民村；儋州市兴仁村、西田村；琼山市多谷屯；文昌市昌酒村等11个以沼气为纽带的热带生态农业示范村，这些示范村的沼气用户均占全村总户数的80%以上。在海南，沼气综合利用的效益逐步被社会所认可，综合利用技术普遍被沼气用户所掌握。调查表明，沼液浸种、沼渣追施普遍能提高粮食产量8%～10%；沼渣（液）施用胡椒，可增产10%左右；施用橡胶使干胶增产5%以上；施用香蕉使单串增果5～10个；蔬菜增产20%且质量上乘；沼液喂猪每周期可节省饲料40～50千克/头。据统计，全省沼气综合利用户数达8 500户，占沼气用户90%以上。

（四）能源—环境工程建设发展势头良好　为保护好海南岛这块世界少有的“净土”，省政府下发了《关于贯彻落实国务院环境保护若干问题的紧急通知》向全省378家企业发出限期治理污染的通知，为顺应这一形势要求，拓宽沼气建设领域，结合“菜篮子工程”建设，积极协调省环境资源厅、工业厅等部门，开展能源—环境工程建设。先后在省农业厅种畜场、琼中县乌石扶贫基地、海南绿色产业公司陵水基地、三亚市消防局、文昌市翁田星火示范基地等6家养猪场；文昌市锦山食品公司、儋州市食品公司、定安县南海食品站等3家屠宰场；农垦西华农场、西联农场、阳江农场、大丰农场、红光农场、红华农场、大广坝农场、儋州美万村等8家橡胶加工厂；澄迈永发农产品中心公厕、琼山市龙塘小学公厕、福山红湖欢乐园别墅区、海口丰岛酒家等4家，共21家企业（机关）兴建了25处，总容积为5 460立方米的能源—环境工程。使这些单位职工生活和企业生产利用上优质的沼气燃料的同时，又通过厌氧—好氧技术有效地处理污水废液，变废为宝，改善环境卫生，取得了较为显著的经济、环境和社会效益，得到社会的认可。为有效治理环境污染，保护海南这块“净土”，提供了新的途径和宝贵经验。

（五）风能、太阳能利用初显效益　为充分利用海南丰富的光热及风力资源，海南新能源示范项目办公室积极引进外资及设备，在东方市八所兴建一个总装机容量为600千瓦的风力发电场，有18台机组，并与大电网并网运行。一年来，运转发电达1 500万千瓦时。为海南经济发展做出了一定的贡献。

继续完善三亚西岛、儋州美万、红胜、茶山等4个太阳能光电利用示范点，保证20千瓦装机容量的正常运转；在海口、三亚、琼海、万宁等市县城郊农村、医院、别墅区推广太阳能热水器800平方米。实践证明，太阳能光电利用为大电网尚未覆盖的农村带来了光明，促进农村两个文明建设的健康发展。同时为今后开发利用提供一条切实可行的经验。

（海南省农村环保能源站　邝继云）

重庆市农村能源建设

重庆市位于我国西南四川盆地西南部，东与四川省相邻，西同贵州省接壤，西南和东北部分别与湖南、湖北和陕西等省交汇，总面积为8.2万平方公里，属山丘相间的平行岭谷地貌，气候温和，雨量充沛，适宜种植、养殖业的发展，具备发展农村沼气得天独厚的有利条件。全市辖43个区、市、县，总人口3 002万人，其中农村人口2 440万人，占总人口的81.40%，新设立的重庆市具有大城市、大农村的特点，既有门类齐全，工业化程度高的城市经济，又有21国家级和省级贫困县为主，幅员广阔、经济相对落后的农村经济。因此农村经济的发展，直接关系到重庆地区的经济发展。就重庆市农村生活燃料的构成现状看，1995年全市农村用于生活的各种燃料折合为标煤量为854.4万吨，其结构为：原煤698.8万吨，农作物秸秆746.4万吨、薪柴248.2万吨、沼气8 743万立方米，其他燃料、（电、油等）68.6万吨。

重庆市农村生活燃料的利用不合理，而且浪费十分大，利用率低。据1995年的调查表明，全市农户每天消耗的热量为201 175千焦，但实际利用的有效热量仅为28 907千焦，热量利用率只有14.4%，其浪费惊人。

（一）农村能源资源分析　重庆市农村能源资源十分丰富，农民生活用能构成多种多样。

煤炭资源：全市储存量约12亿～17亿吨，1995年农村生活用煤为696.8万吨，占开采量的0.47%，但使用热效率很低，一般在18%左右。

水电资源：重庆境内山川纵横、河流密集，水能资源极为丰富，河流理论蕴藏量1 400万千瓦，可开发量750万千瓦，已开发81万千瓦，占可开发量的10.8%，水电是边远山区一种重要的能源资源，在国家“自建、自用、自营”的办电方针指引下，重庆市积极发展小水电和配套火电，截至1996年，拥有装机容量94.7%万千瓦，年发电36.3亿千瓦时，使农村99%的乡、96%的村、92%的农户用上了电。

薪柴资源：全市现有林地面积168.7万公顷，活林木蓄积7 125万立方米，森林覆盖率20.43%，截至1996年，全市有各种薪炭林57 945.5公顷，已形成年产177.3万吨薪柴开发潜力。

沼气资源：分为农村和城镇两部分。据1995年统计，农村沼气资源理论储量年产达264.57亿立方米。从农村沼气资源分布的状况看，全市平均每个农户拥有可产沼气1 100.2立方米的资源，日均为3.06立方米，全市43个市（区、县）中，平均每户每天拥有可产气4立方米以上沼气资源的有5个市（区、县），占比例11%；平均3.5～4立方米的有9个市（区、县），占20%；平均3立方米的有16个市（区、县），占37.6%；平均2.5立方米以下的有13个市（区、县），占31.4%。全市现有城镇人口近800万，各类厂矿数以万计，据统计城镇人口年排放生活污水3亿吨，可产沼气23 423万立方米。

（二）农村能源建设的历程　重庆市农村能源工作经历了曲折的发展过程。从1973年开始，在农村开展家用沼气池的建设试点推广工作，到1996年，陆续开展了城镇以治理生活污水，保护环境的城市沼气工作；推广省柴节煤灶；山区开发微水电；在产烟产茶的地区推广烤烟、炒茶节能灶以及结合防止地方病推广降氟灶等，初步形成为农业生产和农村经济服务，保护农业生态，促进农民致富奔小康的一个行业。

重庆市农村沼气建设始于1973年，当时由于指导思想中只追求数量，忽视质量，不讲科学，大搞群众运动，到1993年，全市共建“远、大、深”沼气池36.8万口，由于沼气池布局结构不合理，质量低劣，绝大多数使用2—3年就报废，极大地挫伤了群众的积极性。在此以后较长的时间内，农村沼气建设处于调整，改革之中。

党的十一届三中全会以后，为了适应农村生产方式的变化，解决城镇粪便的出路，1980年8月，万县（现龙宝区）首先将农村沼气引进城市，开展了以治理生活污水为主，回收能源为辅的城市沼气工作。从80年代中期开始，全市普遍开展城镇净化沼气建设工作。

1984年，按照中央提出的“开发与节约并重近期将节约放在首位”的能源建设方针，全市农村能源工作重心转移到推广省柴节煤灶方面，先后有18个区县被列为全国省柴节煤灶试点县，3个四川省试点县，这些试点县，经过3～5年的集中突击，使全县推广省柴节煤灶普及率达90%以上，并在1993年以前，通过部、省级验收，收到较好地节能效果。在推广省柴节煤灶过程中，巫山、武隆县结合地方病防治推广了降氟节能灶，通过卫生部验收。在此期间，武隆县承担了四川省烤烟节能灶的研究推广工作，并获四川省科技进步三等奖，涪陵市的二等奖。巫山、云阳、綦江、丰都等县承担了省、市的山区微水电开发利用项目，并通过省、市主管部门的验收，为大面积推广奠定了基础。

在“六五”期间，铜梁县被国家六部委列为全国首批3个农村能源综合建设县，1987年，经国家项目领导小组验收合格，为全国实施农村能源综合建设县提供了宝贵经验。“七五”期间，巴县、潼南县被列为全国沼气重点县，江津市列为推广小型高效沼气池试点县。这些沼气重点县的实施和验收，有力的推动了全市农村沼气建设逐步走上健康发展轨道。“八五”期间，江津市、潼南县被列为全国100个农村能源综合建设县。此期间江津市实施能源建设项目29个，潼南实施34个，这些项目的实施有力地促进两县的经济建设，两个农村能源综合建设县于1995年10月，通过国家验收。

（三）农村能源建设现状及经验　经过20多年的努力和实践，重庆市农村能源建设初具规模，事业有一定的发展。1996年，全市共有农村能源行政管理机构，其中，省级1个，市地级2个，县级23个，工作人员116人。组建市（区、县）农村能源服务企业60个，农村能源服务专业队198个，从业人员1 514人。拥有资产1 277万元，1996年创产值1 796.18万元，创税利562.21万元。建有农村能源生产企业8个，从业人员403人，拥有资产377万元，年销售额450万元，创税利47万元。

农村沼气建设稳步发展。进入90年代，农村沼气每年以新建2万个的迅速稳步发展，截至1996年，全市共建农村沼气池32.83万口。常年使用的沼气池26.9万个，年均产沼气7 999.21万立方米，形成年开发5.8万吨标煤的能力。长寿县有农村沼气池4.63万口，占总农户数的22.3%，全市共有6个乡镇，184个村，农村沼气化普及率在70%以上。农村沼气的综合利用也在逐步上规模，上档次，全市沼气综合利用的户数已达17.11万户，范围从农户逐步发展到以村、乡、镇为单位，集中成片发展，有效地提高了农村沼气的经济效益。

城镇沼气建设发展迅速。全市累计建成净化沼气池21 825处，总容积52.27万立方米，年处理2 994.97万吨生活污水，有效地缓解了三峡库区水污染问题。全市拥有15个市县沼气工作设计室，25个专业施工企业，有高、中级技术人员100余人，从业人员6 000余人，年创产值3 500万元，创税利300万元。

农村生产生活节能成绩突出：全市累计推广省柴节煤灶428万户，占总农户的60.1%，形成年节约190万吨标煤的能力，同时是推广烤烟节能灶21.75万座，节能炒茶灶0.01万座；节能砖瓦窑425万座，节能小煤窑228座，微水电122台，装机150千瓦，年发电184.1万千瓦时。

由于沼气的开发和节能卫生灶的推广，从而有效地减少了原煤和秸秆、薪柴的用量。据调查，全市每年减少原煤用量129万吨，减少排放废渣44.76万吨、烟尘3.9万吨、二氧化碳99.76万立方米、二氧化硫 74.9 万立方米，从而有效地减少对大气的污染，生态、环保效益显著。

主要经验：

1. 领导的重视是农村能源建设发展的关键。实践证明，推动农村能源建设健康迅速发展的关键，取决于各级领导对农村能源建设的认识。认识正确，就会加强对农村能源工作的领导，出台的政策措施有力，从而保障农村能源建设事业健康发展。

2. 积极参予，部门协调是加快发展的主要环节，农村能源建设是一门涉及多学科的跨部门的行业，只有积极参予，加强部门间的协调，才能使农村能源在农业生产和农村经济发展中占有一席一地，发挥农村能源建设的作用。

3. 依靠科学技术进步是加快发展的推动力。重视科学研究，技术革新，提高科技含量，使广大农民看到农村能源建设的经济、生态、提高效益，才能调动干部、群众的积极性，有计划的加快发展农村能源建设。

（重庆市推广沼气办公室　谢大川　李晓丹）

1996 年农村能源建设概况

1996 年重庆市农村能源系统广大干部职工认真贯彻党的十四届六中全会精神和农村能源建设方针，坚持以经济建设为中心，围绕推动农村经济发展、改善农业生产条件、提高农民生活用能水平，保持生态平衡，引导农民脱贫致富奔小康的工作主线，不断更新思想观念，勇于探索，大胆开拓，在农村能源建设工作中突出重点、依靠科技、狠抓质量、提高效益，较好地完成了年度各项计划任务。

（一）农村沼气建设稳步健康发展　1996 年全市新建农村户用沼气池 22 032 口，年建池上千口的有铜梁、长寿、潼南、荣昌及新划入重庆的万县等县市。有 15 个区、市、县完成了市里下达的计划，全市有 6 个乡镇、184 个行政村农村沼气普及率在 70%以上。同时还维修旧池 4 万口，全市累计拥有农村沼气池 32.8312 万口，有 29.14 万农户使用沼气池，使用率在 90%以上，年均产气 7 999.21 万立方米，年开发能源折标煤 5.8 万吨。

（二）农村生产生活节能成效突出　全市 1996 年推广省柴节煤卫生灶 19.76 万户，其中商品灶 8.74 万户，型煤灶 6.16 万户，同时维修旧灶 10.5 万户。全市累计推广省柴节煤卫生灶 428.2 万户，形成年节约折标煤 190 万吨的能力。生产节能上有新突破，年新增烤烟节能房 1 000 余座，累计 21.75 万座，年加工烟叶 13.28 万吨，年节约标煤 5.5 万吨，新增节能炒茶灶 100 座，年加工茶叶 0.09 万吨，年节约标煤 0.04 万吨；新建节能砖瓦窑 27 座，累计达 425 座，年加工砖瓦 26 469 万块；新建煤矿石加工点 33 处，年加工能力 150 万吨，年节约标煤 2.4 万吨，仅此几项，可年节约标煤 22.22 万吨。此外新建微水电站 3 处，装机 3 台，累计装机 122 台，装机容量为 150 千瓦，年发电 184.1 万千瓦时。

（三）城镇生活污水净化沼气池发展迅速　全市年新建城镇生活污水净化沼气池 713 处，容积为 3.07 万立方米，累计建池 21 825 处，总容积 52.27 万立方米，年可处理生活污水 2 994.97 万吨，目前全市有 15 个区、市、县设立了城镇沼气工程设计部门，全市拥有甲乙级施工执照的专业施工队伍 25 个，高、中级专业技术人员 100 人，从业人员 6 000 人，年创产值 3 500 万元，利税 300 万元。

（四）沼气综合利用向纵深发展　1996 年全市农村沼气综合利用无论是在种类、规模和效益上较往年均有较大辐度的增加和提高。全市沼气综合利用户数达到 17.109 万户，范围也由过去以农户为单元发展到以村、乡、镇为单位集中成片以讲求规模效益，1996 年全市确定了 50 个农村能源生态示范村，落实和已经启动的有 33 个村。全市年完成沼液浸种 34 927 公顷、增产粮食 1.45 万吨，沼液防治农作物病虫害 10 333.3 公顷，沼液治果 5 万株，沼液喂猪 24 万头、节约饲料 2 253.3 吨，沼渣、沼液养鱼水面 3 092.4公顷，增产成鱼 369.63 吨，沼渣种菇 208.73 万平方米，产菇 9 755 吨，沼气储粮 131 吨，减少损失 10 吨，上述几项增加经济效益 4 300 万元。

（五）农村能源生产企业和服务体系保持稳定　截至 1996 年底，全市有农村能源生产企业 8 个，从业人员 403 人，资产 377 万元，年销售额 450 万元，创利税 47 万元。有农村能源技术服务专业队伍 198 个，从业人员 1 514 人，技术推广单位 187 个，其中地市级推广单位 1 个、县级 11 个，乡镇级 175 个，技术推广人员 389 人。此外，全市累计有农村能源服务企业 60 个，拥有资产 1 277 万元，1996 年销售额 1 796.18万元，创利税 562.21 万元。

（六）农村能源综合建设县工作起步良好　继铜梁、江津和潼南之后，长寿县又被国家八部委列为“九五”期间农村能源综合建设县，1996 年该县将此项工作列入全县工作整体布置，成立了县、乡两级班子，并根据该县实际制定了切实可行的措施，全县列入规划的 15 个项中，已有 13 个项目进入实施阶段，其中 2 项已顺利完成，较好地完成了合同规定的计划进度。

此外，1996 年全市还加大了科技培训和宣传工作的力度。各地注重依靠科技进步，把着眼点放在抓质量和队伍培训、提高技术水平上来，市（区、县）选派 210 人参加管理、微机、外语、农村能源业务等各类专业培训和外出考察，举行农民技术员短期培训班 9 期，培训人员 314 人。在宣传工作上，全市各级农村能源部门结合科技扶贫、科技兴农及农村小康建设印发各种宣传和技术资料 2 万余份，编印简报 130 期，同时在报刊、电台、电视上宣传先进典型人物和事例 90 余次，向刊物、广播电台投稿 125 次。此外组织力量完成了全市农村战略发展规划中的农村能源战略发展规划的编写工作，为农村能源的发展和全面振兴奠定了坚实的基础。

（重庆市推广沼气办公室　李晓丹）

加快能源环境工程建设 促进农业持续发展

重庆市农村能源建设经过多年的努力，逐步走向稳步健康的发展道路，其技术水平有较大提高，发展速度也不断加快。为使农村能源建设更进一步适应快速发展的农村经济和三峡库区建设，1994年重庆市开展了以提高农村能源的规模效益，促进农业生产，增加农民收入，保护和改善库区环境为目的的农村能源环境工程建设。该工程是以发展农村能源示范村为主，开发利用养殖大户的畜禽粪便为重点，辅以小城镇净化沼气建设的系统工程，并以项目管理形式，市县(区)乡镇各级分别签定了项目合同书，确保工程顺利实施。

(一) 能源环境工程建设的内容

1. 农村能源示范村建设。农村能源示范村建设是农村能源环境工程建设的主要内容。结合本市开展的小康村建设和生态农业试点建设，1994—1996年全市先后安排50个农村能源示范村。示范村在建池、改灶和沼气综合利用等方面都集中了90年代的全国先进技术，做到高质量、高标准、规范化。其建设规模为：以行政村为单位，全村90%以上的农户普及省柴节煤灶，70%以上的农户建有沼气池，在90%的沼气用户中开展2项以上沼气综合利用。技术要求是：省柴节煤灶有炉桥、炉芯、烟囱，热效率煤灶35%以上，柴灶20%以上，外表美观，灶面嵌瓷砖或磨石；沼气池产气量达到300立方米/年·池以上，布局合理，配套规范；在示范村主要采用“猪→沼 → 果”“猪→沼→蔬”“猪→沼→菇”“猪→沼→鱼”等综合利用模式。1996年已完成通过验收的3个示范村建设，效益显著。

2. 养殖大户中型沼气池建设。养殖大户中型沼气池建设是农村能源环境工程重点内容。抓住重庆发展2 000户养猪大户的时机，将沼气建设与养殖业紧密地结合起来，发展养殖大户中型沼气池，从1994—1996年底共建中型沼气池245处。中型沼气池建设要求建池户必须养猪30头或养牛10头以上，以保证充足的原料；建池容积在30立方米以上，并推广沼渣种菇、沼液养猪、沼气消毒牛奶等1～2项综合利用技术。到1996年底已建成运行的中型沼气工程245处，平均单池年产沼气2 737.50立方米，综合利用户均提高经济效益500元以上，该项目的实施，既处理了畜禽粪便，又开发了能源，在增加能源、肥料效益的同时，使生产、生活环境卫生很大改善，综合解决了养殖大户的能源、环保问题，为农业可持续发展做出了积极贡献。

3. 小城镇净化沼气建设。城镇净化沼气池建设是治理城镇粪便生活污水，保护库区水资源的有效措施，是能源环境工程不可缺少的内容。把城镇净化沼气工程与小城镇建设相结合，1994年安排青岗、龙水等5个国家或省级小城镇建设试点镇发展城镇净化沼气池，要求把城镇净化沼气池纳入小城镇建设规划，从设计、施工、安装、验收到管理按照统一的标准实施，处理后的水质达到国家二级排放标准。在试点镇已建成的110处净化沼气池，总容积4 400立方米，年处理粪便及生活污水80.30万立方米，为小城镇建设开发能源、利用资源、治理污染、净化环境起到了积极的示范作用。

(二) 能源环境工程建设成效　能源环境工程建设项目的实施，首先推动了重庆市农村能源事业的进步，促进了农村经济发展。近3年重庆市农村沼气均以年建池2万余口的速度发展，城镇沼气的发展也保持在年建池700处以上，到1996年底全市累计建成农村家用沼池32.83万口，使用率在90%以上，年产沼气7 999.21万立方米，年经济效益为4 800万元。沼气综合利用形成一定规模。从沼液浸种、养猪、防虫、沼渣种菇、养鱼，到沼气保鲜、贮粮等全面展开，新增效益近4 300万元。城镇净化沼气池累计建成21 285处，总容积52.27万立方米，年处理生活污水2 994.97万吨。其次改善农业生态环境，促进农业生产可持续发展，城乡沼气的发展，为农业生产提供大量有机肥，促进了有机质还田，改良了土壤，增强农作物抗旱、抗病能力，提高农作物质量和产量。同时农村能源的发展治理了环境污染，减少了薪柴采伐量，有利于保护三峡库区水资源、森林资源、保持水土，改善人类生态环境和农业生态环境，促进农业可持续发展。

(重庆市推广沼气办公室　李　志)

四川省农村能源建设

四川省是农业大省，也是能源严重短缺的省份。据1995年底统计，全省(包括重庆市及其现所辖县、市，下同)农村人畜粪便可用作沼气发酵原料的开发量为4 432.6万吨，折合标准煤2 083.3万吨；秸秆可开发总量为3 824.48万吨，折合标准煤1 950.5万吨，全省薪柴可开发量为1 475万吨，折合标准煤842.2万吨。每年薪柴约能提供3～4个月的生活用能。全省太阳能年幅射总量在3 000～6 600兆焦/平方米之间，年日照时数为800～2 600小时，年大于或等于6小时日照天数为90～250天。因地域辽阔，加之地势和气候条件的影响，四川省的太阳能资源的地域差异显著，东部太阳能资源贫乏，西部高原山地太阳能资源丰富，西部地区可利用的太阳能资源约达74.3万吨标准煤。四川盆地四面环山，地形复杂，据全国大面积平均风速等值线看，四川处于全国最大的一个“风弱区”范围之内。地热资源较为丰富，分布较广，但不均衡。全省有32个县有自然出露20℃以上的温泉，出露点其246处，主要分布在凉山州和甘孜州。四川省气候湿润，雨量充沛，河川径流丰富，流水落差大，位能高，为开发微水电提供了丰富的水资源。全省75.1%的水量集中在盆周山区，受枯水期影响较小，开发微水电具有良好的条件。四川省农村人口众多，农村能源建设在全省经济发展中有着重要的作用，发展前景广阔。

四川省的农村能源建设是从70年代初全省有领导、有计划地推广农村家用沼气池开始的，到90年代已发展成为包括沼气建设、太阳能的利用、微水电力的利用等能源开发和省柴节煤灶推广、砖瓦窑节能、烤烟节能等能源节约在内的农村能源事业。形成年开发和节约能源700多万吨标准煤的能力。

（一）健全机构，政策扶持　四川省有各级农村能源管理机构634个。其中：省级1个；地市级17个；县级111个；乡级505个。省农村能源办公室行使全省农村能源工作的行政管理职能。全省农村能源系统共有工作人员1 192人。其中：省级29人；地市级109人；县级421人；乡级633人。学历情况：本科以上43人；大专131人；中专174人；高中270人；初中及以下574人。

省政府十分重视农村能源工作，多次发文要求全省加强农村能源建设，加快农村能源建设步伐，做好四个结合：即农村能源建设与奔小康的目标结合，为促进农业高速发展，提高人民生活水平服务；农村能源建设与农业环境保护相结合，为改善农村环境，村民的生活卫生服务；农村能源建设与农房、集镇建设结合，做到统一规划、设计、施工、验收和同时使用，为村民提高住房档次服务；农村能源建设与精神文明相结合，为提高村民的精神生活质量服务；把农村沼气建池用地视为生产性用地；农业银行和税务部门按规定对农村能源建设及其服务体系实行优惠政策，给予照顾；地方财政拨给的农村能源事业费，随着农村事业发展有所增加；林业部门对农村改灶户进行补助；科技部门对农村能源的科研技改、示范推广给予必要的扶持。省建委在《关于加强城乡沼气建设，改善城乡环境质量的意见》中，为进一步搞好城镇沼气的推广，促进环境建设，提出具体要求：一是凡近期不兴建生活污水处理厂的城镇，要把生活污水净化沼气池的推广纳入市政建设内容；新建或改建住宅的单位，要把生活污水净化沼气池的建设纳入修建计划，做到同时设计、同时施工、同时交付使用；城镇公厕要逐步增设沼气净化装置；排放高浓度有机废液的企业，需兴建大中型沼气工程。二是要对沼气施工企业进行整顿，承揽沼气工程的施工企业，必须通过资质审查，取得沼气施工等级证书，承揽大中型沼气工程的施工企业，还应取得《四川省环境污染治理证书》。三是农户修建家用沼气池，实行“自办为主，国家集体扶持为辅”的政策。修建城镇生活污水净化沼气池，要按照“谁污染谁治理”的原则。企业修建大中型沼气工程总投资数额大，可采取多种渠道筹集的方法。之后，又要求全省各承建城镇生活污水净化沼气池的单位必须严格执行《城镇生活污水净化沼气池设计、施工、管理规范》，重申没有修建污水处理厂的城镇都应建生活污水净化沼气池。四川省绵阳市、内江市、宜宾市和苍溪县、绵竹市、阆中市、资中县、宣汉县等地的市、县政府，对加快农村能源建设步伐，也颁布了相应的优惠政策。

（二）沼气建设成绩显著　四川省在30年代和50年代都办过沼气，因种种原因，而未能坚持下来，1973年，建立起省、地、县各级沼气推广机构，在政府领导下，开始有计划地发展沼气。据1996年底统计，全省累计修建农村家用沼气池193万户，约占省农户总数的10%；城镇生活污水净化沼气池20 403处，日处理约260万人的生活污水；大中型沼气工程17处，容积约2万立方米。

四川省在农村推广“圆、小、浅，三结合”规范化新池型，坚持沼气专业技术员施工，在建池中推广无模漂砖砌拱建池和模具混凝土现浇建池，建池的一次性成功率在95%以上。建池是基础，管理是关键，除农户做好沼气池的日常管理外，每乡或每村设置一名沼气技术员负责维修和管理沼气池，采用管理效果与沼气技术员收入挂钩的办法，使沼气池的管理落到实处。全省农村家用沼气池的完好率和正常使用率均在90%以上。为使一年360天不间断用气，同时也满足囤粪，增加有机肥的需要，一些地方的农户修建了双池，使沼气成为生活中的主要能源。沼气在用作生活燃料的同时，广大农村还积极开展沼气的综合利用，用沼气育秧、养蚕、孵鸡；用沼渣种蘑菇、养鱼、培植花草、改良土壤；用沼液喂猪、浸种等，取得了明显的环境、生态、经济效益，受到广大农民群众的欢迎。四川省绵竹市的农村沼气建设成就突出，已建成30多个沼气能源村，成为全省乃至全国农村沼气推广的一个样板。

我国的城镇沼气建设起步于四川省。1987年7月和1989年7月，四川省的《城镇沼气化粪池研究》和《城镇沼气化粪池图集》分别通过技术鉴定，为城镇沼气发展奠定了基础，1995年，四川省出台了《城镇生活污水净化沼气池设计、施工、验收、管理规范》为城镇沼气建设标准化、规范化铺平了道路。四川省的城镇沼气从无到有，从点到面，在全省小城镇治理水污染中发挥着巨大作用。大部分小城镇的住宅楼、机关单位、学校、医院等都修建了生活污水净化沼气池，省内一些大的液化酒厂、糖厂、肉联厂、造纸厂等严重污染水体的企业，修建了大中型沼气工程，经沼气工程处理后的有机废液，COD去除率达80%以上，BOD去除率达90%以上，池容产气率可达1.8～2.5立方米/立方米·日，既治理水污染，又回收沼气能源，取得良好环境和经济效益。四川省乐至县酒厂的沼气工程年产沼气264万立方米，可供全城的80%的居民生活用气。1987年被确定为向城镇供应民用沼气的全国两个示范点之一。四川省的城镇沼气建设取得了一定的成绩，在国内外具有一定影响：有多个国家和地区的国际友人和国内一些省、市、县的领导、技术人员到四川参观、考察、学习城镇沼气；1989年11月，在成都召开了全国生活污水净化沼气池和大中型沼气工程技术培训及交流会；1993年9月在德阳市召开了国际城镇污水净化沼气池研讨会。还先后为全国举办了四期城镇沼气化粪池技术培训班。

（三）省柴节煤效益好　到 1996 年底，全省农村共推广省柴节煤灶 1 323 万户，占全省农户总数的 60%以上。

四川省采取生活用能 70%以上靠燃用薪柴和秸秆作物的农户以改省柴灶为主；生活用能 70%以上靠燃用煤炭的农户改节煤灶为主的措施，因地制宜地开展省柴节煤工作。在推广过程中，强调技术培训，研制并推广预制灶芯省柴灶，向燃用成型煤的农户推广二次进风节煤灶，并制定《省柴灶标准》编印《省柴灶培训讲义》,《改灶技术手册》，严格做好检查验收，搞好维修，从各方面来保证推广的省柴节煤灶的质量。从以往通过验收的县（市）来看，灶体合格率平均为 98%以上，预制灶芯普及率在 80%以上；省柴灶热效率平均在 25%以上；节煤灶热效率平均在 30%以上，全部达到国家规定的热性能指标。

省柴节煤灶的推广，在全省显示出的巨大的社会效益。据调查，凡普及了省柴灶的县（市），缺柴矛盾已基本解决。以每户省柴灶年节柴 1 000 公斤计，全省 1 323 万户省柴节煤灶年节柴能力达 1 323 万吨，折合标煤 568 万吨，价值 13.2 亿元。省柴节煤灶的推广对改变全省农村卫生面貌、保护林木资源、保持农业生态平衡、增加农民收入都起到了积极作用。

（四）农村能源综合建设和产业建设收效大　“六五”、“七五”期间，铜梁县、宁南县被国家定为农村能源综合建设试点县。“八五”期间，绵竹市、阆中市、简阳市、绵阳市涪城区，游仙区、江安县、都江堰市、射洪县、眉山县、江津市、潼南县等 11 个县（市、区）被列为全国农村能源综合建设县。省政府成立以政府顾问为组长，省级有关部门参加的领导小组，对全省农村能源综合建设实施领导，综合建设县所在的市、地成立的领导小组，指导管辖县的工作。

“八五”期间，11 个县（市、区）共投资 16.9 亿元，实施建设项目 191 个，超额完成计划任务，形成年开发能源 101 万吨标煤和年节约能源 121 吨标煤的能力，年经济效益达 9.8 亿元，各县（市、区）均达到了国家规定的验收标准，顺利通过国家验收。

“九五”期间，又有苍溪县、盐亭县、宜宾县、资中县、中江县、营山县、武胜县、蓬溪县、乐山市中区等 9 个县(区)被国家八部委确定为全国农村能源综合建设县。投资 20 亿元，实施项目 137 个，项目完成后，将新增年开发节约 140 万吨标煤的能力，年创经济效益 7 亿元。

四川省农村能源产业从 80 年代初发展至今，已初具规模。据 1996 年底统计，全省有服务企业 222 个，从业人员 2 652 人，总资产 6 550 万元，年创利税 582 万元；有生产企业 24 个，职工人数 778 人，总资产 3 993 万元，年创利税 371 万元。

全省农村能源直属产业和经营企业为适应社会主义市场经济，强化改革意识，把“发展农村能源支柱产业，开发农村能源龙头产品，建立农村能源骨干企业”作为长期的奋斗目标，努力拓展业务范围，实行“一业为主，多种经营”。近几年，四川省的农村能源产业呈现以下特点：一是拓宽经营范围。不少市、县的农村能源（沼气）办或服务公司，根据自身优势和当地实际，不仅经营沼气配套物资和承建沼气工程，也涉足餐饮、建材、房地产等领域，收到了较好的效果。宜宾地区的农村能源产业拥有土地 2.3 公顷，建房面积 2.5 万平方米，固定资产超过 2 500万元，年创产值上 1 000 万元，利润超过 100 万元。二是开展新型燃料试点。德昌、乐至、沐川、甘洛等县相继成立了水煤气生产厂。沐川县农村能源服务公司建成新型民用液体燃料燃具厂，已形成年产值 200 吨液体燃料和组装 1 000 套燃具的能力。邛崃市、简阳市、宜宾县等地还进行了沼气池商品化和省柴节煤灶商品化的试点。

（五）科研工作结硕果　80 年代至 90 年代，四川省有包括农村沼气、城镇沼气、沼气燃具、沼气池出料机具、省柴节燃灶等 100 多项科研成果通过县级以上鉴定或评审。其中 10 余个项目，获部、省级科技进步奖，约有 70%的研究成果得到推广应用。特别是 1987 年，省沼气办公室（现四川省农村能源办公室）联合其他单位完成的《城镇沼气化粪池研究》和 1988 年编制的《城镇生活污水净化沼气图集》获得国家科技成果三等奖和农业部科技成果二等奖。在软科学研究方面，也发表了 10 多篇有较高价值的论文和调查报告。其中《四川省农村能源发展战略研究》和《四川省农村沼气资源调查及发展区域规划》分别获 1989 年省科委软科学优秀成果三等奖。

近几年来，四川省农村能源办承担的通过省或地、市、县鉴定的主要科技成果有：农业部成都沼气科研所和四川省农村能源办等单位完成的乐至县酒厂集中供气工程；四川省农村能源办与渠县、遂宁、绵阳市市中区等县(区)沼办共同完成的家用小型高效发酵装置系统生产实验；四川省农村能源办完成的钢丝网水泥低压湿式沼气燃气柜应用技术研究；德阳市农村能源办完成的小型高效沼气池研究；广安县沼办完成的预制大板建池技术研究；简阳市农村能源局完成的新型材料预制件沼气池研究等。

（六）教育培训形式多样　一是通过办培训班、技术比武、召开流动现场会、函授、录像等各种形式，由本系统的同志或请科研院校的专家授课，学习农村能源的理论和实际操作技术。不仅培训农村能源技术人员也培训全省各级管理干部，并严格考核，保证培训效果。1985 年底至 1989 年底，省沼气办共举办城镇沼气技术培训班 4 期，培训 213 人；1991 年省农村能源办举办农村能源（沼气）办主任培训班，来自全省各市、地、州的 48 名刚上任的农村能源（沼气）办正、副主任参加了培训；1991 年和 1992 年，省农村能源办公室在《农村能源动态》上开办农村砖瓦生产节能技术和微型水力发电技术函授讲座；1995 年省农村能源办举办《城镇生活污水净化沼池设计、施工、安装管理规范》宣贯培训班，全省 160 人参加培训；1995 年省农村能源综合建设县工作领导小组办公室举办农村能源综合建设总结报告培训班，全省30多名农村能源综合建设管理人员参加培训。据统计，从70年代至今，省、地、县三级共举办培训班2 000多期，培训学员10多万人次。二是委托专业技术学校培训中等专业人才。从1985年开始，省沼气办先后委托四川建筑工程学校、成都市城建学校举办沼气中专班，到1989年共办3期，毕业学生131人。如今这些学生已成为农村能源系统的技术骨干，有的还走上领导岗位。三是积极学习国外的先进技术和经验。省农村能源办先后派人到菲律宾和澳大利亚参加国际养猪技术和农村能源项目、环境与经济效益评价培训；引进德国水锤泵技术等。

（四川省农村能源办公室　王德双　龙　江）

1996年农村能源建设概况

1996年，四川省农村能源新增开发，节约标准煤40万吨的能力，其中新建农村家用沼气池8万口，新建生活污水净化沼气池10万立方米，推广省柴节煤燃70万户，推广沼液浸种360万亩，太阳能利用，微水电开发及农业生产节能有一定进展，新型燃料和水煤气试点取得一定的成绩。

1996年四川省农村能源部门根据省政府办公厅转发的省建委《关于加快我省农村能源建设步伐的意见》，围绕农村经济发展这一中心，把农村能源建设同小城镇建设、生态农业建设、初级卫生保健建设、精神文明建设、扶贫攻坚有机结合起来，在小城镇建设中采用沼气技术处理生活污水，提高小城镇建设总体水平和环境质量，在生态农业中，推广家用沼气池，修建能源环保工程，采用多种生态模式，大搞沼气综合利用。在初级卫生保健建设和精神文明建设中，推广沼气池联通的卫生厕所，通过沼气技术对人畜粪便进行无害化处理，推广省柴节煤灶，改善农民居住环境，提高农户生活质量，使农村能源建设的各种功能在扶贫攻坚，实现小康中充分显示出来，受到广大群众的欢迎，加快了农村能源建设步伐。为适应市场经济的发展，四川省农村能源系统注重产业建设和行业管理，同时加大农村能源宣传力度。

四川省"八五"农村能源综合建设工作得到国家八部委的肯定。绵竹市被授予全国农村能源综合建设先进县，阆中市被授予全国农村能源综合建设县项目组织协调先进集体。

（一）农村能源综合建设　成立由副省长为组长，省政府顾问、省政府副秘书长、省计委、省建委、省经贸委领导为副组长，省级14个部门有关处室负责人为成员的四川省农村能源综合建设领导小组。已全面完成国家"八五"农村能源综合建设任务的绵竹市、阆中市、简阳市、都江堰市、涪城区、游仙区、江安县、眉山县、射洪县继续开展综合建设工作，巩固扩大成果。"八五"期间，以上9个县（区）实建项目共98个。其中，新建和改建小水电站8座，装机27 420千瓦，营造薪炭林6 248公顷，新建农村家用沼气池2.2万户，开展沼气综合利用的农户20万户，新建城镇生活污水净化沼气池430处，容积1.35万立方米，推广省柴灶7.6万户，节煤炉1.71万户，发展天然气、液化气、新型液体合成燃料5 630户，改造变压器96台，输电线路233公里，电动机62台，锅炉4台，农业机械220台，小煤窑2座，砖瓦窑3座，水泵27台，实施水泥厂、炼油厂、化工厂等节能技改4个，健全和建立县乡镇农村能源技术服务站200多个，农村能源产业形成固定资产650万元，年产值420万元，实现纯利润35万元。苍溪县、资中县、武胜县、中江县、蓬溪县、营山县、盐亭县、宜宾县、乐山市中区等国家级"九五"农村能源综合建设县，起点高、起步快，完成了规划编制，合同签定、数据库管理培训，9个县（区）共确定包括沼气建设，林业建设、小水电建设和生活节能、生产节能在内的137多个项目，进入全面实施。

（二）农村家用沼气和省柴节煤　1996年，召开了农村家用沼气池技术研讨会，就新型高效家用沼气池，模具建池等技术和新型压力表，脉冲点火灯具、炉具等型配套器材技术进行研讨，为了整理、推广这些新技术，省农村能源办组织绵阳市、宜宾地区沼气工程技术人员，成立编制小组，制定《农村用家沼气池设计、施工、验收规范》。省农能办向全省推广阆中市和三台县的做法。阆中市经过多年探索，实行了一套适合自身发展的"分清职能，明确政策，以政策促事业，以事业带产业，实现事业和产业同步发展"的新办法。其主要内容有：政府出政策，将建池计划分解到村社，落实到农户，对乡村干部和沼气技术人员实行任务目标考核，奖超罚短。农村能源公司实行"五统一，四包"，农户建池与公司签定《修建农村家用沼气合同》，市农能公司统一供应建池材料和配套物资，统一安排专业技术人员施工，统一验收并建卡归档，统一收以建池费，由公司给施工技术人员发工资，农村能源公司对所承建的工程实行"四包"，即包建成，包产气，对病池包修，不能维修的包赔。三台县建立农村沼气工程队，实行企业化管理发展农村沼气。

1996年全省推广省柴节煤灶70万户。省农村能源办与江油、旺苍、南充市嘉陵区、顺庆区、剑阁县、乐山市中区等6个县（区）签定改灶节煤试点合同。并对宜宾县、长宁县、广汉市的省柴节煤工作进行了检查验收。在随机抽查的200户改灶农户中，宜宾市改灶率和合格率均为100%，测试型煤炉热效率为36.66%，省柴灶热效率27.4%。长宁县改灶率为99.5%，合格率为98.5%；型煤炉、省柴灶热效率分别为32.36%、25.18%。广汉市的改灶率和合格率均为100%，热效率29.9%，3个县（市）的改灶试点项目的所有指标均超过国家验收标准。获得农业部颁发的合格证书。

（三）生活污水净化沼气池　省建委发出《关于在小城镇建设中推广污水净化沼气池的通知》，要求凡是近期无经济能力修建污水处理厂的试点城镇，都应采用净化沼气池技术处理生活污水，将生活污水净化沼气池纳入城镇建设总体规划，做到同时规划，同时建设，同时投入使用。成都市郫县犀浦镇、红光镇按照成都市政府规定，采取农村能源办与城建规划设计部门，镇分管部门联合办公的办法，严格把关，对没有设计、预留净化沼气池位置的建设单位，不予通水、通电，不予验收，净化沼气池的投资，两镇都坚持谁污染，谁投资，谁治理的原则，把所需资金列入建设项目总预算。

（四）农村能源产业建设　四川省农村能源直属产业和经营企业把发展农村能源支柱产业，开发农村能源龙头产品，建立农村能源骨干企业作为长期奋斗目标，努力拓展业务范围，实行“一业为主，多种经营”。到1996年底，全省农村能源生产企业24个，固定资产3 188万元，农村能源服务企业222个，拥有固定资产3 997万元。宜宾地区农村能源产业，经过多年努力，发展成为拥有土地2.3公顷，建房面积2.5万平方米，固定资产超过2 500万元，年产值千万元，利润超100万元的具有一定经济实力的产业。德阳市5个县市农村能源产业和经营企业的固定资产超过2 000万元，年产值800多万元。

（五）农村能源建设行业管理　四川省各地认真贯彻执行省政府和省建委整顿建筑市场，保证建筑质量的有关规定，围绕落实省建委《关于在全省执行［生活污水净化沼气池设计、施工、验收管理规范］的通知》精神，强化行业管理，省农村能源办同省建委岗位培训办公室联合举办沼气工程岗位培训班，127名参加培训的沼气工程施工人员和管理人员取得良好成绩，获得省建委颁发的结业证书，取得“沼气工程上岗证”。各市地把对技术队伍的管理作为沼气建设行业管理的内容注重对农村能源技术人员的培训，以提高他们的技术水平。绵阳市涪城区和游仙区对农村能源技术人员进行考核，评定职称，颁发证书，成都市举办农村能源—环保工程培训班。盐亭县举办农村能源质检技术人员培训班，加强农村能源工程质量监督，保证建设质量。

（四川省农村能源办公室　王德双　龙　江）

生活污水净化沼气池建设

生活污水净化沼气池是采用沼气技术，分散处理城镇居民生活污水的装置。推广生活污水净化沼气池是适合中国国情的一条处理城镇居民生活污水，提高环境质量的好途径。截至1996年底，四川省已在100多个县、市共计兴建生活污水净化沼气池2万多处，近100万立方米容积，日处理260多万人的生活污水。

（一）生活污水净化沼气池的发展历程　1981年，在万县市利用水压式沼气池处理城镇旱厕粪便的启示下，省沼气建设局（现四川省农村能源办公室）开始研究用沼气技术处理生活污水。1984年，研制出老式的沼气化粪池。1985年，农业部能源环境保护局（现农业部环保能源司）将《城镇沼气化粪池研究》列入科研计划下达给四川省农村能源办公室等单位。1987年，省农村能源办公室联合相关单位研究出新型沼气化粪池（后称城镇生活污水净化沼气池，简称净化沼气池）。经此装置处理后的生活污水，颜色清澈，寄生虫卵减少率为99%，COD_{cr}为95～148毫克/升，$BOD_5$03～22毫克/升，SS为48～59毫克/升，DO为2.88～3.17毫克/升，pH为7.3～7.4，能达到卫生和有关污水排放标准。该技术成果于1988年通过农业部鉴定。此后省农村能源办公室同中国市政工程西南设计院等单位合作，编制了《城镇生活污水净化沼气池图集》，该图集作为一项科学技术成果，于1989年7月在北京通过专家鉴定。1989年四川省的净化沼气池研究成果获农业部科技成果二等奖，1991年获国家科技成果三等奖。1992年被建设部列为“八五”重点推广项目，并作为全国爱国卫生运动委员会卫生城市评比标准内容。1995年，省技术监督局颁发了《四川省城镇生活污水净化沼气池设计、施工、安装、验收、管理规范》的地方标准。

（二）推广生活污水净化沼气池取得良好效益

1. 卫生环保效益显著。一是无害化。经净化沼气池处理后的污水粪大肠杆菌值为10^{-4}寄生虫卵为0.565～1.074个/升，均符合四川省《城镇净化沼气池生活污水排放卫生标准》。净化沼气池的进出口没有蝇蛆和孑孓生长，地面无臭气，除臭效果好。二是稳定化。经净化沼气池处理的污水，除卫生指标外，水质的生化指标达到了《四川省水污染物排放标准》中的三类污染物排入一类水域的甲级标准，经净化沼气池处理后排出的污水，减轻了污染水体的程度，有利于水体富营养化，保护水体资源。三是减量化。生活污水经净化沼气池处理，通过厌氧微生物的作用，污泥经液化—酸化—气化三个阶段后，变成沼气，新生污泥减少，减量96%以上，减量效果十分显著。

2. 社会经济效益突出。一是投资分散，资金易于筹集，能够实行谁污染谁治理。由建设单位筹集资金，不需要国家财政投资。二是不占地。由于是分散修建，可以利用房前屋后的空地，而且净化沼气池地面上可以搞绿化、建水池，提高土地利用率。三是投资少。分散修建净化治气池比建集中污水处理厂要少很多的投资。四是可以回收部分能源—沼气。每立方米污泥可产沼气15立方米。一个100万人口的城市，如采用净化沼气池处理污水，一年可产沼气400万立方米。五是可以获得优质的肥料。六是易于管理。净化沼气池正常投放运行后，不需要日常管理，不耗能，一般2～3年清除一次沉渣。

（三）推广净化沼气池的主要做法

1. 加强领导。四川省搞好净化沼气池的试点示范，取得有说服力的数据，赢得了各级政府的重视和有关部门的大力支持。省政府在《四川省人民政府办公厅转发省建委关于加强沼气建设的意见的通知》中提出全省要做好统一规划，各有关部门应把城镇沼气建设纳入本部门的发展规划，将净化沼气池同能源、城乡、卫生、环保建设结合起来；疏通净化沼气池建设的资金渠道，各建设单位可从相应经费中开支；整顿净化沼气施工队伍，保证工程质量；修建沼气工程除享受国家已规定的免征建设税等有着优惠政策外，建议各级计划、财政、物资、银行等部门将所需经费、物资纳入计划，并根据事业发展和财力情况，增加必要的投入。成都、内江、万县、宜宾、遂宁等市地和一批县，认真贯彻省政府通知精神，把兴建净化沼气池纳入市政建设内容，作为提高城市环境质量的重要手段，要求在城市建设中认真推广。

2. 加强行业管理。

(1) 制定规范。1995 年，省农村能源办公室组织宜宾地区、内江市的技术人员制定了《城镇生活污水净化沼气池设计、施工、管理规范》，该规范于同年 6 月由省技术监督局作为强制性地方标准颁布。同年 9 月省建委发出《贯彻执行城镇生活污水净化沼气池设计、施工、管理规范的通知》，要求全省各承建城镇污水净化沼气的单位严格执行《规范》。1996 年，省农村能源办公室同省建委岗位培训办公室联合举办沼气工程岗位培训班。全省 127 名沼气工程施工人员和管理人员参加了培训，并取得申报沼气工程上岗证的资格。

(2) 加强技术队伍建设。全省已有 200 多个沼气施工企业，近 4 000 人从事净化沼气池建设。全省实行沼气施工企业资质审查制度，省建委于 1989 年 10 月颁发了《四川省沼气工程施工企业资质等级标准》，根据企业从事沼气工程的年限、职工人数、专业技术人员数、技术负责人职称等级、企业装备水平，划分不同的等级。所有承揽沼气工程的企业，必须取得"资质证书"，从事沼气工程的施工人员必须取得省农村能源办颁发的《岗位技术合格证》，工程技术负责人员，还须取得省建委颁发的《上岗证》。

3. 疏通资金渠道。对城镇生活污水净化沼气池建设所需经费，省政府和省建委明确规定，按照谁污染谁治理的原则，由建设单位纳入基建投资计划，事业单位列入事业费节余资金；行政单位列入维修费；企业列入利润留成或小改小革经费；公厕等环卫设施列入环卫投资。

随着农村能源建设的发展，全省生活污水净化沼气池推广方兴未艾。推广的区域从县和中小城市扩展到大城市和小集镇。工程规模由处理一个单元住户生活污水的几十立方米容积的净化沼气池，发展到处理一片楼群上百户居民生活污水的几百立方米容积的净化沼气池，甚至处理一个住宅小区几百户居民的生活污水的上千立方米容积的净化沼气池。而且处理的污水种类增加，从处理居民生活污水，发展到处理公厕粪便污水和医院的生活污水，处理效果十分显著。

（四川省农村能源办公室　王德双　龙　江）

贵州省农村能源建设

贵州省委、省政府重视农村能源建设，1986 年 7 月，省政府发文指出：农村能源建设直接关系到全省农村人口的生活和生产，密切关系农业生态环境和农村经济发展的大事，各级政府须明确一位负责同志分管并认真解决好农村能源建设中的各项具体问题。到 1996 年全省九个地（州、市）、86 个县（市区、特区），建立农村能源机构 52 个，现有 108 人，具有中级职称 30 人，高级职称 2 人。全省农村能源建设坚持"因地制宜、多能互补、综合利用、讲求效益"的方针，以开发与节约并重为指导思想，积极发展农村能源产业。

（一）农村节能　长期以来，贵州农村用能以薪柴和作物秸秆为主。由于旧式老虎灶热效率只有 10%，消耗了大量能源。全省现有林业用地面积 739.88 万公顷，占全省总面积的 42.01%。其中，薪炭林面积 21.9 万公顷，占有林地面积 8.42%，蓄积 343.61 万立方米。1991—1994 年每年全省烧柴消耗量，包括农村、城镇、工、副业烧柴分别为 609.6 万立方米、543.1 万立方米、530.4 万立方米、510.8 万立方米，烧柴消耗量在全省木材消耗中占 50%左右，由于薪炭林面积小、蓄积少，每年有 90%的烧柴取之于其他林种，造成了森林资源的严重损失。全省森林覆盖率由新中国成立初期的 30%以上，下降到 80 年代初的 12.7%。水土流失面积达 5 万多平方公里，占全省土地总面积的 28.4%。最严重的毕节地区，水土流失面积占全地区土地面积的 40.6%。全省因水土流失，每年被冲走的泥沙量高达 6 100 多万吨，流失的肥土 5 000 多万立方米，仅氮损失就达 11.6 万吨，损失磷 8.7 万吨。造成土壤肥力下降。由于生态失调，每年都有不同程度的旱、涝、冰雹、低温等自然灾害发生，严重影响了农业生产发展。

为了改变上述情况，贵州从实际情况出发，依靠科学技术进步，贯彻农村能源建设方针，以"开发与节约并重，近期把节约放在优先地位"为指导思想，建立合理的农村能源结构，在全省 60 多个县(市)开展改灶节柴、节煤工作。从 1983 年起，在农业部支持下，安排台江、都匀、玉屏、黎平、道真、普定、兴义、江口、安龙、松桃、三穗、雷山、关岭、沿河、凤冈、印江、德江、务川、遵义、镇宁、铜仁、开阳、独山、余庆、岑巩、麻江、石阡、丹寨、思南、万山特区、长顺、三都、罗甸、黔西和大方等 35 个县（市）为全国省柴节煤灶试点县。

从 1983 年至 1997 年贵州省农村能源办公室累计与农业部环保能源司签订全国省柴节煤试点县项目合同 35 个县(市)；经部、省验收 24 个县（市）获得了验收合格证书。

节能工作开展较好的铜仁地区，十多年来完成全区 10 个县（市）全国省柴节煤试点县项目，使 90%以上农户使用节能灶。

黔东南州委、州政府十分重视农村能源建设，1996 年出台了《关于加强农村能源环保建设工作意见》，要求各县（市）政府加强对农村能源工作的领导，增加经费投入。全州总农户中 70%以上已使用省柴节煤灶。

1983年以来，贵州农村节能技术研究与推广取得明显成效，研制了不少节能先进灶型。台江Ⅱ号省柴节煤灶、天柱-Ⅰ型螺旋省柴省煤灶，热效率分别达到48.7%、40%；1985年收编入《全国农村推广先进省柴灶图册》。道真县道-Ⅱ型省柴节煤灶、玉屏-Ⅲ型省柴灶、黔匀型后拉风马蹄回风灶、江口县江岳Ⅱ号省柴灶、雷山-Ⅰ号后拉风马蹄型柴煤两省灶、黔穗86-C型省柴灶、松仿Ⅰ型省柴灶、遵义NH系列家用组合灶等30多种灶型，热效率均在35%以上，经鉴定为省级先进省柴节煤灶型。

到1996年，全省已累计推广省柴节煤灶262.94万户，占全省总农户的40.9%；改建节能砖瓦窑1 163万个；推广型煤221.47万吨，有效地保护和促进了用材林、薪炭林的发展。全省烧柴消耗量年平均递减6.5%，森林面积由1990年的260.27万公顷，增加到1995年的367.27万公顷。森林覆盖率也由1990年的14.8%回升到1995年的20.85%。1987年，省政府授予"贵州省省柴节煤灶推广"项目科技进步三等奖。

1991年农业部安排凤冈、江口两县为全国农村能源综合建设县，1995年园满完成了各项合同指标，通过验收。

1996年，松桃、仁怀两县（市）列为"九五"期间"全国农村能源综合建设县"，省确定开阳、剑河、长顺三县为"省级农村能源建设县"，将于2000年建成验收。

（二）沼气建设与综合利用　贵州早在1937年就开始了沼气的开发利用，贵阳市荷花池有一口12立方米的沼气池，所产沼气主要用于照明。新中国成立后修建了不少沼气池，但由于技术与质量问题，发展缓慢。80年代后，加快了沼气建设速度。1985年黎平县绍兴乡修建了一口80立方米的沼气池，这是全省农村中最大的一口沼气池。1986年，贵州农学院研制成功赤泥-PVC硬塑沼气池，操作轻便、便于投料、换料，但由于投资较大，不适于在农村中推广。1989年以来，全省普遍推广6—8立方米的小型高效沼气池。

1996年底全省累计建小型高效沼气池22 715口，综合利用也有了一定发展，在养殖业、种植业方面进行了猪—沼—粮，猪—沼—果、猪—沼—烟的综合利用试验示范与推广。水稻沼液浸种种植在全省39个县（市）累计试点示范推广2万多公顷，经省农科院、农业厅水稻、土肥、植保专家组织验收，每公顷增产最高的达585千克，比对照增产7.5%。增收粮食810多万千克（以低限公顷增产405千克计），农户收益增加970余万元，节约化肥等开支费600万元，两项增收节支计1 500多万元，对改善生态环境、促进农业增产增收收到了良好效果。

凤冈县新建两口30立方米的沼气池，改制了1台沼气柴油双燃料发动机，生产的沼气供发动机打米。都匀市大河乡马尾村农户金先进，全家6人，自费1 400元修建了一口50立方米的沼气池，用沼液加生饲料喂母猪8头，小猪130头，肥猪16头；猪粪、人粪入池，所产沼气用于点灯煮饭，沼肥种果树0.87公顷，沼液喂鱼0.17公顷。一年总支出7 888元，总收入14 546元，当年收回投资还盈利6 658元。全年节约烧柴费用5 800多元。由于施用沼肥每年节约化肥、农药费用500多元。

遵义地区农业局、遵义市农业局能源办和凤冈县能源办修建了污水净化处理公厕，城镇污水净化处理沼气池。经处理的污水合符污水排放标准，为解决城镇粪便污染和污水处理，作了很好的示范，并为今后在城镇推广污水净化处理沼气池建设打下了基础。

（三）充分利用水资源，发展微型水力发电　贵州水力总蕴藏量1 874.5万千瓦，可开发量1 325万千瓦，已开发利用的仅占可开发量的2.7%，全省已安装10千瓦以下的微水发电机2 852台，装机容量6 396千瓦，为边远无电农村解决了用电问题。江口县原国家电网覆盖面不到40%，1988—1989年该县推广了多种型号的微水力发电机32台，装机容量96千瓦，解决了960多户人家的照明，部分农户看到了电视，用上了洗衣机。该县闵孝区下河村农户刘兴明自费1 400元安装了一台3千瓦的低水头发电机组，解决全村30多户人家的照明和粮食加工。松桃县农民看到微水机的效益后，自筹21万元，仅1996年中就修建了50座微水发电站，为800多户无电农村的农户解决了照明用电。

（四）开展技术培训，交流信息　贵州省农村能源技术培训实行推广机构与科研单位、高等院校、群众性科技组织相结合，逐步建立健全农村能源技术推广服务体系，大力培训各级专业技术人才和农民技术员，面向全省开展技术服务活动。

1984年省农村能源环保办公室成立以来，十分重视农村能源专业技术人才的培训工作，十多年来，全省培训农村建池、改、建省柴节煤炉、灶，城镇生活污水净化沼气池建设等专业技术人员11 300多人次。通过各种培训，掌握了沼气工程、生物质气化、固化、节能煤灶、太阳能热利用、污水净化处理、能源产业化等方面的技术。对农村能源的发展起到了应有的推动和促进作用。

贵州省农村能源环保办公室主办有《农村能源及环保动态》刊物，每年刊出动态、信息等与全国20多个省、自治区进行交流。各地农村青年纷纷向省办来信询问、索取新建沼气池、农村能源综合利用、省柴节煤灶等有关资料，收到良好的效果。

（贵州省农村能源环保办公室　滕传钧）

1996年农村能源建设概况

1996年，贵州省推广省柴节煤灶19.9万户，累计完成262.94万户；新建农村家用三结合小型高效沼气池2 522口，累计完成22 715口；推广微水力发电机98台，累计2 852台，装机容量6 396千瓦；完成水稻沼液浸种种植1.2万公顷。

在年初召开的全省改灶节柴、沼气工作会议上，认真总结交流了1995年农村能源、农业环境保护工作的成绩和经验；研究、部署了1996年农村能源、农业环境保护工作和各项目任务；传达中央对农村能源环保建设工作的有关方针、政策及指示精神。同时，对上年上级下达省农村能源办公室农村能源、农业环保工作，12个子项目进行认真的检查、总结，落实了目标责任制。

在贵阳召开全国省柴节煤试点县（贵州长顺、三都、罗甸）项目座谈会上。对三县1995年完成合同情况进行检查、总结，对1996年工作计划进行调整，布置了1996年工作任务。

对全国省柴节煤灶试点县——黔西、大方两县的有关工作进行了落实。对“九五”期间全国农村能源综合建设县仁怀、松桃两县，及省级农村能源综合建设县剑河、开阳、长顺三县的项目规划进行审定并组织实施。

1996年9月在铜仁地区召开全省水稻沼液浸种现场验收暨经验交流会，参加会议的代表共同组成验收组，实地进行验收，水稻沼液浸种每公顷增产585千克（比对照）。专家认为，水稻沼液浸种可在全省有沼气的地区大力推广。贵州日报、贵州经济报、贵州农民报作了“水稻沼液浸种种植是增产增收与能源利用有机结合”的报道。省农业厅将会议纪要整理为厅“农业情况”印发各地、州、市、县。大力宣传沼气综合利用的成效。

此外，还完成国家经贸委及省政府下达的“九五”资源节约与综合利用有关课题。为了更好地完成分配给省农村能源办公室的有关方面课题，除了对有关厅、局及全省能源系统有关方面进行调研外，1996年还派员对四川省绵竹县、高县、宜宾县城市污水净化、剑南春、五粮液酒厂发展企业沼气工程、双隧道新型沼气池型等进行考察，经过努力，完成了贵州省“九五”农村能源宏观调控与微观管理对策研究；贵州省《资源节约综合利用发展纲要》——贵州省轻工厅、林业厅、农业厅调研报告；发展城乡工业沼气、农村微水电技术经济可行性调研报告；贵州省农村及小城镇采用新能源，可再生能源，发展规划及相关经济政策等课题。

（贵州省农村能源环保办公室　滕传钧）

积极推广烤烟节能烘房

贵州种植烤烟历史悠久，全国重点烤烟产区。1986年农业部环保能源司下达贵州省烤烟生产节能项目，经过4年的试验和实践，省农村能源办公室研制出的M型平走式节能烤房，比老式烤房节能50%以上，黄烟率从原来的65%提高到95%左右。在织金、镇宁、开阳、铜仁、安顺等18个县（市）进行试点示范推广，取得了显著的经济效益和生态效益。1990年8月农业部环保能源司在织金县召开全国烤烟节能技术经验交流会，该烤房得到与会代表的充分肯定，到1996年底全省已推广M型平走式节能烤房31.1万间，每间烤房年节煤1.05吨，节煤达32万多吨；节支3 000多万元；每间节能烤房增收210元，年增收6 500余万元。在环境效益方面，每年由于减少32万多吨煤炭的用量，大大减少二氧化硫排入大气层，降低了酸雨频率，减轻对人类、大田农作物的危害。由于效益突出，1991年省政府授予“M型平走式节能烤房试验示范推广”项目科技进步三等奖。M型平走式节能烤房的主要特点：一是烤房主火管采取薄壳砖砌成，尾火管、边火管采用预制水泥薄板，厚度适宜，走向合理，升温灵敏。烟管为“人”字型，按合理高度安装在烤房前面，升温快。二是天窗、地洞布局合理，达到排湿流畅，无倒汗烟叶。三是8个热风洞分布均匀，能有效提高热能利用率，烤房四角和中心部位温度均匀，烟叶烘烤质量上、下一致。四是保温性能好，吊火期用煤少。五是密封性能好、接缝口少、不漏火、不漏烟，安全。六是维修、清扫管道方便，使用期长。

1990年该烤房参加北京全国科技兴农展览，入编《全国科技兴农成果2 000项》一书。

（贵州省农村能源环保办公室　滕传钧）

云南省农村能源建设

云南省地处云贵高原的西部，是一个多民族的边疆省份。全省国土面积39.4万平方公里，山地面积占94%。1996年底全省总人口4 041.5万，其中82.94%居住在农村。农村经济的发展对全省经济的发展具有举足轻重的作用。农村能源是农村经济社会发展和农业现代化的物质基础，合理开发和有效利用农村能源，是关系农业、林业经济持续发展、农村产业结构调整和广大农民生活质量的重大问题。

（一）农村能源资源构成　云南省农村能源资源丰富，种类齐全。据1993年云南省地方电力局统计全省可开发的小型水电站装机容量为1 025万千瓦，按年利用4 000小时计，年发电量为410亿千瓦时。1996年底全省煤炭保有储量240.38亿吨，居全国第八位。全省森林面积953.3万公顷，活立本蓄积量9.88亿立方米，荒山荒地面积1 290.4万公顷，可发展薪炭林及其他林木，森林覆盖率24.58%。地热能资源非常丰富，类型齐全。全省地热露头654处，总流量7 588升/秒，天然热流量为949 701千焦/秒，一年的热流量相当于118.77万吨标煤。云南地处云贵高原，阳光透过率高，日照时间长，太阳辐射量大，总量在361.92～666.93千焦/平方厘米·年之间，是太阳能开发利用的理想区域之一。云南年有效风能密度在44.2～167.5瓦/平方米之间，年有效时数在200～6 500小时之间，且有效密度大于150瓦/平方米，有效利用时间大于4 000小时的地域占全省总面积的一半，具有有利的开发前景。

（二）农村能源资源开发利用的成就

1. 沼气建设率先起步，发展到重点县建设。云南省农村能源开发利用始于沼气。1936年5月，蒙自县新安所人万湘澄及其兄弟赴上海学成建库造气（沼气）技术后，在其家乡住所设计建造了一个容积为12立方米的长方形“瓦斯库”。1972年巧家县科委率先在农村试办沼气用于烧水、做饭、碾米、磨面、照明以来，本着“先试点，后推广”的原则，在玉溪、昆明等部分地、州、市县逐步掀起兴办沼气的热潮。1975年全省有16个地、州、市和103个县沼气试点成功。截至1979年5月共建沼气池10 003个，平均使用率52%，池均年产沼气225立方米。

1980年初省政府决定建立健全各级沼气推广机构，把沼气建设纳入各级国民经济和社会发展计划，使沼气建设逐步走上统一规划、综合治理、连片建池、稳步发展的阶段。至1984年底，全省15个地、州、市的89个县（区）累计建池47 473口，池均年产沼气300立方米。

1986年3月根据“因地制宜、多能互补、综合利用、讲求效益”和“开发与节约并重”的方针，加强了技术培训及典型示范引路，以经济效益为中心，办成了一批不同模式的示范点，提高了群众建池的积极性。

1989年9月昆明市沼气办研制成功的“曲流布料小型高效沼气池”通过农业部环保能源司组织的鉴定并普及推广。至1990年的5年间全省新建沼气池2.5万口，累计7.79万口，池均年产气量436立方米，利用率达到90.33%。1992年兴建了全省最大的禽畜场沼气工程富民县种猪场沼气工程。大中型沼气工程和污水净化处理已开始起步。建有沼气化能源村400个。

1993年云南启动了《沼气建设重点县》的项目。从单纯解决生活燃料短缺为目的，向促进农业生产、改善环境质量、推动高产优质高效农业的方向发展。先后在陆良、巧家、思茅、澄江、永胜、安宁建成沼气示范县。至1996年全省沼气建设重点县发展到34个；当年将完成年建2万口沼气池的任务。

2. 节柴改灶成效显著，“八五”期间基本完成全省节柴改灶任务。1991年6月，省政府作出《关于在“八五”期间实现森林资源消长平衡的通知》，明确了每年完成100万户的改灶任务，成立了省农村改灶节柴领导小组，召开了全省节材改灶计划会议，标志着推广省柴节煤灶进入全面实施阶段。1992年省农村能源工作站举办了一系列培训活动为完成500万户改灶目标打下了坚实的基础。全省1992年节柴改灶完成104.8万户，户用沼气池1.41万口。1993年召开了全省农村能源工作表彰既优秀灶型评选会议，推动了以改灶节柴为重点的农村能源建设的开展。当年完成改灶130.9万户，沼气1.22万口，成为历史上改灶成绩最突出的一年。1994年总结学习丽江县的经验，推动改灶节柴工作持续发展，当年完成改灶127.8万户，沼气1.34万口。1995年《云南省农村能源“九五”计划及2010年规划目标》通过评审。《规划》确定了“九五”农村能源建设以调整能源结构为重点，实行“16421”工程，即：一个重点——完成农村生活用能结构的调整；六项工程——农村初级电气化工程、农村能源综合建设工程、能源—生态环境工程、光热工程、生物质能发电示范工程、水煤气工程；四个区域——三江流域指导区、沿边指导区、滇东北指导区、滇中指导区；两套体系——宏观管理体系、推广服务体系；一个产业。大规模地综合开发利用农村能源资源。当年完成改灶113.2万户，户用沼气池1.7万口。“八五”期间共改灶505.3万户（全省累计644.2万户，占总农户的80.4%），沼气池6.8万口（全省累计13.8万口，占总农户的1.72%），池均年产气量500立方米以上，建池成功率和使用率均达98%以上。“八五”期间改灶及建池数量分别为“七五”时期的3.8倍和2.8倍，超额完成了省政府下达的任务，共有安宁、建水等26个全国节柴改灶试点县通过农业部验收，形成年节约296.3万吨标煤的能力。至1996年底全国节柴改灶重点县发展到38个。提前5年完成全国2000年基本普及省柴节煤灶的任务。有效地减少了生物质的过量消耗，缓解了农村生活用能紧张的状况，保护了森林资源，改善了生态环境，经济效益、社会效益、环境效益十分显著。

3. 薪炭林稳步发展，使农村能源短缺和薪材供不应求的状况得到缓解。在贯彻落实省政府《关于在“八五”期间实现森林资源消长平衡的通知》中，把薪炭林建设放在了重要地位，全省每年薪炭林种植面积都在1万公顷以上，1992年达到15 300公顷，“八五”期间累计种植60 513公顷，平均每年12 102.6公顷，1996年种植面积达26 650公顷。有效地缓解了农村能源短缺和薪材供不应求的状况，改善了林种树种结构，保护了森林资源，促进了造林灭荒和群众脱贫致富。

4. 农村初级电气化建设进展顺利，促进了农村经济社会的全面发展。“八五”期间是云南地方电力发展最快的历史时期，共投入建设资金33亿多元，比“七五”时期增加投入22亿元，增加175%；完成装机容量57万千瓦，比“七五”期间多投产7.0万千瓦。累计发电量达225.8亿千瓦时，比“七五”期间增加82.6%；解决了190余万户、850万人的用电问题。

“八五”期间国务院批准罗平等15个县为全国第二批农村水电初级电气化建设县，共投入资金10.38亿元，实际达标验收19个县（市），人均用电量由基准年的150千瓦时，提高到了311千瓦时，促进了农村经济、社会、环境的协调发展。

“八五”期间共引进外资2.74亿元，促进了陆良火电厂（5万千瓦）、曲靖火电厂（5万千瓦）和德宏州户宋河水电站（6.3万千瓦）的建设。“八五”期间是云南省地方电力建设中型电站投产最多的时期，建成罗平县腊庄电站6万千瓦、龙陵县苏帕河三江口电站3万千瓦和元江县依隆河二级电站2.5万千瓦，共11.5万千瓦。地方电力建设已从过去单纯的小型向中小结合型发展。目前在建规模70多万千瓦，其中中型电站就占49.1万千瓦；中型电源及骨干小型电源的建成投产、使电冶、建材、农副产品加工、林产品加工等企业如雨后春笋蓬勃发展，有力地促进了农村社会经济的全面发展。

1996年全省地方电力新增装机容量127 137千瓦，其中水电109 277千瓦，占85.95%；到1996年底，全省拥有地方电站3 112处、4 400台，总容量为1 814 105千瓦，其中水电站3 037处、4 299台，装机容量为1 641 085千瓦，占地方电力总容量的90.46%；年末发电量658 572万千瓦时，其中水电627 602万千瓦时，占总电量的95.30%；平均利用小时达到3 832小时；通电率乡(镇)为98.92%，村为89.62%，农户为82.29%；全省地方电力固定资产达到582 079万元。

5. 新能源开发利用发展迅速，太阳能产业已初具规模。太阳能利用的发展突飞猛进，全省已拥有太阳能基础理论和应用技术的研究基地，太阳能热水器已形成了一个新兴的新技术产业。云南省农村能源重点实验室，已经启动，将全面铺开农村能源综合开发利用，太阳能开发利用和农村节能与环境工程的研究工作，全方位地支持农村能源综合建设的发展。近年来，全省太阳能热水器年销售量就达20万平方米，约占全国的1/5。至1995年底，全省累计推广太阳能热水器87万平方米；近几年农村地区推广的太阳能热水器每年都在2万平方米以上，农村累计推广太阳能热水器14.2万平方米。

云南建有国内第一条完整的自动化单晶硅太阳能电池生产线，年生产能力500千瓦。太阳能电池这一新技术已广泛用于电视差转台、地面卫星站、农村载波机、微波通讯站、航标灯塔、地震预报、电牧栏、山区农村学校和文化室等活动场所的供电。

风能利用处于起始阶段，目前已安装风力发电机约230台，单机功率大都为150—200瓦，总功率约45千瓦，主要用于电视差转台、照明和电视机等设备的电源。

地热资源已广泛得到利用，并获得了较好的效果。全省已有20多个县利用地热水灌溉农田、养鱼、孵化、沐浴和治疗，在造纸、提取硫磺、地震观测等方面也获得了应用。

6. 县级农村能源综合建设作出了示范，农村能源建设现代化示范县已经启动。“八五”期间，澄江、永胜两县被列为全国百县农村能源综合建设示范县。澄江县从实际出发，因地制宜确立农村能源综合建设的指导思想和技术路线，着眼于经济、社会、环境协调发展和人民生活水平的提高，根据本县资源、地理环境条件及经济发展情况，大力开发水能资源，调整能源结构，磷电结合，带动化工、建材、冶金、机械、电力等行业发展的模式，促进了全县工农业快速、持续、协调发展，保护了生态环境。形成年开发能源10.6万吨和节约能源6.2万吨标煤的能力，直接经济效益1.3亿元。该县已被评为全国农村能源综合建设先进县。永胜县立足本地资源条件，以开发电力、煤炭为重点，大力发展沼气技术，营造薪炭林，改造县乡企业，逐步建立和完善农村能源服务体系的模式，形成年新增供节能26万吨标煤的能力，使国内生产总值增加了2.19倍，经济效益、社会效益和环境效益显著。

“九五”期间安宁、弥渡两县（市）被列为全国农村能源综合建设县，牟定、华坪两县被列为省级农村能源综合建设县。

7. 农村能源产业服务体系建设初具规模，有力地推动了农村能源综合建设。近几年，农村能源产业和服务体系建设初具规模，已有农村能源服务公司22个，职工125人，固定资产365.4万元，流动资金169.4万元，年营业额649.2万元，年利润34.44万元。全省以昆明和几个经济发展较快的地区为龙头，服务体系和产业建设初步形成网络。

8.“八五”期间农村用能结构的优化也取得可喜的进展。1995年底，使用电炉、液化气的农户达到93.4万户，其中电炊76.4万户，液化气16.5万户，其他0.7万户，占同期总农户的11.7%。

1996年全省农村能源消费总量1 998.35万吨标煤，其中，生活用能1 471.3万吨标煤，占73.63%，生产用能527.05万吨标煤，占26.37%，按当年乡村人口3 352.15万人计，则农村人口人均年消费量为0.593吨标煤。在生活用能秸秆占10.338%，薪柴占52.45%，煤炭占30.28%，电力占4.96%，成品油占1.21%，沼气占0.433%，其余为液化石油气等。统计资料表明，薪柴、秸秆消费量有所减少，优质能源消耗量有所上升，占17.27%；用能结构的调整，减少了生物质能的消费量，保护了林业资源与植被，改善了农民的生活环境，促进了群众脱贫致富和农村社会的进步。

（云南省农村能源工作站）

1996年农村能源建设概况

1996年是“九五”农村能源建设的开局年，是全面实施云南省“九五”及2010年新能源和农村能源发展规划的第一年，也是总结“八五”农村能源建设经验并使全省农村能源建设再上新台阶的一年。在省委、省政府的关心下，在省林业厅的直接领导及各有关部门的积极支持配合下，全省农村能源事业进一步得到发展，取得较好成绩，为“九五”期间在广度和深度上开发农村能源开了一个好头，奠定了坚实的基础。

（一）做好“八五”农村能源综合建设县项目总结和全国省柴节煤试点县验收工作

1. 按照国家计委、农业部等八部委文件精神，省能源站汇同省计委能源交通处严格按照“‘八五’全国农村能源综合建设县项目先进集体和先进个人表彰办法”的有关条件，对澄江、永胜两县承担的全国农村能源综合建设项目过程中涌现出的先进集体和个人进行了认真的筛选，推荐澄江县为全国农村能源综合建设先进县；推荐刘云祥等6人为全国农村能源建设先进工作者，得到全国农村能源综合建设县领导小组的批准。“八五”全国农村能源综合建设项目的实施，为缓解云南省广大农村生活和生产用能紧缺状况开辟了一条崭新的途径。

2. 受农业部环保能源司的委托，分别对永仁县、石屏县承担的“八五”全国省柴节煤试点县进行了验收。节柴改灶是云南省“八五”农村能源建设的首要工作，全国省柴节煤试点县的实施及完成，为顺利完成省政府要求的在“八五”期间基本实现改灶节柴工作画上了一个圆满的句号。同时，两县的经验也为“九五”全省部分地区推广和使用商品柴灶和商品型煤炉提供了技术支撑点，为真正实现改善群众生活条件和扭转森林资源消长平衡探索出一条行之有效的路子。

(二) 争取省委、省政府对农村能源建设工作的领导　1996年4月14日，云南省计委、省经贸委、省科委、省农业厅、省林业厅、省水利水电厅和省电力局联合向省政府呈报了《关于“九五”期间加强我省农村能源工作的请示》报告。省政府很重视，召开了专门会议进行研究并批复。强调加强农村能源建设工作，对缓解我省农村能源供求矛盾，减少薪柴消耗，消灭森林赤字，保护生态环境，促进农村社会经济健康稳步发展等方面都有重要作用。同时决定，为进一步加快云南省农村能源建设步伐，“九五”期间要切实加强对农村能源工作的领导，主要措施是：确定了省农村能源领导小组成员及领导小组办公室负责人。继续保持对农村能源建设的投资力度，省财政投资原则上不少于“八五”期间的水平。投入重点转移到贫困地区、民族地区及生态恶化地区，并适当提高补助标准。另外，还要求各部门通力合作，组织、指导、支持农村能源建设。

(三) 参与筹建云南农村能源工程重点实验室　与云南师范大学太阳能研究所合作，组织了各种材料，提供了科学数据，包括：云南农村能源供求关系、建立农村能源工程重点实验室是现实的需要、党和国家对农村能源建设极为重视、云南省具备建立农村能源工程重点实验室的基础和条件。从上述四个方面对云南我省建立农村能源工程重点实验室的必要性、可行性和紧迫性进行了充分论证。同时，“八五”全省农村能源建设的经验和成绩也得到了有关领导和专家的认同，使农村能源工程重点实验室项目得以顺利申报和列项，并最终得到批准。目前农村能源工程重点实验室项目建设工程已启动。

(四) 实施“九五”全国农村能源综合建设县项目工作　按期按质完成“九五”全国农村能源综合建设县筛选推荐工作。安宁市、弥渡县被列为“九五”全国农村能源综合建设县；牟定县、华坪县被列为“九五”省级农村能源综合建设县。督促四县结合实际情况，研究制定本县农村能源综合建设的方针、政策，成立相应的农村能源综合建设领导机构，负责组织协调综合建设工作。按照国家八部委的要求，制定本县《农村能源综合建设发展规划》和《农村能源综合建设县专项合同书》。

1996年还先后召开全省农村能源工作会议、“八五”农村能源建设表彰大会和农村能源综合建设县业务工作会议。传达贯彻全国农村能源综合建设县工作会议和全国农业环保农村能源工作会议精神。初审安宁、弥渡、牟定、华坪四县《“九五”全国农村能源综合建设规划》和《农村能源综合建设县项目合同》。安排、部署1996年全省农村能源建设任务。对农村能源综合建设《数据库》中的各项技术指标进行了修改和解释，统一了农村能源综合建设项目年度跟踪指标，以正确反映云南省农村能源综合建设各项指标完成情况。

(五) 农村能源建设专项资金投入保持一个较高的水平　1996年全省农村能源建设投入资金1 920万元，在资金投入总量上仅次于辽宁、广东两省。云南省级财政投入643万元，仅次于上海市，占资金投入总量的33%。建设资金的稳定投入，为农村能源建设的持续发展奠定了经济基础。

(六) 尝试转变农村生活用能结构，大力发展沼气，积极推广优质气体燃料在农村的利用　1996年是尝试转变农村生活用能结构重要一年。这一年农村能源建设保持了持续发展的势头，呈现出新的局面，特别是农村户用沼气池和太阳能热水器等新能源的推广利用达到了几十年来的新的高点，推广农村户用沼气池18 664户；太阳能热水器5.21万平方米。安宁等县(市)沼气的利用户数已占到全县总农户的30%以上，基本改变了生活用能依靠柴(草)的用能结构形式。同时，小城镇及郊区农村生活集中供应管道优质气体燃料的示范工程也已在澄江县展开，管道液化气工程前期准备和设计阶段已经就绪，部分建设资金已经到位，该项工程已经全面进入实质性施工阶段。

(七) 承担对口帮扶贫困乡的工作　年初，省委、省政府将确定为全省506个扶贫攻坚乡之一的广南县杨柳井乡，确定为省农村能源工作站对口帮扶的贫困乡。根据省政府扶贫工作的要求，在下派人员、组织资金、调查规划、项目选择等方面都做了很多工作。尽力安排了10多万元的专项资金，开展沼气示点、示范、推广工作，开展项目扶贫。省林业厅领导和省能源站主要领导多次深入到扶贫的乡村调查研究，与当地同志共同讨论脱贫致富的发展道路。同时，主动向省扶贫开发领导小组汇报贫困乡的情况，争取政府对贫困乡的帮助和有关优惠政策。积极帮助贫困乡向省、州有关部门争取发展项目和资金，加快脱贫步伐。

(云南省农村能源工作站)

“八五”农村能源建设成效显著

云南省农村能源建设在省委、省政府领导下，在各级党委、政府及有关部门的大力支持下，全省农村能源战线的干部职工认真贯彻执行“因地制宜，多能互补，综合利用，讲求效益”的方针和“开发与节约并重，近期以节约为主”的原则，积极工作，努力拼搏，以省柴节煤灶推广，沼气建设及农村能源综合建设等为重点的“八五”农村能源建设成绩斐然。

(一) 省地县三级5年累计投入资金8 441万

元，是“七五”期间投入资金的4.5倍 1986—1990年，省地县三级财政共投入农村能源的资金1 877万元，其中省级271万元。1991—1995年，省地县三级财政共投入资金8 411万元，其中省级2 900万元，分别是“七五”期间省地县三级投入和省财政投入的4.5倍和10.8倍。尤其省级财政投入剧增，远远高于“七五”期间的投入水平，大大加快了全省农村能源建设的进程。

（二）全省农村能源管理机构得到进一步建立和健全，各地州市县基本上都有了农村能源管理机构 1990年底，全省共有地州（市）级机构13个，县级95个，区乡级36个，共有推广人员987人。到1995年底，全省地州（市）级机构已达17个，县级128个，乡镇级849个，共有推广人员3 810人。“八五”期间地州（市）级机构增加4个，县级机构增加33个，推广人员增加3.9倍。即全省17个地州（市）、127个县（市）基本上建立健全了农村能源管理机构。保证了农村能源建设的健康发展。

（三）推广省柴节煤灶成效十分显著，普及面高于全国平均水平，推广数是“七五”期间的3.8倍 “八五”期间共推广省柴节煤灶505.3万户，使全省省柴节煤灶累计实有数达644.2万户，占同期全省总农户数的80%，占1990年底全省总农户数的93%。两项百分比均高于1996年底全国平均76%的比例，提前五年完成全国2000年基本普及省柴节煤灶的要求。形成年节柴644.2万吨，价值5.5亿元。仅“八五”期间推广的省柴节煤灶就可形成年节柴505.3万吨，价值4.0亿元的效益。其推广数是“七五”期间推广数130.6万户的3.8倍。特别是从1992年开始，每年都以超过百万户的速度高速发展，最高的1993年推广省柴节煤灶达130.9万户，相当于“七五”期间五年的推广数。为降低全省森林赤字和缓解农村能源的紧缺做出了积极的贡献。

（四）沼气建设健康快速发展，建池成功率、使用率及产气量居全国先进水平 “八五”期间全省累计推广农村户用沼气池6.8万口，使全省沼气池实有数由“七五”末占同期全省总农户数的1.2%上升为“八五”末占同期全省总农户数的1.7%。全省沼气池累计实有数达13.8万口，形成年节柴27.6万吨，价值2 203万元的效益。仅“八五”期间推广的沼气池就可形成年节柴13.6万吨，价值1 091万元的效益。沼气池建池数是“七五”建池数的2.8倍。每口沼气池年均产气量都在500立方米以上，建池成功率和使用率都超过98%，这三项指标都处于全国先进水平。全省沼气重点县建设工作顺利开展，先后有20个县（市）列为省级沼气建设重点县（市），为“九五”期间更快更好地推广沼气池起到了很好的示范作用，并积累了丰富的经验。

（五）农村能源综合建设县工作开局良好 “八五”期间，澄江、永胜两县被列入全国100个农村能源综合建设县。在省计委、林业厅等八委（厅）的直接领导和参与下，认真贯彻国家八部委有关农村能源综合建设县的有关方针政策及技术路线，通过省级业务部门及技术指导单位的协作，圆满按期完成两县的各项合同任务，分别于1995年10月和11月顺利通过国家项目领导小组和省八委（厅）验收小组的验收。澄江县还被评为“八五”全国21个农村能源综合建设先进县之一。澄江县形成年开发能源10.6万吨标煤和节约能源6.2万吨标煤的能力，年直接经济效益1.3亿元。永胜县形成年产供能源能力40.6万吨标煤。大大缓解了两县能源紧缺的状况，为“九五”期间全省继续开展农村能源综合建设工作起到很好的典型示范作用。

（六）新能源的开发利用及生产节能工作初具规模，太阳能热水器及节能烤烟房的推广在全国进入先进行列 “八五”期间云南省农村共推广太阳能热水器超过11万平方米，城镇推广数则将近70万平方米，农村推广太阳灶485台。农村推广的太阳能热水器及太阳灶分别是“七五”推广数的5.5倍及1.6倍。推广节能烤烟房54万多座，节能砖瓦窑6 548座。另外，地热利用、煤气户、电炊户、液化石油气使用户及风力发电等也得到初步发展。

（七）农村能源产业及服务体系建设稳步发展 起步于“八五”初期的全省农村能源产业及服务体系，到1995年底，产业已发展到8个，职工数111人，固定资产228万元，流动资金89万元，年产值748万元，年利润达45万元。服务公司（站）已达29个，职工总人数261人，固定资产2 407万元，流动资金578万元，年营业额2 618万元，利润104万元。

综上所述，“八五”期间，全省三级财政投入资金推广省柴节煤灶、农村户用沼气池、农村太阳能热水器等四项指标均创历史最好水平。同时，按期圆满完成了全国农村能源综合建设县的合同任务并顺利通过验收。并使全省17个地州（市），127个县（市）基本上建立健全了农村能源机构。新能源的开发利用及生产节能工作形成一定规模，农村能源产业及服务体系建设得到稳步发展。省柴节煤灶、沼气及太阳能热水器的推广，已形成年节柴达650多万立方米，价值5.2亿元的效益。农村能源建设的发展，为缓解云南省农村能源供求矛盾、减少薪柴低价值消耗、保护生态环境、发展优质高效农业及促进林业与农村经济的可持续发展做出了积极的贡献。

（云南省农村能源工作站）

西藏自治区农村能源建设

西藏自治区位于我国西南边疆，面积120多万平方公里，约占全国总面积的1/8。全区地处青藏高原的西南部，平均海拔4 000米以上，大致可分为藏北高原，藏南谷地、藏东高山峡谷和喜马拉雅山地4个地区。西藏属高原气候，特点是气温偏低，降水较少，空气稀薄，日照充足。

西藏地域辽阔，地形复杂，自然条件差异很大，煤炭和石油资源较少，但可再生能源资源丰富。林地面积614万公顷，占全国林地总面积5.3%，是仅次于黑龙江的第二大林区。水能资源占全国1/3；地热资源十分丰富，由于西藏高原隆起历史较近，以岩浆为主的地下热源特别丰富，已发现的地热显示点达600多处，年释放能量相当于燃煤300万吨标准煤，几乎县县都有地热显示，数量居全国各省、自治区之首，地热显示类型多达20余种。地热流体温度超过当地沸点的有几十处；高温水热系统110个，发电潜力100多万千瓦。太阳能资源居全国第一位，世界第二，仅次于非洲的撒哈拉大沙漠。年日照时数在2 500～3 400小时，大部分地区为3 000小时左右，每平方厘米面积上的年辐射总量都在774千焦左右。风力资源也很丰富，全区的风能密度在每平方米150瓦以上，每秒3～20米风速可达5 000小时以上。

1. 水能开发利用。西藏于1928年在拉萨附近曾修建一座发电功率为91.87千瓦的夺底水电站，使用了约15年；1956年重建成装机660千瓦的水电站，目前全自治区已建成各种类型水电站700多座。

2. 地热开发利用。地热的开发始于1975年，在拉萨西北90公里著名的羊八井地热田建成全国最大的地热电站，装机容量2.5万千瓦。年发电量1亿～1.1亿千瓦时，占拉萨电网的50%以上。在阿里地区朗久地热田也建有发电站。

3. 太阳能开发利用。早在300多年前，西藏人民就在布达拉宫建造日光殿，并在城镇和农村许多藏式住宅中采用落地窗和将窗框四周涂黑等形式来利用太阳光热，解决居室的采暖。1953年，拉萨七一农场首先建造玻璃太阳能温室种植蔬菜，1957年青藏公路海拔4 700米的五道梁养护段和少数道班建造玻璃太阳能温室，吃到了新鲜蔬菜。1967年，在拉萨建成太阳能浴室，其热水器面积为10.3平方米。同时研制了一台抛光铝抛物面聚光式太阳灶进行试验研究。到1979年，拉萨市区的太阳能浴室集热器采光面积2 000平方米。

70年代初，制成了采光面积为25平方米的抛物柱镜开水器。同时，设计建筑了采光面为12平方米的太阳能抛物柱镜开水器数座。1974年引进镀铝涤纶薄膜反光材料贴面伞式太阳灶80台在拉萨进行试验、示范、推广。1976年建成高原上第一座线聚焦太阳能热水系统。

自治区科委1975年开始筹备，1979年成立太阳能研究室。同年引进太阳能箱式灶进行炊事功能的试验研究。

1981年11月，西藏自治区成立了西藏太阳能研究所，拨出专款用于太阳能的研究和开发利用。西藏太阳能开发利用从此走上有计划发展的道路。当年研制出西藏第一台箱式太阳能开水器、第一台太阳能烤箱。翌年在拉萨及山南进行箱式太阳能性能测试、生产和示范，共生产、示范开水器400余台；又设计出西藏第一座直接受益与集热墙式太阳能被动式采暖建筑——西藏太阳能研究所太阳能采暖办公楼，此楼于1984年建成。1983年引进玻璃钢太阳灶，进行测试研究；在那曲镇建立西藏第一座集热墙式太阳能采暖房；研制成功活动式太阳能浴室，供边防部队、公路道班使用。

中共中央在1984年3月召开的西藏工作座谈会上指出：西藏的能源建设要充分发挥当地在水力、地热、风能、太阳能等方面得天独厚的优势，实行四个并举。中央还决定从内地引进1 000台太阳灶在西藏示范推广，在日喀则修建1座太阳能综合试验站，在那曲修建1座风能综合试验站。

1982年和1984年，中国太阳能学会和国家科委派遣太阳能专家进藏考察太阳能利用情况，并帮助指导工作。这期间，自治区人民政府于1982、1983年每年拨500万元，在拉萨、日喀则、那曲、阿里等地修建一大批太阳能浴室和温室，以解决职工、群众洗澡难和吃菜难的问题。自治区科委根据政府的指示精神统一进行了规划和安排，在执行这个计划中，西藏太阳能研究所等完成了三种太阳能浴室定型设计，推广了3 000平方米太阳能热水器。

1984—1985年，太阳能研究所在拉萨市城关区江嘎村和曲水县聂当区建立农村太阳能示范点，主要内容有太阳能开水器、太阳房、太阳灶等。

1984年，引进太阳能户用光电灯和太阳能黑白电视电源系统，并进行研究示范。此后在国家支持下，建立了建筑面积为1 200平方米的日喀则太阳能试验站；在拉萨、日喀则、山南、阿里推广1 000台太阳灶，其中500套为铸铁太阳灶，后成为西藏推广的主要灶型。

1986—1994年，引进多种太阳能户用光电灯进行对比测试，选择其中效益好的进行示范推广，在此期间仅那曲风能试验站就推广户用光电灯300余台。

1987年在区教科委建立一座太阳能试验测试楼，进行南墙太阳能构件的详细测试，为西藏太阳能采暖房设计提供依据。

1989年，研制钢板压缩式太阳灶，效率比铸铁太阳灶高3.5个百分点，推广1 600台。

1990年，阿里革吉县建成西藏第一座10千瓦级太阳能光电站；1993年改则县建成西藏第一座20千瓦县级太阳能光电站；1994年措勤县建成西藏第一座25千瓦县级太阳能光电站；1994年那曲双湖区建成25千瓦县级太阳能光电站。

为了加快西藏太阳能综合利用的总体规划和分阶段实施的具体计划，1990年，中国太阳能学会、西藏太阳能研究所等单位制定《西藏阳光计划》（1990—2000年），共分三个阶段，第一阶段（1990—1992年）计划已于1992年底超额完成，推广太阳灶16 664台，兴建太阳能温室40 550平方米，兴建太阳房30 400平方米，安装户用光电灯2 905台，另外还建成1.2、10、20千瓦光电站各1座，建成利用太阳能电池做电源的小型卫星地面接收站18座。第一阶段投入资金1 870万元，其中国家节能投资公司投入低息贷款500万元，占26.7%，自治区计委投入配套资金150万元，占8%，自治区科委三项经费投入50万元，占2.7%，地方和群众自筹1 170万元，占62.6%。这些设施每年节能折标准煤2.6万吨，价值达1 300万元。

从90年代初期开始，自治区通讯部门在西藏的部分无电县建立数十座太阳能通讯电源系统，每套容量54瓦，总容量约100千瓦。近年开始建立一址多点县乡太阳能通讯系统。国家有关单位及部分省市援藏62项工程在1993年启动，现基本完成，其中乡级太阳能地面卫星广播电视接受站已建成近800座，总容量约112千瓦。

1996年、西藏第一个太阳能深水光电水泵在自治区最缺水地区山南扎朗县杏林乡建成使用，功率2.24千瓦，扬程40米，水量25吨，深受群众欢迎。在自治区科委名人俱乐部建立一座真空管太阳能热水供应系统，技术先进可靠，用于商业目的，取得良好效益。河北省政府投入79万元在阿里地区日土县、扎达县实施太阳能乡村照明示范工程，赠送农牧民户用光电灯1 000套；阿里地区政府进行改则县太阳能光电站扩容，投入10万元。

至1996年末，西藏自治区已推广太阳能7.5万台，太阳能电池总容量约800～1 000千瓦，太阳能热水器8万平方米，太阳房13万平方米，各种太阳能温室130万平方米。

4. 风能开发利用。1979—1981年自治区科委在那曲地区实施风力发电试验项目，1982年那曲地区科委引进2千瓦和100瓦风力发电机进行试验，初步获得了风能发电机在那曲运行的各项数据。

1984年，那曲科委引进100瓦小型风力发电机，在藏北草原建成西藏第一个风能示范村。同年，西藏太阳能研究所等研究了风能利用的可行性，并在山南、日喀则进行风能布点示范研究。并对西藏风力发展战略决策提供了切实可行的意见，避免了盲目引进大型风机造成的巨大经济损失。同时还建立了那曲风能试验站，1986—1994年，该试验站和西藏太阳能研究所在藏北风场进行试验研究，并示范推广风力发电机共800余台。

（张　捷）

陕西省农村能源建设

陕西地处祖国腹地，地跨亚热带、暖温带、温带三个气候带，兼有我国南北气候之利。全省辖3个地区、7个地级市、107个县区，总户数878万户，3 432万人，其中乡村农户675万户，农业人口2 726.8万人。境内自然地貌多样，陕南汉江南北属秦岭、巴山山区，陕北位于黄土高塬和长城风沙地带，关中和渭北塬区组成八百里秦川。独特的气候和环境，形成了全省农村能源资源分布的地带差异性、多样性，从而形成开发利用的综合性、互补性。

（一）农村能源资源、消费及结构　陕西能源资源丰富多样，煤、电、油、汽、生物质能、新能源均有分布，其中煤炭储量居全国第三位，天然气居全国前列。农作物秸秆1 506万吨、薪柴497万吨，太阳能资源属B区，小水电可开发量为179万千瓦。资源分布呈明显地带性。陕南秦巴山区薪柴、生物质能及小水电资源丰富，占全省总量的60%以上，但煤炭、石油、风能、太阳能资源较少；陕北煤炭、石油、天然气、风能、太阳能资源丰富。其中煤炭储量1 000万亿吨，石油2.0多亿吨、天然气2 058亿立方米，分别占全省的40%～50%、100%、100%，但小水电、生物质能欠缺；关中地区煤炭、农作物秸秆、薪柴资源丰富，地热资源也较多，分别占全省一半以上。

全省农村能源消费随着农村经济的全面发展和农民生活水平的提高呈增长的趋势。1996年，农村能源消费总量达到1 959.6万吨标煤，其中消耗煤炭1 058万吨标煤，占54%；消耗生物质能464万吨标煤，占23.8%；油、电占22.2%。农村生活用能887.3万吨标煤，占总量45%；生产用能1 072.3万吨标煤，占消费总量的55%。在生活用能中，生物质能占48.3%，为最高，其次是煤炭，占40.4%。

能源消费结构各地差异较大，陕南秦巴山区生物质能消费占50%以上，其中生活用能生物质能占60%以上；陕北以煤炭、农作物秸秆为主，其中煤炭占56%以上，在生活用能中，商品能源占70%左右；关中地区以煤炭、薪柴、农作物秸秆为主，其中煤占53%，薪柴农作物秸秆占30%以上，在生活用能中，生物质能占50%以上；经济较发达的城市郊区和交通沿线，高品位的商品能源，煤气（2.7万户）、石油液化气（25万户）、电器、电炊（10万户）型煤等已进入农家。

（二）农村能源建设成就　近10多年来，陕西省农村能源建设在各级党政部门重视和支持下取得了显著成效，截至1996年底，共推广省柴节煤灶522.6万户，占总农户80%以上，形成年节柴节煤能力400多万吨标煤。共推广农村户用沼气池12.3万户，年产沼气2 895万立方米；大中型沼气工程6处，总池容2.19万立方米，年产沼气194.1万立方米。推广风力发电机372台，装机55.3千瓦，年发电10.5万千瓦时；微型水力发电机1 926台，装机8 437千瓦，年发电337.8万千瓦时；地热利用点数72处，利用地热种植面积602.3公顷，养殖面积101.1公顷；推广太阳能热水器5.52万平方米；太阳房12.85万平方米；太阳灶143个；太阳能光电池207处、4 800峰瓦；塑料大棚2 774.7公顷。沼气综合利用也有了较快的发展，其中沼液浸种播种面积2.3万公顷，增产粮食0.66万吨。沼液喂猪9.32万头，节约饲料2 959吨。沼液养鱼水面93公顷，增加产量55.7吨。沼气储粮76.5吨，减少损失4.12吨。沼气水果保鲜75吨，减少损失7.5吨。

农村能源产业和服务有了一定发展。现有农村能源企业28家，500名职工，拥有资产748万元，实现利税214万元。有太阳有热水器生产厂家13个，从红泥塑料袋、塑料管、铜铝复合到真空管等不同档次的太阳能热水器产品均有生产。省柴节煤炉灶产品及零配件生产基本满足本省需要，有的产品已销往省外。南郑县苏家山铸造厂生产的沼气灶热效率高达70%，武功轻工机械厂生产的秸秆成型机和宝鸡县农用机械厂生产的沼气池出料泵获部优产品称号。全省有农村能源服务公司22家、销售额163万元，实现利税14.4万元。有农村能源技术服务专业队321个，2 037人。

此外，农村能源投入得到加强，1996年共投入4 837万元，其中用户自筹资金3 329万元，投劳折资1 122万元。

（三）农村能源建设新特点　在深化改革的思想指导下，陕西省农村能源建设实现了四个转变。

1. 从依赖行政干预向市场转变。80年代为了加快沼气发展，各地普遍采取了领导抓、压任务、给补贴帮助农民建沼气池，这样只能按行政部门的主观努力，推推动动，使沼气建设失去了“自我发展的活力”。各地在总结单纯依靠行政干预弊端的基础上，积极引导农民自办沼气事业，变国家雇用农民技术员为民办沼气专业队，县农能办负责定期对农民技术员进行技术培训，投资购买建池设备和沼气配件，为民办专业队创造条件。民办专业队在县农能办监督下与建池户签订承包责任合同，并租用建池设备，代销沼气配件，开展自负盈亏的有偿服务。建池农户可以选优秀技术员为自己建池，建池技术人员为了提高声誉，多建池多挣钱，在技术上精益求精，服务态度更加端正，给沼气建设引入了市场竞争机制，有力地促进了沼气事业的发展，全省年新增沼气池由过去的两三千口到突破万口以上。据统计全省有民办沼气专业队达30多个，建池专业户近千人。按照商品经济规律运转，既为农民办了一件实事，又减轻了国家负担，使沼气事业沿着“自办、自管、自用”的自我发展、自我完善的道路向前发展。

2. 从单纯能源观点向为农业服务转变。一是通过沼气多功能作用，与农业种、养、加相结合，普遍推广沼液喂猪，喂牛、喂鸡、沼气贮粮和保鲜果实等适用技术，使沼气事业成为农业生产中不可缺少的一个环节，在农户扎根落实。二是与当地经济效益好的主导产业结合，增产增值提高知名度。渭北是苹果优生区，果农把沼气池搬进了果园用沼液给苹果树叶面喷肥和灌根，既能提高苹果品质，又能防虫治病。形成以沼气为纽带的“五配套”生态果园技术（沼气池、鸡舍、猪圈、蓄水窖、看营房），群众称赞“五配套”生态果园是“一净、二少、三增”技术，即净化环境，减少投资、减少病虫害、增产、增收、增效。据调查，果园“五配套”每公顷果园可为果农增收节支3万元左右，所以很快在全省果区推开，已成为果农提高苹果商品率进行市场竞争的一项重要措施，纷纷自费建池搞“五配套”。汉中利用沼气给蚕室加温养蚕，不仅解决了热源问题，提早了春蚕和延长秋蚕饲养期，而且防止了煤炉加温污染，蚕茧厚，质量高，成本低，为当地骨干产业养蚕找到了新的门路。三是与山区失贫开发相结合。在陕南偏僻秦巴山区和用水力资源丰富的优势，兴办微水电500多处，既解决了山区农民看电视、电影用电，又解决了农村小型农副加工问题。

3. 从小范围试验示范向规模发展转变。在以沼气为纽带的庭院经济模式推广中，陕西省在总结过去普遍开花，处处设点，投资分散，力量难以集中，辐射效应差的经验教训后，集中力量在全省抓了24个乡镇，使这24个乡镇的70%以上的农户推广不同类型的以沼气为纽带的庭院经济模式，找到了“试点扎根，规模发展，效益吸引，群众自办”的推广办法。全省已初步形成以沼液喂猪、浸种为重点；咸阳、渭南、铜川三地市结合骨干产业苹果，狠抓沼气果园“五配套”技术；西安市以沼肥生产无公害蔬菜和秸秆气化为主；宝鸡市结合猕猴桃生产地基建设发展沼气；安康、商洛地区扶贫开发微水电解决贫困山区农民生活用能；汉中市突出以沼气为纽带的生态农业和蚕桑建设；榆林、延安积极推广太阳能暖圈和北方“四位一体”能源生态模式等各有侧重，协调发展的农村能源开发利用规模格局。

4. 从单项技术推广向多项技术组装配套转变。“七五”期间陕西省农村能源建设主要推广省柴节煤灶和沼气池修建等单项技术，随着农村经济发展和人民生活水平的提高，“八五”期间将农村能源技术组装成49个项目，在白河、渭滨区、汉台区、户县等4个县区开展了农村能源综合建设试点工作。在一个县境内通过能源综合平衡，来确保能源资源的合理开发，以及对现有常规能源利用中的能源浪费和污染进行节能技术改造，多途径满足农村经济和农民生活对能源的需求。多项技术组装配套的农村能源综合建设工作，使农村能源建设与经济建设、环境建设更有效地结合起来，真正实现了能源、生态、经济三大效益，引起了试点县、区领导的重视和支持，深化了人们对农村能源建设的认识。

（陕西省农村能源办公室　李培乾　尹志宏　窦红新）

1996年农村能源建设概况

1996年，陕西省农村能源建设从实际出发、扎实工作，取得了显著成绩。

（一）积极推广农村能源节能和开发技术，为发展农村经济和提高农民生活质量服务　1996年，全省农村能源开发与节能技术已形成节能能力达517.7万吨标煤，年创直接经济效益近10亿元。推广省柴节煤灶26万户，累计达22.6万户，占全省总农户的80%以上，已形成年节煤能力403万吨标煤。新增沼气池0.77万口，累计达12.3万口，年产沼气2 894.7万立方米。并结合农业生产，积极开展了沼气综合利用，本年推广沼液浸种播种面积2.3万公顷，沼液喂猪9.3万头，沼液养鱼水面93公顷，沼气加温养蚕2 257户，以沼气为纽带的果园“五配套”工程666.7公顷，沼气综合利用年创经济效益近亿元。太阳能热水器新增1.31万平方米，累计达

5.52万平方米，太阳房新增6.49万平方米，累计达12.85万平方米。风力发电机新增10台，装机9.8千瓦，累计达372台，装机55.3千瓦；微水发电机新增56台，装机269千瓦，累计1 926台，装机8 437千瓦。

在农业生产节能方面，改造炒茶灶1 600个，年节能量0.25万吨标煤；改造烤烟房1.73座，年节能量0.34万吨标煤；改造砖瓦窑3 598座，年节能量1.57万吨标煤。

这些技术的推广，不仅保护了大量森林植物，改善了农业生态环境，而且有效地促进了农村经济发展和两个文明建设。

（二）围绕农业骨干项目开发，大力推广沼气综合利用　1996年陕西省在大力推广沼气综合利用各项技术的同时，重点围绕优质果品开发，在渭北旱塬果区推广以沼气为纽带的果园“五配套”工程，1996年果园建池2 333多口，覆盖果园面积666.7公顷，年增收节支近亿元；围绕“菜篮子工程”建设，把沼气池与蔬菜大棚结合，利用沼气池给大棚施放二氧化碳气肥和增施有机肥，探索无公害蔬菜生产经验。据测定，利用沼气的蔬菜大棚比常规棚增产34%以上，蔬菜早上市10天左右，产值增加40%以上，实现每棚增收节支3 000多元。1996年在陕南、关中3个县市建50多口沼气大棚，创直接经济效益近20万元。

（三）组织技术力量，积极开展“九五”农村能源综合建设县的启动工作　1996年初协助安康、合阳、南郑等3县（市）落实了农村能源综合建设领导小组的组建、经费配套和申报工作。在调查研究的基础上组织有关部门和专家帮助3县（市）完成了“九五”农村能源综合建设县的实施规划，以及规划的论证、评审工作，使3县（市）与农业部签定的合同顺利通过，农村能源综合建设工作步入正常运转。

（四）农村能源产业有了较好的发展　1996年陕西省的农村能源生产企业和服务实体已发展到50个，销售额达1 943万元，利润228万元，其中沼气池密封剂和成型商品灶厂的产品在全国农村能源产品展销会上荣获二等奖，产量销往全国各地，具有一定的影响。地县农村能源产业发展较快，旬阳县农村能源办公室组建石油液化气供应公司，建立了库存150吨的石油液化气供应站。固定资产达210多万元，使全县3 000多农户用上清洁、方便、卫生的优质能源，年获纯利润20多万元。

（陕西省农村能源办公室　李培乾　尹志宏　窦红新）

甘肃省农村能源建设

甘肃省农村能源建设是从70年代开始的。当时主要在局部地方试点示范推广家用沼气池和太阳光能资源的利用。70年代后期在极少数地方搞了省柴节煤炉灶的试点。到80年代初，把农村能源建设作为一个整体观念提了出来，经过近10多年的逐步发展，现已初具规模，形成农村经济一个新的行业，成为全省农业不可分割的组成部分。

（一）农村能源资源　全省已探明煤炭储量95.9亿吨，保有储量92.8亿吨。全省水力资源理论蕴藏量为1 724.15万千瓦，可装机1 068.89万千瓦。1996年粮食总产量798.8万吨，农作物秸秆量为958.56万吨，可作为农村能源利用的为508.04万吨，折标煤254.02万吨，人均128.68千克。全省农村畜禽粪便理论资源量1 112.98万吨，可开发资源量为222.60万吨。折标煤108.23万吨，人均54.83千克，而利用沼气生产的只占可利用资源的0.3%。全省林业用地面积720.87万公顷，森林覆盖率9.04%。薪炭林面积为24.46万公顷，年可利用的为5.4万多公顷。年产薪材20万吨，折标煤11.42万吨，人均5.79千克。甘肃省日照充足，资源丰富。全省3/4以上地区全年平均日照时数超过2 500小时，太阳辐射总量年为500.4～621.1千焦/平方厘米。甘肃风力资源较丰富，尤以河西走廊为佳，年有效时数可达4 000～6 000小时。全省有微型风力发电机3 500台、700千瓦。全省有地下热水露头45处，其中天然露头（热水泉）22处，人工露头23处，均属低、中温水源，温度一般在20～30℃，热流量亦偏低。主要用于温泉浴。

（二）农村能源建设发展历程　干旱缺水是甘肃省最大的气候特点，长期制约着农村经济的发展，使农业生产长期处于恶性循环。

80年代初，以定西为代表的中部18个干旱县约600多万人，生产水平低下，生活相当困难。在中央和国务院的关怀下，开始进行“两西”（定西、河西）地区农业建设。剖析造成困难的成因，领导和专家们一致认为，要搞好“两西”农业建设，必须把农村能源建设作为突破口来抓。而且认为停止植被破坏是解决温饱的基础，植被破坏停止了，解决温饱的问题才有希望。要实现停止植被破坏，必须进行综合治理，但关键是尽快解决农村生活燃料紧缺的状况。

于是，省委、省政府动员全省力量，开展调查研究，科学制定农村能源建设规划，提出了“三年停止植被破坏”的奋斗目标，省里制定了一系列优惠政策，集中人力、财力、物力，采取供煤植薪（给缺燃农户供1吨煤、农户植1亩薪炭林），种植薪草，旧式炉灶节能改造，因地制宜推广沼气和太阳能利用等能源建设措施。经过几年的集中治理和农村能源建设，使中部干旱地区生活用能紧缺的状况初步得到缓解，植被破坏基本得到控制，生态环境恶化初步有所改善。

随着中部干旱地区大规模农村能源建设这一特定时期特殊任务的完成和结束，全省农村工作的重点转移到解决群众温饱，实现脱贫致富的目标上。农村能源建设资金抽空，农村能源建设面临新的问题和挑战。一是认识上的偏差，误把农村能源建设与解决炊事用能等同起来，看不到这项工作的长期性和艰巨性。二是多年来推广建设的多种能源设施效益逐步下降。三是思想观念跟不上变化了的形势。工作只习惯于国家拿钱办能源的传统做法，不善于开拓创新，也缺乏积极的参与意识，工作处于被动。农村能源建设究竟如何继续向前发展，这是摆在面前的一个现实问题。通过学习外省农村能源建设经验，省里适时提出了把发展产业和开展有偿服务作为今后农村能源建设的重点来抓。并于1989年在临洮县召开了全省农村能源产业和服务体系建设现场经验交流会，从而推动了全省农村能源产业和服务体系建设的发展，初步形成了各自较为固定的产业开发项目和服务形式。

进入"八五"时期，省里从农村经济对农村能源建设的要求出发，作了两项工作。一是在国家八部委的组织指导下，以县为单元实施农村能源综合建设，利用一些成功的单项技术，进行组合配套，开发利用新能源和再生能源，建立合理的供能和用能体系，发展相应的能源生产和技术服务网络，从能源建设这一环节支持农村经济的发展。二是配合全省扶贫攻坚任务，利用能源技术进行扶贫帮困，合理开发利用贫困地区的能源资源，节约生活用能，通过能源建设措施，逐步改善贫困地区的农业生产条件。

"八五"时期，是甘肃省农村能源建设稳定持续发展的一个阶段，取得了很大的成就，主要体现在：

新能源开发利用初见成效。一是沼气建设速度加快，质量提高，同时积极开展沼气的综合利用。综合利用的户数占到沼气使用户数的80%以上，不但产生了能源生态效益，而且创造了直接经济效益，增强了自身发展的活力。二是太阳能利用有了突破性进展，太阳灶推广应用10多万台，太阳能热水器2.6万平方米，太阳房9.4万平方米，日光温室3 333公顷。此外，推广风力发电机2 832台，装机448千瓦，建成微水电站107处，总装1 124千瓦，解决了部分边远地区农牧民生产生活用电。

常规能源建设初具规模。农村小水电总装机已达22万千瓦，年发电量6 743万千瓦时，较1990年增长43%；营造薪炭林18.7万公顷，种植薪草5万公顷乡镇煤矿原煤产量达1 000万吨左右。

节能技术大面积推广。全省已累计推广省柴节煤灶296万户，占总农户的72.5%，节燃炕推广80万铺；在生产用能方面大力推广了内燃烧砖新工艺和砖瓦窖的改造；推广了节能烤烟炉；农村型煤加工也有了一定规模的发展。

农村能源产业和服务体系有了良好的开端。全省已办起各类实体150个，从业人员1 703人，拥有资产3 527万元，年产值1 872万元，创利税190万元。

农村能源综合建设县成绩显著。列入"八五"国家实施的农村能源综合建设县有5个，经过5年的努力，完成了25个大类72个单项项目，经验收各项指标均达到了预定目标。取得年开发8.8万吨标煤，节约21.5万吨标煤的能源效益。综合建设项目的实施，为全省农村能源建设提供了经验。

（三）主要经验

第一，领导重视、支持，是农村能源建设的关键。甘肃省农村能源建设取得的成就，是各级政府和领导重视和大力支持的结果。有些地县领导始终把搞好农村能源建设当作振兴农村经济的战略任务来对待，经常给予重视和关怀，积极指导农村能源建设。甘南州政府历来重视太阳能的开发利用，先后在合作、夏河、碌曲、玛曲等地建起了一批利用太阳能采暖的学校、宾馆、住宅、车间等，几年来，用于太阳能开发累计投资达1 350多万元，其中自筹和贷款1 053万元。净化了环境，补充了能源的不足。

第二，开展农村能源建设要有明确具体的目标，要集中力量，采取有效措施，来解决存在的突出问题。80年代本省大部分地区突出的问题是"三料"（燃料、饲料、肥料）俱缺，特别是燃料奇缺，群众生活极其困难。因此，农村能源建设必须首先解决好干旱地区群众熟食热饮的问题。同时，把解决当前的燃料紧缺问题同长远的改善生态环境和治理农业生产条件结合起来统一抓。提出了农村能源建设的具体要求，即基本实现三年停止植被破坏，做到"五不"（不铲草皮、不乱砍树木、不烧山灰、不乱开荒、不扩大过牧）的具体目标。把能源建设同农林牧生产与治理生态环境紧密结合起来，充分调动了广大群众的积极性，引起各级党政领导的高度重视，从而对农村能源建设起到了极大的推动作用。"八五"期间，在国家八部委的组织和指导下，以县为单元，运用大系统的观点，结合本县社会、经济发展和环境目标统筹规划，积极开发合理利用能源，建立起相互协调的供能和用能体系，从能源建设这一环节来支持经济发展，提高人民生活质量，改善生态环境。

第三，典型引路，集中连片是农村能源建设的必由之路。甘谷县康家滩乡阳洼村开始建成15个沼气池组织大家参观，群众面对喷着蓝火的沼气炉和沼气灯纷纷要求建沼气池，当即报名登记了70多户。现在，全村沼气入户率达86.3%。沼液喂猪、沼渣还田，带动了养殖业、种植业和全村经济的发展，为干旱山区的脱贫致富闯出了好路子。临洮县近几年推广太阳灶近3万台，太阳灶使用户数已占到全县总农户的25%以上，并且带动幅射了全省的太阳灶生产和推广。

第四，农村能源建设必须坚持国家补助为辅，群众自筹为主的集资原则，才能得到持久的发展。80年代，农村能源建设项目补助多，而且补助标准也高，从当时的情况看，是必要的。但大量的补贴，也带来了一定的副作用，给的钱越多，养成的依赖性越大。后来国家补贴投资减少，弯子一下很难转过来。在这种情况下，省里抓了三方面的工作：一是强调转变观念。二是调减补助项目和补助标准。三是用能源的先进技术和效益吸引和引导农民增加对能源的投入。张掖地区"八五"期间农村能源建设投资8 742万元，其中国家补助仅170万元，占总投入的1.95%，其余全部由农民自筹贷款解决。

第五，要使农村能源建设持续健康的发展，必须建立和发展农村能源产业和服务体系。要使农村能源建设适应社会主义市场经济的要求，必须拓宽发展的路子，建立和发展农村能源产业及服务体系，走自我积累和自我发展的路子。以发展产业，开展服务，带动整个农村能源建设事业。几年来，农村能源产业和服务体系有了一定的发展。临洮县已建起专门生产型煤、太阳灶等节能产品的联营，个体户40多家，从业人员达300多人，每年产值都在200万元左右，上缴税金5万元左右，通过办产业给国家做了贡献，壮大了自己。

经过10多年的艰苦努力，甘肃省的农村能源建设取得了一些成就。但必须清醒地认识到，甘肃是一个自然条件较差，社会经济欠发达，群众生活还困难的省份。近几年随着经济的发展，能源供应偏紧，电力供应不足，由能源调出省变成了调入省。农村能源建设任务还十分艰巨。

“九五”时期，要继续坚持和贯彻农村能源建设方针，紧紧围绕发展农村经济和增加农民收入这个中心，在逐步增加商品能源供应的同时，大力开发再生能源；要依靠科技进步，扩大产业化生产，加强对太阳能、风能和各种生物质能源的综合利用，形成多层次、多渠道的农村能源供应网络，为全省农业的可持续发展和生态环境的改善打基础、做贡献。

（甘肃省农村能源办公室　潘效仁）

1996年农村能源建设概况

1996年是“九五”计划的头一年，打好“九五”开局一关，对搞好甘肃省2000年以前的农村能源建设至关重要。

1996年全省共推广省柴节煤炉灶10.49万户（台）、省柴节煤坑14.97万铺、建户用沼气池2 236个，推广太阳灶2.3万多台、太阳能热水器2.79万平方米、太阳房9.3万平方米、太阳能暖圈1 500多万平方米，太阳能温室620万平方米，塑料大棚3 800多公顷，新增薪炭林1.464万公顷，小型风电、光电、微水发电等也有一定发展。这些新增的农村能源设施和历年推广应用的农村能源设施，年开发、节能量达100多万吨标煤。

（一）认清形势，转变观念，树立农村能源建设是甘肃省长期性的战略任务的思想　1996年全省农村人均总能耗仅为555千克标煤，比全国平均水平低145千克标煤，农村能源紧缺的形势更为严峻，供不应求的矛盾将长期存在。秸秆薪柴等生物质资源在农村生活用能中的比重仍在60%～75%以上，大量生物质资源被当作燃料燃烧或付之一炬，有机质不能还田，土壤肥力得不到恢复，加剧了农业生态恶性循环，这是农村能源工作面对的现实，也是本省发展农业生产非常不利的因素。党中央号召到本世纪末基本解决我国农村贫困人口的温饱问题，到1996年底甘肃省尚有375万贫困人口，到2000年要基本解决温饱，南部高寒阴湿少数民族缺燃地区，人均要达到0.03公顷（0.5亩）薪炭林，中部干旱地区要继续作好停止植被破坏的巩固提高工作，河西、河东地区农村能源建设要“因地制宜”上水平、上档次，为农村奔小康服务。绝不能以为农村能源只是解决农村烧柴问题，一定要克服农业生产发展了，秸秆比以往多了，农民缺烧的问题没有以往那样突出了，农村能源问题基本解决了的模糊认识，要树立长期奋斗的思想和决心，真正把农村能源问题当作关系农业和农村经济发展，关系全局，关系保护生态环境和荫及子孙后代的千秋大业，要当作一项长远的战略任务来对待，要加快农村能源建设的步伐。

（二）农村能源产业和服务体系建设有一定发展　农村能源产业是搞好农村能源建设的物质基础和动力，发展壮大农村能源产业，培育农村能源市场，是农村新的经济增长点和新的就业门路。以临洮县为中心的太阳灶生产已经形成了一个新型的农村能源产业，年生产、销售太阳灶1万多台，不仅在本地销售，而且销往外地、外省，同时也带动了周边县和省内其他一些县纷纷设立太阳灶生产点、厂。太阳灶生产、使用，除了具有一定的经济效益之外，还有很大的生态环境和社会效益。县城及以下乡、村型煤加工也有一定发展，达229个生产点，年生产销售型煤近40万吨，为减少直接燃烧原煤，保护环境，特别是南部林缘地区减少对林木的砍伐有很好的作用，尽管经济效益小，但生态环境和社会效益明显。截至1996年底，全省拥有农村能源生产企业90个，从业人员926人，拥有资产1 773.3万元，年销售额869.1万元，利税101.1万元。能源服务企业60个，从业人员377人，拥有资产1 725.4万元，营业额902.8万元，利税88.57万元。

（三）认真进行了“八五”农村能源综合建设县检查验收和“九五”建设县立项工作　通过对“八五”期间列入全国农村能源综合建设县的清水、漳县、积石山、临泽、泾川5县进行了检查验收，认为这5个县在财力紧张的情况下，挤出资金，安排农村能源综合建设县项目，认真负责，如期完成了农村能源建设的25个大类72个单项项目，经验收各项指标均达到了预定的目标，取得了年开发8.8万吨标煤、节约21.5万吨标煤的能源效益，为农村能源建设积累了经验。今后要继续做好巩固提高工作，发挥更大效益。为了更进一步推动和搞好农村能源工作，在“九五”期间，将渭源、高台、酒泉3县（市）列入全国农村能源综合建设县，进行了考核论证立项，上报农业部环能司已确定为“九五”期间全国农村能源综合建设县，并已开展了工作。

（四）完成了甘肃省“九五”农村能源建设计划和2010年长远规划的制定和评审工作　在省农业厅主管厅长的亲自主持下，经过业务人员5个多月的辛勤工作，通过大量调查研究，查阅有关资料，核对有关数据，几易其稿，完成了省“九五”农村能源建设计划和2010年规划纲要（讨论稿），并组织有关部门专家和领导进行了评审，一致认为：农村能源作为大能源的一个重要组成部分，是发展农村经济和农业生产的物质基础，应该作为一项战略任务来对待，农村能源建设“九五”计划及2010年规划纲要是重要的行业规划，是全省能源和农村经济发展计划中必不可少的组成部分，今后应纳入各级政府的经济和社会发展计划之中实施。

（五）深入实际，对农村能源现状进行调查研究为了比较切合实际地掌握地、县特别是基层农村能源建设的新情况、新问题，正确指导全省农村能源建设工作的开展，在理顺工作机构时间紧、任务重的情况下，在10月份组织有关科室人员，分四路对河西、中南部等地农村能源建设现状进行了调查，共调查了8个地（州）市、14个县（市）、13个乡、22个行政村、64户农户。通过调查认为，农村能源短缺的形势依然很严峻，由此造成的对农业和农村经济发展的严重制约不可低估，农村能源面临的任务还很艰巨，还有如农村能源机构，对农村能源的宣传力度、资金投入等方面都存在一些问题。通过调研增强了搞好农村能源的信心。

全省农村能源建设面临的取得了成绩，但还存在一些问题，主要表现在：一是能源紧缺的问题仍然存在。二是结构不合理。秸秆薪柴等生物质能源在农村生活用能中的比重在60%以上，贫困地区高达75%以上，全省还有100多万农户的旧式炉灶没有改造，热效率在10%左右，乡镇企业设备效率低，能耗大，三是对农村能源建设的重要性、迫切性宣传力度不够，农村能源建设没有纳入国家计划，建设资金没有正常渠道，农村能源是弱质行业，要发展农村能源，最根本的出路是：立足甘肃实际，认真贯彻“因地制宜，多能互补，综合利用，讲求效益”的方针，坚持“开发与节约并重”，在逐步增加对商品能源供应的同时，大力开发可再生能源，加强对水能、太阳能、风能、生物能的综合利用，形成一个多层次、多渠道的农村能源供给网络。

（甘肃省农村能源办公室　杨重国）

大力发展太阳能

甘南藏族自治州位于甘肃省西南部，是青藏高原、黄土高原和秦巴山地的过渡地带，大部分地区海拔在3 000米以上。辖夏河、碌曲、玛曲、临潭、卓尼、迭部、舟曲等7个县，1996年全州总人口为63.9万人，藏族占人口总数的46.76%。1996年全州工农业总产值为68 409万元，其中工业总产值28 416万元，农牧民人均纯收入781元。

由于本地区特殊的自然条件，使全州大部分地区工农业生产和群众的日常生活处于长冬无夏、春秋短促的气候环境之中。根据无油缺煤但水利和太阳能资源相对丰富的情况，近十几年来，在省、州有关部门的大力支持和广大科技工作者的共同努力下，在太阳能资源开发利用方面进行了大量工作，利用太阳能光热转换技术，从解决城乡人民群众生活用能着手，逐步地运用到工农业生产的各个领域。光电转换技术的运用也在本州进行了有益的探索，并取得了较大的社会效益。

甘南州大部分地方属于太阳能资源丰富区，全州太阳总辐射值在4 451.6～6 425.37兆焦耳/平方米之间，地理分布是西南部最大，东南部最小。季节分布是夏季比冬季大近1倍，7月最大，约564.38兆焦耳/平方米，12月最小，291.4兆焦耳/平方米，日照时数在1 842～2 584小时之间，日照百分率在42%～58%之间。

自1976年以来，州太阳能研究室在太阳房的建设方面做了大量工作，先后设计出了集热—蓄热墙式、直接收益式、暖廊式、附加阳光间式、速热墙式、斜坡状集热窗式和折线型集热间式等7种结构形式的太阳房。在本州碌曲、玛曲、夏河3县及合作地区进行了一定规模的推广。其中附加阳光间式和斜坡集热窗式太阳房尤为适合甘南的特点，得到了大范围的推广。

截至1996年，全州太阳房的建筑面积已达10万平方米。其中，公用建筑约6万平方米，主要是文教、卫生、科研部门的办公用房。民用建筑约4万平方米。以城镇居民和碌、玛两县牧民建设住房为最多。太阳房累计总投资3 000万元，其中国家拨款700万元（主要用于公用建筑），自筹和贷款部分达2 300万元。

根据州太阳能研究室对合作地区多种结构太阳房测试表明：室温高于15℃的逐时累计频率达41%；高于10℃的逐时累计频率达86%，维持室温15℃时所需热量的78%可由太阳能提供。采暖季节（10—4月）无辅助热源的条件下，平均室温可达12～15℃，整个冬季有9%的时间室温在15～20℃之间。节能率在80%以上。据测算，全州10万平方米太阳房每年可节约原煤8 000吨（每平方米节煤80千克），节资144万元。

太阳房在非生产设施建筑上大量推广的同时，在工农业生产等领域进行了有益的探索。如舟曲县医药公司中药材太阳能烘干，州皮革厂羊皮太阳能烘干，卓尼县太阳能育苗室，碌曲县食品厂食醋发酵车间，迭部县食品公司太阳能温室猴头生产以及合作等地的太阳能温室种菜等等。太阳能用于工农业生产试验，为大面积推广积累了第一手资料，提供了经验。

太阳能浴池全州共建成8个，热水器面积达5 000平方米，共推广家用小型热水器4 500平方米。按每平方米热水器每日产45℃热水100千克计算，全年使用6个月，日照百分率取60%，则可使用108天，年产热水10 530吨，节能154.2亿千焦/年。取热效率为30%，折标煤1 755吨，折原煤2 458吨，年节资44.25万元（煤价取平均值180元/吨）。全州共推广太阳灶6 000多台，以全年使用7个月计算，日照百分率取60%，晴天每日使用4小时，5千克冷水（10℃）每15分钟烧开一壶，则全年可节能220.12亿千焦（甘南水的沸点为97℃），折标准煤2 505.34吨，折原煤3 514.7吨，全年可节资63.15万元，大大缓解了农村炊事用能的供需矛盾。

自1989年开始，还进行一定规模的太阳能光伏电和配套照明灯具推广。累计推广12 000峰瓦，在一定程度上改善了部分牧区群众和无电边远山区以及农林、公路、地质等部门野外工作人员的工作、生产、生活和文化娱乐条件，深受广大干部群众的欢迎，为太阳能光电开发打下了良好的群众基础。

为保证全州太阳能事业的进一步发展，在太阳能开发利用工作中，重做了以下几方面的工作：

1. 州太阳有研究室在太阳能光热开发方面已走上“以科技服务养科技”的自我发展道路。先后完成了“抛物面聚光太阳灶”和省科委下达的重点科研项目“平房太阳能暖试验”（中试）等众多的课题，各式结构的太阳房和工农业生产的太阳能烘干设施遍及本州碌曲、玛曲、夏河3县和青海、四川的部分牧区。同时也为开发州内丰富的风能资源和光伏电源推广做了大量的工作。通过设计和成果推广的形式进行有偿服务，以弥补经费不足，确保开发事业的顺利进行。与此同时还致力于太阳能光热技术在工农业生产中进一步研究和运用，现已走上了自我发展的道路。

2. 理顺和健全了农村能源管理机构，强化了太阳能开发利用的管理工作。为了使能源的开发利用、引进推广、人才培训纳入计划进行管理，集中有限的人、物、财力，突出重点，择优发展，加快全州能源建设的步伐，1988年在州政府的大力支持下，成立了以州计委副主任为组长的太阳能领导小组。之后又决定农村能源（包括新能源开发）归口州、县计委，各县计委内部确定专人分管此项工作，使全州太阳能事业的发展进入了计划管理的轨道。

3. 成立了州县两级农村能源技术服务推广站。1989年在州太阳能研究室和玛曲能源站的基础上，先后成立了州级农村能源技术服务推广站，舟曲县和临潭县农村能源推广站。推广站的主要任务是收集国内外农村能源的科技经济信息，为基层提供服务；配合上级部门完成能源建设的前期论证，提供决策依据；搞好技术人材培训和专业队伍建设工作；完成上级下达的省柴节煤灶推广，微型水利发电，地热利用和风能、生物质能以及太阳能等能源资源开发利用，搞好新产品试制、引进、推广、零配件供应和维修等项工作，为全州农村能源建设和太阳能风能等新能源的开发提供了保证。

4. 抓技术人才培训，加快队伍建设。从1989年开始加快了人才培训和专业队伍建设。在积极参加省里举办的各类学习班的同时，主要采取请进技术人员配合项目实施进行培训和走出去学习外地经验、先进技术等方法对技术人员进行了有效的培训，累计培训人数达1 200余人。

根据本地人才缺乏，经济落后的状况，“九五”期间在加快经济建设的同时，将进一步加快太阳能开发的技术队伍建设步伐，不断开发新产品、新材料，使全州太阳能利用设施建设造价成本有所降低。从解决农村炊事和冬季取暖用能的供应着手，以州县能源站为主，大力发展太阳房构件、太阳灶、太阳能热水器生产等方面的产业实体，进一步加强节能产品和器材的供应以及各项技术服务工作，以形成科研、生产、服务一条龙的产业服务体系，最终走上自我发展的道路。

（甘肃省甘南藏族自治州计划委员会）

青海省农村能源建设

青海省地处青藏高原，这一独特的地理位置，造就了青海省独特的农村能源资源。开发利用农村能源是一项利国利民、造福子孙后代的大事，它一方面可以缓解农村牧区能源紧张状况，促进其产业结构的调整，引导农牧民群众脱贫致富奔小康，另一方面可以改善边远落后山区群众的精神文化生活，体现了党和政府关心农牧民群众生活，具有显著的社会效益。

（一）农村能源资源现状　青海省地处青藏高原，日照时间长，太阳能资源丰富；年日照时数为2 328—3 575小时，日照百分率为58%—81%，全省年接受太阳能辐射量为581.55亿千焦，就全国而言，仅次于西藏。风能资源分布以日月山为界，日月山往东，年平均风速在2.0米/秒以下；日月山往西，年平均风速为2.0—5.2米/秒，具有开发利用价值。生物质能的分布主要以农业区为主，其中沼气的发展又以湟水河两岸的川水地区为宜。小水电资源比较丰富，主要分布在南部地区的黄南、玉树、果洛等地；地热资源较为丰富，主要分布在兴海、热水、贵德县扎仓一带及西宁盆地。

（二）农村能源建设成就　青海省委、省政府对此一贯十分重视农村能源建设，“七五”期间用于农村能源建设总投资约1 050万元；“八五”期间达1 836万元。全省农村节能与新开发能源累计达25万吨标煤。早在1984年就成立了由副省长任组长的农村能源领导小组，下设办公室，负责全省农村能源的立项推广、科研、示范等工作。1994年又进一步明确了各成员单位的职责，落实项目经费，为青海农村能源工作打下了良好基础。

十多年来，青海省在国家农村能源建设方针指导下，根据本省的地理环境和自然资源，从农牧民的生产、生活实际需要出发，先后组织了省气象局、省师范大学和省农牧区划研究所等单位对全省的太阳能、风能等资源进行了综合普查，并分别绘制出两种能源分布图。会同省太阳能设备厂、省农牧机械厂、省微电机厂等单位研制并生产出太阳灶、小型风力发电机、太阳能热水器、太阳能小电源等新产品，第一次完整的编制出《青海省农村能源区域规划》、《黄土高原所属14县农村能源区域规划》，为“七五”青海农村能源建设指明了方向。

“七五”期间农村能源建设由研究开发向试点、示范转移。在化隆县建立了太阳能、生物质能综合利用的农村能源示范点，项目总投资212万元，经过5年开发建设，累计节能59 694.8吨标煤，由于农村能源的缓解，促进了林业的发展，1984—1988年间的造林总面积是1949—1982年造林保存数的4.5

倍，林木覆盖由6.7%增至14%。取得了一定的成绩。

"八五"期间农村能源建设由单一的试点示范向综合配套建设发展，重点组织实施了贵德、互助两个国家级农村能源综合建设示范县。贵德县立项16个，总投资1 452.5万元，互助县立项11个总投资2 134.24万元。经过5年的农村能源建设贵德县新增能源7 138.6吨标煤，森林覆盖率由4.8%增加到4.89%；互助县新增标煤13 644.96吨标煤，森林覆盖率由28.28%增至31.52%。

经过"八五"期间的农村能源综合建设，农村能源资源得到深度的开发利用，应用领域进一步拓宽。以东部农业区为例，利用太阳能资源，发展种植业成方兴未艾之势，在海东的川水地区形成"白色走廊"，在乐都县形成了"一村一品"的种植业，品种有保护地、塑料大棚、节能日光温室等；利用太阳能资源发展养殖业也形成勃勃生机，太阳能养猪技术已为广大农户所接受，缩短了养殖时间，提高了经济效益。太阳房建设由于受资金等条件的制约，目前只限于太阳能校舍、太阳能卫生院等少数示范点，但农用太阳房已为广大农户所钟爱，其中有新盖的、也有旧房改造。太阳灶用户逐年增加，据不完全统计，"八五"期间累计推广2.80万台，太阳能热水器的发展，在农村仅限于小型红泥热水袋焖晒小型热水器，太阳能平板集热板器、真空管集热水器的使用，或用于城镇部分居民家中，或用于集中供水的洗浴设施、或用于提高蔬菜大棚地温。太阳能温棚鱼苗孵化项目，1995年开春进行实验，结果表明鱼苗成活率达95%，改写了青海长期鱼苗外调的历史。

牧业区农村能源工作起步晚，发展快，前景广阔。太阳能综合开发利用是牧区农村能源工作重点。太阳能户用光伏小电源在玉树、果洛等地的无电乡、村得到很好的推广利用，截至1996年底累计推广太阳能光伏户用小电源2万余台。利用太阳能暖棚养羊技术，始于"八五"初期，最初采用的材料是塑料棚膜，在使用过程中发现，不适合在高寒牧区发展。从1994年起省农能办从广东引进双层加厚万通塑料板，在海燕县、玛沁县、贵南县等地区进行暖棚养羊示范，很受周围牧民群众的欢迎，实验结果表明，可以大大提高春季羔羊的成活率，冬季成羊不掉膘、少得病，提高了防灾抗灾能力。1995年果洛州科委在果洛牧区选点，进行暖棚养羊示范，实验结果表明，在高寒地区进行暖棚养羊，是提高防灾抗灾能力的有效途径之一。在夏季牧民利用太阳能暖棚羊圈种植蔬菜，做到一棚多用解决部分牧民吃菜问题。风能的利用目前主要集中在海西州和青海湖环湖地区，由于受资金和技术等因素制约，发展较缓慢。

在总结"八五"农村能源工作的基础上，为了使青海省农村能源工作能更好地为经济建设服务，更好地为农牧民脱贫致富奔小康服务，省农村牧区能源办公室组织有关专家，在自下而上的广泛征求意见的基础上，会同有关厅局编写和拟定了"青海省农村牧区能源95计划和2010年远景目标规划"，明确提出"九五"期间青海省农村牧区能源建设的"1222计划"，即保住一个重点，集中一切精力，保证两个"九五"全国农村能源综合建设县和七个省级农村能源综合建设县工作；实施两个项目，即太阳能光热利用和太阳能光电利用项目，推动太阳能种植业和太阳能养殖业及其太阳能小电源的推广，并促使农村能源建设与农村能源资源的可持续发展有机的结合起来；建立并完善两个体系即宏观管理体系和推广服务体系；扶持两个产业即光热和光电产品的生产销售企业。

（青海省农村牧区能源办公室　侯其炎　叶　夏）

1996年农村能源建设概况

1996年，青海省农村能源建设紧紧围绕太阳能和可再生能源的开发利用，编制规划，制定计划，组织培训，狠抓落实，取得了新进展。全年推广省柴节煤炉灶6 500户，新增省柴节煤炕1 900铺，加工型煤39.79万吨，微型水力发电52万千瓦时，新增太阳灶6 040台、太阳房1.04万平方米、太阳能热水器1.76万平方米。

1. 制定青海省农村能源建设"九五"计划和2010年远景目标规划。按照全国项目办的要求，同时也是为了推动"九五"农村能源建设事业的发展，从1995年下半年起，我省农村牧区能源办公室成立了规划课题小组，并会同省农村能源综合建设县领导小组成员单位共同编制规划。根据1996年6月领导小组成员会议审定意见，于当年底完成规划草案，为青海省"九五"农村能源建设事业的发展指明了方向。

2. 启动"九五"期间9个农村能源综合建设示范县。协调并组织召开了农村能源综合建设领导小组成员会议，首先对领导小组成员单位的职责进行了分工，各领导小组成员单位各负其责，使百县项目建设实现了分头管理，各负其责；其次，确定了乐都、门源为全国农村能源综合建设示范县，囊谦、玛沁、尖扎、都兰、平安、贵南、西宁城北区等7个县为省级农村能源综合建设示范县，省政府办公厅发了专题会议纪要。为了对9个综合建设县的项目进行现代化管理，省农能办给每个县都配备了1台微机，并组织项目县的主管县长及科委主任、能源站管理干部参加的百县项目管理及微机知识培训。

3. 组织编写9个农村能源综合建设示范县项目规划。根据国家项目办的统一部署和要求，1996年4月派出项目负责人、技术指导单位专家，参加全国农村能源综合建设规划培训；接着又对34名项目有关的州、县领导进行了规划知识和计算机知识培训；此后又组织技术指导单位专家会同综合建设县的政府有关部门，共同编写综合建设县项目规划，截至1996年底已完成7个农村能源综合建设示范县项目规划的编制工作。

4. 继续开展农村能源生态模式标准化应用研究。为了促使农村能源建设由单一性向综合配套转化，根据农区和牧区的不同特点，在广泛调查研究，博采众长的基础上，设计出农业区五配套（太阳房、太阳灶、太阳能种植、太阳能养殖、节柴灶或沼气、太阳能热水器）和牧区四配套（太阳房、太阳灶太阳能养殖、太阳能小电源或太阳能热水器）标准化图册。

此外，还通过中央电视台、青海电视台、《科技日报》、《青海日报》、《青海科技报》等新闻媒介，多渠道宣传青海农村能源建设的成就，使农村能源先进实用技术得到进一步传播。

（青海省农村牧区能源办公室）

宁夏回族自治区农村能源建设

宁夏回族自治区位于黄河中游，东经104°10′～170°30′，北纬35°14′～39°25′之间。北部和西北部与内蒙古后套平原腾格里沙漠毗连，西南和南部与甘肃陇中、陇东黄土高原相邻，东邻鄂尔多斯高原，东南与陕北高原接界。土地总面积6.64万平方公里，现有人口540万人，其中回族149万人，占总人口的27%。

全区地貌类型多样，地形复杂，西北部为银川平原，引黄灌溉，自然条件较好，农业生产发展较快，煤炭资源丰富，水力发电火力发电较为充足。南部山区为黄土高原丘陵山地，长年干旱少雨，自然条件恶劣，水土流失严重，农村能源奇缺，农业生产落后，农民生活困难，是有名的“三西”贫困地区之一。

（一）农村能源资源

1. 小煤矿。宁夏是全国煤炭资源丰富的省区之一，具有储量足、煤质好、易开采、品种多等优势。已探明储量306.1亿吨。灌区小煤矿资源主要分布在平罗、惠农、灵武、中宁、中卫等县。山区小煤矿资源主要分布在盐池、同心、彭阳等县，且以烟煤为主。

2. 小水电。宁夏除黄河水能资源外，天然河流的水能资源主要分布是清水河、葫芦河、泾河、茹河等，理论蕴藏量为4.76万千瓦时，可开发量2.3万千瓦时，年可发电9 500万千瓦时。小水电资源主要集中在南部山区。其理论蕴藏量为2.53万千瓦时，可开发量为1.93万千瓦时。截至1990年底，全区共建9座小水电站，总装机容量5 951千瓦，年可发电1 463万千瓦时。

3. 生物质能源资源。按1993年农业统计计算，宁夏生物质能源资源理论蕴藏量为199.14万吨（标准煤下同），可开发量为164.68万吨，其中：农作物秸秆125.7万吨，畜粪33.52万吨，薪材5.46万吨。

4. 新能源。

（1）太阳能。根据气象资料统计，年总辐射量每平方米为4 936～6 119兆焦，由南向北，平均每10公里太阳总辐射量每平方米递增50兆焦。宁夏日照时数为2 194.9～3 082.2小时，日照百分率为50%～69%。由北向南递减。北部和中部年日照时数在3 000小时左右，日照百分率为65%～69%。

（2）风能。按全国风能资源区划宁夏的风能资源属风能可利用区。全自治区风能资源理论蕴藏量为518亿千瓦时，平均风速为1.8～2.9米/秒，最高风速达17～24米/秒，平均有效风速大于3米/秒，适合于安装100～150瓦小型风力发电机。

（二）农村能源建设历程　宁夏农村能源工作起步于80年代，经过了10多年的发展历史，1980年成立宁夏回族自治区沼气太阳能领导小组下设办公室，负责开展沼气太阳能利用工作。1984年更名为宁夏回族自治区农村能源工作站隶属自治区农牧厅领导。

宁夏区农村能源工作经历了三个重要的发展阶段。第一阶段是起步开创阶段，以沼气、太阳能等新能源的开发利用的新技术试验、示范、推广为主。这期间推广太阳灶2 000多台，沼气池2 000多口。第二阶段是大发展阶段，在南部山区8县大力推广普及省柴节煤灶、选择技术简单、花钱少、见效快、涉及千家万户的省柴节煤灶为突破口，在南部山区推广普及，使困扰农民生活缺能严重的局面得到缓解，严重破坏的自然植被状况逐步得到恢复。第三阶段是应用各项成熟的技术，在一个县的范围内进行综合开发治理，为发展现代化大农业、生态农业，为农村经济全面发展创造良好条件。这个阶段标志着农村能源工作达到一个新的发展水平。西吉县农村能源综合建设试点县，就是其中之一，获农业部、自治区人民政府科技成果一等奖，更重要的是通过多部门多学科的联合攻关，使农村能源这个农业发展的重要基础工作，被各行各业重新认识和重视，使农村能源工作突破了行业界线。

10多年来，宁夏农村能源主要做了以下工作：

1. 省柴节煤灶炕的示范推广。

（1）节柴灶。1983年农村改灶工作纳入国家“六五”计划。固原、泾源、隆德、西吉、海原、盐池、陶乐等7县列入国家改灶节柴试点县；彭阳、同心、灵武等3县作为自治区改灶节柴试点县，任务落实后，各级领导对此十分重视。自治区政府副主席与改灶试点县县长签订了合同任务书。自治区财政从资金上给予保证，区、县精心组织安排，乡村层层发动，全面进行改灶工作，仅1983、1984年两年全区就改灶26.3万台，一台节柴灶比旧灶一年节约1 460千克柴草，一年就可节约38万吨柴草，相当于南部山区8县当年产作物秸秆的总量。到1988年全区共推广节柴灶33.93万台，测试后全部达到国家标准，其热效率都在26.89%以上。固原、泾源、隆德、西吉、海原、盐池等6县获农业部改灶节柴先进县称号。农用节柴灶的推广应用获自治区科技成果三等奖。到1996年全区共推广普及节柴灶36.26万台，占总农户的41.2%。由于节柴灶在南部山区的推广普及，自然生态植被得到了一定的恢复。

（2）节柴炕。炕，是北方农村冬季取暖不可缺少的设施。据调查，固原山区一年烧炕取暖长达9个月，一户农家一年仅烧炕就烧掉柴草6 000千克，烧炕占生活用能的61.6%，只改灶不改炕仍不能从根本上改变南部山区生活用能的紧张状况。为此，在改灶的同时，农村能源科研人员与农民技术员共同对旧式煨炕进行认真剖析，根据当地气候条件和人们的生活习惯研制出易砌筑，取材容易，热效率高，表面温度均匀，保温性好，节省柴草的新型节能炕，在全区试验示范，节能炕的推广应用获自治区科技进步四等奖。全区已示范推广节能炕10.59万铺，占总农户的13.5%，一铺节能炕一年节约柴草1 593千克，相当于797千克标煤，折合96元。

2. 风能开发利用。多年来，在贫困山区，居住分散，大电网无法通电的情况下，推广小型风力发电机1 720台，装机容量200.10千瓦，解决农民文化生活用电的困难。一台100瓦风力发电机能保证一户农家的文化生活用电。

3. 沼气建设。宁夏的沼气工作从1958年就开始了，由于当时技术不过关，所建沼气池漏气、漏水，基本就没有用上。1977年又开始在海原、西吉、同心、盐池等县试验搞沼气，到1979年共建沼气池79口，当年就有24口产气使用达6个月以上。1980年宁夏沼气太阳能领导小组办公室把沼气建设作为解决山区“三料”奇缺的一个重要措施，列入工作议程，山区各县迅速开展工作。1980年共建沼气池252口，装料70口，产气59口，48口使用效果好，能日做二餐饭夜点一盏灯，并且能安全越冬。到了1981年宁夏沼气试验示范已发展到9个县30多个乡，宁南山区、引黄灌区都有试验示范点，截至1989年底全区共建沼气池2 263口，2.2万立方米池容，覆盖面为2 000多户、1万多人。

这期间所建沼气池，多分布在高寒缺水的南部山区，建池发酵原料不足，池子建成后要到几十里以外的地方去拉畜粪，造成沼气池造价高，入池原料不足，群众负担不起，加之维护管理工作跟不上等原因，使原有沼气池报废不少，影响了发展和利用，以致于1989年以后沼气工作停滞不前。

4. 太阳能开发利用。

(1) 太阳灶。从1983年开始，引进试验示范推广太阳灶，已试验推广3 279台。一台太阳灶一般都能满足一户家庭炖、蒸、煮、炒等炊事用热。6—9月间烧开5千克水只需20分钟左右，煮熟1千克面条6～9分钟，蒸2.5千克的一笼馒头只需30～40分钟，用户普遍反映太阳灶安全卫生，不用燃料，使用方便。一台太阳灶每年可节省柴草1 000～1 500千克，折合标准煤651千克（中间数1 200千克)。

(2) 太阳能热水器。从1983年开始，在银川、石嘴山、吴忠市试验使用热水器。热水器每平方米每天可提供60千克40～60℃热水供人们洗浴，使用时间为5—10月份，每平方米年节约160千克煤。从辽宁营口引进红泥塑料热合袋式热水器，其价格便宜，使用方便，特别适合农村夏季家庭洗浴，是深受广大用户欢迎的农村能源产品，在全区推广较快，已累计推广3.9万多平方米。

(3) 太阳能暖房。1985年，与中国农业工程研究设计院在海原试验建第一座太阳能暖房5间(200平方米)，测试室外温度达－13℃，而暖房温度为5℃，相差18℃，以后又在固原、西吉等地试验性的建了一些太阳能暖房，虽然有一些效果，但终因太阳能暖房造价较高，加之当地群众的建房习惯和生活条件，太阳能暖房在宁夏最终没有形成规模。

1991年与甘肃省能源研究所在隆德县温堡中心小学建被动式太阳能暖房校舍700平方米。经反复测试，环境平均温度为－14.5℃，对比房温度－4.2℃，太阳能暖房温度为7℃，暖房最高室温达12.5℃，最低为5℃，太阳房的室温与环境温度的极限温差为34℃，室内温度≥6℃的小时保证率达98%节能率为100%，温堡小学的整幢建筑每年节约取暖费3 000元，4年即可收回建太阳能暖房设施增加的费用。

隆德温堡太阳能暖房教室的建成使用，不仅节约了大量的燃料，而且教室内干净明亮温暖舒适，改善了教学环境，减少了燃料的运输，免除了师生点火生炉子的劳动，因此深受师生的欢迎。为农村小学教室建造起到了良好示范作用。1992年以后就有8所学校建太阳能暖房教室，面积达8 000多平方米。到1996年底全区建太阳能暖房9 940平方米。

(4) 节能日光温室。90年代开始建节能日光温室，全区建节能日光温室面积1 609.73万平方米，日光温室平均每公顷产蔬菜76 500公斤，产值达137 760元。

5. 农村能源综合建设县工作。“七五”期间国家计委、农业部等六部委联合组织在全国搞12个农村能源综合建设试点，宁夏西吉县被列为试点县之一。经过5年的努力，西吉农村能源综合试点，获多项科技成果，推广薪炭林草1.87万公顷，推广节能炕6.3万铺，并有沼气、太阳灶、太阳能热水器、地膜覆盖等多项实用技术综合推广应用。对西吉县保护生态环境，缓解群众燃料紧缺的矛盾，并在科研能源管理，农村能源产业方面积累了经验。西吉县农村能源综合建设县的工作通过国家鉴定和验收，并获自治区科技进步一等奖。

“八五”期间，国家计委、农业部等八部委再次联合组织开展全国100个农村能源综合建设县工作，宁夏盐池县列为百县之一。经过5年的建设，摸索出了指导半荒漠风沙干旱类型区的农村能源模型体系。项目期内，推广薪炭林草29 994公顷，节能灶、炕1.5万铺，被动式太阳房5 956平方米，还有其他多项节能技术的推广应用。该项目把环境治理，生产建设与解决农村能源紧缺紧密结合，取得的经济、生态、社会、能源效益显著。经国家项目领导小组办公室委托区内有关方面的专家进行验收，9个子项目全部达到项目合同指标，受到一致好评，通过国家验收合格。

“九五”期间国家计委、农业部等八部委确定继续在全国搞100个农村能源综合建设试点县。宁夏隆德县被列为百县之一。隆德县农村能源总的设想是：围绕一个目标（开源节流），增加两个投入（资金和技术），完善三个网络（推广、管理、培训），建立四个试验区，示范乡，推广五项重点项目（营造薪炭林草、太阳能利用、沼气综合利用、节能灶炕和煤油电节能技术改造）经过近两年的实施，项目工作进展顺利，正按照项目规划合同目标逐步落实，争取做好各项工作，在本世纪末圆满完成隆德县综合建设县任务。

（宁夏回族自治区农村能源工作站　刘海茹）

1996年农村能源建设概况

1996年是“九五”计划的开局之年。一年来在农业厅党组的直接领导及有关业务部门的大力支持下，全区农村能源工作稳步发展。认真贯彻“因地制宜、多能互补、综合利用、讲求效益”的农村能源建设方针，结合本区实际，重点抓了隆德农村能源综合建设县项目；以沼气为纽带的“四位一体”工程以及节柴炕灶的推广和太阳能的开发利用等项工作。

（一）隆德农村能源综合建设县项目　该项目是国家“九五”全国100个农村能源综合建设县之一，也是继西吉、盐池农村能源综合建设县之后宁夏第三个国家级农村能源综合建设县。为了保证项目的顺利实施，5月召开了有区计委、农业厅、财政厅、林业厅、科委、农电局、水利局、经贸委、农科院、隆德县政府负责同志参加的隆德农村能源综合建设县项目协调会。会上明确了有关单位的任务，落实了配套经费。隆德农村能源综合建设项目办组织技术人员在摸清隆德县农村能源资源、消费现状，并对“九五”末的生产、生活用能进行预测，针对存在的缺能问题提出解决的办法，以达到促使生态环境得到保护，农户生活用能的消费与产出达到平衡的基础上，完成了隆德县农村能源规划。根据规划，1996年完成了营造薪炭林0.18万公顷、草0.16万公顷，日光温棚10 600平方米，砌盘省柴节煤炕灶1 500铺（台），建“四位一体”沼气池2口，太阳房1 300平方米，太阳能猪舍1 116平方米，地膜种植0.20万公顷。

（二）积极稳妥地做好沼气池建设工作　宁夏沼气建设起步于1980年，但是1989年后就处于低谷，停滞不前。这其中有资金维修管理技术诸方面的原因，但最重要的原因就是用途单一。1996年，在学习外地经验的基础上探索本区沼气发展的新路。首先找出沼气发展难的症结，一是出料难，二是进出料费时费工，三是用途单一，使用时间短（每年只能使用3～4个月）针对以上难点，选择陕西、辽宁推广的池型，与日光温室、猪圈、厕所组成“四位一体”，可自动进料，自动出料。沼气池建在太阳能猪圈内，冬季既可解决一年养猪半年长的难题，又可对沼气池保温，实现长年产气供农户炊事之用。1996年在中卫、盐池、隆德等3县先后建沼气池8口，已全部产气正常使用，配套设备正在完善之中。

（三）努力做好全区农村能源推广工作　在重点抓好隆德县农村能源综合建设项目的同时，努力做好全区面上农村能源的推广工作。1996年用于农村能源的经费14万元，其中省级12万元，县级2万元。培训专业技术人员50人次。1996年全区共推广红泥塑料袋2 400平方米，完成计划任务数的50%，太阳灶18台，自治区第二栋太阳能暖房教学楼在隆德神林建成，面积1 300平方米，完成太阳能暖房的计划任务。建太阳能暖圈0.2万平方米。推广省柴节煤炕5 000铺、节煤灶5 000台。太阳能利用和省柴节煤灶、炕已初步形成了规模，取得了较好的经济和社会效益。

（宁夏回族自治区农村能源工作站　刘海茹）

新疆维吾尔自治区农村能源建设

长期以来，新疆农村能源消耗主要依赖农作物秸秆、柴草、畜粪和少量的煤炭。近年来，农村商品能源消费量虽有增加（主要是北疆地区），但远未满足需求。农村生活用能70%仍为生物质能，秸秆产量的一半被烧掉；林木资源消耗的30%作为薪柴，从而破坏了生态环境，严重影响农业生产和农村经济发展。为了改变这种状况，缓解农村能源短缺矛盾，新疆在开辟新能源和节约能源上下功夫，大力推广沼气、省柴节煤灶、太阳能、风能等技术，取得了良好的经济效益和环境效益。

（一）农村能源资源概况　新疆维吾尔自治区位于欧亚大陆中部，面积160多万平方公里。人口1 600万人，其中乡村人口843万人。新疆是一个多民族聚居的地区，有维吾尔族、汉族、哈萨克族，回族等13个民族。

新疆远离海洋，自然资源丰富。农村能源资源分布广，资源量大，特别是生物质能、太阳能、风能资源极为丰富。具有十分广阔开发前景。

新疆处于太阳能资源丰富带和较丰富带，资源量仅次于西藏，居全国第二。新疆水平表面太阳能总辐照度总量在5×10^9～6.5×10^9焦/平方米之间，年平均值为5.8×10^9焦/平方米，峰值出现在东疆和南疆东部，区域分布大致由东南向西北递减。

新疆风能资源分布总趋势与平均风速分布趋势基本一致。年平均有效风能密度总量在3 000千瓦时/平方米以上，年总蕴藏量在3万亿千瓦时以上，可装机容量10亿千瓦。

薪柴是新疆农村生活燃料的主要来源，据统计新疆薪柴总资源量为142.4万吨标煤。作物秸秆理论资源量为1 200万吨，可利用量803.7万吨，折标准煤436.5万吨标煤。农牧区每年产生粪便1 615万吨，可利用量495万吨，折合标准煤253.6万吨标煤。

（二）推广沼气　新疆示范、推广沼气工作始于

1958年。自治区农林牧科研所在乌鲁木齐老满城建成本区第一个10立方米容积沼气池，产生的沼气与汽油配合作燃料试验发电。吐鲁番五星公社和哈密城关区亦有沼气池相继建成。但是终因技术、经费等问题未得到解决而没有巩固下来。1975年，自治区科委根据国务院关于在全国农村推广沼气的通知精神，组织科技人员进行试点、推广，到1979年底全自治区共建成沼气池898座，总容积近9 000立方米，但由于池型结构等原因，利用率仅为30%。期间自治区加强了对沼气建设的领导，把发展沼气列为解决农村能源、实现农业现代化的一件大事来抓。1981年明确提出"加强领导，积极推广，因地制宜，讲求实效，成片发展，稳步前进"的沼气建设方针，1982年农业部颁发了《全国农村水压式沼气池标准图集》，提倡修建"圆小浅"的沼气池，并推行"三统一"（统一池型设计、统一池体结构、统一施工工艺）和"四配套"（压力表、灯灶具、输气管、开关）。自治区沼办积极贯彻宣传并统一供应灯、灶具和压力表，对原有落后用具逐步进行更换。1983年初，为把建池质量和管理工作提高到一个新水平，颁发了《自治区农村沼气管理试行办法（草案）》，各地逐步推行各种形式的专业承包建池和管理制度，把责任、效果和承包者利益紧密联系起来。呼图壁县园户村开始建池时，就与30户农民签订了建管用合同书，建一个沼气池用户交纳37元管理费，由建池专业组实行"三包"（包建、包管、包修）；阿克苏县沼气办公室直接与生产队签订沼气管理协议书，由生产队支付管理费。和田县巴格其乡聘用农民员负责管理，按月付给一定报酬，保证了沼气池的正常产气和利用。同时，对"病态"沼气池，进行修复和改造，使其重新发挥效益。

1984年自治区计委将沼气建设列入全区国民经济发展计划，向有关地州县下达了推广任务。伊宁、巩留、木垒、奇台、吉木萨尔、呼图壁县、伊宁市、阿克苏、沙雅、库车、柯坪、阿图什、阿克陶、岳普湖、和田、洛浦、皮山、民丰县等18个县（市）成为1979年以后新的沼气推广区。1989年在巴州尉犁县西尼尔村进行小型高效水压式沼气池建设试点，共建10立方米沼气池15座。1990年又在精河县进行试点，建示范池5座。自1990年以后，沼气建设注重现有池的维修利用，提高保有池的利用率，产气率和经济效益。自1979年以来，全自治区共举办沼气技术培训班27期，培训干部和技术员420人次，其中，少数民族技术员220人次；据统计，至1996年底全自治区累计建设沼气池2 236座，总容积22 569立方米，年末实际保有数300座，总容积4 000立方米，利用率为10%。

（三）推广省柴节煤灶　1983年5月21日和7月11日，自治区政府办公厅先后发出转发和贯彻执行国家计委、农牧渔业部《关于加快农村推广省柴节煤灶报告》的通知，揭开了在全疆农村普遍推广省柴节煤灶的序幕。从是年起，疏附、博乐、塔城、和田、阿克陶、阿克苏、哈密、洛浦、麦盖提、岳普湖、泽普、阿瓦提、轮台、巩留、墨玉、英吉沙、疏勒、阿图什、莎车、于田、鄯善、吉木萨尔、柯枰、尉犁等25个县市被列为全国农村推广省柴节煤灶试点县，按照农牧渔业部的要求，试点县在签订推广合同后的三年内，应完成本县总农户90%的旧式炉灶改造任务。普及新式省柴节煤灶，其热效率必须达到20%以上，新灶合格率达到90%。到期后按国家规定标准检查验收。试点推广期间，国家从技术、资金方面给予资助。同时，和田、皮山、民丰、策勒、伽师、叶城、喀什（市）、阿合奇、乌恰、库车、沙雅、和静、焉耆、吐鲁番（市）、托克逊、伊宁、新源、沙湾、乌苏、额敏、阿勒泰、木垒、奇台、呼图壁、精河等28个县市作为自治区的面上推广县。经过努力，至1996年底全自治区累计推广省柴节煤灶187.3万户，占总农户的73%。同时根据新疆特点选出6种高效灶型在全疆推广，其热效率都在20%以上。

（四）太阳能研究利用　新疆的太阳能利用大体可为两个阶段：

第一阶段从1980—1984年，这一阶段主要以研究和推广太阳灶、太阳能热水器为主，自治区成立了相应的领导机构，投入了近300万元的资金，进行宣传、研究、示范、推广。这期间新疆太阳能利用研究所研制成功率较大，适合新疆特点的水泥薄壳灶，以及适合新疆少数民族特点的太阳能考馕灶，新疆环境保护研究所与上海能源所联合研制成功操作方便的塑料轻型太阳灶。新疆机械科研所研制铝翼式、扁盒式、家用闷晒式三种形式的太阳能热水器。到1984年底，全自治区共推广各种形式的太阳灶1 840台，推广各种形式的太阳能热水器近1万平方米，还围建了近4 666.7公顷的太阳能电牧围栏。新源县畜牧局围建的296.6公顷太阳能电围栏，经对牧草进行分类测试，1980年豆科牧草仅占总产量的1.49%，1981年上升为占总产量的6%，较1980年提高了3倍多。阜康紫泥泉种羊场围建的258.9公顷太阳能电围栏，平均每米造价2.10元，较刺线围栏平均每米造价3.20元低34.4%。母羊受胎率比围场前提高了5%～8%左右。

第二阶段从1985年至今。据调查区内已推广的太阳灶，正常使用的不到50%，已安装的太阳能热水系统正常运行的也只有80%。这期间新疆着重开展了太阳灶、太阳能热利用中涂层材料和反光材料的研究工作，并研制成功多功能太阳灶、多功能太阳能食品烤箱、太阳能新型涂层材料等七项成果，并于1986年8月通过科技成果鉴定。新疆半导体厂引进国内外的先进技术，研制并生产出硅太阳能电池，主要用作小型电源销往广大农村、牧区、部队、机关和学校，并于1986年在阜康肥种羊场建成新疆最大的一座5 000千瓦的太阳能硅光电站，通过了鉴定并投入运行。

截至1996年底，新疆在和田、喀什、克孜勒苏、阿克苏、昌吉等地州的18个县、市共推广太阳灶2 500余台。并生产、推广太阳能热水器7万多平方米。

太阳能电源是为农牧区供应照明、家用电器的可靠电源。到1996年底累计推广太阳能光电源66 058瓦。另外，还建成阜康县万亩草场太阳能光电围栏（5 000千瓦）、建成太阳能采暖房2 000平方米、太阳能干燥器180平方米。

（五）风能利用　新疆已建成总装机容量为1.22万千瓦的达坂城风电一厂、二厂，并在农牧区推广微型风力发电机3 700余台，装机410千瓦。其中托克逊县通沟村的28户哈萨克牧民安装了28台小型风力发电机，该村成为新疆第一个风力发电村。吉木萨尔县老台乡牧业村，额敏县二道桥乡也各建起风电村，共安装81架风力发电机。

（六）农村能源综合建设　1990年吉木萨尔、泽普两县被列为"八五"期间全国农村能源综合建设试点县。1995年泽普和吉木萨尔县通过了国家验收。

泽普县开展了12个项目的农村能源综合建设。建成1座3×4 000千瓦水电站，农村通电率100%，农村人均用电比1990年提高40千瓦时，开发太阳能资源0.5万吨标煤，推广省节煤灶34 357户，节能1.1万吨标煤，砖窑技改年节能8 100吨标煤，营造薪炭林2 008公顷，能源开发量1 416吨标煤，秸秆还田3万公顷，土壤有机质含量提高1.5%，森林覆盖率由10.8%上升到13.4%，全县为综合建设总投资9 612.01万元，取得综合经济效益6 989.79万元；年节能81.3万吨标煤，开发能源量16.06万吨标煤。

吉木萨尔县建成4 350千瓦小水电站1座，火电厂技改增容6 000千瓦，农村人均年用电量从9千瓦时提高到31千瓦时，开发风能资源5.3千瓦，太阳能资源2.1万吨标煤，推广省柴灶、节煤炉2万多户，节能5.7万吨标煤，秸秆还田2.8万公顷，土壤有机质含量由1.2%提高到1.52%，植树造林800公顷，森林覆盖率由9.5%上升到12.4%，全县农村能源综合建设总投资4 047万元，累计经济效益5 360多万元，年节约和开发能源总量9.7万吨标煤，完成规划指标的114%。

（七）农村能源产业和技术服务体系建设　喀什、吐鲁番、疏勒、洛浦、乌苏等地县已建农村能源技术服务站19个，总人数达80人。多数经营管理好，一面搞技术推广，一面搞经营服务。农村能源产业已开始发展，如吐鲁番地区生产的红泥塑料袋式太阳能热水器年产近万套，生产真空管太阳能热水器供应城乡，受到用户欢迎。

1992年新疆农村能源环保技术服务中心成立，中心在资金匮乏的条件下，积极与兄弟省区建立合作关系，面向农牧区，开展了太阳能、风能、微水电及各种民用节能技术与产品的推广和经营服务活动，并利用地缘优势，与周边国家吉尔吉斯、蒙古等国在再生能源技术方面进行了合作交流。

（新疆维吾尔自治区农村能源办公室
胡斯马义　张富年）

1996年农村能源建设概况

1996年是"九五"计划的第一年，新疆农村能源建设取得了新的进展。

1996年全自治区推广太阳能热水器2.5万平方米，太阳能光电源6.6万峰瓦，小型风力发电机102台，约10.2千瓦。在昌吉、哈密、博乐等地结合菜篮子工程建设，推广普及日光节能温室2 131.2万平方米，塑料大棚3 133公顷，取得显著的能源效益和经济效益。

"九五"期间国家继续开展了"百县"农村能源综合建设，新疆皮山和尉犁两县被列其中。为了加快农村能源综合建设，在自治区党委、政府的大力支持下，经过研究论讨，征求自治区科委、经贸委、财政厅、水利厅、林业厅、电力局等厅（局）的意见，并由八厅（局）联合签发了《关于自治区"九五"期间继续开展农村能源综合建设工作的通知》，确定了库车、巩留、叶城、英吉沙、墨玉、鄯善等6县为自治区级农村能源综合建设试点县。1996年10月举办了全区农村能源综合建设规划培训班，对6个县农村能源办的同志进行了规划编制专业培训。到年底，各综合建设县规划已编制完成。

根据中央向西部倾斜政策精神，1996年10月农业部环保能源司组团来新疆考察。在新疆期间，考察团实地考察了昌吉州、伊犁和喀什地区5个县的农村能源工作，对新疆农村能源工作提出了新的要求。介绍了全国的先进经验和"四位一体"、"秸秆气化"等先进技术。

紧接着于11月底至12月初，新疆组成了由农业厅副厅长为团长的考察团到山东、辽宁学习参观"四位一体"、秸秆气化和太阳能采暖房建设。

在农村能源产业和服务体系建设方面，喀什、伊犁、阿克苏、巴州、哈密、吐鲁番等地州都采取了不同的经营方式，开展技术服务。吐鲁番地区新能源技术开发中心生产真空管热水器200套。自治区能源环保技术服务中心，结合新疆太阳能资源丰富的优势，面向农村推广太阳能热水器8 000平方米，并与北京能源所、辽宁能源所和江苏、山东等省区新能源公司建立了合作关系，拓宽了服务中心经营范围。

4月，能环办会同自治区科委、新能源研究所、兵团科委和农村能源行业协会联合召开了全疆农村能源及新产品经验交流会，送展产品和新技术100多件（项）。

此外，还根据中央向西部倾斜的政策精神，与辽宁、山东开展农村能源建设方面的东西部技术交流与合作。

（新疆维吾尔自治区农村能源办公室）

大　　事　　记

农村能源大事记（1957—1996年）

1957—1974年

1957年9月12日　以周恩来总理的名义发布《关于发展小煤窑的指示》，决定在有煤炭资源的地区，根据情况，要有领导地积极地恢复和开办一些小煤窑。到年底，全国小煤矿的原煤产量达649万吨，为1949年产量的4.47倍。

1958年4月11日　毛泽东主席视察武汉地方工业展览馆，在仔细观看沼气灯演示时说，这要好好地推广。

1959年11月　煤炭部在北京召开了全国第二次小型煤矿工作会议。决定贯彻执行"全面改造、重点提高"的方针。

1959年　毛泽东主席视察安徽时指出，沼气又能点灯，又能做饭，又能做肥料，要大发展。

1965年8月31日　中共中央、国务院发出《关于解决农村烧柴问题的指示》。提出，烧柴问题，是关系到农村人民生产、生活的一件大事。各级领导必须从关心人民生活出发，当做一项重要工作认真抓它几年，切切实实地解决农村的烧柴问题。各有关业务部门应在种子（薪炭林）、技术等方面大力支持。

1974年8月30日　周恩来总理向国防科工委指示：请你们和中国科学院将利用太阳能的问题写一个比较详细的材料。随后，国家科委、中国科学院等单位写出调查报告，并在邓小平同志开始主持国务院工作期间，将新能源列入了国家计划。

1975—1978年

1975年　全国太阳能利用经验交流会在河南安阳市召开。

1975年4月11—22日　国家计委、中国科学院、农林部联合在四川绵阳市召开全国沼气利用推广经验交流会。

1975年7月12日　国务院批转《国家计委、中国科学院、农林部关于全国沼气利用推广经验交流会综合简报》。

1977年9月30日　国务院副总理王震对国家计委生产技术室编写的《技术革新简讯》第70期《沼气推广工作进展较快》批示：我以为推广沼气，解决群众烧的问题，确实省工、省事、卫生、增加农家肥料的肥效，建议设立一专门职能机构，自上而下抓起来。

同年　农林部筹备成立了沼气办公室。

1978年1月　煤炭部在江西萍乡召开南方九省地方煤矿会议。

1978年3月　国务院副总理兼国家科委主任方毅在全国科学大会的报告中指出，为了逐步改变我国的能源构成，还要在广开能源上大做文章。太阳能、地热、风力、潮汐、受控热核聚变等能源的科学研究，也要抓紧进行。要充分注意石煤、煤矸石、油页岩等低热值燃料和农村沼气的资源，因地制宜地综合利用起来。

1978年4月7日　国务院副总理康世恩在中央爱国卫生运动委员会第一次会议的讲话中指出，农村卫生要大力提倡办沼气，要作为一条内容。

1978年6月23日　第二次全国推广沼气经验交流会在四川绵阳召开。会议确定在四川省筹建沼气研究所，主持全国沼气科研协作组的工作。

1978年7月21日　国务院批转煤炭工业部《小煤矿管理试行办法》。

1978年8月31日　国务院副总理谷牧在全国爱国卫生运动烟台地区现场经验交流会的报告中指出，有条件的地区要积极推广沼气。推广沼气，也是改变卫生条件的一项根本性措施。

1978年10月2日　李先念副总理对农林部沼气办1978年9月21日《沼气工作简报》第二期批示：看来沼气还没有引起各级党委的重视。要加强宣传工作，要不断总结经验，要努力提高技术水平，要给予必要的支援，使沼气的发展适应农村建设的需要。

1978年12月4—14日　煤炭工业部在湖北大冶县召开全国地方小煤矿学大庆、赶开滦经验交流会。当年，全国乡镇煤矿年产量9 500万吨原煤。

1979年

1月5日　国务院副总理王震给农林部沼气办公室屠家宝同志回信说，你关于推广沼气一事，确实经过实践证明，完全适合我国人口稠密地区，既能解决烧柴问题，又能增加有机肥氮、磷、钾三要素问题。沼气是一个聚宝池，需要讲求科学地运用。

1月20日　国家科委新能源专业组筹备组在北京成立。

2月1日　农林部、煤炭工业部印发《关于抓紧落实好社队煤矿几项工作的通知》。

2月20—25日　农林部沼气办公室在北京顺义县召开全国沼气科研协作计划座谈会。制定了1979—1985年全国沼气科研项目计划，明确了分工，成立了全国沼气科研协作组。

3月10日　王震副总理对农林部沼气办公室3月5日的来信批示：我认为要花点钱，认真搞一批，可靠了再逐步推广。

3月21日　王任重副总理在农业部科技局关于沼气问题报告上批示：应从支农经费中拨钱出来。今后每年应有固定拨款。

本月　国家科委新能源专业组生物质能分组在杭州召开了第一次工作座谈会。

4月3日　王任重副总理在全国农业自然资源调查和农业区划会议的报告中指出，要发展沼气和小水电。有的地方比较重视，搞得比较好。从全国来讲，重视不够。对沼气、小水电，由国家给以技术指导，略加扶持，并不需要很多的投资。

4月5日　康世恩副总理在国家经委宋力刚所送《沼气经济效益》材料上批示：有计划地逐步地推广农村沼气，是可能的，基本上由农村社队自己办。需要一点资金及水泥、塑料、钢材的支持。拟由新技术推广费中补助。

本月 为了贯彻“调整、改革、整顿、提高”的方针，国务院副总理余秋里、王任重作了“要切实整顿农电”的批示。为此，水电部于7月，在山东益都县召开了农电设备整顿工作会议。

5月28日—6月4日 经国务院批准同意，由国家经委、国家科委、国家农委、农业部共同主持在北京召开全国沼气办公室主任会议。

8月5日 联合国环境规划署和我国国务院环境保护办公室在成都举办国际沼气讲习班。参加学习的来自18个国家共22名学员。

9月1日 来自14个国家的联合国技术合作发展部沼气考察团一行19人，考察我国的沼气建设。

9月5日 国务院批转国家经委、国家科委、国家农委、农业部《关于当前农村沼气建设中几个问题的报告》。

9月6日 中国太阳能学会成立暨全国第二次太阳能利用经验交流会在西安召开。

9月27日 北京市太阳能研究所成立。

9月28日 中国共产党第十一届四中全会通过的《中共中央关于加快农业发展若干问题的决定》中指出：大力推广沼气，各地都要根据当地条件，确定推广的步骤和具体要求，纳入农业基本建设规划，安排和供应必要的资金和材料，组织技术训练。要积极利用风能和太阳能。采取一切切实可行的措施，扩大农用能源。

11月3日 全国沼气领导小组组长赵辛初主持召开第一次领导小组会议。

11月7日 全国沼气池提粪机具选型会在四川新都县召开。

11月21日 国务院副总理、国家科委主任方毅召集部分能源专家座谈能源形势，提出我国农村能源利用中的两个突出问题，一是农村能源数量严重不足，造成生态破坏等恶果；二是农村能源利用不合理，没有充分发挥效益。并把此内容作为12月杭州会议的主要议题进行讨论。

12月9日 国家科委在杭州召开全国第一次能源政策研究座谈会。

12月18日 根据国务院文件的精神，农业部发出通知，四川省沼气科研所改为农业部成都沼气科学研究所，成为农业部直属的事业单位。

同年 财政部发出《有关1979年农村低压电网整改补助费的分配与管理问题》，水电部发出《关于下达1979年农村低压电网整改计划》的通知。

同年 财政部根据国务院文件精神，安排沼气补助费500万元，从1980年开始按农业部提出的分配使用意见，从财政切块中包干分配到各省、自治区、直辖市。

1980年

1月 林汉雄同志将全国第一次能源政策研究座谈会情况向中央提出了13条建议，明确指出中国存在能源短缺问题，建议加速开发水电。对农村能源问题，他建议应首先加速开发可再生能源，注重商品能源的节约等等。邓小平同志阅后眉批：颇有见地。

本月 电力工业部农电司在湖南宁乡县召开全国农电管理经验交流会。

2月5—11日 全国沼气办公室召开10省、直辖市沼办主任和部分专家座谈会。

3月5日 中共中央、国务院《关于大力开展植树造林的指示》指出，在烧柴困难的地方，还要大办沼气和积极发展薪炭林。

3月12—20日 第二次全国沼气科研协作会议在河北保定市召开。会上编制了《1980年全国沼气科研项目计划》。

3月24日 国家农业委员会副主任兼全国农业自然资源调查和农业区划委员会副主任何康主持召集农业、林业、水利、农垦、农机、水产、国家科委、中央气象局、中科院等部门参加的农村能源工作会议，专门研究关于成立农村能源专业组问题。与会同志一致同意在全国农业区划委员会下设农村能源专业组。

本月 为了编制《我国沼气自然资源和沼气建设区划》，由全国沼气建设领导小组办公室牵头，中科院综考会、中国农业工程研究设计院、农业部成都沼科所参加，组织了28个省、自治区、直辖市沼气办公室（或主管部门）进行了沼气资源调查和区划研究与编制。

4月8日 联合国粮农组织和我国农业部在成都举办国际沼气技术讲习班，有8个国家和地区的19名学员参加。

4月21日 应美国生物能理事会的邀请，以四川省委书记杨超为团长的中国生物能源代表团一行9人，参加在美国亚特兰大市举办的世界生物能源大会。会上杨超发言介绍了中国沼气利用的情况。

4月25日 农村能源专业组领导小组召开第一次会议。

本月 国家农委农业区划委员会农村能源专业组办公室组织有关单位进行农村能源调查，编制专项区划，在此基础上形成《全国农村能源综合区划》。

5月13日 中央军委副主席叶剑英视察海南岛和梅县地区时指出，平原地区要办沼气，山区也可以办，沼气可以煮饭，也可以发电，这样就可以保护森林和水源。

5月16日 全国农业展览馆组成沼气巡回展览组，赴全国各地举办展览及沼气技术培训班。

5月23日 为了进行农村能源区划，摸清全国地热资源量，地矿部和农业部联合发出《关于开发利用农村地热资源的通知》。

7月10日 邓小平同志视察四川省成都市郊簇桥公社的沼气建设时指出，发展沼气很好，是个方向，可以因地制宜解决农村能源问题，沼气发展要有一个规划，要有明确奋斗目标和方向，要抓科研。沼气池也要搞三化，即标准化、系列化、通用化，不这样不好管理，也保证不了质量。参观结束后，邓小平同志向省委负责同志强调说，沼气很好，是个方向问题，是个世界问题，可以发电带动加工，也可以解决农民的燃料问题，要搞个规划。沼气办好了，每年每户可以增加几十元的收入。沼气化可以增加就业人员，这是一件好事，大家要重视一下。

7月16日 国际大型沼气技术讨论会在北京举行。会议由联合国工业发展组织和我国沼气建设领导小组联合召开，26个发展中国家的45位能源专家和官员出席了会议。

7月17日 电力工业部下达《关于加强农电管理机构的通知》。

7月28日 国务院副总理万里在全国农业资源调查和农业区划第二次会议上强调重视农村能源问题。他说，解决农村能源光靠煤炭不行，也供应不了那么多，今后解决农村能源，第一条大抓沼气，可以给贷款，给材料，培训技术人员；第二条抓薪炭林；第三条有条件的应大抓小水电。这三条结合起来，就好办了。农村能源问题不解决，林业就会继续遭到破坏，生态平衡就无法恢复。

9月10日 中国、印度、联邦德国三国联合沼气考察组一行21人（外宾15人）对北京、上海、江苏、四川、河北等地的沼气建设情况进行了为期一个月的考察。

10月18—24日 中国农业工程学会第一次全国农村能源学术讨论会和中国沼气协会成立大会在北京昌平县召开。

10月28日 第二次国际小水电技术应用与发展讨论会第一阶段会议在杭州举行。

本月 由全国沼气办公室主持在上海南汇县召开首次沼气灶具选型会，各地共选送了87台沼气灶具，评选出5种灶具向全国推广。

12月4日 由北京师范学院生物系周孟津等研究的产甲烷菌纯培养技术，通过了专家的鉴定。这是我国第一次用简陋设备培育的产甲烷八叠球菌的纯种，填补了国内空白。

12月10日 农业部农业工程管理局、中国农业工程研究设计院在北京召开河南、江西、山东、北京省柴节煤灶测试会。

12月26日 国家科委在北京召开全国第二次能源政策研究座谈会，中国能源研究会同时成立。

本月 财政部为支持四川省沼气建设，一次性拨款1 000万元，用于改造500万个"远、大、深"老沼气池。

1981年

3月2—8日 全国沼气办公室在北京召开全国沼气科研计划座谈会。

3月8日 中共中央、国务院《关于保护森林发展林业若干问题的决定》中指出，在烧柴困难的地方，要把发展薪炭林作为植树造林的首要任务，划定地段，组织社队、社员，以及机关、部队、厂矿、学校、农牧场等单位，积极营造，谁造归谁所有。

3月20日 中国太阳能学会生物质能专业组在成都召开成立大会。

4月2—10日 国家科委和地矿部联合在天津举办中美地热技术座谈会和美国地热展览会。

5月11日 由国家科委、国家农委、农业部、商业部和国家物资总局联合举办的全国农村省柴节煤经验交流会在河南周口市召开。

5月16日 国务院副总理姚依林在国家农委副主任何康关于沼气工作的一封信上批示：发展沼气是一个很重要的工作，是解决农村能源问题的一个很重要的方面，看来要以农民自己投资为主，国家加以扶持，特别是在技术与物资方面。当然贷款也要有一点，要有一个长期规划，讲求实效。

5月19日 全国沼气建设领导小组在北京召开全国沼气工作会议。

5月20日 国务院副总理万里在接见全国第二期农业领导干部学习研讨班全体学员讲话时指出，农村能源很重要，不解决不行。现在正开沼气会议，要大抓沼气建设。没有充分的能源，商品经济就无法发展。

5月30日 全国沼气办公室将国际大型沼气技术讨论会中国专家论文汇编成《中国沼气》英文本，这是中国第一次对外宣传用的沼气技术英文书籍。

6月9日 电力工业部转发《全国农电整顿经验交流会议纪要》。

6月18日 国务院副总理万里在关于全国农村省柴节煤经验交流会和全国沼气工作会议情况汇报的材料上批示：此事（指农村省柴节煤工作）必须认真抓，各级政府都应把此事当成经常注意的大事解决，究竟由农委牵头还是能委、科委牵头，我看还是农委牵头抓为宜。

本月 全国沼气建设领导小组给成都沼科所下达考察我国沼气发展历史的任务，考察组历时一年，考察了13个省、直辖市112个县市，行程5万多公里，总结了我国沼气发展的历史和有关技术问题。

7月1日 第一届中国农村能源展览在北京全国农业展览馆开幕。内容包括沼气、小水电、薪炭林、太阳能、风能、地热能和节能。

7月4日 全国沼气建设领导小组、国务院科技干部局联合发出《关于对沼气技术干部进行考核评定技术职称的通知》。

本月 为验证"因地制宜、多能互补、综合利用、讲求实效"的农村能源建设方针，国家农委、国家科委安排了农村生活用能综合建设试点项目。选择了山东禹城县阎庄、河南郸城县郭大楼村、甘肃永靖县小岭公社等三个村、乡进行生活用能综合建设试点。由中国农业工程研究设计院承担。

8月1日 全国沼气办公室向全国沼气建设领导小组提出报废一批沼气池的请示报告。

8月10—21日 联合国新能源和可再生能源会议在肯尼亚内罗毕召开。中国政府派出以国家科委副主任武衡为团长的代表团参加了会议。

10月20日 全国沼气建设领导小组委托农业电影制片厂拍摄的彩色科教片《中国沼气》，首次在北京召开的40多个国家90名专家出席的阿卡汉国际建设奖金讨论会上放映。

10月26日 煤炭部、农业部在山西平定县联合召开全国社队煤矿座谈会。肯定了煤炭部提出的发展社队煤矿"扶持、整顿、改造、联合"的八字方针。

11月4日 联合国开发计划署与中华人民共和国政府签署《援助沼气开发技术推广研究与培训中心》项目文件。由联合国开发计划署、亚太经社会资助40万美元成立中国成都亚太区域沼气研究和培训中心。实施机构为成都沼气科学技术研究所。

12月12日 国务院印发《国务院批转国家能源委员会关于地方国营煤矿若干经济政策问题请示的通知》。

同年 国家计委、中国农业银行联合发出通知，为了扶持农村沼气建设，在"六五"期间，国家每年安排4 000万元贴息贷款指标。贴息金由中国农业银行于本年或下年初汇总各省的实际贷出额，由国家计委从节能经费中支出。

同年 林业部建立了全国薪炭林造林统计制度，确立了加强薪炭林的建设方针。

1982年

1月5—13日 国家科委第三次能源政策研究座谈会暨中国能源研究会第二次年会在郑州召开。

1月16日 为了编写"六五"农村能源建设纲要，国家科委、国家农委在北京召开农村能源综合试点和新能源综合示范点规划座谈会。

3月6日 农业部成都沼科所受全国沼办委托，在四川举办第一期援外沼气技术人员学习班，24名沼气技术员参加了学习，为承担援助第三世界建造中国沼气池打下了基础。

3月8日 经财政部同意，电力工业部决定从1982年起，建立代管社队的农电资产维护基金，并下发《关于建立代管社队农电资金维护基金》的通知。

4月29日 国家经委、国家农委转发煤炭部、农业部《关于全国社队煤矿座谈会的报告》。

5月 由国家计委牵头，农业部、林业部、水利部、国家气象局等参加的《全国农村能源资源调查和综合区划》编制完成。同时还完成了全国薪柴、水电、风能、太阳能、地热、小煤窑资源调查及区划六个分类报告。

7月12—17日 亚洲及太平洋地区小水电专家会议在我国杭州举行。

7月20—27日 国家科委和地矿部联合在辽宁营口市召开第二次全国地热工作会议。

7月24日 中央军委副主席聂荣臻给国务院副总理姚依林的信中指出，解决燃柴问题的有效办法还是大力推广沼气灶。

8月21日 国家计委、国家经委、中国农业银行联合发出通知，要求进一步做好"六五"期间沼气贷款的发放工作。

本月 水电部农电司和中国电机学会农电专业委员会在吉林省延吉市联合召开全国小水电规划学术讨论会。

9月21日 邓小平同志陪同朝鲜民主主义人民共和国主席金日成参观四川省双流县白家公社的沼气。邓小平同志介绍说，这东西很简单，可解决农村的大问题，光这个省，每年就可以节省煤炭600多万吨。邓小平同志还说，沼气能煮饭，还能发电，一家搞一个池子能煮饭照明，几家联起来就能发电。搞沼气还能改善环境卫生，提高肥效。金日成主席参观后，高兴地表示中国的沼气很好，可以在朝鲜的农村推广。

9月22日 邓小平同志听了关于小水电实行“自建、自管、自用”的好处后说，这件事，不要很多投资，国家不吃亏，群众有利，减少浪费，容易解决。你们可以写个报告，先在四川、湖南试点，浙江、福建小水电也比较多，成熟一个，试行一个，要制定政策，把权力交给省。你们还要多下去调查，多发现这一类的问题，中央、国务院给个政策，群众、国家都得利。这就是搞活，就是解放思想。

本月 联合国开发计划署、亚太经社会、联合国粮农组织和我国政府联合举办的首期国际沼气技术讲习班在中国成都亚太区域沼气研究和培训中心举行。

10月5—14日 农业部在江西鹰潭市召开全国农村省柴节煤灶评比会议。17个省、自治区、直辖市的40个省柴节煤灶参加评比，14个炉灶被评为“全国优秀省柴灶”。

10月19日 全国沼气建设领导小组办公室在上海、广州举办第二期援外沼气技术人员培训班，学期为20天。

10月25—30日 全国沼气经济效益评价科研协调组第一次座谈会在山东潍坊、青岛两市召开。

11月4日 国家计委第一副主任宋平就农村能源问题的主要情况及做法向姚依林、陆定一、薄一波、胡启立等同志汇报。提出，我们在实际工作中深深感到农村能源问题已成为恢复农业自然生态平衡和进一步发展农业生产的一个突出问题，必须引起足够的重视。同时还提出“狠抓省柴灶”、“抓推广沼气”、“抓开源”等解决农村能源的具体措施。

11月5日 国务院副总理万里在全国农业书记会议和农村思想政治工作会议上，作题为“进一步发展已经开创的农业新局面”的讲话，把发展农村能源作为农业发展的一项重大措施。

11月16—21日 中国能源研究会农村能源专业委员会成立。

11月18—22日 水电部农电司在辽宁庄河县召开华北、东北地区八省、自治区、直辖市农电整改座谈会。

11月20日 农村电气化座谈会提出要实行“自建、自管、自用”的方针和100个县进行中国式基本上电气化的试点。

11月22日 农业部在湖北黄陂县召开全国沼气技术服务公司(站)经验交流会。

11月26日 由中国能源研究会和中国沼气协会举办的中美生物质能转换技术讨论会在成都召开。

11月29日 国务院办公厅《关于撤销国务院旅游工作领导小组等十四个非常设机构的通知》中决定，撤销全国沼气建设领导小组，业务工作由农业部代管。将全国沼气建设领导小组办公室更名为农业部沼气办公室。

本月 煤炭部印发《全国地方煤矿八年（1983—1990）发展规划纲要》。

本月 水利电力部和四川省人民政府联合发出《关于积极发展四川省小水电的若干规定的通知》。

12月10日 第五届全国人民代表大会第五次会议通过《关于第六个五年计划的报告》，其中第十章第五节为农村能源。报告指出：“六五”期间，根据因地制宜、多能互补、综合利用、讲求实效的方针，努力搞好农村能源的综合利用和节约。在这次会议上，农村能源建设开始列入国家计划。

12月20—23日 国家科委攻关局在杭州召开新能源选题论证会，地热专业组把“地热农业利用研究”列为“六五”国家科技攻关项目。

本月 中国农村能源展览自4月开馆以来，先后接待了60多批来自26个国家的262名外宾。

本月 林汉雄同志向万里等同志报告，提出“对当前农村能源建设的几点意见”。报告针对农村能源存在的种种问题提出了“加强自中央至地方对农村能源的领导”、“作好农村能源的区域规划”、“造林种草，改善生态环境，为农村提供丰富的薪柴资源”、“抓好农村节能，推广省柴灶和沼气”、“新能源科研应着眼于农村的需要”等项具体措施。万里同志对该报告批示：此事应该常抓一下。

同年 中国空气动力学研究会和中国太阳能学会联合成立了风能专业委员会。

同年 据水电部统计，全国小水电站共有8万余处，总装机容量808万千瓦，其中装机500千瓦以上的电站3 117处，装机476万千瓦。小水电全年发电量172亿千瓦时，约占全国农业用电量的1/3。全国已有1 574个县建起了小水电站，有257个县的小水电装机超过1万千瓦，有774个县用电主要靠小水电。

1983年

1月2日 中共中央文件《关于当前农村经济政策的若干问题》中指出，小水电、风力、沼气、太阳能和薪炭林等能源开发，更带有紧迫性质，必须抓紧。

1月13日 新华社发布《发展中国式农村电气化》消息，根据中央领导的意见，水电部已初步决定先在100个县搞小水电试点，五年建成。

1月18—23日 农业部沼气办公室在四川成都市召开全国沼气池出料机具选型会议，经评议，选出15种性能较好的出料机具。

2月10日 国务院办公厅转发国家计划委员会、农牧渔业部《关于加快农村改灶节柴工作报告》的通知。

本月 中国农业工程研究设计院、林业部造林经营司、水电部农电司联合向国家计委、国家经委、国家科委提出开展“农村能源综合建设试点县”的工作报告。

3月2日 国家计委、农业部联合在北京召开全国农村改灶节柴试点县工作会议。

本月 新能源和农村能源技术政策论证会在北京召开。

4月11—29日 由联合国粮农组织和亚太经社会资助，国家经委能源所在北京举办亚太地区农村能源规划学习班。

4月20日 联合国开发计划署、粮农组织和我国政府联合举办的第二期国际沼气技术讲习班在成都亚太区域沼气研究和培训中心举行。

4月22日 国务院印发《国务院批转煤炭部关于加快发展煤矿八项措施的报告的通知》。

本月 中国沼气协会和农业部沼气办公室组织了20多位有关沼气方面的专家与管理人员，选择了江苏、四川、湖北、上海、浙江和山东等地所属的八个县进行了为期5个月的调研、考察和实测。

5月23日 亚太地区小水电培训班在杭州开学。

本月 水电部委托12所高等院校为农村电气化试点县举办农村小水电干部专修科。

本月 国家经委科技局在1981年国家农委安排的农村生活用能综合建设试点项目的基础上，下达“县级农村能源综合建设试验研究”课题。

7月4—6日 农牧渔业部沼气办公室在北京召开12个省市沼办主任座谈会。

7月30日 国务院负责人在听取中央财经领导小组汇报科技长期规划中关于农村能源科技规划时指出：“从长远来看，农村能源必须作为一个战略问题来对待。要真正提到日程上来，作为重大问题来研究”。“解决农村能源问题必须立足于当地，但是国家要有扶持政策”。“目前农村能源都是各地分散在搞，要设立一个中心，归口管理全国农村能源工作，系统地把规划、科研、成果推广以及有关政策问题总的抓起来。要把农村能源放在非常重要的位置来考虑。”

7月31日 国家科技规划领导小组向国务院领导汇报能源组规划，万里、李鹏、胡启立、郝建秀等同志均在讲话中谈及农村缺能、乡镇企业迅速发展对能源需求急剧增加等情况。指出，农村能源问题应作为国家的战略问题对待。

8月22日 来自9个国家12人的联合国非洲经济委员会能源考察团，参观考察北京、四川等地的沼气和小水电建设。

9月2—6日 农牧渔业部水产局在南京召开全国渔船节能技术经验交流会。

本月 农牧渔业部在北京举办全国太阳灶评议交流会，从选送的102台太阳灶中，评出全国优秀太阳灶24台，其中一等奖11台，二等奖13台。

10月4日 水电部在北京召开6省10县农村电气化试点县座谈会。

10月8日 电力部《关于制止农村用电乱收费的通知》下达各电力局。

10月28日 农牧渔业部沼气办公室召集江苏、浙江、四川、上海、湖南、广东等6省、直辖市沼办负责人在海口开会，研究落实各自选派优秀沼气技术人员到海南帮助建设沼气。

本月 农牧渔业部在河南郑州召开北方地区改灶节柴经验交流会。

11月10—14日 国家科委在浙江富阳县召开全国农村能源样板基地座谈会。

12月12日 国务院发出批转水电部《关于积极发展小水电、建设中国式农村电气化试点县的报告》的通知。

12月27—28日 农牧渔业部水产局在北京召开全国渔船节能技术和管理协作组成立会议。

12月31日 李鹏副总理在第二次全国环保会议上以“经济建设和环境保护必须同步发展”为题作报告。指出，要因地制宜解决好农村能源问题，发展小水电、沼气、薪炭林、太阳灶等多种能源，以减少植被破坏。

本月 在国家计委、经委的支持和资助下，林业部下达了由中国科学院林研所和东北林学院承担的第一批薪炭林研究课题。

同年 由国家科委下达，中国农业工程研究设计院、清华大学共同承担的“农村能源模型”课题完成。这是在国内第一次用系统工程的方法研究农村能源问题。

同年 渔船柴油机余热利用装置项目获农牧渔业部科技进步二等奖。

同年 中国能源研究会杨纪珂等向国务院提出成立专门机构统一管理农村能源工作的建议。

1984年

1月1日 《中共中央关于一九八四年农村工作的通知》中指出，当前农村兴起的饲料工业、食品工业、建筑建材工业和小能源工业，是最为社会所急需而又能较快发展的几个产业部门，应有计划地优先发展，有关部门和地方要给予积极的指导和扶持。

1月13日 农牧渔业部党组决定，按照国务院领导同志指示精神，为了把我部主管有关农村能源工作的力量集中起来，统一领导由我部负责主管的开发利用沼气、太阳能、风能、地热能等农村能源，推广省柴节煤技术等工作，同时，根据最近全国环境保护会议要加强农村环境保护工作的精神，决定将现有的沼气办公室和农村环保办公室，以及中国农业工程研究设计院负责省柴节煤灶推广的部门，合并组成农村能源环保办公室。办公室为局级行政职能机构。

2月27日 国家计委、经委、科委和农牧渔业部在北京联合召开全国沼气、农村改灶节柴试点县工作会议。

本月 中国农村发展研究中心第三次理事会议提出《关于起草“1986年到2000年全国农村发展纲要”的初步设想(讨论稿)》，共12部分。其中第九部分为农村能源问题。指出：要根据不同地区农村能源的需要和资源状况，确定研究开发利用和节约的目标和相应的政策措施。

本月 煤炭部在河南禹县召开全国社队群众办矿第一批省、自治区、直辖市座谈会。

3月1日 中共中央、国务院发出《关于深入扎实地开展绿化祖国运动的指示》。

3月17日 中国农业工程研究设计院和意大利阿吉普（AGIP）公司，在北京签署建立“中国农村能源研究培训中心”的合作项目协议。

3月22日 李鹏副总理到全国农业展览馆参观第一届农村能源展览。

4月4日 国务院办公厅发出《关于成立国务院农村能源领导小组的通知》。

4月10日 农牧渔业部组织驻京的33个国家使馆和国际组织代表处的使节和代表64人，参观了通县的沼气建设。

5月11日 《中华人民共和国水污染防治法》由第六届全国人大常委会第五次会议通过。

5月21日 水电部杭州亚太地区小水电培训中心为亚太地区发展中国家举办第一期小水电培训班。

5月24日 水电部颁发《农村安全用电管理条例》、《农村安全用电须知》。

5月26日 中共农牧渔业部党组批准农牧渔业部农村能源环保办公室机构设置。

本月 中国沼气协会和农牧渔业部沼气办公室邀请了8个单位16位专业科技人员，对8省1市的酒（精）厂、食品厂、禽畜场、城类处理厂等4个行业、27个沼气工程的厌氧消化工艺、装置、输配气系统、沼气残留物利用、环境效果以及运行管理、工程投资、经济效益等方面进行了系统的考察。

6月28日 煤炭工业部印发《关于进一步放宽政策放手发展地方煤矿的通知》。

8月7日 国务院办公厅转发农牧渔业部《关于进一步发展沼气的报告》。

8月10日 国务院农村能源领导小组发出《关于省、自治区、直辖市农村能源区划工作的建议》。

8月20日 受国务院农村能源领导小组办公室委托，中国能源研究会农村能源专业委员会和中国农业工程学会农村能源专业委员会联合主持的农村能源政策座谈会在河北石家庄市召开。

本月 中国农业银行、国家计委、农牧渔业部联合发文给各农业银行分行。文件指出，从1984年起，适当提高沼气贷款利率补贴标准，信用社发放集体、个人沼气贷款利率调整为月息五厘一，其中仍由集体和个人支付二厘一，由国家计委从节能拨款中支付三厘。

9月17日 受联合国开发计划署、粮农组织和我国政府的委托，第三期国际(拉美地区)沼气技术讲习班在中国成都亚太区域沼气研究和培训中心举行。

9月20日 《中华人民共和国森林法》由第六届全国人大常委会第七次会议通过。其中第四条指出森林分五类，薪炭林是其中一类，为以生产燃料为主要目的的林木。

9月20日 坦桑尼亚总理萨利姆一行，到成都沼科所、双流县参观考察沼气。

9月27日 财政部下达《对沼气技术服务公司免征工商税和工商所得税的通知》。

本月 水电部农电司在山东牟平县召开全国农电整改座谈会。

10月14—19日 煤炭部在重庆召开南方12省、自治区地方煤矿座谈会。

10月18日 国家科委、国家计委、国家经委联合向国务院提交《能源技术政策要点》报告。

10月23日 劳动人事部、国家经委、煤炭部、农牧渔业部联合印发了《乡镇煤矿安全生产若干暂行规定》。

10月31日 国务院农村能源领导小组第一次会议在北京召开。

11月9日 布基纳法索全国委员会主席、总统托马·桑卡拉一行，在重庆市参观沼气科研站及农民使用沼气情况。

11月12日 国务院农村能源领导小组在北京举办农村能源区划方法培训班。

11月26日 煤炭部印发《关于支持群众办矿的通知》。

本月 国防科工委成立中国风能技术开发中心。

本月 由农牧渔业部能源环保办公室牵头，中国微生物学会、中国沼气协会和浙江省微生物学会联合在杭州举办全国沼气发酵微生物学及厌氧技术讲习班。

12月14日 国务院副总理万里在全国农村工业会议上讲话指出，为了保证农民手里的钱更多地用到发展生产、发展小能源（小水电、沼气、小煤矿、风能、太阳能等）、发展公共事业上，必须坚决制止各种不合理摊派，减轻他们的负担。

12月23日 林业部造林经营司在黑龙江哈尔滨市召开北方片农村薪材林消耗量调查会议。

本月 国务院农村能源领导小组和机械工业部联合发出《关于成立风力机办公室的通知》。

1985年

1月9日 水利电力部在江西南昌市召开湖南、江西、浙江、安徽四省小水电座谈会。

1月15日 林业部造林经营司在湖北咸宁市召开南方片农村薪材年消耗量调查会议。

1月25日 国务院负责人在山西雁北地区视察乡镇煤矿时指出：要大中小矿一起上，以中小为主，国家、地方联合发展乡镇煤矿。煤炭资源不能乱挖，要统一规划，要立法。发展乡镇煤矿，可以带动农村经济的发展。开发乡镇煤矿要解决的问题很多，突出的问题是运输问题，运输问题解决了，就为乡镇煤矿的发展提供了前提条件。

1月30日 农牧渔业部发出《关于改灶节柴试点县验收的通知》。

2月5日 煤炭部在河南密县召开部分重点产煤县规划设计座谈会。

3月5日 农牧渔业部能环办在上海召开大中型沼气工程评议会和全国城镇沼气经验交流会。

3月15日 农业部发出《关于开展全国农村能源建设先进集体和先进个人表彰活动的通知》。全国共表彰先进集体129个，先进个人277个。

本月 《风力发电》杂志创刊。

本月 全国能源咨询检测中心太阳能热利用检测站成立，挂靠在北京太阳能研究所。

4月23日 农牧渔业部在安徽举办全国改灶节柴试点县验收训练班。

4月24日 农业、水电、林业三部试点县项目课题组在四川铜梁县召开全国农村能源综合建设试点县工作会议。

5月6日 水利电力部发出《关于加强农电管理工作的通知》。

5月13日 李鹏副总理主持召开国务院第一次节能办公会议。

本月 国家标准局批准成立全国风力机械标准化技术委员会。

本月 农村能源领导小组办公室对原《农村能源资源调查及综合区划工作大纲》进行了修改和补充，拟定了《农村能源综合区划大纲》，供编制农村能源区划使用。

本月 农牧渔业部农村能源环保办公室编印出版了《1983年沼气科技成果汇编》。

6月14日 李鹏副总理在全国节能工作会议上讲话时指出，在农村推广省柴节煤灶抓好了，也会有很大效果。现在农村有个大问题，就是没有形成一个能源产业，农民买不到所需的先进设备，例如现代化的沼气设备。节能工作中有些小改小革，看起来并不起眼，但是由于它的社会性、普遍性，能够产生很大的节能效果。随着农村生活的改善，农民生活用煤及乡镇企业对煤和电的需要越来越大，目前很多农村能源比较紧张，因此我们也要重视农村的节能工作。

本月 农牧渔业部农村能源环保办公室组织200人，赴26个省、自治区、直辖市对1983年开始的90个省柴改灶试点县进行了检查验收。

7月7—12日 农牧渔业部与河北省新能源办公室在河北雄县联合举办华北地热农业利用技术培训班。

7月8日 应联合国粮农组织的邀请，农牧渔业部派出成都沼科所熊承永等4人赴泰国执行传授沼气技术的任务。

7月23—28日 联合国粮农组织专家卡立博士（Amrit Bahador Karri）和该组织亚太区域办事处土壤管理及肥料使用官员邓特先生考察我国沼气技术发展状况。

本月 河南农业大学农业工程系农村能源专业的32名本科生毕业，这是我国自1981年开始培养农村能源本科生以来的首届毕业生。

8月2—5日 中国太阳能学会、中国空气动力研究会、美国风能学会共同举办的1985年国际太阳能、风能学术讨论会在北京召开。

8月12日 农牧渔业部向国家计委、经委、科委发出《关于报送1986—1990年农村能源重点科技项目计划的函》。计划共包括节能技术、农村与城镇沼气综合技术研究、太阳能应用技术研究、风能在农业上应用技术研究、地热能在农业上应用技术研究和不同地区农村能源示范点综合技术研究六个方面。

8月30日 荷兰政府风能和太阳能考察团一行10人，参观考察北京、内蒙古、四川、西藏等地风能、太阳能的利用情况。

9月4日 农牧渔业部决定建立节能工作办公会议制度，并召开了第一次会议。

9月12日 联合国开发计划署和粮农组织与我国政府联合在成都亚太区域沼气研究和培训中心，举办第四期国际沼气技术讲习班。

10月7日 甘肃榆中县园子乡太阳能光电站落成正式通电。此光电站由224块多晶硅光电池组成，额定功率10千瓦，供130多农户和14个单位照明用电。

10月9日 农牧渔业部农村能源环保办公室在上海召开1985年沼气集中供气座谈会。

10月16日 水电部农电司在辽宁兴城召开全国农电整改计划工作会议。

10月25日 煤炭部颁发《乡镇煤矿管理办法》。

本月 以P·F·本特博士为团长的美国人民友好使团生物质能利用代表团一行9人到北京、成都访问。

本月 由国家经委科技司主持，第二批县级农村能源综合建设试点工作会议在遵化县召开。

本月 国家计委确定了“七五”科技攻关项目计划。农村可再生能源技术开发为第21项。

11月1日 阿根廷、玻利维亚、巴西等17国及联合国工发组织组成的拉美小水电考察组，到浙江省参观考察。

11月2日 煤炭部印发《关于整顿乡镇煤矿的通知》。

11月9日 中国农业工程研究设计院和中国农业工程学会联合在北京召开国际高效炉灶（省柴灶）学术研讨会。

11月11日 第四届国际厌氧消化（沼气）讨论会在广州召开。

11月19日 农牧渔业部在北京举办第一期大中型沼气工程技术学习班。

11月24—28日 农牧渔业部能源

环保办公室为了及时作好“七五”国家重点科技项目的计划管理工作，在北京召开了科技项目可行性论证会。

11月26日 农村能源技术经济座谈会在北京举行。

12月30日 农牧渔业部农村能源环保办公室首次召开“七五”科技攻关第21项项目主持部门和4个参加主持部门的工作会议。

本月 林业部利用财政部安排的农村能源建设专项经费，第一次下达了10省、自治区23县营造薪炭林试点计划。

同年 “六五”期间，农牧渔业部先后安排了沼气建设重点县72个，改灶节柴试点县390个。

同年 “六五”期间到我国参观考察、接受培训、学术交流的共有75个国家622人次。应联合国和有关国家邀请，我国共派出40余名专家和工程技术人员，到13个国家讲学和援建沼气工程。

1986年

1月12日 国务院发布《节约能源管理暂行条例》。

1月21日 农牧渔业部在北京召开会议，汇总农牧渔业部节能调研工作。

2月27日 国家计委、中国农业银行、农牧渔业部联合下发《关于积极扶持农村能源发展贷款的通知》。

3月10日 农牧渔业部发出《关于1986年改灶节柴试点县验收工作安排的通知》。

3月10—14日 全国100个农村电气化试点县工作会议和全国农村能源工作会议在北京同时召开。李鹏副总理作了重要讲话，指出，在农村能源工作“因地制宜、多能互补、综合利用、讲求效益”的方针中，将原来的“讲求实效”改为“讲求效益”，是根据发展情况修改的。现在提“讲求效益”，意思是搞能源设施不仅要有实效，而且要提高能源的使用效率，同时，讲提高效益，就包括开发和节能并重。

3月13日 国务院办公厅发出《关于撤销国务院农村能源领导小组办公室的通知》。

3月18日 农牧渔业部、林业部、水利部联合在河南郸城县召开农村能源建设综合试点县工作会议。

3月19日 中华人民共和国第36号主席令颁布《中华人民共和国矿产资源法》。其中专门有一章就“乡镇集体矿山企业和个体采煤”做了规定。

4月1—4日 世界著名的英国《国际水力发电与坝工建设》期刊与杭州亚太地区小水电研究培训中心共同在杭州举办第二次国际小水电会议。

4月12日 全国农村能源英语口语培训班在成都沼科所开学。

4月14日 受联合国开发计划署、粮农组织和我国政府的委托，第五期国际沼气讲习班在中国成都亚太区域沼气研究和培训中心举办。

4月17日 农牧渔业部能环办与财政部农财司共同确定1986年改灶节柴试点县为100个，沼气重点县15个，并实行合同制管理。

4月23日 农牧渔业部能环办和农机化管理局联合向农牧渔业部农机试验鉴定总站发出《关于委托开展农用风力机械评选和推广鉴定工作的函》。

4月27日 由国家教委、中国科学院、农牧渔业部共同组织在北京召开太阳能利用技术开发论证会。

4月30日 农牧渔业部、国家计委、国家经委、国家科委，联合向各省、自治区、直辖市、计划单列市计、经、科委、农牧渔业厅（局）、农村能源（沼气）办公室印发边疆同志3月12日在全国农村能源工作会议上的工作报告。

5月7日 农牧渔业部能环办在四川成都召开城镇公厕办沼气现场会，并到宜宾、重庆、万县等地参观现场。

5月10日 《中华人民共和国森林法实施细则》由国务院批准，由林业部发布。农村能源建设的薪材开发利用与该细则有关。

5月22日 农牧渔业部能环办制定全国农村能源“七五”发展计划。

6月28日 农牧渔业部发出《关于开展部分农村能源产品评选活动的通知》。

7月3日 农牧渔业部能环办就农村能源产业和技术服务行业贷款贴息的使用问题重申，凡批准使用贴息资金的单位，应在各省农村能源办监督下管好用好，实现预期的经济效益；国家给予的贴息率最高为月息6.6厘，超过部分由借贷单位自理；部能环办根据银行收息凭证统一平衡后，下拨贴息金额。

7月7日 农牧渔业部向国家经委并转国务院节能办公会议各成员发出《关于农村能源开发与节能工作应正式列入国家计划的报告》。

7月10日 《半月谈》杂志第13期发表题为《厕所的改革》的文章，报道四川省宜宾市兴建沼气厕所情况。

7月23日 农牧渔业部能源环保办公室就近期四川省绵阳等地先后发生沼气窒息和火灾事故多起，死亡12人的事故发出通知，要求各地加强安全使用沼气的宣传工作，并采取有效措施，杜绝此类事故的发生。

本月 经农牧渔业部水产局同意，“全国渔船节能技术和管理协作组”更名为“全国水产节能管理组”。工作范围由单一的渔船节能扩大到水产养殖、水产加工、水产供销、船网机具修造等各水产行业。

8月22日 日本新能源财团理事、地热部长吉田国夫为团长的一行14人来华考察北京、广东的地热利用和发电技术，就地热资源、地热利用、地热发电、钻探技术、航测技术等进行了技术交流。

9月2—5日 由林业部主持的全国薪炭林工作座谈会在北京密云县召开。

9月5日 由农牧渔业部、中国科学院等部委联合主持在北京召开“七五”农村能源综合建设试点县论证会。

9月6日 农牧渔业部能环办委托中国沼气协会在成都市举办全国城镇沼气化粪池技术培训班。

9月9日 全国县以上能源办（沼办）管理干部技术培训班第13期，在成都沼科所开学。

9月12日 全国第一期农村能源干部培训班在沈阳农业大学举行。

9月17—19日 农牧渔业部能环办在辽宁灯塔县召开煤矸石型煤现场会议。

9月26日 农牧渔业部在北京召开全国家用太阳能热水器、农村太阳灶评选交流会。

10月1—15日 叶青、边疆率中国能源代表团参加在法国嘎纳举行的第13届世界能源大会。

10月4日 国家经委副主任朱镕基受李鹏副总理委托，主持召开国务院第三次节能办公会议，专门研究农村能源工作。

10月8日 农牧渔业部发布《节约能源管理暂行条例水产系统实施细则》。

10月20日 农牧渔业部能环办在黑龙江哈尔滨市召开炕连灶评选交流会。经现场测试，共评出先进炕19铺。其中一等奖5铺、二等奖6铺、三等奖8铺。

本月 水电部农电司在湖北随州县召开全国农电整顿与标准化会议。

11月4日 根据国家计委、经委和农牧渔业部有关部门的意见，农牧渔业部能源环保办公室重新修改了农村能源统计表。要求各单位将报送统计表作为一项日常工作。

11月13日 农牧渔业部在河南郑州市举办全国工厂化生产成型节柴省煤炉灶评选交流会，共评出一等奖11台，二等奖19台，三等奖27台，优秀设计奖4台。

11月19日 国家经委农业局和农牧渔业部能环办在浙江杭州市举办农村

能源区划、规划工作培训班。

11月20日 国家经委、水利电力部、国家物价局联合发出《关于小水电电价的几项规定的通知》。

11月22日 农牧渔业部农村能源统计和财务工作会议在广西南宁市召开。

11月27日 农牧渔业部在北京召开能源环保专业技术职务评议组首次会议。

12月9日 世界能源大会（WEC）批准中国国家委员会在11月22日世界能源会议第四次会议上的提议，成立世界能源会议沼气生产和应用技术工作组，由中国、荷兰、法国、芬兰、加拿大、丹麦、南朝鲜、巴西、伊朗、日本、新西兰、西班牙、美国等国家代表组成，农牧渔业部成都沼科所赵一章所长任主席，工作时间1986—1989年。

12月12日 国务院发出《关于乡镇煤矿实行行业管理的通知》。

12月31日 国家经委印发国务院第三次节能办公会议通过并经国务院同意的《关于加强农村能源建设的意见》。

同年 为支持农村能源建设，从今年开始，财政部每年安排农村能源建设专项事业费500万元，其中分配给农业部归口管理的为380万元。

同年 中国农业工程研究设计院接受联合国粮农组织亚太区域办公室（FAO Regional Office for Asia and Pacific）的委托，编辑了《中国省柴灶图册》，提供了我国推广的八种高效炉灶和节能炕的照片、结构图和剖视图。联合国粮农组织在曼谷出版向亚太各国发行。

同年 偏轴式太阳灶设计理论和太阳灶系列产品设计研制等四项科技成果获农业部科学技术进步奖。

同年 平板型太阳集热器产品技术条件国家标准颁布实施。

同年 国家教委批准沈阳农业大学开办生物能源二年制专科。

1987年

1月7日 农牧渔业部能环办在河北承德市组织召开全国部分地区地热种植利用经验交流会。

1月13日 第一期全国炕连灶技术培训班在黑龙江哈尔滨市举行。

1月22日 国家经委印发《企业节约能源管理升级（定级）暂行规定》。

本月 中国农业科学院在哈尔滨兽医研究所召开第一次院节能工作会议。

2月24—26日 中国农业银行和煤炭部在福建泉州市联合召开五省九县农业银行行长、煤炭局局长座谈会。

本月 农牧渔业部能环办在河北石家庄市召开全国农村能源办公室主任座谈会。

3月11日 受联合国开发计划署、粮农组织和我国政府委托，中国成都亚太区域沼气研究和培训中心在成都举办第六期国际沼气讲习班。

3月20日 农牧渔业部能源环保办公室更名为农牧渔业部农村能源环保局，为主管农村能源和环境保护的行政机构。

3月28日 农牧渔业部发出《关于下达"七五"国家科技攻关第二十一项计划的通知》，本项目称为农村可再生能源开发技术，共有6个子项（课题）和49个专题。

4月12—24日 受联合国开发计划署和世界银行能源管理援助计划署（简称ESMAP）的派遣，由世界银行家用能源处处长DOSIK和TAYLOR（泰勒）组成的工作组，对我国湖南省衡南县和江西修水县进行了考察。确定由ESMAP对修水县和辽宁喀喇沁左翼蒙古族自治县的县级农村能源综合发展研究及衡南县薪炭林前期研究提供援助，并商定了援助金额、方式和步骤。

4月20—26日 农牧渔业部农村能源环保局在安徽合肥市举办农村能源贴息贷款使用管理培训班。

4月21—23日 煤炭部在山西左云县召开重点产煤县规划会议。

4月30日 煤炭部颁发《乡镇煤矿设计若干规定》及《乡镇煤矿安全规程》。

本月 国家经委农业局、国家机械委工程农业机械局联合召开关于国外风能利用经验借鉴座谈会。

本月 农牧渔业部能源环保局组织中国农科院、北京农业大学、中国农工院、中国预防医学科学院和北京农学院等有关专家对华北地热在农业上的利用进行实地考察。写出了《华北地区农业种植业利用地热考察报告》。

5月10—14日 经国务院批准，国家计委、国家经委、煤炭部、农牧渔业部、劳动人事部联合在北京召开了全国地方煤矿工作会议。李鹏副总理到会作了重要讲话，他首先肯定了"大、中、小煤矿一起搞，国家、集体、个人一齐上"的方针和发展地方煤矿的若干经济政策，同时也明确指出乡镇煤矿和个体煤矿存在着事故多和回采率低、资源浪费严重的两大问题。还肯定了"七五"期间建设200个重点产煤县的规划。

5月11日 我国引进加拿大的太阳能热水器板芯生产线，在北京市太阳能研究所举行开工典礼。

5月15日 农牧渔业部、中国农业环境保护协会、中国生态经济学会、中国农业经济学会、中国科学院农业系统工程专业委员会等联合在安徽阜阳市召开全国生态农业问题讨论会。

5月18—29日 杭州亚太地区小水电研究培训中心受联合国委托，在杭州举办国际小水电设备标准会议。

本月 农牧渔业部印发《农垦系统节约能源管理实施细则（暂行）》。

本月 煤炭部地方煤矿公司印发《重点产煤县开发总体规划设计编制提纲》（试行）及有关问题的说明。

6月10日 水电部发出通知，将杭州小水电开发设计研究所更名为水电部农村电气化研究所。除原有任务外，还承担全国农村电气化方针、政策的研究，农村电网的技术改造与技术进步，组织国内外农村电气化的技术情报交流，以及其他有关农村电气化的专项委托研究的任务。

6月12—17日 世界能源大会沼气工作组第一次会议在成都亚太区域沼气研究和培训中心召开。

6月18日—7月1日 尼日尔矿业和能源部长一行3人，到北京、成都、西安、阜新参观了民用煤球和蜂窝煤加工、农村沼气和小型水电站。

6月25日 世界上最早将两步消化法技术应用到工业废水处理并取得成功的科学家、美国犹他大学教授高斯博士来华，在成都沼科所进行为期44天的合作研究。

7月8—10日 农牧渔业部农垦局、能源环保局和中国沼气协会联合在上海崇明县召开国营农场办沼气现场考察座谈会。

7月13日 农牧渔业部召开第二次节能办公会议。

7月29日 中国科协、农牧渔业部、水利电力部、林业部联合发出《关于颁发农民技术人员职称评定和晋升试行通则的通知》。

9月28日 农牧渔业部发布《关于"农民技术人员职称评定晋升试行通则"的补充说明》。

本月 农牧渔业部能环局主编的《1986年获奖炕连灶、太阳灶、家用太阳能热水器图册》正式出版发行。

10月5—10日 第二届国际省柴灶推广会议在危地马拉召开。我国代表在大会上发言并提供了数十种省柴灶推广资料，与会代表一致认为，省柴灶推广无论在数量上和品种上中国都处于领先地位。

10月20—23日 煤炭部地方煤炭管理局在山东泰安市召开全国地方煤矿质量达标准、安全创水平动员会。

10月21日 农牧渔业部在湖南省召开全国沼气综合利用现场会。

本月 根据国家计委和水电部的要

求，水电部农电司组织有关专家完成了《农村电气化发展纲要草案》和《农村电气化三十年发展规划大纲草案》。

11月2日　在四川铜梁、福建永春、河南郸城三县进行的“县级农村能源综合建设试验研究”课题通过国家鉴定。

11月11日　农牧渔业部发出《关于印发“农村能源、农业环境保护技术改进奖励办法”的通知》。

12月2—5日　中国能源研究会、中国机电工程学会、中国林业学会、中国农业工程学会、中国农机学会和中国沼气学会联合在安徽合肥市召开第三次全国农村能源学术讨论会。

12月9日　经国家科委的批准国际省柴灶推广基金会（FWD）中国中心点在北京成立。

12月12—22日　全国农垦节能管理工作座谈会在福建漳州市召开。

1988年

1月3日　煤炭部印发《关于认真做好重点产煤县总体规划设计的通知》，公布了第一批100个重点产煤县的名单。

1月21日　《中华人民共和国水法》由第六届全国人大常委会第二十四次会议通过。

1月30日　农牧渔业部发出《关于开展农牧渔业部生产节能先进集体和先进个人表彰活动的通知》。

2月5日　农牧渔业部发出《关于开展部分农村能源产品评选活动的通知》。

2月29日　根据1986年11月在北京举行的发展中国家技术合作政府间协商会议上，中国政府代表和巴基斯坦政府代表签订的技术合作协议，以中国成套设备出口公司的名义，向巴方提供了20台太阳灶，并委派项目工作组，赴巴基斯坦对太阳灶利用进行了为期两周的考察、技术培训和使用安装指导。

3月　国家经委授予“县级农村能源综合建设试验开发”项目国家技术开发优秀成果奖。

本月　农牧渔业部委托沈阳农业大学举办农村能源培训班。

4月2日　李鹏总理为即将在全国农业展览馆举办的第二届农村能源展览题词：“大力开发农村能源”。

4月9日　第七期国际沼气技术讲习班在成都举行。

4月18—23日　世界能源大会沼气工作组第二次会议在日本东京生物工业开发中心召开，会议由工作组主席赵一章、副主席康德瓦尔（印度）、斯蒂芬（联邦德国）主持。

4月25—29日　第三次国际小水电会议在墨西哥坎昆城举行。杭州亚太地区小水电研究培训中心主任朱效章主持了小水电会议。

本月　12个重要领域技术政策研究课题获国家科技进步一等奖，其中农村能源政策研究是主要组成部分之一。

5月16日　以世界银行泰勒先生为首的ESMAP八人专家组来华考察了衡南、修水、喀左三县。与农、林两部项目负责人协商了项目进展的有关问题。

5月22—28日　第五届国际厌氧消化（沼气）技术讨论会在意大利召开，中国派出以赵一章为团长、谢志恒为副团长的六人代表团出席了会议。

5月28日　农业部发布《水产企业节约能源管理升级（定级）评审细则》（试行）。经几年的努力，到1991年底，水产系统共有19家企业被评为国家级节能企业，其中国家一级2家，国家二级17家。

本月　农业部发布《农垦工业企业节约能源管理升级（定级）办法》。此后近三年，农垦系统共有8个单位达到国家节能二级企业标准。

6月6日　农业部组织的全国首届农村家用光电系统产品测试评比活动评委会议在北京召开。评出二等奖4个，三等奖6个。

6月10日　农业部、林业部、水电部和全国农展馆联合组织的第二届中国农村能源展览会在北京全国农业展览馆开幕。

6月21日　中国农村能源研究培训中心在北京昌平落成并投入使用。国际农村能源战略研讨会同日开幕。

6月23日　FWD总部主席阿里满多在北京中国农村能源研究培训中心与中国中心点在京成员进行了座谈。

6月30日　全国农村能源产业和服务公司经验交流会议在北京召开。

本月　国务院新组建的能源部设置了农村能源及农村电气化司，负责农村能源及农村电气化的归口管理工作。

本月　林业部部长高德占在福建视察指导林业工作时指出，老百姓的生活烧柴消耗木材要控制，改灶节柴要抓紧，改烧煤没条件的，就要拿出钱造薪炭林；经济发达地区的乡镇企业、工厂以木材为燃料的，要让他们发展薪炭林；群众烧柴要建薪炭林基地。

本月　受农业部能源环保局的委托，由吴湘淦教授为主编、鲁楠教授为副主编的《农村能源》一书出版。

8月15日　国务院办公厅印发《关于贵州省乡镇煤矿发生特大瓦斯爆炸事故的通报》。

8月26日　全国农村小水电座谈会在北京怀柔县召开。

本月　由电子工业部投资、新疆半导体厂设计，新疆畜牧场、自治区科委等部门联合在阜康种羊场建设了一座5千瓦太阳能光伏电站。该电站由500件单晶硅片组成接收光能板，通过200组蓄电池供电，解决了该牧场用电难的问题，是国内少有的太阳能光伏电站之一。

本月　林业部高德占部长为《农村能源》杂志题词：大力发展薪炭林，改善生态环境，解决农村能源。

9月3—6日　由国家科委主办的中国、意大利生物能技术研讨会在北京中国农村能源研究培训中心举行。

9月4—11日　由国家计委主办的中国荷兰风能开发论证会在北京中国农村能源研究培训中心举行。

9月8—22日　由国家计委和联合国亚太经社会联合主办的农村能源规划技术选择评价培训研讨会，在北京中国农村能源研究培训中心举行。

9月12—25日　由国家计委主办的风能开发利用规划培训班在北京中国农村能源研究培训中心举行。

9月13日　农业部能环局委托沈阳农业大学在农业工程系开办农村能源“专业证书”教学班。

9月14日　国家机构编制委员会印发《关于国家计委、能源部、农业部农村能源工作分工的协调意见》。

本月　经国家教委批准，沈阳农业大学正式招收的第一批农村能源专业本科生入学。

10月4—20日　应世界银行工业能源局家庭能源处处长J. P. 莫林的邀请，以农业部邓可蕴为首的中方代表团一行4人赴华盛顿，参加ESMAP“中国农村能源投资前研究”项目工作会议。

10月19—28日　联合国亚太经社会与国家科委联合主办的亚太地区新能源与可再生能源研讨会在北京中国农村能源研究培训中心举行。

10月28日　农业部发出《关于进行“农村能源、农业环境保护优秀成果奖”评选工作的通知》。

本月　林业部造林经营司监制的《怎样营造薪炭林》技术推广录像片摄制完成，并在全国发行。

本月　农业部农垦司和中国沼气协会委托上海市农场管理局在上海崇明举办沼气集中供气技术培训班。

11月12—15日　中国沼气协会第三次代表大会在北京召开。

11月15日　受国家科委委托，中国能源研究会地热专业委员会在北京召开“八五”地热科技规划讨论会。

11月17日　世界银行援助农村能源项目工作组泰勒先生等4位专家来

华，和中方有关人员协商双方研究报告的具体分工、完成期限及下步合作内容等。

12月3日　应农业部邀请，来自西亚12个阿拉伯国家的联合国西亚经社会沼气考察团一行21人，在西亚经社会自然科学技术司司长阿哈玛德·牙加依率领下，考察了北京、四川地区的沼气建设。

12月9日　荷兰瓦赫宁根农业大学水污染控制系莱廷格博士，应中国成都亚太区域沼气研究和培训中心邀请，在成都市进行农业废水(物)和生活废水厌氧发酵处理工程的专题讲学。

12月10日　农业部颁发《农业工人新增技术工种等级标准（试行)》。

12月15—17日　国家计委委托农业部能环局在北京召开农村型煤生产座谈会。

12月17日　水利部印发《关于小水电企业进一步发展和完善经济责任制的意见》。

12月29日　《中华人民共和国土地管理法》(修订)由第七届全国人大常委会第五次会议通过。

本月　田纪云副总理在研究长江上游水土保持问题会议上强调：在治理水土流失的同时，必须解决好群众的吃粮、烧柴等实际生活问题。有煤的地方提倡烧煤；没有煤的地方，积极推广节柴灶和发展小水电，实行多能互补。

同年　中美合资企业——哈尔滨克罗拉太阳能公司建成投产。

同年　农业部表彰节能先进集体167个、先进个人148名。

1989年

1月20日　全国能源工作会议在北京召开。

1月25日　中国农业银行和水利部联合发出《关于搞活小水电贷款的联合通知》。

本月　农业部能源环保局编印的《被动式太阳能采暖乡镇住宅通用设计试用图集》正式出版发行。

2月27日　农业部印发《关于环保能源三定方案的批复》，同意将能源环保局定为环保能源司，设置综合处、环保处、能源处，负责农业环境保护和农业部主管的农村能源工作。

3月6日　能源部颁发《关于加强乡镇煤矿安全工作的规定》。

3月24日　江泽民同志在接受出任上海交通大学教授的邀请聘书时发表的《能源发展及主要节能措施》学术报告中指出，我国2000年要达到小康生活水平，人均年耗能约为1 200～1 400千克标准煤，用翻一番的能源产量来保翻两番的工农业总产值，其出路要靠节能。在论及主要节能措施时，其中提到，要逐步推行城市煤气化，农村沼气化，提高民用灶具的能源利用效率，努力开发新能源，节约石化燃料。

4月7日　农业部在北京昌平县召开农村能源工作座谈会。

4月9日　全国政协主席李先念在湖北考察工作时说，沼气可以照明、做饭，又可做肥料，要尽快普及。沼气解决好了，绿化才能稳定，前面栽树后面砍的现象也就不会发生。

4月21日　全国爱卫会副主任、农业部部长何康视察北京通县爱国卫生活动和农村能源建设时指出，爱国卫生活动是农村两个文明建设的重要组成部分，应当与农业生产、农村能源、环境保护和城镇建设相结合，互相促进，为建设新农村服务。参观后又强调：农村能源建设不仅解决生活缺能问题，而且可以开展资源综合利用，处理城乡垃圾，提高有机肥效，一举多得。

4月21—26日　世界银行能源管理援助计划成员泰勒先生来京与农业部、林业部及参加项目的专家讨论援助中国农村能源项目第一期合作总结，并开始讨论第二期项目案例编写提纲。

4月28日　联合国开发计划署(UNDP)和粮农组织(FAO)资助53万美元，在沈阳农业大学建设“中国北方寒冷地区综合能源示范基地”。

5月17—22日　水利部在北京召开全国农村水电工作会议。

5月18日　莫桑比克总统若阿金·阿尔贝托·希萨诺一行，到成都市双流县白家乡顺风村参观沼气建设。

本月　中方与世界银行、联合国开发计划署合作的“能源管理援助计划”中的《中国县级农村能源综合计划评价技术工作总结》(绿皮书)，以及ESMAP的《项目总结》(兰皮书)正式完成出版。至此，中方与ESMAP的第一期合作项目顺利结束。

6月2日　国务委员邹家华在国务院第五次节能办公会议上指出，在电力发展上，不但要搞火电，还要搞水电、核电，以及其他风能、太阳能、潮汐能等也要发展。

7月26日　林业部部长高德占公布经国务院批准的全国第三次森林资源清查最新结果。我国现有森林面积12 465万公顷，森林覆盖率由过去的12%增加到12.98%，森林面积下降趋势得到控制。

8月2日　水利部统计公告，100个农村电气化试点县加紧建设，上半年又有三个县通过验收，共有51个县达到农村电气化初级标准。

8月17—27日　能源部副部长史大桢率领工作组对西藏电力建设进行实地考察，并与西藏自治区人民政府、工业电力厅一起商定了今后西藏电力建设的方针为：“坚持大力发展水电，稳定开发地热，积极推进太阳能利用，有计划有步骤地更替油电，适当发展风力发电，多能互补，大中小相结合，因地制宜。”

8月21—23日　中国农机工业协会风力机械专业协会在辽宁丹东市召开成立大会。

本月　世界能源大会编印了由中国为主的沼气工作组1989年工作总结报告，对发展沼气在农业生态、农村建设、废物利用等方面的作用给予了充分肯定。

9月5日　林业部在河南泌阳县召开全国薪炭林试点工作座谈会。

9月6—9日　国家计委、科委、能源部、农业部在内蒙古呼和浩特市联合召开新能源政策、规划研讨会。

9月11—14日　农业部环能司在云南昆明市召开全国小型高效沼气池经验交流会。

9月18日　农业部召开第三次节能办公会议。

9月24—30日　联合国粮农组织(FAO)和国家计委联合在北京中国农村能源研究培训中心召开亚太地区农村能源评价规划综合方法研讨会。

9月25日　能源部发出《关于加强农电行业管理的通知》。

10月12日　水利部发布《地方中小水电建设与管理暂行办法》。

10月25日　国家计委资源司、国家科委工业科技司、地矿部地质环境管理司在山东淄博市联合召开全国第二次地热工作会议。

10月28日　能源部发布《能源工业产业政策实施办法（试行)》。

本月　由联合国技术合作部、中国国际经济技术交流中心和甘肃省人民政府共同主持的发展中国家太阳能利用国际研讨会在兰州召开。

本月　世界银行第二期援助中国农村能源项目选定山东桓台县、江苏常熟县、四川简阳县为试点。

11月2日　农业部组织的全国生活污水净化沼气池和大中型沼气工程技术培训交流会在四川成都市召开。

11月22日　农业部印发《颁发1989年农业部农村能源、农业环境保护优秀成果奖的通知》。有52项科技成果获奖，其中一等奖3项，二等奖10项，三等奖39项。

12月4—6日　世界银行泰勒先生来京，在昌平中国农村能源培训中心与中方专家讨论农村能源综合规划教材及培训方案。

12月7日 应全苏农业电气化研究所的邀请，农业部环能司屠嘉琪一行6人考察团对苏联进行了为期2周的考察，考察团考察了苏联非常规能源和农业生产节能技术的研究和推广应用情况，探讨了中苏双方今后扩大交换产品的可能性和合作生产太阳灶事宜。

12月13日 国家计委副主任叶青在全国资源节约和综合利用工作会议的书面报告中指出，农村能源事关8亿农民的生产和生活问题，要把它当成当前大力支援农业和重视农业的一项重要内容，抓紧抓好。

同年 国务院学位委员会批准在沈阳农业大学、北京农业工程大学、东北农业大学设立农村能源工程硕士研究生培养点。随后有西北农业大学、云南师范大学、河南农业大学也相继设立了农村能源工程硕士研究生培养点。

1990年

1月1日 水利部发出《关于加强农村水电及其供电电网工作的通知》。

1月10—15日 应印度国际沼气技术与实践战略会议联合筹委会的邀请，环能司副司长邓可蕴一行4人，参加在印度波那(PUNE)由联邦德国经济合作部和印度非常规能源局组织召开的印度国际沼气技术与实施战略会议。

1月19日 能源部颁发《全国农村节电实施细则》(试行)的通知。

本月 农业部环能司、中国沼气协会、河北省能源研究所共同编著的《沼气技术手册》出版。

2月12日 农业部印发《农村经济工作贯彻〈国务院关于当前产业政策要点的决定〉实施办法》，把沼气、太阳能、风力、小水电等能源利用设备生产，农村生产中节电、节油、节煤设备及配件生产，家庭省煤节柴炉、灶具等生产均列入农村产业重点发展序列之中。

3月5日 哥伦比亚驻华大使荷塞·玛丽亚在农业部外事司司长黄永宁的陪同下，参观中国农村能源研究培训中心。

3月14日 中国能源研究会农村能源专业委员会向国务院邹家华副总理提交"关于发展农村能源的意见"。提出应把农村能源定性为一项公益性事业，农村能源是一项综合性、政策性很强的工作，国家在政策上应予重点倾斜。随后，在全国七届人大三次会议上，杨纪珂常务委员将此意见提交大会，被作为提案受理。

3月28日 农业部部长何康在听取环能司副司长邓可蕴汇报参加印度国际沼气技术与实施战略会议情况时指出，要将沼气建设作为农村及村镇基础建设的一个组成部分，在有条件的地区积极推广。农村能源服务体系建设也要纳入农业科技服务体系。

本月 能源部在天津召开全国农村电气化工作会议。

4月2—21日 根据援助中国农村能源项目二期工作计划，世界银行能源管理计划处与农业部环能司在北京昌平中国农村能源研究培训中心共同举办了一期农村能源综合建设规划研讨班。

4月7—25日 农业部环能司在北京昌平中国农村能源研究培训中心举办全国家用炊事水暖炉的测试评比活动。评出获奖炉子23台。

本月 由任湘为顾问，初滨为主编、27位专家教授和技术人员共同完成的《地热农业利用手册》通过了农业部鉴定。该手册是"七五"国家科技攻关课题。

5月7—14日 农业部环能司在广西南宁市举办全国农村能源科研与推广管理培训班。

本月 四川省农村能源办公室主任龙大友、河北沧州地区新能源办公室主任蔡建华、江苏南通市农村能源办公室副主任刘建中、安徽固镇县农村能源办公室主任刘建东四人，被授予全国农业劳动模范称号。

6月1日 国家副主席王震为沼气建设题词："创办沼气，取得了可喜的效益，望坚持科学态度、求实精神"。

6月14—18日 中国国际新能源和可再生能源学术讨论会在北京召开。

本月 农业部乡镇企业司在湖南召开乡镇企业节能管理工作座谈会。

7月11—14日 农业部环能司在天津召开经济发达地区农村能源发展对策研讨会。

7月14日 能源部批复《八达岭风力发电试验站发展规划》。

7月19日 李鹏总理在中南海听取水利部部长杨振怀汇报"八五"水利计划安排时说："小水电要有自己的电网和供电区，没有自己的电网是发展不起来的"。"农村100个初级电气化试点县工作搞得很好，小水电成绩很大，要很好总结一下。5年才花5亿元，而且淹地不多，一般都在山沟里，即使冬季不发电，其余八九个月能发电也很好。这也是扶贫的一项措施。你们提出'八五'计划再搞200个农村水电电气化县，我赞成"。

8月5—8日 农业部环能司在贵州织金县召开全国烤烟节能技术经验交流会。

8月21日 林业部造林经营司在呼和浩特召开"三北"地区13省、自治区、直辖市薪炭林现场经验交流会。

8月30日 水利部部长杨振怀在全国农田水利基本建设会议上的讲话指出，结合江河治理，大力发展水电，建设以综合利用为主的农村中小水电，"九五"末增加装机1 300万千瓦，到本世纪末，水利部门水电装机达到2 700～3 000万千瓦。"八五"建设200个以水电为主的初级农村电气化县，"九五"建设300个，到本世纪末，以水电为主的初级农村电气化县达到600个。实行以水促电，以电养电，以水养电，按流域滚动的新机制。

李鹏总理在会议讲话中指出，现在再搞第二批200个初级农村电气化试点县，要对农村小水电采取进一步扶持政策，包括对小水电的贷款、电价以及和大电网的关系，都要进一步调整，目的是支持小水电的发展。可以考虑把电网的每千瓦小时收2分钱的政策延伸到小水电。

9月3—22日 世界银行援助项目"中国农村能源综合规划技术培训及技术援助"培训班在南京举办。

9月5—11日 农业部和联合国亚太经社会联合在北京、江苏两地举办谷糠及其他生物质气化研讨会。

9月11日 农业部制定了《沼气工人技术等级标准》、《太阳能工人技术等级标准》。

9月21—24日 农业部环能司在湖南株洲市召开全国微型水力发电推广经验交流会。

9月25日 能源部在内蒙古集宁市召开全国新能源（发电）工作座谈会。

9月30日 水利部批复德化等61个县达到初级农村电气化标准。至此，全国共有109个县成为初级电气化县。

10月5—21日 农业部环能司在四川简阳县举办世界银行项目"县级农村能源综合建设规划"技术培训班。

10月22日 全国政协副主席王任重为沼气建设题词："依靠科技进步办好沼气，促进文明建设"。

10月29日—11月4日 国家计委和联合国亚太经社会联合在北京、杭州两地举办亚太地区农村能源规划与发展研讨会。

10月30日 农业部、中国沼气协会在北京召开庆祝中国沼气协会成立十周年和表彰农村能源建设先进集体、先进工作者大会。农村能源工作中有突出成绩的200个先进集体和475名先进工作者以及沼气协会205名优秀会员受到表彰。

全国农村能源建设成就展览在北京全国农业展览馆开幕，主要展示了1979—1989年全国农村能源建设所取得的成就。

本月 由农业部部长何康任主编的《中国沼气十年》出版。

11月1—15日 以农业部环能司司长张文庆为团长的中国沼气考察团一行11人，分别考察前苏联乌克兰加盟共和国处理禽畜粪便厌氧发酵装置和土库曼加盟共和国农村能源设施。

11月3—14日 印度管理学院教授、著名沼气专家莫利克（Moulik）先生考察四川省和北京市的沼气建设，访问了农业部重点开放的厌氧微生物实验室，与中方有关人员探讨了中印两国沼气发展、研究中的一些共性问题。

12月1日 由中国农业工程研究设计院等单位完成的"七五"三级专题太阳灶技术开发通过验收，该专题包括了太阳灶优化设计、测试方法、产品标准、工艺改进、新型结构和新型材料，在实用性方面为国家提供了较为成熟的太阳灶技术。

12月23日 "七五"农村能源科技攻关项目"薪炭林树种和营林技术研究"、"发展薪炭林区划和政策研究"、"成型燃料技术设备研究"等技术成果，通过国家鉴定。

同年 林业部部长高德占在安徽调查时，针对祁门县森林消耗量大于生产量的问题指出，你们现在的森林资源年消耗量一半以上在"四柴"（窑柴、炉柴、灶柴、香菇柴），这既是一个很大的浪费，又是一个很大的节约潜力。民用材重点要下力气抓好民用节柴灶的推广、土特产品烘干以及乡镇工业用柴。也可以收取一定比例的资金，用于兴建燃料林。一定要用经济杠杆把这部分用材压下来。要发展森林资源，多方筹集资金，多层次、多形式、多树种造林。

同年 建设部发出《关于公布建设部"八五"科技成果推广计划第一批推荐推广项目的通知》。

同年 经农业部环保能源司、全国爱卫会办公室、建设部村镇建设司批准，由中国沼气协会、中国市政工程西南设计院主编的《生活污水净化沼气池图集》，从1991年5月1日起执行。

同年 受农业部环能司的委托，中国农业科学院承担了"农业科研单位能耗调查与研究"课题。该课题总结了农业科研单位能源管理与节能工作的基本状况，分析预测了今后的发展趋势，提出了相应的对策与措施。并编辑出版了调查文集。

同年 为解决我国农村能源问题，"七五"期间，在国家计委等有关部门的组织和支持下，在"六五"研究的基础上，系统配套安排了"农村可再生能源技术开发"项目计划。农业部、林业部、国家教委、中国科学院、机电部和能源部一起组织了从中央到地方，多学科、跨部门的科研所、大专院校、生产和管理部门等396个单位，2 718人次参加的联合攻关。该项目共设置了6个课题、52个专题、355个子专题。经过5年的努力取得了304项成果，其中居国内先进和领先水平的223项，达到国际先进和领先水平43项。"七五"期间新增能源量总计80万吨标煤，节能320万吨标煤，直接经济效益9亿元。薪材试验区和县级农村能源综合试点森林覆盖率提高了2～10个百分点，取得了明显的经济效益、生态效益和社会效益。

同年 自1983—1990年，亚太地区小水电研究培训中心共举办了19次国际小水电培训班，来自18个亚太地区成员国，5个阿拉伯和少数拉美国家200余人参加了培训。编写教材900万字，编辑小水电通讯20余期，发往90多个国家。召开过8次国际小水电会议，派出50余人次赴国外出席国际会议，派25名专家赴17国，就小水电和提水工程提供技术咨询。该中心是我国和联合国计划开发署合作建立的。

同年 顾树华、张正敏编著的《县级农村能源综合建设规划方法及其应用》由北京出版社出版。

同年 舒城等12个试点县农村能源综合建设规划方法及其应用等四项科技成果分别获国家级、部级科学技术进步奖。

1991年

1月1日 李鹏总理为《农村曙光》画册题词："一百个农村电气化试点县圆满成功，可歌可庆。发扬自力更生，艰苦奋斗精神，为实施全国农村电气化而奋斗"。

1月7—10日 国家教委、辽宁省人民政府联合在辽宁召开太阳能校舍现场会。

1月29日 能源部颁发《农村电气化标准DL 407-91》，要求从1991年7月1日起实施。

3月1日 由中国农业工程研究设计院等64个科研单位和大专院校，近千名科技和管理人员参加完成的"七五"国家重点科技攻关课题《十二种类型县级农村能源综合建设试点研究》在北京通过国家验收鉴定。

3月15日 江泽民总书记在湖南岳阳地区视察工作时指出，农村发展沼气也很重要，一可以方便农民生活，二可以改善生态环境。

3月22日 国务院批转水利部《关于建设第二批农村水电初级电气化县请示的通知》。

国务委员邹家华批示：应该积极支持农村小水电的发展。而且要不断总结、完善和提高。

3月26日 农业部副部长洪绂曾主持召开农业部第四次节能办公会议。

4月15日 水利部、国家计委联合在北京召开全国农村水电及第二批农村水电初级电气化工作会议。

4月17日 李鹏总理在中南海接见出席全国农村水电暨第二批农村水电初级电气化县工作会议的全体代表，在听取水利部情况汇报后说，农村电气化试点县的建设，促进了农村的经济，改善了当地人民的生活，而且也促进了精神文明建设，发展了工业，发展了乡镇企业，节约了烧柴，保护了生态环境，好处很多。现在又规划安排了第二批200个农村电气化试点县，大家要共同努力，把这个事情办好，使这些县的7 000万人民用电达到初级农村电气化标准。这对于"八五"计划的完成，对于山区脱贫致富，对于进一步开发水利资源，对于促进精神文明建设，都有十分重要的意义。

本月 农业部环能司与新华社、《人民日报》、中央人民广播电台、中央电视台、《经济日报》、《农民日报》、《光明日报》、《经济参考报》、《中国青年报》联合发出举办首届全国农村能源好新闻评选的通知。此次活动于12月底结束，共评出一等奖20篇、二等奖41篇、三等奖99篇。

本月 世界银行副行长V·Rajagopalan先生会见农业部环能司屠嘉琪副司长，对双方在农村能源建设领域合作项目取得的成果给予高度评价。

5月4日 林业部决定"八五"期间，每年安排50万元基建费在全国增加50个薪炭林试点县；要求省林业厅匹配相应资金，每试点县用约10万元资金五年造薪炭林666.7公顷，带动面上发展薪炭林至少666.7公顷。

5月24—30日 农业部、林业部、国家环保局、中国生态学会、中国生态经济学会联合在河北迁安县召开全国生态农业（林业）县建设经验交流会。

5月27—29日 "七五"重点科技攻关项目，55千瓦风力发电机组在山东长岛县通过国家鉴定。

5月31日 林业部决定成立农村能源办公室。

本月 农业部在北京市昌平召开全国农村能源综合建设县计划会议。

本月 受农业部环能司委托，中国农村能源研究培训中心先后赴宁夏、甘肃、青海、山东、河北、辽宁、吉林、黑龙江、北京等地，对我国太阳房的科研进展、推广应用、经济社会效益、存在问题等进行了广泛的调查。在此基础上，写出《我国农村被动式太阳房的发展现状及对策》一文。

本月 农业部环能司组织中科院能源所、中国农业工程研究设计院、农业部畜牧司、水产司、乡企司、农垦司、农机司等单位共同编制《“八五”及2000年农村生产节能战略研究和发展规划》。

6月17—18日 能源部风力发电场建设规划会议在北京召开。

6月29日 第七届全国人民代表大会常务委员会第二十次会议通过《中华人民共和国水土保持法》。

本月 农业部环能司在山东烟台举办全国农村能源产业管理培训班。

本月 以德国不来梅生物技术开发中心主任斯德芬博士为首的德国沼气专家一行4人，到四川考察农村沼气、大中型沼气工程、城镇生活污水净化沼气池，举办了学术讲座。斯德芬博士认为我国沼气建设投资少，造价是德国的1/10、管理方便，效果好，称赞城镇生活污水净化沼气池是分散处理生活污水的好办法。

本月 农业部环能司印发《被动式太阳房试点验收办法》。

7月8日 江泽民总书记在浙江视察水灾时对嘉兴市委书记说，农村能源开发大有可为，可以多搞点沼气。

7月11日 国务院印发《关于清理整顿个体采煤的通知》。

7月22日 中国沼气协会经民政部批准，更名为中国沼气学会，为国家一级学会。

7月30日 农业部环保能源司组织编写邓可蕴主编的《农村节能技术选编》由北京科技出版社出版发行。

7月31日 全国农村能源综合建设县项目领导小组会议在北京召开。

本月 以农业部环能司邓可蕴为团长的代表团赴华盛顿，与世界银行能源管理援助计划(ESMAP)有关的部门，对双方合作项目“农村能源综合规划培训和技术援助”进行技术总结，形成了以《中国农村能源发展战略》为题的总结报告。

本月 世界银行、联合国开发计划署、农业部联合编辑出版论文集《中国农村能源发展战略》。

本月 能源部在山东威海市召开了全国农电工作会议。

8月20日 国家计委代表财政部、农业部、林业部、水电部、能源部印发《关于开展全国100个农村能源综合建设县工作的通知》。

8月21日—9月1日 国家计委、国家科委和财政部联合在北京举办国家“七五”科技攻关成果展览会。“农村可再生能源技术开发”项目，包括生物质能、太阳能、风能、地热能的开发利用和蓄能技术装备，县级农村能源综合建设试点等六个课题参加了展出。

9月2日 国家科委、国家计委和财政部联合在北京召开“七五”科技攻关总结表彰大会，江泽民等国家领导人出席了大会。有453项重大科技成果和206名作出优异成绩的同志受到表彰。农业部“农村可再生能源技术开发”项目中“农村能源综合利用技术课题”、“薪材优良树种”专题和“200瓦风力发电机组”、“铅酸蓄电池”两个子专题获成果奖。中国农业工程研究设计院施德铭、农业部环能司乔木分别获有突出贡献的科技人员和管理人员奖。

9月5日 水利部、能源部、中国能源研究会农村能源专业委员会联合对国内最大的新疆柴沟堡大型风力发电场进行验收鉴定，经现场考察和对运行技术数据的检测，一致认为符合国家规范要求，通过验收。

9月16日 为搞好由国家计委牵头，财政部、农业部、林业部、水利部和能源部等六部委联合组织的“八五”期间“100个农村能源综合建设县”项目。项目办公室在北京昌平中国农村能源研究培训中心举办了四期农村能源综合建设规划培训班。

9月17日 国家技术监督局批复同意农业部农业行业、水产行业标准归口管理范围，其中明确农村能源行业标准由农业部负责沼气、太阳能、省柴节煤和农业生产节能技术的设计、应用规范及质量、检验方法等。

9月21日 农业部下达第二批部级产品质量监督检验测试中心筹建计划。其中批准筹建农业部微型发电设备、沼气产品及设备、省柴节煤产品、乡镇企业节能产品及设备（上海、天津）、水产节能产品及设备等6个农村能源和生产节能产品及设备质量监督检验测试中心。

9月29日 国务委员陈俊生在国务院召开的全国冬春农田水利建设电话会议上的讲话中指出，在冬春水利建设中，还要抓好农村水电建设。农村水电建设关系到广大农村和少数民族地区、贫困山区的脱贫致富，关系到增强农业发展后劲和农村经济的振兴，希望大家再接再励，在冬春水利基本建设中把农村水电建设推进到一个新水平。

10月11日 农业部环能司在北京昌平组织召开农业部农村能源优质产品评审会。共评出10个优质产品，其中风力发电机2台，太阳能热水器3台，节能炉具5台。

本月 西藏革吉县10千瓦光伏电站建成并投入使用，该电站是西藏第一座大型光伏电站，也是目前世界上海拔最高的光伏电站。

本月 国家计委组织在全国表彰节能先进企业63个，节能先进集体176个，先进工作者486人。其中农业部的大连海洋渔业总公司被评为节能先进企业，水产节能协作组和环能司能源处被评为先进集体，贺亮等6名同志被评为先进工作者。

11月2日 国务院总理李鹏和国务委员陈俊生对山东生态农业试点淄博市西单村进行了考察，当听到全村基本实现农业机械化、能源沼气化、水利喷灌化、环境生态化时，总理赞许这个做法很好，保持了生态良性循环。要求市委领导推广西单村的经验。

11月25日 全国100个农村能源综合建设县项目领导小组办公室组织编印的项目工作简报第一期问世。

12月2日 为支持边远、贫困地区农村小水电建设，国家计委对水利部、人民银行、农业银行《关于增列农村水电建设专项贷款问题的请示》复函。

12月23日 经国务院批准，水利部、国家计委、财政部、国家物价局发出《关于征收农村水电供电地区电力建设基金的通知》。

同年 国家计委代国务院对能源部《关于发展风电的请示》复函。

同年 国务院批转林业部《关于各省、自治区、直辖市“八五”期间年森林采伐限额审核意见的报告的通知》。

同年 农业部环能司委托北京科技电影制片厂拍摄了《五华县农村能源综合建设》及《喀左县农村能源综合建设》两部电影并在国内公开发行。

同年 “风力发电机组鉴定规范”的研究等四项科技成果获农业部科技成果进步奖。

同年 太阳能热利用术语等两项农村能源国家标准颁布实施。

1992年

1月8日 农业部印发《关于在全国100个农村能源综合建设县中开展生产节能工作的通知》。

1月10日 “八五”期间全国100个农村能源综合建设县工作会议在北京召开。

1月19日 中国科学院地学部在北京召开我国地热能远景及开发利用研讨会。

2月11日 为调动地方办电的积极性，进一步把农村水电办好，国家计委复函水利部，同意将小水电“以电养电”政策扩大到装机5万千瓦范围。

2 月 22 日 农业部环能司在北京组织召开建立农业部农村能源电子信息综合管理系统研讨会。

3 月 11 日 国家计委资源司、国家科委工业司、国务院生产办节约局、农业部环能司、化工部化肥司以及有关科研院校专家和部分企业代表联合在农业部召开新型液体燃料座谈会。

5 月 4 日 应西藏自治区人民政府的邀请，国家计委资源司和西藏自治区经济咨询办公室共同组织太阳能专家小组赴西藏自治区实地调查，在此基础上编制西藏太阳能发展规划和具体实施方案。

5 月 30 日 农业部向国务院生产办公室报送《关于加强农村新型燃料管理工作的报告》。

本月 全国农村能源综合建设县项目领导小组办公室分别在安徽、浙江、辽宁、河北、四川主持召开华东、东北、华北、西南及中南地区农村能源综合建设技术经验交流会。

6 月 1—10 日 农业部环能司和中国农村能源行业协会联合在北京全国举办全国农村能源产品和新技术展示交流会。

6 月 3 日 中国农村能源行业协会在北京成立。

6 月 5—7 日 受国家计委资源节约与综合利用司、国务院经贸办节约局、农业部环能司的委托，中国能源研究会农村能源专业委员会在北京组织召开了新型燃料技术开发研讨会。

6 月 19 日 能源部在石家庄市召开了农电工作会议。据不完全统计，开展“三为”服务达标活动以来，共减轻农民用电不合理负担 13 亿元，有 78%的乡电费电价达到了合理水平。

8 月 9—15 日 华北地热中心和西藏地热开发公司联合在拉萨召开中国高温地热国际研讨会。

8 月 11—13 日 农业部环保能源司召开拟列入“八五”国家科技攻关项目 1992 年计划的“回转酒糟饲料干燥机的研制”、“中热值煤气动力发电机组”、“生物质炭化、气化、液化综合转换技术及其设备研究”、“配套高效燃烧炉的低污染节能窑优化设计”、“植物油发动机组试验研究”五个专题论证会。

本月 农业部部长刘中一在山东栖霞县视察高效高产农业时说，沼气和太阳能在农村很适用，应大力推广。

本月 内蒙古朱日河风力田扩建成功，共安装 11 台 100 千瓦大型风力发电机，年发电量可达3 500兆瓦，居全国第二位。

本月 由建设部村镇建设司、全国爱卫会办公室、农业部环能司组成的联合考察组对成都市和绵竹县的城镇生活污水沼气池建设进行了专题考察。

9 月 8—22 日 农业部环能司在北京举办农村能源管理微机培训班。从此，各省、自治区、直辖市农村能源办公室逐步配备了计算机。

9 月 11—14 日 中国能源研究会农村能源专业委员会在山西太原市召开新型液体燃料及燃具专业组成立暨技术交流会。

9 月 13—18 日 第二届世界再生能源会议在英国里丁大学召开。中国有十多位代表参加了会议，并提交了关于生物质能、太阳能、光电技术及风能方面的论文。会议还选举出包括中国在内的 14 个成员国的世界再生能源网络机构。

9 月 14 日 国务委员兼国家科委主任宋健为《新能源》一书撰写序言。

9 月 16 日 经党中央和国务院批准，中共中央办公厅、国务院办公厅转发外交部、国家环保局《关于出席联合国环境与发展大会的情况及有关对策的报告》。

9 月 23 日 农业部环能司发出《关于组织全国微型水力发电设备选型工作的通知》。

本月 第十五届世界能源大会(WEC)在西班牙马德里召开。中国能源代表团农业部小组一行 4 人在洪绂曾副部长率领下，出席了会议。会议期间，农业部小组宣传了中国在农村能源建设方面所取得的进展及其对改善环境质量的贡献，中国农村所取得的能源与环境综合效益受到大会的肯定与称赞。会议指出：中国的农村能源建设始终重视可再生能源的开发，并且取得了举世公认的效果。

10 月 7 日 农业部召开第五次节能办公会议。

10 月 11—15 日 农业部环保能源司主持在湖北宜昌市召开全国沼气综合利用技术现场交流会议。

11 月 1 日 中国农村能源行业协会太阳能热利用专业委员会成立暨技术交流会在山东烟台市召开。

11 月 2 日 农业部与世界银行在北京共同召开县级农村能源综合建设规划及评价项目总结会。会上双方签署了延续项目“中国乡镇工业节能与污染控制”合作合同。

11 月 7 日 国务院副总理朱镕基在农业部部长刘中一《关于支持农村能源产业发展的请示报告》上批示：同意从 1993 年起，农村能源技术改造贴息贷款额度由原来每年6 000万元增加到 1 亿元，以支持农村能源产业的发展。

11 月 23 日 应德国不来梅海外研究与发展协会（BORDA）的邀请，农业部环保能源司邓可蕴等一行 4 人前往不来梅参加厌氧消化 技术和利用沼液作肥料技术交流研讨会议。会议期间，中国代表团还就 BORDA、中国、印度三方合作试点和环保能源司与 BORDA 联合出版《沼气与持久农业技术》一书等进行了讨论，并签订了协议书。

11 月 28 日 中共中央政治局常委乔石同志视察湖南省南津渡水电站时说：现在各地办小水电的积极性很高，这是件好事。我在全国看了一些县，由于能源问题，经济发展不快，都还比较穷，我们都非常同情。通过自己想办法办小水电，促进经济发展，所以说各方面都要支持，包括大电网也要支持小水电，给小水电的发展有一个好的环境。这里有一个问题要注意，就是搞了小水电的地方，原有的用电指标不能减少。不然的话，费了很大的气力搞小水电，但用电却没有增加。

本月 新疆电力局利用丹麦赠款和国内配套资金在柴沟堡建设了装机 8 台 300 千瓦风电机组风电场。这个项目使我国并网型大风电机组的管理使用水平达到了国际水平。

12 月 12—15 日 农业部环能司组织在南京召开全国首届微水电设备选型与技术交流会，经全国微水电质检中心全面试验检测和有关专家评议，评定 7 种微水电设备为优秀选型产品，10 种微水电设备为合格选型产品。

本月 全国农村能源综合建设县项目领导小组办公室、农业部信息中心和有关技术指导单位组成技术指导小组，分赴天津、长春、上海、合肥、济南、武汉、长沙、南宁、贵阳、成都和兰州市，分片召开农村能源综合建设县计算机管理及工作交流汇报会，推广综合建设县计算机管理软件和应用技术。

本月 农业部环能司和中国农村能源行业协会共同编印《中国农村能源产品名录》，全书收集了全国 100 多个企业生产的农村能源产品和设备。

同年 为落实江泽民总书记 1991 年视察河北时关于要解决好乱烧秸秆的问题的指示，河北省和农业部共同确定辛集市和正定县为作物秸秆综合利用试点县，其中包括秸秆压块发电试验项目。

同年 不同类型县农村能源综合建设工程研究等四项科技成果获农业部科技进步奖。白林、刘自箴、李葵等 15 人主持的 100 个农村电气化县研究项目获水利部科技进步一等奖。

同年 财政部将农业部归口管理的农村能源建设专项事业费由 380 万元增加到 600 万元。

同年 国家“七五”科技攻关项目“薪炭林选种、引种及栽培经营试验”获林业部科技进步二等奖。以该课题为主要内容的《森林能源》一书由中国科技出版社出版，高尚武主编。

1993 年

1月14日 全国农村能源综合建设县项目领导小组召开工作会议，根据工作需要，领导小组新增国务院经贸委、国家科委。至此，全国农村能源综合建设县项目领导小组扩大为八部委共同组织实施“百县”项目。

1月20日 西藏自治区人民政府组织在人民大会堂召开西藏阳光计划汇报会。

1月21日 能源部副部长史大桢对新疆柴沟堡风电场批示：希望新疆电力局把这项工程搞成一个示范工程，认真总结经验后，因地制宜推向全疆，把新疆搞成一个国际风电基地。

2月5—14日 遵照朱镕基副总理和国务院经贸委党组的指示精神，由经贸委节约司牵头，农业部环能司、林业部农村能源办、国家民委经济司、国务院扶贫办的同志共同组成调查组赴广西调查了广西西部地区发展省柴灶、沼气问题。调查组的调查报告受到国家有关部门的重视，国家经贸委从生产调度资金中拨款100万元、财政部拨款50万元、林业部拨款50万元，专项用于支持广西西部地区推广省柴灶、发展沼气，恢复植被、改善恶化的生态环境，实现农村的温饱目标。

3月10日 由北京市公用事业科研所和浙江凯旋燃气用具厂共同研制的JSZD 8型沼气快速热水器在浙江通过鉴定。

4月3日 农业部通报表彰全国农业标准化工作先进集体和个人，中国农村能源研究培训中心、湖北、河北两省农村能源办公室和芦承贤等10名为农村能源技术标准化工作做出突出贡献的集体和个人受到表彰。

4月23日 全国人大环委会听取农业部副部长洪绂曾关于农业环保工作基本情况和资源保护几个问题的汇报。充分肯定了农业部资源保护和农村能源建设的成绩。

5月4—14日 联合国亚太经社会与我国农业部在北京、杭州两地举办农业废弃物再生能源利用培训研讨会。

5月6日 中国农村能源行业协会组织生物质炭化成型、太阳灶、太阳能真空管热水器生产企业、大中型沼气工程、沼气生活污水净化等技术，参加了国家科委科技交流中心在马来西亚吉隆坡举办的中国适用技术及新产品展览会。

本月 中国农村能源研究培训中心受联合国粮农组织亚太区域办公室(FAO Regional Office for Asia and the Pacific)的委托，编辑出版《中国省柴灶图册（续集）》一书。

6月10日 受国家计委资源司、国家经贸委节约司、农业部环能司和能源部农电司的委托，中国农村能源行业协会、中国能源研究会联合在广西桂林举办全国新型液体燃料及燃具技术交流暨产品观摩活动。

6月12日 国家经贸委批准农业部成立爱意能源环保技术开发公司。

6月30日 中国农村能源行业协会节能炉具专业委员会成立暨技术交流会在北京昌平召开。

7月2日 《中华人民共和国农业法》和《中华人民共和国农业技术推广法》经第八届全国人民代表大会常务委员会第二次会议通过，并分别以中华人民共和国主席第5、6号令予以公布。

7月20日 农业部和国家计委联合发出通知，决定在今年下半年对全国省柴节煤工作先进集体和先进工作者进行表彰。

7月27日 中国农村能源行业协会小型电源设备专业委员会成立暨技术交流会在云南昆明市召开。

7月28日 农业部、劳动部联合颁发了《农业行业工人技术等级标准》。

8月1日 国务院发布《中华人民共和国水土保持法实施条例》。

8月20日 农业部环保能源司发出“关于举办《农村节能技术和管理函授培训班》的通知”。

8月20日 农业部环能司向各省、自治区、直辖市及计划单列市农村能源办公室（站）发出《关于转发〈1993年全国节能宣传周活动安排意见〉的通知》。

9月11日—10月10日 根据农业部环保能源司与美国洛克菲勒基金会农村能源企业化合作项目计划安排，经国务院人才智力引进办公室批准，中国农村能源企业化与农村能源综合建设项目管理培训考察团一行八人赴美国学习和考察。

9月11—18日 全国农村能源建设研讨班在上海市举行。

9月13—15日 联合国粮农组织邀请19个国家29位专家在罗马总部召开生物燃料专家咨询会议，研究探讨了生物质能作为矿石燃料持续的替代品及其减少二氧化碳排放的潜力。中国农业部环保能源司贺亮同志应邀参加了会议。

9月17—20日 全国水产节能协作组成立十周年暨第十次全国水产节能协作组会议在四川成都市召开。

9月19日 农业部副部长洪绂曾视察山东荣成市农村能源综合建设县工作，并指出：农村能源产业走自我强化、自我发展的路子势在必行。

9月22—25日 污水净化沼气池和水能利用国际研讨会在四川德阳召开。

10月8日 电力部下发《关于制止农村用电乱收费的通知》。

10月25—26日 联合国开发计划署（UNDP）和亚太经社会（ESCAP）在北京召开亚洲能源-环境合作计划（PACE-E）的项目启动会议，会议分别由UNDP和中国国际经济技术交流中心主持。PACE-E计划共分6个项目，其中只有“农村能源-环境发展(REED)”项目，中国为牵头国家。我国政府指定农业部环保能源司为项目的具体执行机构。

10月26日 全国人大常委杨纪珂教授在日本东京举行的国际地球环境、能源与经济发展会议上以《中国农村生活用能和乡镇企业用能的节能与开发》为题在大会上发言。

10月27日 全国农村能源综合建设县项目领导小组颁发《农村能源综合建设县项目验收办法》（试行）。

11月21—28日 农业部环能司在辽宁省能源研究所举办农村能源综合建设县计算机管理培训班。

11月24—26日 中国能源研究会、深圳市能源研究会共同发起在深圳市组织召开海峡两岸暨香港地区能源研讨会。

12月19—22日 电力部水电开发与农村电气化司和中国电机工程学会风能专业委员会、中国太阳能学会风能专业委员会联合组织在广东汕头召开风电场建设工作座谈会暨技术交流会。

12月27日 中国农村能源行业协会在京召开第三次常务理事扩大会议。

12月29日 中-德合作生产250千瓦大型并网风力发电机组协议在北京签字。

本月 新疆电力局利用丹麦赠款和国内部分投资又在柴沟堡风电场安装了4台450千瓦的风力发电机组，目前仅新疆电力局在该风电场总装机已达12台，装机容量4 200千瓦。

同年 不同类型县农村能源综合建设工程研究获国家科技进步二等奖；我国省柴灶工艺及推广的技术经济评价等七项科技成果获农业部科技进步奖。

1994 年

1月5日 农业部刘江部长在北京召开的全国农业工作会议上讲话指出，要积极开发农村能源，加强环境保护，继续抓好全国50个生态农业县和100个农村能源综合建设县的工作，这些(包括农业标准和质量监测、农业资源区划和管理）都是农业和农村经济发展的基础性工作，只能加强，不能削弱。

1月12日 中国能源研究会名誉理事长朱亚杰、中国能源研究会地热专业委员会主任任湘、中国能源研究会新能源专业委员会副主任胡成春给国家领导江泽民、李鹏、朱镕基、邹家华、宋健写信，建议国家重视和支持新能源和可再生能源技术开发应用工作。国务委员宋健在信上批示，建议国家计委、经贸委、科委研究，在“九五”期间内加强支持。

1月 农业部环保能源司布署全国推广33.3万公顷沼液浸种增产技术，山东、四川、浙江、江西、湖南、湖北等省积极响应。实际落实的水稻等作物采用沼液浸种技术达46.7万多公顷，据各省农科院秋收测产验收，平均增产幅度在5%—10%左右。

2月4日 全国农村能源综合建设县项目领导小组在北京召开办公会议，农业部洪绂曾副部长专程到会，他要求把这项事关农村改革与发展的实事、好事作为农村基础工作来对待，列入各部门的重要议事日程，抓出成效。

2月26日 国务院总理李鹏致信全国农村水电电气化工作会议强调，国务院各个部门和各级政府要把建设200个电气化县，作为一件大事来抓，加强领导，精心组织，努力给予支持和帮助。全国水利部门结合江河治理开发，“八五”完成200个农村水电初级电气化县的建设；“九五”完成300个农村水电电气化县建设；到2000年将要完成水电装机1 500万千瓦。

3月3日 中国能源研究会农村能源和能源系统工程两个专业委员会联合举办经济、能源、环境持续发展学术研讨会。

3月21日—4月10日 全国农村能源综合建设县项目领导小组成员单位的国家计委、经贸委、科委、财政部、农业部、林业部、水利部、电力部联合在四川、山东、湖南、安徽分四片召开农村能源综合建设县项目工作会议。

3月22—24日 农业部环保能源司联合部科技司、全国菜篮子工程办公室等部门，在辽宁锦县召开北方农村能源生态模式现场技术交流会，推广北方农村能源生态四位一体模式(日光温室、养猪、沼气、蔬菜种植一体)，以促进北方冬季生猪和蔬菜生产的发展。

3月25日 国务院第十六次常务会议讨论通过了《中国21世纪议程》，从我国具体国情和人口、环境发展总体联系出发，提出一系列可持续发展的总体战略、对策和行动方案。其中提出，把开发利用可再生能源放在优先地位，加快水能、生物质能、太阳能、风能、地热能、海洋能的开发，提高可再生能源在能源结构中的比例。

5月21日 农业部环保能源司向部内各行业主管司局、各省、自治区、直辖市农村能源办发函，提出组织制订农业部贯彻《节能法》实施细则的工作意见，并要求各地加强农村能源法制建设。

5月25日 国家计委、经贸委和电力部在北京联合召开全国农村电气化工作会议，提出《90年代中国农村电气化发展纲要》。

6月10—12日 在农业部环保能源司的指导下，中国农村能源行业协会在江西乐平市组织召开了’94全国新型液体燃料及燃具技术开发经验交流会。

6月27—7月3日 农业部环保能源司和美国洛克菲勒基金会联合组织的加强中国农村能源产业企业化培训班在广西桂林市举办。

7月15—16日 农业部环保能源司和国家经贸委资源节约综合利用司在河北石家庄市联合主持召开了生物质能转换利用技术研讨会。

8月2日 农业部环保能源司在北京召开新闻记者招待会及《中国农村能源大事记》首发式。

9月12—16日 1994年全国农村能源新技术和新产品展示交流洽谈订货会和农村能源技术改造项目成果展览在北京全国农业展览馆举办。23个省市区171家企业220多个产品参展，全国各地5 000多人次和伊朗、加纳等国家驻华使馆代表前往参观、订货。农业部刘江部长为展示活动题词“开发农村能源，服务九亿农民”。

10月3日 国家经贸委资源节约司、国家计委交通能源司和国家科委工业司联合组织了优质节能产品和优秀节能科技成果的推荐活动，并在3日、4日《人民日报》、《经济日报》上向全国公布；经农业部环保能源司推荐申报的有38种农村能源节能产品和23项节能科技成果榜上有名。

10月4日 人事部、农业部联合向各地印发了《关于农业九专业中、高级技术资格评审条件（试行）的通知》。

10月8日 农业部召开第六次节能办公会议。

10月11日 农业部环保能源司根据部党组的指示精神，与美国能源部访华团就我国农村区域可再生能源资源利用进行正式会谈。美方官员对中国开展百县农村能源综合建设项目极感兴趣，并草拟了在中国建立推广可再生能源发展的实施机制的合作框架协议（简称CA-RRE项目)，美方提供一定数额的无偿援助经费，主要用于可再生能源设施的硬件购置和技术培训、合作开发设备，探讨合作建立企业的可行性等。随后，吴亦侠、洪绂曾副部长在环保能源司邓可蕴副司长的汇报材料上签署了支持立项的意见。12月9日，环保能源司邓可蕴等三名代表应邀前往美国确立了此项目的立项和实施方案。

11月20日 全国第一座年产2万吨、以薯类为原料转化为优质液体燃料的劳德生物质燃料厂在海口市奠基，代表参加了奠基仪式的代表，还就生物质能源政策进行了座谈研讨。

11月21日 全国人大财经委黄毅诚副主任听取了农业部、国家经贸委关于农村能源发展状况和沼气大型化问题的汇报，农业部环保能源司邓可蕴副司长和有关专家作了详细的介绍。黄毅诚肯定了农业部在农村能源建设方面作出的成绩，并提出应结合畜牧业发展，在各地推进沼气大型化的进程，下大力降低大型沼气工程的初始投资，提高工程运行的经济效益。

11月28—29日 中国能源研究会委托该会农村能源专业委员会组织的中国国际沼气技术研讨会在农业部召开。

12月17—22日 农业部环保能源司在北京市怀柔县举办了全国农村能源办主任研讨班。

12月20日 国务院发布《乡镇煤矿管理条例》。

1995年

1月5日 国家计委、科委、经贸委办公厅联合印发了《新能源和可再生能源发展纲要》。

2月11日 由国家计委和农业部牵头的全国百县农村能源综合建设项目领导小组在农业部召开工作会议，农业部洪绂曾副部长到会并指示“百县农村能源综合建设项目有效地支持了农村经济工作，希望保持多部门联合的活力，紧密协作，抓实事，求实效，继续开拓前进”。

2月23日 农业部刘江部长与来访的美国能源部部长奥里瑞（Hazll O’ leary)在北京签署了《中华人民共和国农业部与美利坚合众国能源部关于在节能和可再生能源协议框架下合作开发再生能源意向书》。

3月28—29日 农业部环保能源司在山东济南市召开农村能源法规工作座谈会。

4月 农业部环保能源司、科学技术质量管理司联合发出通知，印发了《省柴节煤炉灶管理规程》、《省柴节煤炉灶操作规程》、《农村家用沼气池管理规程》、《农村家用沼气池操作规程》、《微型水力发电站管理规程》和《微型水力发电机组运行操作规程》。

5月8日 农业部洪绂曾副部长在美访问期间，落实《中华人民共和国农业部与美利坚合众国能源部关于在节能和可再生能源协议框架下合作开发再生能源意向书》的项目，与美国能源部副部长进行了再次商议。

5月23—29日 农业部环保能源司、中国农村能源行业协会在湖南宁乡县举办农村能源企业厂长(经理)培训班(第二期)和重点扶持50家农村能源企业厂长(经理)研讨班(第一期)，进行了如何适应市场经济发展的相关知识培训。

6月27日 中美双方在北京正式签署了《在中国百县农村能源综合建设项目中合作开发可再生能源协议书》。

7月15日 国务院批准国家计委、农业部等八部委向国务院的请示，在"九五"期间根据我国地区经济发展的差异，按照分类指导的原则，再选择100个县，在全国开展脱贫温饱型、小康型、富裕示范型三种县级农村能源综合建设工作。

7月24日 国务院姜春云副总理阅农业部信息《百县农村能源综合建设进展顺利》后批示：把这方面的经验总结一下，因地制宜推广。

8月25日 八部委全国农村能源综合建设县项目领导小组在农业部召开办公会议，研究落实国务院关于继续开展百县建设的批示精神。

8月11日 湖南省人民政府办公厅转发的省农村能源建设领导小组《关于加强农村能源建设的报告》，提出了加强农村能源工作的四条意见，具有普遍指导意义。为此，农业部办公厅将此文转发各省有关部门，要求结合实际，切实加强农村能源建设工作。

8月29日 中华人民共和国大气污染防治法(修订)由第八届全国人大常委会第十五次会议通过。农村能源建设与改善大气环境质量密切相关。

10月14日 国家经贸委、国家计委、国家科委和全国总工会在北京联合召开"八五"全国节能先进企业和先进单位表彰大会。农业部环保能源司能源处、中国农科院行政计财处、全国水产节能协作组、国家计委能源研究所、辽宁省能源研究所、山东省能源研究所、北京太阳能研究所和广西壮族自治区农村能源办公室、青海省农村牧区能源办公室和海南省儋州市农村能源办公室获节能先进单位称号，受到表彰奖。

10月26日 在全国第二届中国农业博览会上，农村能源与环保展团参展的60多家企业70多种产品中，有30个产品分获金、银、铜牌奖，意向性订货1 000多万元，成交200多万元。

10月 中央电视台在八频道《农业教育与科技》栏目，播放了由农业部环保能源司和中国农业电影电视中心联合摄制的《分离浮罩式户用沼气池》、《山区微水电》和《北方四位一体农村能源生态模式》等3部农村能源专题技术片。

11月24日 国家计委、农业部等八部委联合发文，决定"九五"期间，选择脱贫温饱型、小康型和富裕型三种类型的县，继续开展农村能源综合建设。

11月29日 江西省委书记吴官正在视察信丰县大塘阜镇长岗村富民工程种养基地的沼气建设，看到该村户户开展猪沼果模式的综合利用、年户均收入1.1万元时说，发展沼气是保护生态环境的一项重要措施，开展"三沼"综合利用是帮助农民致富的好模式，在山上再造一个赣南就应该这样搞。

11月30日 农业部党组听取了环保能源司关于1995年工作总结与"九五"工作思路和1996年重点工作安排情况汇报，认为工作抓的很实，工作思路清晰，并要求搞好农村能源法制建设和检测体系建设，努力争取条件，加快发展步伐，注重规模效益。

12月8日 宁夏回族自治区在固原县召开庆祝大会，庆祝全自治区在11月15日实现村村通电。

12月25日 农业部批复部规划设计研究院和环保能源司，决定成立农业部能源环保技术开发中心，为农业部规划设计研究院的下属单位，业务上接受环保能源司指导，并将爱意能源环保技术开发公司划归该中心管理。

12月26日 中央电视台在中国教育频道开播《太阳能应用》电视讲座。

12月28日 第八届全国人民代表大会常务委员会第十七次会议通过《中华人民共和国电力法》。其中第五条要求电力建设、生产、供应和使用应当依法保护环境，采用新技术，减少有害物质排放，防治污染和其他公害。国家鼓励和支持利用可再生能源和清洁能源发电。第四十八条要求国家提倡农村开发水能资源，建设中、小型水电站，促进农村电气化。国家鼓励和支持农村利用太阳能、风能、地热能、生物质能和其他能源进行农村电源建设，增加农村电力供应。

1996年

1月27日 湖南省省委、省政府在长沙市召开"八五"农村能源建设表彰大会，贯彻党中央、国务院和省委、省政府有关加快农村能源建设的指示精神，总结交流"八五"工作经验，并对全省"八五"农村能源建设32个先进单位和120名先进工作者进行了表彰。

2月13日 国家八部委百县项目领导小组在北京召开办公会议，确定召开全国农村能源综合建设县工作会议，同意成立百县专家组。

3月6—8日 农业部环保能源司会同中国农村能源行业协会在北京召开农村能源产业发展规划研讨会。会上形成了《"九五"农村能源产业发展计划纲要》和《组建农村能源企业集体(联合体)的框架的方案设想》。

3月17日 第八届全国人民代表大会第四次会议通过的《中华人民共和国国民经济和社会发展"九五"计划和2010年远景目标纲要》，确定了可持续发展战略，明确提出继续加强能源节约和农村能源开发等基础设施建设，坚持节约与开发并举，把节约放在首位；大力调整能源生产与消费结构；推广先进技术，提高能源生产效率；坚持能源开发与环境治理同步进行；加强节能立法和执法监督；加快农村能源商品化进程，推广省柴节煤炉灶和民用型煤，形成产业和完善服务体系等。

3月26—28日 农业部在北京召开全国农业环保农村能源工作会议。农业部洪绂曾副部长在会上作了《认清形势，增强信心，把农业环保和农村能源工作提高到一个新的水平》的报告；环保能源司王锡吾司长作了《抓住机遇，大胆进取，开创农业环保和农村能源建设的新局面》的讲话。会议总结交流了"八五"及1995年工作，研讨了"九五"环保和农村能源工作思路，部署了1996年工作。

3月29日—4月1日 中国农村能源行业协会在北京召开了第二次代表大会，大会通过了新的章程，选举农业部副部长洪绂曾为行业协会会长，农业部环保能源司副司长屠嘉琪为常委副会长，芦承贤任秘书长。

4月4日 农业部印发"九五"期间乡镇企业环保节能计划，促进乡镇企业经济增长方式向集约型转变。

4月11日 农业部环保能源司王锡吾司长作为GEF"乡镇企业节能与温室气体减排"项目主任，代表农业部参加了在UNDP北京代表处召开的该项目评估委员会会议，并全面介绍了项目的背景、框架及实施方案等情况。会议对项目文件如何进一步完善提出了修改意见。

4月17日 农业部与国家计委联合印发了《关于"八五"全国农村能源综合建设县项目先进集体和先进个人表彰

办法及"九五"全国农村能源综合建设县名单的通知》。

4月18日 农业部印发了《关于'九五'期间加快能源——环境工程建设的通知》，要求各地提高认识，切实加强领导和管理，统筹规划，扩大能环工程建设规模。

4月27—28日 农业部环保能源司在辽宁营口市召开了"北方农村能源生态模式"课题鉴定会。

4月 农业部环保能源司派员与美国能源部专家在甘肃省考察了农村能源建设情况，并落实了中美合作项目的第一期(甘肃600家农户光电应用)工程计划。

5月12—13日 国家经贸委资源司和农业部环保能源司在杭州市联合召开大中型沼气工程技术现场交流会。会议讨论提出"九五"发展基本思路，以示范工程为依托，加强政策导向，制订和完善标准和设计规范，加强技术保障体系建设，加快成套设备的开发和生产，促进大中型沼气工程向规范化、标准化、商业化方向发展，初步实现产业化。

5月13日 国家计委、经贸委、科委印发了《中国节能技术政策大纲》，农村节能和可再生能源开发等在《大纲》中占有相当比例。

5月22—24日 国家八部委在北京举办全国农村能源综合建设县工作会议。会议认真总结表彰了"八五"期间138个农村能源综合建设县工作成效和经验，启动了新一轮"九五"期间综合建设县工作，项目县包括国家级100个县和省级95个县，总计有195个县开展农村能源综合建设。

22日下午，国务院总理李鹏、副总理邹家华、姜春云、国务委员陈俊生、罗干等党和国家领导人接见了全体会议代表。李鹏总理在接见时发表讲话指出：开发农村能源是很重要的一件事。我国有12亿人口，其中9亿人口生活在农村，所以，解决农村的能源问题关系到每一个家庭、每一个农民，是关系到农村经济发展和生活能否正常进行的一件大事。希望你们认真总结各地区的经验，因地制宜地把这件事情办好。

6月 6日和25日湖南省省委书记王茂林在审阅省农村能源领导小组办公室的汇报材料上两次批示，他指出农村能源事业发展关系到农村人民生活和健康，关系到卫生环境改善和保护生态，是一件大事，要求全省大力推广沼气技术。

7月3—6日 农业部环保能源司在广西北海市举办了全国农村能源信息系统技术研讨班。

8月29日 《中华人民共和国煤炭法》由第八届全国人大常委会第二十一次会议通过。

9月1—5日 百县专家组在邓可蕴组长的带领下，与吉林、黑龙江和辽宁三省能源办负责同志一起，赴吉林省进行考察，并召开座谈会。在此期间，集中审查了31个县的规划报告（其中10份是云南、浙江、广东寄来的报告），组织了两次规划专题座谈会，一次专家组工作会，并到延吉市(县级市)对拟议中的砖瓦窑改造和北方能源生态模式示范点进行了实地考察。

9月3—6日 农业部环保能源司组织专家，审查修改"九五"国家科技攻关项目"生物质能开发利用关键技术"专题项目及"秸秆为主要原料的压块成型及碳化设备研制"等可行性研究报告。

9月16日 中央电视台组织拍摄的一部十集共150分钟的农村能源科教片，内容包括沼气、省柴灶、北方四位一体模式、节能炕、微水电、太阳房和风力发电，在中央电视台第一、第二套节目陆续播出。

10月5—14日 农业部环保能源司王锡吾司长赴土耳其参加国际能源会议，并在发展中国家小组会上，向代表们介绍了我国农村可再生能源开发利用的现状。

10月15—18日 中国沼气学会在北京召开第五次全国代表大会，选举产生第五届领导班子，农业部副部长洪绂曾为理事长，农业部环保能源司副司长屠嘉琪副理事长兼秘书长，白金明任常务副秘书长。

10月27日—11月7日 农业部环保能源司邀请辽宁、山东两省能源办和国家计委能源研究所及农业部部能环中心的领导、专家，组成考察组，赴新疆进行了规划研讨班授课和考察，以促进辽宁、山东两省同新疆的农村能源技术交流与合作。

11月12—14日 中国能源研究会在深圳召开东南沿海地区能源形势分析和思考研讨会。

11月 林业部出台《全国森林能源工程"九五"实施计划》。

12月11日 农业部环保能源司王锡吾司长主持召开了亚太区域项目"能源——环境发展（REED）"启动会，会议讨论了项目工作内容及时间安排等事项，并根据亚太经社会（ESCAP）的要求，成立了相应的中方专家组。

12月13—23日 中国农村能源行业协会组建了生物质能技术考察团，赴荷兰就生物质能资源的高品位能源转换利用技术，同荷方及欧盟有关部门人士进行了合作洽谈。

12月20日 农业部环保能源司屠嘉琪副司长等接待了洛克菲勒基金会的项目官员，向对方介绍了我国农村能源，尤其是太阳能的发展情况，并陪同参观了全国农业展览馆农村能源馆和中科院电工所光电室。

12月23日 农业部环保能源司代办公厅复函山东省农业厅，支持山东省农业厅提出的实施百处秸秆气化工程计划。

12月 农业部环保能源司向"八五"和"九五"百县项目中的94个贫困县赠送了中央电视台拍摄的10集《农村能源》系列科教片和《太阳能应用》科教片录像带100套。

（农业部环保能源司 贺 亮执笔）

农村能源统计

（1973—1996年）

1980—1996年全国农村能源推广机构、人员情况

年份	推广机构（个）				
	合计	省级	地市级	县级	乡级
1980					
1981					
1982					
1983					
1984					
1985					
1986	5 608		254	1 503	3 851
1987	5 651		251	1 625	3 775
1988	5 782		247	1 538	3 997
1989	8 855		276	1 832	6 747
1990	9 437	33	273	1 859	7 272
1991	8 684	42	285	1 960	6 397
1992	8 856	42	294	1 968	6 552
1993	9 450	34	292	1 961	7 163
1994	9 867	29	290	1 963	7 585
1995	10 002	34	293	1 972	7 703
1996	10 066	39	339	2 428	7 260

注：1980—1985年地市级推广人员中包含了县级推广人员。

(续)

年 份	推 广 人 员（人）								
	按 地 区 分					按文化程度分		按技术职称分	
	合 计	省 级	地市级	县 级	乡 级	大专以上	高 中	高 级	中 级
1980	4 990	203	4 787						
1981	5 261	226	5 035						
1982									
1983	5 840	257	5 583						
1984	15 401	358	7 483		7 560				
1985	16 559	328	7 453		8 778				
1986	16 109	391	1 246	6 881	7 622				
1987	18 689	499	1 263	8 013	8 914				
1988	19 894	528	1 287	7 735	10 344				
1989	29 092	494	1 453	9 852	17 293				
1990	33 575	553	1 499	10 875	20 648				
1991	27 738	534	1 478	9 795	15 931				
1992	29 342	562	1 916	9 582	17 282	3 891	11 643	151	1 846
1993	32 013	455	1 570	10 217	19 771	4 851	14 090	299	2 832
1994	30 895	447	1 588	10 543	18 317	4 859	14 255	342	3 235
1995	31 365	404	1 649	10 127	19 185	5 141	14 968	399	3 556
1996	30 611	452	1 800	11 342	17 017				

1980—1996 年全国农村能源科研机构、人员、技术服务及培训情况

年 份	科研机构（个）						工程技术服务队		技术培训
	机构（个）			人员（人）			队 数	人 员	
	合计	省级	地县级	合计	省级	地县级		（万人）	（万人次）
1980	35	11	24	193	71	122	19 989	10.37	11.36
1981	33	6	27	211	71	140	6 491	3.19	8.39
1982	55	7	48	308	107	201	7 206	3.88	10.07
1983	38	7	31	288	125	163	6 477	3.31	7.19
1984	63	9	54	551	231	320	10 687	4.94	73.67
1985	54	9	45	379	141	238	7 885	5.30	34.41
1986	92	22	70	621	256	365	14 614	12.16	36.92
1987	81	17	64	676	272	404	16 139	9.99	36.68
1988	76	22	54	743	417	326	19 013	13.81	142.26
1989	87	25	62	806	375	431	16 811	14.09	29.35
1990	87	29	58	905	439	466	14 891	12.15	38.77
1991	90	28	62	780	370	410	17 006	12.14	27.85
1992	109	28	81	891	352	539	16 393	11.12	36.68
1993	103	23	80	787	294	493	15 071	11.04	34.95
1994	166	23	143	1 149	305	844	13 130	11.38	26.19
1995	186	23	163	1 116	232	884	13 457	13.05	32.47
1996	69	24	45	697	300	397			

1981—1996年全国农村能源经费投入情况

单位：万元

年　份	合　计	省市补助	地县补助	区乡补助	用户自筹
1981	3 652.70	1 831.30	610.10	1 211.3*	
1982	4 012.07	1 955.59	1 087.62	968.86*	
1983	4 157.83	1 840.93	1 411.20	905.7*	
1984	7 178.00	4 203.10	1 676.20	1 298.70	
1985	7 533.34	4 736.48	1 895.81	901.05	
1986	6 599.71	3 190.50	1 933.00	1 476.21	
1987	6 235.36	3 069.43	1 971.52	1 194.41	
1988	7 347.03	2 999.04	2 433.77	1 910.61	
1989	10 388.13	3 312.77	4 449.57	2 625.79	
1990	10 964.85	3 367.79	4 663.98	2 933.08	
1991	11 257.93	3 312.97	6 106.15	1 838.81	
1992	15 790.44	4 455.65	6 701.41	4 633.38	
1993	146 025.14	4 632.46	8 034.59	7 223.19	126 134.90
1994	152 777.87	3 968.68	6 592.16	4 997.63	137 219.40
1995	187 147.06	3 796.07	8 131.18	9 097.42	166 122.39
1996	342 710.19	7 687.34	22 112.64	25 002.83	287 907.38

*　为国家财政补助。

1991—1996 年全国农村能源使用情况

年份	使用总量标煤（万吨）	人均标煤（吨）	农村生活用能				
			小计标煤（万吨）	秸秆		薪材	
				实物（万吨）	标煤（万吨）	实物（万吨）	标煤（万吨）
1991	56 821.85	0.76	36 003.40	34 627.85	16 212.68	18 044.63	10 302.98
1992	56 979.38	0.67	32 047.42	27 099.59	13 549.80	16 370.04	9 347.29
1993	58 499.98	0.64	35 011.29	30 707.35	15 353.66	15 662.04	8 943.03
1994	58 499.98	0.64	35 011.29	30 707.35	15 353.66	15 662.04	8 943.03
1995	64 742.96	0.67	38 165.49	30 330.56	15 092.38	17 559.69	10 013.44
1996	63 962.31	0.70	34 069.49	27 964.49	11 996.77	14 534.00	8 298.91

年份	农村生产用能						
	小计标煤（万吨）	原煤		焦炭		汽油	
		实物（万吨）	标煤（万吨）	实物（万吨）	标煤（万吨）	实物（万吨）	标煤（万吨）
1991	20 818.45	15 768.89	11 258.93	810.12	763.95	809.84	1 191.25
1992	24 933.00	21 023.67	15 010.90	1 002.20	945.06	821.42	1 208.31
1993	23 488.69	17 725.66	12 656.10	1 110.70	1 047.39	909.81	1 338.34
1994	23 488.69	17 725.66	12 656.10	1 110.70	1 047.39	909.81	1 338.34
1995	26 577.47	21 155.50	15 404.35	1 356.97	1 280.54	1 096.63	1 612.91
1996	29 892.82	22 184.35	15 839.65	1 573.71	1 484.05		

注：1996 年农村生产用油（成品油）实物 3158.92 万吨，标煤 4517.28 万吨。

（续）

年份	农村生活用能 原煤 实物（万吨）	标煤（万吨）	电力 实物（亿千瓦时）	标煤（万吨）	煤油 实物（万吨）	标煤（万吨）
1991	10 856.43	7 751.85	290.98	1 163.01	93.68	133.47
1992	11 048.53	7 888.65	280.13	1 120.52	98.78	141.16
1993	12 805.20	9 142.90	321.62	1 286.48	199.60	285.22
1994	12 805.20	9 142.90	321.62	1 286.48	199.60	285.22
1995	12 047.46	8 611.20	1 107.33	4 192.13	178.23	256.34
1996	14 144.29	10 099.02	728.40	2 913.58	329.44	471.08

年份	农村生产用能 柴油 实物（万吨）	标煤（万吨）	电力 实物（亿千瓦时）	标煤（万吨）	薪材 实物（万吨）	标煤（万吨）
1991	1 790.71	2 609.76	730.54	2 926.18	3 622.95	2 062.38
1992	1 296.83	1 889.48	1 048.97	4 195.88	2 946.27	1 682.32
1993	1 409.97	2 054.32	1 195.82	4 783.28	2 818.35	1 609.26
1994	1 409.97	2 054.32	1 195.82	4 783.28	2 818.35	1 609.26
1995	1 616.53	2 352.36	1 617.05	4 370.16	2 727.12	1 557.15
1996			1 604.53	6 418.12	2 861.09	1 633.72

注：1994年为1993年数。

1973—1996年全国农村户用沼气池

年份	实有数（万户）	其中：利用数（万户）	年户均产气量（立方米）	总产气量（万立方米）
1973	0.60			
1974	46.35	29.53		
1975	178.68	133.46		
1976	435.39	330.62		
1977	576.88	425.39		
1978	714.16	514.20		
1979	658.97	362.43		
1980	662.20	373.48		
1981	534.87	369.06		
1982	499.38	344.58		
1983	392.41	317.07		
1984	449.70	362.50		
1985	458.99			
1986	454.47	352.41		
1987	463.36	365.90		
1988	465.29	368.62		
1989	469.43	376.67	269.00	101 288.75
1990	476.66	272.21	271.51	73 907.68
1991	475.10	392.79	283.50	111 205.35
1992	498.21	404.46	285.52	115 479.72
1993	524.99	433.82	272.76	118 326.76
1994	542.97	463.75	290.43	134 687.12
1995	569.64	517.45	284.72	147 329.83
1996	602.12	517.85	314.54	162 885.20

1986—1996年全国沼气集中供气站、城镇净化沼气池情况

年份	沼气集中供气站			
	站数(处)	供气户数(户)	年供气量(万立方米)	年户均供气量(立方米)
1986	3 881	27 107		
1987	3 794	29 989		
1988	2 269	39 700		
1989	1 584	54 962	2 482.92	452
1990	1 593	63 939		
1991	535	68 451	3 625.02	527
1992	439	73 336	4 146.78	565
1993	633	84 379	3 694.04	438
1994	583	83 107	3 580.12	431
1995	540	84 041	4 210.72	501
1996	592	102 500	10 558.38	

年份	城镇净化沼气池			
	净化池(个)	池容量(万立方米)	年总产气量(万立方米)	供气户数(户)
1989	9 620	27.24		
1990	12 349	37.96		
1991	16 187	53.82	1 440.92	91 688
1992	19 355	72.33	1 417.22	97 266
1993	24 887	94.11	2 275.90	21 617
1994	29 825	115.47	1 919.28	22 327
1995	35 756	138.66	1 760.86	22 248
1996	52 182	180.81		

1990—1996 年全国沼气综合利用情况

年份	沼气贮粮		沼液浸种		沼液养猪	
	贮粮数量（吨）	减少粮食损失（吨）	播种面积（公顷）	增产粮食（吨）	头数（头）	节约饲料（吨）
1990	6 594.7	531.40			379 731	16 796.5
1991	65 875.1	3 676.10		78 231	745 934	45 474.3
1992	219 561.4	25 896.40		37 926	848 574	52 913.4
1993	126 224.0	12 946.00	268 613	131 440	1 242 277	106 180.0
1994	465 704.0	28 748.00	619 797	919 029	2 674 232	158 114.0
1995	65 860.0	647.00	730 325	283 003	2 254 830	90 613.0
1996	48 315.7	831.43	1 159 442	533 271	4 732 750	107 223.9

年份	沼液养鱼		沼渣种菇		生产商品有机肥料（吨）
	面积（公顷）	增加产量（吨）	面积（平方米）	产量（吨）	
1990	3 869.3	3 246.7			
1991	14 970.9	7 552.9	649 872	4 645.6	
1992	29 733.3	14 435.6	1 222 047	5 840.6	
1993	19 298.9	8 113.0	1 568 741	10 641.0	78 320
1994	40 037.6	15 357.0	1 772 866	13 184.0	90 095
1995	31 106.0	7 752.0	1 861 954	11 489.0	168 810
1996	38 016.4	14 813.1	6 908 698	22 810.9	

1986—1996 年全国农村优质生活燃料使用情况

单位：万户

年份	合计	电炊	液化石油气	天然气	煤气	新型燃料
1986	153.55	71.16	78.77	2.02	1.60	
1987	232.27	102.27	123.75	2.18	4.07	
1988	371.31	170.47	190.33	2.20	8.31	
1989	749.04	380.49	339.64	4.34	24.57	
1990	1 061.46	547.45	471.38	6.83	35.80	
1991	1 649.89	826.13	752.56	29.50	41.70	
1992	2 119.64	1 016.44	1 007.38	38.13	57.69	
1993	2 849.76	1 321.70	1 354.43	50.37	117.51	5.75
1994	3 498.88	1 612.83	1 673.64	57.36	146.68	8.37
1995	4 271.51	1 986.78	2 035.48	64.25	173.84	11.16
1996	3 866.72	1 788.24	2 048.44	40.56	91.47	30.04

1984—1996 年全国省柴节煤炉灶、省柴节煤炕、型煤加工情况

年份	省柴节煤炉灶（万户）	其中		省柴节煤炕（万铺）	型煤加工	
		商品灶	型煤炉		煤矸石加工成型煤（万吨）	原煤加工成型煤（万吨）
1984	3 094.88					
1985	4 905.04					
1986	6 588.08			1 073.76	307.84	
1987	8 373.44			1 320.33	456.68	
1988	9 916.61			1 914.81	509.04	
1989	11 408.44	1 394.56		1 008.97	1 148.89	14 687.63
1990	12 887.13	1 830.96		1 133.82	1 835.40	3 550.28
1991	14 084.04	2 226.06	882.42	1 223.07	684.83	1 905.96
1992	14 905.26	2 444.44	1 162.56	1 292.40	300.78	2 481.73
1993	15 773.00	2 847.33	1 901.10	1 411.94	318.62	3 019.35
1994	16 574.86	3 128.34	2 166.32	1 584.15	130.33	3 215.33
1995	17 244.31	3 385.64	2 374.65	1 618.29	145.10	3 874.05
1996	17 682.12	3 537.22	2 811.93	1 690.68	303.24	5 016.07

1984—1996 年全国风能利用、微型水力发电、太阳能和农村地热利用情况

年 份	风力发电机 数 量（台）	风力发电机 装机容量（千瓦）	风力发电机 年发电量（千瓦小时）	风力提水机 数 量（台）	风力提水机 灌溉面积（公顷）
1984	7 765	1 199.1			
1985	13 673	2 025.2		142	23.3
1986	39 136	3 958.8		146	243.6
1987	57 785	6 562.7		276	877.6
1988	79 662	8 837.0		717	1 288.9
1989	92 208	11 261.8		1 048	1 717.4
1990	106 305	12 911.0		1 387	2 270.4
1991	17 972	2 837.9	4 859 126	1 399	1 789.5
1992	118 808	16 793.3	7 953 852	1 508	1 306.5
1993	119 206	17 293.8	37 235 527	1 251	1 331.7
1994	119 788	17 301.0	36 959 845	1 059	1 279.0
1995	139 351	18 729.9	38 274 834	1 129	1 526.0
1996	158 520	23 382.6	39 532 400	1 101	2 658.7

年 份	微型水力发电 数 量（台）	装机容量（千瓦）	年发电量（万千瓦时）	供应户数（户）
1989	19 737	102 185.0		
1990	34 361	116 046.8		
1991	47 375	128 624.8	8 920.7	547 018
1992	50 906	214 679.6	12 424.3	590 863
1993	60 953	197 252.8	12 908.0	607 657
1994	65 155	176 178.8	16 349.8	379 862
1995	76 535	191 985.3	20 635.0	666 429
1996	81 885	164 302.0	19 571.2	820 242

（续）

年　份	太阳灶（台）	太阳房（万平方米）	太阳能热水器（万平方米）	太阳能干燥器（平方米）	太阳能电池（峰瓦）	太阳能温室（万平方米）
1984	84 523		8.8			
1985	91 952		16.5			
1986	103 267	4.9	23.3	1 737	4 232	
1987	99 188	12.2	34.9	3 064	11 347	
1988	108 769	15.8	51.9	5 289	81 176	
1989	113 397	20.8	72.8	7 203	95 505	2 442.3
1990	117 905	35.2	99.9	7 370	195 214	3 253.6
1991	124 571	66.5	128.1	7 370	195 204	
1992	135 373	118.5	155.8	7 397	215 939	4 623.7
1993	140 375	179.9	229.5	13 225	236 180	8 544.3
1994	145 347	256.8	290.9	12 090	267 345	21 460.7
1995	142 034	334.4	448.9	12 399	264 733	34 225.2
1996	195 243	455.5	524.4	3 189	126 301	71 701.5

（续）

年份	太阳能暖圈（万平方米）	地膜覆盖面积（公顷）	塑料大棚面积（公顷）
1988			54 064.4
1989			113 072.0
1990			175 337.7
1991	371.8	6 523 503.7	565 105.3
1992	638.3	3 451 330.9	255 114.8
1993	1 166.5	2 815 060	342 651
1994	1 955.9	3 662 286.0	354 995.0
1995	2 697.0	5 914 640	359 731.0
1996	6 197.7		387 042.4

年份	地热利用			
	点数（个）	种植面积（公顷）	养殖面积（公顷）	总计（公顷）
1985	106			371.8
1986	186	82.6	68.5	151.1
1987	350	87.1	120.4	207.5
1988	490	221.9	213.1	435.0
1989	599	739.3	487.6	1 226.9
1990	674	805.2	514.6	1 319.8
1991	680	1 337.4	882.0	2 899.4
1992	734	1 454.8	937.9	2 392.7
1993	861	1 810.8	1 054.3	2 865.1
1994	1 108	2 226.0	1 102.6	3 328.6
1995	1 267	2 787.5	1 232.0	4 019.5
1996	1 319	2 819.1	1 475.1	4 294.2

1973—1996 年全国小水电发展情况

年　　份	装 机 容 量（万千瓦）	年 发 电 量（亿千瓦时）
1973	220.08	40.51
1974	259.35	47.53
1975	308.32	66.86
1976	360.14	71.42
1977	431.52	85.38
1978	526.65	99.73
1979	632.94	119.20
1980	692.95	127.19
1981	757.36	144.40
1982	807.97	172.23
1983	850.41	199.29
1984	906.66	208.36
1985	952.10	241.34
1986	1 009.51	244.24
1987	1 110.63	290.45
1988	1 179.23	316.08
1989	1 235.60	352.49
1990	1 318.03	392.83
1991	1 385.34	373.27
1992	1 441.91	442.00
1993	1 505.53	411.21
1994	1 577.76	508.66
1995	1 664.61	553.76
1996	1 902.30	616.93

1989—1996 年全国农村节能炒茶灶、烤烟房、砖瓦窑设备情况

年　份	节能炒茶灶			节能烤烟房		
	总　计（万个）	茶叶加工量（吨）	节　能（吨标煤）	总　计（万座）	烟叶加工量（吨）	节　能（吨标煤）
1989	74.83	52 278.0	48 305.0	90.71	599 038.4	192 139.0
1990	84.48	14 891.6	96 513.0	112.08	854 829.5	297 114.0
1991	18.99	186 454.0	76 490.3	135.44	762 734.2	457 268.4
1992	23.66	340 270.5	122 284.3	142.83	1 072 859.3	495 459.6
1993	26.24	336 866.0	152 859.0	182.39	1 342 887.0	520 225.0
1994	27.94	241 868.0	136 171.0	208.11	1 113 828.0	491 866.0
1995	28.67	279 471.0	123 675.0	221.30	1 181 763.0	637 610.0
1996	22.35	287 500.0	123 600.0	184.73	5 190 500.0	610 800.0

年　份	节能砖瓦窑		
	总　计（座）	年生产砖瓦（万块）	节　能（万吨标煤）
1989	47 033	23 930 000	57.40
1990	72 432	10 926 316	127.14
1991	76 611	96 154 196	1 923.08
1992	77 981	9 286 584	182.97
1993	80 117	9 469 319	238.77
1994	81 227	12 497 173	319.34
1995	86 289	11 824 701	329.16
1996	53 648	9 749 480	121.25

1988—1996年全国农村能源生产企业情况

年份	企业数（个）				职工人数（人）			
	合计	国有	集体	其他	合计	管理人员	技术人员	工人
1988	944	166	778		29 914	3 409	3 868	22 637
1989	1 425	244	1 181		38 646	4 892	4 378	29 376
1990	1 434	237	1 197		37 208	4 730	3 959	28 519
1991	1 464	214	872	378	47 499	4 450	3 916	39 133
1992	1 443	273	833	337	41 663	4 881	4 693	32 089
1993	2 136	319	1 295	522	56 346	6 285	7 255	42 806
1994	1 914	291	1 057	566	39 773	8 493	5 203	26 077
1995	1 814	235	998	581	38 425	4 455	4 864	29 106
1996	1 279				25 638			

年份	固定资产（万元）		流动资金（万元）		产值（万元）	利润（万元）
	合计	其中：自有	合计	其中：自有		
1988	16 795.41		6 922.97		27 383.73	3 244.58
1989	17 242.12		11 428.30		37 224.85	4 122.77
1990	19 316.61		9 271.94		30 735.05	3 518.72
1991	24 386.85		10 371.62		38 866.30	3 618.57
1992	36 076.48		15 240.67		52 399.47	5 498.15
1993	55 423.16	39 200.94	21 602.06	11 347.32	87 403.69	7 596.89
1994	47 897.25	26 142.84	24 554.28	10 310.10	97 832.61	7 436.56
1995	45 490.51	22 416.69	23 481.35	10 067.45	124 357.69	9 845.47
1996	48 383.67		23 024.16		98 813.25	8 752.22

1988—1996年全国农村能源服务公司（站）情况

年份	服务公司（站、个）								人员（人）			
	合计	省级	地县级	乡级	所有制形式				合计	省级	地县级	乡级
					合计	国有	集体	其他				
1988					2 230	325	1 905		20 565			
1989	1 693	18	930	745	1 693	333	1 360		16 362	307	10 955	5 100
1990	1 751	16	834	901	1 751	351	1 403		18 374	360	12 436	5 578
1991	1 995	21	955	1 019	1 995	407	1 360	228	19 194	446	13 033	5 715
1992	2 586	20	1 175	1 391	2 586	564	1 672	350	24 770	339	17 046	7 385
1993	2 683	28	1 255	1 400	2 682	610	1 705	367	25 413	402	18 085	6 926
1994	2 810	16	1 198	1 596	2 794	578	1 692	524	24 713	219	17 316	7 178
1995	3 137	24	1 188	1 925	3 074	580	1 710	784	24 512	240	13 365	10 907
1996	2 123	17	980	1 126	2 123	527	1 162	434	20 206	301	11 851	8 054

年份	固定资产（万元）	流动资金（万元）	营业额（万元）	利润（万元）
1988	9 108.23	6 283.17	26 045.67	1 910.87
1989	9 283.30	5 454.68	23 826.78	1 744.66
1990	11 108.68	6 439.12	17 361.08	1 718.61
1991	13 036.16	8 353.01	33 423.39	2 103.94
1992	19 267.67	12 976.14	56 282.57	3 426.39
1993	28 438.55	18 515.60	95 855.35	5 015.00
1994	32 496.13	26 034.49	132 704.30	6 438.10
1995	37 575.14	25 927.10	126 679.30	5 509.22
1996	30 530.34	19 533.55	114 025.09	6 766.43

1990年各地区农村能源推广机构、人员情况

地区	推广机构（个）					推广人员（人）				
						按地区分				
	合计	省级	地市级	县级	乡级	合计	省级	地市级	县级	乡级
全国总计	**9 437**	**33**	**273**	**1 859**	**7 272**	**33 575**	**553**	**1 499**	**10 875**	**20 648**
北京	84	1		13	70	593	58		143	392
天津	113	1		12	100	344	13		104	227
河北	423	1	18	148	256	1 873	20	132	776	945
山西	237	1	9	29	198	528	11	43	153	321
内蒙古	21	1	2	18		266	7	40	219	
辽宁	471	3	11	57	400	848	27	42	265	514
吉林	307	1	8	46	252	482	7	32	186	257
黑龙江	136	2	7	41	86	324	23	14	143	144
上海	175		2	11	162	434	9		47	378
江苏	843	1	12	74	756	2 166	17	60	580	1 509
浙江	214	2	10	72	130	867	18	53	417	379
安徽	460	1	18	80	361	1 036	25	85	477	449
福建	208		5	51	152	1 088	9	12	220	847
江西	469	1	11	92	365	1 200	5	40	385	770
山东	527	2	15	129	381	1 624	20	88	827	689
河南	665		17	121	527	2 177	31	138	705	1 303
湖北	438	2	15	84	337	2 271	28	130	674	1 439
湖南	574	1	15	110	448	1 825	19	82	516	1 208
广东	828		12	84	732	4 207	14	40	731	3 422
广西	513	1	12	82	418	1 477	21	42	477	937
海南	47	1		8	38	131	6		35	90
四川	722	2	17	157	546	2 613	71	136	922	1 484
贵州	114	1	8	44	61	335	11	32	172	120
云南	145	1	13	95	36	987	10	60	587	330
西藏										
陕西	547	2	9	85	451	3 132	8	42	620	2 462
甘肃	92	1	13	74	4	473	40	110	316	7
青海	20	1	4	10	5	78	2	8	43	25
宁夏	9	1	1	7		72	13	4	55	
新疆	35	1	9	25		124	10	34	80	

1990年各地区农村能源科研机构、人员、技术服务及培训情况

地区	科研机构（个）						工程技术服务队		技术培训
	机构（个）			人员（人）					
	合计	省级	地县级	合计	省级	地县级	队数	人数	（人次）
全国总计	**87**	**29**	**58**	**905**	**439**	**466**	**14 891**	**121 521**	**387 684**
北京							46	284	543
天津							21	197	982
河北	21	14	7	135	96	39	343	5 956	17 763
山西	2	2		7	7		22	417	530
内蒙古							47	583	27 735
辽宁	4	2	2	67	60	7	137	821	5 929
吉林	1	1		13	13		702	5 735	118 577
黑龙江	6	1	5	34	12	22	444	1 828	1 223
上海	1		1	5		5	40	175	164
江苏	3		3	53		53	1 245	8 829	11 887
浙江	5	1	4	31	7	24	88	1 887	13 251
安徽	7	1	6	54	15	39	274	1 562	15 155
福建							309	2 339	1 833
江西	5		5	62		62	309	7 816	3 488
山东	3	1	2	19	10	9	1 322	8 908	11 805
河南	1	1		82	82		466	4 652	39 783
湖北	5		5	76		76	788	6 827	12 354
湖南	1		1	17		17	985	8 729	4 566
广东	3	1	2	24	14	10	2 109	12 719	13 466
广西	1		1	3		3	2 816	16 207	20 885
海南							90	572	619
四川	3	1	2	25	3	22	1 576	13 550	20 123
贵州	5		5	19		19	118	691	6 059
云南	1		1	3		3	188	5 581	12 337
西藏									
陕西							345	3 560	9 303
甘肃	4		4	40		40	47	445	6 144
青海	3	2	1	64	58	6	12	380	1 586
宁夏							2	271	7 001
新疆	2	1	1	72	62	10			2 593

1990年各地区农村能源经费投入情况

单位：万元

地区	合计	省市补助	地县补助	区乡补助
全国总计	**10 964.85**	**3 367.79**	**4 663.98**	**2 933.08**
北京	105.87	52.00	32.27	21.60
天津	84.72	43.50	23.92	17.30
河北	369.65	238.10	115.97	15.58
山西	34.10	4.50	28.60	1.00
内蒙古	74.00	63.80	10.20	
辽宁	1 140.34	297.15	142.55	700.64
吉林	102.66	85.00	9.70	7.96
黑龙江	69.11	36.17	16.44	16.50
上海	264.05	16.00	58.50	189.55
江苏	748.22	164.20	312.76	271.26
浙江	483.35	67.20	323.21	92.94
安徽	471.69	60.00	219.19	192.50
福建	1 230.68	53.05	818.89	358.74
江西	286.14	36.65	145.37	104.12
山东	306.24	81.14	100.64	124.46
河南	255.08	70.00	131.94	53.14
湖北	538.83	230.11	178.72	130.00
湖南	528.40	213.28	199.48	115.64
广东	985.04	156.41	399.42	429.21
广西	881.19	420.00	438.16	23.03
海南	34.00	7.00	27.00	
四川	638.31	128.60	495.31	14.40
贵州	44.20	16.79	22.76	4.65
云南	663.38	409.69	245.26	8.43
西藏				
陕西	246.32	103.95	110.54	31.83
甘肃	258.68	228.00	30.68	
青海	97.00	70.00	21.00	6.00
宁夏	8.95	5.50	3.45	
新疆	14.65	10.00	2.05	2.60

1990 年各地区农村户用沼气池

地　区	实有数（户）	其中：利用数（户）	户均产气量（立方米）	总产气量（万立方米）	维修病池数（个）
全国总计	**4 766 581**	**2 722 140**	**272**	**73 908**	**133 868**
北　京	64 063	46 135	231	1 255	1 149
天　津	8 891	6 405	270	173	816
河　北	80 705	65 811	213	1 400	2 647
山　西	3 692	1 865	200	37	45
内蒙古	28 555	14 061	156	219	7 947
辽　宁	64 916	30 233	202	610	4 903
吉　林	10 298	7 866	141	111	568
黑龙江	1 819	43	167	1	39
上　海	52 282	35 744	286	1 024	1 850
江　苏	646 801	470 659	249	11 727	20 359
浙　江	232 656	147 580	245	3 620	5 302
安　徽	71 208	59 063	280	1 654	2 633
福　建	52 936	46 687	220	1 207	623
江　西	135 220	121 470	299	3 636	14 210
山　东	352 392	271 317	244	6 609	10 129
河　南	53 572	46 591	231	1 077	3 390
湖　北	473 403	381 832	250	9 535	13 799
湖　南	156 817	146 830	353	5 186	1 968
广　东	109 979	97 667	365	3 561	988
广　西	188 974	171 655	344	5 910	1 397
海　南	3 801	3 796	403	152	
四　川	1 791 568	401 780	261	10 496	30 047
贵　州	8 376	7 593	317	240	126
云　南	77 892	69 005	388	2 678	263
西　藏					
陕　西	54 396	41 311	252	1 041	5 252
甘　肃	39 336	27 634	260	720	2 902
青　海	1 150	1 100	200	22	280
宁　夏	236	179	227	4	30
新　疆	647	228	193	4	206

1990年各地区沼气动力站、发电站、集中供气站、城镇净化沼气池情况

地区	沼气动力站					沼气发电站				
	沼气池		站数	总功率	年总产气量	沼气池		站数	装机容量	年发电量
	池数（个）	池容量（立方米）	（处）	（千瓦）	（万立方米）	池数（个）	池容量（立方米）	（处）	（千瓦）	（千瓦时）
全国总计	**294**	**7 659**	**151**	**2 265.2**	**127.70**	**454**	**24 451**	**143**	**2 077.4**	**935 876**
北京	3	585	3	35.3	4.20	5	390	2	23.0	33 580
天津	4	1 200	1	872.6	120.00					
河北						3	260	3	60.5	210
山西						2	60	1	5.0	
内蒙古						11	139	2	6.5	
辽宁						9	582	5	298.0	144 090
吉林										
黑龙江										
上海										
江苏	102	2 266	34	166.9	1.42	221	6 282	56	400.1	35 656
浙江						2	170	2	15.5	8 400
安徽						8	615	4	26.0	39 000
福建	1	200	1	5.9		5	1 400	3	23.0	
江西										
山东	2	25	1	8.8		81	8 364	19	848.5	303 400
河南										
湖北	10	107	2	19.8		5	82	2	6.0	2 000
湖南	35	723	20	129.0	1.13	23	1 348	14	39.0	13 940
广东	5	48	3	20.6		6	220	4	7.0	
广西	30	378	16	116.9		2	100	2	12.5	9 600
海南										
四川	96	1 986	67	870.3	0.95	66	4 233	22	301.5	346 000
贵州	1	25	1	8.8						
云南	3	26	1	8.8		5	206	2	5.3	
西藏										
陕西										
甘肃	2	90	1	1.5						
青海										
宁夏										
新疆										

（续）

地区	沼气集中供气站				净化池	
	沼气池		站数	供气户数	个数	池容量
	池数（个）	池容量（立方米）	（处）	（户）	（个）	（立方米）
全国总计	**2 962**	**233 670**	**1 593**	**63 939**	**12 349**	**379 638**
北京	12	1 283	6	420	3	150
天津						
河北	51	13 276	48	2 576	12	652
山西	6	200	2	30		
内蒙古						
辽宁	19	4 535	13	726	6	300
吉林	4	930	3	306		
黑龙江						
上海	1 598	80 987	959	21 216	2	175
江苏	538	22 721	153	3 311	381	16 758
浙江	29	4 191	17	1 510	815	18 072
安徽	29	7 850	18	2 459	57	2 194
福建	6	1 050	2	111	539	16 915
江西	51	3 066	28	1 062	106	2 956
山东	19	14 654	8	953	27	25 281
河南	68	11 685	58	5 732	25	415
湖北	225	14 604	158	5 969	48	1 016
湖南	98	13 384	44	8 310	364	11 812
广东	118	7 496	22	641	1 486	7 330
广西	3	450	1	100	41	1 083
海南					127	828
四川	39	19 330	13	8 143	8 279	272 389
贵州	28	545	26	82	4	133
云南	13	483	11	32	26	1 114
西藏						
陕西	8	10 950	3	250	1	65
甘肃						
青海						
宁夏						
新疆						

1990年各地区沼气综合利用情况

地　区	沼气贮粮			沼液浸种		沼液养猪		沼液养鱼	
	户　数（户）	贮粮数量（吨）	减少粮食损失（吨）	浸种量（吨）	增产粮食（千克/公顷）	头　数（万头）	节约饲料（吨）	面　积（公顷）	增加产量（吨）
全国总计	**5 139**	**6 594.7**	**531.4**	**3 727.94**	**544.3**	**37.97**	**16 796.5**	**3 869.3**	**3 246.7**
北　京				0.56	513	0.19	76.3	17.5	22.0
天　津									
河　北				0.29	2 175	0.61	153.3	1.2	6.4
山　西									
内蒙古				0.23	427.5	0.04	9.0	3.3	0.6
辽　宁				0.75	982.5	0.19	48.9	15.7	10.0
吉　林						0.49	245.8	1.3	0.7
黑龙江							0.2		
上　海									
江　苏	2 430	1 235.9	80.4	227.51	159.9	4.18	2 355.2	290.1	410.4
浙　江				112.5	112.5	6.48	1 104.0	200.4	15.0
安　徽	2	2.8	0.1	255.67	450	5.87	4 692.9	141.0	52.9
福　建									
江　西				2 454.66	525	6.35	3 026.3	348.2	409.0
山　东	1 239	298.3	18.2	36.79	548.5	1.43	864.9	26.7	8.7
河　南				4.2	375	0.29	61.8	34.4	26.1
湖　北	1 318	199.5	12.9	228.27	483	8.71	2 931.2	1 324.3	1 107.3
湖　南	19	4 818.0	417.4	343.12	525	1.03	475.1	803.2	361.4
广　东					225				
广　西				2.27	225	0.01	5.1	1.7	1.4
海　南									
四　川	131	40.2	2.4	61.11	4 612.5	2.09	746.5	660.3	2 575.2
贵　州									
云　南									
西　藏									
陕　西									
甘　肃									
青　海									
宁　夏									
新　疆									

1990年各地区农村优质生活燃料使用情况

地　区	电　炊（户）	液化石油气（户）	天然气（户）	煤　气（户）
全国总计	**5 474 477**	**4 713 755**	**68 294**	**357 989**
北　京	882	44 000		200
天　津	3 017	122 648	21 200	21 876
河　北	29 379	400 918	909	23 114
山　西				
内蒙古				
辽　宁	465 506	586 940	22 925	2 170
吉　林	615 233	102 309		
黑龙江	99 028	34 176		
上　海		35 904		33 777
江　苏	116 685	231 300	1 285	17 727
浙　江	1 439 192	847 441	7	5 540
安　徽	197 603	36 670	316	4 255
福　建	362 410	23 967		
江　西	178 151	47 262		9 765
山　东	42 603	1 252 269	5 995	128 551
河　南	40 708	141 399	3 835	65 646
湖　北	109 224	255 350	32	12 109
湖　南	139 235	23 036	1 198	19 962
广　东	634 452	366 970		340
广　西	569 307	62 556		4 043
海　南	128 521	64 656		
四　川	86 901	3 597	10 592	
贵　州	9 229			
云　南	184 975			6 200
西　藏				
陕　西	13 646	29 520		2 710
甘　肃	1 704	47		
青　海	400	820		
宁　夏				
新　疆	6 486			

1990 年各地区省柴节煤炉灶、省柴节煤炕、型煤加工情况

地区	省柴节煤炉灶		省柴节煤炕	型煤加工	
	总数（万户）	其中 商品灶	（万铺）	煤矸石加工成型煤（万吨）	原煤加工成型煤（万吨）
全国总计	**12 887.13**	**1 830.96**	**1 133.82**	**1 835.40**	**3 550.28**
北京	76.69	4.02	4.02		2.30
天津	33.56	7.54	0.50		28.60
河北	607.00	73.42	24.32	57.02	437.89
山西	113.00	10.18			15.55
内蒙古	166.06	1.71	10.98		
辽宁	521.48	0.73	146.72	300.49	2.28
吉林	293.79		261.58		
黑龙江	336.43	32.96	158.58	50.00	0.92
上海	107.94				
江苏	738.32	6.77		16.04	56.03
浙江	643.15	13.53		220.70	75.18
安徽	961.34	18.26		68.26	93.68
福建	228.68	116.11		30.50	143.53
江西	365.28	20.33		63.35	356.58
山东	1 459.06	85.97	402.88	441.88	448.63
河南	1 031.08	68.88	4.90	117.13	274.29
湖北	812.27	19.56		173.14	340.01
湖南	1 021.40	215.67		104.21	182.83
广东	679.75	146.94			216.40
广西	353.23	76.00		2.88	51.52
海南	51.29	4.72			4.98
四川	1 162.78	837.72		146.00	356.99
贵州	148.20	8.79			10.65
云南	197.56	42.57	0.06	43.53	32.77
西藏					
陕西	330.94	13.65	82.40	0.27	337.04
甘肃	272.44	0.28	28.61		79.62
青海	24.40		0.19		0.50
宁夏	34.03		8.08		0.06
新疆	115.98	4.65			1.45

1990年各地区农村风能利用、微型水力和畜力发电、太阳能及农村地热利用情况

地区	风力发电机		风力提水机		微型水力发电	
	数量（台）	装机容量（千瓦）	数量（台）	灌溉面积（公顷）	数量（台）	装机容量（千瓦）
全国总计	**106 305**	**12 911.00**	**1 387**	**2 270.4**	**34 361**	**116 046.79**
北京						
天津	92	13.80	23	233.3		
河北	1 869	198.36	950	313.2	82	43.20
山西	4	0.60			3	1.12
内蒙古	90 575	9 100.00			1	0.60
辽宁	378	69.45			27	544.40
吉林	316	34.75	1	0.3		
黑龙江	193	29.00				
上海						
江苏	217	37.65	208	91.4		
浙江	89	411.96	4	221.3	424	49 271.80
安徽	972	175.43	2	13.3	78	77.50
福建	368	868.00	9	566.7	258	371.60
江西	17	3.13			2 673	9 003.11
山东	1 709	402.18	124	746.0	90	6 902.50
河南	3 013	307.34	61	17.0	275	1 077.01
湖北	222	23.50	1	33.3	122	600.02
湖南	24	2.95	1	33.3	8 239	10 562.78
广东	2	300.00			592	188.20
广西	203	29.60			17 393	27 212.18
海南	9	88.85			28	201.00
四川					1 962	2 689.31
贵州	54	5.85			555	707.50
云南	67	13.45			1 000	2 573.54
西藏						
陕西	417	60.66			466	3 332.42
甘肃	2 085	453.00	3	1.3	73	672.00
青海	1 555	70.70			20	15.00
宁夏	1 122	140.30				
新疆	733	70.49				

（续）

地区	畜力发电			太阳灶	太阳房	太阳能热水器
	数量（台）	装机容量（瓦）	供应户数（户）	（台）	（平方米）	（平方米）
全国总计	**103**	**22 395**	**1 258**	**117 905**	**352 030**	**998 746**
北京				810	16 576	103 801
天津				104	9 691	48 872
河北	2	200	20	21 226	54 183	398 937
山西	52	12 220	818	54		624
内蒙古	1	200	15	1 703	1 445	1 205
辽宁				873	157 678	13 240
吉林	5	1 000	75	366	6 220	2 673
黑龙江	2	400	10	586	12 156	456
上海				36	100	1 823
江苏				610	9 820	15 615
浙江				47	167	19 113
安徽	1	350	1	243	400	6 700
福建				7		762
江西				15		199
山东	1	200	30	1 644	12 696	208 402
河南	1	200	30	217	3 779	27 613
湖北				60	2 500	3 180
湖南				25	108	814
广东				2		193
广西	1	225	1	16	500	7 885
海南				500		46
四川				528	450	62 826
贵州	1	200	3			
云南	1	200	25	315	7 650	28 847
西藏						
陕西	1	200	20	121	3 700	2 222
甘肃	1	200	20	58 696	40 947	19 894
青海	31	6 200	155	25 280	10 920	8 450
宁夏	1	200	15	2 680	186	8 186
新疆	1	200	20	1 141	158	6 168

（续）

地区	太阳能干燥器（平方米）	太阳能电池（峰瓦）	太阳能温室（平方米）	塑料大棚面积（公顷）	地热利用		
					点数（个）	种植面积（公顷）	养殖面积（公顷）
全国总计	**7 370**	**195 214**	**32 536 332**	**175 337.7**	**674**	**805.2**	**514.6**
北　京		25 000		32.5	1	1.1	
天　津			1 623 931	1 845.5	13	28.8	63.3
河　北	2 833	2 068	8 026 894	21 581.8	69	32.2	39.0
山　西			128	6 261.3	4	14.7	2.7
内蒙古		120 000	1 732 192	633.8			
辽　宁	60	2 829	16 537 644	9 232.7	17	7.5	16.4
吉　林			1 690 611	26 744.7			
黑龙江		365	553 567	26 059.7			
上　海	84						
江　苏	80		36 946	4 266.9	26		12.1
浙　江	1 494	2 217	4 617	300.5	22	0.8	7.0
安　徽	270	1 774	1 105	20 223.6	64	4.1	12.0
福　建			54	31.5	114	6.0	82.3
江　西			2 355	58.5	42	44.2	57.7
山　东	96	736	571 092	30 446.1	39	17.7	13.3
河　南	1 156	1 340	1 579 621	7 955.5	37	36.2	4.1
湖　北	60		69 040	7 853.1	27	50.0	34.8
湖　南			402	9.8	56	1.0	101.0
广　东					54	31.4	16.8
广　西	900		1 332	0.2	10	24.7	8.1
海　南		1 200					
四　川	220	887	1 200	138.5	2		0.2
贵　州				1.0	4	20.0	3.4
云　南	110	1 493	3 106	26.3	35	12.3	11.3
西　藏							
陕　西		1 435	35 884	9 047.1	36	472.5	27.1
甘　肃	7	13 059	31 611	1 310.4	2		2.0
青　海		4 300	33 000	346.7			
宁　夏		1 149		930.0			
新　疆		15 362					

1990年各地区农村节能炒茶灶、烤烟房、砖瓦窑设备情况

地区	节能炒茶灶 个数（个）	节能炒茶灶 茶叶加工量（吨）	节能炒茶灶 节能（吨标煤）	节能烤烟房 个数（万座）	节能烤烟房 烟叶加工量（吨）	节能烤烟房 节能（吨标煤）	节能砖瓦窑 个数（座）	节能砖瓦窑 生产砖瓦（万块）	节能砖瓦窑 节能（万吨标煤）
全国总计	**844 804**	**14 891.6**	**96 513**	**112.08**	**854 830**	**297 114**	**72 432**	**10 926 316**	**127.14**
北京									
天津									
河北				0.55	4 500	450	595	381 590	20.09
山西									
内蒙古									
辽宁							400	120 000	4.14
吉林				0.66	5 407	4 155	355	156 856	0.11
黑龙江				13.62	160 025	22 406	2 516	1 195 615	2.09
上海									
江苏	671 865	22.2	107				715	788 248	6.31
浙江	20 468	4 843.5	22 101				1 895	47 916	0.85
安徽	7 205	1 456.0	10 795	0.20	932	932	129	25 985	1.30
福建	4 421	1 872.7	15 188	1.95	15 322	6 730	1 602	59 823	0.56
江西	987	274.7	17 230	2.24	4 256	3 784	9 066	1 422 811	12.50
山东	259	43.0	560	23.88	220 610	11 508	9 703	3 137 051	5.03
河南	37 379	254.2	1 094	7.75	57 472	23 740	4 940	378 742	22.17
湖北	1 932	427.7	4 862	0.97	22 171	23 723	1 555	227 800	8.13
湖南	1 599	770.4	1 679	4.18	20 741	19 745	1 541	226 131	3.11
广东	15 440	210.6	1 706	6.10	1 450	1 615	12 995	1 718 763	12.36
广西	198	428.5	2 196	4.42	8 916	7 956	9 733	3 835	
海南	3	2.5	50				259	82 062	6.15
四川	116	37.9	415	0.15	1 306	476	1 003	10 827	3.44
贵州	76 840	750.0	5 000	4.16	23 818	25 510	2 898	68 286	0.61
云南	2 302	3 327.4	12 911	30.14	241 586	89 897	3 356	36 784	0.64
西藏									
陕西	3 745	155.0	498	8.49	50 275	13 369	5 853	772 371	14.75
甘肃	45	15.3	121	2.62	16 043	41 118	1 318	64 726	2.80
青海									
宁夏							5	94	
新疆									

1990年各地区农村能源生产企业情况

地区	企业数（个）			职工人数（人）			
	合计	国有	集体	合计	管理人员	技术人员	工人
全国总计	**1 434**	**237**	**1 197**	**37 208**	**4 730**	**3 959**	**28 519**
北京	38	6	32	340	68	57	215
天津	34	8	26	691	121	152	418
河北	72	28	44	4 142	586	366	3 190
山西	54	3	51	323	66	80	177
内蒙古	1	1		10	2	4	4
辽宁	25	8	17	553	90	71	392
吉林	2		2	16	3	4	9
黑龙江	7	1	6	443	63	28	352
上海	6		6	343	35	14	294
江苏	45	1	44	1 952	242	139	1 571
浙江	22	4	18	1 447	151	122	1 174
安徽	30	3	27	803	178	71	554
福建	8	2	6	165	21	14	130
江西	35	9	26	552	86	41	425
山东	92	15	77	2 079	293	342	1 444
河南	123	34	89	3 025	400	493	2 132
湖北	62	33	29	1 525	185	213	1 127
湖南	73	12	61	1 561	189	184	1 188
广东	44	13	31	2 637	95	83	2 459
广西	20	12	8	329	57	39	233
海南	18	3	15	214	36	56	122
四川	405	5	400	3 124	557	666	1 901
贵州	64	7	57	1 375	259	126	990
云南	12	7	5	911	121	88	702
西藏							
陕西	14	1	13	176	21	43	112
甘肃	104	9	95	5 954	467	326	5 161
青海	5	3	2	620	52	23	545
宁夏	11	4	7	1 660	249	89	1 322
新疆	8	5	3	238	37	25	176

(续)

地区	固定资产（万元）	流动资金（万元）	产值（万元）	利润（万元）
全国总计	**19 316.61**	**9 271.94**	**30 735.05**	**3 518.72**
北京	214.00	91.50	604.25	40.57
天津	540.74	642.40	2 549.60	248.59
河北	2 270.93	1 488.61	2 851.50	330.94
山西	250.00	118.00	933.00	93.30
内蒙古	10.00	3.00	2.00	1.00
辽宁	575.73	119.30	558.00	60.00
吉林	8.00	3.50	1.50	0.50
黑龙江	614.50	254.60	802.70	51.70
上海	155.00	49.30	507.00	49.70
江苏	642.57	625.62	2 278.67	124.06
浙江	2 325.39	848.51	822.94	78.68
安徽	351.70	151.30	843.17	49.85
福建	208.36	57.40	273.25	112.20
江西	328.60	125.75	651.52	63.00
山东	729.65	397.50	2 152.15	186.13
河南	1 899.25	1 015.99	3 601.05	429.62
湖北	1 322.91	596.13	1 852.26	120.65
湖南	881.03	428.17	1 004.61	84.10
广东	152.00	67.50	273.50	20.01
广西	188.50	195.50	963.16	323.95
海南	211.50	112.00	270.60	28.30
四川	1 310.09	522.20	2 991.07	303.20
贵州	556.10	117.03	417.93	65.75
云南	1 034.21	493.10	733.42	165.73
西藏				
陕西	74.30	45.40	73.32	8.31
甘肃	1 031.85	309.23	1 369.44	222.58
青海	460.00	110.00	280.00	12.00
宁夏	843.70	243.30	938.44	224.80
新疆	126.00	40.10	135.00	19.50

1990年各地区农村能源服务公司（站）情况

地区	服务公司（站、个）						
	合计	省级	地县级	乡级	所有制形式		
					合计	国有	集体
全国总计	**1 751**	**16**	**834**	**901**	**1 751**	**351**	**1 400**
北京	55	1	9	45	55	8	47
天津	17		12	5	17	14	3
河北	55		51	4	55	37	18
山西	3	1	2		3	3	
内蒙古	4		2	2	4		4
辽宁	43		32	11	43	8	35
吉林	10		10		10	1	9
黑龙江	9		9		9	5	4
上海	6	1	1	4	6	1	5
江苏	309		65	244	309	11	298
浙江	104	2	70	32	104	12	92
安徽	140	1	61	78	140	17	123
福建	68		21	47	68	2	66
江西	70		27	43	70	14	56
山东	76		60	16	76	30	46
河南	67	1	46	20	67	36	31
湖北	180	2	72	106	180	66	114
湖南	93	1	62	30	93	12	81
广东	84		20	64	84	13	71
广西	33	1	16	16	33	18	15
海南	2	1	1		2	2	
四川	237	2	122	113	237	17	220
贵州	3	1	2		3	2	1
云南	16	1	8	7	16	3	13
西藏							
陕西	36		24	12	36	6	30
甘肃	21		20	1	21	10	11
青海	2		1	1	2	1	1
宁夏	2		2		2		2
新疆	6		6		6	2	4

（续）

地区	人员（人）				固定资产（万元）	流动资金（万元）	营业额（万元）	利润（万元）
	合计	省级	地县级	乡级				
全国总计	**18 374**	**360**	**12 436**	**5 578**	**11 108.68**	**6 439.12**	**17 361.08**	**1 718.61**
北京	574	58	150	366	193.55	112.90	369.70	95.50
天津	161		138	23	48.65	30.20	746.98	31.09
河北	656		618	38	329.82	351.32	759.02	69.69
山西	38	30	8		17.40	20.00	211.00	12.50
内蒙古	15		8	7	30.50	7.00	16.50	2.20
辽宁	1 269		1 075	194	1 027.64	283.82	995.45	102.49
吉林	92		92		152.60	30.70	119.50	11.60
黑龙江	73		73		56.50	31.30	42.60	3.45
上海	377	30	250	97	73.40	33.90		22.50
江苏	3 284		1 444	1 840	1 270.71	972.22	1 851.20	354.59
浙江	636	13	508	115	415.22	541.12	1 868.10	89.25
安徽	949	49	567	333	636.09	400.54	1 225.16	73.31
福建	400		253	147	75.70	58.32	123.60	19.52
江西	288		161	127	174.73	105.60	150.22	19.02
山东	1 305		1 212	93	984.38	542.90	1 563.30	196.33
河南	1 172	82	573	517	1 031.62	627.25	1 879.01	110.18
湖北	1 917	32	1 243	642	2 061.76	798.15	2 427.19	107.47
湖南	772	9	631	132	648.59	325.25	707.60	84.45
广东	261		115	146	67.80	37.00	66.50	7.79
广西	108	9	69	30	66.68	65.69	118.01	12.35
海南	12	6	6		8.00	7.70	9.00	0.80
四川	3 343	25	2 639	679	1 307.44	779.34	1 390.64	246.00
贵州	12	5	7		22.10	11.50	12.97	2.58
云南	73	12	51	10	55.71	31.83	112.30	5.67
西藏								
陕西	133		99	34	70.81	53.75	93.97	10.02
甘肃	391		389	2	246.13	154.62	421.90	22.29
青海	15		9	6	22.00	6.00	38.00	2.50
宁夏	22		22		4.15	3.70	23.98	2.06
新疆	26		26		9.00	15.50	17.68	1.41

1991年各地区农村能源推广机构、人员情况

地区	推广机构（个）					推广人员（人）				
						按地区分				
	合计	省级	地市级	县级	乡级	合计	省级	地市级	县级	乡级
全国总计	**8 684**	**42**	**285**	**1 960**	**6 397**	**27 738**	**534**	**1 478**	**9 795**	**15 931**
北　京	93	1		13	79	343	54		155	134
天　津	98	1		12	85	230	15		87	128
河　北	425	1	18	142	264	1 700	20	123	672	885
山　西	166	1	9	34	122	575	8	42	121	404
内蒙古	38	1	5	29	3	260	7	40	204	9
辽　宁	493	3	12	64	414	791	22	38	207	524
吉　林	219	2	7	44	166	494	7	34	192	261
黑龙江	189	2	9	59	119	480	20	29	184	247
上　海	152	1		11	140	414	7		40	367
江　苏	876	2	10	79	785	2 037	17	54	564	1 402
浙　江	185	2	10	73	100	732	15	59	382	276
安　徽	366	1	18	82	265	919	19	78	392	430
福　建	220	2	7	45	166	944	10	27	175	732
江　西	504	1	11	93	399	1 133	6	34	362	731
山　东	412	2	15	122	273	1 228	19	87	750	372
河　南	471	1	17	118	335	1 663	31	148	658	826
湖　北	295	2	15	78	200	1 253	27	105	596	525
湖　南	419	1	18	104	296	955	24	83	425	423
广　东	775	2	13	98	662	2 457	4	38	409	2 006
广　西	421	1	13	88	319	1 506	23	44	513	926
海　南	60	1	1	11	47	165	7	4	50	104
四　川	697	3	17	162	515	2 064	75	123	905	961
贵　州	81	1	8	46	26	316	11	34	231	40
云　南	174	1	16	101	56	1 210	10	72	565	563
西　藏										
陕　西	651	2	9	98	542	3 131	9	56	482	2 584
甘　肃	94	1	12	80	1	416	42	79	283	12
青　海	44	1	3	22	18	105	3	8	56	38
宁　夏	9	1	1	7		75	14	4	57	
新　疆	57	1	11	45		142	8	35	78	21

地　区	推广人员（人）			
	按文化程度分		按技术职称分	
	大专以上	高　中	高　级	中　级
全国总计	**3 631**	**12 875**	**130**	**1 972**
北　京	59	167	5	12
天　津	31	97	4	15
河　北	264	837	21	183
山　西	153	168	9	96
内蒙古	60	113	4	24
辽　宁	125	311	3	55
吉　林	148	254	1	53
黑龙江	116	158	6	46
上　海	19	165		7
江　苏	178	649	10	71
浙　江	147	234	4	51
安　徽	206	363	5	55
福　建	69	753	5	305
江　西	137	615	3	75
山　东	184	623	2	76
河　南	409	808	3	170
湖　北	195	623	7	86
湖　南	155	403	3	71
广　东	217	1 342	1	94
广　西	91	712	2	67
海　南	49	110	1	21
四　川	170	755	5	94
贵　州	50	197	2	32
云　南	60	308	3	17
西　藏				
陕　西	197	1 735	12	127
甘　肃	71	214	5	25
青　海	17	50	1	17
宁　夏	18	32	1	14
新　疆	36	79	2	13

1991 年各地区农村能源科研机构、人员、技术服务及培训情况

地区	科研机构（个）						工程技术服务队		技术培训
	机构（个）			人员（人）					
	合计	省级	地县级	合计	省级	地县级	队数	人数	（人次）
全国总计	**90**	**28**	**62**	**780**	**370**	**410**	**17 006**	**121 400**	**278 500**
北京							98	684	789
天津							29	299	616
河北	8	8		38	38		422	1 890	34 834
山西	2	2		9	9		53	472	1 548
内蒙古							25	168	7 369
辽宁	4	2	2	67	60	7	146	899	9 252
吉林	2	2		18	18		2 063	8 105	18 178
黑龙江	9	1	8	57	20	37	1 014	3 206	5 621
上海	1		1	6		6	37	121	27
江苏	3		3	26		26	621	4 461	8 528
浙江	8	1	7	35	8	27	102	1 105	7 096
安徽	3	1	2	25	15	10	394	2 910	5 797
福建							301	1 710	2 248
江西	4		4	18		18	326	7 606	7 783
山东	4	1	3	23	8	15	381	2 341	4 014
河南	3	3		24	24		707	6 740	43 942
湖北	15	1	14	155	14	141	513	4 696	12 396
湖南	1		1	17		17	1 010	7 991	6 757
广东	5	1	4	33	9	24	1 720	12 399	9 332
广西							4 170	21 801	23 181
海南							91	582	652
四川	3	1	2	13	3	10	1 579	17 114	20 699
贵州	8		8	30		30	112	1 112	13 143
云南							356	6 585	15 652
西藏									
陕西	1	1		7	7		676	6 021	10 883
甘肃	1		1	14		14	32	254	3 991
青海	3	2	1	73	65	8	23	87	228
宁夏							2	21	1 553
新疆	2	1	1	92	72	20	3	20	2 391

1991年各地区农村能源经费投入情况

单位：万元

地　区	合　计	省市补助	地县补助	区乡补助
全国总计	**11 257.93**	**3 312.97**	**6 106.15**	**1 838.81**
北　京	96.20	27.81	42.99	25.40
天　津	63.15	31.00	25.75	6.40
河　北	383.83	230.00	149.44	4.39
山　西	123.45	41.00	82.10	0.35
内蒙古	146.85	110.10	36.75	
辽　宁	522.72	234.00	159.24	129.48
吉　林	149.49	89.59	36.56	23.34
黑龙江	255.55	137.65	33.40	84.50
上　海	310.22	11.00	59.41	239.81
江　苏	853.11	178.74	322.66	351.71
浙　江	466.49	65.33	348.36	52.80
安　徽	399.74	110.20	258.48	31.06
福　建	180.49	48.80	73.20	58.49
江　西	393.10	51.20	255.79	86.11
山　东	286.45	74.59	151.53	60.33
河　南	222.17	70.00	140.97	11.20
湖　北	554.10	258.84	196.62	98.64
湖　南	676.44	195.46	338.65	142.33
广　东	783.43	177.83	455.89	149.71
广　西	1 699.78	470.00	1 171.44	58.34
海　南	33.34	6.30	27.04	
四　川	951.60	161.38	678.00	112.22
贵　州	104.47	30.00	71.57	2.90
云　南	797.85	68.70	711.33	17.82
西　藏				
陕　西	370.77	100.50	188.59	81.68
甘　肃	261.80	247.05	11.95	2.80
青　海	128.00	55.00	66.00	7.00
宁　夏	4.40	1.40	3.00	
新　疆	38.94	29.50	9.44	

1991年各地区农村能源使用情况

地区	使用总量标煤（万吨）	人均标煤（吨）	农村生活用能				
			小计标煤（万吨）	秸秆		薪材	
				实物（万吨）	标煤（万吨）	实物（万吨）	标煤（万吨）
全国总计	**56 821.85**	**0.76**	**36 003.40**	**34 627.85**	**16 212.68**	**18 044.63**	**10 302.98**
北京	447.60	1.20	240.30	153.30	76.65	16.22	9.26
天津	475.71	1.10	170.70	182.26	91.13	0.27	0.15
河北	3 528.67	0.70	2 072.70	1 597.45	845.05	682.16	389.51
山西							
内蒙古	920.51	0.60	727.52	858.74	429.37	183.69	104.89
辽宁	2 018.86	0.70	1 500.03	1 804.04	876.77	467.75	267.08
吉林	1 834.03	1.50	1 068.98	1 163.01	606.20	384.68	219.65
黑龙江	2 071.62	1.00	1 790.12	2 388.09	1 259.57	396.25	226.28
上海							
江苏	4 208.70	0.70	2 700.64	6 325.23	2 362.60	200.16	114.28
浙江	2 338.30	0.70	1 258.93	937.98	426.72	1 152.47	658.05
安徽	2 148.26	0.50	1 357.43	1 786.96	867.93	459.64	262.45
福建	1 265.16	0.60	877.53	310.06	150.14	1 080.82	617.14
江西	2 939.94	1.00	1 405.72	1 042.23	447.11	1 099.86	628.02
山东	4 536.22	0.60	2 329.61	2 863.62	1 494.50	333.53	190.44
河南	4 604.68	0.60	2 554.12	2 013.63	1 034.35	535.03	305.50
湖北	3 292.68	0.80	2 219.52	2 106.47	1 013.47	1 237.14	706.41
湖南	4 190.78	0.80	2 205.79	1 145.72	526.08	1 862.37	1 063.41
广东	828.31	0.30	447.50	260.33	120.69	512.36	292.55
广西	2 856.90	0.50	1 306.14	1 017.00	465.40	1 112.40	635.18
海南	241.24	0.40	188.98	107.30	46.03	238.68	136.29
四川	4 406.79	0.50	4 094.46	3 969.42	1 963.68	2 030.89	1 159.64
贵州	2 353.74	0.80	1 777.30	448.82	224.43	1 278.02	729.25
云南	1 550.19	0.50	1 326.78	349.90	169.90	1 653.20	943.98
西藏							
陕西	1 946.78	0.70	1 099.71	625.80	115.25	725.49	414.27
甘肃	927.70	0.50	724.67	944.08	481.50	168.62	96.28
青海							
宁夏	217.81	0.60	89.52	24.78	11.51	6.60	3.77
新疆	670.67	0.80	468.70	201.63	106.65	226.33	129.25

（续）

地区	农村生活用能					
	原煤		电力		煤油	
	实物（万吨）	标煤（万吨）	实物（万千瓦时）	标煤（万吨）	实物（万吨）	标煤（万吨）
全国总计	**10 856.43**	**7 751.85**	**290.98**	**1 163.01**	**93.68**	**133.47**
北京	203.57	145.35	2.23	8.91	0.09	0.13
天津	97.15	69.36	2.51	10.03	0.02	0.03
河北	1 104.99	788.96	8.44	33.75	4.80	6.86
山西						
内蒙古	237.62	169.66	5.15	20.61	2.13	2.99
辽宁	262.07	187.12	41.29	165.15	2.68	3.00
吉林	274.60	196.06	11.73	46.92	0.10	0.15
黑龙江	338.96	242.00	15.22	60.92	0.92	1.35
上海						
江苏	162.26	115.85	23.17	92.67	4.36	6.24
浙江	146.11	104.33	15.11	60.43	6.47	9.35
安徽	245.56	175.33	10.71	42.82	6.11	8.73
福建	118.02	84.27	5.21	20.82	3.61	5.16
江西	416.47	297.36	6.89	27.54	3.89	5.56
山东	713.87	509.70	31.65	126.61	5.67	8.11
河南	1 498.24	1 070.10	31.04	124.15	13.62	19.46
湖北	464.92	331.95	18.22	72.89	4.50	6.43
湖南	773.80	552.49	10.34	41.35	4.27	6.43
广东	32.47	23.18	1.45	5.78	3.47	4.96
广西	99.70	71.19	11.12	44.47	5.10	7.29
海南	4.31	3.08	0.89	3.55	0.02	0.03
四川	1 281.57	915.04	12.60	50.46	3.83	5.47
贵州	1 090.13	778.35	7.04	28.15	4.63	6.62
云南	268.50	191.71	3.22	12.88	5.65	8.07
西藏						
陕西	438.75	313.29	6.88	27.53	6.14	8.78
甘肃	161.73	115.47	7.53	30.14	0.91	1.28
青海						
宁夏	102.00	72.83	0.35	1.41		
新疆	319.06	227.82	0.99	3.07	0.69	0.99

（续）

地区	农村生产用能						
	小计标煤（万吨）	原煤		焦炭		汽油	
		实物（万吨）	标煤（万吨）	实物（万吨）	标煤（万吨）	实物（万吨）	标煤（万吨）
全国总计	**20 818.45**	**15 768.89**	**11 258.93**	**810.12**	**763.95**	**809.84**	**1 191.25**
北京	207.30	187.99	134.22	5.63	5.31	7.77	11.43
天津	305.01	285.89	204.12	5.60	5.28	12.77	18.78
河北	1 455.97	1 439.42	1 027.74	24.76	23.35	54.28	79.85
山西							
内蒙古	192.99	93.89	67.03			10.43	15.34
辽宁	518.83	383.25	273.64	75.10	70.82	19.90	29.27
吉林	765.05	576.69	411.75	70.32	66.31	79.71	117.25
黑龙江	281.50	175.04	124.97	11.93	11.25	11.07	16.28
上海							
江苏	1 508.06	1 371.64	979.35	60.52	57.07	25.45	37.44
浙江	1 079.37	869.06	620.51	18.68	17.62	31.46	46.28
安徽	790.83	677.02	483.39	25.49	24.04	23.44	34.48
福建	387.63	122.64	87.57	7.44	7.01	25.91	38.11
江西	1 534.22	807.98	576.90	17.31	16.32	75.91	111.66
山东	2 206.61	1 820.33	1 299.72	106.05	100.01	63.56	93.50
河南	2 050.56	1 838.58	1 312.74	92.48	87.21	52.43	77.12
湖北	1 073.16	727.72	519.58	27.83	26.24	25.45	37.44
湖南	1 984.99	1 909.68	1 363.51	51.73	48.78	74.70	109.88
广东	380.81	154.89	110.59	1.21	1.14	19.46	28.63
广西	1 550.76	349.60	249.60	28.50	26.88	80.60	118.56
海南	52.26	16.55	11.82	0.02	0.02	1.47	2.16
四川	312.33	283.99	202.77	22.46	21.18	3.91	5.75
贵州	576.44	473.56	338.12			56.60	83.26
云南	223.41	137.80	98.39			8.87	13.05
西藏							
陕西	847.07	703.21	502.09	122.45	115.47	33.71	49.58
甘肃	203.03	136.38	97.38	0.96	0.91	2.40	3.53
青海							
宁夏	128.29	59.52	42.50	31.50	29.70	0.43	0.63
新疆	201.97	166.57	118.93	2.15	2.03	8.15	11.99

(续)

地区	农村生产用能					
	柴油		电力		薪材	
	实物（万吨）	标煤（万吨）	实物（万千瓦小时）	标煤（万吨）	实物（万吨）	标煤（万吨）
全国总计	**1 790.71**	**2 609.76**	**730.54**	**2 926.18**	**3 622.95**	**2 062.38**
北京	9.40	13.70	9.36	37.45	9.09	5.19
天津	10.01	14.58	15.56	62.25		
河北	81.62	118.92	45.47	181.86	42.47	24.25
山西						
内蒙古	43.56	63.47	11.79	47.15		
辽宁	26.83	39.09	25.68	102.73	5.74	3.28
吉林	64.37	93.79	16.47	65.85	17.70	10.10
黑龙江	43.83	63.85	14.29	57.15	14.01	8.00
上海						
江苏	52.49	76.47	77.07	308.29	86.58	49.44
浙江	71.92	104.78	35.13	140.53	262.07	143.65
安徽	59.60	86.83	31.75	130.98	54.48	31.11
福建	54.26	79.05	13.35	53.41	214.50	122.48
江西	24.36	35.49	14.87	59.49	1 286.10	734.36
山东	150.22	218.87	115.39	461.53	57.77	32.98
河南	96.85	141.11	93.12	372.47	104.93	59.91
湖北	88.02	128.24	58.85	235.41	221.10	126.25
湖南	71.03	103.49	26.58	106.33	443.08	253.00
广东	45.44	66.21	22.08	88.33	150.46	85.91
广西	619.10	902.76	32.03	128.14	218.60	124.82
海南	1.63	2.37	1.41	5.64	52.98	30.25
四川	4.48	6.53	2.29	9.15	117.75	66.95
贵州	72.50	105.63	11.90	47.60	3.20	1.83
云南	4.13	6.02	1.02	4.08	178.40	101.87
西藏						
陕西	35.67	51.98	20.86	83.46	77.98	44.49
甘肃	26.95	39.27	14.92	59.68	3.96	2.26
青海						
宁夏	5.39	7.85	11.90	47.61		
新疆	27.05	39.41	7.40	29.61		

1991年各地区农村户用沼气池

地　　区	实有数（万户）	其中：利用数（万户）	户均产气量（立方米）	总产气量（万立方米）	维修病池数（个）
全国总计	**475.10**	**392.79**	**283.5**	**111 205.35**	**130 776**
北　京	5.80	3.52	244.3	859.92	1 267
天　津	0.86	0.62	270.0	167.40	596
河　北	8.77	7.00	219.0	1 533.31	2 602
山　西	0.38	0.20	200.0	40.00	50
内蒙古	1.17	1.30	165.3	214.94	3 023
辽　宁	6.65	3.41	186.9	748.70	3 562
吉　林	1.24	1.07	169.8	187.10	609
黑龙江	0.21	2.00	380.0	7.60	2
上　海	5.06	3.51	285.2	1 000.89	1 761
江　苏	48.59	40.53	253.8	10 314.95	27 260
浙　江	22.02	14.34	262.0	3 727.23	4 560
安　徽	7.96	6.67	282.0	1 881.22	3 776
福　建	5.90	5.21	293.5	1 401.51	1 290
江　西	14.26	12.57	323.0	4 060.16	11 392
山　东	35.50	27.12	250.5	6 872.14	7 134
河　南	5.37	4.52	233.8	1 056.78	3 165
湖　北	48.66	39.15	269.5	10 405.33	19 027
湖　南	18.57	17.68	379.6	6 711.33	2 457
广　东	11.91	10.96	397.0	4 348.33	1 737
广　西	21.20	19.30	356.6	6 882.38	618
海　南	0.46	0.45	421.0	189.43	
四　川	185.50	154.16	275.0	42 046.46	26 230
贵　州	1.04	1.02	378.3	385.87	16
云　南	7.39	7.94	482.7	3 832.58	478
西　藏					
陕　西	6.42	5.34	266.1	1 434.41	4 582
甘　肃	4.04	3.04	288.0	875.52	3 340
青　海	0.11	0.11	100.0	11.00	110
宁　夏	0.01	0.01	165.0	1.65	
新　疆	0.05	0.04	180.3	7.21	132

1991年各地区沼气动力站、发电站、集中供气站、城镇净化沼气池情况

地区	沼气动力站					沼气发电站	
	沼气池		站数	总功率	总产气量	沼气池	
	池数（个）	池容量（立方米）	（处）	（千瓦）	（万立方米）	池数（个）	池容量（立方米）
全国总计	**273**	**7 109**	**183**	**3 444.7**	**322.30**	**435**	**27 852**
北京						1	150
天津	8	3 600	1	2 182.6	300.00		
河北						3	260
山西						2	60
内蒙古						11	139
辽宁						9	582
吉林	80	280	80	206.0	5.45		
黑龙江							
上海							
江苏	23	383	11	73.9	1.50	220	6 262
浙江						2	100
安徽						6	420
福建	1	200	1	5.9	0.90	6	1 500
江西							
山东	2	25	1	8.8		87	8 398
河南							
湖北	10	107	2	19.8	2.60	4	32
湖南	33	682	19	120.2	4.51	29	4 348
广东	3	18	1	2.9		5	870
广西	30	378	16	117.2	2.20	2	100
海南							
四川	77	1 295	48	688.2	4.80	38	3 929
贵州	1	25	1	8.8	0.23		
云南	3	26	1	8.8	0.11	6	212
西藏							
陕西							
甘肃	2	90	1	1.5		2	90
青海							
宁夏							
新疆						2	400

(续)

地区	沼气发电站				沼气集中供气站		
	站数	装机容量	总产气量	发电量	沼气池		站数
					池数（个）	池容量（立方米）	
	（处）	（千瓦）	（万立方米）	（万千瓦时）			（处）
全国总计	**122**	**2 289.00**	**528.92**	**688.47**	**1 621**	**197 568**	**535**
北京	1	7.00	0.51	0.77	4	474	3
天津							
河北	3	60.50	0.13	0.20	13	12 295	11
山西	1	5.00	0.30	4.50	6	200	2
内蒙古	2	6.50	0.33	0.50			
辽宁	5	298.00	40.72	61.08	18	3 850	12
吉林					5	1 530	3
黑龙江							
上海					635	41 181	93
江苏	45	326.90	23.71	35.57	174	20 925	90
浙江	2	15.00	1.00	1.50	32	5 459	17
安徽	3	16.00	5.74	8.61	227	7 230	16
福建	3	28.00	39.80	59.70	8	1 150	3
江西					26	3 180	7
山东	19	849.20	304.40	456.60	23	15 500	8
河南					12	10 900	5
湖北	1	3.00	0.36	0.54	232	15 406	169
湖南	16	214.00	25.78	38.67	135	14 314	65
广东	3	118.50	7.64	11.46	17	1 754	12
广西	2	12.50	0.75	1.13	3	450	1
海南							
四川	11	271.00	73.39	1.10	39	19 930	13
贵州							
云南	3	5.60					
西藏							
陕西					11	21 800	4
甘肃	1	2.00	2.20	3.30	1	40	1
青海							
宁夏							
新疆	1	50.00	2.16	3.24			

（续）

地　区	沼气集中供气站			净化沼气池			
	供气户数（户）	供气量（万立方米）	户均供气量（立方米）	池数（个）	池容量（万立方米）	总产气（万立方米）	供气户数（户）
全国总计	**68 451**	**3 625.02**	**527**	**16 187**	**53.82**	**1 440.92**	**91 688**
北　京	107	1.99	450	3	0.02		
天　津	154	9.24	600				
河　北	2 544	65.65	258	19	0.10	2.93	38
山　西	30	0.82	273		0.03		
内蒙古					0.03		
辽　宁	641	16.46	552	6	2.37	0.38	15
吉　林	306	121.20	3 825		2.52		
黑龙江					0.26		
上　海	18 588	882.00	475	3	0.41	0.70	1
江　苏	3 971	129.92	314	718	0.45	38.85	847
浙　江	2 220	119.24	772	1 154	1.39	52.58	305
安　徽	3 062	548.24	1 790	76	0.04	8.22	248
福　建	121	31.94	2 639	320	0.21	14.69	489
江　西	908	41.32	455	169	1.08	6.19	177
山　东	1 065	347.34	524	16	1.09	148.25	147
河　南	7 344	180.64	246	27	0.11	1.07	37
湖　北	6 390	216.14	345	86	0.16	9.14	309
湖　南	8 721	343.98	382	274	43.40	31.21	414
广　东	178	19.26	1 156	1 444	0.02	24.72	142
广　西	100	4.73	473	42	0.11	10.00	24
海　南				135		6.92	156
四　川	8 147	350.11	429	11 657	0.01	1 082.39	88 289
贵　州				9	0.01	1.10	14
云　南				27		0.71	33
西　藏							
陕　西	3 850	193.50	913	1		0.07	2
甘　肃	4	1.30	326	1		0.80	1
青　海							
宁　夏							
新　疆							

1991年各地区沼气综合利用情况

地区	沼气贮粮		沼液浸种		沼液养猪	
	贮粮数量（吨）	减少粮食损失（吨）	浸种量（吨）	增产粮食（吨）	头数（头）	节约饲料（吨）
全国总计	**65 875.1**	**3 676.1**	**18 416.1**	**78 231.0**	**745 934**	**45 474.3**
北京	5.0	0.1	10.0	92.0	2 175	282.2
天津					480	43.2
河北					4 755	354.4
山西						
内蒙古			3.5	2.1	214	5.6
辽宁			3.3	21.8	7 431	832.9
吉林	450.0	2.0	1.5	20.0	804	39.1
黑龙江						
上海			0.7	0.3	116	3.1
江苏	1 835.3	85.7	180.8	959.6	79 484	5 417.7
浙江			169.8	69.0	115 526	3 101.7
安徽	20.0	0.7	416.7	2 628.3	26 617	1 729.3
福建					1 200	107.5
江西			3 600.3	13 032.2	44 850	2 774.0
山东	1 088.6	54.4	9 504.9	50 793.0	82 310	17 149.9
河南			370.8	125.5	6 762	410.6
湖北	4 814.0	284.7	551.8	2 204.0	85 499	6 270.1
湖南	30 035.0	26.9	423.1	2 953.2	45 420	1 213.1
广东			92	486.2	3 217	877.3
广西			11.6	186.6	749	35.2
海南			10.8	6.0	2 031	127.7
四川	27 626.4	3 220.8	2 871.5	4 609.9	224 661	4 182.5
贵州						
云南	0.8	0.8	190.7	22.4	185	5.4
西藏						
陕西			2.2	18.8	9 658	486.0
甘肃			0.1	0.1	1 790	25.8
青海						
宁夏						
新疆						

（续）

地区	沼液养鱼		沼渣种菇	
	面积（公顷）	增加产量（吨）	面积（平方米）	产量（吨）
全国总计	**14 970.9**	**7 552.9**	**649 872**	**4 645.6**
北京	459.6	6.7	4 500	5.0
天津	11.2	8.4		
河北	3.5	9.0	140	2.1
山西				
内蒙古				
辽宁	35.0	2.0		
吉林	7.9	3.1	550	5.2
黑龙江				
上海				
江苏	1 107.3	539.0	277 946	1 404.1
浙江	736.6	303.1		
安徽	337.3	171.7	3 541	10.7
福建	50.5	2.2	21 500	53.0
江西	246.6	138.0	754	19.6
山东	834.8	2 152.7	15 074	797.2
河南	26.4	34.3	1 690	15.0
湖北	5 018.2	1 642.5	28 273	747.9
湖南	2 078.1	1 771.2	17 409	180.2
广东	205.8	88.8	85 000	850.0
广西	14.4	1.1		
海南	20.3	4.6		
四川	3 760.4	659.2	186 551	552.9
贵州				
云南	7.2	5.2		
西藏				
陕西	9.8	10.1	6 934	2.4
甘肃			10	0.3
青海				
宁夏				
新疆				

1991年各地区农村优质生活燃料使用情况

地　区	合　计（万户）	电　炊（万户）	液化石油气（万户）	天然气（户）	煤　气（万户）
全国总计	**1 649.88**	**826.13**	**752.56**	**295 018**	**41.70**
北　京	30.28	1.15	28.83		0.30
天　津	18.96	0.41	14.02	21 900	2.34
河　北	67.45	4.79	58.25	1 059	4.30
山　西	13.34	7.06	6.28		
内蒙古	12.58	7.40	5.18		
辽　宁	116.43	53.72	60.20	22 925	0.22
吉　林	141.46	100.10	41.36	20	
黑龙江	19.42	14.09	5.33		
上　海	9.25		5.77		3.48
江　苏	111.21	58.51	50.75	1 288	1.82
浙　江	292.65	166.53	125.53	118	0.58
安　徽	56.34	44.95	10.29	166	1.08
福　建	51.15	45.45	5.70		
江　西	30.25	20.86	8.11		1.28
山　东	181.61	10.50	155.41	9 020	14.80
河　南	36.85	10.43	19.29	4 435	6.69
湖　北	89.56	44.25	44.10	7	1.21
湖　南	22.57	15.74	5.03	1 449	1.66
广　东	154.16	86.34	67.79		0.03
广　西	86.59	67.73	18.36		0.50
海　南	22.55	14.93	7.62		
四　川	43.74	18.97	1.63	231 131	0.03
贵　州	4.87	4.87			
云　南	23.56	22.80	0.09		0.67
西　藏					
陕　西	10.97	3.63	6.48	1 500	0.71
甘　肃	0.26	0.18	0.08		
青　海					
宁　夏	0.27	0.09	0.18		
新　疆	1.55	0.65	0.90		

1991 年各地区省柴节煤炉灶、省柴节煤炕、型煤加工情况

地　　区	省柴节煤炉灶（万户）			省柴节煤炕	型　煤　加　工	
	总　数	其　中		（万铺）	煤矸石加工成型煤（万吨）	原煤加工成型煤（万吨）
		商品灶	型煤炉			
全国总计	**14 084.04**	**2 226.06**	**882.42**	**1 223.07**	**684.83**	**1 905.96**
北　　京	71.00		16.62	14.74		24.50
天　　津	35.17		9.01	0.50		15.00
河　　北	679.42	86.20	61.29	29.06	94.88	119.50
山　　西	117.72	17.49	17.49			17.60
内 蒙 古	176.81	1.18	0.78	16.02		1.30
辽　　宁	535.69	0.77		154.69		0.60
吉　　林	301.91	7.80	2.30	269.96		
黑 龙 江	356.63	37.19	0.68	169.61	0.40	1.97
上　　海	108.74					
江　　苏	901.70	9.04	67.30		0.30	113.81
浙　　江	734.53	18.13	79.89		3.50	36.12
安　　徽	988.79	21.33	115.19		1.50	91.12
福　　建	257.49	139.17	91.03		61.15	78.14
江　　西	412.35	24.25	16.09		400.97	119.62
山　　东	1 600.77	205.41	107.06	402.03	11.51	401.36
河　　南	1 169.19	82.73	35.86	1.24	29.25	221.43
湖　　北	870.74	27.10	104.75		1.40	216.32
湖　　南	1 129.01	254.63	42.70		8.76	49.60
广　　东	759.80	160.95	79.08	1.14		77.95
广　　西	441.63	97.80	8.90		4.50	65.30
海　　南	58.81	13.02	1.68			5.59
四　　川	1 323.05	951.19	16.62			177.53
贵　　州						
云　　南	216.33	54.59	1.81	0.06	66.44	4.50
西　　藏						
陕　　西	373.33	9.32	4.44	108.46	0.27	62.70
甘　　肃	282.73	0.85	1.85	46.34		1.65
青　　海	24.55	0.15		0.37		0.50
宁　　夏	34.06			8.49		0.04
新　　疆	122.09	5.77		0.36		2.21

1991年各地区农村风能利用、微型水力和畜力发电、太阳能及农村地热利用情况

地区	风力发电机			风力提水机		微型水力发电	
	数量（台）	装机容量（千瓦）	发电量（千瓦时）	数量（台）	灌溉面积（公顷）	数量（台）	装机容量（千瓦）
全国总计	**17 972**	**2 837.9**	**4 859 126**	**1 399**	**1 789.5**	**47 375**	**128 624.8**
北京							
天津	117	17.6	19 890	38	386.6		
河北	2 015	217.1	359 665	1 039	337.1	102	78.5
山西	19	2.4	3 525			66	771.1
内蒙古						2	1.2
辽宁	390	75.0	162 091			27	259.0
吉林	475	50.7	111 493	1			
黑龙江	269	45.6	2 814		0.3	9	1 680.0
上海							
江苏	299	51.6	38 490	214	85.7		
浙江	81	412.5	403 874	4	171.3	216	886.6
安徽	719	65.1	87 379	2	13.3	150	125.6
福建	400	106.9	320 700	26	569.3	324	451.0
江西	16	3.0	15 550			3 402	11 429.0
山东	1 840	416.4	929 281	12	119.7	56	4 552.5
河南	3 488	357.9	788 539	54	28.4	144	605.9
湖北	350	36.9	11 190	1	33.3	174	879.4
湖南	32	4.5	9 271	1	40.3	9 241	13 589.1
广东						1 964	1 295.2
广西	307	43.0	9 996			24 927	75 872.5
海南	9	88.9	24 700			28	201.0
四川						2 671	4 618.6
贵州	72	8.2	7 380			1 559	2 602.7
云南	61	7.0	15 509			1 519	3 258.4
西藏							
陕西	523	75.9	189 931			659	4 577.5
甘肃	2 567	415.8	508 012	3	1.3	85	857.0
青海	1 610	79.0	94 740			50	33.0
宁夏	1 573	185.4	523 494				
新疆	740	71.5	221 612	4	2.9		

（续）

地区	微型水力发电		畜力发电				太阳灶	太阳房	太阳能热水器
	发电量（万千瓦时）	供应户数（户）	数量（台）	装机容量（瓦）	发电量（千瓦时）	供应户数（户）	（台）	（万平方米）	（万平方米）
全国总计	**8 920.67**	**547 018**	**245**	**48 505**	**55 532**	**2 470**	**124 571**	**66.47**	**128.11**
北　京	0.59						910	2.97	12.60
天　津							104	1.49	6.08
河　北	12.01	35	9	1 200	872	40	21 854	7.91	51.11
山　西	175.24	7 014	106	23 020	20 236	1 404	44	0.10	0.17
内蒙古	0.32	13	24	4 800	4 054	403	2 452	0.32	0.18
辽　宁	77.70	4 300					848	32.35	1.72
吉　林			5	1 000			399	4.65	0.35
黑龙江	1.68	1 240	2	400	1 990	139	573	2.04	0.04
上　海							36	0.01	0.30
江　苏							635	1.02	2.77
浙　江	65.34	1 125					30	0.05	2.29
安　徽	14.86	872	1	350			306	0.06	0.85
福　建	56.77	424					6		0.08
江　西	797.05	8 846					5		
山　东	346.28	20 140	9	1 560	730	30	1 597	2.25	28.47
河　南	235.05	8 101	4	825	4 830	98	229	0.74	3.92
湖　北	222.98	7 801					74	0.16	0.44
湖　南	1 615.02	223 127					19		0.11
广　东	15.00	2 209					2		0.03
广　西	3 750.69	127 748	1	225			13	0.15	0.89
海　南	29.20	325					486		
四　川	514.84	39 801							6.37
贵　州	23.42	19 450	5	1 100	2 737	35	8		
云　南	431.76	3 880	1	200	450	25	453	0.77	3.92
西　藏			5						
陕　西	429.45	67 334		950	1 767	20	139	0.40	0.48
甘　肃	102.72	3 113	4	800	1 440	56	64 573	6.68	2.02
青　海	2.70	120	66	11 450	15 120	175	25 620	2.19	0.93
宁　夏			2	425	876	25	1 995	0.08	1.13
新　疆			1	200	430	20	1 161	0.08	0.86

（续）

地　区	太阳能干燥器（平方米）	太阳能电池（峰瓦）	太阳能暖圈（万平方米）	地膜覆盖面积（公顷）	塑料大棚面积（公顷）	地热利用		
						点数（个）	种植面积（公顷）	养殖面积（公顷）
全国总计	**7 370**	**195 204**	**371.83**	**6 523 503.7**	**565 105.3**	**680**	**1 337.40**	**881.96**
北　京		25 000	2.00	21 854.7	5 003.1	7	47.77	60.00
天　津			6.95	8 577.6	1 918.8	13	28.90	63.60
河　北	2 833	2 068	15.82	24 631.8	11 317.9	71	32.29	40.43
山　西				3 031 000.0	6 725.0	9	54.00	7.70
内蒙古		120 000	5.25	112 465.0	197.0			
辽　宁	60	2 829	89.70	64 665.5	24 641.1	20	20.70	9.30
吉　林			88.88	1 026 895.9	403 236.5			
黑龙江		355	18.25	11 507.9	1 629.7			
上　海	84							
江　苏	80		1.08	26 595.0	3 692.5	27		12.16
浙　江	1 494	2 217		23 253.9	1 006.5	22		
安　徽	270	1 774	0.13	91 563.0	16 709.0	66	4.90	12.13
福　建					91.5	123	7.90	105.50
江　西				127 733.0	44.9	48	61.67	60.31
山　东	96	736	103.71	798 615.4	28 330.1	45	319.60	17.10
河　南	1 156	1 340	0.06	56 969.4	8 074.2	39	37.70	4.00
湖　北	60			134 146.3	17 132.8	41	79.70	406.40
湖　南				229 224.2	2 658.9	30	1.10	6.40
广　东				10 329.7	0.3	13	66.90	21.50
广　西	900			40.0	8 300.2	11	24.70	8.40
海　南		1 200						
四　川	220	887		82 907.1	984.3	8	40.00	1.77
贵　州				56 473.0	9.4	11	20.00	4.50
云　南	110	1 493		2 234.7	89.4	33	12.33	11.33
西　藏								
陕　西		1 435	0.18	133 426.4	11 660.7	38	476.54	27.33
甘　肃	7	13 059	36.82	164 665.0	10 528.0	5	0.70	2.10
青　海		4 300	3.00	3 400.0	270.0			
宁　夏		1 149		7 533.3	133.3			
新　疆		15 362		272 795.9	720.2			

1991年各地区农村节能炒茶灶、烤烟房、砖瓦窑设备情况

地 区	节能炒茶灶 个数（万个）	节能炒茶灶 茶叶加工量（吨）	节能炒茶灶 节能（吨标煤）	节能烤烟房 个数（万座）	节能烤烟房 烟叶加工量（吨）
全 国	**18.99**	**186 454.01**	**76 490.3**	**135.44**	**762 734.2**
北 京					
天 津					
河 北				0.55	4 500.0
山 西					
内蒙古					
辽 宁				0.15	20.6
吉 林				1.47	30 210.6
黑龙江				14.92	30 186.5
上 海					
江 苏	0.04	1 441.10	2 693.8		
浙 江	3.40	61 995.20	28 151.8		
安 徽	0.21	6 993.00	6 005.0	1.75	16 697.0
福 建	0.18	28 345.50	19 203.4	2.73	19 341.3
江 西	0.20	468.31	381.4	4.35	27 472.0
山 东	0.13	505.00	560.0	14.43	1 269.6
河 南	3.77	19 701.00	1 212.7	12.58	115 447.9
湖 北	0.29	10 085.60	4 264.7	3.13	18 090.3
湖 南	0.23	10 811.60	4 327.3	5.94	18 682.8
广 东	1.55	2 529.90	1 004.4	7.89	42 324.6
广 西	0.03	2 282.20	2 068.6	6.22	16 660.3
海 南					
四 川	0.02	6.00	12.8	0.74	12.6
贵 州	7.68	7 500.00	5 000.0	11.74	68 367.2
云 南	0.23	33 522.70	1 292.6	30.83	283 921.7
西 藏					
陕 西	1.03	266.90	311.8	11.25	45 645.2
甘 肃				4.77	23 884.0
青 海					
宁 夏					
新 疆					

地区	节能烤烟房 节能（吨标煤）	节能砖瓦窑 个数（座）	生产砖瓦（万块）	节能（万吨标煤）
全国	**457 268.4**	**76 611**	**96 154 196.2**	**1 923.08**
北京				
天津				
河北	1 000.0	752	437 950.0	8.75
山西				
内蒙古				
辽宁	8.2	411	8 922 600.0	178.45
吉林	16 347.2	648	80 121 017.0	1 602.42
黑龙江	13 305.0	2 632	7 286.0	0.15
上海				
江苏		899	848 232.0	16.97
浙江		1 714	126 156.2	2.52
安徽	5 000.0	947	460 285.0	9.21
福建	7 888.1	3 105	38 441.0	0.77
江西	10 697.0	7 622	321 991.0	6.44
山东	600.0	7 287	2 153 917.0	43.07
河南	33 032.5	4 760	451 998.5	9.04
湖北	7 778.8	1 169	186 540.1	3.73
湖南	21 000.0	1 200	104 614.9	2.09
广东	36 000.0	13 879	79 474.5	1.59
广西	9 235.1	11 876	721 913.0	14.44
海南		178	61 515.0	1.23
四川	3.3	2 066	114 742.0	2.30
贵州	54 693.6	3 451	80 040.0	1.60
云南	210 162.4	3 641	52 094.0	1.04
西藏				
陕西	20 287.2	6 996	862 100.0	17.24
甘肃	10 230.0	1 378	1 289.0	0.03
青海				
宁夏				
新疆				

1991年各地区农村能源生产企业情况

地 区	企 业 数（个）				职 工 人 数（人）			
	合 计	国 有	集 体	其 他	合 计	管理人员	技术人员	工 人
全 国	**1 464**	**214**	**872**	**378**	**47 499**	**4 450**	**3 916**	**39 133**
北 京	27	2	25		327	57	52	218
天 津	3	2	1		119	18	15	86
河 北	79	30	49		4 145	603	476	3 066
山 西	76	5	50	21	1 130	157	230	743
内蒙古								
辽 宁	21	7	14		435	69	37	329
吉 林	2		2		26	3	3	20
黑龙江	25	9	15	1	1 184	147	59	978
上 海	6		6		385	29	23	333
江 苏	49		48	1	1 910	202	135	1 573
浙 江	98	3	35	60	1 155	217	222	716
安 徽	57	8	44	5	1 448	238	165	1 045
福 建	12	2	10	52	232	21	20	191
江 西	21	5	16	2	378	45	47	286
山 东	104	21	31		1 382	232	156	994
河 南	40	16	22		1 254	163	181	910
湖 北	51	27	24		1 493	187	211	1 095
湖 南	41	6	23	12	658	80	153	425
广 东	120	6	42	72	2 613	200	212	2 201
广 西	130	22	108		1 725	216	296	1 213
海 南	22	7	15		243	47	69	127
四 川	118	4	114		15 937	305	370	15 262
贵 州	207	5	73	129	2 486	464	248	1 774
云 南	13	6	7		1 249	173	86	990
西 藏								
陕 西	16	2	10	4	283	28	64	191
甘 肃	106	11	76	19	4 359	472	326	3 561
青 海	8	2	6		629	48	21	560
宁 夏	4	1	3		51	7	4	40
新 疆	8	5	3		263	22	35	206

（续）

地区	固定资产（万元）	流动资金（万元）	产值（万元）	利润（万元）
全国	**24 386.85**	**10 371.62**	**38 866.30**	**3 618.57**
北京	317.80	190.54	607.00	52.80
天津	201.40	86.50	281.00	21.50
河北	5 024.63	2 092.83	4 203.46	394.89
山西	1 493.00	412.00	4 887.00	481.50
内蒙古				
辽宁	316.00	217.70	436.90	64.40
吉林	14.00	3.50	5.50	0.90
黑龙江	502.00	366.00	859.80	60.30
上海	176.00	57.70	540.00	59.00
江苏	745.63	482.49	2 720.18	133.27
浙江	1 267.90	335.30	1 239.60	127.53
安徽	972.90	438.69	1 349.10	75.77
福建	194.80	123.00	1 596.50	57.20
江西	243.73	118.00	219.54	24.10
山东	1 144.13	639.70	3 210.79	296.52
河南	1 100.73	486.99	1 064.38	102.55
湖北	1 203.12	662.83	2 889.45	89.62
湖南	437.75	218.30	632.90	74.74
广东	224.61	76.76	1 993.17	161.92
广西	1 697.38	960.78	1 972.08	133.97
海南	180.50	133.00	340.00	37.84
四川	1 298.11	403.11	729.78	206.93
贵州	1 212.70	173.45	1 138.65	250.76
云南	1 289.71	564.20	1 439.97	191.54
西藏				
陕西	102.40	57.00	126.60	17.82
甘肃	2 250.62	883.15	3 815.35	436.60
青海	460.00	130.00	310.00	18.00
宁夏	42.30	3.00	29.10	2.40
新疆	273.00	55.10	228.50	44.20

1991 年各地区农村能源服务公司（站）情况

地区	服务公司（站、个）								人员（人）			
	合计	省级	地县级	乡级	所有制形式				合计	省级	地县级	乡级
					合计	国有	集体	其他				
全国	**1 995**	**21**	**955**	**1 019**	**1 995**	**407**	**1 360**	**228**	**19 194**	**446**	**13 033**	**5 715**
北京	62	1	11	50	62	11	51		628	54	145	429
天津	15		12	3	15	14	1		254		240	14
河北	65		54	11	65	41	24		726		606	120
山西	4	2	2		4	3	1		52	40	12	
内蒙古	3		3		3	3			25		25	
辽宁	60		27	33	60	8	52		688		559	129
吉林	9		9		9	4	5		51		51	
黑龙江	9		9		9	1	8		77		77	
上海	21	2	1	18	21	2	19		410	36	250	124
江苏	328		75	253	328	13	241	74	3 674		2 158	1 516
浙江	99	1	61	37	99	12	85	2	582	4	432	146
安徽	167	1	81	85	167	13	131	23	1 161	50	861	250
福建	59		29	30	59	11	48		863		418	445
江西	58	1	37	20	58	12	44	2	261	14	204	43
山东	84		69	15	84	45	38	1	930		857	73
河南	73	1	59	13	73	43	30		1 126	93	895	138
湖北	213	2	80	131	213	65	120	28	1 755	30	1 040	685
湖南	118	1	64	53	118	14	73	31	1 097	15	633	449
广东	106		34	72	106	13	60	33	494		152	342
广西	43	1	27	15	43	17	26		136	12	110	14
海南	1		1		1	1			7	37	7	
四川	294	3	130	161	294	17	250	27	3 427	5	2 642	748
贵州	3	1	2		3	2	1		17	4	12	
云南	16	1	10	5	16	5	6	5	82		73	5
西藏												
陕西	30		28	2	30	15	14	1	139		125	14
甘肃	35	3	27	5	35	18	17		430	52	372	6
青海	9		2	7	9	1	8		18		8	10
宁夏	2		2		2		2		17		17	
新疆	9		9		9	3	5	1	67		52	15

（续）

地区	固定资产（万元）	流动资金（万元）	营业额（万元）	利润（万元）
全国	**13 036.16**	**8 353.01**	**33 423.39**	**2 103.94**
北京	448.50	337.04	783.00	105.74
天津	217.85	152.07	983.86	54.45
河北	420.23	310.75	804.58	78.98
山西	203.00	21.00	251.00	15.20
内蒙古	21.00	7.00	27.00	4.70
辽宁	905.08	411.85	1 261.30	85.46
吉林	73.20	12.00	47.50	4.70
黑龙江	32.50	38.00	45.00	5.80
上海	114.50	47.00	429.00	24.50
江苏	1 431.22	1 153.94	9 023.91	470.30
浙江	401.20	436.78	2 651.16	99.96
安徽	810.87	498.38	1 538.22	105.94
福建	241.44	196.40	1 571.60	20.11
江西	216.21	164.81	369.84	79.59
山东	1 026.40	565.27	1 814.40	131.74
河南	1 102.83	740.71	1 803.52	97.35
湖北	1 840.10	980.09	4 673.80	108.09
湖南	1 176.39	448.90	1 251.97	96.99
广东	211.49	143.60	354.50	22.72
广西	116.27	88.77	332.47	24.48
海南	3.00	2.30	35.80	4.29
四川	1 405.36	1 134.91	2 619.16	198.18
贵州	21.60	11.20	17.60	2.13
云南	73.00	72.60	204.36	6.42
西藏				
陕西	85.81	86.75	111.72	18.34
甘肃	326.51	249.09	334.49	17.92
青海	23.00	12.00	28.00	216.00
宁夏	51.00	8.30	25.80	1.06
新疆	36.60	21.50	28.83	2.80

1992年各地区农村能源推广机构、人员情况

地 区	推广机构（个）					推广人员（人）按地区分				
	合 计	省 级	地市级	县 级	乡 级	合 计	省 级	地市级	县 级	乡 级
全 国	**8 856**	**42**	**294**	**1 968**	**6 552**	**29 342**	**562**	**1 916**	**9 582**	**17 282**
北 京	11	1		10		532		54	211	267
天 津	96	1		12	83	287	15		84	188
河 北	425	1	18	142	264	419	20	50	204	145
山 西	166	1	9	34	122	575	8	42	121	404
内蒙古	33	1	5	26	1	269	8	44	192	25
辽 宁	538	3	12	74	449	1 010	27	32	219	732
吉 林	193	2	8	44	139	503	11	32	207	253
黑龙江	319	2	10	63	244	1 038	23	27	206	782
上 海	131	1		11	119	397	8		40	349
江 苏	937	2	19	77	839	2 245	11	44	581	1 609
浙 江	176	2	10	72	92	749	16	56	385	292
安 徽	240	1	18	84	137	857	19	80	404	354
福 建	160	2	7	48	103	379	13	20	155	191
江 西	410	1	11	93	305	1 241	6	36	380	819
山 东	461	2	15	124	320	1 387	19	91	832	445
河 南	498	1	17	115	365	1 750	31	153	619	947
湖 北	369	2	15	76	276	1 755	26	115	602	1 012
湖 南	370	1	17	105	247	1 070	24	82	425	539
广 东	881	2	11	79	789	2 780	20	27	448	2 285
广 西	196	1	11	70	114	765	26	38	474	227
海 南	103	1	1	14	87	434	7	4	84	339
四 川	537	3	17	169	348	2 256	62	139	1 024	1 031
贵 州	142	1	8	50	83	370	10	34	195	131
云 南	609	1	16	120	472	2 305	84	515	507	1 199
西 藏										
陕 西	640	2	9	97	532	3 225	8	65	476	2 676
甘 肃	98	1	13	80	4	420	37	86	293	4
青 海	44	1	3	22	18	108	3	10	58	37
宁 夏	9	1	1	7		74	13	4	57	
新 疆	64	1	13	50		142	7	36	99	

(续)

地区	推广人员(人)			
	按文化程度分		按技术职称分	
	大专以上	高中	高级	中级
全国	**3 891**	**11 643**	**151**	**1 846**
北京	45	178	2	5
天津	33	111	5	45
河北	161	104	3	64
山西	153	168	9	96
内蒙古	63	170	6	34
辽宁	124	324	3	52
吉林	159	264	1	46
黑龙江	107	167	8	61
上海	15	173		10
江苏	353	644	13	114
浙江	157	249	5	67
安徽	200	343	12	61
福建	74	183	9	52
江西	164	672	4	96
山东	164	702	1	27
河南	425	791	6	179
湖北	239	700	9	108
湖南	162	429	3	71
广东	215	1 086	5	93
广西	93	484	3	68
海南	56	113	1	15
四川	200	665	4	163
贵州	66	197	12	77
云南	85	632	4	36
西藏				
陕西	209	1 725	16	126
甘肃	85	223	4	32
青海	20	49	2	22
宁夏	18	31		15
新疆	46	66	1	11

1992年各地区农村能源科研机构、人员、技术服务及培训情况

地区	科研机构（个）						工程技术服务队		技术培训（人次）
	机构（个）			人员（人）					
	合计	省级	地县级	合计	省级	地县级	队数	人数	
全国	**109**	**28**	**81**	**891**	**352**	**539**	**16 393**	**111 178**	**366 779**
北京							86	715	701
天津							32	364	1 081
河北	8	8		38	38		463	1 928	28 871
山西	3	3		11	11		55	492	502
内蒙古							21	115	11 527
辽宁	3	2	1	64	60	4	710	3 061	24 308
吉林	1	1		5	5		1 638	6 467	13 946
黑龙江	10	1	9	60	20	40	1 174	7 980	18 195
上海							3	28	55
江苏	2		2	8		8	571	4 128	6 622
浙江	7	1	6	28	4	24	123	968	6 190
安徽	6	1	5	41	15	26	351	2 688	3 580
福建							311	1 552	25 906
江西	5		5	25		25	317	4 074	4 845
山东	6	1	5	51	8	43	465	2 796	17 222
河南	4	3	1	34	24	10	458	3 105	72 456
湖北	17	1	16	164	13	151	524	5 045	15 775
湖南	1		1	13		13	887	659	6 166
广东	20	1	19	121	15	106	1 823	9 399	9 684
广西							2 924	16 595	10 059
海南	2		2	13		13	99	749	1 939
四川	3	1	2	22	3	19	1 669	16 176	13 407
贵州	2		2	15		15	145	1 600	6 063
云南							644	11 659	19 182
西藏									
陕西	2	1	1	12	7	5	822	8 367	24 904
甘肃	2		2	20		20	40	344	15 441
青海	3	2	1	64	57	7	23	59	371
宁夏							2	27	220
新疆	2	1	1	82	72	10	13	38	7 561

1992年各地区农村能源经费投入情况

单位：万元

地区	合计	省市补助	地县补助	区乡补助
全国	**15 790.44**	**4 455.65**	**6 701.41**	**4 633.38**
北京	96.20	27.81	42.99	25.40
天津	62.61	27.90	31.41	3.30
河北	542.90	213.46	231.84	97.60
山西	192.00	60.00	104.00	28.00
内蒙古	125.48	66.30	36.80	22.38
辽宁	903.03	333.50	321.95	247.58
吉林	262.66	108.60	60.60	93.46
黑龙江	277.23	63.56	77.87	135.80
上海	482.90	91.00	141.10	250.80
江苏	935.63	357.87	261.29	316.47
浙江	537.10	84.96	418.94	33.20
安徽	455.78	185.91	232.05	37.82
福建	1 214.04	69.50	53.30	1 091.24
江西	319.31	33.20	226.90	59.21
山东	335.60	93.40	183.12	59.08
河南	231.56	70.00	152.21	9.35
湖北	541.89	286.45	167.83	87.61
湖南	684.57	200.85	376.67	107.05
广东	2 856.02	185.03	928.05	1 742.94
广西	699.97	358.18	321.61	20.18
海南	26.60	16.90	7.90	1.80
四川	1 011.62	258.79	669.57	83.26
贵州	151.92	58.56	88.26	5.10
云南	1 928.98	629.00	1 285.45	14.53
西藏				
陕西	353.89	127.87	168.40	57.62
甘肃	430.60	394.25	34.75	1.60
青海	104.00	41.00	62.00	1.00
宁夏	12.20	6.20	6.00	
新疆	14.15	5.60	8.55	

1992年各地区农村能源使用情况

地区	使用总量标煤（万吨）	人均标煤（吨）	农村生活用能				
			小计标煤（万吨）	秸秆		薪材	
				实物（万吨）	标煤（万吨）	实物（万吨）	标煤（万吨）
全　国	**56 979.38**	**0.67**	**32 047.42**	**27 099.59**	**13 549.80**	**16 370.04**	**9 347.29**
北　京	750.56	1.20	334.81	130.00	65.00	38.64	22.06
天　津	367.98	1.20	165.43	150.00	75.00	0.34	0.19
河　北	3 620.88	0.70	2 057.11	1 601.71	800.86	682.16	389.51
山　西	971.55		830.47	500.00	250.00	350.00	199.85
内蒙古	876.92	0.70	683.11	748.78	374.39	175.59	100.26
辽　宁	1 646.67	0.72	886.68	901.26	450.63	485.92	277.46
吉　林	1 935.59	1.00	1 084.93	1 193.02	596.51	383.72	219.10
黑龙江	1 984.65	1.00	1 699.81	2 386.69	1 193.35	395.67	225.93
上　海	170.48		15.68				
江　苏	3 461.29	0.78	1 440.00	2 117.00	1 058.50	183.37	104.70
浙　江	2 380.23	0.61	1 196.04	845.99	423.00	1 016.00	580.14
安　徽	2 017.41	0.90	1 242.92	1 597.00	798.50	476.50	272.08
福　建	1 350.34	0.36	912.20	307.86	153.93	1 079.86	616.60
江　西	1 743.57	0.61	1 115.98	600.00	300.00	968.65	553.10
山　东	7 109.74	0.55	2 411.61	2 921.89	1 460.94	375.39	214.35
河　南	4 214.96	0.75	2 240.83	1 828.97	914.49	553.10	315.82
湖　北	3 501.59	0.76	2 157.06	2 061.93	1 030.96	1 294.27	739.03
湖　南	4 268.35	0.80	2 244.45	1 116.01	558.00	1 829.71	1 044.76
广　东	2 383.50	0.70	1 420.21	1 500.00	750.00	732.14	418.05
广　西	866.14	0.77	497.49	523.91	261.95	233.38	133.26
海　南	12.75		4.35				
四　川	4 125.14	0.42	2 470.72	1 881.42	940.71	1 468.79	838.68
贵　州	1 828.00	0.70	1 475.54	250.05	125.03	1 166.62	666.14
云　南	1 619.60	0.53	1 342.99	349.90	174.95	1 653.20	943.98
西　藏							
陕　西	2 113.03	0.80	1 060.05	694.96	347.48	534.34	305.11
甘　肃	868.58	0.56	559.40	650.00	325.00	178.67	102.02
青　海	14.68		1.76				
宁　夏	218.69	0.69	98.94	27.65	13.82	7.29	4.16
新　疆	556.46	0.72	396.82	213.59	106.80	106.72	60.94

（续）

地区	农村生活用能					
	原煤		电力		煤油	
	实物（万吨）	标煤（万吨）	实物（万千瓦时）	标煤（万吨）	实物（万吨）	标煤（万吨）
全国	**11 048.53**	**7 888.64**	**280.13**	**1 120.52**	**98.78**	**141.15**
北京	325.74	232.58	3.76	15.04	0.09	0.13
天津	108.36	77.37	3.21	12.84	0.02	0.03
河北	1 104.98	788.96	17.73	70.92	4.80	6.86
山西	500.00	357.00	5.87	23.48	0.10	0.14
内蒙古	263.90	188.42	4.25	17.00	2.13	3.04
辽宁	86.53	61.78	22.53	90.12	4.68	6.69
吉林	313.08	223.54	11.41	45.64	0.10	0.14
黑龙江	333.08	237.82	10.35	41.40	0.92	1.31
上海			3.92	15.68		
江苏	273.07	194.97	18.90	75.60	4.36	6.23
浙江	135.93	97.05	21.65	86.60	6.47	9.25
安徽	183.88	131.29	8.08	32.32	6.11	8.73
福建	129.18	92.23	11.07	44.28	3.61	5.16
江西	337.42	240.92	4.10	16.40	3.89	5.56
山东	850.17	607.02	30.30	121.20	5.67	8.10
河南	1 329.95	949.58	10.37	41.48	13.62	19.46
湖北	489.56	349.55	6.70	26.80	7.50	10.72
湖南	841.39	600.75	8.71	34.84	4.27	6.10
广东	173.84	124.12	30.77	123.08	3.47	4.96
广西	81.61	58.27	9.18	36.72	5.10	7.29
海南			1.08	4.32	0.02	0.03
四川	852.69	608.82	19.26	77.04	3.83	5.47
贵州	933.82	666.75	2.75	11.00	4.63	6.62
云南	268.50	191.71	6.07	24.28	5.65	8.07
西藏						
陕西	538.73	384.65	3.51	14.04	6.14	8.77
甘肃	170.47	121.72	2.34	9.36	0.91	1.30
青海			0.44	1.76		
宁夏	110.20	78.68	0.57	2.28		
新疆	312.45	223.09	1.25	5.00	0.69	0.99

（续）

地 区	农村生产用能						
	小计标煤	原 煤		焦 炭		汽 油	
	（万吨）	实 物（万吨）	标 煤（万吨）	实 物（万吨）	标 煤（万吨）	实 物（万吨）	标 煤（万吨）
全 国	**24 933.00**	**21 023.67**	**15 010.90**	**1 002.20**	**945.06**	**821.42**	**1 208.31**
北 京	416.00	316.30	225.84	7.90	7.45	44.48	65.43
天 津	203.00	132.72	94.76	8.43	7.95	15.53	22.84
河 北	1 564.00	1 417.59	1 012.16	24.00	22.63	53.56	78.79
山 西	141.00						
内蒙古	194.00	112.42	80.27			12.35	18.17
辽 宁	760.00	463.59	331.00	81.82	77.16	34.17	50.26
吉 林	851.00	632.06	451.29	82.66	77.95	93.09	136.94
黑龙江	285.00	186.28	133.00	12.03	11.34	11.21	16.49
上 海	155.00						
江 苏	2 021.00	1 703.75	1 216.48	72.37	68.24	40.98	60.28
浙 江	1 184.00	766.41	547.22	20.10	18.95	37.08	54.54
安 徽	774.00	663.43	473.69	22.11	20.85	25.21	37.08
福 建	438.00	125.91	89.90	7.44	7.02	25.91	38.11
江 西	628.00	534.97	381.97	4.77	4.50	37.76	55.54
山 东	4 698.00	5 437.12	3 882.10	117.40	110.71	64.81	95.34
河 南	1 974.00	1 751.88	1 250.84	189.99	179.16	56.52	83.14
湖 北	1 345.00	1 027.65	733.74	27.34	25.78	34.99	51.47
湖 南	2 024.00	1 901.84	1 357.91	84.13	79.33	77.64	114.21
广 东	963.00	193.32	138.03	65.20	61.48	20.79	30.58
广 西	369.00	227.12	162.16	5.91	5.57	9.09	13.37
海 南	8.00						
四 川	1 654.00	1 614.61	1 152.83	70.12	66.12	35.92	52.84
贵 州	352.00	262.38	187.34			35.60	52.37
云 南	277.00	137.80	98.39			8.87	13.05
西 藏							
陕 西	1 053.00	1 093.68	780.89	50.59	47.71	20.78	30.57
甘 肃	309.00	141.38	100.95	11.57	10.91	18.64	27.42
青 海	13.00						
宁 夏	120.00	70.67	50.46	34.32	32.36	0.61	0.90
新 疆	160.00	108.79	77.68	2.00	1.89	5.83	8.58

(续)

地区	农村生产用能					
	柴油		电力		薪材	
	实物（万吨）	标煤（万吨）	实物（万千瓦时）	标煤（万吨）	实物（万吨）	标煤（万吨）
全国	**1 296.83**	**1 889.48**	**1 048.97**	**4 195.88**	**2 946.27**	**1 682.32**
北京	20.72	30.19	18.26	73.04	24.16	13.8
天津	11.09	16.16	15.21	60.84		
河北	80.35	117.07	77.22	308.88	42.46	24.24
山西			35.27	141.08		
内蒙古	30.74	44.79	12.32	49.28	2.27	1.3
辽宁	38.85	56.60	43.24	172.96	126.12	72.01
吉林	81.92	119.36	13.85	55.40	17.03	9.72
黑龙江	47.21	68.78	12.72	50.88	7.62	4.35
上海			38.70	154.80		
江苏	83.61	121.82	126.26	505.04	86.56	49.43
浙江	84.05	122.46	86.18	344.72	168.66	96.3
安徽	58.40	85.09	30.77	123.08	60.77	34.7
福建	55.51	80.88	25.01	100.04	214.00	122.19
江西	23.86	34.76	16.27	65.08	150.15	85.74
山东	145.63	212.18	88.94	355.76	73.63	42.04
河南	94.44	137.60	67.65	270.60	92.46	52.79
湖北	98.33	143.27	36.91	147.64	424.92	242.63
湖南	80.05	116.63	33.50	134.00	388.47	221.82
广东	36.90	53.76	111.75	447.00	407.07	232.44
广西	23.83	34.72	14.07	56.28	169.09	96.55
海南			2.10	8.40		
四川	61.44	89.52	40.61	162.44	228.84	130.67
贵州	30.82	44.90	10.16	40.64	47.66	27.21
云南	4.13	6.02	14.32	57.28	178.40	101.87
西藏						
陕西	39.10	56.97	29.08	116.32	35.93	20.52
甘肃	32.33	47.10	30.70	122.80		
青海			3.23	12.92		
宁夏	7.02	10.23	6.45	25.80		
新疆	26.50	38.61	8.22	32.88		

1992年各地区农村户用沼气池

地 区	实有数（万户）	其中：利用数（万户）	户均产气量（立方米）	总产气量（万立方米）	维修病池数（个）
全 国	**498.21**	**404.46**	**285.5**	**115 479.72**	**115 431**
北 京	4.88	4.70	241.6	1 135.51	2 510
天 津	0.66	0.64	268.8	172.00	814
河 北	9.58	6.67	201.6	1 344.88	1 491
山 西	0.37	0.25	200.0	50.00	30
内蒙古	2.46	1.22	186.4	227.39	2 195
辽 宁	7.98	5.00	895.5	1 206.90	3 507
吉 林	1.48	1.33	331.2	223.82	727
黑龙江	0.17				10
上 海	4.76	3.30	314.3	1 037.22	514
江 苏	49.73	40.99		10 111.74	19 955
浙 江	21.72	13.44	400.0	3 757.51	4 400
安 徽	8.97	7.84	284.7	2 232.06	2 115
福 建	6.31	5.95	600.7	1 789.00	1 594
江 西	15.01	12.98	302.0	3 919.90	12 216
山 东	35.69	27.21	503.8	5 846.28	6 971
河 南	5.56	4.82	231.1	1 113.98	1 951
湖 北	51.73	42.77	494.1	11 379.90	15 100
湖 南	23.10	22.10	383.5	8 474.60	1 897
广 东	9.64	9.56	879.4	4 879.69	1 049
广 西	23.03	18.20	319.1	5 808.30	396
海 南	0.55	0.48	546.2	262.19	5
四 川	190.64	153.77	813.3	42 676.89	29 806
贵 州	1.24	1.20	423.9	508.63	67
云 南	10.12	9.29	472.3	4 387.49	532
西 藏					
陕 西	8.37	7.36	558.7	2 063.79	1 892
甘 肃	4.34	3.34	258.1	862.10	3 611
青 海	0.06	0.02	166.0	3.32	
宁 夏	0.01	0.01	165.0	1.65	36
新 疆	0.05	0.02	149.0	2.98	40

1992年各地区沼气动力站、发电站、集中供气站、城镇净化沼气池情况

地区	沼气动力站				总产气量	沼气发电站	
	沼气池		站数	总功率		沼气池	
	池数（个）	池容量（立方米）	（处）	（千瓦）	（万立方米）	池数（个）	池容量（立方米）
全国	**353**	**12 699**	**186**	**3 458.5**	**332.39**	**487**	**33 389**
北京							
天津	8	3 600	1	2 182.6	300.00		
河北						2	310
山西						2	60
内蒙古						11	139
辽宁						9	582
吉林	80	280	80	206.0	5.45	3	1 260
黑龙江							
上海							
江苏	30	493	15	85.9	1.65	197	5 647
浙江						2	100
安徽						6	420
福建	2	300	2	15.0	9.00	6	1 500
江西							
山东						78	7 998
河南							
湖北	10	107	2	19.8	2.57	4	32
湖南	33	682	19	120.2	5.11	31	5 348
广东	3	812	1		0.40	6	850
广西	30	376	16	117.2	0.07	2	100
海南							
四川	73	1 199	48	694.0	7.78	38	3 929
贵州	1	25	1	8.8	0.23		
云南	83	4 826	1	8.8	0.13	88	5 024
西藏							
陕西							
甘肃						2	90
青海							
宁夏							
新疆							

(续)

地区	沼气发电站 站数（处）	沼气发电站 装机容量（千瓦）	总产气量（万立方米）	发电量（万千瓦时）	沼气集中供气站 沼气池 池数（个）	沼气集中供气站 沼气池 池容量（立方米）	沼气集中供气站 站数（处）	沼气集中供气站 供气户数（户）
全国	**115**	**2 343.2**	**585.4**	**3 010 659**	**1 521**	**185 940**	**439**	**73 336**
北京					10	2 074	9	545
天津					1	300	1	154
河北	2	10.5	0.1	885	10	12 095	9	2 464
山西	1	5.0	0.3	1 250	6	200	2	30
内蒙古	2	6.5	0.3	3 200				
辽宁	5	298.0	40.7	436 200	17	2 650	11	891
吉林	1	160.0	80.0	1 000 000	5	1 530	3	306
黑龙江								
上海					638	44 023	85	22 324
江苏	38	295.4	18.9	112 795	379	23 544	101	4 045
浙江	2	15.0	1.0	210 000	37	8 070	20	3 192
安徽	3	16.0	5.6	13 436	34	10 180	20	3 399
福建	3	23.0	16.7	111 333	38	1 150	8	115
江西					38	6 850	12	2 172
山东	17	807.2	304.1	306 600	22	15 500	8	740
河南					12	10 900	5	9 944
湖北	1	3.0	0.4	5 400	68	6 186	50	2 002
湖南	17	264.0	30.8	221 060	153	16 842	74	8 953
广东	5	148.5	10.8	84 600	9	1 370	3	80
广西	2	12.5						
海南								
四川	11	271.0	73.4	353 900	31	606	12	8 096
贵州								
云南	4	5.6			1	80	1	30
西藏								
陕西					11	21 750	4	3 850
甘肃	1	2.0	2.2	150 000	1	40	1	4
青海								
宁夏								
新疆								

（续）

地区	沼气集中供气站		净化沼气池			
	供气量（万立方米）	户均供气量（立方米）	池数（个）	池容量（万立方米）	总产气量（万立方米）	供气户数（户）
全国	**4 146.8**	**565**	**19 355**	**72.33**	**1 417.22**	**97 266**
北京	65.6	1 203	3	0.02		
天津	9.2	600				
河北	254.8	1 034	19	0.09	2.93	38
山西	0.8	273				
内蒙古						
辽宁	23.6	725	6	0.03	0.38	15
吉林	76.2	2 490				
黑龙江						
上海	1 060.4	475	3	0.03	0.70	1
江苏	164.4	1 035	1 066	3.18	59.92	901
浙江	147.2	985	1 627	3.69	137.38	1 160
安徽	510.4	1 502	100	0.37	10.38	314
福建	8.7	759	636	0.48	18.45	399
江西	101.9	469	239	0.67	15.94	320
山东	347.5	14 936	16	1.49	148.25	162
河南	407.4	410	27	0.04	1.06	44
湖北	62.8	313	74	0.17	7.61	343
湖南	352.8	394	294	0.70	9.57	414
广东	5.6	1 368	375	0.35	28.24	406
广西			39	0.11	2.00	3
海南			139	0.21	8.95	152
四川	20.4	456	14 640	60.51	960.52	92 534
贵州			11	0.03	1.51	16
云南			35	0.13	0.69	36
西藏						
陕西	525.7	1 880	1	0.01	0.07	2
甘肃	1.3	3 250	5	0.02	2.67	6
青海						
宁夏						
新疆						

1992年各地区沼气综合利用情况

地区	沼气贮粮		沼液浸种		沼液养猪	
	贮粮数（吨）	减少粮食损失（吨）	浸种量（吨）	增产粮食（吨）	头数（头）	节约饲料（吨）
全国	**219 561.4**	**25 896.4**	**13 614.2**	**37 926**	**848 574**	**52 913.4**
北京	276.0	1.6	197.8	78	7 030	168.9
天津					410	36.9
河北	3.5	0.2	3.5	7	5430	180.6
山西						
内蒙古			5.9	24	1 312	127.7
辽宁			3.7	41	32 016	1 007.5
吉林			2.1	3	645	37.4
黑龙江						
上海			0.5	10	1 100	17.4
江苏	152 799.6	20 089.1	1 920.2	1 653	142 679	5 533.9
浙江			237.5	348	69 922	1 994.3
安徽	30.0	0.9	365.5	3 520	28 625	2 117.8
福建			58.9	52	7 151	95.9
江西			4 134.7	12 336	46 930	2 689.2
山东	434.1	22.1	281.9	3 160	84 292	1 990.2
河南	1.0	0.1	15.9	89	3 921	166.6
湖北	4 805.2	580.8	1 045.1	2 021	116 537	11 158.1
湖南	37 000.0	366.0	273.0	2 685	48 770	1 595.9
广东			494.0	1 074	37 813	11 633.3
广西			21.9	512	255	4.7
海南			20.3	7	2 432	15.0
四川	24 116.7	4 822.4	4 104.3	9 445	178 270	10 020.6
贵州	56.6	3.3	4.2	10	647	95.0
云南	8.7	8.4	32.2	11	304	0.7
西藏						
陕西	30.0	1.5	387.8	834	24 135	1 328.6
甘肃			3.3	6	7 948	897.2
青海						
宁夏						
新疆						

（续）

地区	沼液养鱼		沼渣种菇	
	面积（公顷）	增加产量（吨）	面积（平方米）	产量（吨）
全国	**29 733.3**	**14 436**	**1 222 047**	**5 840.6**
北京	121.5	116	5 000	7.5
天津	11.7	9		
河北	3.0	9	190	2.6
山西				
内蒙古	1.0	1	80	1.8
辽宁	66.0	43		
吉林	12.6	5	1 950	12.4
黑龙江				
上海	6.8	12		
江苏	1 135.0	565	380 727	1 107.1
浙江	550.3	612	350	1.2
安徽	265.7	146	4 912	9.4
福建	82.1	15	32 463	178.8
江西	207.8	132	1 532	24.7
山东	843.7	2 147	12 517	58.9
河南	17.2	32	340	7.1
湖北	2 868.4	7 487	24 581	302.7
湖南	1 590.7	1 065	21 143	180.0
广东	1 566.1	277	105 020	1 020.2
广西	17.7	1	165 000	1 912.5
海南	9.9	6		
四川	20 288.0	1 728	463 062	996.4
贵州	30.9	6	600	0.6
云南	2.9	4		
西藏				
陕西	33.3	21	2 580	16.7
甘肃	1.0	0		
青海				
宁夏				
新疆				

1992年各地区农村优质生活燃料使用情况

地区	合计(万户)	电炊(万户)	液化石油气(万户)	天然气(户)	煤气(万户)
全国	**2 119.62**	**1 016.44**	**1 007.38**	**381 343**	**57.69**
北京	35.10	1.22	33.18		0.70
天津	22.64	0.44	16.81	28 400	2.55
河北	85.20	5.74	74.77	1 124	4.58
山西	15.78	7.06	8.72		
内蒙古	18.04	10.41	7.44		0.19
辽宁	133.94	59.31	71.83	23 725	0.43
吉林	149.07	104.57	43.69	8 150	
黑龙江	62.27	23.89	38.38		
上海	17.98		12.56	71	5.41
江苏	213.23	129.99	79.81	12 128	2.22
浙江	401.17	220.39	178.08	1 128	2.59
安徽	68.84	52.03	15.50	163	1.29
福建	70.41	57.40	12.98		0.03
江西	41.59	27.28	12.65		1.66
山东	252.46	19.61	212.33	22 733	18.25
河南	44.17	12.85	24.04	4 435	6.84
湖北	120.85	63.39	56.00	5	1.46
湖南	30.00	16.77	11.36	2 111	1.66
广东	88.17	38.83	43.86	4 813	5.00
广西	110.01	81.70	27.81		0.50
海南	26.50	17.16	9.34		
四川	49.64	20.26	1.75	270 857	0.55
贵州	6.17	6.07	0.10		
云南	33.93	32.62	0.50		0.81
西藏					
陕西	16.97	5.55	10.30	1 500	0.97
甘肃	1.13	1.00	0.13		
青海	0.31	0.13	0.18		
宁夏					
新疆	4.05	0.77	3.28		

1992年各地区省柴节煤炉灶、省柴节煤炕、型煤加工情况

地区	省柴节煤炉灶 总数	其中 商品灶	其中 型煤炉	省柴节煤炕（万铺）	型煤加工 煤矸石加工成型煤（万吨）	型煤加工 原煤加工成型煤总量（万吨）
全国	**14 905.26**	**2 444.44**	**1 162.55**	**1 292.40**	**300.78**	**2 481.73**
北京	75.41		21.24	8.36		220.31
天津	37.23	0.12	11.23	0.35		44.61
河北	738.90	100.52	107.05	51.92	152.44	395.33
山西	128.05	30.91	30.91			26.50
内蒙古	191.92	3.36	0.82	20.97		
辽宁	534.77	0.79		169.91		
吉林	301.72	9.95	2.72	261.68		0.15
黑龙江	129.71	36.25	0.17	171.57		9.98
上海	107.33					
江苏	1 002.80	13.06	72.48		1.27	51.06
浙江	806.03	24.34	87.78		7.00	114.81
安徽	1 028.91	11.80	123.72			28.81
福建	287.60	160.71	86.24		5.00	49.99
江西	464.96	37.86	26.84			36.56
山东	1 656.75	214.12	130.14	412.90	7.10	478.16
河南	1 234.11	113.49	41.88	1.21	28.51	310.67
湖北	929.97	41.25	133.79		13.90	124.83
湖南	1 204.26	287.18	71.49		9.16	109.44
广东	439.37	75.93	100.13	2.20	12.08	66.98
广西	508.67	113.71	19.28			50.46
海南	73.83	17.25	4.93			0.20
四川	1 555.12	1 016.04	46.37			222.30
贵州	206.19	26.68	9.43			13.87
云南	314.47	83.18	6.66	0.06	64.32	12.57
西藏						
陕西	463.62	12.56	24.93	118.70		96.44
甘肃	293.38	3.54	2.24	62.58		1.57
青海	24.55	0.15		0.38		
宁夏	34.51			8.85		13.00
新疆	131.12	9.69	0.08	0.76		3.13

1992 年各地区农村风能利用、微型水力和畜力发电、太阳能及农村地热利用情况

地区	风力发电机			风力提水机		微型水力发电
	数量（台）	装机容量（千瓦）	发电量（千瓦时）	数量（台）	灌溉面积（公顷）	数量（台）
全国	**118 808**	**16 793.3**	**7 953 852**	**1 508**	**1 306.5**	**50 906**
北京						
天津	117	17.6	19 890	52	529.9	
河北	2 165	232.6	474 922	1 124	344.0	105
山西	25	3.0	4 500			6
内蒙古	100 357	13 046.4	2 102 579			2
辽宁	290	57.6	139 277			27
吉林	530	56.2	116 600			
黑龙江	262	44.7	714			47
上海						
江苏	344	73.5	37 288	227	116.2	
浙江	83	865.4	1 737 293	2	1.3	393
安徽	701	63.9	93 710	2	13.3	159
福建	333	96.1	326 145	26	8.3	—7
江西	23	4.6	6 576			2 731
山东	1 913	431.1	505 248	12	147.0	56
河南	3 709	382.8	654 098	53	28.7	147
湖北	510	91.3	199 413	1	33.3	218
湖南	37	5.7	10 973	1	40.0	10 978
广东						1 729
广西	402	453.0	12 929			26 379
海南	32	4.5		1	40.3	28
四川						3 101
贵州	72	8.2	7 380			1 717
云南	37	6.0	20 549			2 161
西藏						
陕西	565	80.4	141 090			766
甘肃	2 810	444.3	518 614	3	1.3	88
青海	966	47.3	32 100			52
宁夏	1 688	196.9	561 766			
新疆	837	80.2	230 198	4	2.9	23

（续）

地区	微型水力发电			畜力发电		
	装机容量（千瓦）	发电量（万千瓦时）	供应户数（户）	数量（台）	装机容量（瓦）	发电量（千瓦时）
全国	**214 679.6**	**124 243 562**	**590 863**	**358**	**71 735**	**81 679**
北京						
天津						
河北	75.9	94 111	360	9	1 200	872
山西	701.1	97 000	7 014	191	39 100	38 200
内蒙古	1.2	1 650	12	39	9 800	6 820
辽宁	259.0	777 000	4 300			
吉林						
黑龙江	20 905.0	7 305 500	3 240			
上海						
江苏						
浙江	398.3	869 027	1 788			
安徽	133.0	134 280	879			
福建	437.6	960 000	1 746			
江西	8 036.3	1 940 388	16 884			
山东	4 552.5	3 462 750	20 140	9	1 560	730
河南	615.5	276 660	8 136	4	825	4 830
湖北	953.1	2 534 171	8 129			
湖南	15 717.1	23 884 000	94 398			
广东	7 185.2	3 787 572	92 718			
广西	93 625.9	480 000	94 448	1	225	
海南	201.0					
四川	47 437.9	67 740 513	144 786			
贵州	2 742.7	2 468 475	31 201	5	1 100	2 737
云南	4 606.9	3 310 825	7 914	1	200	450
西藏						
陕西	5 071.6	3 303 240	50 589	6	1 100	1 868
甘肃	892.0	244 400	1 988	13	2 600	4 050
青海	34.2	28 800	128	72	12 350	17 760
宁夏				4	875	1 752
新疆	96.6	543 200	65	4	800	1 610

（续）

地区	畜力发电供应户数（户）	太阳灶（台）	太阳房（万平方米）	太阳能热水器（万平方米）	太阳能干燥器（平方米）	太阳能电池（峰瓦）	太阳能温室（万平方米）
全　国	**5 763**	**135 373**	**118.50**	**155.75**	**7 397**	**215 939**	**4 623.67**
北　京		883	4.07	19.26		25 000	
天　津		104	2.12	7.55		3 500	455
河　北	40	21 641	15.72	59.76	2 589	2 653	1 759
山　西	3 000	54		0.60			
内蒙古	193	3 855	0.93	0.41		120 000	463
辽　宁		837	53.87	2.74	60	4 453	543.92
吉　林		468	16.30	0.57			524.8
黑龙江		596	3.55	0.02		1 285	75.94
上　海		30	0.01	0.54	84		
江　苏		605	1.12	4.51	80	500	40.34
浙　江		31	0.05	2.53	1 480	2 200	0.12
安　徽		287	0.10	1.33	305	2 872	8
福　建				0.12	140	160	54
江　西		5					
山　东	30	1 560	5.18	28.91		1 673	286.02
河　南	98	223	0.84	6.26	1 162	2 453	268
湖　北		41	0.09	0.83	100		45.46
湖　南		4		0.16			
广　东				0.03			
广　西	20	12	0.05	0.90	900		0.13
海　南		300					
四　川		557		6.37	220	1 891	1.14
贵　州	35	8					
云　南	25	645	0.77	4.47		839	
西　藏							
陕　西	20	83	0.51	1.09		2 667	8.63
甘　肃	162	73 703	8.79	2.09	277	14 082	0.27
青　海	2 005	25 543	3.99	0.92		4 518	9.5
宁　夏	65	2 045	0.24	1.63		1 149	66.9
新　疆	70	1 253	0.20	2.15		24 044	13.5

（续）

地区	太阳能暖圈（平方米）	地膜覆盖面积（公顷）	塑料大棚面积（公顷）	地热利用		
				点数（个）	种植面积（公顷）	养殖面积（公顷）
全国	**6 383 368**	**3 451 330.9**	**255 114.8**	**734**	**1 455.0**	**937.90**
北京	17 837	19 242.6	1 412.1	8	52.8	62.00
天津	69 750	15 735.0	2 372.4	13	28.9	63.60
河北	990 877	24 078.0	14 436.0	79	46.6	43.50
山西	4 000	300.0	6 000.0	9	62.4	10.00
内蒙古	135 250	66 428.7	1 188.0			
辽宁	1 418 431	194 840.0	56 439.0	23	22.8	16.50
吉林	1 127 256	522 724.0	20 593.5			
黑龙江	351 530	14 811.9	1 559.0			
上海			78.9			
江苏	140 708	58 484.7	4 530.8	53		25.10
浙江	1 418	41 516.1	8 725.1	23	2.9	7.70
安徽	5 718	92 613.0	19 292.1	57	3.0	5.20
福建		8 820.0	450.0	125	7.7	108.90
江西	2 920	87 708.6	535.6	51	62.7	66.90
山东	1 282 930	1 271 912.5	43 953.6	46	380.5	20.70
河南	50 960	90 200.6	14 942.6	39	38.5	5.20
湖北	250	177 825.0	20 003.7	42	79.7	408.40
湖南	240	99 893.7	183.1	35	14.2	10.70
广东		5 539.4		12	12.1	8.90
广西		200.0	300.2	11	24.7	8.40
海南						
四川	3	153 474.2	577.1	8	40.0	1.80
贵州		48 251.0	1.7	12	80.0	4.50
云南		86 077.8	2 008.0	38	12.3	15.30
西藏						
陕西	20 010	111 569.0	35 095.0	45	482.5	42.50
甘肃	703 590	205 432.0		5	0.7	2.10
青海	59 450	3 520.0	270.0			
宁夏	240	50 133.1	167.3			
新疆						

1992年各地区农村节能炒茶灶、烤烟房、砖瓦窑设备情况

地区	节能炒茶灶			节能烤烟房	
	个数（万个）	茶叶加工量（吨）	节能（吨标煤）	个数（万座）	烟叶加工量（吨）
全国	**23.66**	**340 270.50**	**122 284.30**	**142.83**	**1 072 859.30**
北京					
天津					
河北				0.55	4 500.0
山西					
内蒙古				0.03	6 020.0
辽宁				0.75	1 100.0
吉林				2.77	34 179.0
黑龙江				4.62	190 624.9
上海					
江苏	0.02	3 598.10	5 648.9		
浙江	4.38	53 463.10	39 610.4		
安徽	0.34	8 747.00	6 956.0	1.94	8 340.0
福建	1.92	178 059.00	20 536.0	3.04	39 829.3
江西	0.20	627.40	2 824.4	2.37	11 907.5
山东	0.14	46.70	580.0	14.40	81 560.0
河南	4.04	20 524.00	10 288.0	12.42	222 103.0
湖北	0.52	17 494.50	9 904.6	6.44	42 889.0
湖南	0.71	14 535.40	4 480.7	11.58	81 693.7
广东	1.92	7 817.60	11 638.0	9.83	18 474.8
广西	0.03	1 610.00	1 606.3	8.23	13 362.1
海南					
四川	0.05	2 005.00	800.0	1.33	8 427.0
贵州	7.68	7 500.00	5 000.0	18.06	152 611.1
云南	0.23	23 938.60	2 183.6	24.06	93 031.9
西藏					
陕西	1.48	304.10	227.4	13.45	48 813.0
甘肃				6.96	13 393.0
青海					
宁夏					
新疆					

(续)

地区	节能烤烟房		节能砖瓦窑	
	节能 （吨标煤）	个数 （座）	生产砖瓦 （万块）	节能 （万吨标煤）
全国	**495 459.60**	**77 981**	**9 286 583.79**	**182.97**
北京				
天津				
河北	450.0	917	1 131 660.00	22.63
山西		4	4 000.00	2.15
内蒙古	806.0	12	9 200.00	0.18
辽宁	510.0	406	30 729.00	0.62
吉林	26 699.9	771	939 200.00	18.78
黑龙江	23 998.0	488	319 245.00	6.39
上海				
江苏		658	636 409.00	12.72
浙江		1 134	145 839.00	2.92
安徽	6 651.0	1 077	543 500.00	10.87
福建	2 691.5	4 034	49 412.00	0.99
江西	10 292.3	4 052	402 000.00	8.04
山东	10 193.0	7 041	1 284 751.60	20.77
河南	30 481.2	5 437	513 600.00	10.27
湖北	103 003.0	1 320	198 462.22	3.98
湖南	49 773.6	1 347	114 200.00	2.28
广东	25 246.4	4 679	101 111.50	2.02
广西	36 403.8	20 740	765 333.61	15.31
海南		187	21 986.00	0.44
四川	7 789.9	7 376	173 136.16	3.56
贵州	107 406.9	3 286	43 213.50	0.86
云南	23 636.8	4 516	288 023.10	5.76
西藏				
陕西	22 900.0	7 114	1 568 055.50	31.36
甘肃	6 526.3	1 385	3 516.60	0.07
青海				
宁夏				
新疆				

1992年各地区农村能源生产企业情况

地区	企业数(个)				职工人数(个)	
	合计	国有	集体	其他	合计	管理人员
全　国	**1 443**	**273**	**833**	**337**	**41 663**	**4 881**
北　京	33	4	29		492	81
天　津	6	4	2		281	30
河　北	94	43	45	6	3 807	516
山　西	76	5	50	21	1 130	157
内蒙古	1	1			10	3
辽　宁	18	5	13		858	72
吉　林	2		2		29	3
黑龙江	34	17	15	2	885	132
上　海	6		6		385	29
江　苏	80	1	72	7	3 289	358
浙　江	127	6	36	85	1 837	241
安　徽	68	10	53	5	2 048	259
福　建	20	1	9	10	201	43
江　西	15	5	9	1	447	48
山　东	126	26	49	51	2 286	471
河　南	59	21	32	6	1 778	250
湖　北	74	33	41		1 726	272
湖　南	53	14	28	11	660	95
广　东	97	4	41	52	2 601	167
广　西	19	7	10	2	266	41
海　南	4	2		2	158	8
四　川	92	24	63	5	1 424	253
贵　州	148	8	99	41	2 633	267
云　南	17	4	13		1 157	191
西　藏						
陕　西	26	8	13	5	4 427	338
甘　肃	120	10	85	25	5 952	467
青　海	8	2	6		588	39
宁　夏	9	1	8		90	13
新　疆	11	7	4		218	37

(续)

地　区	职工人数(个)		固定资产	流动资金	产　值	利　润
	技术人员	工人	(万元)	(万元)	(万元)	(万元)
全　国	**4 693**	**32 089**	**36 076.48**	**15 240.67**	**52 399.47**	**5 498.15**
北　京	68	343	426.20	267.00	972.00	134.71
天　津	37	214	296.08	361.79	654.40	80.90
河　北	456	2 835	5 461.63	1 816.50	4 906.35	502.99
山　西	230	743	1 493.00	412.00	4 887.00	481.50
内蒙古	2	5	2.50	2.00	3.50	0.50
辽　宁	60	726	439.30	285.30	911.60	88.95
吉　林	4	22	15.00	4.00	6.63	1.70
黑龙江	97	656	1 808.30	1 439.00	1 750.80	146.80
上　海	23	333				
江　苏	240	2 691	2 340.81	870.86	5 255.40	373.09
浙　江	282	1 314	1 692.30	984.90	2 215.70	176.00
安　徽	242	1 547	1 470.10	608.32	1 939.72	126.36
福　建	43	115	377.00	185.00	1 931.00	102.50
江　西	83	316	415.00	129.10	568.70	73.15
山　东	617	1 198	3 132.80	1 719.93	3 569.94	411.02
河　南	280	1 248	2 101.50	743.80	1 850.77	201.47
湖　北	260	1 194	1 562.52	891.70	2 782.94	137.41
湖　南	159	406	902.00	342.80	1 292.60	93.30
广　东	212	2 222	143.50	43.00	1 719.00	176.30
广　西	36	189	279.50	75.20	321.90	53.33
海　南	28	122	130.00	68.00	103.40	11.35
四　川	360	811	527.99	324.22	1 821.27	494.18
贵　州	215	2 151	1 652.70	422.00	4 753.75	659.70
云　南	110	856	1 343.21	939.80	1 089.50	21.76
西　藏						
陕　西	122	3 967	4 984.00	850.50	2 027.20	455.12
甘　肃	364	5 121	2 352.24	1 200.95	4 151.40	421.46
青　海	23	526	410.00	140.00	236.00	23.00
宁　夏	9	68	67.30	11.00	60.10	5.40
新　疆	31	150	250.00	102.00	616.90	44.20

1992年各地区农村能源服务公司（站）情况

地区	服务公司(站、个)							
	合计	省级	地县级	乡级	所有制形式			
					合计	国有	集体	其他
全　国	**2 586**	**20**	**1 175**	**1 391**	**2 586**	**564**	**1 672**	**350**
北　京	67		15	52	67	13	48	6
天　津	18	1	12	5	18	13	5	
河　北	107		71	36	107	47	57	3
山　西	40	2	9	29	40		1	39
内蒙古	6		5	1	6	5	1	
辽　宁	82		32	50	82	11	67	4
吉　林	10		10		10	4	6	
黑龙江	13		12	1	13	5	8	
上　海	5	1	1	3	5	1	4	
江　苏	328		82	246	328	23	261	44
浙　江	105	1	73	31	105	14	89	2
安　徽	160	3	78	79	160	16	126	18
福　建	72		40	32	72	22	43	7
江　西	80	1	42	37	80	26	50	4
山　东	110		86	24	110	52	56	2
河　南	101	1	82	18	101	53	48	
湖　北	235	2	95	138	235	93	119	23
湖　南	203	1	84	118	203	27	98	78
广　东	233		29	204	233	21	139	73
广　西	54		28	26	54	18	35	1
海　南	11		5	6	11	4	1	6
四　川	367	2	159	206	367	22	305	40
贵　州	19	1	4	14	19	3	16	
云　南	27	1	12	14	27	6	21	
西　藏								
陕　西	56	1	45	10	56	32	24	
甘　肃	45	1	35	9	45	20	25	
青　海	4		2	2	4	3	1	
宁　夏	3		3		3		3	
新　疆	25	1	24		25	10	15	

(续)

地区	人员(人)				固定资产(万元)	流动资金(万元)	营业额(万元)	利润(万元)
	合计	省级	地县级	乡级				
全国	**24 770**	**339**	**17 046**	**7 385**	**19 267.67**	**12 976.14**	**56 282.57**	**3 426.39**
北京	866		288	578	485.70	339.54	1 060.50	101.89
天津	363	7	268	88	324.47	178.40	2 881.68	197.79
河北	874		739	135	529.09	426.25	1 545.15	112.84
山西	130	40	30	60	380.00	400.00	1 000.00	100.00
内蒙古	42		38	4	27.50	15.50	23.50	4.50
辽宁	1 014		513	501	884.86	544.66	1 242.17	99.46
吉林	57		57		77.20	34.50	58.80	7.90
黑龙江	94		91	3	82.50	46.00	138.00	12.50
上海	275	13	250	12	56.50	43.00	683.00	34.80
江苏	5 728		4 060	1 668	2 059.01	1 783.31	15 214.23	511.06
浙江	1 258	6	1 099	153	1 600.21	911.13	8 647.25	254.81
安徽	1 164	29	919	216	1 023.82	563.38	1 546.75	81.05
福建	861		317	544	274.90	208.06	1 619.57	27.56
江西	322	18	216	88	183.40	134.20	404.08	23.82
山东	1 083		917	166	996.31	642.20	2 149.80	137.71
河南	1 200	93	972	135	2 255.74	633.79	2 180.70	289.65
湖北	1 868	30	1 203	635	2 250.45	1 764.36	6 122.21	185.87
湖南	1 365	27	749	589	1 643.22	695.23	2 223.20	175.46
广东	966		158	808	497.29	547.31	554.25	97.73
广西	211		180	31	409.44	161.52	490.18	41.54
海南	82		66	16	68.00	30.00	49.84	6.45
四川	3 668	31	2 898	739	1 873.38	1 161.83	4 531.72	343.79
贵州	53	5	33	15	49.70	39.20	31.80	2.08
云南	129	6	100	23	61.30	619.10	310.15	20.02
西藏								
陕西	474	5	367	102	423.71	714.23	1 018.84	497.82
甘肃	472	25	431	16	475.47	212.84	345.03	22.14
青海	36		11	25	54.00	14.50	75.00	26.00
宁夏	28		28		56.00	10.50	28.00	2.00
新疆	87	4	48	35	164.50	101.60	107.17	8.15

1993年各地区农村能源推广机构、人员情况

地区	推广机构（个）					推广人员（人）				
						按地区分				
	合计	省级	地市级	县级	乡级	合计	省级	地市级	县级	乡级
全国	**9 450**	**34**	**292**	**1 961**	**7 163**	**32 013**	**455**	**1 570**	**10 217**	**19 771**
北京	94	1		11	82	594	42		237	315
天津	97	1		12	84	299	15		96	188
河北	441	1	14	147	279	1 616	20	110	629	857
山西	108	1	8	36	63	211	6	40	77	88
内蒙古	37	1	5	24	7	280	8	44	192	36
辽宁	468	2	12	61	393	840	22	36	213	569
吉林	230	1	9	43	177	524	7	36	216	265
黑龙江	359	1	10	47	301	1 446	18	24	224	1 180
上海	115	1		11	103	367	5		48	314
江苏	889	1	11	77	800	2 063	18	42	526	1 477
浙江	178	2	11	71	94	682	12	58	329	283
安徽	201	1	18	82	100	810	20	86	415	289
福建	190	2	7	52	129	478	9	19	191	259
江西	515	1	11	94	409	1 549	6	39	348	1 156
山东	418	2	17	121	278	1 378	16	83	826	453
河南	481	1	17	110	353	1 615	32	161	580	842
湖北	455	1	16	85	353	1 932	15	120	744	1 053
湖南	290	1	17	111	161	1 171	22	80	441	628
广东	858	1	11	89	757	3 067	14	33	519	2 501
广西	496	1	13	89	393	1 520	28	48	652	792
海南	90	1	2	12	75	405	7	11	60	327
四川	590	2	20	162	406	1 778	33	169	853	723
贵州	121	1	8	48	64	392	10	39	177	166
云南	899	1	16	118	764	4 085	8	90	665	3 322
西藏										
陕西	617	1	10	91	515	2 151	5	65	454	1 627
甘肃	98	1	13	79	5	427	34	82	287	24
青海	44	1	3	22	18	108	3	10	58	37
宁夏	9	1	1	7		74	13	4	57	
新疆	62	1	12	49		151	7	41	103	

（续）

地　区	推广人员（人）			
	按文化程度分		按技术职称分	
	大专以上	高　中	高　级	中　级
全　国	**4 851**	**14 090**	**299**	**2 832**
北　京	58	197	4	24
天　津	32	126	5	44
河　北	391	615	25	210
山　西	96	84	10	79
内蒙古	66	179	5	42
辽　宁	129	347	12	67
吉　林	204	275	3	86
黑龙江	330	670	24	199
上　海	18	225		16
江　苏	201	664	21	160
浙　江	157	258	9	82
安　徽	222	338	46	121
福　建	89	236	10	68
江　西	236	788	4	97
山　东	276	731	8	100
河　南	416	786	11	222
湖　北	250	812	47	239
湖　南	177	494	8	80
广　东	391	1 667	9	178
广　西	197	875	6	164
海　南	55	233	2	22
四　川	233	723	7	200
贵　州	70	199		29
云　南	175	1 051	4	70
西　藏				
陕　西	207	1 128	11	144
甘　肃	84	231	4	36
青　海	20	49	2	22
宁　夏	18	31	1	13
新　疆	53	78	1	18

1993年各地区农村能源科研机构、人员、技术服务及培训情况

地区	科研机构（个）						工程技术服务队		技术培训（人次）
	机构（个）			人员（人）			队数	人数	
	合计	其中：省级	其中：地县级	合计	其中：省级	其中：地县级			
全国	**161**	**23**	**80**	**985**	**294**	**493**	**15 071**	**110 441**	**349 486**
北京	2	1	1	23		23	81	747	643
天津							177	1 103	1 674
河北	8	8		38	38		504	2 312	23 355
山西	3	3		11	11		14	157	318
内蒙古							24	144	7 783
辽宁	5	2	3	72	60	12	186	1 150	15 080
吉林	2	1	1	19	5	14	888	3 970	11 022
黑龙江							1 282	5 183	28 522
上海							12	105	132
江苏	4		4	18		18	514	3 523	3 297
浙江	11	1	10	52	12	40	50	558	5 226
安徽	7	1	6	31	15	16	337	2 746	5 579
福建							230	986	707
江西	7		7	39		39	352	5 488	5 280
山东	6		6	64		64	344	2 385	11 042
河南	3	3		24	24		301	2 974	69 762
湖北	22		22	156		156	485	4 824	19 255
湖南	2		2	15		15	814	6 218	5 622
广东	8		8	33		33	1 145	7 259	9 464
广西	2		2	16		16	3 829	29 327	14 704
海南	2		2	13		13	107	759	1 075
四川							1 765	14 000	19 405
贵州	1		1	4		4	138	1 547	11 344
云南							752	7 880	43 973
西藏									
陕西	1		1	2		2	621	4 540	18 752
甘肃	3		3	21		21	96	497	9 538
青海	3	2	1	64	57	7	23	59	150
宁夏									
新疆	1	1		72	72				6 782

注：部委直属科研机构58个、198人。

1993年各地区农村能源经费投人情况

单位：万元

地区	合计	省市补助	地县补助	区乡补助	用户自筹
全国	**146 025.16**	**4 632.46**	**8 034.59**	**7 223.19**	**126 134.92**
北京	4 298.37	67.00	80.90	3 178.62	971.85
天津	5 112.52	42.40	168.51	1.00	4 900.61
河北	3 232.47	135.45	156.18	128.10	2 812.74
山西	867.30	63.70	63.60	15.00	725.00
内蒙古	1 038.10	72.70	25.10	25.00	915.30
辽宁	21 012.93	313.90	207.80	901.83	19 589.40
吉林	2 109.21	86.90	30.08	129.72	1 862.51
黑龙江	10 855.09	88.15	87.70	347.20	10 332.04
上海	4 412.00	18.00	192.00	265.00	3 937.00
江苏	4 258.59	128.31	360.68	92.90	3 676.70
浙江	5 060.33	59.70	2 019.71	302.57	2 678.35
安徽	11 617.84	141.04	320.12	237.23	10 919.45
福建	1 581.91	42.70	36.80		1 502.41
江西	2 452.24	49.10	175.19	58.75	2 169.20
山东	855.65	73.70	145.67	65.82	570.46
河南	6 153.41	70.00	113.41	42.46	5 927.54
湖北	10 322.16	254.00	224.26	127.95	9 715.95
湖南	5 896.68	90.48	334.13	539.29	4 932.78
广东	11 733.72	1 009.05	630.86	291.70	9 802.11
广西	16 308.03	385.60	752.02	62.10	15 108.31
海南	140.31	3.50	7.10	28.30	101.41
四川	5 131.98	205.14	493.90	117.00	4 315.94
贵州	109.32	37.44	64.28	7.60	
云南	6 377.12	805.85	1 119.15	106.22	4 345.90
西藏					
陕西	2 212.55	110.00	101.71	77.67	1 923.17
甘肃	2 560.13	234.60	63.48	74.16	2 187.89
青海	218.30	34.05	48.05		136.20
宁夏	83.90	6.00	4.00		73.90
新疆	13.00	4.00	8.20		0.80

1993年各地区农村能源使用情况

地区	使用总量标煤（万吨）	人均标煤（吨）	农村生活用能					
			小计标煤（万吨）	秸秆		薪材		
				实物（万吨）	标煤（万吨）	实物（万吨）	标煤（万吨）
全国	**58 499.98**	**0.64**	**35 011.29**	**30 707.35**	**15 353.66**	**15 662.04**	**8 943.03**
北京	471.08	1.11	208.70	175.64	87.82	19.05	10.88
天津	442.88	0.50	198.27	201.87	100.94	0.36	0.21
河北	4 165.21	0.70	2 544.05	1 621.41	810.71	629.78	359.60
山西	1 146.26	1.00	958.65	508.66	254.33	351.20	200.54
内蒙古	1 012.59	0.62	785.20	878.63	439.31	228.20	130.30
辽宁	1 824.73	0.72	1 219.13	1 158.35	579.17	570.60	325.81
吉林	1 959.09	0.66	992.56	1 141.36	570.68	344.83	196.90
黑龙江	2 074.06	0.71	1 717.68	2 547.66	1 273.83	449.68	256.77
上海	491.68		133.93	145.18	72.59	4.95	2.83
江苏	4 569.67	0.89	2 434.21	4 065.41	2 032.70	203.19	116.02
浙江	2 526.40	0.50	1 108.92	780.41	390.20	912.15	520.84
安徽	2 514.81	0.49	1 635.62	2 083.86	1 041.93	586.45	334.86
福建	1 387.22	0.34	913.96	307.86	153.93	1 079.86	616.60
江西	1 791.00	0.61	1 270.37	781.21	390.61	982.16	560.81
山东	4 681.30	0.66	2 366.97	2 778.43	1 389.21	359.20	205.10
河南	4 560.59	0.45	2 387.67	1 788.19	894.10	563.30	321.64
湖北	3 756.95	0.66	2 239.31	1 955.10	977.55	1 326.70	757.55
湖南	3 842.14	0.84	2 317.07	1 409.92	704.96	1 735.07	990.72
广东	1 827.78	0.40	983.60	1 223.09	611.54	204.39	116.71
广西	1 929.55	0.57	1 259.03	1 069.08	534.54	1 004.17	573.38
海南	170.40	0.43	116.21	91.93	45.97	109.89	62.75
四川	4 012.17	0.64	2 268.46	1 729.46	864.73	989.91	565.24
贵州	1 838.45	0.75	1 440.87	308.52	154.26	652.75	372.72
云南	1 627.52	0.53	1 340.59	349.90	174.95	1 653.20	943.98
西藏							
陕西	2 092.70	0.75	1 049.97	635.65	317.82	446.75	255.09
甘肃	928.81	0.32	582.65	718.65	359.32	134.90	77.03
青海	15.88		1.76				
宁夏	218.04	0.69	99.94	27.65	13.82	7.29	4.16
新疆	621.02	0.77	435.94	224.27	112.14	112.06	63.99

（续）

地区	农村生活用能					
	原煤		电力		煤油	
	实物（万吨）	标煤（万吨）	实物（万千瓦时）	标煤（万吨）	实物（万吨）	标煤（万吨）
全国	**12 805.20**	**9 142.90**	**321.62**	**1 286.48**	**199.60**	**285.22**
北京	130.83	93.41	4.14	16.56	0.02	0.03
天津	117.21	83.69	3.35	13.40	0.02	0.03
河北	1 789.96	1 278.03	22.07	88.28	5.20	7.43
山西	665.00	474.81	7.22	28.88	0.06	0.09
内蒙古	273.04	194.95	4.95	19.80	0.59	0.84
辽宁	297.62	212.50	23.74	94.96	4.68	6.69
吉林	241.04	172.10	13.22	52.88		
黑龙江	192.78	137.64	11.46	45.84	2.52	3.60
上海	58.48	41.75	4.19	16.76		
江苏	250.66	178.97	20.16	80.64	18.11	25.88
浙江	123.61	88.26	25.82	103.28	4.44	6.34
安徽	294.31	210.14	9.94	39.76	6.25	8.93
福建	129.18	92.23	11.51	46.04	3.61	5.16
江西	401.09	286.38	4.68	18.72	9.69	13.85
山东	878.90	627.53	34.20	136.80	5.83	8.33
河南	1 548.41	1 105.56	11.87	47.48	13.22	18.89
湖北	632.33	451.48	7.97	31.88	14.59	20.85
湖南	805.92	575.43	9.24	36.96	6.30	9.00
广东	146.03	104.27	35.02	140.08	7.70	11.00
广西	134.62	96.12	10.76	43.04	8.36	11.95
海南	3.64	2.60	0.99	3.96	0.65	0.93
四川	970.68	693.07	25.91	103.64	29.24	41.78
贵州	1 223.18	873.35	3.43	13.72	18.77	26.82
云南	268.50	191.71	5.47	21.88	5.65	8.07
西藏						
陕西	605.82	432.56	4.61	18.44	18.24	26.06
甘肃	184.09	131.44	2.75	11.00	2.70	3.86
青海			0.44	1.76		
宁夏	110.20	78.68	0.82	3.28		
新疆	328.07	234.24	1.69	6.76	13.16	18.81

（续）

地区	农村生产用能						
	小计标煤（万吨）	原煤		焦炭		汽油	
		实物（万吨）	标煤（万吨）	实物（万吨）	标煤（万吨）	实物（万吨）	标煤（万吨）
全国	**23 488.69**	**17 725.66**	**12 656.10**	**1 110.70**	**1 047.39**	**909.81**	**1 338.34**
北京	262.38	187.54	133.90	4.97	4.69	21.82	32.10
天津	244.61	165.16	117.92	8.42	7.94	19.50	28.68
河北	1 621.16	1 402.59	1 001.45	39.10	36.87	69.93	102.87
山西	187.61	53.00	37.84	2.16	2.04	0.89	1.31
内蒙古	227.39	147.78	105.51	0.41	0.39	12.70	18.68
辽宁	605.60	347.84	248.36	81.15	76.52	23.29	34.26
吉林	966.53	652.56	465.93	86.02	81.12	142.57	209.72
黑龙江	356.38	225.85	161.26	14.68	13.84	15.19	22.34
上海	357.75	162.70	116.17	4.17	3.93	20.60	30.30
江苏	2 135.46	1 693.97	1 209.49	81.42	76.78	49.91	73.42
浙江	1 417.48	1 032.02	736.86	22.72	21.42	27.01	39.73
安徽	879.19	711.74	508.18	43.89	41.39	33.13	48.73
福建	473.26	125.91	89.90	7.44	7.02	25.91	38.11
江西	520.63	426.50	304.52	6.26	5.90	24.34	35.80
山东	2 314.33	2 024.07	1 445.19	132.57	125.01	72.96	107.32
河南	2 172.92	1 979.95	1 413.68	194.29	183.22	62.75	92.31
湖北	1 517.64	1 084.36	774.23	41.51	39.14	50.74	74.64
湖南	1 525.07	1 359.54	970.71	89.20	84.12	33.70	49.57
广东	844.18	123.81	88.40	6.84	6.45	25.34	37.28
广西	670.52	493.06	352.04	15.57	14.68	16.97	24.96
海南	54.19	19.17	13.69			2.92	4.30
四川	1 743.71	1 537.76	1 097.96	122.84	115.84	35.85	52.74
贵州	397.58	332.34	237.29			18.08	26.60
云南	286.93	137.80	98.39			8.87	13.05
西藏							
陕西	1 042.73	941.22	672.03	55.36	52.20	64.20	94.44
甘肃	346.16	161.65	115.42	13.19	12.44	23.33	34.32
青海	14.12						
宁夏	118.10	70.67	50.46	34.22	32.27	0.61	0.90
新疆	185.08	125.10	89.32	2.30	2.17	6.70	9.86

(续)

地区	农村生产用能					
	柴油		电力		薪材	
	实物（万吨）	标煤（万吨）	实物（万千瓦时）	标煤（万吨）	实物（万吨）	标煤（万吨）
全国	**1 409.97**	**2 054.32**	**1 195.82**	**4 783.28**	**2 818.35**	**1 609.26**
北京	8.76	12.76	19.09	76.36	4.50	2.57
天津	13.53	19.71	17.59	70.36		
河北	78.14	113.85	81.11	324.44	73.00	41.68
山西	3.97	5.78	35.16	140.64		
内蒙古	34.34	50.03	12.87	51.48	2.27	1.30
辽宁	27.81	40.52	50.16	200.64	9.29	5.30
吉林	97.41	141.93	13.68	54.72	22.96	13.11
黑龙江	56.92	82.93	13.61	54.44	37.78	21.57
上海	10.40	15.15	48.05	192.20		
江苏	92.34	134.54	146.71	586.84	95.25	54.39
浙江	80.97	117.97	103.37	413.48	154.15	88.02
安徽	73.67	107.34	30.99	123.96	86.85	49.59
福建	55.51	80.88	33.79	135.16	214.00	122.19
江西	21.16	30.83	18.29	73.16	123.33	70.42
山东	157.24	229.10	92.36	369.44	67.03	38.27
河南	108.57	158.19	74.84	299.36	45.82	26.16
湖北	112.61	164.07	39.91	159.64	535.77	305.92
湖南	69.48	101.23	39.45	157.80	283.09	161.64
广东	42.11	61.35	140.33	561.32	156.53	89.38
广西	52.24	76.11	17.30	69.20	233.86	133.53
海南	4.21	6.13	2.74	10.96	33.47	19.11
四川	68.11	99.24	52.86	211.44	291.57	166.49
贵州	22.08	32.17	12.62	50.48	89.39	51.04
云南	4.13	6.02	16.90	67.60	178.40	101.87
西藏						
陕西	41.48	60.44	31.44	125.76	66.30	37.86
甘肃	35.31	51.45	31.17	124.68	13.74	7.85
青海			3.53	14.12		
宁夏	7.02	10.23	6.06	24.24		
新疆	30.45	44.37	9.84	39.36		

1993年各地区农村户用沼气池

地区	实有数（万户）	其中：利用数（万户）	户均产气量（立方米）	总产气量（万立方米）	维修病池数（个）
全国	**524.99**	**433.82**	**272.8**	**118 326.76**	**112 352**
北京	5.06	4.64	229.8	1 066.39	2 344
天津	0.81	0.59	270.0	159.30	582
河北	10.47	8.60	232.6	2 000.10	1 559
山西	0.37	0.19	189.5	36.00	30
内蒙古	2.33	1.19	175.3	208.63	930
辽宁	9.17	6.82	234.4	1 598.25	2 113
吉林	1.48	1.30	166.7	216.65	913
黑龙江	0.17			5.59	2
上海	4.33	3.11	312.4	971.40	1 024
江苏	49.69	40.31	250.6	10 101.74	13 999
浙江	21.29	12.31	279.1	3 436.09	5 036
安徽	9.22	7.63	261.8	1 997.37	2 375
福建	6.64	6.05	300.5	1 817.70	1 012
江西	15.75	14.49	312.3	4 525.83	9 877
山东	34.81	26.91	256.0	6 889.17	9 343
河南	5.78	4.98	243.4	1 211.88	1 976
湖北	54.35	46.45	265.0	12 309.29	16 641
湖南	27.69	27.10	397.0	10 759.17	2 755
广东	13.10	12.90	327.3	4 222.25	3 363
广西	24.94	22.55	361.3	8 147.28	2 215
海南	0.64	0.63	400.0	252.00	38
四川	200.27	161.55	236.7	38 234.14	23 720
贵州	1.48	1.47	381.1	560.16	110
云南	11.22	10.35	424.2	4 390.92	837
西藏					
陕西	9.36	8.04	280.0	2 251.32	5 026
甘肃	4.40	3.58	264.7	947.57	4 375
青海	0.06	0.03	120.0	3.60	117
宁夏	0.01	0.01	165.0	1.65	40
新疆	0.10	0.04	133.0	5.32	

1993年各地区沼气动力站、发电站、集中供气站、城镇沼气净化池情况

地区	沼气动力站					沼气发电站	
	沼气池		站数（处）	总功率（千瓦）	总产气量（万立方米）	沼气池	
	池数（个）	池容量（立方米）				池数（个）	池容量（立方米）
全国	**299**	**12 355**	**154**	**3 092.5**	**324.78**	**455**	**32 812**
北京							
天津	8	3 600	1	2 182.6	300.00		
河北						1	200
山西						2	60
内蒙古						11	139
辽宁						4	386
吉林	70	244	70	180.2	4.75	3	1 260
黑龙江							
上海							
江苏	30	493	15	85.9	1.76	197	5 757
浙江						2	100
安徽						2	210
福建	3	400	3	20.0	2.16	6	1 500
江西							
山东						88	9 178
河南							
湖北	14	139	3	25.8	2.93	4	32
湖南	11	236	8	27.1	6.12	31	5 348
广东	3	812	1	0.1		4	1 140
广西	21	182	10	35.4	0.11		
海南							
四川	54	1 023	41	526.4	2.02	11	2 394
贵州							
云南	83	4 826	1	8.8	0.13	87	5 018
西藏							
陕西							
甘肃						2	90
青海							
宁夏							
新疆	2	400	1		4.80		

（续）

地区	沼气发电站				沼气集中供气站		
					沼气池		
	站数（处）	装机容量（千瓦）	总产气量（万立方米）	发电量（万千瓦时）	池数（个）	池容量（立方米）	站数（处）
全国	**109**	**2 793**	**536.05**	**300**	**1 765**	**215 191**	**633**
北京					10	2 614	9
天津					1	300	1
河北	1	10			13	11 095	11
山西	1	5	0.20		6	200	2
内蒙古	2	7	0.34				
辽宁	4	730	21.24	14	17	2 650	11
吉林	1	160	80.00	110	5	1 530	3
黑龙江							
上海					625	45 788	75
江苏	37	295	15.93	22	375	23 678	110
浙江	2	15	1.00	1	51	11 930	27
安徽	2	8	3.54	5	30	10 225	18
福建	3	23	16.70		38	1 150	8
江西					38	6 850	12
山东	26	985	320.97	44	25	16 554	10
河南					11	10 800	5
湖北	1	3	0.36		265	18 264	195
湖南	17	264	53.15	73	199	19 494	113
广东	4	145	22.05	30	24	1 610	3
广西					4	46	4
海南							
四川	4	135	0.57	1	15	8 543	10
贵州							
云南	3	6			1	80	1
西藏							
陕西					11	21 750	4
甘肃	1	2			1	40	1
青海							
宁夏							
新疆							

（续）

地区	沼气集中供气站			净化沼气池			
	供气户数（户）	供气量（万立方米）	户均供气量（立方米）	池数（个）	池容量（万立方米）	总产气量（万立方米）	供气户数（户）
全　国	**84 379**	**3 694.04**	**438**	**24 887**	**94.11**	**2 275.90**	**21 617**
北　京	839	65.05	775	3	0.02		
天　津	154	9.24	600				
河　北	2 694	99.40	369	16	0.08	2.31	58
山　西	30	0.40	133				
内蒙古							
辽　宁	891	10.09	113	6	0.03	0.09	3
吉　林	306	76.20	2 490				
黑龙江							
上　海	23 862	1 193.10	500	3	0.03	0.70	1
江　苏	4 055	174.47	430	1 462	4.00	54.62	945
浙　江	3 908	173.50	444	2 708	5.93	274.63	1 478
安　徽	5 868	637.22	1 086	127	0.58	62.41	300
福　建	115	8.73	759	1 026	0.99	28.58	542
江　西	2 160	82.91	384	338	0.85	35.45	460
山　东	2 068	141.08	682	17	1.69	178.25	152
河　南	13 579	288.01	212	27	0.04	1.06	135
湖　北	7 189	131.01	182	64	0.33	35.74	1 061
湖　南	9 742	382.13	392	317	0.90	10.54	322
广　东	80	11.88	1 485	546	0.48	31.06	570
广　西	22			22	0.07	3.36	82
海　南				149	0.21	10.83	218
四　川	2 933	14.33	49	18 002	77.70	1 535.36	15 216
贵　州				19	0.04	2.38	23
云　南	30	1.80	600	29	0.11	5.79	43
西　藏							
陕　西	3 850	193.49	503	1	0.01	0.07	2
甘　肃	4			5	0.02	2.67	6
青　海							
宁　夏							
新　疆							

1993年各地区沼气综合利用情况

地区	沼气贮粮			沼液浸种		沼液养猪	
	处数（个）	贮粮数量（吨）	减少粮食损失（吨）	播种面积（公顷）	增产粮食（吨）	头数（头）	节约饲料（吨）
全国	**12 853**	**126 224**	**12 946**	**268 613**	**131 440**	**1 242 277**	**106 180**
北京	341	22		1 301	180	9 291	247
天津						466	42
河北	3	3		97	411	6 455	167
山西							
内蒙古				170	65	1 060	53
辽宁				321	74	33 299	21 402
吉林	83	193	6	124	28	1 386	73
黑龙江							
上海						120	4
江苏	2 619	102 311	12 080	8 425	4 711	136 456	7 414
浙江				893	346	68 403	1 662
安徽	20	60	2	3 747	5 255	55 060	960
福建				1 546	476	19 242	1 100
江西	12	204	18	95 794	42 307	70 622	4 178
山东	458	216	9	3 272	2 879	55 531	3 436
河南	2	4		292	90	9 656	1 113
湖北	4 532	9 001	377	80 265	51 822	141 576	6 333
湖南	110	3 482	19	12 548	1 289	167 669	3 415
广东				6 193	1 531	40 868	4 629
广西	51	11	1	1 767	1 473	13 080	391
海南				642	116	2 692	18
四川	4 428	10 622	423	41 991	14 629	354 401	17 347
贵州						22 073	636
云南	104	18	3	185	70	1 103	55
西藏							
陕西	90	77	8	8 972	3 682	24 157	31 478
甘肃				68	6	7 611	27
青海							
宁夏							
新疆							

（续）

地区	沼液养鱼		沼渣种菇		生产商品有机肥料（吨）	生产商品有机饲料（吨）
	面积（公顷）	增加产量（吨）	面积（平方米）	产量（吨）		
全国	**19 298.9**	**8 113**	**1 568 741**	**10 641**	**78 320**	**24 582**
北京	194.7	1 571			120	206
天津	11.7	9				
河北	0.9	10	200	3		
山西						
内蒙古						
辽宁	40.2	10	1 000	10		
吉林	33.5	7	2 283	14	5 110	650
黑龙江						
上海	48.3	41	10 000	3 000	100	
江苏	1 617.2	636	294 650	1 195		
浙江	506.6	521	3 960	3		
安徽	395.9	99	7 715	57	4 192	
福建	134.0	27	183 550	367		
江西	670.1	269	1 652	20	680	30
山东	97.6	553	87 896	942	27 040	
河南	20.4	37	19 400	37		
湖北	3 842.6	1 206	59 539	352	24 357	23 480
湖南	2 019.9	772	45 038	637	2 926	216
广东	1 785.1	367	132 100	1 044		
广西	428.4	358	229 281	2 513	11 370	
海南	55.0	28			372	
四川	7 171.6	1 558	487 493	423	261	
贵州	10.3					
云南	6.0	4	60	1	72	
西藏						
陕西	207.9	30	2 924	23	1 720	
甘肃	1.0					
青海						
宁夏						
新疆						

1993年各地区农村优质生活燃料使用情况

地 区	合 计（万户）	电 炊（万户）	液化石油气（万户）	天然气（户）	煤 气（万户）	新型燃料（户）
全 国	**2 849.75**	**1 321.70**	**1 354.43**	**503 711**	**117.51**	**57 455**
北 京	44.32	4.24	37.63	5 490	1.90	
天 津	29.28	0.53	22.50	32 000	3.03	200
河 北	109.83	17.29	87.25	1 214	4.63	5 400
山 西	19.42	7.61	10.13		1.60	774
内蒙古	24.57	15.42	8.96		0.19	
辽 宁	155.66	70.24	82.52	23 725	0.52	51
吉 林	182.18	129.16	51.72	8 850		4 140
黑龙江	77.34	35.51	41.42		0.18	2 300
上 海	48.61		40.31	71	8.29	
江 苏	244.99	129.44	110.87	11 528	3.11	4 128
浙 江	488.59	266.46	219.20	1 223	2.80	100
安 徽	120.76	88.54	30.06	163	1.85	2 984
福 建	82.69	61.09	21.56		0.04	
江 西	57.51	36.39	18.82		2.06	2 440
山 东	316.32	31.71	252.84	45 555	27.14	786
河 南	54.94	15.21	31.03	4 435	8.07	1 819
湖 北	161.91	86.49	72.85	1 117	1.87	5 917
湖 南	50.22	22.07	25.60	2 739	1.66	6 142
广 东	193.69	86.43	101.52	5 129	5.00	2 300
广 西	129.23	86.58	41.39		0.63	6 313
海 南	30.40	17.95	12.45			
四 川	128.68	44.52	7.15	360 472	40.65	3 161
贵 州	10.53	9.72	0.81			
云 南	52.08	46.89	4.38		0.81	
西 藏						
陕 西	27.61	9.11	16.27		1.38	8 500
甘 肃	2.21	1.34	0.77		0.10	
青 海	1.88	0.99	0.89			
宁 夏	0.05		0.05			
新 疆	4.25	0.77	3.48			

1993年各地区省柴节煤炉灶、省柴节煤炕、型煤加工情况

地　区	省柴节煤炉灶（万户）			省柴节煤炕（万铺）	型煤加工	
	总　数	其中			煤矸石加工成型煤（万吨）	原煤加工成型煤（万吨）
		商品灶	型煤炉			
全　国	**15 773.01**	**2 847.33**	**1 901.10**	**1 411.94**	**318.62**	**3 019.35**
北　京	79.97		25.62	11.66		70.16
天　津	39.17	0.12	12.87	0.35		48.58
河　北	794.00	158.18	185.11	62.39	65.34	457.37
山　西	128.60	36.75	35.65	27.10	20.50	76.00
内蒙古	188.70	3.63	0.85	23.20		
辽　宁	533.30	2.39	1.03	183.89		
吉　林	310.50	13.68	4.92	266.14	1.00	4.32
黑龙江	129.20	38.39	1.26	190.31	0.02	11.60
上　海	104.30					
江　苏	1 088.00	24.98	92.36			86.36
浙　江	821.50	28.58	91.57		0.10	74.49
安　徽	1 060.00	10.92	130.97		3.24	145.06
福　建	294.40	161.14	92.80			
江　西	496.10	47.76	35.57			61.04
山　东	1 675.00	214.60	150.75	422.01	117.03	542.95
河　南	1 292.00	151.79	58.27	15.55	28.53	330.90
湖　北	991.50	55.31	164.87		25.80	224.49
湖　南	1 259.00	327.33	404.79		31.85	363.40
广　东	625.40	195.64	182.92	6.20	13.40	114.79
广　西	591.80	135.49	40.50		0.10	42.63
海　南	77.36	21.34	4.88			0.49
四　川	1 540.00	1 007.51	123.81			240.63
贵　州	221.50	32.93	12.03		0.24	9.44
云　南	437.80	142.06	13.07		9.72	21.05
西　藏						
陕　西	505.40	17.76	31.22	121.59	1.75	87.95
甘　肃	295.40	7.86	3.33	70.45		3.63
青　海	24.55			0.38		0.15
宁　夏	34.96			9.38		0.02
新　疆	133.60	11.19	0.08	1.34		1.85

1993 年各地区农村风能利用、微型水力和畜力发电、太阳能及农村地热利用情况

地区	风力发电机			风力提水机		微型水力发电
	数量（台）	装机容量（千瓦）	发电量（千瓦时）	数量（台）	灌溉面积（公顷）	数量（台）
全国	**119 206**	**17 293.8**	**37 235 527**	**1 251**	**1 331.7**	**60 953**
北京						
天津	117	17.6	19 890	65	673.2	
河北	2 195	235.9	497 925	954	292.7	103
山西	24	3.0	4 450			6
内蒙古	100 507	13 061.0	31 346 400			2
辽宁	268	54.8	38 882			27
吉林	532	53.4	117 788			11
黑龙江	275	46.8	9 005			47
上海						
江苏	356	76.8	34 390	125	100.4	
浙江	78	864.0	1 134 362	2	1.3	434
安徽	686	63.3	102 133	2	2.0	230
福建	333	96.1	326 145	26	8.3	254
江西	10	2.0	4 500			4 606
山东	1 954	471.0	738 987	12	147.0	56
河南	3 569	370.8	642 266	56	29.0	161
湖北	547	109.4	121 194	1	33.3	403
湖南	34	5.0	9 843	1	40.3	11 688
广东	7	2.0	2 000			1 761
广西	568	472.9	10 666			31 909
海南	31	4.2	171			30
四川						2 816
贵州	74	8.5	7 605			1 924
云南	32	455.2	440 554			3 362
西藏						
陕西	522	72.1	155 873			951
甘肃	2 832	447.5	765 574	3	1.3	93
青海	961	6.6	14 404			54
宁夏	1 715	199.6	570 752			
新疆	979	94.3	119 770	4	2.9	25

（续）

地　区	微型水力发电			畜力发电		
	装机容量（千瓦）	发电量（万千瓦时）	供应户数（户）	数量（台）	装机容量（瓦）	发电量（千瓦时）
全　国	**197 252.8**	**12 908**	**607 657**	**365**	**70 610**	**135 786**
北　京						
天　津						
河　北	74.3	9		9	1 200	872
山　西	701.1			191	39 100	91 200
内蒙古	1.2		12	39	7 800	6 450
辽　宁	259.0					
吉　林	13 647.0	5				
黑龙江	20 905.0			1		
上　海						
江　苏						
浙　江	4 153.9	12	2 265			
安　徽	148.3	16	621			
福　建	391.0	108				
江　西	8 339.9	670	29 177			
山　东	4 552.5	8	20 150	10	1 760	2 335
河　南	628.2	28	8 485	4	825	4 830
湖　北	1 430.8	325	9 439			
湖　南	17 424.6	2 881	109 122			
广　东	1 784.8	50	109 875			
广　西	101 721.2	3 934	78 583			
海　南	201.8	1 320	4			
四　川	5 488.5	53	172 714			
贵　州	3 145.3	2 831	34 771	5	1 100	2 737
云　南	5 549.0	559	17 239	1	200	450
西　藏						
陕　西	5 666.9	20	10 555	6	1 100	1 740
甘　肃	904.0	25	4 550	13	2 600	4 050
青　海	35.4			78	13 250	17 760
宁　夏				4	875	1 752
新　疆	99.1	54	95	4	800	1 610

（续）

地区	畜力发电供应户数（户）	太阳灶（台）	太阳房（万平方米）	太阳能热水器（万平方米）	太阳能干燥器（平方米）	太阳能电池（峰瓦）
全国	**5 924**	**140 375**	**179.86**	**229.47**	**13 225**	**236 180**
北京		883	7.13	19.61		25 000
天津		104	3.09	8.90		
河北	40	23 130	21.36	76.78	2 397	2 327
山西	3 138	54	0.13	0.85		
内蒙古	198	3 321	3.23	0.69		120 000
辽宁		848	75.10	7.67	60	5 049
吉林		570	25.33	0.69		
黑龙江		597	18.76	1.13		3 365
上海				0.64		
江苏		542	1.06	7.19	80	500
浙江		30	0.05	2.97	4 480	2 200
安徽		277	0.03	2.93	305	2 481
福建		5		0.14	140	310
江西		2				
山东	68	1 798	7.38	58.26		1 936
河南	98	223	0.83	9.91	1 162	2 052
湖北		23	0.11	1.21	80	
湖南		7		0.31		
广东		17		0.28	3 018	
广西		12	0.02	1.02	960	
海南		450				
四川		1 034	0.39	10.80	220	2 651
贵州	35	8				
云南	25	694		6.52		2 300
西藏						
陕西	20	72	0.64	1.77		3 068
甘肃	162	77 190	9.39	2.60	323	14 774
青海	2 005	25 273	4.99	1.20		14 568
宁夏	65	2 135	0.64	2.20		1 149
新疆	70	1 076	0.20	3.20		32 450

（续）

地区	太阳能温室（万平方米）	太阳能暖圈（万平方米）	地膜覆盖面积（公顷）	塑料大棚面积（公顷）	地热		
					点数（个）	种植面积（公顷）	养殖面积（公顷）
全国	**8 544.29**	**1 166.54**	**2 815 060**	**342 651**	**861**	**1 810.9**	**1 054.3**
北京	60.24	2.26	19 452	927	8	52.8	62.0
天津	626.87	6.98	22 440	3 350	13	28.9	63.6
河北	3 142.09	179.27	36 276	21 288	83	47.4	56.7
山西	6.31	14.30	67 258	4 087	9	62.4	10.0
内蒙古	523.96	24.47	35 866	768			
辽宁	1 743.97	427.84	93 497	62 664	23	30.6	19.1
吉林	615.81	132.13	64 258	21 809			
黑龙江	269.94	65.56	189 995	69 557			
上海			486	187			
江苏	178.37	22.17	71 025	7 422	54		33.4
浙江	0.14	0.20	54 603	6 432	24	2.9	8.0
安徽	8.87	1.42	78 949	18 474	60	3.1	6.0
福建	54		8 820	450	126	7.7	110.1
江西	0.37	0.29	85 768	1 524	59	66.9	73.8
山东	731.41	176.90	775 877	66 295	50	406.2	21.1
河南	416.43	4.57	89 085	18 249	39	40.8	5.7
湖北	11.06	0.03	147 127	11 339	47	106.6	442.2
湖南	0.14	0.02	166 722	1 692	37	14.3	12.0
广东	0.24		3 854	8	21	20.6	23.6
广西	0.13		7 776	51	6	1.7	2.1
海南							
四川			46 171	337	8	40.0	1.8
贵州			48 566	12	15	80.3	4.5
云南	0.47		114 629	1 935	120	234.7	15.3
西藏							
陕西	46.41	4.80	302 836	20 400	50	562.2	81.1
甘肃	3.09	89.65	233 426	3 136	5	0.7	2.1
青海	21.57	13.65	145	81	4	0.1	0.1
宁夏	68.9	0.03	50 153	177			
新疆	13.5						

1993年各地区农村节能炒茶灶、烤烟房、砖瓦窑设备情况

地区	节能炒茶灶			节能烤烟房	
	个数（万个）	茶叶加工量（吨）	节能（吨标煤）	个数（万座）	烟叶加工量（吨）
全国	**26.26**	**336 866**	**152 859**	**182.39**	**1 342 887**
北京					
天津					
河北				0.55	
山西					
内蒙古				0.08	1 053
辽宁				0.80	1 701
吉林				3.24	34 886
黑龙江				5.33	59 453
上海					
江苏	0.04	589	614		
浙江	5.22	73 361	56 260		
安徽	0.76	13 727	13 921	1.95	23 217
福建	2.26	137 268	21 996	3.88	45 809
江西	0.22	987	2 717	3.38	57 408
山东	0.05	684	728	16.42	47 503
河南	4.04	20 511	10 270	10.88	214 864
湖北	0.84	9 490	13 286	9.76	77 692
湖南	0.88	15 765	4 758	15.52	101 269
广东	2.21	13 503	13 860	10.83	18 475
广西	0.18	3 265	3 377	12.30	203 133
海南				0.01	113
四川	0.07	3 316	1 057	3.86	42 648
贵州	7.68	7 500	5 000	22.79	181 973
云南	0.22	36 549	4 765	39.45	189 040
西藏					
陕西	1.59	351	250	15.54	32 258
甘肃				5.82	10 392
青海					
宁夏					
新疆					

(续)

地区	节能烤烟房	节能砖瓦窑		
	节能（吨标煤）	个数（座）	生产砖瓦（万块）	节能（万吨标煤）
全国	**520 225**	**80 117**	**9 469 319**	**238.77**
北京				
天津				
河北		774	677 462	13.55
山西		370	95 595	2.39
内蒙古	1 499	29	19 200	1.34
辽宁	587	457	389 841	3.05
吉林	76 846	886	253 950	5.08
黑龙江	22 989	526	135 243	2.70
上海				
江苏		773	869 612	41.86
浙江		1 605	104 683	6.89
安徽	4 288	1 273	486 624	9.46
福建	5 532	4 270	53 500	1.07
江西	1 420	4 978	473 299	16.54
山东	15 373	6 690	1 491 150	27.21
河南	28 612	5 441	682 844	9.52
湖北	21 245	2 170	287 158	9.97
湖南	48 630	2 849	235 459	12.20
广东	25 246	6 845	154 421	17.72
广西	56 984	16 194	913 930	18.28
海南	115	202	22 389	2.00
四川	10 311	7 687	202 364	20.23
贵州	82 076	3 451	63 305	2.09
云南	98 733	4 172	286 698	2.30
西藏				
陕西	14 145	7 102	1 555 375	12.66
甘肃	5 594	1 373	15 217	0.66
青海				
宁夏				
新疆				

1993年各地区农村能源生产企业情况

地区	企业数（个）				职工人数（人）			
	合计	国有	集体	其他	合计	管理人员	技术人员	工人
全国	**2 136**	**319**	**1 295**	**522**	**56 346**	**6 285**	**7 255**	**42 806**
北京	43	6	29	8	850	124	251	475
天津	6	4	2		293	32	36	225
河北	110	34	56	20	3 496	424	423	2 649
山西	84	6	53	25	1 412	122	277	1 013
内蒙古								
辽宁	16	6	10		927	55	64	808
吉林	7	2	5		211	24	22	165
黑龙江	289	27	250	12	18 028	1 446	1 761	14 821
上海	4		4		119	19		100
江苏	72	3	52	17	2 037	210	169	1 658
浙江	126	6	40	80	1 671	203	287	1 181
安徽	79	7	61	11	1 784	248	430	1 106
福建	26	1	11	14	315	70	81	164
江西	26	10	10	6	534	72	109	353
山东	138	37	47	54	1 989	333	307	1 349
河南	55	18	33	4	1 339	200	210	929
湖北	109	46	58	5	2 006	324	367	1 315
湖南	161	27	40	94	2 064	253	399	1 412
广东	101	3	98		4 472	338	418	3 716
广西	100	18	60	22	3 688	364	547	2 777
海南	2			2	67	5	5	57
四川	187	15	109	63	2 591	520	481	1 590
贵州	310	16	216	78	4 645	655	377	3 613
云南	7	3	4		218	44	16	158
西藏								
陕西	18	4	9	5	331	40	76	215
甘肃	36	10	24	2	293	63	66	164
青海	8	2	6		718	54	38	626
宁夏	9	1	8		90	13	9	68
新疆	7	7			158	30	29	99

地区	固定资产（万元）		流动资金（万元）		产值（万元）	利润（万元）
	合计	其中：自有	合计	其中：自有		
全　国	**55 423.16**	**39 200.94**	**21 602.06**	**11 347.32**	**87 403.69**	**7 596.89**
北　京	889.45	287.85	477.20	286.20	1 332.00	132.26
天　津	365.35	282.35	929.32	197.32	1 125.90	102.80
河　北	6 216.82	4 178.40	2 697.58	768.50	5 672.90	647.68
山　西	1 095.00		510.00		4 180.00	473.00
内蒙古						
辽　宁	666.33	546.33	420.53	320.53	1 132.89	65.79
吉　林	227.50	152.50	125.00	53.00	229.95	29.46
黑龙江	16 371.45	13 574.65	4 451.00	2 819.40	11 693.60	1 388.61
上　海	125.00	125.00	46.00	46.00	200.00	4.00
江　苏	2 890.20	2 873.68	1 620.65	1 026.15	12 346.20	491.82
浙　江	1 475.10	581.10	861.80	679.80	2 809.30	230.46
安　徽	2 155.13	918.52	747.98	296.50	3 471.84	259.65
福　建	1 282.00	80.00	185.00	95.00	2 020.00	152.00
江　西	734.93	267.00	227.28	124.12	577.70	44.41
山　东	1 734.48	901.00	1 649.02	673.50	4 475.13	335.09
河　南	1 386.30	702.80	626.70	276.00	1 585.40	176.10
湖　北	2 540.71	1 537.11	1 070.30	350.00	6 405.32	327.44
湖　南	3 601.30	2 165.70	777.20	387.00	9 417.34	757.14
广　东	167.00	65.00	100.00	57.00	1 782.64	198.05
广　西	3 344.70	2 462.10	2 085.20	1 305.00	6 288.45	487.54
海　南	70.00		50.00		65.00	4.50
四　川	2 255.90	2 145.90	571.50	497.40	2 405.46	247.61
贵　州	4 573.90	4 573.90	750.00	750.00	6 411.49	898.80
云　南	216.11	140.11	232.20	128.20	786.50	45.80
西　藏						
陕　西		92.80		79.50	364.22	40.14
甘　肃	323.60	148.54	195.60	28.20	260.96	7.44
青　海	510.00	298.00	140.00	103.00	236.00	23.00
宁　夏	67.30		11.00		60.10	5.40
新　疆	137.60	100.60	44.00		67.40	20.90

1993年各地区农村能源服务公司（站）情况

地区	服务公司（站、个）								人员（人）			
	合计	省级	地县级	乡级	所有制形式				合计	省级	地县级	乡级
					合计	国有	集体	其他				
全国	**2 683**	**28**	**1 255**	**1 400**	**2 682**	**610**	**1 705**	**367**	**25 413**	**402**	**18 085**	**6 926**
北京	60	1	14	45	60	10	46	4	893	42	370	481
天津	22	1	12	9	22	13	9		425	5	270	150
河北	140		69	71	140	48	81	11	1 024		855	169
山西	30	6	9	15	27	1	7	19	108	50	35	23
内蒙古	13		11	2	13	12	1		76		70	6
辽宁	98		33	65	98	13	57	28	789		520	269
吉林	10		10		10	7	3		57		57	
黑龙江	58	1	14	43	58	6	37	15	394	10	97	287
上海	4		1	3	4		4		298		250	48
江苏	327		102	225	327	23	279	25	5 698		4 174	1 524
浙江	125	1	90	34	125	30	87	8	1 503	32	1 299	172
安徽	154	2	97	55	154	12	134	8	1 602	60	1 336	206
福建	73	1	39	33	73	15	50	8	1 051	2	624	425
江西	91	1	48	42	91	32	53	6	390	18	262	110
山东	101	1	77	23	101	47	51	3	930	4	757	169
河南	89	1	74	14	89	43	42	4	1 270	93	1 066	111
湖北	246	3	116	127	246	85	117	44	2 176	11	1 605	560
湖南	157	1	81	75	157	36	66	55	1 031	28	650	353
广东	311		33	278	317	20	207	90	1 263		212	1 051
广西	91	1	46	44	91	36	45	10	479	15	427	37
海南	13		5	8	10	3	1	6	84		64	20
四川	292		148	144	292	27	246	19	2 675		2 109	566
贵州	23		5	18	23	18	1	4	73		33	40
云南	33	1	22	10	33	9	24		319	3	302	14
西藏												
陕西	51	1	41	9	51	32	19		473	5	365	103
甘肃	43	2	35	6	43	19	24		181	13	161	7
青海	5	1	2	2	4	3	1		38	2	11	25
宁夏	4	1	3		4	1	3		33	5	28	
新疆	19	1	18		19	9	10		80	4	76	

（续）

地　区	固定资产（万元）		流动资金（万元）		营业额（万元）	利润（万元）
	合计	其中：自有	合计	其中：自有		
全　国	**28 438.55**	**20 471.78**	**18 515.60**	**9 593.84**	**95 855.35**	**5 015.00**
北　京	916.40	130.00	392.50	120.00	1 379.40	146.91
天　津	586.75	581.75	1 894.57	631.57	6 742.62	324.73
河　北	527.96	405.26	535.42	268.92	1 532.36	141.32
山　西	545.00	111.00	564.00	210.00	1 399.00	218.50
内蒙古	78.50	36.00	26.50	12.00	115.90	8.38
辽　宁	1 224.40	1 059.40	454.35	365.35	1 359.97	128.31
吉　林	75.20	75.20	37.60	25.60	116.80	7.23
黑龙江	153.00	98.40	83.40	43.20	519.80	31.00
上　海	88.00	88.00	25.00	25.00	730.00	16.00
江　苏	4 032.87	3 693.94	3 023.54	2 311.19	22 004.51	893.88
浙　江	3 512.54	2 345.44	2 536.57	1 157.17	17 384.19	954.65
安　徽	2 234.95	1 650.89	1 192.35	694.50	14 829.82	346.20
福　建	342.83		189.56		1 759.94	31.67
江　西	315.23	247.40	229.70	126.75	991.33	48.48
山　东	944.58	632.45	705.50	211.00	2 140.06	186.93
河　南	2 095.14	1 852.95	546.90	254.50	1 952.70	156.41
湖　北	3 277.90	1 941.35	1 652.10	576.20	10 030.35	363.71
湖　南	2 244.09	1 324.60	1 074.71	395.53	2 287.63	217.37
广　东	708.83	347.33	680.69	208.39	761.86	144.24
广　西	439.20	399.88	395.28	184.98	864.32	68.02
海　南	67.00	67.00	33.00		42.22	3.92
四　川	3 135.78	2 719.08	1 409.34	1 304.56	5 197.97	422.81
贵　州	34.42	34.42	28.60	18.60	26.70	6.06
云　南	331.90	270.90	278.59	159.60	666.53	35.81
西　藏						
陕　西	159.30	151.80	217.38	171.48	341.14	41.72
甘　肃	173.78	112.34	115.55	34.35	369.48	12.14
青　海	64.00	47.00	145.00	81.00	175.00	43.00
宁　夏	66.00		15.50		30.00	2.20
新　疆	63.00	48.00	32.40	2.40	103.75	13.40

1994年各地区农村能源推广机构、人员情况

地区	推广机构（个）					推广人员（人）				
							按地区分			
	合计	省级	地市级	县级	乡级	合计	省级	地市级	县级	乡级
全国	**9 867**	**29**	**290**	**1 963**	**7 585**	**30 895**	**447**	**1 588**	**10 543**	**18 317**
北京	91	1		9	81	668	42		229	397
天津	98	1		12	85	371	14		138	219
河北	321	1	13	147	160	1 185	20	115	644	406
山西	121	1	9	38	73	210	6	39	77	88
内蒙古	59	1	5	24	29	303	8	45	208	42
辽宁	482	1	14	63	404	819	18	40	206	555
吉林	232	1	9	46	176	562	6	40	222	294
黑龙江	426	1	9	54	362	1 597	19	24	211	1 343
上海	113	1		11	101	327	5		29	293
江苏	845	1	11	76	757	2 007	18	43	530	1 416
浙江	169	1	11	68	89	631	12	63	323	233
安徽	313	1	18	82	212	979	20	89	427	443
福建	172	1	9	48	114	469	9	28	169	263
江西	559	1	11	93	454	1 693	6	39	426	1 222
山东	398	1	17	121	259	1 372	12	94	804	462
河南	379	1	17	112	249	1 202	32	173	645	352
湖北	455	1	13	87	354	1 637	15	119	708	795
湖南	363	1	16	108	238	1 213	22	79	499	613
广东	954	1	10	84	859	2 825	15	26	627	2 157
广西	553	1	14	92	446	1 640	31	60	642	907
海南	90	1	2	12	75	405	7	11	60	327
四川	780	1	21	165	593	2 201	28	137	961	1 075
贵州	98	1	8	46	43	306	10	33	163	100
云南	1 012	1	16	125	870	3 581	9	89	672	2 811
西藏										
陕西	580	1	10	90	479	1 957	5	64	445	1 443
甘肃	98	1	13	79	5	425	32	82	287	24
青海	44	1	3	22	18	108	3	10	58	37
宁夏	9	1	1	7		74	13	4	57	
新疆	53	1	10	42		128	10	42	76	

（续）

地　区	推广人员（人）			
	按文化程度分		按技术职称分	
	大专以上	高中	高级	中级
全　国	**4 859**	**14 255**	**342**	**3 235**
北　京	57	267	4	38
天　津	34	163	4	46
河　北	270	477	34	227
山　西	106	74	11	80
内蒙古	71	197	5	57
辽　宁	129	352	11	78
吉　林	224	284	6	94
黑龙江	298	1 044	17	205
上　海	25	120		32
江　苏	193	677	21	175
浙　江	142	251	8	82
安　徽	244	401	54	146
福　建	91	235	7	69
江　西	266	860	5	121
山　东	368	700	16	163
河　南	393	521	12	242
湖　北	246	655	42	258
湖　南	196	536	10	97
广　东	352	1 543	12	212
广　西	220	952	7	175
海　南	55	233	2	22
四　川	282	855	12	232
贵　州	53	179	3	37
云　南	192	1 224	10	101
西　藏				
陕　西	173	1 092	15	149
甘　肃	84	229	7	39
青　海	20	49	2	22
宁　夏	18	31	2	12
新　疆	57	54	3	24

1994年各地区农村能源科研机构、人员、技术服务及培训情况

地区	科研机构（个）						工程技术服务队		技术培训（人次）
	机构（个）			人员（人）			队数	人数	
	合计	省级	地县级	合计	省级	地县级			
全国	**166**	**23**	**143**	**1 149**	**305**	**844**	**13 130**	**113 858**	**261 865**
北京	1	1		10	10		72	758	668
天津							182	1 182	3 701
河北	8	8		38	38		301	1 789	15 484
山西	3	3		11	11		14	127	289
内蒙古							21	121	4 251
辽宁	4	2	2	65	60	5	328	1 719	10 450
吉林							159	431	8 976
黑龙江							716	3 091	25 450
上海									
江苏	4		4	19		19	515	3 321	2 919
浙江	11	1	10	61	12	49	55	585	1 227
安徽	11	1	10	58	15	43	372	2 224	7 493
福建							221	926	291
江西	4		4	26		26	323	5 296	6 022
山东	6	1	5	28	8	20	368	2 468	21 072
河南	3	3		24	24		175	1 771	33 484
湖北	12		12	88		88	442	4 198	19 406
湖南	1		1	14		14	869	6 691	6 510
广东	62		62	380		380	1 463	12 922	4 433
广西	12		12	67		67	2 789	31 651	12 048
海南	2		2	13		13	107	759	166
四川	4		4	28		28	1 876	15 939	17 907
贵州	10		10	61		61	104	1 586	5 437
云南							1 004	10 561	33 850
西藏									
陕西	2		1	3		3	533	3 149	12 976
甘肃	3		3	21		21	96	497	6 450
青海	3	2	1	64	57	7	23	59	530
宁夏							2	37	100
新疆	1	1		70	70				275

1994年各地区农村能源经费投入情况

单位：万元

地区	合计	省市补助	地县补助	区乡补助	用户自筹
全国	**152 777.87**	**3 968.68**	**6 592.16**	**4 997.63**	**137 219.40**
北京	1 489.31	145.00	93.44	50.00	1 200.87
天津	4 912.60	11.80	52.55		4 848.25
河北	13 597.33	153.00	122.47	91.20	13 230.66
山西	997.50	20.50	42.00	15.00	920.00
内蒙古	1 546.46	73.60	43.90	30.80	1 398.16
辽宁	2 958.85	30.50	252.30	1 218.80	1 457.25
吉林	3 660.88	46.35	54.40	109.10	3 451.03
黑龙江	1 320.60	14.00	100.20	463.75	742.65
上海	798.70	7.00	35.00	189.80	566.90
江苏	5 503.85	166.15	387.16	281.68	4 668.86
浙江	16 080.18	86.90	441.82	17.50	15 533.96
安徽	13 492.80	135.35	274.41	235.97	12 847.07
福建	729.80	73.30	33.80	3.50	619.20
江西	4 310.31	51.20	156.30	732.58	3 370.23
山东	6 779.24	77.80	151.91	101.40	6 448.13
河南	10 096.59	70.00	283.04	98.35	9 645.20
湖北	11 152.12	179.00	259.12	186.33	10 527.67
湖南	7 251.77	216.48	338.45	192.02	6 504.82
广东	11 381.42	513.39	910.73	373.74	9 583.56
广西	13 739.86	465.00	673.94	77.80	12 523.12
海南	406.00	6.00	60.00	90.00	250.00
四川	7 184.79	207.46	693.85	114.71	6 168.77
贵州	133.73	18.50	32.23	72.70	10.30
云南	8 210.02	813.90	913.45	92.82	6 389.85
西藏					
陕西	2 142.88	78.50	101.06	35.32	1 928.00
甘肃	2 560.53	235.00	63.48	74.16	2 187.89
青海	219.40	31.30	3.50	48.60	136.00
宁夏	93.00	41.00	2.00		50.00
新疆	27.35	0.70	15.65		11.00

1994 年各地区农村能源使用情况

地 区	使用总量 标 煤 (万吨)	人均标煤 (吨)	农村生活用能 小计标煤 (万吨)	秸秆 实物 (万吨)	秸秆 标煤 (万吨)	薪材 实物 (万吨)	薪材 标煤 (万吨)
全 国	**58499.98**	**0.64**	**35 011.29**	**30 707.35**	**15 353.66**	**15 662.04**	**8 943.03**
北 京	471.08	1.11	208.70	175.64	87.82	19.05	10.88
天 津	442.88	0.50	198.27	201.87	100.94	0.36	0.21
河 北	4 165.21	0.70	2 544.05	1 621.41	810.71	629.78	359.60
山 西	1 146.26	1.00	958.65	508.66	254.33	351.20	200.54
内蒙古	1 012.59	0.62	785.20	878.63	439.31	228.20	130.30
辽 宁	1 824.73	0.72	1 219.13	1 158.35	579.17	570.60	325.81
吉 林	1 959.09	0.66	992.56	1 141.36	570.68	344.83	196.90
黑龙江	2 074.06	0.71	1 717.68	2 547.66	1 273.83	449.68	256.77
上 海	491.68		133.93	145.18	72.59	4.95	2.83
江 苏	4 569.67	0.89	2 434.21	4 065.41	2 032.70	203.19	116.02
浙 江	2 526.40	0.50	1 108.92	780.41	390.20	912.15	520.84
安 徽	2 514.81	0.49	1 635.62	2 083.86	1 041.93	586.45	334.86
福 建	1 387.22	0.34	913.96	307.86	153.93	1 079.86	616.60
江 西	1 791.00	0.61	1 270.37	781.21	390.61	982.16	560.81
山 东	4 681.30	0.66	2 366.97	2 778.43	1 389.21	359.20	205.10
河 南	4 560.59	0.45	2 387.67	1 788.19	894.10	563.30	321.64
湖 北	3 756.95	0.66	2 239.31	1 955.10	977.55	1 326.70	757.55
湖 南	3 842.14	0.84	2 317.07	1 409.92	704.96	1 735.07	990.72
广 东	1 827.78	0.40	983.60	1 223.09	611.54	204.39	116.71
广 西	1 929.55	0.57	1 259.03	1 069.08	534.54	1 004.17	573.38
海 南	170.40	0.43	116.21	91.93	45.97	109.89	62.75
四 川	4 012.17	0.64	2 268.46	1 729.46	864.73	989.91	565.24
贵 州	1 838.45	0.75	1 440.87	308.52	154.26	652.75	372.72
云 南	1 627.52	0.53	1 340.59	349.90	174.95	1 653.20	943.98
西 藏							
陕 西	2 092.70	0.75	1 049.97	635.65	317.82	446.75	255.09
甘 肃	928.81	0.32	582.65	718.65	359.32	134.90	77.03
青 海	15.88		1.76				
宁 夏	218.04	0.69	99.94	27.65	13.82	7.29	4.16
新 疆	621.02	0.77	435.94	224.27	112.14	112.06	63.99

（续）

地区	原煤		电力		煤油	
	实物（万吨）	标煤（万吨）	实物（万千瓦时）	标煤（万吨）	实物（万吨）	标煤（万吨）
全国	**12 805.20**	**9 142.90**	**321.62**	**1 286.48**	**199.60**	**285.22**
北京	130.83	93.41	4.14	16.56	0.02	0.03
天津	117.21	83.69	3.35	13.40	0.02	0.03
河北	1 789.96	1 278.03	22.07	88.28	5.20	7.43
山西	665.00	474.81	7.22	28.88	0.06	0.09
内蒙古	273.04	194.95	4.95	19.80	0.59	0.84
辽宁	297.62	212.50	23.74	94.96	4.68	6.69
吉林	241.04	172.10	13.22	52.88		
黑龙江	192.78	137.64	11.46	45.84	2.52	3.60
上海	58.48	41.75	4.19	16.76		
江苏	250.66	178.97	20.16	80.64	18.11	25.88
浙江	123.61	88.26	25.82	103.28	4.44	6.34
安徽	294.31	210.14	9.94	39.76	6.25	8.93
福建	129.18	92.23	11.51	46.04	3.61	5.16
江西	401.09	286.38	4.68	18.72	9.69	13.85
山东	878.90	627.53	34.20	136.80	5.83	8.33
河南	1 548.41	1 105.56	11.87	47.48	13.22	18.89
湖北	632.33	451.48	7.97	31.88	14.59	20.85
湖南	805.92	575.43	9.24	36.96	6.30	9.00
广东	146.03	104.27	35.02	140.08	7.70	11.00
广西	134.62	96.12	10.76	43.04	8.36	11.95
海南	3.64	2.60	0.99	3.96	0.65	0.93
四川	970.68	693.07	25.91	103.64	29.24	41.78
贵州	1 223.18	873.35	3.43	13.72	18.77	26.82
云南	268.50	191.71	5.47	21.88	5.65	8.07
西藏						
陕西	605.82	432.56	4.61	18.44	18.24	26.06
甘肃	184.09	131.44	2.75	11.00	2.70	3.86
青海			0.44	1.76		
宁夏	110.20	78.68	0.82	3.28		
新疆	328.07	234.24	1.69	6.76	13.16	18.81

(续)

地区	农村生产用能						
	小计标煤（万吨）	原煤		焦炭		汽油	
		实物（万吨）	标煤（万吨）	实物（万吨）	标煤（万吨）	实物（万吨）	标煤（万吨）
全国	**23 488.69**	**17 725.66**	**12 656.10**	**1 110.70**	**1 047.39**	**909.81**	**1 338.34**
北京	262.38	187.54	133.90	4.97	4.69	21.82	32.10
天津	244.61	165.16	117.92	8.42	7.94	19.50	28.68
河北	1 621.16	1 402.59	1 001.45	39.10	36.87	69.93	102.87
山西	187.61	53.00	37.84	2.16	2.04	0.89	1.31
内蒙古	227.39	147.78	105.51	0.41	0.39	12.70	18.68
辽宁	605.60	347.84	248.36	81.15	76.52	23.29	34.26
吉林	966.53	652.56	465.93	86.02	81.12	142.57	209.72
黑龙江	356.38	225.85	161.26	14.68	13.84	15.19	22.34
上海	357.75	162.70	116.17	4.17	3.93	20.60	30.30
江苏	2 135.46	1 693.97	1 209.49	81.42	76.78	49.91	73.42
浙江	1 417.48	1 032.02	736.86	22.72	21.42	27.01	39.73
安徽	879.19	711.74	508.18	43.89	41.39	33.13	48.73
福建	473.26	125.91	89.90	7.44	7.02	25.91	38.11
江西	520.63	426.50	304.52	6.26	5.90	24.34	35.80
山东	2 314.33	2 024.07	1 445.19	132.57	125.01	72.96	107.32
河南	2 172.92	1 979.95	1 413.68	194.29	183.22	62.75	92.31
湖北	1 517.64	1 084.36	774.23	41.51	39.14	50.74	74.64
湖南	1 525.07	1 359.54	970.71	89.20	84.12	33.70	49.57
广东	844.18	123.81	88.40	6.84	6.45	25.34	37.28
广西	670.52	493.06	352.04	15.57	14.68	16.97	24.96
海南	54.19	19.17	13.69			2.92	4.30
四川	1 743.71	1 537.76	1 097.96	122.84	115.84	35.85	52.74
贵州	397.58	332.34	237.29			18.08	26.60
云南	286.93	137.80	98.39			8.87	13.05
西藏							
陕西	1 042.73	941.22	672.03	55.36	52.20	64.20	94.44
甘肃	346.16	161.65	115.42	13.19	12.44	23.33	34.32
青海	14.12						
宁夏	118.10	70.67	50.46	34.22	32.27	0.61	0.90
新疆	185.08	125.10	89.32	2.30	2.17	6.70	9.86

（续）

地　区	柴　油 实物（万吨）	柴　油 标煤（万吨）	电　力 实物（万千瓦时）	电　力 标煤（万吨）	薪　材 实物（万吨）	薪　材 标煤（万吨）
全　国	**1 409.97**	**2 054.32**	**1 195.82**	**4 783.28**	**2 818.35**	**1 609.26**
北　京	8.76	12.76	19.09	76.36	4.50	2.57
天　津	13.53	19.71	17.59	70.36		
河　北	78.14	113.85	81.11	324.44	73.00	41.68
山　西	3.97	5.78	35.16	140.64		
内蒙古	34.34	50.03	12.87	51.48	2.27	1.30
辽　宁	27.81	40.52	50.16	200.64	9.29	5.30
吉　林	97.41	141.93	13.68	54.72	22.96	13.11
黑龙江	56.92	82.93	13.61	54.44	37.78	21.57
上　海	10.40	15.15	48.05	192.20		
江　苏	92.34	134.54	146.71	586.84	95.25	54.39
浙　江	80.97	117.97	103.37	413.48	154.15	88.02
安　徽	73.67	107.34	30.99	123.96	86.85	49.59
福　建	55.51	80.88	33.79	135.16	214.00	122.19
江　西	21.16	30.83	18.29	73.16	123.33	70.42
山　东	157.24	229.10	92.36	369.44	67.03	38.27
河　南	108.57	158.19	74.84	299.36	45.82	26.16
湖　北	112.61	164.07	39.91	159.64	535.77	305.92
湖　南	69.48	101.23	39.45	157.80	283.09	161.64
广　东	42.11	61.35	140.33	561.32	156.53	89.38
广　西	52.24	76.11	17.30	69.20	233.86	133.53
海　南	4.21	6.13	2.74	10.96	33.47	19.11
四　川	68.11	99.24	52.86	211.44	291.57	166.49
贵　州	22.08	32.17	12.62	50.48	89.39	51.04
云　南	4.13	6.02	16.90	67.60	178.40	101.87
西　藏						
陕　西	41.48	60.44	31.44	125.76	66.30	37.86
甘　肃	35.31	51.45	31.17	124.68	13.74	7.85
青　海			3.53	14.12		
宁　夏	7.02	10.23	6.06	24.24		
新　疆	30.45	44.37	9.84	39.36		

1994年各地区农村户用沼气池

地　区	实有数（万户）	其中：利用数（万户）	户均产气量（立方米）	总产气量（万立方米）	维修病池数（个）
全　国	**542.97**	**463.75**	**290.4**	**134 687.12**	**124 240**
北　京	4.83	4.45	225.7	1 004.41	2 694
天　津	0.80	0.58	270.0	156.60	658
河　北	11.54	10.65	197.8	2 106.67	1 529
山　西	0.39	0.34	196.5	66.80	20
内蒙古	1.98	1.21	174.8	211.47	2 366
辽　宁	9.79	6.64	289.7	1 923.71	1 965
吉　林	1.49	1.30	168.9	219.61	350
黑龙江	0.19	0.15	152.5	22.87	127
上　海	3.83	2.56	248.7	636.58	214
江　苏	50.63	41.54	247.9	10 297.54	15 819
浙　江	18.30	12.68	255.7	3 241.81	556
安　徽	9.51	8.19	269.5	2 206.78	2 875
福　建	7.03	6.40	318.4	2 037.55	291
江　西	16.61	14.94	323.4	4 831.07	14 381
山　东	33.43	25.10	267.5	6 713.17	10 092
河　南	5.78	5.15	249.9	1 287.16	3 025
湖　北	57.60	48.66	277.7	13 511.44	13 291
湖　南	32.80	31.93	407.9	13 024.10	1 965
广　东	14.21	14.09	295.1	4 158.53	2 539
广　西	24.54	24.54	334.4	8 206.11	3 033
海　南	0.73	0.73			
四　川	207.77	175.71	277.3	48 730.54	40 816
贵　州	1.75	1.70	389.1	661.43	131
云　南	12.38	11.45	524.2	6 002.49	1 392
西　藏					
陕　西	10.47	9.44	261.8	2 471.63	3 938
甘　肃	4.51	3.58	264.7	947.57	
青　海	0.03	0.02	327.5	6.55	115
宁　夏	0.01	0.01	165.0	1.65	40
新　疆	0.04	0.01	128.0	1.28	18

1994年各地区沼气动力站、发电站、集中供气站、城镇沼气净化池情况

地　区	沼气动力站					沼气发电站	
	沼气池		站数（处）	总功率（千瓦）	总产气量（万立方米）	沼气池	
	池数（个）	池容量（立方米）				池数（个）	池容量（立方米）
全　国	**204**	**6 616**	**138**	**2 636.2**	**319.55**	**331**	**24 935**
北　京							
天　津	8	3 600	1	2 182.6	300.00		
河　北						1	200
山　西						2	60
内蒙古						3	75
辽　宁						4	386
吉　林	80	280	80	206.0	5.54	3	1 260
黑龙江							
上　海							
江　苏	24	441	10	60.9	1.33	172	5 093
浙　江						2	100
安　徽						2	210
福　建	3	400	3	20.0		11	2 700
江　西							
山　东						83	8 688
河　南							
湖　北	14	139	3	25.8	1.25		
湖　南	11	282	8	52.7	8.77	28	4 556
广　东	3	812	1	0.1		4	1 140
广　西	21	182	10	35.4	0.77		
海　南							
四　川	37	454	21	43.8	1.76	7	159
贵　州							
云　南	3	26	1	8.8	0.13	7	218
西　藏							
陕　西							
甘　肃						2	90
青　海							
宁　夏							
新　疆							

（续）

地　区	沼气发电站				沼气集中供气站		
					沼气池		
	站数（处）	装机容量（千瓦）	总产气量（万立方米）	发电量（万千瓦时）	池数（个）	池容量（立方米）	站数（处）
全　国	**97**	**3 745.6**	**580.82**	**275**	**1 584**	**217 608**	**583**
北　京					10	2 614	8
天　津					1	300	1
河　北	1	10.0			13	11 095	11
山　西	1	5.0	0.20		10	320	3
内蒙古	1	4.0	0.11				
辽　宁	4	730.0			17	3 550	10
吉　林	1	160.0	133.20	100	5	1 530	3
黑龙江							
上　海					581	43 857	67
江　苏	31	236.6	15.25	21	327	21 534	111
浙　江	2	15.0	0.60	1	53	13 330	29
安　徽	2	8.0			33	11 155	38
福　建	5	1 223.0	75.60	57	38	1 150	8
江　西					44	7 300	16
山　东	25	935.0	305.81	33	28	16 644	12
河　南					6	10 400	6
湖　北					164	15 764	120
湖　南	14	258.0	46.94	63	182	18 448	102
广　东	4	145.0			26	2 280	4
广　西					5	196	5
海　南							
四　川	2	8.0	0.61		24	14 087	19
贵　州							
云　南	3	6.0	0.30		5	264	5
西　藏							
陕　西					11	21 750	4
甘　肃	1	2.0	2.20		1	40	1
青　海							
宁　夏							
新　疆							

（续）

地　区	沼气集中供气站			净化沼气池			
	供气户数（户）	供气量（万立方米）	户均供气量（立方米）	池数（个）	池容量（万立方米）	总产气量（万立方米）	供气户数（户）
全　国	**83 107**	**3 580.12**	**431**	**29 825**	**115.47**	**1 919.28**	**22 327**
北　京	699	58.03	830	3	0.02	0.06	4
天　津	154	9.24	600				
河　北	2 694	99.40	369	16	0.08	0.45	58
山　西	90	1.20	133				
内蒙古							
辽　宁	831	14.86	179	6	0.03	0.09	3
吉　林	306	40.90	1 337				
黑龙江							
上　海	24 285	1 214.25	500	3	0.03	0.70	1
江　苏	4 926	184.11	374	2 162	5.59	59.38	1 044
浙　江	4 874			3 573	8.43	175.70	1 485
安　徽	6 068	650.76	1 072	123	0.60	8.19	640
福　建	115	8.73	759	1 211	1.15	40.35	
江　西	2 253	88.61	393	405	1.00	36.99	596
山　东	2 112	164.26	778	17	1.69	178.25	112
河　南	13 745	393.14	286	37	0.05	1.26	
湖　北	4 318	119.98	278	61	0.24	3.39	199
湖　南	7 567	332.76	440	372	1.06	23.20	443
广　东	133	7.79	586	536	0.44	25.87	502
广　西	52	3.06	588	289	0.19	3.41	66
海　南				163	1.20	175.64	
四　川	3 980	185.88	467	20 755	93.42	1 171.26	17 063
贵　州				49	0.10	5.86	54
云　南	51	2.86	561	37	0.12	6.73	51
西　藏							
陕　西	3 850			2	0.01		
甘　肃	4	0.30	750	5	0.02	2.50	6
青　海							
宁　夏							
新　疆							

1994年各地区沼气综合利用情况

地　区	沼气贮粮			沼液浸种		沼液养猪
	处数（个）	贮粮数量（吨）	减少粮食损失（吨）	播种面积（公顷）	增产粮食（吨）	头数（头）
全　国	**24 715**	**465 704**	**28 748**	**619 797**	**919 029**	**2 674 232**
北　京				970	153	15 360
天　津						546
河　北				113	89	861
山　西						
内蒙古				12	7	2 245
辽　宁				440	147	21 974
吉　林	82	191	5	155	34	3 493
黑龙江						
上　海						50
江　苏	8 406	401 294	28 041	7 163	3 196	198 690
浙　江				120	72	7 498
安　徽	27	77	2	4 323	3 560	57 175
福　建				793	185	13 957
江　西	15	216	19	105 357	31 921	140 483
山　东	506	334	8	100 981	66 378	96 463
河　南	2	5		1 746	691	23 640
湖　北	3 139	8 074	193	107 328	56 347	187 728
湖　南	135	31 372	46	76 249	13 900	357 802
广　东	11		2	5 945	3 402	191 542
广　西	22	836	54	2 492	1 385	65 913
海　南						
四　川	12 351	23 228	374	194 073	730 297	1 205 228
贵　州				2 248	1 149	10 043
云　南	7	47	2	492	307	2 262
西　藏						
陕　西	12	30	2	8 717	5 788	63 679
甘　肃				80	21	7 600
青　海						
宁　夏						
新　疆						

（续）

地区	沼液养猪	沼液养鱼		沼渣种菇		生产商品	生产商品
	节约饲料（吨）	面积（公顷）	增加产量（吨）	面积（平方米）	产量（吨）	有机肥料（吨）	有机饲料（吨）
全　国	**158 114**	**40 037.6**	**15 357**	**1 772 866**	**13 184**	**90 095**	**1 531**
北　京	429	70.4	74			120	6
天　津	49	11.9	9				
河　北	193	1.6	1	200	3		
山　西							
内蒙古	115						
辽　宁	3 261	29.0	18	11 334	102		
吉　林	158	46.2	14	4 326	24	6 502	2
黑龙江							
上　海	2	8.5	8			100	50
江　苏	7 508	1 591.7	586	364 747	970		
浙　江	516	14.1	7	5 500	1		
安　徽	1 546	438.8	118	8 563	67	4 930	
福　建	370	73.5	4	34 900	71		
江　西	4 079	831.9	330	4 708	21		
山　东	7 746	111.8	42	65 235	1 339	42 423	281
河　南	1 161	107.7	55	20 013	36	591	760
湖　北	8 839	4 667.1	2 054	61 903	465	735	
湖　南	4 641	7 237.7	4 775	116 332	843	2 688	81
广　东	14 017	564.3	972	4 200	27	7 538	350
广　西	1 211	3 681.7	427	290 802	5 186	1 580	
海　南							
四　川	96 396	20 459.6	5 804	774 386	3 999		
贵　州	327	7.6	1	1 000	8		
云　南	91	10.6	13	2 067	3	157	1
西　藏							
陕　西	5 431	70.9	45	2 650	19	22 731	
甘　肃	28	1.0					
青　海							
宁　夏							
新　疆							

1994年各地区农村优质生活燃料使用情况

地区	合计（万户）	电炊（万户）	液化石油气（万户）	天然气（户）	煤气（万户）	新型燃料（户）
全国	**3 498.87**	**1 612.83**	**1 673.64**	**573 598**	**146.68**	**83 663**
北京	54.40	4.94	46.91	5 490	1.90	1 060
天津	33.49	0.66	26.18	33 500	3.28	200
河北	146.12	29.11	102.33	1 834	13.96	5 400
山西	31.29	13.84	15.12		1.73	6 006
内蒙古	42.77	31.48	11.10		0.19	
辽宁	174.56	80.73	90.74	23 725	0.72	
吉林	200.57	138.63	58.66	9 170	1.63	7 362
黑龙江	90.62	44.62	45.80	12	0.19	70
上海	62.54		52.12	71	10.41	
江苏	348.49	163.47	176.98	11 528	6.36	5 234
浙江	552.06	289.07	256.68	1 229	5.84	3 500
安徽	146.50	103.27	40.53	163	2.26	4 221
福建	84.12	61.59	22.49		0.04	
江西	69.32	42.16	24.28		2.43	4 528
山东	360.03	38.03	284.44	45 781	32.30	6 776
河南	72.58	20.35	41.74	4 935	9.67	3 310
湖北	211.22	114.01	93.21	1 717	2.28	15 443
湖南	69.50	30.36	36.18	3 014	1.68	9 799
广东	231.81	108.54	117.44	5 129	5.00	3 200
广西	168.06	110.33	56.84		0.64	2 468
海南	30.40	17.95	12.45			
四川	168.78	71.66	12.49	426 300	41.50	4 986
贵州	19.56	17.52	2.04			
云南	72.23	60.58	10.93		0.71	100
西藏						
陕西	39.30	12.59	24.85		1.86	
甘肃	3.66	2.68	0.88		0.10	
青海	8.20	2.86	5.34			
宁夏	0.10		0.10			
新疆	6.59	1.80	4.79			

1994年各地区省柴节煤炉灶、省柴节煤炕、型煤加工情况

地区	省柴节煤炉灶(万户)			省柴节煤炕(万铺)	型煤加工	
	总数	其中			煤矸石加工成型煤(万吨)	原煤加工成型煤(万吨)
		商品灶	型煤炉			
全　国	**16 574.86**	**3 128.34**	**2 166.32**	**1 584.15**	**130.33**	**3 215.33**
北　京	85.76	－0.41	31.82	11.68		86.85
天　津	41.28	0.12	14.75	0.34		59.34
河　北	858.10	175.87	209.53	71.43	31.43	355.43
山　西	129.90	38.01	36.91	27.10		142.00
内蒙古	188.00	3.94	1.07	26.19		
辽　宁	546.00	6.87	1.03	206.82		
吉　林	307.30	15.11	5.23	269.18		
黑龙江	145.00	55.81	4.06	204.68		19.19
上　海	105.20					
江　苏	1 203.00	26.29	129.36		10.00	85.76
浙　江	837.10	31.52	92.99	115.46		59.02
安　徽	1 158.00	19.48	140.45		8.74	152.75
福　建	306.20	170.34	95.42			0.60
江　西	532.00	56.54	51.59			89.84
山　东	1 696.00	223.07	170.02	429.21	5.10	567.48
河　南	1 326.00	167.94	69.74	0.53	28.69	454.28
湖　北	1 025.00	65.50	185.00		19.00	237.05
湖　南	1 316.00	351.23	434.46		3.90	388.12
广　东	654.50	210.48	189.72	6.20		34.43
广　西	656.00	171.97	54.26			33.89
海　南	77.36	21.34	4.88			
四　川	1 597.00	1 049.00	172.57		21.04	332.94
贵　州	229.70	36.18	13.28			14.49
云　南	549.20	187.07	18.67		0.13	2.41
西　藏						
陕　西	531.80	18.83	35.96	122.55	2.30	92.58
甘　肃	300.70	10.96	3.33	80.45		3.63
青　海				0.38		0.15
宁　夏	35.46			9.88		
新　疆	137.30	15.28	0.22	2.07		3.10

1994 年各地区农村风能利用、微型水力和畜力发电、太阳能及农村地热利用情况

地区	风力发电机 数量 （台）	风力发电机 装机容量 （千瓦）	风力发电机 发电量 （千瓦时）	风力提水机 数量 （台）	风力提水机 灌溉面积 （公顷）	微型水力发电 数量 （台）
全国	**119 788**	**17 301.0**	**36 959 845**	**1 059**	**1 279.0**	**65 155**
北京						8
天津	117	17.6	19 890	74	763.2	
河北	2 223	236.5	426 832	798	251.1	99
山西	24	3.0	3 600			6
内蒙古	100 507	13 061.0	31 346 400			2
辽宁	223	28.9	54 979			24
吉林	525	52.8	115 500			13
黑龙江	321	228.7	14 862			48
上海						
江苏	415	85.3	78 136	88	82.4	
浙江	88	951.1	1 364 692	2	1.3	549
安徽	814	79.2	90 032	2	2.0	255
福建	333	96.1		26	8.3	315
江西	10	2.0				6 694
山东	1 889	465.2	520 781	5	72.7	56
河南	3 485	353.7	552 731	54	0.5	113
湖北	566	104.1	255 028	1	33.3	483
湖南	29	12.5	32 988	1	60.0	11 746
广东	8	2.1	1 400			1 885
广西	594	172.1	18 799			31 846
海南	31	4.2				30
四川						2 416
贵州	72	7.6	6 750			2 126
云南	27	454.7	9 856			4 866
西藏						
陕西	721	102.5	161 792			1 388
甘肃	2 832	447.5	765 570	3	1.3	99
青海	969	10.9	387 600			63
宁夏	1 720	200.1	572 416	1		
新疆	1 245	121.6	159 212	4	2.9	25

（续）

地区	微型水力发电			畜力发电			
	装机容量（千瓦）	发电量（万千瓦时）	供应户数（户）	数量（台）	装机容量（瓦）	发电量（千瓦时）	供应户数（户）
全　国	**176 178.8**	**16 349.85**	**379 862**	**374**	**72 405**	**172 449**	**4 095**
北　京	4 329.0	0.95	1 905				
天　津							
河　北	70.3		265	9	1 200	292	20
山　西	701.1	1.10	20	193	39 420	70 730	3 162
内蒙古	1.2	0.06	12	39	7 800	6 200	151
辽　宁	226.5	0.14					
吉　林	14 247.0	10.40	10 695				
黑龙江	21 405.0			2	200		
上　海							
江　苏							
浙　江	4 280.2	62.23	2 708				
安　徽	157.3	37.92	2 311				
福　建	581.9	148.69					
江　西	10 079.2	906.00	25 243				
山　东	4 552.5	7.83	20 150	10	1 760	13 285	168
河　南	425.1	24.32	5 504	5	1 050	53 200	118
湖　北	1 462.3	323.00	9 323				
湖　南	18 765.3	2 767.00	108 266				
广　东	8 011.8	5 336.00	28 361				
广　西	62 840.4	5 331.00					
海　南	201.8						
四　川	4 075.0	35.56	55 844				
贵　州	4 446.8	406.00	51 040	6	1 600	3 930	45
云　南	7 241.2	886.00	28 371				
西　藏							
陕　西	6 974.0	20.13	25 067	6	1 100	920	8
甘　肃	964.0	40.65	4 650	13	2 600	4 500	
青　海	40.8	4.87	127	83	14 000	17 640	358
宁　夏				4	875	1 752	65
新　疆	99.1			4	800		

（续）

地　区	太　阳　灶（台）	太　阳　房（万平方米）	太阳能热水器（万平方米）	太阳能干燥器（平方米）	太阳能电池（峰瓦）	太阳能温室（万平方米）
全　国	**145 347**	**256.79**	**290.91**	**12 090**	**267 345**	**21 460.74**
北　京	863	9.76	23.85		25 000	60.27
天　津	104	3.88	10.22			814.05
河　北	23 543	30.15	97.61	1 947	1 651	7 244.39
山　西	54	0.13	1.30			10.87
内蒙古	4 075	5.77	0.87		120 000	551.4
辽　宁	902	97.60	10.54	60	4 949	2 645.97
吉　林	619	45.68	0.89			658.08
黑龙江	553	32.33	1.52	50	4 197	393.94
上　海			0.73			
江　苏	319	1.11	11.33	80	500	179.24
浙　江	47	0.04	2.80	4 480	2 200	0.17
安　徽	257	0.03	5.88	305	2 481	8.87
福　建	5		0.17	140	310	54
江　西	2		0.06			0.39
山　东	1 898	8.16	75.80		1 936	2 862.77
河　南	215	0.83	13.64	1 162	2 062	3 624.21
湖　北	20	0.15	1.41	245		25.49
湖　南	4	0.20	0.47		1 450	0.33
广　东	17		0.30	3 018		0.29
广　西	12	0.04	0.62	60		0.25
海　南	502				20 100	
四　川	1 080	0.39	8.93	220	2 693	1.11
贵　州	8					
云　南	691		9.06		2 820	0.44
西　藏						
陕　西	186	3.22	3.00		3 062	1 224.41
甘　肃	80 398	9.39	2.60	323	5 074	3.09
青　海	25 563	6.89	1.91		30 751	23.35
宁　夏	2 335	0.84	2.20		1 149	668.9
新　疆	1 075	0.20	3.20		34 960	404.46

(续)

地区	太阳能暖圈（万平方米）	地膜覆盖面积（公顷）	塑料大棚面积（公顷）	地热利用		
				点数（个）	种植面积（公顷）	养殖面积（公顷）
全国	**1 955.86**	**3 662 286**	**354 995**	**1 108**	**2 225.9**	**1 102.6**
北京	5.36	10 265	658	8	52.8	62.0
天津	6.98	24 204	3 745	14	30.2	64.5
河北	227.01	60 380	16 227	106	57.7	63.0
山西	20.53	90 590	9 800	9	62.4	10.0
内蒙古	60.64	54 523	1 852			
辽宁	835.69	41 923	25 856	27	30.6	19.3
吉林	261.22	156 979	30 608			
黑龙江	158.66	196 406	65 857			
上海		680	171			
江苏	40.79	60 377	8 989	45		24.6
浙江	0.20	47 145	5 194			
安徽	2.40	154 068	37 894	63	3.2	6.9
福建				126	7.7	110.1
江西	0.29	39 752	1 623	65	70.3	80.5
山东	204.47	1 224 372	81 770	53	406.2	31.8
河南	2.45	98 737	21 312	39	44.3	8.6
湖北	0.03	181 475	12 101	51	106.6	449.4
湖南	0.02	128 993	2 335	41	15.2	12.9
广东		9 126	13	28	21.1	38.0
广西		44 726	12	222	368.9	2.1
海南						
四川		54 959	2 872	8	40.0	1.8
贵州		45 533		15	80.3	4.5
云南		116 374	3 500	120	236.0	16.4
西藏						
陕西	11.28	110 989	12 729	64	592.3	96.1
甘肃	89.65	233 426	3 136			
青海	21.76	170	186	4	0.1	0.1
宁夏	0.08	55 155	480			
新疆	6.35	420 959	6 075			

1994年各地区农村节能炒茶灶、烤烟房、砖瓦窑设备情况

地　区	节能炒茶灶			节能烤烟房	
	个数（万个）	茶叶加工量（吨）	节能（吨标煤）	个数（万座）	烟叶加工量（吨）
全　国	**27.94**	**241 868**	**136 171**	**208.11**	**1 113 828**
北　京					
天　津					
河　北				0.55	
山　西					
内蒙古				0.08	1 164
辽　宁				0.93	1 838
吉　林				3.80	15 887
黑龙江				5.59	74 334
上　海					
江　苏	0.06	612	659		
浙　江	6.02	71 571	56 745	0.30	
安　徽	0.94	16 870	13 556	2.15	16 816
福　建	2.26	56 539	22 092	10.95	32 483
江　西	0.24	2 456	918	3.48	15 677
山　东	0.06	790	740	16.56	139 126
河　南	4.18	780	386	11.41	189 090
湖　北	1.04	11 886	7 175	10.88	42 417
湖　南	0.93	16 548	5 072	18.52	128 261
广　东	2.34	16 208	16 243	10.83	22 686
广　西	0.19	4 018	3 415	11.07	27 803
海　南				0.01	
四　川	0.20	7 283	1 775	9.38	18 481
贵　州	7.68	7 500	5 000	21.32	145 400
云　南	0.20	28 486	2 132	49.93	216 776
西　藏					
陕　西	1.60	321	263	14.34	14 189
甘　肃				6.03	11 400
青　海					
宁　夏					
新　疆					

(续)

地区	节能烤烟房	节能砖瓦窑		
	节能（吨标煤）	个数（座）	生产砖瓦（万块）	节能（万吨标煤）
全国	**491 866**	**81 227**	**12 497 173**	**319.34**
北京				
天津				
河北		1 209	598 997	12.00
山西		370	112 000	2.70
内蒙古	911	39	25 200	1.26
辽宁	770	503	54 075	1.11
吉林	17 015	841	1 413 759	28.28
黑龙江	31 545	595	347 583	5.46
上海				
江苏		788	737 360	14.44
浙江		2 322	240 685	10.56
安徽	8 415	1 403	530 218	8.07
福建	18 225	4 340	72 591	2.07
江西	10 706	5 510	703 845	45.34
山东	87 335	6 942	1 714 657	48.83
河南	27 935	5 745	915 322	13.79
湖北	42 157	2 499	728 317	29.15
湖南	31 869	2 655	388 036	19.40
广东	28 747	7 857	1 348 138	19.72
广西	17 739	12 249	1 101 166	22.02
海南		202		
四川	10 137	8 996	216 997	21.69
贵州	15 254	2 522	44 363	1.46
云南	131 701	5 277	121 355	2.58
西藏				
陕西	5 605	6 985	1 073 856	8.74
甘肃	5 800	1 378	8 653	0.67
青海				
宁夏				
新疆				

1994年各地区农村能源生产企业情况

地区	企业数（个）				职工人数（人）			
	合计	国有	集体	其他	合计	管理人员	技术人员	工人
全国	**1 914**	**291**	**1 057**	**566**	**39 773**	**8 493**	**5 203**	**26 077**
北京	53	10	34	9	932	149	283	500
天津	5	3	2		277	22	38	217
河北	207	27	70	110	3 430	507	491	2 432
山西	84	6	53	25	874	129	168	577
内蒙古	1	1			12	2	8	2
辽宁	17	7	10		931	58	71	802
吉林	6		6		151	19	18	114
黑龙江	48	14	26	8	2 579	288	238	2 053
上海	4		4		42	9	13	20
江苏	108	5	72	31	3 864	410	236	3 218
浙江	124	5	36	83	1 435	195	265	975
安徽	62	10	46	6	1 184	195	234	755
福建	24		20	4	255	53	73	129
江西	20	9	11		542	86	93	363
山东	91	33	50	8	1 800	281	292	1 227
河南	64	18	35	11	1 103	215	177	711
湖北	108	49	49	10	2 283	392	388	1 503
湖南	184	23	45	116	2 363	266	355	1 742
广东	110	5	80	25	1 126	406	327	393
广西	134	24	84	26	7 167	3 771	569	2 827
海南								
四川	67	5	60	2	1 347	155	249	943
贵州	310	17	211	82	4 263	668	383	3 212
云南	4		1	3	64	12	11	41
西藏								
陕西	22	3	14	5	545	54	88	403
甘肃	36	10	24	2	293	63	66	164
青海	8	2	6		718	54	38	626
宁夏	9	1	8		90	13	9	68
新疆	4	4			103	21	22	60

（续）

地区	固定资产（万元）		流动资金（万元）		产值（万元）	利润（万元）
	合计	其中：自有	合计	其中：自有		
全国	**47 897.25**	**26 142.84**	**24 554.28**	**10 310.10**	**97 832.61**	**7 436.56**
北京	1 014.90	849.90	751.00	461.00	1 556.00	167.10
天津	594.00	389.50	909.00	52.00	1 253.80	100.57
河北	7 957.70	6 311.50	5 146.59	2 063.10	10 810.40	796.17
山西	1 220.00		655.00		2 910.00	312.00
内蒙古	2.80	2.80	2.00	2.00	8.00	1.50
辽宁	629.00		452.00		1 289.40	97.30
吉林	139.00	58.00	19.00	43.50	130.15	18.66
黑龙江	2 500.00	1 571.00	1 468.60	522.50	4 980.90	492.06
上海	75.00	75.00	22.00	22.00	445.00	10.30
江苏	5 081.10	3 668.60	2 338.80	1 529.00	24 261.87	793.81
浙江	1 904.70	765.70	899.80	478.80	2 897.90	276.89
安徽	2 021.44	994.62	1 055.26	353.30	5 025.40	341.45
福建	470.00		175.00		2 026.00	152.00
江西	504.44	261.44	268.73	122.25	598.93	52.35
山东	1 924.08	1 146.10	1 614.00	768.50	6 208.15	471.59
河南	979.40	567.90	621.70	251.50	1 699.60	187.25
湖北	2 579.04	1 685.74	1 504.40	567.80	5 748.30	331.28
湖南	3 819.58	2 165.08	1 280.20	654.50	5 457.51	393.52
广东	963.50	342.50	401.00	128.00	2 934.30	572.80
广西	5 090.56	4 132.56	2 454.95	1 673.65	6 331.65	397.79
海南						
四川	2 483.51	295.66	1 028.55	49.30	3 186.70	419.14
贵州	4 520.50		676.00		5 511.49	751.00
云南		50.60		21.10	608.60	33.00
西藏						
陕西	439.50	294.50	412.60	378.60	1 339.10	215.59
甘肃	323.60	148.54	195.60	28.20	260.96	7.44
青海	510.00	298.00	140.00	103.00	236.00	23.00
宁夏	67.30		11.00		60.10	5.40
新疆	82.60	67.60	51.50	36.50	56.40	15.60

1994年各地区农村能源服务公司（站）情况

地区	服务公司（站、个）								人员（人）			
	合计	省级	地县级	乡级	所有制形式				合计	省级	地县级	乡级
					合计	国有	集体	其他				
全　国	**2 810**	**16**	**1 198**	**1 596**	**2 794**	**578**	**1 692**	**524**	**24 713**	**219**	**17 316**	**7 178**
北　京	64		14	50	64	11	49	4	703	38	228	437
天　津	26	1	14	11	26	13	11	2	767	7	564	196
河　北	133		67	66	133	47	77	9	1 058		690	368
山　西	27	3	9	15	27	1	9	17	67	15	47	5
内蒙古	14		11	3	14	10	2	2	63		55	8
辽　宁	62		30	32	62	10	29	23	549		445	104
吉　林	9		9		9	6	3		53		53	
黑龙江	109		14	95	109	7	90	12	593		81	512
上　海	4		1	3	4		4		273		250	23
江　苏	311		99	212	311	24	254	33	5 621		4 113	1 508
浙　江	105	1	79	25	105	19	82	4	1 230	38	1 072	120
安　徽	166		96	70	166	20	145	1	1 462		1 238	224
福　建	73	1	39	33	73	15	49	9	1 051	2	624	425
江　西	88		42	46	88	40	40	8	435		271	164
山　东	91	1	69	21	91	42	49		828	2	655	171
河　南	82	1	65	16	82	41	34	7	903	68	744	91
湖　北	272		126	146	272	86	152	34	2 463		1 728	735
湖　南	269		97	172	247	37	94	116	1 590		882	708
广　东	364		32	332	364	36	143	185	915		168	747
广　西	92	1	44	47	92	26	43	23	371	16	319	36
海　南												
四　川	309	1	140	168	309	26	253	30	3 050	6	2 554	490
贵　州	25	1	6	18	25	4	16	5	91	4	47	40
云　南	22	1	21		22	8	14		125	3	122	
西　藏												
陕　西	36		30	6	36	20	16		134		116	18
甘　肃	43	2	35	6	43	19	24		181	13	161	7
青　海	6	1	3	2	7	4	3		43	2	16	25
宁　夏	4	1	3		4	1	3		33	5	28	
新　疆	4		3	1	9	5	4		61		45	16

（续）

地区	固定资产（万元）		流动资金（万元）		营业额（万元）	利润（万元）
	合计	其中：自有	合计	其中：自有		
全国	**32 496.13**	**20 342.33**	**26 034.49**	**9 573.99**	**132 704.34**	**6 438.10**
北京	904.10	828.60	577.20	336.70	1 510.00	154.90
天津	1 071.04	1 071.04	5 175.50	531.50	8 801.10	422.81
河北	910.05	594.05	890.65	526.95	2 792.37	176.83
山西	571.00	121.00	565.00	200.00	1 158.00	177.40
内蒙古	143.50	143.50	43.20	22.20	143.70	11.33
辽宁	998.98		468.85		1 411.80	122.04
吉林	94.40	94.40	30.50	18.50	117.80	7.30
黑龙江	86.30	47.20	51.50	18.00	299.50	11.25
上海	114.00	114.00	64.00	64.00	880.00	18.50
江苏	5 074.62	4 585.19	3 498.52	2 631.72	29 921.59	1 449.32
浙江	3 303.20	1 023.20	3 133.80	1 050.10	38 419.28	1 356.47
安徽	2 132.02	1 592.92	1 317.50	671.60	6 295.55	367.34
福建	342.83		791.86		1 759.94	31.67
江西	333.43	270.06	214.72	112.00	1 113.27	38.75
山东	871.43	570.30	774.00	298.10	2 049.40	179.81
河南	2 116.69	1 850.89	643.90	270.90	2 018.70	129.20
湖北	3 858.00	2 403.50	3 344.20	761.20	11 516.87	347.03
湖南	3 577.73	2 203.63	1 451.33	566.13	9 042.29	385.49
广东	732.70	447.50	703.20	261.60	770.46	122.20
广西	489.36	331.26	309.17	188.32	660.47	51.45
海南						
四川	3 963.95	1 353.45	2 368.89	741.17	6 786.14	649.16
贵州	42.92		40.10		39.30	7.08
云南		335.20		97.20	649.20	34.44
西藏						
陕西	118.00	74.50	146.85	81.75	276.63	44.49
甘肃	173.78	112.34	115.55	34.35	396.48	12.14
青海	356.00	143.00	222.00	71.00	3 700.00	108.30
宁夏	66.00		30.50		35.00	3.20
新疆	50.10	31.60	62.00	19.00	139.50	18.20

1995年各地区农村能源推广机构、人员情况

地 区	推广机构（个）					推广人员（人）				
							按地区分			
	合计	省级	地市级	县级	乡级	合计	省级	地市级	县级	乡级
全 国	**10 002**	**34**	**293**	**1 972**	**7 703**	**31 365**	**404**	**1 649**	**10 127**	**19 185**
北 京	103	1		10	92	650	7		260	383
天 津	96	1		12	83	394	14	15	145	220
河 北	286	1	12	141	132	928	20	117	549	242
山 西	137	1	9	44	83	316	6	44	104	162
内蒙古	59	1	5	24	29	303	8	45	208	42
辽 宁	596	2	13	63	518	1 030	23	41	212	754
吉 林	314	1	9	48	256	768	6	49	223	490
黑龙江	442	1	10	56	375	1 630	20	26	221	1 363
上 海	93	1		11	81	260	4		24	232
江 苏	789	1	11	78	699	1 907	18	47	513	1 329
浙 江	140	2	11	70	57	604	12	50	301	241
安 徽	252	1	17	76	158	881	20	88	412	361
福 建	173	2	9	48	114	469	9	28	169	263
江 西	755	1	11	91	652	2 103	6	37	416	1 644
山 东	423	2	17	125	279	1 516	12	94	819	591
河 南	233	1	17	110	105	1 117	32	207	564	314
湖 北	336	1	12	89	234	1 822	13	113	651	1 045
湖 南	381	1	14	110	256	1 264	14	79	482	689
广 东	945	1	12	82	850	2 290	14	31	395	1 850
广 西	517	1	14	94	408	1 700	32	55	668	945
海 南	90	1	2	12	75	405	7	11	60	327
四 川	1 014	2	21	172	819	2 394	29	160	1 021	1 184
贵 州	98	1	8	46	43	303	7	33	163	100
云 南	995	1	17	128	849	3 810	9	90	692	3 019
西 藏										
陕 西	526	1	10	84	431	1 791	6	64	389	1 332
甘 肃	99	1	14	79	5	397	32	66	276	23
青 海	50	1	7	22	20	133	3	20	70	40
宁 夏	9	1	1	7		69	11	4	54	
新 疆	51	1	10	40		111	10	35	66	

(续)

地　区	推广人员（人）			
	按文化程度分		按技术职称分	
	大专以上	高中	高级	中级
全　国	**5 141**	**14 968**	**399**	**3 556**
北　京	47	272	2	36
天　津	39	166	25	50
河　北	271	407	43	202
山　西	157	135	12	114
内蒙古	71	197	5	58
辽　宁	175	486	10	130
吉　林	299	312	9	141
黑龙江	308	1 140	18	225
上　海	26	174		33
江　苏	194	631	25	180
浙　江	142	232	11	89
安　徽	236	375	53	135
福　建	91	235	7	69
江　西	305	1 116	6	163
山　东	352	810	20	185
河　南	377	505	21	209
湖　北	253	815	36	242
湖　南	199	579	11	109
广　东	286	1 233	15	236
广　西	217	1 069	10	206
海　南	56	232	2	25
四　川	334	990	12	265
贵　州	50	179	3	36
云　南	261	1 381	9	124
西　藏				
陕　西	184	963	18	164
甘　肃	83	208	7	42
青　海	50	53	5	40
宁　夏	19	28	3	12
新　疆	59	45	1	36

1995 年各地区农村能源科研机构、人员、技术服务及培训情况

地区	科研机构（个）						工程技术服务队		技术培训
	机构（个）			人员（人）			队数	人数	（人次）
	合计	省级	地县级	合计	省级	地县级			
全国	**186**	**23**	**163**	**1 116**	**232**	**884**	**13 457**	**130 490**	**324 693**
北京							71	750	813
天津							178	1 277	4 005
河北	8	8		38	38		233	1 393	16 923
山西	3	3		13	13		28	301	1 678
内蒙古							10	74	3 174
辽宁	4	2	2	66	60	6	411	2 017	21 444
吉林							199	464	27 720
黑龙江							754	3 285	26 470
上海							8	38	94
江苏	2		2	8		8	439	2 713	6 345
浙江	15	1	14	74	12	62	66	654	1 860
安徽	13	1	12	63	15	48	289	1 919	9 586
福建							199	1 264	690
江西	4		4	25		25	319	5 257	13 186
山东	4		4	16		16	379	2 646	24 896
河南	3	3		24	24		165	1 609	27 028
湖北	12		12	113		113	466	3 643	20 227
湖南	1		1	13		13	900	9 252	4 912
广东	64		64	381		381	465	3 048	14 312
广西	23		23	40		40	3 932	38 996	26 003
海南	2		2	10		10	22	152	251
四川	10		10	77		77	1 766	14 019	15 827
贵州	10		10	58		58	77	1 455	4 765
云南							1 402	21 894	38 957
西藏									
陕西	1			7			533	11 486	8 639
甘肃	2		2	20		20	93	497	2 850
青海	3	2	1	64	57	7	23	59	300
宁夏							2	27	60
新疆	3	3		13	13		28	301	1 678

1995年各地区农村能源经费投入情况

单位：万元

地 区	合 计	省市补助	地县补助	区乡补助	用户自筹
全 国	**187 147.06**	**3 796.07**	**8 131.18**	**9 097.42**	**166 122.39**
北 京	4 358.36	95.00	68.84	540.00	3 654.52
天 津	3 009.18	10.75	46.10	5.00	2 947.33
河 北	18 871.11	144.40	120.43	207.53	18 398.75
山 西	9 832.50	28.50	31.00	550.00	9 223.00
内蒙古	293.95	54.90	25.90	0.90	212.25
辽 宁	13 511.90	392.30	712.00	401.70	12 005.90
吉 林	1 497.16	57.45	50.05	15.77	1 373.89
黑龙江	5 432.15	135.20	520.75	837.60	3 938.60
上 海	3 294.00	33.00	576.00	597.40	2 087.60
江 苏	7 119.14	51.00	620.30	295.91	6 151.93
浙 江	2 182.13	88.69	571.65	24.40	1 497.39
安 徽	15 033.16	119.50	211.12	212.45	14 490.09
福 建	4 770.90	60.60	102.30	355.50	4 252.50
江 西	9 746.39	51.20	415.91	425.12	8 854.16
山 东	8 904.98	109.00	267.34	2 593.75	5 934.89
河 南	3 777.30	100.00	343.67	146.20	3 187.43
湖 北	7 691.09	199.00	206.58	186.27	7 099.24
湖 南	8 529.72	122.59	299.20	288.55	7 819.38
广 东	10 526.15	87.65	221.60	315.30	9 901.60
广 西	30 567.95	593.62	256.44	341.26	29 376.63
海 南	189.50	139.50	50.00		
四 川	7 504.53	242.76	770.50	251.55	6 239.72
贵 州	32.70	20.60	9.30	2.80	
云 南	7 725.93	665.16	1 434.73	132.01	5 494.03
西 藏					
陕 西	1 991.98	10.70	70.47	369.95	1 540.86
甘 肃	135.00	135.00			
青 海	451.00	41.00	123.00		287.00
宁 夏	8.00	6.00	2.00		
新 疆	159.20	1.00	4.00	0.50	153.70

1995 年各地区农村能源使用情况

地区	使用总量标煤（万吨）	人均标煤（吨）	农村生活用能				
			小计标煤（万吨）	秸秆		薪材	
				实物（万吨）	标煤（万吨）	实物（万吨）	标煤（万吨）
全国	**64 742.96**	**0.67**	**38 165.49**	**30 330.56**	**15 092.38**	**17 559.69**	**10 013.44**
北京	541.64	0.73	236.53	182.96	91.48	16.85	9.62
天津	528.10	0.55	231.34	228.19	114.09	0.43	0.25
河北	4 110.64	0.72	2 462.50	1 674.81	837.40	606.13	346.10
山西	1 270.02	1.00	877.99	555.00	277.50	320.00	182.72
内蒙古	1 039.26	0.63	840.87	961.42	480.72	204.75	116.91
辽宁	1 875.95	0.73	1 105.21	949.69	474.84	223.53	127.63
吉林	2 058.12	0.68	995.53	1 080.85	540.43	405.04	231.29
黑龙江	2 948.50	1.24	2 125.00	2 990.00	1 495.00	565.68	323.00
上海							
江苏	4 696.21	0.80	2 407.04	3 739.64	1 869.83	296.61	169.35
浙江	3 554.83	0.80	1 498.18	680.58	340.31	885.17	505.43
安徽	3 529.23	0.74	2 117.27	2 272.88	1 136.44	1 058.60	604.46
福建	1 387.22	0.34	913.96	307.86	153.93	1 079.86	616.60
江西	1 601.60	0.58	1 178.49	612.65	306.34	891.66	509.15
山东	5 660.80	0.81	2 968.19	2 955.87	1 477.94	435.19	248.51
河南	5 085.43	0.48	2 596.08	1 859.51	929.75	556.62	317.83
湖北	4 428.36	0.66	3 222.53	2 013.73	1 006.88	1 024.96	585.24
湖南	3 909.12	0.76	2 255.37	1 366.78	683.39	1 601.71	914.58
广东	2 794.94	0.60	1 935.94	1 364.26	682.13	1 811.87	1 034.56
广西	2 387.34		1 216.87	928.29	464.12	952.33	543.78
海南							
四川	4 640.00		2 701.00	1 658.00	758.00	1 874.00	1 057.00
贵州	1 572.75	0.75	1 245.81	354.18	177.09	493.51	281.79
云南	1 720.47	0.53	1 340.71	349.90	174.95	1 653.20	943.98
西藏							
陕西	1 995.88	0.58	926.01	550.29	275.14	459.99	262.66
甘肃	1 273.90	0.34	643.00	625.00	313.00	142.00	81.00
青海							
宁夏	132.65	0.30	124.07	68.22	31.68		
新疆							

(续)

地区	农村生活用能					
	原煤		电力		煤油	
	实物（万吨）	标煤（万吨）	实物（万千瓦小时）	标煤（万吨）	实物（万吨）	标煤（万吨）
全国	**12 047.46**	**8 611.20**	**1 107.33**	**4 192.13**	**178.23**	**256.34**
北京	145.61	103.97	7.84	31.36	0.07	0.10
天津	143.43	102.41	4.39	14.56	0.02	0.03
河北	1 551.00	1 107.41	39.74	158.96	8.84	12.63
山西	398.00	284.17	33.40	133.60		
内蒙古	323.77	231.17	2.83	11.32	0.52	0.75
辽宁	325.72	232.58	61.89	247.56	15.81	22.60
吉林	288.76	206.19	14.33	17.62		
黑龙江	323.40	231.00	19.00	76.00		
上海						
江苏	299.93	214.15	29.94	119.76	23.76	33.95
浙江	263.25	187.96	112.93	451.72	8.90	12.76
安徽	340.59	243.18	29.35	117.40	11.05	15.79
福建	129.18	92.23	11.51	46.04	3.61	5.16
江西	410.97	293.43	15.84	63.31	4.38	6.26
山东	620.03	442.71	198.31	793.24	4.06	5.79
河南	1 705.13	1 217.46	27.49	109.96	14.75	21.08
湖北	572.74	408.94	301.80	1 207.20	9.98	14.27
湖南	839.52	599.42	12.38	49.21	6.14	8.77
广东	102.88	73.45	34.99	139.96	4.09	5.84
广西	152.96	109.21	71.44	87.87	8.09	11.89
海南						
四川	919.00	665.00	49.00	196.00	17.00	25
贵州	1 048.13	748.36	5.37	21.48	11.96	17.09
云南	268.50	191.71	5.47	22.00	5.65	8.07
西藏						
陕西	461.77	329.70	10.76	42.00	11.55	16.51
甘肃	302.00	216.00	4.25	21.00	8.00	12.00
青海						
宁夏	111.19	79.39	3.08	13.00		
新疆						

（续）

地区	农村生产用能						
	小计标煤（万吨）	原煤		焦炭		汽油	
		实物（万吨）	标煤（万吨）	实物（万吨）	标煤（万吨）	实物（万吨）	标煤（万吨）
全国	**26 577.47**	**21 155.50**	**15 404.35**	**1 356.97**	**1 280.54**	**1 096.63**	**1 612.91**
北京	305.11	231.03	164.96	18.81	17.74	16.96	24.95
天津	296.76	207.68	148.28	9.75	9.19	24.31	35.76
河北	1 648.14	1 393.36	994.86	42.03	39.63	92.91	136.67
山西	392.03	289.00	206.34	118.50	111.73	14.20	20.89
内蒙古	198.39	161.62	115.40	1.57	1.48	19.13	28.12
辽宁	770.74	760.79	543.19	100.70	94.97	36.58	53.80
吉林	1 062.59	666.22	475.68	65.03	61.33	83.14	122.28
黑龙江	823.50	854.00	610.00			50.97	75.00
上海							
江苏	2 289.17	1 932.79	1 380.02	84.62	79.79	66.77	98.22
浙江	2 056.65	1 506.30	1 075.50	39.14	36.91	76.70	112.82
安徽	1 411.96	1 187.88	848.15	56.91	53.67	56.04	82.43
福建	473.26	125.91	89.90	7.44	7.02	25.91	38.11
江西	423.11	393.56	281.01	7.21	6.80	22.01	32.39
山东	2 692.61	2 054.94	1 467.22	137.42	129.58	83.77	123.23
河南	2 489.35	2 162.57	1 544.07	195.22	184.09	69.14	101.70
湖北	1 205.83	985.28	703.50	63.26	59.65	51.79	76.18
湖南	1 653.75	1 646.27	1 175.44	157.43	148.46	63.50	93.41
广东	859.00	180.54	128.92	44.84	42.27	36.61	53.87
广西	1 170.47	770.14	549.88	25.44	24.71	51.23	75.31
海南							
四川	1 939.00	2 009.00	1 436.00	94.00	89.00	37.00	55.00
贵州	326.94	298.86	213.37			12.83	18.87
云南	379.76	177.25	126.56	11.10	10.47	9.10	13.38
西藏							
陕西	1 069.87	1 009.26	720.60	61.55	58.05	69.03	101.52
甘肃	630.90	145.00	403.00	15.00	14.00	27.00	39.00
青海							
宁夏	8.58	6.25	2.50				
新疆							

(续)

地 区	农村生产用能					
	柴 油		电 力		薪 材	
	实物（万吨）	标煤（万吨）	实物（万千瓦时）	标煤（万吨）	实物（万吨）	标煤（万吨）
全 国	**1 616.53**	**2 352.36**	**1 617.05**	**4 370.16**	**2 727.12**	**1 557.15**
北 京	11.02	16.06	19.87	79.48	3.36	1.92
天 津	18.87	27.49	19.01	76.04		
河 北	104.34	152.02	73.31	293.24	55.56	31.72
山 西	36.30	52.9	34.60		0.30	0.17
内蒙古	31.05	45.24	3.51		14.29	8.15
辽 宁	48.82	71.14	336.89	0.14	13.14	7.50
吉 林	92.24	134.39	33.01	40.60	399.86	228.31
黑龙江	65.88	96.00	10.63	42.50		
上 海						
江 苏	103.35	150.57	131.50	526.00	95.56	54.57
浙 江	130.60	190.28	144.13	576.52	113.17	64.62
安 徽	109.25	159.18	59.19	236.76	55.64	31.77
福 建	55.51	80.88	33.79	135.16	214.00	122.19
江 西	26.47	38.57	21.22	26.10	66.95	38.24
山 东	167.88	244.61	172.89	691.56	63.76	36.41
河 南	113.05	164.71	114.14	456.56	66.94	38.22
湖 北	88.60	129.10	17.50	70.00	293.11	167.40
湖 南	85.71	124.88	9.88	39.53	126.15	72.03
广 东	43.38	63.21	102.78	411.12	279.52	159.61
广 西	103.73	152.48	153.29	188.60	314.35	179.49
海 南						
四 川	61.00	85.00	47.00	189.00	149.00	85.00
贵 州	17.71	25.81	9.63	38.52	53.18	30.37
云 南	14.09	20.45	11.95	48.00	281.80	160.90
西 藏						
陕 西	46.01	67.04	26.90	90.00	57.18	32.66
甘 肃	38.00	55.00	28.60	114.00	10.30	5.90
青 海						
宁 夏	3.67	5.35	1.83	0.73		
新 疆						

1995年各地区农村户用沼气池

地　区	实有数（万户）	其中：利用数（万户）	户　均产气量（立方米）	总产气量（万立方米）	维　修病池数（个）
全　国	**569.64**	**517.45**	**284.7**	**147 329.83**	**105 716**
北　京	4.88	4.43	22.8	100.92	2 704
天　津	0.79	0.57	324.0	153.90	779
河　北	12.51	11.59	271.0	2 806.44	1 227
山　西	0.38	0.25	116.0	29.00	147
内蒙古	1.80	1.12	139.9	156.64	1 745
辽　宁	11.65	9.41	336.2	2 440.73	2 666
吉　林	1.46	1.45	159.4	231.09	241
黑龙江	0.21	0.15	139.1	20.87	135
上　海	3.50	2.30	275.0	632.42	526
江　苏	50.95	40.33	245.1	9 885.42	14 161
浙　江	17.05	11.51	224.8	2 766.74	578
安　徽	9.92	8.53	379.7	2 364.52	4 477
福　建	7.42	7.42	348.0	2 581.88	930
江　西	19.49	17.76	350.4	5 817.21	13 499
山　东	32.82	24.81	455.0	6 795.16	11 606
河　南	6.00	5.36	247.8	1 328.06	3 043
湖　北	61.03	52.01	279.5	14 536.57	17 164
湖　南	37.77	36.71	435.7	15 995.76	3 636
广　东	14.81	14.76	399.4	5 535.97	1 667
广　西	25.11	26.62	348.7	9 283.44	3 298
海　南	0.82				
四　川	217.43	212.00	302.8	53 099.75	18 268
贵　州	2.10	2.06	200.0	400.57	18
云　南	13.78	13.11	511.5	6 705.25	1 925
西　藏					
陕　西	11.62	10.16	362.3	2 837.65	1 207
甘　肃	4.28	3.00	258.0	820.50	
青　海	0.02	0.02	86.0	1.72	10
宁　夏	0.01	0.01	165.0	1.65	40
新　疆	0.03				19

1995年各地区沼气动力站、发电站、集中供气站、城镇净化沼气池情况

地区	沼气动力站					沼气发电站	
	沼气池		站数（处）	总功率（千瓦）	总产气量（万立方米）	沼气池	
	池数（个）	池容量（立方米）				池数（个）	池容量（立方米）
全国	**185**	**6 452**	**137**	**2 623.5**	**326.27**	**246**	**24 041**
北京							
天津	8	3 600	1	2 182.6	300.00		
河北						1	200
山西						2	60
内蒙古						3	75
辽宁						4	386
吉林	80	280	80	206.0	5.54	3	1 260
黑龙江							
上海							
江苏	11	183	4	27.8	0.30	98	3 559
浙江						3	600
安徽						2	210
福建	3	400	3	2.0	2.80	11	2 700
江西							
山东						76	8 072
河南							
湖北	17	359	4	146.0	4.72	6	152
湖南	13	182	13	7.1	0.82	22	4 372
广东	3	812	1	0.1	9.00	4	1 140
广西	4	30	3		0.09		
海南							
四川	43	580	27	69.3	3.00	8	1 159
贵州							
云南	3	26	1	8.8		1	6
西藏							
陕西							
甘肃						2	90
青海							
宁夏							
新疆							

（续）

地区	沼气发电站				集中供气站		
					沼气池		站数（处）
	站数（处）	装机容量（千瓦）	总产气量（万立方米）	发电量（万千瓦时）	池数（个）	池容量（立方米）	
全国	**79**	**2 560.70**	**569.90**	**300**	**1 459**	**217 403**	**540**
北京					10	2 614	8
天津					1	300	1
河北	1	10.00			8	10 700	6
山西	1	5.00	0.20		10	320	3
内蒙古	1	3.50	0.11				
辽宁	4	730.00			10	3 400	8
吉林	1	160.00	132.00	95	5	1 530	3
黑龙江							
上海					550	43 960	66
江苏	19	166.00	9.98	6	254	18 619	87
浙江	3	55.00	1.60	4	55	14 630	30
安徽	2	8.50			33	11 585	38
福建	5	143.00	75.60	57	38	1 150	8
江西					54	8 190	18
山东	19	865.00	228.76	37	27	14 644	11
河南					9	12 017	6
湖北	2	6.00	1.26	2	163	16 054	125
湖南	12	248.00	45.97	63	168	20 311	87
广东	4	145.00	21.26	12	26	2 280	4
广西					1	150	1
海南							
四川	3	13.00	51.00	23	18	12 815	18
贵州							
云南	1	0.70	0.16		5	264	5
西藏							
陕西					13	21 830	6
甘肃	1	2.00	2.00	1	1	40	1
青海							
宁夏							
新疆							

（续）

地区	集中供气站			净化沼气池			
	供气户数（户）	供气量（万立方米）	户均供气量（立方米）	池数（个）	池容量（万立方米）	总产气量（万立方米）	供气户数（户）
全国	**84 041**	**4 210.72**	**501**	**35 756**	**138.66**	**1 760.86**	**22 248**
北京	699	22.51	322	3	0.02		4
天津	154	9.24	600				
河北	2 694	185.37		16	0.08	0.45	18
山西	90	1.90	767				
内蒙古							
辽宁	165	11.62	611				
吉林	306	39.00	1 270				
黑龙江							
上海	22 425	1 121.25	500	3	0.03	0.70	1
江苏	4 677	253.88	543	3 238	8.42	66.70	1 262
浙江	5 531	308.45	558	4 256	9.58	108.14	1 205
安徽	9 743	664.97	683	138	0.68	12.89	381
福建	115	8.73	759	1 883	1.80	53.97	1 883
江西	2 319	78.22	375	498	1.17	46.24	670
山东	1 992	214.1	437	9	1.47	188.03	400
河南	11 845	391.94	331	47	0.12	9.36	295
湖北	4 836	101.09	209	71	0.31	4.18	2 990
湖南	8 382	381.91	456	364	1.22	19.45	525
广东	133	15.91		554	0.43	79.68	490
广西	30	1.65	550	331	0.24	13.14	369
海南				186	1.28	187.35	
四川	3 720	202.42	561	24 045	111.36	956.39	11 682
贵州				68	0.14	6.38	6
云南	51	2.86	110	39	0.28	6.31	51
西藏							
陕西	4 130	193.50	489	2	0.01		
甘肃	4	0.20	500	5	0.02	1.50	16
青海							
宁夏							
新疆							

1995年各地区沼气综合利用情况

地区	沼气贮粮			沼液浸种		沼液养猪	
	处数(个)	贮粮数量(吨)	减少粮食损失(吨)	播种面积(公顷)	增产粮食(吨)	头数(头)	节约饲料(吨)
全国	**27 849**	**65 860**	**647**	**730 325**	**283 003**	**2 254 830**	**90 613**
北京				2 331	350	21 192	454
天津						438	39
河北	8	4		142	111	40 970	415
山西						1 300	600
内蒙古				25	9	1 805	105
辽宁				5 574	6 431	42 067	5 110
吉林	82	210	7	157	36	3 685	169
黑龙江							
上海							
江苏	13 930	623	17	9 039	3 399	276 224	4 734
浙江				99	107	1 396	22
安徽	25	70	1	5 854	4 591	81 359	1 870
福建				3 291	1 887	11 407	616
江西	16	216	19	90 346	32 721	206 381	11 164
山东	567	379	13	167 938	102 559	78 201	5 380
河南	277	149	3	4 559	2 334	27 413	2 674
湖北	3 514	8 748	198	94 692	54 117	248 502	13 271
湖南	32	31 260	22	82 311	1 763	431 591	1 907
广东	11	23	2	16 897	3 105	200 190	20 509
广西	40	40		7 315	2 534	255 817	6 356
海南							
四川	9 323	24 063	361	223 774	60 419	222 866	8 303
贵州				5 721	1 716	1 287	52
云南	2	35	2	631	355	3 254	167
西藏							
陕西	22	40	2	9 519	4 403	87 285	6 628
甘肃				110	56	10 200	68
青海							
宁夏							
新疆							

（续）

地　区	沼液养鱼		沼渣种菇		生产商品有机肥料	生产商品有机饲料
	面积（公顷）	增加产量（吨）	面积（平方米）	产量（吨）	（吨）	（吨）
全　国	**31 106.0**	**7 752**	**1 861 954**	**11 489**	**168 810**	**1 690**
北　京	101.5	91			2 085	3
天　津	12.0	9				
河　北	6.0	2	165	3		
山　西						
内蒙古						
辽　宁	25.2	17	12 000	120		
吉　林	45.8	12	326	4	11 516	
黑龙江						
上　海	10.5	9				
江　苏	2 228.6	417	316 619	1 757	21 276	51
浙　江	22.8	10	3 200	1		
安　徽	601.3	184	6 499	65	5 070	
福　建	178.8	88	161 061	858	7	
江　西	2 290.4	524	3 020	28	75 342	110
山　东	656.1	217	46 098	2 207	4 300	260
河　南	110.1	86	2 820	58	4 832	200
湖　北	5 254.9	1 987	86 740	691	159	135
湖　南	7 379.4	519	152 749	924	13 363	581
广　东	1 495.8	1 711	25 923	144	7 538	350
广　西	5 117.0	623	305 196	914		
海　南						
四　川	5 487.4	1 174	735 296	3 703		
贵　州	3.4					
云　南	20.6	30	67	1	23 308	
西　藏						
陕　西	57.4	41	4 175	11	14	
甘　肃	1.0	1				
青　海						
宁　夏						
新　疆						

1995年各地区农村优质生活燃料使用情况

地区	合计（万户）	电炊（万户）	液化石油气（万户）	天然气（户）	煤气（万户）	新型燃料（户）
全国	**4 271.51**	**1 986.78**	**2 035.48**	**642 530**	**173.84**	**111 630**
北京	61.12	5.69	51.30	13 990	2.62	1 060
天津	37.61	0.77	29.70	35 800	3.56	
河北	178.06	41.19	121.54	2 039	14.69	4 400
山西	52.57	27.64	22.42		1.81	7 000
内蒙古	42.77	31.48	11.10		0.19	
辽宁	250.41	125.01	122.23	23 725	0.80	
吉林	212.32	145.83	62.92	12 070	1.63	7 362
黑龙江	106.07	54.82	51.03	17	0.21	80
上海	74.81		63.31	86	11.49	
江苏	420.43	190.78	220.17	11 528	7.79	5 414
浙江	637.79	319.65	305.04	1 296	12.96	100
安徽	177.77	119.82	54.24	163	3.59	990
福建	89.62	62.09	27.49		0.04	
江西	83.32	49.33	30.28		3.46	2 470
山东	405.39	47.43	313.89	47 817	39.17	1 226
河南	95.77	28.26	55.05	5 495	11.08	8 260
湖北	276.86	146.36	122.27	2 517	3.77	42 076
湖南	90.47	35.19	51.14	3 346	1.72	20 890
广东	280.17	114.76	159.90	5 129	5.00	
广西	194.35	117.60	75.69		0.68	3 771
海南						
四川	310.40	203.00	15.00	477 512	44.00	6 531
贵州	21.23	18.71	2.52			
云南	93.42	76.39	16.32		0.71	
西藏						
陕西	55.77	17.20	35.70		2.87	
甘肃	3.71	2.83	0.88			
青海	11.00	2.86	8.14			
宁夏	0.10		0.10			
新疆	8.20	2.09	6.11			

1995年各地区省柴节煤炉灶、省柴节煤炕、型煤加工情况

地区	省柴节煤炉灶(万户)			省柴节煤炕(万铺)	型煤加工	
	总数	其中			煤矸石加工成型煤(万吨)	原煤加工成型煤(万吨)
		商品灶	型煤炉			
全　国	**17 244.31**	**3 385.64**	**2 374.65**	**1 618.29**	**145.10**	**3 874.05**
北　京	78.37	−0.21	31.15	9.24	30.00	41.50
天　津	43.41	0.12	16.94	0.34		66.62
河　北	929.60	184.37	246.26	75.99	19.26	570.50
山　西	131.60	39.61	38.51	34.37		197.14
内蒙古	188.00	3.94	1.07	26.19		
辽　宁	521.60	6.87	1.03	223.72		
吉　林	308.10	14.85	5.23	269.18		
黑龙江	162.10	74.15	7.15	209.32		23.80
上　海	101.70					
江　苏	1 255.00	29.36	143.46			256.20
浙　江	869.30	35.95	107.28	115.46		115.49
安　徽	1 203.00	26.79	151.70		24.45	90.65
福　建	318.20	170.34	95.42			0.60
江　西	574.50	69.63	72.20			96.25
山　东	1 717.00	237.32	187.55	431.95	6.28	562.95
河　南	1 349.00	174.56	94.65	0.39	28.90	881.15
湖　北	1 053.00	72.49	206.36		29.00	180.47
湖　南	1 363.00	367.51	453.93		6.20	372.14
广　东	641.90	215.33	176.14	6.20		31.40
广　西	759.40	207.33	60.42			74.33
海　南	77.37	21.64	4.19			
四　川	1 668.00	1 081.53	184.10		1.00	177.86
贵　州	244.50	47.01	15.34			8.70
云　南	644.20	239.86	23.14			26.98
西　藏						
陕　西	552.00	18.85	39.88	123.74	0.01	92.51
甘　肃	293.00	13.40	3.78	79.44		4.00
青　海	24.70	17.15	7.55	0.28		0.30
宁　夏	35.76			10.09		
新　疆	137.00	15.89	0.22	2.39		2.51

1995年各地区农村风能利用、微型水力和畜力发电、太阳能及农村地热利用情况

地区	风力发电机 数量（台）	风力发电机 装机容量（千瓦）	风力发电机 发电量（千瓦时）	风力提水机 数量（台）	风力提水机 灌溉面积（公顷）
全国	**139 351**	**18 729.9**	**38 274 834**	**1 129**	**1 526.0**
北京					
天津	117	17.6	19 890	79	813.2
河北	2 146	228.5	496 104	890	332.5
山西	24	3.0			
内蒙古	120 507	13 061.0	31 346 400		
辽宁	196	25.2	36 472		
吉林	518	52.2	115 500		
黑龙江	363	262.7			
上海					
江苏	428	75.7	68 664	76	80.4
浙江	86	2 515.4	3 530 223	2	2.0
安徽	873	84.0	120 440	2	2.0
福建	283	81.7		16	4.8
江西	11	2.2	1	2	
山东	1 737	453.3	567 626	12	125.7
河南	3 165	324.0	537 233	42	29.2
湖北	554	56.1	72 205	1	33.3
湖南	29	12.5	33 123	1	100.3
广东	9	2.3	4 320		
广西	493	100.7	170 529		
海南	31	4.2			
四川					
贵州	72	7.6	6 750		
云南	27	5.4	10 096		
西藏					
陕西	701	100.5	177 943		
甘肃	2 832	447.0		3	1.3
青海	1 075	475.1	388 900	3	1.3
宁夏	1 720	200.1	572 416		
新疆	1 354	132.0			

（续）

地区	微型水力发电				畜力发电			
	数量（台）	装机容量（千瓦）	发电量（万千瓦时）	供应户数（户）	数量（台）	装机容量（瓦）	发电量（千瓦时）	供应户数（户）
全国	**76 535**	**191 985.3**	**20 635.04**	**666 429**	**286**	**57 605**	**79 779**	**4 806**
北京	24	16 329.0	0.95	1 905				
天津								
河北	99	70.3		265	9	1 200	292	20
山西	6	701.1	1.10		195	39 820	42 710	4 147
内蒙古	2	1.2		12	39	7 800	6 200	151
辽宁	11	100.8	0.07					
吉林	13	14 247.0	10.40	10 695				
黑龙江								
上海								
江苏								
浙江	615	4 343.7	73.00	1 781				
安徽	326	987.8	52.15	1 343				
福建	315	581.9	148.00	2 520				
江西	10 799	14 045.5	1 204.00	32 021				
山东	53	3 552.5	161.00	18 000	10	1 760	13 285	174
河南	83	276.5	18.00	4 661	5	1 050	5 320	118
湖北	604	2 052.2	365.00	8 817				
湖南	12 482	19 471.8	3 960.00	103 058				
广东	1949	13 604.4	5 763.83	178 562				
广西	34 503	71 763.6	6 088.00	108 493				
海南								
四川	2 448	4 150.2	37.04	53 282				
贵州	2 809	6 216.0	716.00	66 842	6	1 600	3 930	45
云南	7 331	10 053.7	1 648.00	49 608				
西藏								
陕西	1 887	8 267.8	22.00	24 186	5	900	1 790	86
甘肃	107	1 124.0	347.00		13	2 600	4 500	
青海	69	44.4	19.50	378				
宁夏					4	875	1 752	65
新疆								

（续）

地区	太阳灶（台）	太阳房（万平方米）	太阳能热水器（万平方米）	太阳能干燥器（平方米）	太阳能电池（峰瓦）	太阳能温室（万平方米）
全国	**142 034**	**334.36**	**448.94**	**12 399**	**264 733**	**34 225.17**
北京	613	12.74	27.05			1 042.07
天津	106	4.20	11.75			816.12
河北	23 932	39.54	124.59	1 946	1 651	10 960.94
山西	54	0.13	3.40			20.61
内蒙古	4 438	5.98	0.94		100 000	555.4
辽宁	958	128.19	13.59	60	5 249	2 647.95
吉林	612	55.21	1.02			721.31
黑龙江	541	44.61	1.69		13 505	613.42
上海			0.84			
江苏	243	1.16	17.59	80	500	179.45
浙江	50	0.05	4.03	4 480	12 300	0.2
安徽	257	0.03	9.33	305	2 481	8.87
福建	5		0.23	140	210	54
江西		0.03	0.19			11.48
山东	1 806	13.02	96.57		1 736	5 262.89
河南	205	0.87	17.64	662	1 267	6 340.55
湖北	49	0.15	1.81	805		24.84
湖南	102	0.20	0.58		1 450	1.04
广东	17		0.34	3 018		0.3
广西	12	0.04	0.84	60		0.25
海南	375		71.00		21 300	
四川	1 138		10.33	220	3 246	1.57
贵州	8					
云南	703		14.21	300	6 064	0.44
西藏						
陕西	185	6.36	4.38		3 000	3 129.41
甘肃	75 900	9.00	2.60	323	4 884	3.09
青海	26 063	9.09	3.49		45 451	24.32
宁夏	2 385	0.86	3.20		1 149	1 300.18
新疆	1 277	2.90	5.71		39 290	504.47

(续)

地　区	太阳能暖圈(万平方米)	地膜覆盖面积(公顷)	塑料大棚面积(公顷)	地热利用 点　数(个)	地热利用 种植面积(公顷)	地热利用 养殖面积(公顷)
全　国	**2 697.02**	**5 914 640**	**359 731**	**1 267**	**2 787.6**	**1 232.0**
北　京	17.00	19 159	10 097	8	52.8	62.0
天　津	6.98	21 741	2 731	15	30.2	64.8
河　北	352.96	134 161	26 454	136	127.0	77.0
山　西	39.17	140 010	17 730	9	62.4	10.0
内蒙古	84.29	82 999	1 852			
辽　宁	1 150.97	64 701	22 172	27	30.6	19.4
吉　林	284.07	1 185 259	42 398			
黑龙江	302.78	604 874	1 515			
上　海		527	128			
江　苏	67.75	96 075	15 290	50		34.4
浙　江	0.30	47 136	6 614	24	2.9	13.0
安　徽	3.05	106 590	21 337	67	3.4	7.4
福　建		6 164	37	126	7.7	110.1
江　西	20.53	52 322	3 883	71	77.2	86.3
山　东	299.39	963 055	99 877	58	414.2	35.6
河　南	2.66	235 066	21 902	39	51.6	12.8
湖　北	0.03	210 695	20 346	67	151.5	492.7
湖　南	0.02	98 394	1 992	42	15.3	13.4
广　东		10 454	131	38	21.1	69.7
广　西		833 244	30	225	370.6	3.6
海　南						
四　川		58 035	1 099	13	80.0	3.0
贵　州		31 060	118	15	80.3	4.5
云　南		177 529	3 340	159	616.3	16.0
西　藏						
陕　西	27.81	151 158	32 158	70	592.3	96.1
甘　肃	0.01	250 000	2 000			
青　海	30.72	360	860	8	0.2	0.2
宁　夏	0.18	55 155	285			
新　疆	6.35	278 717	3 355			

1995 年各地区农村节能炒茶灶、烤烟房、砖瓦窑设备情况

地区	节能炒茶灶			节能烤烟房	
	个数（万个）	茶叶加工量（吨）	节能（吨标煤）	个数（万座）	烟叶加工量（吨）
全国	**28.67**	**279 471**	**123 675**	**221.30**	**1 181 763**
北京					
天津					
河北				0.03	60
山西					
内蒙古				0.09	1 169
辽宁				0.93	625
吉林				3.80	15 887
黑龙江				8.04	94 354
上海					
江苏	0.07	828	911		
浙江	6.10	74 442	48 003		
安徽	1.08	15 002	11 800	2.76	14 618
福建	2.27	56 800	22 292	10.90	32 000
江西	0.50	380	894	3.56	3 716
山东	0.09	830	1 050	16.63	122 804
河南	4.28	865	490	12.72	93 169
湖北	1.07	12 916	9 323	11.74	122 994
湖南	0.92	40 969	746	20.41	99 105
广东	2.34	14 461	11 430	10.83	22 637
广西	0.20	3 202	3 989	10.16	31 946
海南					
四川	0.22	6 321	1 358	9.70	23 211
贵州	7.68	7 500	5 000	23.41	145 343
云南	0.23	44 655	6 016	54.31	324 817
西藏					
陕西	1.62	300	373	15.11	21 508
甘肃				6.17	11 800
青海					
宁夏					
新疆					

（续）

地区	节能烤烟房	节能砖瓦窑		
	节能（吨标煤）	个数（座）	生产砖瓦（万块）	节能（万吨标煤）
全国	**637 610**	**86 289**	**11 824 701**	**329.16**
北京				
天津				
河北		1 267	322 162	9.67
山西		420	502 950	5.90
内蒙古	918	85	35 300	1.77
辽宁	240	359	113 730	3.90
吉林	17 015	841	1 413 759	28.28
黑龙江	84 357	1 019	687 577	10.69
上海				
江苏		759	700 948	22.01
浙江		2 695	169 439	6.62
安徽	11 196	1 634	728 722	17.62
福建	18 005	4 540	75 591	2.15
江西	2 434	6 493	341 403	6.62
山东	22 616	7 019	1 677 012	28.89
河南	28 938	6 072	1 925 600	30.75
湖北	122 989	2 752	621 035	23.64
湖南	4 423	3 077	439 508	25.87
广东	28 706	7 818	179 071	15.82
广西	18 067	13 189	625 180	17.17
海南				
四川	10 130	8 690	188 636	24.00
贵州	15 254	2 572	44 863	1.55
云南	238 925	6 548	202 585	28.85
西藏				
陕西	7 397	7 062	820 977	16.72
甘肃	6 000	1 378	8 653	0.67
青海				
宁夏				
新疆				

1995年各地区农村能源生产企业情况

地 区	企业数(个)				职工人数(人)			
	合计	国有	集体	其他	合计	管理人员	技术人员	工人
全 国	**1 814**	**235**	**998**	**581**	**38 425**	**4 455**	**4 864**	**29 106**
北 京	213	5	208		5 219	357	204	4 658
天 津	6	3	3		311	27	72	212
河 北	119	21	69	29	3 709	405	488	2 816
山 西	78	6	53	19	909	128	191	590
内蒙古	1	1			12	2	8	2
辽 宁	9	1	8		229	16	22	191
吉 林	5	1	4		185	18	16	151
黑龙江	58	16	28	14	2 680	289	268	2 123
上 海	11		11		59	16	17	26
江 苏	114	5	75	34	4 628	544	327	3 757
浙 江	132	6	48	78	2 063	250	307	1 506
安 徽	48	6	42		1 135	211	204	720
福 建	24		20	4	255	53	73	129
江 西	15	7	7	1	405	67	59	279
山 东	126	37	45	44	2 263	334	411	1 518
河 南	63	8	35	20	1 015	181	149	685
湖 北	167	50	48	69	2 443	413	383	1 647
湖 南	70	18	31	21	1 189	151	190	848
广 东	202	6	103	93	4 623	375	442	3 806
广 西	45	11	25	9	868	105	125	638
海 南								
四 川	130	4	48	78	2 335	205	659	1 471
贵 州	92	5	36	51	659	136	69	454
云 南	8	2	4	2	111	21	15	75
西 藏								
陕 西	26	3	13	10	707	68	83	556
甘 肃	36	10	24	2	293	63	66	164
青 海	6	1	2	3	15	4	5	6
宁 夏	9	1	8		90	13	9	68
新 疆	1	1			15	3	2	10

(续)

地 区	固定资产(万元)		流动资金(万元)		产 值 (万元)	利 润 (万元)
	合 计	其中:自有	合 计	其中:自有		
全 国	**45 490.51**	**22 416.69**	**23 481.35**	**10 067.45**	**124 357.69**	**9 845.47**
北 京	835.60	698.60	687.00	422.00	9 392.80	1 800.10
天 津	596.20	446.20	931.50	231.50	1 552.10	155.94
河 北	8 917.90	3 687.20	4 587.90	2 208.80	13 406.91	1 118.30
山 西	1 620.00		1 380.00		3 180.00	310.00
内蒙古	2.80	2.80	2.00	2.00	8.00	1.50
辽 宁	245.00		50.00	20.00	270.00	35.00
吉 林	297.50	148.50	83.00	58.00	52.88	6.70
黑龙江	2 620.00	1 872.00	1 698.50	671.00	5 387.50	569.00
上 海	145.00	145.00	2.00	2.00	915.00	56.30
江 苏	6 811.87	4 161.87	3 172.95	1 593.95	32 777.49	1 330.11
浙 江	3 067.03	1 779.83	1 305.48	627.48	13 630.69	814.60
安 徽	2 461.58	1 168.66	793.30	321.30	3 861.57	330.26
福 建	470.00	30.00	175.00	95.00	2 026.00	152.00
江 西	553.88	190.78	133.05	60.65	694.77	54.34
山 东	2 829.66	1 718.16	2 263.30	988.80	9 025.69	645.92
河 南	635.90	505.30	662.00	395.00	2 366.20	220.64
湖 北	3 273.60	1 826.13	1 584.51	448.28	9 855.30	425.68
湖 南	3 704.56	1 737.62	1 447.84	814.34	6 481.32	500.35
广 东	621.40	204.40	205.00	85.00	2 343.00	240.20
广 西	1 114.80	635.60	578.45	245.95	1 341.98	169.19
海 南						
四 川	2 433.43	99.00	631.07	55.30	1 746.32	302.12
贵 州	468.00	468.00	157.00	157.00	510.00	195.00
云 南	227.50	142.50	88.90	47.90	748.11	44.83
西 藏						
陕 西	607.00	287.00	490.00	375.00	2 170.00	313.55
甘 肃	323.00	148.54	195.60	28.20	260.96	7.44
青 海	510.00	298.00	140.00	103.00	248.00	36.00
宁 夏	67.30		11.00		60.10	5.40
新 疆	30.00	15.00	25.00	10.00	45.00	5.00

1995年各地区农村能源服务公司（站）情况

地区	服务公司(站、个)								人员(人)			
	合计	省级	地县级	乡级	所有制形式				合计	省级	地县级	乡级
					合计	国有	集体	其他				
全　国	**3 137**	**24**	**1 188**	**1 925**	**3 074**	**580**	**1 710**	**784**	**24 512**	**240**	**13 365**	**10 907**
北　京	65		14	51	65	11	50	4	661		230	431
天　津	26	1	12	13	26	14	10	2	486	7	283	196
河　北	117		63	54	116	35	64	17	994		674	320
山　西	27	3	9	15	27	1	9	17	101	12	50	39
内蒙古	14		11	3	14	10	2	2	63		55	8
辽　宁	61		27	34	61	10	46	5	547		448	99
吉　林	3		3		3	1	2		24		24	
黑龙江	122		15	107	122	10	87	25	671	16	93	562
上　海	4		1	3	4	1	3		70		26	44
江　苏	288		92	196	288	25	232	31	3 025		1 435	1 590
浙　江	91	1	64	26	91	17	70	4	1 049	38	816	195
安　徽	184		96	88	158	20	132	6	1 519		1 238	281
福　建	38	1	22	15	34	4	21	9	205	2	145	58
江　西	166		43	123	166	40	99	27	536		253	283
山　东	87		67	20	87	42	45		842		706	136
河　南	79	1	62	16	79	33	40	6	794	104	590	100
湖　北	329	10	142	177	292	91	162	39	2 837		1 691	1 146
湖　南	186	1	77	108	186	31	67	88	1 887	27	1 008	852
广　东	619		68	551	619	44	177	398	3 980		514	3 466
广　西	105		48	57	105	33	57	15	435		353	82
海　南												
四　川	381	1	139	241	381	35	264	82	3 085	8	2 157	920
贵　州	8	1	3	4	8	3		5	33	5	16	12
云　南	29		24	5	29	15	14		261		250	11
西　藏												
陕　西	40		32	8	45	19	25	1	70		56	14
甘　肃	43	2	35	6	43	19	24		191	13	161	17
青　海	15	1	10	4	15	11	4		58	3	30	25
宁　夏	4	1	3		4	1	3		33	5	28	
新　疆	6		6		6	4	1	1	55		35	20

（续）

地 区	固定资产		流动资金		营业额（万元）	利 润（万元）
	合 计	其中：自有	合 计	其中：自有		
全 国	**37 575.14**	**23 462.42**	**25 927.09**	**9 977.14**	**126 679.29**	**5 509.22**
北 京	1 122.10	984.10	990.70	677.70	1 723.00	175.60
天 津	1 111.10	1 104.60	5 215.90	566.90	8 190.10	206.61
河 北	1 057.70	675.20	985.00	543.30	3 398.05	203.87
山 西	625.00		735.00		1 008.00	82.50
内蒙古	143.50	143.50	43.30	22.30	143.00	11.35
辽 宁	1 041.10		332.35		1 058.93	70.31
吉 林	51.20	51.20	56.00	56.00	16.20	4.20
黑龙江	187.00	89.00	120.00	52.00	312.00	17.37
上 海	576.00	576.00	36.00	36.00	1 155.00	39.50
江 苏	4 552.39	3 452.70	3 475.40	1 872.70	27 532.11	1 151.47
浙 江	2 572.13	1 757.73	1 870.90	676.30	31 084.59	664.19
安 徽	3 081.09	2 174.94	1 130.68	709.50	8 033.90	316.49
福 建	145.60	69.30	121.70	24.80	236.40	17.35
江 西	498.35	373.16	403.14	296.49	1 582.93	304.96
山 东	1 171.18	803.43	845.30	367.20	3 088.50	286.98
河 南	1 951.79	1 714.39	606.60	278.60	4 443.70	135.05
湖 北	4 162.24	2 336.07	2 413.21	675.78	10 594.90	399.38
湖 南	4 612.79	2 605.03	2 263.30	885.38	9 988.72	473.41
广 东	841.76	502.39	852.26	447.25	1 166.30	132.91
广 西	495.58	289.78	355.06	228.36	881.73	67.90
海 南						
四 川	4 663.26	1 186.31	2 562.84	842.53	7 473.32	559.19
贵 州	20.70	20.70	26.60	26.60	15.68	2.43
云 南	2 219.58	2 254.05		507.80	2 618.40	103.88
西 藏						
陕 西	34.00	16.50	58.80	64.30	226.55	27.68
甘 肃	174.00	112.34	115.55	34.35	369.48	12.14
青 海	356.00	143.00	222.00	71.00	200.00	25.00
宁 夏	66.00		30.50		35.00	3.20
新 疆	42.00	27.00	59.00	14.00	102.80	14.30

1996年各地区农村能源行政管理机构情况

地区	行政管理机构(个)				
	合计	省级	地市级	县级	乡级
全国	**3 381**	**14**	**135**	**924**	**2 308**
北京	2	1		1	
天津	13			13	
河北					
山西					
内蒙古					
辽宁	417	1	12	49	355
吉林	104	1	9	36	58
黑龙江	173		3	32	138
上海	99	1		11	87
江苏	479	1	11	71	396
浙江					
安徽	52	1	9	42	
福建	1		1		
江西	96	1	11	84	
山东	76	1	10	32	33
河南	14		2	12	
湖北	69		6	49	14
湖南	57	1	6	50	
广东	538	1	10	75	452
广西	119	1	8	50	60
海南					
重庆	26	1	2	23	
四川	634	1	17	111	505
贵州					
云南	187		5	30	152
西藏					
陕西	46	1	3	42	
甘肃	80		10	70	
青海	99			41	58
宁夏					
新疆					

（续）

地区	工作人员（人）									
	合计	按行政区划分				按文化程度分				
		省级	地市级	县级	乡级	本科以上	大专	中专	高中	初中及以下
全国	**7 548**	**150**	**579**	**3 522**	**3 297**	**433**	**1 652**	**1 593**	**2 033**	**1 837**
北京	14	7		7		5	3	1	3	2
天津	45			45		1	8	18	13	5
河北										
山西										
内蒙古										
辽宁	699	4	35	160	500	17	160	241	192	89
吉林	219		29	97	93	38	75	60	41	5
黑龙江	262		10	85	167	26	71	70	48	47
上海	138	4		34	100		15	31	62	30
江苏	1 129	18	43	400	668	25	151	130	273	550
浙江										
安徽	196	4	36	156		37	56	55	41	7
福建	2		2							2
江西	469	6	36	427		62	238	71	75	23
山东	234	12	45	128	49	23	84	68	49	10
河南	87		23	64		15	17	18	28	9
湖北	395		45	325	25	6	119	88	121	61
湖南	186	14	27	145		11	53	68	16	38
广东	867	2	34	344	487	50	254	160	392	11
广西	457	31	39	220	167	19	63	144	146	85
海南										
重庆	116	13	7	96		13	22	33	35	13
四川	1 192	29	109	421	633	43	131	168	267	583
贵州										
云南	511		19	122	370	2	25	100	155	229
西藏										
陕西	84	6	10	68		16	24	27	17	
甘肃	178		30	148		6	69	29	45	29
青海	68			30	38	18	14	13	14	9
宁夏										
新疆										

1996年各地区农村能源技术推广体系情况

地区	技术推广单位(个)					技术服务专业队	
	合计	省级	地市级	县级	乡级	数量(个)	人员(人)
全国	**6 685**	**25**	**204**	**1 504**	**4 952**	**9 665**	**81 294**
北京	106			14	92	57	527
天津	93	1		12	80	178	1 144
河北	263	1	11	139	112	383	2 324
山西	80	1	8	33	38	18	48
内蒙古	32	1	5	26		16	64
辽宁	609	2	8	44	555	517	2 433
吉林	279		9	45	225	74	203
黑龙江	205	1	3	24	177	283	1 274
上海						4	36
江苏	570		5	65	500	311	1 706
浙江	125	2	11	69	43	62	567
安徽	187	1	9	55	122	310	1 743
福建	173	2	8	49	114	59	227
江西	705	1	11	94	599	330	5 638
山东	285	1	7	85	192	236	2 006
河南	218	1	15	91	111	64	410
湖北	277	1	8	54	214	425	3 183
湖南	329	1	9	65	254	567	4 846
广东	337	1	9	62	265	726	5 181
广西	398	1	12	89	296	2 448	27 387
海南	90	1	2	12	75	24	162
重庆	187		1	11	175	198	1 514
四川	115			47	68	1 316	10 987
贵州	123	1	9	46	67	97	920
云南	323	1	12	96	214	458	3 782
西藏							
陕西	304		8	63	233	321	2 037
甘肃	176		13	65	98	155	834
青海	36	1		2	33	25	84
宁夏	9	1	1	7		3	27
新疆	51	1	10	40			

(续)

地区	推广人员(人)							
	合计	按行政区划分				按技术职称分		
		省级	地市级	县级	乡级	高级	中级	初级及以下
全国	**23 063**	**302**	**1 221**	**7 820**	**13 720**	**365**	**3 513**	**19 185**
北京	596			265	331	2	29	565
天津	355	12		131	212	8	55	292
河北	931	20	101	508	302	37	201	693
山西	221	17	47	112	45	15	91	115
内蒙古	281	18	44	217	2	10	75	196
辽宁	1 027	18	21	114	874	12	279	736
吉林	867		47	237	583	13	214	640
黑龙江	677	21	11	110	535	17	156	504
上海								
江苏	1 507		27	476	1 004	10	199	1 298
浙江	519	12	75	294	138	12	83	424
安徽	533	31	31	246	225	22	98	413
福建	460	9	24	164	263	9	68	383
江西	2 077	6	36	427	1 608	12	171	1 894
山东	1 385		49	759	577	28	282	1 075
河南	982	31	161	499	291	25	198	759
湖北	1 231	16	72	438	705	21	197	1 013
湖南	987	8	46	433	500	6	83	898
广东	1 530	12	28	260	1 230	22	253	1 255
广西	1 035	21	57	531	426	9	160	866
海南	405	7	11	60	327	2	25	378
重庆	389		7	46	336	1	20	368
四川	164			87	77		12	152
贵州	380	8	29	151	192	3	52	325
云南	2 479	10	75	536	1 858	58	241	2 180
西藏								
陕西	1 133		60	352	721	6	117	1 010
甘肃	621		124	231	266		75	546
青海	110	2		16	92	1	30	79
宁夏	76	12	4	60		3	14	59
新疆	105	11	34	60		1	35	69

1996年各地区农村能源科研、教育及培训情况

地区	科研机构									教育培训			
	省级				地县级					大本以上（人）	大专（人）	中专（人）	短期培训（人次）
	机构（个）	人员（人）	其中按职称分：高级（人）	其中按职称分：中级（人）	机构（个）	人员（人）	其中按职称分：高级（人）	其中按职称分：中级（人）	其中按职称分：初级及以下（人）				
全国	**24**	**300**	**92**	**141**	**45**	**397**	**32**	**149**		**97**	**337**	**597**	**113 436**
北京					1	20	7	1		1	4	3	180
天津					1	10	1	9		5	16	18	551
河北	8	38	20	18	2	30	4	11			4		5 093
山西	3	13	10	3									850
内蒙古					1	12	1	5					50
辽宁	2	79	19	40							2	8	9 576
吉林										25	29	37	30
黑龙江										7	18	26	6 694
上海													61
江苏					4	18	1	3			7	4	1 013
浙江	1	12	5	5	2	11	3	6		5	26		2 060
安徽					4	26	5	9		13	14	17	2 941
福建													209
江西	1	5		1	3	19		3					9 820
山东					5	29	4	8			4		1 034
河南	3	24	12	10							3	5	4 293
湖北					6	78	1	28		5	13	27	13 062
湖南					2	27	1	5		3	22	17	2 278
广东	3	20	3	6						16	100	229	19 543
广西					6	54	3	22		2	21	85	6 367
海南					2	10	1	6					9 602
重庆										1	5		314
四川					3	26		24		4	18	32	4 071
贵州													758
云南										6	9	40	4 324
西藏													
陕西	1	7	7							1	2	3	118
甘肃	1	24	6	8	3	27		9			17	36	8 403
青海										3	3	10	81
宁夏													50
新疆	1	78	10	50									10

1996 年各地区农村能源生产企业情况

地区	企业数（个）				职工人数（人）			
	合计	省级	地县级	乡级	合计	省级	地县级	乡级
全国	**1 279**	**10**	**639**	**630**	**25 638**	**122**	**16 877**	**8 639**
北京	8		6	2	162		142	20
天津	8	1	4	3	421	13	294	114
河北	123		82	41	5 016		3 712	1 304
山西	44		44		2 203		2 203	
内蒙古					0			
辽宁	17		16	1	353		347	6
吉林	3		3		33		33	
黑龙江	33		20	13	705		439	266
上海								
江苏	70		44	26	2 399		1 019	1 380
浙江	236	1	30	205	3 232	7	932	2 293
安徽	56	2	45	9	1 281	44	996	241
福建	31		31		284		284	
江西	17		17		540		540	
山东	49	1	41	7	955	12	902	41
河南	25	1	19	5	345	30	276	39
湖北	71		66	5	1 964		1 924	40
湖南	47		35	12	722		559	163
广东	152		21	131	1 402		363	1 039
广西	25	4	14	7	207	16	126	65
海南	1		1		15		15	
重庆	8		8		403		403	
四川	24		11	13	778		649	129
贵州	60		12	48	399		58	341
云南	28		14	14	219		123	96
西藏								
陕西	28		10	18	499		148	351
甘肃	90		32	58	926		330	596
青海	15		11	4	68		38	30
宁夏	9		1	8	90		5	85
新疆	1		1		17		17	

（续）

地区	资产（万元）			负债（万元）		销售额	利税
	合计	其中		合计	其中：贷款	（万元）	（万元）
		固定资金	流动资金				
全国	**71 407.83**	**48 383.67**	**23 024.16**	**38 018.63**	**35 440.73**	**98 813.25**	**8 752.22**
北京	278.00	223.00	55.00	20.00	20.00	516.00	43.50
天津	1 737.86	679.36	1 058.50	280.00	240.00	1 811.70	136.90
河北	19 221.20	13 713.20	5 508.00	12 513.00	12 248.00	12 236.50	1 877.63
山西	5 004.00	3 306.00	1 698.00	4 660.00	4 660.00	1 977.00	890.00
内蒙古							
辽宁	863.00	717	146.00			661.00	91.80
吉林	122.50	102.50	20.00			22.50	1.32
黑龙江	2 889.00	2 122.00	767.00	908.00	873.00	2 128.30	179.00
上海							
江苏	6 315.91	3 377.58	2 938.33	2 808.00	2 198.00	12 810.01	924.24
浙江	3 761.10	2 763.12	997.98	4 927.20	4 927.20	31 690.79	1 574.10
安徽	5 373.94	3 878.19	1 495.75	2 357.10	1 893.60	4 268.60	456.77
福建	887.00	595.00	292.00				
江西	1 233.60	753.30	480.30	696.40	696.40	1 574.08	100.74
山东	3 777.00	2 220.00	1 557.00	1 732.80	1 295.80	4 643.60	490.38
河南	673.30	384.30	289.00	325.00	315.00	1 321.80	114.00
湖北	4 483.76	2 754.46	1 729.30	1 409.40	1 152.90	9 708.20	470.70
湖南	3 137.72	2 303.92	833.80	1 241.63	1 019.33	3 394.83	318.96
广东	2 122.70	1 794.60	328.10	434.60	383.00	1 044.80	110.25
广西	1 096.50	905.50	191.00	186.70	140.00	675.30	251.16
海南	70.00	20.00	50.00	35.00	35.00	100.00	15.00
重庆	377.00	262.00	115.00	150.00	145.00	450.00	47.00
四川	3 993.00	3 188.00	805.00	2 920.00	2 915.00	5 128.00	370.90
贵州	422.00	320.00	102.00			235.00	22.48
云南	805.04	602.44	202.60	142.80	102.00	455.40	38.55
西藏							
陕西	748.00	501.70	246.30	221.00	166.50	1 780.34	214.44
甘肃	1 773.30	713.70	1 059.60				
青海	108.10	85.50	22.60	50.00	15.00	59.40	4.00
宁夏	78.30	67.30	11.00			60.10	5.40
新疆	55.00	30.00	25.00			60.00	3.00

1996年各地区农村能源服务企业情况

地区	服务企业（个）							人员（人）			
	合计	省级	地县级	乡级	所有制形式			合计	省级	地县级	乡级
					国有	集体	其他				
全国	**2123**	**17**	**980**	**1126**	**527**	**1162**	**434**	**20206**	**301**	**11851**	**8054**
北京	59		12	47	6	38	15	461		174	287
天津	48	1	10	37	18	28	2	485	6	254	225
河北	83		59	24	32	46	5	455		351	104
山西	23		23			20	3	32		32	
内蒙古	7		7		5	2		46		46	
辽宁	58	1	31	26	9	21	28	506	13	319	174
吉林	1		1		1			15		15	
黑龙江	62		12	50	5	32	25	546		175	371
上海	8		5	3	5	3		128		78	50
江苏	214		90	124	24	175	15	2454		1569	885
浙江	83	1	59	23	20	57	6	894	38	766	90
安徽	94	1	66	27	12	74	8	1041	38	829	174
福建	38	1	25	12	9	29		264	1	239	24
江西	72	1	32	39	34	30	8	286	22	144	120
山东	72		52	20	36	31	5	1083		574	509
河南	53	1	50	2	22	29	2	540	102	434	4
湖北	174	1	91	82	74	77	23	2022		1479	543
湖南	103	1	58	44	28	30	45	911	27	746	138
广东	368		48	320	48	180	140	3713		507	3206
广西	45	1	27	17	24	12	9	271	16	185	70
海南	1		1			1		15		15	
重庆	60	2	26	32	12	37	11	462	17	341	104
四川	222	1	114	107	20	143	59	2652	6	1907	739
贵州	28	1	7	20	8	5	15	71	4	27	40
云南	35	1	25	9	17	17	1	248	4	223	21
西藏											
陕西	22		15	7	9	10	3	105		82	23
甘肃	60		30	30	19	35	6	377		298	79
青海	24			24	24			74			74
宁夏	3	1	2		3			33	3	30	
新疆	3	1	2		3			16	4	12	

（续）

地区	资产（万元）			负债（万元）		销售额（万元）	利税（万元）
	合计	其中：固定资金	其中：流动资金	合计	其中：贷款		
全国	**50 063.89**	**30 530.34**	**19 533.55**	**17 797.12**	**11 979.55**	**114 025.09**	**6 766.43**
北京	1 871.10	1 267.10	604.00	198.00	137.00	1 859.00	185.15
天津	787.40	405.30	382.10	84.40	42.00	5 393.70	374.25
河北	1 117.40	511.10	606.30	206.50	201.50	1 289.60	115.83
山西	42.80	21.20	21.60	2.00	2.00	20.40	6.60
内蒙古	62.00	46.50	15.50			86.80	9.70
辽宁	1 451.08	1 124.08	327.00	81.00		877.50	81.20
吉林	80.00	50.00	30.00			30.10	1.02
黑龙江	220.00	118.00	102.00	5.00	5.00	128.00	16.80
上海	1 064.80	860.80	204.00			2 534.30	60.45
江苏	7 112.58	3 838.38	3 274.20	3 617.80	2 064.80	24 214.10	1 503.00
浙江	2 551.03	1 476.53	1 074.50	1 518.50	1 508.50	31 049.60	746.46
安徽	5 401.78	3 458.68	1 943.10	1 840.80	1 365.50	8 336.58	456.94
福建	241.00	97.00	144.00				
江西	419.79	227.13	192.66	136.42	136.42	1 273.95	44.19
山东	1 789.83	1 078.27	711.56	963.46	590.60	2 510.70	379.59
河南	1 527.55	592.55	935.00	803.38	515.10	2 094.00	162.17
湖北	5 168.30	3 207.80	1 960.50	2 039.00	1 695.00	11 205.55	382.77
湖南	5 808.64	4 334.17	1 474.47	3 943.24	2 401.00	7 247.98	563.65
广东	1 342.99	798.49	544.50	171.80	97.00	620.00	59.20
广西	320.62	228.93	91.69	111.53	81.50	399.02	53.80
海南	70.00	20.00	50.00	50.00	30.00	508.00	24.00
重庆	1 277.41	822.07	455.34	182.75	55.00	1 796.18	562.61
四川	6 549.67	3 997.10	2 552.57	1 197.75	766.73	6 506.44	581.59
贵州	283.00	112.00	171.00	100.00	60.00	1 209.20	180.70
云南	1 470.62	835.66	634.96	478.89	173.00	2 542.29	183.14
西藏							
陕西	112.50	33.50	79.00	49.90	36.90	163.10	14.42
甘肃	1 725.40	831.50	893.90				
青海	66.10	45.50	20.60	15.00	15.00	58.00	4.00
宁夏	73.50	56.00	17.50			30.00	3.2
新疆	55.00	35.00	20.00			41.00	10

1996年各地区农村能源经费投入情况

单位：万元

地区	合计		1. 省级		2. 地级	
	拨款	贷款	拨款	贷款	拨款	贷款
全国	**29 424.26**	**25 378.55**	**5 431.34**	**2 256.00**	**3 074.48**	**1 422.50**
北京	187.42	20.00	99.20			
天津	40.86	67.50	5.00			
河北	597.04	710.00	180.00		86.02	
山西	231.00	400.00	36.50		71.50	200.00
内蒙古	105.20	5.00	44.50		42.70	5.00
辽宁	6 558.98	2 137.65	424.60		211.50	
吉林	507.25		53.90		14.80	
黑龙江	1 735.05	299.80	223.35	10.00	111.00	30.00
上海	1 547.00	180.00	972.00	180.00		
江苏	1 010.78	121.00	60.00	100.00	189.14	
浙江	1 052.47		57.60		38.20	
安徽	1 128.85	5 511.00	193.57	1 716.00	113.66	1 000.00
福建	777.50	3 484.30	47.00		44.90	
江西	1 531.31		53.00		801.80	
山东	1 396.40	6 015.40	130.00		133.60	
河南	304.36	239.50	100.00		63.80	24.50
湖北	835.69	434.50	210.00		86.90	3.00
湖南	1 879.82	2 290.50	240.00	250.00	129.90	146.00
广东	2 221.25	2 770.80	600.00		27.00	
广西	979.04	61.10	530.50		35.6	1
海南	220.00		105.00			
重庆	284.48	2.00	37.85		22.02	
四川	1 063.00	278.00	92.40		259.84	
贵州	60.40		33.50		15.20	
云南	1 920.04	117.00	643.87		437.80	10.00
西藏						
陕西	221.27	164.50	76.50		39.50	
甘肃	193.50	69.00	144.50			3.00
青海	805.90		24.50		86.00	
宁夏	14.00		12.00			
新疆	14.40		0.50		12.10	

地区	3. 县级		4. 乡级		用户自筹	
	拨款	贷款	拨款	贷款	资金	折劳投资
全国	**8 462.51**	**9 153.15**	**12 455.93**	**12 546.90**	**220 128.20**	**67 779.18**
北京	66.65	20.00	21.57		116.85	26.75
天津	16.16	10.00	19.70	57.50	1 371.14	9.00
河北	149.02	500.00	182.00	210.00	9 284.70	
山西	113.00	200.00	10.00		278.00	
内蒙古	18.00				1 800.00	140.00
辽宁	768.38	503.15	5 154.50	1 634.50	75 347.29	34 983.45
吉林	60.95		377.60		7 182.07	89.79
黑龙江	293.50	55.80	1 107.20	204.00	7 600.14	2 541.80
上海	275.00		300.00		3 625.00	
江苏	476.68	19.50	284.96	1.50	6 290.51	288.04
浙江	526.27		430.40		2 179.71	
安徽	522.13	1 883.00	299.49	912.00	12 885.36	1 333.89
福建	97.30		588.30	3 484.30	3 452.70	32.60
江西			676.51		11 496.37	1 276.10
山东	266.40	1 270.00	866.40	4 745.40	14 250.02	2 821.67
河南	62.76	10.00	77.80	205.00	3 803.16	1 184.88
湖北	442.25	421.50	96.54	10.00	6 663.42	1 342.99
湖南	548.94	1 567.30	960.98	327.20	23 151.20	5 299.88
广东	1 168.95	2 139.70	425.30	631.10	4 986.45	2 782.38
广西	346.72	59.7	66.22	0.40	5 263.60	1 673.77
海南	85.00		30.00		140.00	
重庆	171.98	2.00	52.63		858.70	323.67
四川	601.06	235.00	109.70	43.00	8 105.96	2 490.47
贵州	11.70				304.72	6 613.11
云南	643.84	104.00	194.53	3.00	5 869.07	1 014.17
西藏						
陕西	75.17	149.50	30.10	15.00	3 329.06	1 122.27
甘肃	34.00	3.00	15.00	63.00	332.00	387.00
青海	617.40		78.00		161.00	1.50
宁夏	2.00					
新疆	1.30		0.50			

1996年各地区农村能源消费情况

地区	乡村总人口（万人）	使用总量标煤（万吨）	人均标煤（吨）	农村生活用能				
				小计标煤（万吨）	秸秆		薪材	
					实物（万吨）	标煤（万吨）	实物（万吨）	标煤（万吨）
全国	**91 609.32**	**63 962.31**	**0.70**	**34 069.49**	**27 964.49**	**11 996.77**	**14 534.00**	**8 298.91**
北京	371.40	630.19	1.70	236.71	151.49	64.99	33.92	19.37
天津	426.84	549.78	1.29	246.37	258.36	110.83	0.43	0.24
河北	5 324.30	4 387.88	0.82	2 334.18	1 693.70	726.61	601.80	343.63
山西	1 570.40	949.17	0.60	412.77	200.00	85.80	80.00	45.68
内蒙古	1 561.23	911.80	0.58	755.58	920.42	394.86	224.18	128.01
辽宁	2 240.97	2 459.78	1.10	1 226.39	1 129.67	484.62	418.47	238.94
吉林	1 500.84	1 714.45	1.14	764.10	822.02	352.65	281.86	160.95
黑龙江	1 840.89	1 637.14	0.89	1 255.09	1 898.96	814.65	254.67	145.42
上海	664.79	590.84	0.89	146.41	78.90	33.85	4.95	2.83
江苏	5 628.68	4 188.13	0.74	1 995.45	3 398.98	1 458.17	277.14	158.24
浙江	3 567.12	3 713.39	1.04	1 341.95	588.57	252.49	809.48	462.22
安徽	4 949.50	3 134.87	0.63	1 737.64	1 996.62	856.55	625.74	357.28
福建	2 627.00	1 401.62	0.53	893.23	307.00	131.70	1 079.00	616.11
江西	3 166.91	2 399.87	0.76	1 638.63	790.35	339.07	1 538.78	878.64
山东	7 115.90	5 008.70	0.70	2 508.34	3 242.03	1 390.83	404.85	231.19
河南	7 700.10	5 434.14	0.71	2 679.99	2 078.67	891.77	468.79	267.68
湖北	4 155.28	2 757.81	0.66	1 539.89	1 736.16	744.80	455.88	260.32
湖南	5 322.32	4 103.98	0.77	1 601.15	100.00	42.90	1 237.98	706.89
广东	5 622.31	2 277.29	0.41	1 018.27	712.63	305.72	640.21	365.56
广西	3 846.08	2 333.56	0.61	1 125.32	737.18	316.26	960.50	548.46
海南	701.80	414.23	0.59	267.39	207.00	88.80	147.40	84.14
重庆	2 353.05	1 569.75	0.67	1 136.96	1 109.86	476.14	584.02	333.47
四川	7 033.25	3 729.33	0.53	2 071.02	1 584.35	679.70	842.11	480.86
贵州	2 930.12	1 578.15	0.54	1 294.64	278.77	119.59	573.93	327.71
云南	3 222.89	1 998.35	0.62	1 471.30	354.61	152.11	1 351.46	771.68
西藏								
陕西	2 750.65	1 959.61	0.71	887.31	487.95	209.33	380.80	217.43
甘肃	1 948.10	972.47	0.50	688.68	674.90	289.52	172.73	98.62
青海	180.00	133.86	0.74	29.40	6.73	2.88	2.50	1.42
宁夏	364.03	258.58	0.71	124.18	68.61	29.43		
新疆	922.57	763.59	0.83	641.15	350.00	150.15	80.42	45.92

（续）

地区	农村生活用能					
	原煤		电力		成品油	
	实物（万吨）	标煤（万吨）	实物（亿千瓦时）	标煤（万吨）	实物（万吨）	标煤（万吨）
全国	**14 144.29**	**10 099.02**	**728.39**	**2 913.60**	**329.44**	**471.08**
北京	140.11	100.04	8.15	32.59	0.30	0.42
天津	146.44	104.55	4.72	18.88	7.28	10.42
河北	1 539.70	1 099.34	38.12	152.48	6.81	9.74
山西	316.99	226.33	8.06	32.26	15.43	22.06
内蒙古	306.11	218.56	3.52	14.08	0.04	0.06
辽宁	449.16	320.69	35.63	142.51	19.82	28.36
吉林	294.32	210.16	8.45	33.82		
黑龙江	265.64	189.66	24.76	99.03	3.38	4.83
上海	78.35	55.94	6.44	25.76	1.89	2.70
江苏	275.98	197.05	32.61	130.44	30.53	43.66
浙江	234.10	167.16	105.25	421.00	13.54	19.37
安徽	335.31	239.42	59.17	236.69	28.91	41.33
福建	129.18	92.23	11.51	46.04	5.00	7.15
江西	463.65	331.04	15.18	60.72	11.03	15.78
山东	829.14	592.01	59.57	238.28	13.48	19.27
河南	1 853.47	1 323.38	36.33	145.32	25.04	35.81
湖北	535.84	382.60	27.06	108.23	18.89	27.00
湖南	969.21	692.02	33.72	134.87	7.42	10.61
广东	188.38	134.49	39.56	158.26	34.52	49.36
广西	176.62	126.11	25.63	102.52	14.86	21.26
海南	49.00	34.98	12.00	48.00	0.45	0.62
重庆	388.88	277.65	7.02	28.09	9.85	14.08
四川	870.29	621.39	56.82	227.30	18.31	26.2
贵州	1 127.73	805.20	4.72	18.88	14.06	20.11
云南	623.89	445.48	18.26	73.03	12.45	17.81
西藏						
陕西	498.45	355.88	22.41	89.64	6.27	8.96
甘肃	386.41	275.90	5.53	22.11	1.46	2.08
青海	26.74	19.09	1.40	5.61	0.23	0.32
宁夏	114.11	81.47	3.32	13.28		
新疆	531.09	379.20	13.47	53.88	8.19	11.71

（续）

地区	农村生活用能									
	合计	沼气			液化石油气			天然气		
	（万户）	用户数（万户）	产气量（万立方米）	标煤（万吨）	用户数（万户）	用量（万立方米）	标煤（万吨）	用户数（万户）	用量（万立方米）	标煤（万吨）
全国	**4 956.16**	**489.12**	**158 643.68**	**113.30**	**2 048.44**	**89 017.65**	**152.51**	**40.56**	**7 300.15**	**9.71**
北京	94.79	5.65	4 564.66	3.26	60.22	8 997.50	15.42	1.40	336.00	0.45
天津	26.14	0.54	1 430.40	1.02	11.42	192.64	0.33	0.73	43.80	0.06
河北	326.38	12.21	3 305.35	2.38	147.53	1.79				
山西	6.10	0.15	331.89	0.24	3.50	4.60				
内蒙古	41.04				3.57	4.67	0.01			
辽宁	188.90	12.44	3 308.90	2.36	102.63	5 040.17	8.63	4.00	160.00	0.21
吉林	216.30	1.52	241.48	0.18	60.26	3 364.27	5.77	1.35	275.28	0.37
黑龙江	176.17				38.99	711.20	1.21	1.30	195.00	0.26
上海	130.22	3.72	1 449.32	1.03	88.97	10 647.00	18.25			
江苏	524.16	37.91	9 405.77	6.72	211.16	27.27	0.05			
浙江	750.93	15.40	2 385.41	1.71	384.99	9 502.71	16.28			
安徽	143.40	8.62	2 059.49	1.46	53.34	2 483.89	4.25			
福建	0.00									
江西	136.72	30.07	9 356.02	6.69	40.14	3 612.60	6.19			
山东	467.73	28.15	8 989.01	6.43	241.50	16 029.73	27.48	7.28	240.70	0.32
河南	121.13	6.91	1 781.59	1.27	52.36	8 422.65	14.42	0.07	12.60	0.02
湖北	311.93	55.94	15 375.70	10.98	87.40	3 456.81	5.92	5.25	25.30	0.03
湖南	171.90	38.17	17 451.30	12.46	67.18	763.45	1.31	0.35	57.11	0.08
广东	316.36	20.81	6 769.53	4.83	210.76	38.06	0.05			
广西	210.17	25.15	9 296.65	6.62	79.05	2 386.19	4.08			
海南	92.70	0.99	805.24	0.57	33.28	5 990.40	10.28			
重庆	46.21	23.52	7 495.23	5.35	1.78	242.82	0.41	4.39	1 331.70	1.77
四川	206.00	129.11	39 455.10	28.17	12.79	611.15	1.04	14.44	4 622.66	6.14
贵州	24.81	2.35	750.75	0.54	3.11	1 525.10	2.61			
云南	123.67	15.57	8 906.92	6.37	19.95	2 793.00	4.80			
西藏										
陕西	53.12	10.90	3 088.77	2.21	25.21	1 997.52	3.43			
甘肃	41.67	3.31	637.55	0.45	2.38	3.46				
青海	0.42									
宁夏	0.25	0.01	1.65							
新疆	6.84				4.97	167.00	0.29			

（续）

地区	农村生活用能						
	煤气			太阳能		电炊	新型燃料
	用户数（万户）	用量（万立方米）	标煤（万吨）	用户数（万户）	面积（万平方米）	用户数（万户）	用户数（万户）
全　国	**91.47**	**25 531.85**	**14.61**	**468.29**	**1 735.56**	**1 788.24**	**30.04**
北　京	1.90	300.00	0.17	17.56	32.05	8.04	0.02
天　津	0.60	60.00	0.04	11.37	17.42	1.48	
河　北				120.12	255.76	46.52	
山　西	1.00	700.00	0.40	0.82	0.77	0.63	
内蒙古				1.19	2.33	36.28	
辽　宁	0.68	136.00	0.08	2.72	52.61	65.33	1.10
吉　林	0.95	342.00	0.20	2.31	67.27	148.90	1.01
黑龙江	0.30	30.00	0.02	40.23	699.21	95.30	0.05
上　海	36.45	10 600.00	6.05	1.08	1.08		
江　苏	3.82	1 958.00	1.12	24.81	24.71	244.96	1.50
浙　江	14.97	2 994.00	1.72	10.86	6.30	324.71	
安　徽	2.42	1 168.31	0.66	9.44	8.54	69.54	0.04
福　建							
江　西	4.32	864.00	0.50	0.33	0.33	61.71	0.15
山　东	12.91	4 425.20	2.53	116.26	119.72	61.31	0.32
河　南	1.12	560.00	0.32	21.08	21.08	39.49	0.10
湖　北	0.05	24.65	0.01	26.36	11.35	128.52	8.41
湖　南	0.04	9.60	0.01	0.34	1.24	60.15	5.67
广　东	4.00	10.00	0.01	0.08	0.16	72.25	8.46
广　西	0.44	0.08		0.15	1.13	104.10	1.28
海　南				11.90	39.28	46.53	
重　庆	0.23	22.80	0.01			16.28	0.01
四　川	2.46	382.65	0.22	0.18	0.36	45.33	1.69
贵　州						19.35	
云　南	0.05	55.00	0.03	9.04	17.71	78.88	0.18
西　藏							
陕　西	2.71	752.00	0.43	4.11	4.66	10.14	0.05
甘　肃	0.05	0.10		35.29	349.10	0.64	
青　海		137.46	0.08	0.42	1.15		
宁　夏				0.24	0.24		
新　疆						1.87	

（续）

地区	农村生产用能				
	小计标煤（万吨）	原煤		焦炭	
		实物（万吨）	标煤（万吨）	实物（万吨）	标煤（万吨）
全国	**29 892.82**	**22 184.35**	**15 839.65**	**1 573.71**	**1 484.05**
北京	393.48	178.70	127.60	14.43	13.61
天津	303.41	213.10	152.16	13.99	13.21
河北	2 053.70	1 604.72	1 145.76	144.25	136.02
山西	536.40	289.00	206.35	118.00	111.27
内蒙古	156.22	155.83	111.26	9.82	9.26
辽宁	1 233.39	695.25	496.40	291.95	275.31
吉林	950.35	658.24	469.99	59.08	55.73
黑龙江	382.05	245.25	175.11	5.94	5.59
上海	444.43	301.55	215.31	11.86	11.18
江苏	2 192.68	1 727.71	1 233.59	84.85	80.02
浙江	2 371.44	1 607.11	1 147.48	39.40	37.15
安徽	1 397.23	1 178.23	841.26	47.72	45.00
福建	508.39	126.00	89.96	8.00	7.54
江西	761.24	576.81	411.85	6.51	6.13
山东	2 500.36	2 204.99	1 574.36	112.47	106.07
河南	2 754.15	2 693.01	1 922.80	93.78	88.44
湖北	1 217.92	906.43	647.20	65.14	61.43
湖南	2 502.83	1 596.94	1 140.22	166.57	157.08
广东	1 259.02	388.22	277.18	58.38	55.05
广西	1 208.24	895.43	639.33	22.22	20.94
海南	146.84	48.00	34.27	0.48	0.45
重庆	432.79	461.98	329.86	11.92	11.24
四川	1 658.31	1 816.82	1 297.22	88.32	83.29
贵州	283.51	203.87	145.56	0.50	0.47
云南	527.05	216.95	154.90	18.34	17.31
西藏					
陕西	1 072.30	894.37	638.57	67.28	63.44
甘肃	283.79	167.83	119.83	12.11	11.44
青海	104.46	36.48	26.06		
宁夏	134.40	6.03	4.31		
新疆	122.44	89.50	63.90	0.40	0.38

（续）

地区	农村生产用能					
	成品油		电力		薪材	
	实物（万吨）	标煤（万吨）	实物（亿千瓦时）	标煤（万吨）	实物（万吨）	标煤（万吨）
全国	**3 158.92**	**4 517.28**	**1 604.53**	**6 418.12**	**2 861.09**	**1 633.72**
北京	28.51	40.79	52.57	210.28	2.10	1.20
天津	42.73	61.12	19.23	76.92		
河北	199.84	285.77	110.51	442.04	77.26	44.11
山西	50.50	72.22	34.60	138.40	14.29	8.16
内蒙古	21.50	30.75	0.81	3.24	3.00	1.71
辽宁	165.89	237.22	43.22	172.88	90.33	51.58
吉林	181.97	260.21	31.62	126.48	66.43	37.94
黑龙江	78.03	111.58	14.39	57.56	56.42	32.21
上海	36.88	52.74	41.30	165.20		
江苏	146.96	210.14	153.00	612.00	99.70	56.93
浙江	254.69	364.19	190.16	760.64	108.55	61.98
安徽	160.99	230.20	55.31	221.24	104.26	59.53
福建	90.00	128.70	40.00	160.00	214.00	122.19
江西	86.05	123.05	23.27	93.08	222.63	127.13
山东	215.61	308.34	118.97	475.88	62.53	35.71
河南	218.10	311.88	95.82	383.28	83.62	47.75
湖北	121.98	174.46	63.94	255.76	138.46	79.07
湖南	264.35	378.02	182.53	730.12	170.56	97.39
广东	205.32	293.61	131.56	526.24	187.29	106.94
广西	129.85	185.68	51.61	206.44	272.91	155.85
海南	2.35	3.34	3.80	15.20	163.90	93.58
重庆	33.58	48.02	3.90	15.60	49.16	28.07
四川	80.36	114.93	24.88	99.52	110.94	63.35
贵州	16.63	23.78	17.70	70.80	75.14	42.90
云南	62.64	89.58	9.48	37.92	398.13	227.34
西藏						
陕西	111.25	159.08	43.44	173.76	65.59	37.45
甘肃	41.27	59.03	20.06	80.24	23.19	13.25
青海	2.50	3.56	18.61	74.44	0.70	0.40
宁夏	85.85	122.77	1.83	7.32		
新疆	22.74	32.52	6.41	25.64		

1996年各地区农村户用沼气池

地　区	实用数（万户）	其中：利用数（万户）	户均产气量（立方米）	总产气量（万立方米）	综合利用数（万户）
全　国	**602.12**	**517.85**	**314.54**	**162 885.20**	**316.56**
北　京	4.77	4.01	266.88	1 071.28	1.48
天　津	0.69	0.52	270.00	140.40	0.08
河　北	13.04	12.21	272.40	3 326.00	4.11
山　西	0.19	0.16	273.44	43.75	0.11
内蒙古	1.81	0.99	161.41	159.80	0.06
辽　宁	14.19	12.35	277.60	3 427.61	5.30
吉　林	1.4	1.39	175.69	243.44	0.45
黑龙江			150.00	0.30	
上　海	3.23	2.00	228.99	457.98	
江　苏	48.74	37.30	245.08	9 141.48	9.61
浙　江	15.91	10.35	202.36	2 094.50	0.56
安　徽	10.03	8.19	273.84	2 243.19	4.00
福　建	8.80	7.96	353.20	2 811.08	5.90
江　西	30.07	28.13	332.63	9 357.02	28.13
山　东	33.38	27.70	274.42	7 601.51	22.70
河　南	5.98	5.48	249.62	1 367.29	1.83
湖　北	64.57	55.55	274.69	15 260.51	27.28
湖　南	40.79	37.58	460.00	17 286.80	21.57
广　东	16.77	16.73	379.80	6 353.83	8.15
广　西	26.26	25.32	446.57	11 307.52	9.42
海　南	0.99	0.98	420.00	413.91	0.98
重　庆	32.83	26.90	297.36	7 999.21	17.11
四　川	192.87	164.59	294.06	48 401.25	140.35
贵　州	2.35	2.35	319.81	750.75	0.19
云　南	15.48	14.9	518.69	7 734.56	1.81
西　藏					
陕　西	12.27	10.41	278.07	2 894.67	5.11
甘　肃	4.60	3.77	263.93	993.91	0.25
青　海	0.01				
宁　夏	0.01	0.01	165.00	1.65	0.01
新　疆	0.04				

1996 年各地区大中型沼气工程情况*

地 区	合 计					
	运行数量（处）	总池容（万立方米）	废弃物处理量（万吨）	年产气量（万立方米）	发电量（万千瓦时）	供气户数（万户）
全 国	**592**	**33.49**	**4 016**	**10 558.38**	**583.43**	**10.25**
北 京	15	0.27	8	3 493.38		1.63
天 津	2	2.06	53	1 290.00		0.01
河 北	31	1.45	124	467.44		1.06
山 西						
内蒙古						
辽 宁	10	0.53	3	0.07		
吉 林	3	0.15	2	137.14	60.00	0.03
黑龙江						
上 海	41	3.83	19	991.34		1.72
江 苏	114	3.25	67	264.29	9.19	0.61
浙 江	41	2.25	193	412.47		0.89
安 徽	15	0.64	12	296.60		0.43
福 建	6	0.36	2 700	37.62	65.00	0.02
江 西	69	1.02	73	85.08		0.24
山 东	24	4.78	113	1 387.50	22.50	0.45
河 南	12	1.55	279	414.30		1.43
湖 北	71	0.75	18	115.22	354.65	0.39
湖 南	62	1.12	37	164.53	60.86	0.59
广 东	19	1.65	37	404.24	11.24	0.09
广 西	1	0.02		2.10		…
海 南	23	3.48	106	391.33		0.01
重 庆	7	0.13	14	2.89		0.01
四 川	17	1.99	52	3.70	…	0.14
贵 州						
云 南	3	0.02		3.04		…
西 藏						
陕 西	6	2.19	106	194.10		0.49
甘 肃						
青 海						
宁 夏						
新 疆						

* 也称沼气集中供气站。

（续）

地区	处理农业废弃物工程								
	运行数量（处）	总池容（万立方米）	废弃物处理量（万吨）	年产气量（万立方米）	供气户数（万户）	沼气发电		商品肥料（万吨）	商品饲料（万吨）
						装机容量（千瓦）	发电量（万千瓦时）		
全　国	**460**	**13.55**	**3 006.14**	**1 999.42**	**5.59**	**866**	**178.53**	**2.49**	**0.70**
北　京	13	0.16	1.38	13.38	1.63				
天　津									
河　北	17	0.07	1.95	9.14	0.02				
山　西									
内蒙古									
辽　宁	10	0.53	2.95	0.07				0.50	
吉　林	2	0.03	0.70	2.12	0.01	160			0.12
黑龙江									
上　海	41	3.83	19.82	991.34	1.72			1.07	0.01
江　苏	100	1.19	33.49	105.53	0.25	64	9.19	0.05	
浙　江	33	1.64	94.35	351.13	0.88				
安　徽	13	0.20	1.55	12.20	0.08			0.03	
福　建	6	0.36	2 700.36	37.62	0.02	115	65.00		
江　西	51	1	36.24	33.14	0.09				
山　东	5	0.56	1.85	96.65	0.06				
河　南									
湖　北	63	0.57	8.10	72.96	0.26	118	32.24	0.08	0.57
湖　南	59	1.03	32.06	91.78	0.43	235	60.86	0.16	
广　东	18	0.65	3.20	42.24	0.09	173	11.24	0.50	
广　西	1	0.02		2.10	…				
海　南	13	1.77	52.82	130.29	0.01				
重　庆	7	0.13	13.28	2.89	0.01				
四　川	3	0.23	1.84	1.20		1	…		
贵　州									
云　南	3	0.02	0.10	3.04	…			0.10	
西　藏									
陕　西	2	0.01	0.10	0.60					
甘　肃									
青　海									
宁　夏									
新　疆									

（续）

地　区	处理工业废弃物工程								
	运行数量（处）	总池容（万立方米）	废弃物处理量（万吨）	年产气量（万立方米）	供气户数（万户）	沼气发电		商品肥料（万吨）	商品饲料（万吨）
						装机容量（千瓦）	发电量（万千瓦时）		
全　国	**132**	**19.94**	**1 009**	**8 558.96**	**4.66**	**638**	**404.91**	**5.07**	**8.23**
北　京	2	0.11	6	3 480.00					0.7
天　津	2	2.06	53	1 290.00	0.01				
河　北	14	1.38	122	458.30	1.03				5.76
山　西									
内蒙古									
辽　宁									
吉　林	1	0.12	1	135.02	0.02	160	60.0		0.35
黑龙江									
上　海									
江　苏	14	2.06	33	158.76	0.35				
浙　江	8	0.61	98	61.34	0.01				
安　徽	2	0.44	11	284.40	0.35			1.08	
福　建									
江　西	18	0.47	37	51.94	0.15				
山　东	19	4.22	111	1 290.85	0.39	360	22.50	0.15	0.9
河　南	12	1.55	279	414.30	1.43				
湖　北	8	0.18	10	42.26	0.13	118	322.41	0.08	0.52
湖　南	3	0.09	5	72.75	0.16			3.75	
广　东	1	1.00	34	362.00				0.01	
广　西									
海　南	10	1.71	53	261.04					
重　庆									
四　川	14	1.76	50	2.50	0.14				
贵　州									
云　南									
西　藏									
陕　西	4	2.18	106	193.50	0.49				
甘　肃									
青　海									
宁　夏									
新　疆									

1996年各地区城镇生活污水净化沼气池情况

地区	合计			其中					
				公厕			医院		
	池数（处）	总池容（万立方米）	年处理量（万吨）	池数（处）	总池容（万立方米）	年处理量（万吨）	池数（处）	总池容（万立方米）	年处理量（万吨）
全国	**52 182**	**180.81**	**16 045.45**	**1 851**	**8.30**	**943.91**	**695**	**3.33**	**340.27**
北京	3	0.02	1.78	2	0.01				
天津	1 201	3.91	1.77	30	0.30	0.02	11	0.11	0.16
河北	17	0.11		17	0.11	1.77			
山西									
内蒙古									
辽宁									
吉林									
黑龙江									
上海	5	0.04	0.47	5	0.04	0.47			
江苏	1 202	3.16	348.09	99	0.28	30.72	27	0.12	13.41
浙江	4 867	14.94	2 566.62	251	1.89	523.12	42	0.37	133.20
安徽	88	0.27	1.11	29	0.15	0.62	4	0.01	0.03
福建	999	2.09	93.75	24	0.32	21.88	2	0.02	0.04
江西	558	1.23	92.67						
山东	3	0.01	0.01	3	0.01	0.01			
河南	47	0.11	7.76	3		0.03	1		
湖北	152	0.52	17.73	20	0.08	0.42	6	0.03	0.88
湖南	463	1.67	73.46	66	0.19	6.28	8	0.08	2.24
广东	601	0.53	7.12	98	0.08	1.47	24	0.02	0.87
广西	15	0.09	7.94	4	0.02	1.20	4	0.03	3.96
海南	186	1.31	91.81	17	0.09	5.66	11	0.10	6.71
重庆	21 285	52.27	2 994.97	991	2.59	192.97	446	1.50	18.38
四川	20 403	98.26	9 723.40	184	2.08	156.58	107	0.91	158.23
贵州	68	0.14	10.33						
云南	15	0.11	4.66	8	0.06	0.69	1	0.02	2.16
西藏									
陕西									
甘肃	4	0.02					1	0.01	
青海									
宁夏									
新疆									

(续)

地区	其中					
	居民楼			其他公共场所		
	池数（处）	总池容（万立方米）	年处理量（万吨）	池数（处）	总池容（万立方米）	年处理量（万吨）
全国	**47 462**	**161.85**	**14 203.45**	**2 174**	**7.33**	**557.82**
北京	1	0.01				
天津	1 160	3.50	1.60			
河北						
山西						
内蒙古						
辽宁						
吉林						
黑龙江						
上海						
江苏	982	2.23	264.72	94	0.53	39.24
浙江	4 252	11.87	1 764.50	322	0.81	145.80
安徽	3	0.02	0.04	52	0.09	0.42
福建	726	1.26	61.21	247	0.49	10.62
江西	558	1.23	92.67			
山东						
河南	24	0.07	4.63	19	0.04	3.10
湖北	90	0.32	15.57	36	0.09	0.86
湖南	246	0.90	41.27	143	0.50	23.67
广东	427	0.37	4.59	52	0.06	0.19
广西	5	0.03	2.43	2	0.01	0.35
海南	144	1.03	73.87	14	0.09	5.57
重庆	18 858	45.33	2 584.29	990	2.85	199.33
四川	19 912	93.52	9 281.15	200	1.75	127.44
贵州	68	0.14	10.33			
云南	3	0.01	0.58	3	0.02	1.23
西藏						
陕西						
甘肃	3	0.01				
青海						
宁夏						
新疆						

1996年各地区沼气综合利用情况

地区	沼气储粮		沼液浸种		沼液养猪	
	贮粮数量（吨）	减少粮食损失（吨）	播种面积（公顷）	增产粮食（吨）	头数（万头）	节约饲料（吨）
全国	**48 315.71**	**831.43**	**1 159 442**	**533 271**	**473.27**	**107 223.89**
北京			1 154	4 805	2.68	715.28
天津					0.21	189.00
河北	2.50	0.15	630	595	7.32	672.13
山西						
内蒙古						
辽宁			3 444	665	4.36	3 472.45
吉林	79.00	5.00	2 458	1 075	0.31	466.10
黑龙江						
上海					0.20	20.00
江苏	1 628.75	102.20	9 017	21 926	28.99	4 958.95
浙江			255	192	0.20	778.21
安徽			7 416	18 856	131.49	3 215.88
福建			2 185	1 100	3.86	2 566.92
江西	220.00	19.63	95 064	33 805	46.73	23 922.96
山东	1 040.00	63.20	137 372	96 900	15.26	8 128.39
河南	168.00	3.40	6 594	3 849	4.27	1 807.10
湖北	6 859.27	248.63	96 628	59 097	25.84	14 355.91
湖南	31 274.00	37.12	215 184	75 274	82.92	17 432.74
广东	36.00	2.10	16 041	4 350	31.46	12 754.73
广西			13 703	4 345	19.02	5 298.01
海南			819	733	0.26	235.35
重庆	131.00	10.00	34 927	14 472	24.04	2 253.30
四川	6 780.69	335.68	472 840	173 366	32.52	487.85
贵州			17 519	8 787	0.08	29.68
云南	20.00	0.20	2 236	1 669	0.67	465.84
西藏						
陕西	76.50	4.12	23 041	6 640	9.32	2 959.62
甘肃			915	770	1.23	37.49
青海						
宁夏						
新疆						

（续）

地区	沼液养鱼		沼渣种菇		水果保鲜	
	面积（公顷）	增加产量（吨）	面积（万平方米）	产量（吨）	数量（吨）	减少损失（吨）
全　国	**38 016.42**	**14 813.06**	**690.87**	**22 810.92**	**8 941**	**447**
北　京	80.00	94.99				
天　津	72.50	54.38				
河　北	1.33	0.80				
山　西						
内蒙古						
辽　宁	25.70	10.40	4.31	207.00		
吉　林	68.00	12.92	0.08	108.63		
黑龙江						
上　海	7.00	6.00				
江　苏	1 998.50	656.18	67.18	2 962.88		
浙　江	36.01	21.40	0.38	6.80		
安　徽	406.59	228.04	3.02	58.80		
福　建	120.80	108.79	9.04	755.46		
江　西	3 068.56	730.77	1.58	242.76		
山　东	738.06	190.05	5.15	516.99	130	13
河　南	286.66	282.37	0.80	112.50	18	1
湖　北	5 280.40	1 941.88	12.55	278.72		
湖　南	8 188.85	3 087.36	86.07	1 493.09	313	21
广　东	2 809.50	2 562.52	13.14	984.87	1 470	58
广　西	465.51	223.98	5.63	956.25		
海　南	95.00	33.25				
重　庆	3 092.40	369.63	208.73	9 755.00		
四　川	11 020.63	4 124.71	272.11	4 353.84	6 935	346
贵　州	14.00	0.40				
云　南	43.34	15.48	0.05	1.00		
西　藏						
陕　西	93.08	55.76	1.05	16.33	75	8
甘　肃	4.00	1.00				
青　海						
宁　夏						
新　疆						

1996 年各地区省柴节煤炉灶、省柴节煤炕、型煤加工情况

地区	省柴节煤炉灶（万户）			省柴节煤炕	煤矸石加工成型煤		原煤加工成型煤	
	总数	其中			点数	年加工量	点数	年加工量
		商品灶	型煤炉	（万铺）	（个）	（万吨）	（个）	（万吨）
全国	**17 682.12**	**3 537.22**	**2 811.93**	**1 690.68**	**578**	**303.24**	**12 989**	**5 016.07**
北京	73.60	5.19	44.26	9.11			256	115.01
天津	45.29	0.12	18.82	0.18			74	85.15
河北	1 006.02	212.57	291.07	103.69	36	26.04	594	610.16
山西	179.48	40.87	85.32	35.27	11	69.00	603	197.14
内蒙古	186.51	3.87	0.61	34.94				
辽宁	511.60	86.73	1.60	244.97	206	31.50	71	96.78
吉林	310.88	16.58	5.23	274.95				
黑龙江	67.23	44.62	13.76	200.57	7	1.32	14	24.10
上海	97.15							
江苏	1 307.40	34.04	164.51		1	1.50	870	282.02
浙江	895.95	40.44	116.85	115.46	4	3.60	121	189.07
安徽	1 224.32	28.10	159.76		212	50.37	662	202.03
福建	326.45	174.53	97.65				96	14.00
江西	600.11	74.59	84.53		4	0.54	327	110.34
山东	1 721.60	247.10	201.65	429.19	9	17.00	1 057	519.16
河南	1 398.39	191.00	131.68	1.14	43	36.50	2 046	683.24
湖北	1 073.24	110.32	210.79		7	31.00	993	197.74
湖南	1 375.09	368.29	478.78		14	1.79	1 330	680.06
广东	695.49	251.41	187.83	4.60	11	33.00	869	93.95
广西	775.88	214.95	62.69				388	45.10
海南	78.37	21.98	4.22				5	1.30
重庆	428.02	60.41	38.79				319	186.75
四川	1 323.23	757.08	184.10				1 042	194.27
贵州	262.94	58.51	19.20				137	221.47
云南	674.30	264.38	27.41				284	28.41
西藏								
陕西	522.62	18.47	43.30	100.31	13	0.08	522	175.59
甘肃	318.63	175.03	129.55	121.79				
青海	25.20	17.45	7.75	0.47			304	39.79
宁夏	36.26			10.59				
新疆	140.87	18.59	0.22	3.45			5	23.44

1996年各地区风能利用、微型水电、太阳能、农村地热利用情况

地区	小型风力发电机				风力提水机		微型水电	
	数量（台）	装机容量（千瓦）	发电量（万千瓦时）	用户数（户）	数量（台）	灌溉面积（公顷）	数量（台）	装机容量（千瓦）
全国	**158 520**	**23 382.6**	**3 953.24**	**20 440**	**1 101**	**2 658.70**	**81 885**	**164 302**
北京							24	240
天津	104	15.6	0.18	100	79	813.20		
河北	2 058	219.5	69.28	2 410	890	332.47	93	67
山西	32	4.2	0.32	33			13	111
内蒙古	140 507	15 061.0	3 134.64				2	1
辽宁	187	24.3					19	100
吉林	197	20.0	4.33	197				
黑龙江	120	3 287.2	1.02	117			6	220
上海								
江苏	418	72.2	4.91	176	64	79.55		
浙江	63	2 098.5	437.03	2 820			728	4 430
安徽	777	68.8	18.20	777	2	2.00	293	970
福建	303	126.1					364	827
江西	11	2.2	0.52	11			12 412	15 338
山东	1 480	384.2	43.69	1 836	41	1 425.70	4	22
河南	3 043	320.9	50.83	4 057	22	4.48	59	154
湖北	553	55.9	9.08	1 113			601	2 073
湖南	31	12.3	3.12	66			12 384	17 162
广东	8	2.1	0.60	8			1 973	14 170
广西	540	97.8	35.00	469			37 064	75 747
海南	51	254.2	55.66				11	96
重庆							122	150
四川	2	3.0					2 369	4 097
贵州	72	7.6	0.68	210			2 852	6 396
云南	22	4.4	0.91	22			8 333	10 701
西藏								
陕西	372	55.3	10.52	1 200			1 926	8 437
甘肃	3 478	384.0		3 518			123	2 265
青海	1 075	475.1			3	1.30	109	526
宁夏	1 720	200.1	57.24					
新疆	1 296	126.1	15.48	1 300			1	2

（续）

地区	微型水电		太阳灶	太阳房	太阳能热水器	太阳能干燥器		太阳能电池
	发电量（万千瓦时）	供应户数（户）	（台）	（万平方米）	（万平方米）	个	平方米	（个）
全　国	**19 571.20**	**820 242**	**195 243**	**455.49**	**524.41**	**16**	**3 189**	**881**
北　京	2.45	2 713	100	14.53	30.43			
天　津			106	4.30	13.07			
河　北	1.02	68	23 388	51.62	148.12	7	1 823	19
山　西	52.40	450	24	2.34	10.61			
内蒙古	0.84	12	5 148	6.81	1.07			
辽　宁			844	162.22	17.48	1	60	14
吉　林			590	66.07	1.16			
黑龙江	63.40	3 400	212	52.61	0.56			269
上　海					1.08			
江　苏			66	1.71	27.03			1
浙　江	87.09	4 621	55		5.52	2	558	2
安　徽	70.36	1 358	95	0.03	12.42	1	300	27
福　建								
江　西	1 497.68	35 577	2	0.30	0.33			
山　东	10.30	2 350	1 725	14.19	122.85			10
河　南	15.85	3 142	93	0.91	22.23	1	162	5
湖　北	403.05	8 462	1	10.46	4.13			
湖　南	5 115.99	70 650	110		0.89			
广　东	2 553.06	464 537	7		0.22	1	100	
广　西	6 720.93	64 148	4	0.12	1.10	1	60	
海　南	18.72	875	375		39.28			
重　庆	184.08	321						1
四　川	23.10	44 463	1 124	0.50	10.02			2
贵　州	440.26	46 060	8					
云　南	1 690.59	36 202	800	0.06	19.28	1	56	43
西　藏								
陕　西	337.83	20 568	143	12.85	5.52			207
甘　肃	230.20	3 265	125 436	39.84	13.56	1	70	281
青　海	52.00	7 000	31 103	10.13	4.90			
宁　夏			2 403	0.99	3.44			
新　疆			1 281	2.90	8.11			

（续）

地区	太阳能电池	太阳能暖圈		太阳能温室	塑料大棚	地热利用		
	（峰瓦）	个	万平方米	（万平方米）	（公顷）	点数（个）	种植面积（公顷）	养殖面积（公顷）
全国	**126 301.08**	**1 687 715**	**6 197.73**	**71 701.54**	**387 042.43**	**1 319**	**2 819.12**	**1 475.09**
北京		2 023	17.67	1 047.10	1 794.25	6	52.00	70.00
天津		1 900	7.20	1 079.80	2 924.95	17	37.17	72.53
河北	1 561	151 307	239.87	13 276.68	31 469.00	115	121.91	77.70
山西		4 170	2 093.80	2 089.50	9 623.70	12	76.40	12.70
内蒙古		19 077	91.15	619.55	1 261.00			
辽宁	4 085	551 216	768.80	18 582.21	21 562.24	19	31.08	6.50
吉林		20 193	302.96	1 042.07	33 480.46			
黑龙江	13 980	236 076	522.61	3 156.34	7 250.16			
上海					323.00			
江苏	500	105 400	66.37	71.38	23 221.07	64	109.90	50.27
浙江	48			0.22	6 438.43	24	2.90	12.98
安徽	873.58	16 682	10.33	1 063.19	50 631.38	70	6.00	15.86
福建						131	35.90	116.90
江西				1.67	10 413.95	78	96.60	115.04
山东	164	439 392	442.81	14 968.67	107 940.29	61	414.40	36.40
河南	830	526	0.56	10 599.35	25 037.52	44	58.80	15.80
湖北		15	0.03	56.26	25 884.41	78	240.68	540.15
湖南						47	16.03	17.60
广东				0.27	3.70	60	39.30	153.3
广西				0.25	10 642.72	225	400.60	4.60
海南	21 300							
重庆	50			0.30	3 125.50	1		4.20
四川	3 245.5			2.58	794.85	10	80.00	2.97
贵州						15	80.30	4.50
云南	3 636			0.53	3 223.78	159	316.65	15.99
西藏								
陕西	4 800	49 900	54.30	311.20	2 774.70	72	602.30	101.10
甘肃	5 170	89 782	1 537.40	620.74	3 803.60	3		27.80
青海						8	0.20	0.20
宁夏		56	0.20	980.48	284.77			
新疆	66 058		41.67	2 131.20	3 133.00			

1996年各地区农村节能炒茶灶、烤烟房、砖瓦窑设备情况

地区	节能炒茶灶			节能烤烟房			节能砖瓦窑		
	数量（万个）	加工（万吨）	节能量（万吨标煤）	数量（万座）	加工（万吨）	节能量（万吨标煤）	数量（万个）	加工量（万块）	节能量（万吨标煤）
全国	**22.35**	**28.75**	**12.36**	**184.73**	**519.05**	**61.08**	**53 648**	**9 749 479**	**121.25**
北京									
天津									
河北							1 033	461 124	4.61
山西				0.06	8.60	0.07	867	18 041	2.34
内蒙古				0.17	0.25	0.18	95	46 000	1.90
辽宁				0.65	3.05	0.20	462	178 795	1.79
吉林				2.95	1.63	1.17	842	1 254 628	25.19
黑龙江				4.16	12.07	5.65	667	200 379	21.17
上海									
江苏	0.05	0.46	0.03				436	264 170	6.08
浙江	5.92	6.20	3.80				1 331	69 570	0.73
安徽	1.30	1.67	0.30	1.66	25.55	0.22	814	359 468	3.58
福建									
江西	0.53	0.17	0.15	3.96	1.66	1.51	7 021	628 111	6.33
山东	0.08	0.08	0.03	15.67	3.65	0.29	3 251	888 011	9.77
河南	0.16	0.27	0.06	6.74	8.63	2.86	2 258	759 617	8.43
湖北	0.81	5.68	3.44	2.13	2.46	1.20	1 397	358 229	3.87
湖南	0.18	2.44	0.87	19.28	364.59	12.32	1 287	682 120	6.82
广东	5.22	4.55	1.94	6.13	3.03	1.02	6 828	207 679	2.26
广西	0.09	0.43	0.41	8.13	2.72	1.89	11 330	1 055 294	10.52
海南							42	6 880	0.69
重庆	0.01	0.09	0.04	21.75	13.28	5.55	425	26 469	0.26
四川	0.03	0.45	0.02	0.61	0.36	0.07	4 448	142 736	1.44
贵州	7.68	0.75	0.50	31.10	20.67	10.11	1 163	2 385	0.03
云南	0.13	5.26	0.73	48.15	39.33	13.36	3 439	166 696	1.69
西藏									
陕西	0.16	0.25	0.04	1.73	1.38	0.34	3 598	151 732	1.57
甘肃				9.70	6.14	3.07	614	17 928	0.18
青海									
宁夏									
新疆									

（以上各农村能源表由农业部环保能源司供稿　杨世基　王　丹整理）

1996年各地区农村水电基本情况

地区	电网由水利系统管理的县					
	总人口（人）	其中：农业人口（人）	耕地面积（公顷）	其中		国内生产总值万元
				灌溉面积（公顷）	其中 电力排灌面积（公顷）	
全国总计	**280 436 383**	**241 453 668**	**25 812 546**	**10 577 199**	**1 902 900**	**69 358 049**
北　京						
天　津						
河　北	534 170	489 921	42 183	23 549	16 933	69 983
山　西	1 094 877	978 600	492 872	314 133	5 070	5 635 972
内蒙古	445 586	376 197	134 471	33 243	22 793	204 227
辽　宁	657 196	481 730	52 975	16 933	506	258 392
吉　林	2 211 422	1 022 840	190 680	25 053	13 336	672 117
黑龙江						
上　海						
江　苏						
浙　江						
安　徽	2 662 805	2 376 252	123 668	85 452	14 308	516 117
福　建	27 244 342	2 340 577	1 589 057	1 103 190	148 445	1 378 933
江　西	24 800 699	2 095 650	1 529 913	1 200 968	188 720	6 432 889
山　东						
河　南	792 981	737 721	71 460	13 630	3 420	109 972
湖　北	9 423 375	8 079 635	2 876 781	491 094	54 012	1 543 753
湖　南	22 445 000	1 943 870	1 196 440	911 540	239 690	5 324 778
广　东	9 826 798	7 652 449	646 922	538 343	137 419	3 209 057
广　西	31 517 146	2 790 713	1 862 381	931 541	154 162	7 537 704
海　南						
重　庆						
四　川	77 055 899	6 784 019	6 925 018	1 920 484	403 859	1 327 910
贵　州	14 329 736	1 307 867	814 152	260 032	39 146	1 764 694
云　南	34 205 741	2 995 911	3 639 021	948 535	130 834	5 818 671
西　藏						
陕　西	2 539 324	2 297 508	284 916	45 495	11 210	327 278
甘　肃	9 522 732	7 535 154	1 479 242	560 929	179 467	1 402 276
青　海	731 950	525 319	134 341	21 033	1 723	156 247
宁　夏	107 736	98 471	280 000	26 250		7 097
新　疆	8 286 868	6 215 773	1 446 053	1 105 772	137 847	1 298 383
水利部部直属						

(续)

地　　区	电网由水利系统管理的县			地方电力	上国家	上网电价
	国内生产总值	乡镇企业总产值		工业产值	电网电量	
	年增长率（%）	万元	年增长率（%）	（万元）	（万千瓦时）	（元/万千瓦时）
全国总计	**18**	**63 932 656**	**75**	**1 049 182**	**2 204 412**	**19.1**
北　　京					8 880	17.0
天　　津					2 235	27.6
河　　北	34	169 000	61	3 923	37 235	20.4
山　　西	11	144 936	35	4 147	23 079	8.9
内 蒙 古		40 802		3 426	7 871	25.8
辽　　宁	26	257 012	10	10 942	60 851	22.5
吉　　林	10	459 590	24	12 458	14 171	16.4
黑 龙 江				8 555	29 433	34.4
上　　海						
江　　苏				382	5 000	
浙　　江				31 059	86 234	26.1
安　　徽	26	1 078 753	73	3 759	16 854	29.3
福　　建	27	1 634 424	40	118 317	106 569	18.2
江　　西	12	6 148 777	51	57 818	34 150	17.9
山　　东				1 037	6 767	28.1
河　　南	30	299 917	52	5 409	230	14.0
湖　　北	18	1 125 435	38	52 717	152 318	20.2
湖　　南	14	611 588	29	94 064	241 915	14.3
广　　东	8	3 495 672	13	138 826	276 768	29.9
广　　西	25	1 564 697	56	85 370	56 598	20.1
海　　南				11 872		
重　　庆						
四　　川	13	1 465 848	35	202 163	375 060	25.6
贵　　州	6	601 778	28	23 105	49 931	10.8
云　　南	17	1 871 030	55	88 783	63 023	16.5
西　　藏						
陕　　西	12	109 786	24	8 784	44 276	19.7
甘　　肃	54	630 513	34	10 186	25 416	15.4
青　　海	33	5 154	9	3 484	8 616	12.0
宁　　夏		3 778		153	885	8.5
新　　疆	9	229 434	21	57 365	1 414	13.0
水 利 部						
部 直 属				11 078	468 633	8.9

（续）

地　区	乡（镇）电管站（个）	县电力工业从业人数（人）	其中：技术人员（人）	乡（镇）电力工业从业人数（人）	其中：技术人员（人）	农村电工（人）
全国总计	**14 001**	**474 972**	**70 599**	**214 504**	**29 886**	**310 686**
北　京						
天　津						
河　北	52	2 448	297	509	71	553
山　西	188	2 991	401	1 006	179	2 650
内蒙古	96	1 720	355	673	85	1 265
辽　宁	294	4 967	708	1 863	225	5 973
吉　林	155	5 044	937	1 411	200	1 714
黑龙江		2 046	939	774	355	346
上　海						
江　苏		577	48			
浙　江	607	11 119	1 826	10 198	2 429	9 737
安　徽	348	3 596	840	2 871	619	2 520
福　建	763	35 068	5 390	24 279	2 904	26 688
江　西	1 354	35 758	3 727	21 702	3 709	28 878
山　东	47	931	191	140	47	157
河　南	93	5 938	540	2 213	203	3 911
湖　北	516	23 899	6 018	10 876	1 880	16 009
湖　南	1 687	49 638	8 043	15 094	3 121	29 620
广　东	1 844	48 054	6 948	40 736	3 931	35 222
广　西	702	42 428	5 504	9 596	841	43 219
海　南	250	7 530	693	1 212	22	3 105
重　庆						
四　川	2 382	97 219	14 247	36 846	5 595	45 311
贵　州	418	14 817	2 579	7 066	803	8 162
云　南	695	33 502	4 738	7 721	732	22 555
西　藏						
陕　西	342	5 787	896	8 299	875	6 562
甘　肃	339	11 334	1 356	2 372	316	5 487
青　海	92	2 761	454	265	69	1 012
宁　夏		134	12	28	25	50
新　疆	737	22 495	2 351	6 754	650	9 980
水利部部直属		3 171	561			

1996年各地区年末装机拥有量

地区	总计			其中：水电 合计		
	处	台	容量（千瓦）	处	台	容量（千瓦）
全国总计	**49 808**	**76 142**	**24 294 716**	**45 197**	**69 106**	**21 642 952**
北京	108	218	56 657	108	218	56 657
天津	1	4	5 800	1	4	5 800
河北	197	369	247 462	197	369	247 462
山西	196	378	135 693	196	378	135 693
内蒙古	2 451	2 496	43 900	27	69	38 860
辽宁	126	320	181 636	125	317	174 136
吉林	124	332	174 081	124	332	174 081
黑龙江	62	200	146 735	59	193	109 235
上海						
江苏	125	283	32 746	125	283	32 746
浙江	2 469	4 081	1 080 369	2 469	4 081	1 080 369
安徽	804	1 244	215 443	804	1 244	215 443
福建	5 846	8 659	2 510 089	5 181	7 609	2 141 442
江西	4 884	6 355	964 771	4 869	6 333	922 741
山东	218	446	76 849	218	446	76 849
河南	776	1 286	268 820	776	1 286	268 820
湖北	2 517	4 003	1 200 335	2 491	3 972	1 178 425
湖南	4 867	7 407	2 197 443	4 842	7 359	2 069 953
广东	5 515	9 342	2 618 548	5 500	9 305	2 552 423
广西	3 577	5 170	1 967 838	2 905	4 327	1 374 415
海南	327	1 257	278 186	312	599	199 027
重庆						
四川	5 422	8 520	3 892 726	5 356	8 392	3 303 442
贵州	1 244	2 046	799 755	1 233	2 023	729 255
云南	3 112	4 400	1 814 105	3 037	4 294	1 641 085
西藏	565	682	159 285	565	682	159 285
陕西	2 519	2 846	259 879	2 519	2 846	259 879
甘肃	442	684	250 616	442	684	250 616
青海	138	279	140 892	133	264	133 290
宁夏	9	17	6 001	9	17	6 001
新疆	1 159	2 782	1 020 656	566	1 144	558 122
水利部部直属	8	36	1 547 400	8	36	1 547 400

（续）

地　区	其　中：水　电					
	大中型电站			小型电站		
	处	台	容量（千瓦）	处	台	容量（千瓦）
全国总计	**23**	**78**	**2 442 200**	**45 174**	**69 028**	**19 200 752**
北　京				108	218	56 657
天　津				1	4	5 800
河　北				197	369	247 462
山　西				196	378	135 693
内蒙古				27	69	38 860
辽　宁				125	317	174 136
吉　林				124	332	174 081
黑龙江				59	193	109 235
上　海						
江　苏				125	283	32 746
浙　江				2 469	4 081	1 080 369
安　徽				804	1 244	215 443
福　建	3	7	127 900	5 178	7 602	2 013 542
江　西				4 869	6 333	922 741
山　东				218	446	76 849
河　南				776	1 286	268 820
湖　北				2 491	3 972	1 178 425
湖　南	5	17	345 500	4 837	7 342	1 724 453
广　东				5 500	9 305	2 552 423
广　西	3	9	173 000	2 902	4 318	1 201 415
海　南				312	599	199 027
重　庆						
四　川	7	18	285 000	5 349	8 374	3 018 442
贵　州				1 233	2 023	729 255
云　南	1	7	64 800	3 036	4 287	1 576 285
西　藏				565	682	159 285
陕　西				2 519	2 846	259 879
甘　肃				442	684	250 616
青　海				133	264	133 290
宁　夏				9	17	6 001
新　疆				566	1 144	558 122
水利部部直属	4	20	1 446 000	4	16	101 400

1996年各地区全年发电量

单位：万千瓦时

地区	总计	其中：水电 合计	大中型电站	小型电站
全国总计	**7 794 595**	**7 004 796**	**808 787**	**6 196 009**
北京	8 880	8 880		8 880
天津	2 235	2 235		2 235
河北	70 975	70 975		70 975
山西	34 231	34 231		34 231
内蒙古	11 612	8 901		8 901
辽宁	50 644	49 617		49 617
吉林	52 171	52 171		52 171
黑龙江	46 648	30 151		30 151
上海				
江苏	5 078	5 078		5 078
浙江	195 248	195 248		195 248
安徽	42 476	42 476		42 476
福建	748 074	662 741	25 802	636 939
江西	250 387	233 599		233 599
山东	6 836	6 836		6 836
河南	55 371	55 371		55 371
湖北	387 310	381 344		381 344
湖南	696 966	661 623	119 954	541 669
广东	801 229	792 532		792 532
广西	627 638	480 077	71 438	408 639
海南	55 385	54 068		54 068
重庆				
四川	1 681 280	1 413 203	110 444	1 302 759
贵州	258 222	228 684		228 684
云南	658 572	627 602	22 836	604 766
西藏	42 000	42 000		42 000
陕西	62 582	62 582		62 582
甘肃	80 715	80 715		80 715
青海	43 865	41 435		41 435
宁夏	1 236	1 236		1 236
新疆	308 656	171 112		171 112
部直属	508 073	508 073	458 313	49 760

1996年各地区发电设备年平均利用小时

单位：时

地 区	总 计	其中：水电 合 计	大中型电站	小型电站
全国总计	**3 387**	**3 403**	**3 548**	**3 385**
北 京	1 567	1 567		1 567
天 津	3 853	3 853		3 853
河 北	2 895	2 895		2 895
山 西	2 566	2 566		2 566
内蒙古	3 319	2 634		2 634
辽 宁	2 808	2 870		2 870
吉 林	3 115	3 115		3 115
黑龙江	3 179	2 760		2 760
上 海				
江 苏	1 551	1 551		1 551
浙 江	1 952	1 952		1 952
安 徽	2 055	2 055		2 055
福 建	3 302	3 348	2 801	3 375
江 西	2 747	2 686		2 686
山 东	895	895		895
河 南	2 123	2 123		2 123
湖 北	3 352	3 365		3 365
湖 南	3 315	3 342	3 784	3 258
广 东	3 165	3 214		3 214
广 西	3 350	3 679	4 184	3 603
海 南	2 012	2 754		2 754
重 庆				
四 川	4 703	4 654	5 841	4 575
贵 州	3 342	3 246		3 246
云 南	3 832	4 025	3 524	4 047
西 藏	2 732	2 732		2 732
陕 西	2 521	2 521		2 521
甘 肃	3 524	3 524		3 524
青 海	3 254	3 258		3 258
宁 夏	2 060	2 060		2 060
新 疆	3 197	3 143		3 143
水利部部直属	3 283	3 283	3 170	4 907

1996年各地区小型水电站年末装机拥有量

地区	总装机100千瓦及以下电站			单机500千瓦及以上电站			有调节能力电站	
	处	台	容量（千瓦）	处	台	容量（千瓦）	处	容量（千瓦）
全国总计	**24 107**	**26 285**	**769 088**	**3 191**	**8 340**	**12 244 666**	**9 641**	**8 875 542**
北　京	14	14	876	10	26	28 000	2	8 400
天　津				1	4	5 800	1	5 800
河　北	57	60	2 657	47	115	211 762	26	66 864
山　西	58	65	2 556	24	68	87 840	20	33 470
内蒙古	2	2	130	6	22	19 720	8	19 095
辽　宁	22	23	1 337	23	72	132 400	51	128 277
吉　林	5	8	338	37	109	125 104	35	84 045
黑龙江				11	40	81 650	19	86 920
上　海								
江　苏	14	21	733	2	5	2 800		
浙　江	846	954	51 485	161	416	581 960	1 277	743 202
安　徽	476	599	17 663	29	67	111 120	452	171 141
福　建	2 706	2 841	100 056	260	661	1 192 590	753	1 172 566
江　西	3 404	3 689	67 344	147	371	524 780	958	610 925
山　东	83	104	4 236	13	51	35 600	140	62 863
河　南	543	703	25 556	62	167	185 020	105	96 944
湖　北	1 210	1 474	53 750	268	665	830 681	891	470 504
湖　南	3 133	3 289	68 603	239	803	1 172 539	955	1 000 211
广　东	1 972	2 042	92 232	415	1 133	1 333 710	1 873	1 362 762
广　西	1 821	2 019	22 476	234	642	880 610	279	501 237
海　南	49	52	2 604	47	118	114 500	129	98 912
重　庆								
四　川	2 378	2 512	97 062	456	1 086	1 887 410	1 077	1 090 217
贵　州	510	579	28 263	121	264	502 780	330	335 102
云　南	2 107	2 381	62 831	326	789	1 278 941	143	324 579
西　藏	1	1	55	11	28	17 000		
陕　西	2 248	2 296	33 624	51	125	160 330	47	87 992
甘　肃	241	270	14 491	58	148	196 529	20	37 884
青　海	26	27	1 253	31	76	102 130	7	13 725
宁　夏	6	11	631	3	6	5 370		
新　疆	175	249	16 246	94	248	336 890	39	162 805
水利部部直属				4	15	99 100	4	99 100

（续）

地　区	国有电站			直接上省及以上电网电站		直接上地、县电网电站	
	处	台	容量（千瓦）	处	容量（千瓦）	处	容量（千瓦）
全国总计	**7 795**	**17 507**	**13 253 518**	**4 131**	**4 442 625**	**15 615**	**12 364 824**
北　京	20	54	29 910	108	56 657		
天　津	1	4	5 800	1	5 800		
河　北	96	219	231 690	151	220 601	6	24 490
山　西	59	143	101 685	38	44 051	84	81 963
内蒙古	14	45	24 675	9	28 580	16	7 840
辽　宁	60	170	150 736	22	118 545	101	59 626
吉　林	57	166	137 494	20	33 859	104	140 222
黑龙江	42	137	96 490	52	61 645	7	47 350
上　海							
江　苏	93	245	31 643	6	4 936	68	25 523
浙　江	331	791	602 330	652	327 455	1 496	717 408
安　徽	85	180	130 474	33	77 642	315	115 222
福　建	431	1 033	1 170 683	113	250 070	2 466	1 636 243
江　西	526	1 152	646 095	49	90 915	978	681 676
山　东	137	314	68 774			122	67 152
河　南	136	332	192 696	1	1 600	279	230 060
湖　北	420	939	677 727	415	347 895	1 198	677 607
湖　南	587	1 651	1 301 409	550	431 582	1 123	1 190 528
广　东	801	1 923	1 287 686	886	569 291	3 160	1 909 121
广　西	775	1 690	1 025 785	18	111 300	893	966 510
海　南	232	465	180 738	150	151 680		
重　庆							
四　川	827	1 822	1 956 311	499	675 509	2 171	1 917 662
贵　州	331	713	594 524	41	181 285	223	346 892
云　南	454	1 045	1 390 097	63	264 328	449	950 600
西　藏	565	682	159 285				
陕　西	161	332	195 603	153	162 873	54	30 540
甘　肃	152	330	221 414	63	83 980	73	91 512
青　海	97	217	129 897	25	35 445	53	86 810
宁　夏	9	17	6 001	9	6 001		
新　疆	292	681	406 766			176	362 267
水利部部直属	4	15	99 100	4	99 100		

1996年各地区小型水电站全年发电量

单位：万千瓦时

地区	总装机100千瓦及以下电站	单机500千瓦及以上电站	有调节能力电站	国有电站	直接上省及以上电网电站	直接上地、县电网电站
全国总计	**160 095**	**4 390 819**	**2 756 480**	**4 545 552**	**1 336 376**	**4 155 375**
北京	51	4 343		4 941	8 880	
天津		2 235	2 235	2 235	2 235	
河北	173	64 449	21 944	67 902	61 040	9 553
山西	69	26 537	9 665	28 262	13 390	19 980
内蒙古	41	7 855	7 552	7 915	7 465	1 610
辽宁	190	39 208	39 465	44 636	37 470	12 822
吉林	58	40 285	24 413	43 033	9 972	42 199
黑龙江		25 066	25 711	26 175	17 811	12 340
上海						
江苏	56	633		4 900	712	4 123
浙江	6 803	112 670	133 645	118 887	60 738	124 992
安徽	1 375	25 074	36 352	29 270	19 452	20 901
福建	37 664	385 997	348 589	354 874	63 683	500 013
江西	11 515	147 507	154 527	175 722	23 889	181 572
山东	146	4 641	6 300	6 251		6 821
河南	2 139	45 748	25 087	40 759	230	51 513
湖北	13 897	287 644	159 006	275 862	71 055	283 220
湖南	9 041	411 783	298 359	439 072	131 499	383 458
广东	18 002	458 474	438 143	428 428	154 512	611 097
广西	3 467	332 460	173 056	379 240	46 333	342 443
海南	198	36 556	27 892	50 801	46 070	
重庆						
四川	23 473	868 528	452 480	919 921	286 712	821 935
贵州	3 502	179 192	109 342	198 344	64 826	127 773
云南	13 815	523 859	120 271	515 867	82 927	407 283
西藏	5	53 100		42 000		
陕西	8 460	40 462	15 044	47 721	38 434	9 940
甘肃	3 226	68 795	15 747	74 441	26 919	31 041
青海	109	32 748	5 146	40 462	9 126	28 968
宁夏	93	1 143		1 236	1 236	
新疆	2 527	114 067	56 749	126 635		119 778
水利部部直属		49 760	49 760	49 760	49 760	

1996 年各地区年末用电设备拥有量

单位：千瓦

地区	总计	农村					
		合计	农林牧副渔水利业				乡镇工业
			小计	排灌	生产	农副加工	小计
全国总计	**48 521 414**	**26 903 355**	**11 507 444**	**4 758 880**	**1 549 502**	**5 199 062**	**7 751 484**
北京							
天津							
河北	113 825	87 765	66 175	40 105	145	25 925	14 355
山西	139 407	135 052	45 160	20 589	9 802	14 769	54 952
内蒙古	243 792	157 150	84 813	52 004	7 117	25 692	34 973
辽宁	1 158 219	718 148	192 064	39 495	36 520	116 049	322 128
吉林	834 890	439 017	172 745	7 022	72 619	93 104	137 056
黑龙江							
上海							
江苏							
浙江	1 971 676	1 039 469	297 978	75 585	94 302	128 091	451 749
安徽	344 126	231 839	78 654	11 383	16 316	50 955	69 721
福建	5 534 859	3 336 907	859 856	171 817	295 928	392 111	1 495 840
江西	2 882 798	1 886 956	996 285	543 082	81 628	371 575	502 501
山东							
河南	189 585	60 256	40 636	2 552	7 203	30 881	9 027
湖北	2 332 904	1 224 577	485 123	209 128	79 052	196 943	292 862
湖南	2 940 855	1 547 497	670 289	315 584	54 678	300 027	460 390
广东	3 874 351	2 072 877	636 169	251 583	138 234	246 352	645 801
广西	5 439 441	2 831 637	1 098 361	429 652	79 379	589 330	774 163
海南	79 857	75 649	26 087	750	17 185	8 152	20 727
重庆							
四川	8 755 231	4 372 985	1 959 662	781 725	198 690	979 247	1 117 974
贵州	1 130 516	635 386	311 205	90 861	25 834	194 510	146 127
云南	6 054 381	3 032 926	1 489 196	462 610	168 102	858 484	611 138
西藏							
陕西	425 668	301 837	189 135	97 070	25 724	66 341	55 017
甘肃	1 916 168	1 408 887	981 364	675 688	49 819	255 857	307 275
青海	182 757	118 776	78 976	33 490	17 770	27 716	16 747
宁夏	8 122	5 336	3 147			3 147	695
新疆	1 967 986	1 182 426	744 364	447 105	73 455	223 804	210 266

（续）

地　区	农　村			县　城				地及地以上工业
	乡镇工业 村及村以下工业	居民生活	其　他	合　计	县办工业	居民生活	其他	
全国总计	**2 762 744**	**6 416 375**	**1 228 052**	**21 618 059**	**13 391 904**	**5 128 184**	**3 097 971**	**1 515 481**
北　京								
天　津								
河　北	12 595	7 025	210	26 060	18 995	2 515	4 550	950
山　西	9 401	28 120	6 820	4 355	3 800		555	
内蒙古	11 909	23 684	13 680	86 642	58 825	17 759	10 058	
辽　宁	171 580	133 223	70 733	440 071	296 706	88 038	55 327	27 600
吉　林	68 806	90 867	38 349	395 873	291 563	76 747	27 563	50 490
黑龙江								
上　海								
江　苏								
浙　江	253 789	213 541	76 201	932 207	571 799	199 504	160 904	15 792
安　徽	23 297	62 830	20 634	112 287	87 522	14 059	10 706	
福　建	500 435	824 435	156 776	2 197 952	1 270 983	483 456	443 513	37 683
江　西	154 980	340 852	47 318	995 842	712 805	211 250	71 787	56 513
山　东								
河　南	6 927	8 315	2 278	129 329	101 709	22 800	4 820	
湖　北	103 340	399 034	47 558	1 108 327	793 446	235 549	79 332	90 032
湖　南	162 871	352 577	64 241	1 393 358	907 368	290 360	195 630	76 365
广　东	242 390	663 444	127 463	1 801 474	1 163 015	428 014	210 445	60 367
广　西	242 070	859 655	99 458	2 607 804	1 643 200	628 300	336 304	416 927
海　南	750	27 900	935	4 208	3 998	210		
重　庆								
四　川	301 226	1 083 938	211 411	4 382 246	2 595 908	1 045 651	740 687	311 897
贵　州	71 891	157 669	20 385	495 130	306 442	162 360	26 328	20 087
云　南	202 354	805 648	126 944	3 021 455	1 647 451	862 344	511 660	242 114
西　藏								
陕　西	30 584	45 905	11 780	123 831	89 711	23 777	10 343	640
甘　肃	126 248	92 506	27 742	507 281	296 094	147 088	64 099	5 310
青　海	6 925	15 777	7 276	63 981	24 996	29 052	9 933	25 000
宁　夏	87	1 440	54	2 786	1 452	764	570	
新　疆	58 289	177 990	49 806	785 560	504 116	158 587	122 857	77 714

1996年各地区全年用电量

单位：万千瓦时

地区	总计	农村					
		合计	农林牧副渔水利业				乡镇工业
			小计	排灌	生产	农副加工	小计
全国总计	**7 655 704**	**3 369 843**	**952 349**	**375 272**	**163 790**	**413 287**	**1 313 915**
北京							
天津							
河北	13 049	8 031	3 482	1 525	335	1 622	1 692
山西	13 698	11 447	1 553	638	78	837	6 236
内蒙古	18 735	8 525	3 315	2 146	225	944	1 686
辽宁	384 477	54 184	5 409	1 503	586	3 320	25 934
吉林	101 726	26 554	4 587	212	1 799	2 576	8 231
黑龙江							
上海							
江苏							
浙江	251 515	130 676	27 482	5 960	14 054	7 468	51 336
安徽	36 510	22 318	6 371	1 409	1 529	3 433	9 377
福建	1 131 280	650 030	95 415	9 088	40 466	45 861	387 589
江西	361 466	193 424	74 630	35 244	8 910	30 476	59 875
山东							
河南	20 390	5 826	2 454	379	595	1 480	1 971
湖北	343 726	115 237	32 232	5 770	9 877	16 585	42 735
湖南	470 049	193 913	50 779	11 447	8 339	30 993	85 577
广东	561 934	249 553	51 426	7 711	16 118	27 597	107 011
广西	761 129	301 920	93 700	45 910	8 514	39 276	90 723
海南	14 744	13 218	3 683	126	1 117	2 440	7 145
重庆							
四川	1 436 380	580 544	120 903	33 323	20 383	67 197	219 729
贵州	222 342	98 703	35 611	8 528	5 063	22 020	29 794
云南	881 070	333 319	109 491	45 779	9 731	53 981	104 201
西藏							
陕西	47 910	28 864	12 028	2 841	3 267	5 920	8 426
甘肃	237 569	168 858	114 427	90 785	5 136	18 506	33 091
青海	50 512	13 732	7 104	2 370	1 413	3 321	855
宁夏	762	432	182			182	41
新疆	294 731	160 535	96 085	62 578	6 255	27 252	30 660

（续）

地　区	农村			县城				地及地以上工业
	乡镇工业 村及村以下工业	居民生活	其他	合计	县办工业	居民生活	其他	
全国总计	**440 541**	**962 050**	**141 529**	**4 285 861**	**2 891 058**	**948 041**	**446 762**	**433 615**
北　京								
天　津								
河　北	501	2 751	106	5 018	2 354	2 289	375	256
山　西	1 789	2 559	1 099	2 251	2 249		2	
内蒙古	462	2 893	631	10 210	8 062	1 261	887	
辽　宁	14 932	20 711	2 130	330 293	179 066	145 320	5 907	6 890
吉　林	3 103	10 228	3 508	75 172	51 066	15 721	8 385	20 615
黑龙江								
上　海								
江　苏								
浙　江	28 340	45 282	6 576	120 839	87 430	23 001	10 408	3 023
安　徽	3 031	5 875	695	14 192	10 043	3 623	526	
福　建	131 657	141 348	25 678	481 250	316 122	86 693	78 435	6 792
江　西	18 630	52 920	5 999	168 042	115 960	42 890	9 192	21 930
山　东								
河　南	1 471	1 090	311	14 564	12 455	1 799	310	
湖　北	11 688	33 048	7 222	228 489	186 330	29 969	12 190	20 113
湖　南	24 094	52 721	4 836	276 136	181 276	54 808	40 052	17 385
广　东	45 951	76 469	14 647	312 381	209 802	70 044	32 535	11 356
广　西	24 118	110 384	7 113	459 209	330 025	88 792	40 392	87 567
海　南	195	2 227	163	1 526	1 495	31		
重　庆								
四　川	66 108	214 540	25 372	855 836	569 242	184 303	102 291	117 962
贵　州	13 632	29 921	3 377	123 639	71 557	42 411	9 671	7 629
云　南	25 288	103 257	16 370	547 751	384 855	98 997	63 899	86 836
西　藏								
陕　西	3 402	7 187	1 223	19 046	13 234	3 990	1 822	
甘　肃	8 261	17 361	3 979	68 711	47 274	16 547	4 890	1 202
青　海	504	2 692	3 081	36 780	25 436	5 633	5 711	6 974
宁　夏	7	178	31	330	132	192	6	
新　疆	13 377	26 408	7 382	134 196	85 593	29 727	18 876	17 085

1996年各地区通电情况

地区	县（市）（个）			乡（镇）（个）			
	有水电的县	水电供电为主的县	电网由水利系统管理的县	行政区划数	已通电数	水电供电的乡	通电率（%）
全国总计	**1 576**	**798**	**754**	**34 323**	**33 138**	**16 683**	
北京	7			160	160		100.00
天津							
河北	38	1	1	825	825	33	100.00
山西	41	5	5	788	788	55	100.00
内蒙古	8	2	3	193	193	38	100.00
辽宁	19	2	2	590	590	40	100.00
吉林	24	4	9	424	424	127	100.00
黑龙江	23	3		54	49	29	90.74
上海							
江苏	26			2 046	2 046		100.00
浙江	60	15		1 560	1 560	488	100.00
安徽	30	5	8	772	772	145	100.00
福建	65	50	61	1 005	1 005	813	100.00
江西	90	46	64	1 930	1 930	1 174	100.00
山东	48			1 065	1 065		100.00
河南	62	2	2	1 050	1 050	78	100.00
湖北	63	30	23	1 719	1 716	943	99.83
湖南	97	62	49	2 252	2 252	1 423	100.00
广东	88	46	25	1 603	1 603	904	100.00
广西	89	47	72	1 358	1 341	948	98.75
海南	18	12		303	298	210	98.35
重庆							
四川	207	144	154	6 290	6 080	4 678	96.66
贵州	81	52	40	1 481	1 393	1 064	94.06
云南	119	96	113	1 575	1 558	1 264	98.92
西藏	44	44		886	283	281	31.94
陕西	64	18	12	1 769	1 691	690	95.59
甘肃	57	30	42	1 201	1 184	534	98.58
青海	34	21	18	418	337	119	80.62
宁夏	2	1	1	22	22	8	100.00
新疆	72	60	50	984	923	597	93.80

(续)

地区	村(个)				户(户)		
	行政区划数	已通电数	水电供电的村	通电率(%)	总户数	已通电数	通电率(%)
全国总计	**557 491**	**525 931**	**203 144**	**94.34**	**185 727 807**	**170 362 332**	**91.73**
北京	2 344	2 344	5	100.00	921 000	921 000	100.00
天津							
河北	13 497	13 468	503	99.79	4 003 387	3 962 750	98.98
山西	13 907	13 524	800	97.25	2 460 869	2 359 840	95.89
内蒙古	1 725	1 663	210	96.41	636 704	503 725	79.11
辽宁	6 805	6 805	426	100.00	3 001 527	2 987 699	99.54
吉林	4 828	4 828	1 393	100.00	2 258 839	2 254 954	99.83
黑龙江	710	627	445	88.31	109 739	106 009	96.60
上海							
江苏	35 443	34 975		98.68	15 081 500	13 600 000	90.18
浙江	38 653	38 329	10 930	99.16	10 022 701	9 999 758	99.77
安徽	11 740	11 740	1 467	100.00	4 448 662	4 130 137	92.84
福建	15 066	15 066	11 663	100.00	6 772 564	6 691 056	98.80
江西	21 108	20 657	12 180	97.86	8 418 982	7 943 854	94.36
山东	40 650	40 650		100.00	9 965 088	9 965 088	100.00
河南	21 604	20 964	1 554	97.04	9 680 372	8 416 833	86.95
湖北	32 635	32 073	10 671	98.28	9 852 097	9 284 337	94.24
湖南	46 516	45 372	24 318	97.54	15 424 515	14 212 013	92.14
广东	56 121	54 509	19 655	97.13	13 052 868	12 712 596	97.39
广西	15 146	14 349	9 628	94.74	9 202 769	8 424 491	91.54
海南	2 698	2 372	1 575	87.92	1 330 813	1 092 394	82.08
重庆							
四川	76 022	72 083	51 526	94.82	30 660 572	28 514 935	93.00
贵州	25 942	19 807	14 275	76.35	7 596 838	5 271 947	69.40
云南	13912	12 468	9 293	89.62	8 855 532	7 287 088	82.29
西藏	7 500	2 488	2 488	33.17	328 132	99 200	30.23
陕西	24 350	19 845	5 517	81.50	4 490 183	3 538 448	78.80
甘肃	13 453	11 824	4 599	87.89	3 250 658	2 702 054	83.12
青海	3 986	3 296	1 410	82.69	630 618	515 124	81.69
宁夏	164	164	76	100.00	72 507	66 565	91.80
新疆	10 966	9 641	6 537	87.92	3 197 771	2 798 437	87.51

1996年各地区电网由水利系统管理的县经营管理情况

地区	装机容量（千瓦）	发电量（万千瓦时）	厂用电量（万千瓦时）	购入县外电量（万千瓦时）		输出县外电量（万千瓦时）
				合计	其中：国家电网	合计
全国总计	**14 371 577**	**4 810 382**	**106 134**	**3 386 426**	**2 220 173**	**1 047 993**
北京						
天津						
河北	14 890	7 164	17	9 956	9 956	3 098
山西	45 458	12 086	191	964	964	5 373
内蒙古	28 866	9 623	80	4 338	4 338	2 036
辽宁	53 502	14 458	216	27 368	21 418	380
吉林	137 646	43 759	620	54 922	51 773	11 132
黑龙江						
上海						
江苏						
浙江						
安徽	153 973	30 859	282	43 888	22 734	9 872
福建	1 954 961	578 609	5 331	695 703	500 193	70 250
江西	846 570	225 225	5 588	178 860	139 369	41 213
山东						
河南	51 542	9 911	140	12 558	12 558	77
湖北	734 648	252 328	4 372	115 352	110 944	60 538
湖南	1 404 594	435 973	11 060	189 812	95 160	114 743
广东	1 166 611	376 327	7 646	128 029	77 247	93 431
广西	1 286 478	412 991	8 872	526 068	310 784	90 928
海南	40 530	11 258	33	1 792	1 680	1 774
重庆						
四川	3 253 881	1 307 976	34 206	602 249	313 864	348 345
贵州	490 753	129 078	3 364	57 022	45 071	12 003
云南	1 671 760	617 481	8 762	532 657	371 453	125 481
西藏						
陕西	84 108	42 987	2 585	13 647	11 093	17 251
甘肃	204 182	69 394	1 825	110 289	107 466	18 662
青海	80 802	27 509	614	3 332	3 332	226
宁夏	6 001	1 236	102	1 049	542	885
新疆	659 821	194 150	10 228	76 571	8 234	20 295

（续）

地　区	输出县外电量（万千瓦时）其中：国家电网	总供电量（万千瓦时）	售电量（万千瓦时）	网损电量（万千瓦时）	网损率（%）	售电总收入（万元）
全国总计	**588 533**	**8 090 674**	**7 208 152**	**852 499**	**10.54**	**2 001 517**
北　京						
天　津						
河　北	3 098	17 103	16 147	956	5.59	3 578
山　西	4 784	12 859	11 388	1 471	11.44	1 657
内蒙古	2 026	13 881	13 054	827	5.96	4 215
辽　宁	292	41 610	38 234	3 353	8.06	9 013
吉　林	9 213	98 061	87 529	10 532	10.74	17 705
黑龙江						
上　海						
江　苏						
浙　江						
安　徽	9 345	74 465	68 573	5 892	7.91	23 115
福　建	52 468	1 268 981	1 138 426	130 555	10.29	396 451
江　西	25 597	398 497	356 916	41 581	10.43	113 172
山　东						
河　南	77	22 329	19 837	2 492	11.16	7 548
湖　北	57 356	363 308	328 832	34 476	9.49	82 332
湖　南	47 192	614 725	540 257	74 468	12.11	141 265
广　东	91 434	496 710	453 730	42 980	8.65	169 802
广　西	12 122	930 187	839 425	90 762	9.76	199 608
海　南	1 774	13 017	11 562	1 455	11.18	3 923
重　庆						
四　川	193 100	1 876 019	1 647 083	198 936	10.60	473 655
贵　州	5 645	182 736	160 868	21 868	11.97	29 825
云　南	37 507	1 141 376	1 013 385	127 991	11.21	223 508
西　藏						
陕　西	17 251	54 049	48 073	5 976	11.06	9 071
甘　肃	16 639	177 858	156 688	21 170	11.90	25 698
青　海	226	30 227	25 784	4 443	14.70	6 258
宁　夏	885	2 183	1 860	323	14.80	259
新　疆	502	260 493	230 501	29 992	11.51	59 859

（续）

地　区	售电总成本（万元）	综合电价（元/万千瓦时）	单位售电成本（元/万千瓦时）	年利润总额（万元）	上缴税金（万元）	固定资产净值（万元）
全国总计	**1 586 148**	**27.8**	**22.0**	**139 489**	**155 086**	**4 121 220**
北　京						
天　津						
河　北	3 403	22.2	21.1	176	351	1 467
山　西	1 480	14.6	13.0	177	205	8 800
内蒙古	3 391	32.3	26.0	664	233	16 997
辽　宁	7 575	23.6	19.8	42	400	17 566
吉　林	11 624	20.2	13.3	−59	1 034	30 108
黑龙江						
上　海						
江　苏						
浙　江						
安　徽	23 009	33.7	33.6	1 991	1 616	46 722
福　建	336 211	34.8	29.5	30 565	25 660	524 054
江　西	99 512	31.7	27.9	3 567	8 047	220 152
山　东						
河　南	6 559	38.1	33.1	340	655	17 188
湖　北	65 511	25.0	19.9	5 022	7 341	181 382
湖　南	130 309	26.1	24.1	2 430	11 738	354 391
广　东	151 448	37.4	33.4	12 431	11 541	438 611
广　西	167 089	23.8	19.9	12 168	19 469	295 161
海　南	2 045	33.9	17.7	1 878	66	1 605
重　庆						
四　川	312 180	28.8	19.0	35 833	37 400	1 219 497
贵　州	20 840	18.5	13.0	3 952	2 669	82 601
云　南	167 203	22.1	16.5	23 968	18 242	428 861
西　藏						
陕　西	7 611	18.9	15.8	341	943	10 320
甘　肃	20 181	16.4	12.9	1 029	1 955	52 906
青　海	4 024	24.3	15.6	986	934	48 777
宁　夏	226	13.9	12.2	−12	13	
新　疆	44 717	26.0	19.4	2 000	4 574	124 054

（以上农村水电各表电水利部供稿）

文献、法律、法规

（1979—1996年）

国务院批转国家经委 国家科委 国家农委 农业部关于当前农村沼气建设中几个问题的报告

（1979年9月5日）

国务院同意国家经委、国家科委、国家农委、农业部《关于当前农村沼气建设中几个问题的报告》，现转发给你们，请认真研究执行。

沼气是一种可更新的生物能源，可分散生产，就地使用，成本低，是扩大农村能源，解决千家万户烧柴困难的一项重大措施。我国推广沼气工作已取得很大成绩。实践证明，兴办沼气关系到我国农村能源建设、肥料建设、环境保护和卫生建设，是实现农业现代化的一项重要内容。为了促进这项事业的发展，特作如下决定：

一、成立全国沼气建设领导小组。由国家农委、计委、经委、科委、建委、财政、农业、商业、电力、农机、轻工、化工、卫生等部委，以及农业银行、供销总社和总后勤部组成。国家计委副主任兼农委副主任赵辛初同志任领导小组组长，国家科委副主任童大林同志、国家农委副主任兼农业部副部长何康同志、国家经委技术局局长宋力刚同志为副组长。办公室设在农业部，日常工作由农业部负责。推广沼气的省、自治区、直辖市和地、县，也要建立相应的常设办事机构，其归属和人员编制由各地根据具体情况确定，国务院不另给编制。

二、将沼气建设纳入各级计划。要继续贯彻“社员自办为主，国家集体扶持为辅”的方针。沼气推广经费除地方上予以安排外，每年由国家经委在技术措施费中拨给一些沼气推广补助费；建成沼气池后，由财政部门每年拨给一些沼气宣传管理补助费，随着建池数字的增加而逐年适当增加。今年的宣传管理补助费已由财政部下拨，财政包干后，由地方财政拨给。

三、国家支援人民公社投资，可以用于扶持穷队办沼气。银行对建池资金有困难的社员，应积极给予低息贷款。

四、国家建委要结合处理“三废”，开展城市的沼气利用。电力部要认真抓好农村小沼电的建设。有条件的国营农场、畜牧场等企事业单位都要积极兴办沼气，为国家节约电力和煤炭。

五、组织全国有关科研单位和大专院校开展沼气科研工作，并在有条件的大专院校设立生物能专业或开设沼气专业课程，培养沼气建设专业人才。同意将四川沼气科研所改为以农业部领导为主的农业部沼气科学研究所。

六、有关部门要切实组织好沼气物资的生产供应工作。沼气建设所需的水泥，除国家经委在下达沼气推广经费时给予适当安排外，主要由地方统筹解决。各地在安排“五小”工业投资时，要适当增加小水泥的投资，以保证沼气发展的需要。

七、各级革委会都要把沼气建设列入自己的议事日程，加强领导，全面规划、实行山、水、田、林、路、气（沼气）统一规划、综合治理。要坚持质量第一，建管结合，讲求实效，扎扎实实地把沼气建设推向前进。

国家经委 国家科委 国家农委 农业部 关于当前农村沼气建设中几个问题的报告

（1979年6月19日）

经国务院批准，国家经委、国家科委、国家农委、农业部联合在北京召开了全国沼气工作会议。除各省、自治区、直辖市的代表外，国务院有关部委、总后、新闻出版单位、科研单位和推广沼气重点县都有代表参加。

会议围绕农村办沼气同实现农业现代化的关系问题，进行了深入的讨论，并就如何加快我国沼气建设的问题，敞开思想，各抒己见，畅所欲言，提出了很多很好的建议。现将会议上反映的当前沼气建设中的几个问题报告如下：

自1975年全国推广沼气会议以来，我国农村沼气建设有了很大的发展。全国已建沼气池700多万个，有21个县市的建池总数占总农户数的70%以上。凡是已经普及沼气而又重视管理使用的地方，办沼气的效益都很显著。许多社、队，已由缺柴变为余柴，林木得到保护，猪只发展加快，有机肥料增加，生产成本降低，粮食连年增产，环境卫生改善。全国已办沼气发电站和沼气动力站700多处，促进了社队企业的发展，增加了集体经济的积累。四川省绵阳市，过去社员缺柴，生产缺肥，粮食总产长期突不破20亿吨。1975年基本实现沼气化后，不仅解决了农民烧柴困难，还用沼气池沉渣搞腐植酸肥100万吨，加上其他增产措施，使粮食持续三年增产，平均每年增产12%，去年总产上升到26.5亿吨。血吸虫病人也由办沼气前的2.5万多人，下降到3 000多人。多年来的实践证明，农村兴办沼气，是合理利用农业自然资源的有效途径，关系到我国农村能源建设、有机肥料建设、环境保护和卫生建设，是实现农业现代化的一个重要内容。

目前我国农村的燃料结构是很不合理的。除国家每年供应2 400万吨生活用煤外，农村的民用燃料，主要靠直接燃烧秸秆、柴草。据估计每年约烧掉秸秆、柴草等生物能源5.4亿多吨，其热量相当于3.9亿万吨原煤，约占全国能源总消耗量的1/3，仅次于煤炭，在我国能源结构中占第二位。这种古老的燃烧方式，不仅是生物能源利用上的巨大浪费，而且造成全国农村缺柴问题长期难以解决。目前全国缺柴农户约7 000万户，共缺柴约3亿吨。假如都办起沼气，一年只需秸秆1亿吨，比直接燃烧减少2亿吨，还可以增加3.5亿吨优质有机肥料，其所含的氮素相当于360万吨碳铵。

沼气是可以再生的能源，它不会像常规燃料那样越用越少。我国农村可供制取沼气的生物能源十分丰富。只要把现有生物能源（人畜粪便及扣除用作饲料和工业原料后所余的秸秆）的一半用于制取沼气，就可以满足全部农户的燃料需要，并可供89万个7.5千瓦的沼气发电站或动力站每天工作6小时。今后随着农业生产的发展，可供制取沼气的资源将会更多。

我国农村办沼气，已引起国际上的广泛重视，来我国考察和要求提供技术资料的外国专家越来越多。一些外国专家认为，中国在生物能沼气利用方面，在世界上是领先的。无论从实现农业现代化和国际交流来说，都要求我们进一步把沼气办好。

当前我国沼气建设的形势总的看来是好的。但是存在的问题也不少。最突出的问题是，有些地方领导不重视，机构不落实，人员不稳定，经费物资困难而且无保证。已经建立了沼气办公室的省市，多数是临时机构，临时人员，干部思想很不稳定。今年以来，许多地方调整机构，有的省市沼气办公室被撤销，沼气工作处于无人负责的状态。农村发展沼气是一项长期的建设事业，但是这项事业至今还未列入国家和各地计划，经费和物资的渠道不畅通。例如四川省，1975年以来，每年安排12万吨水泥办沼气，今年大水泥厂收归中央以后，只给办沼气水泥5 000吨，仅占历年安排数的4%。经费也是如此。1974年以来，全省沼气池由3000个发展到500多万个，沼气建设的经费却年年都是250万元。由于经费不足，许多地方就把雇请沼气技术员的经费转嫁到煤建公司或社队企业去负担。今年商业企业实行利润留成后，各地煤建公司都纷纷拒绝支付这笔费用。许多地方不得不大批解雇沼气技术员，给沼气事业的发展带来严重的影响。为了使沼气建设健康地发展，各地代表提出以下建议：

一、健全各级沼气推广机构，加强对沼气工作的领导。目前全国已建700多万个沼气池，关系到3 500多万人的燃料和3 000多万吨有机肥源。今后随着社队畜牧业的发展，修建大沼气池的任务将越来越重，城市的沼气利用也有许多工作要做。管好用好已建成的沼气池，使它充分发挥效益，更是一项长期的任务。一座大型水库建成后要有一个管理处，一条公路建成后要有一个养路队，一个县、区、公社基本沼气化后，要把千家万户的沼气池管好用好，也不能没有专职机构来抓。为了有利统筹协调全国沼气工作，建议由国家计委、经委、科委、农委、农业部牵头，建委、财政、电力、轻工、农机、化工、卫生、商业部、总后勤部及全国供销总社、中国农业银行等参加，组成全国沼气建设领导小组，下设办公室。推广沼气的省、自治区、直辖市，行政公署和县、市，也要建立相应的常设组织机构，配备正式编制，均受同级革委会领导。县以下凡是已经基本沼气化的区和公社，都要有沼气技术员专管沼气工作。

二、把沼气建设的经费、物资列入国家及地方计划，做到有计划、有领导地发展。目前农村修建沼气池，根据自力更生，因地制宜，就地取材，讲求实效的原则，采取社员自办为主，集体和国家补助的办法，一般由集体补助用工，社员负担建池经费，国家帮助培训建池管理人员。建池所需材料，主要应由地方负责供应。整个沼气建设的经费，主要由社队和群众投资，但国家需要给以一定的扶持，特别是沼气池建成以后，要把千家万户的沼气池管好用好，是一件十分繁重的任务。需要不断地向群众普及管理使用技术，宣传安全用气知识，建立用肥用气制度，进行囤粪池、干粪棚、输粪沟、提粪机具和室内沼气用具的配套。这些工作，不仅需要专人抓，同时也需要一定的活动经费。放松了沼气管理工作，就不能发挥办沼气的效益，巩固办沼气的成果。这是许多地方从实践中得出的经验。据调查，管好用好一个沼气池，每年可使建池户得到经济利益20～50元；集体得到的好处比社员更多。据四川同志汇报，该省每年经营农村生活用煤亏损达七八百万元，用于血防的经费每年600万元，用于造林的经费也相当多。沼气管理抓好了，对血防、造林和减少煤炭经营亏损都有很大的作用。因此，国家在沼气管理上安排适当的经费，既是必要的，也是合算的。

为了使沼气建设健康地发展，建议每新建一个沼气池，国家从新技术推广费中拨给一些建池补助经费和水泥指标，列入经委计划，由地方掌握使用。超额完成建池任务的下年追补，未完成计划的下年扣除。沼气池建成后，每年由财政部专项拨给一些管理补助费，随着沼气池总数的增加而逐年增加拨款。当年管理费按上年累计建池数拨给，利用率没有达到国家要求的，下年度扣除。

三、对穷队和困难户社员应给予扶持和适当补助，目前，我国农村经济水平还很低，有的穷队和社员，完全由自己负担建池投资还有一定的困难。建议银行对沼气建设发放低息贷款。国家支援人民公社的投资可以用于补助穷队办沼气和修建沼气动力站。对社队办沼气发电站，视同农村办小水电一样，由国家给予一定的经费补贴。

四、加强沼气科研工作，目前沼气科研工作跟不上沼气建设的发展。必须组织力量，加强沼气科学研究，逐步建立中国自己的生物能学。有条件的省级科研单位和大专院校应建立沼气研究室（组）。国家科委从三项费用中每年专项安排一定的沼气科研经费，并在仪器设备上给予必要的保证和支持。为了加快沼气科研所的筹建，有利于组织协调全国沼气科研任务，建议将去年国务院批准成立的农业部和四川省双重领导，以四川省领导为主的四川沼气科研所，改为以农业部领导为主的管理体制。其余发展沼气较好的省市，根据自己的条件也可成立沼气科研所或站，积极开展沼气科研工作和情报交流工作。

五、加速培养沼气建设专业人才。考虑到我国目前沼气科技人员严重缺乏的现状，建议教育部在有关高等院校尽快增设生物能专业或开设沼气专业课程。

全国沼气建设领导小组办公室关于转发《全国沼气建设领导小组第一次会议纪要》的通知

（1980 年 1 月 18 日）

自去年 6 月召开全国沼办主任会议和国务院批转《国家经委、国家科委、国家农委、农业部关于当前农村沼气建设中几个问题的报告》文件下达后，绝大多数省、自治区、直辖市革委会都相继召开了会议，贯彻落实会议和文件精神。到目前为止，成立沼气建设领导小组的已有 15 个，设立办公室的有 23 个，并配备了正式编制，有的地、县（推广沼气的重点县）也都设立了办公室，配备了一定的人员。

为贯彻落实国务院文件精神，与安排 1980 年工作计划，全国沼气建设领导小组召开了第一次全体会议。现将《全国沼气建设领导小组第一次会议纪要》转发给你们。

希望各地切实加强对沼气工作的领导，使沼气建设扎扎实实地向前发展。

全国沼气建设领导小组第一次会议纪要

（1979 年 11 月 18 日）

为了贯彻落实国务院批转《国家经委、国家科委、国家农委、农业部关于当前农村沼气建设中几个问题的报告》文件，全国沼气建设领导小组于 1979 年 11 月 3 日上午，举行了第一次会议。出席会议的有赵辛初、何康、宋力刚、李东方、林汉雄、雷汀、边维隽、李淑文、杨黄霖、李九如、王李杰、喻福高、刘策、过兴先、刘长林、崔璇等同志，因事不能出席的同志，也都派代表参加了会议，共 22 人。会议由组长赵辛初同志主持。

会议听取了农业部科技局副局长崔璇同志关于全国沼气发展概况、各地贯彻全国沼办主任会议精神和国务院文件情况的汇报。何康同志就提交领导小组讨论的几个问题做了说明。

会议讨论通过了以下几个问题：

一、全国沼气建设三年发展规划和 1980 年工作重点

为了贯彻中央调整国民经济的八字方针，全国沼办主任会议提出了“加强领导，积极推广，成片发展，稳步前进”的沼气发展方针。与会同志一致认为这个方针是积极的，正确的，但考虑到三年调整期间国家物资、经费的可能，应对第二次全国沼气会议制定的规划作适当的调整。这三年全国沼气建设仍然是以解决农村生活燃料和部分能源为主，在严重缺柴地区和血吸虫、勾虫等寄生虫病，肠道传染病流行地区积极推广。南方条件较好，应大力发展。同时，扩大城市粪便无害化处理。有条件的国营农、林、牧场和社队，要办好沼气动力站、发电站、粮食烘干等综合利用的试点。

1980 年沼气工作的重点，是狠抓沼气池的管理工作。要以管促建，目前全国有 200 多万个池还未正常使用，其中大部分是 1973—1975 年因缺乏经验，建的一些“远、大、深”池，也有相当一部分是领导重视不够，经济政策不落实，管理不善的池子。因此，不狠抓管理就不能巩固沼气建设的现有阵地。只有通过加强管理，消灭空池，减少病池，逐步改造“远、大、深”池，才能不断提高沼气池的使用率和产气率。要求明年改造旧池，修复病池 100 万个，新建 200 万个。要保证质量，达到池型规格化。全国沼气池的利用率要达到 80％以上。并打算明年分片召开管理会议，落实上述要求。在总结经验的基础上，起草全国沼气管理条例。拟于明年 10 月份召开一次表彰全国沼气建设先进集体和先进个人的大会，并在会上讨论通过全国沼气管理条例。

二、加强沼气科研工作

沼气科研工作涉及多学科、多部门，需要建筑、生物、机械、电力、化工、轻工、农业等研究单位大力协作和各部门共同努力才能搞好。过去由于各有关部门和高等院校的重视，沼气科研取得了不少成绩，但仍赶不上沼气建设发展的需要；与国外先进水平差距也比较大。因此，与会同志一致认为必须进一步加强科研工作，使之适应沼气建设发展的需要。目前沼气利用上，存在着产气率低，燃烧器热效率低等问题。密封防漏等建池技术、导气系统的经济耐用、进出料机械化等问题还未很好解决，池型结构、炉具，全国尚未定型。此外，还有一些至今未深入开展研究的课题，如有时出料发生人身死亡事故的原因和预防急救措施（以前认为是窒息而死，现在看来可能是剧毒磷化三氢中毒）；施沼气肥的作物不但增产显著，而且能抗病虫害的原因；纯沼气发电机的研制和抗腐蚀问题；高、中温发酵技术；处理城市污水、粪便等等，均需要更进一步深入开展研究。由于沼气科研是一个新的课题，有些科研单位还未列入计划或尚未引起足够重视。为此，会议确定，由国家科委和全国沼气建设领导小组联合发文给各省、自治区、直辖市科委和沼办并抄送国务院有关部门，请他们注意抓好沼气科研工作。同时也请参加沼气建设小组的成员，向本部门科技单位说明情况，给予大力支持。关于沼气科研经费，请国家科委按国务院文件规定专项拨给。鉴于1980年沼气科研项目有所增加，其经费也要相应增加。

三、认真解决沼气建设所需的经费、物资问题

与会同志一致认为，兴办沼气是件利国利民，一举多得的大好事，花一些经费和物资是值得的，况且所需要的经费和物资并不多。希望各省、自治区、直辖市按照国务院的规定，把沼气建设所需的经费、物资，纳入计划，专项安排。会上国家经委、国家科委、财政部的代表，都表示明年的沼气推广补助费、科研三项费、宣传管理补助费，都要列为专项，其计划指标不低于今年的数字。建池物资主要靠地方安排，所需水泥，原则上由地方小水泥解决，确有困难的地方，可向国家提出申请。所需塑料器具，由化工部、轻工部共同商量，安排生产。办小沼电所需小型发电机，原则上由各省、直辖市自己生产，所需矽钢片、铜、钢材等可以从电力部农电维修材料中解决。

支援穷队办沼气所需经费，一方面可通过银行及信用社贷款，另一方面可从支援人民公社投资中补助一部分，其比例由各地自行安排，全国不作统一规定，但每年一定要有补助指标。会议认为湖南省革命委员会批转《全省沼气工作会议纪要》的通知，在落实措施方面较具体，确定以全国沼气建设领导小组的名义转发各地，以供参考。

四、沼气办公室工作范围和编制

沼气办公室是领导小组的办事机构，负责处理日常工作。主要任务是：

（一）了解全国沼气建设动态，总结交流经验，组织宣传报道，编写《沼气工作简报》。

（二）制定全国沼气发展计划草案，提出沼气建设所需经费、物资分配方案，检查了解经费、物资的使用情况。

（三）组织协调全国沼气科研工作，下达科研任务，分配科研经费和帮助解决必要的仪器设备，检查工作进度，推广交流新的研究成果。地方的沼气科研计划经费，仍由地方安排。

（四）组织安排外事活动，开展国际学术交流，负责沼气援外的组织工作。

（五）负责国家科委新能源专业组生物能源分组的有关工作。

（六）处理有关沼气方面的人民来信和领导小组交办的其他工作。

办公室目前编制暂定为10人，由农业部负责解决。农业部科技局局长臧成跃同志任办公室主任，副局长崔璇同志任副主任。

五、同意刻制“全国沼气建设领导小组”和“全国沼气建设领导小组办公室”印章各一枚

会议决定，由于领导小组成员工作较忙，除定期开会研究重大问题外，每个领导小组成员都要确定本单位一位同志，负责与沼气办公室建立经常联系，以便及时解决日常工作中的问题。

党中央、国务院领导同志，对沼气工作十分重视，做过多次重要指示。现全国沼气建设领导小组已正式建立。会上大家一致表示，一定要同心协力，密切配合，为把我国沼气建设事业搞得更好，促进“四化”早日实现贡献力量。

附：全国沼气建设领导小组名单（略）

全国沼气建设领导小组国务院科技干部局关于对沼气技术干部进行考核评定技术职称的通知

（1981年7月4日）

沼气事业是一项重要的能源建设、肥料建设、环境保护和卫生建设。为了认真培养和正确使用沼气技术干部，充分发挥他们的积极性，建立一支勇于攀登科学技术高峰的又红又专的沼气科技干部队伍，以适应四个现代化建设的需要，必须认真做好沼气技术干部技术职称的考核评定工作。

沼气利用是一门多学科的专业技术，沼气技术干部的技术职称，可根据他们所从事技术工作的性质，评定工程（或农业）技术干部技术职称。经研究，对于从事沼气池建筑工程的设计施工、沼气发酵工艺、沼气的综合利用等技术工作的技术干部，可按照国务院颁发的《工程技术干部技术职称暂行规定》，

评定技术职称；对于从事沼气发酵残余物利用方面工作的技术干部，一般可按照国务院颁发的《农业技术干部技术职称暂行规定》，评定技术职称。

在考核评定中，参照执行国务院科技干部局印发的《关于执行〈工程技术干部技术职称暂行规定〉若干问题的说明》、《补充说明》、《说明之三》和《关于执行〈农业技术干部技术职称暂行规定〉的说明》、《说明之二》等文件的精神办理。对于用非所学，改行搞沼气工作的技术干部，可以根据他们现在实际所从事的工作性质，进行考核评定技术职称。也可以暂时保留他们原来的技术职称。

确定或晋升沼气技术干部技术职称，应按照《工程技术干部技术职称评定委员会组织办法》，在各级科技干部管理部门的协调、统一组织下，会同主管沼气业务部门共同组织成立评定委员会，负责沼气技术干部技术职称的考核评定工作。晋升的高级工程师、高级农艺师报全国沼气建设领导小组备案。

沼气技术干部评定技术职称是一项新工作，各级沼气建设领导小组和主管沼气业务的农业厅（局）、农委（农办）、科委、计委，要在各级人民政府领导下，严肃认真地做好考核评定工作。各级科技干部管理部门要进行具体帮助、指导。执行中有何情况和问题，望及时告诉我们。

中华人民共和国第五届全国人民代表大会第五次会议对《关于第六个五年计划的报告》的决议（摘选）

（1982年12月10日第五届全国人民代表大会第五次会议通过）

第十章　第五节　农村能源

“六五”期间，根据因地制宜、多能互补、综合利用、讲求实效的方针，努力搞好农村能源的合理使用和节约。

5年内，解决农村能源问题的主要措施是：

一、推广省柴、省煤的炉灶2 500万个，使全国1/7的农户采用这种炉灶。

二、在整顿现有650万个沼气池的基础上，稳步发展350万个新的沼气池。

三、新造薪炭林333.3万公顷（5 000万亩）。

四、整顿现有的小水电和农村电网，在有水力资源的农村多发展一些小水电。

五、根据资源条件和经济效益，积极搞好太阳能、风能以及地热的利用。

农村能源节约和开发所需的资金，除国家少量补助外，主要依靠地方、社队和农民集资来解决。

农牧渔业部转发《全国沼气技术服务公司经验交流会纪要》的通知

（1983年1月21日）

现将《全国沼气技术服务公司经验交流会纪要》转发给你们，请认真研究并结合当地实际情况，参照执行。

沼气技术服务公司是我国农村实行联产承包责任制以后出现的一种使我国沼气建设向商品化、专业化、社会化发展的新的组织形式。各地试点的经验证明，由于服务公司（站）实行了企业管理、自负盈亏和联产承包责任制，从而确保了建池质量，普遍提高了沼气建设的经济效益，同时减轻了国家、集体和社员的负担，稳定了技术队伍，有利于沼气技术的提高和沼气科技知识的普及。这是在新的形势下，发挥沼气事业经济效益，加强我国沼气建设的一条新路子。希望各地认真贯彻经验交流会精神，学习先进经验，在有条件的地方努力办好沼气技术服务公司，并不断总结完善本地服务公司在组织体制、经营方针、经济政策、核算制度、劳动管理等方面的经验。为完成新时期的总任务，开创沼气建设的新局面做出贡献。

全国沼气技术服务公司经验交流会纪要

（1982年11月27日）

全国沼气技术服务公司经验交流会，于1982年11月22至27日在湖北省黄陂县召开。出席会议的有25个省、自治区、直辖市沼气办公室的负责同志，部分县沼气技术服务公司，公社沼气技术服务站的代表共117人。

会议期间，参观了黄陂县沼气技术服务公司门市部和群峰七队的沼气建设，听取了18个单位的典型发言，讨论修改了《沼气技术服务公司若干问题的暂行办法》，研究布置了今后的工作任务。通过会议，大家提高了认识，学到了经验，坚定了信心，都表示一定要在党的十二大精神的指引下，进一步办好沼气技术服务公司，开创沼气建设的新局面。

沼气技术服务公司是1980年以来，随着农村形势的变化而产生的。它一出现就受到广大农民群众的欢迎，显示出旺盛的生命力，为沼气建设闯出一条新路子。在1981年召开的全国沼气工作会议上，浙江的嵊县、江苏的武进县、上海的川沙县介绍了经验，得到与会代表的充分肯定，促进了沼气技术服务公司的进一步发展。到目前为止，据四川、湖北、山东、江西、吉林、河北、河南、云南、浙江、辽宁、陕西、上海、北京等13个省、直辖市的统计，已成立沼气技术服务公司（站）483处，其中县以上技术服务公司117处，公社沼气服务站366处，共有4 417名工作人员。二年来，在各级党委和政府的领导下，做了大量工作，取得了一定成绩：一是承包建池、维修和出料，据13个省、直辖市统计，服务公司承包建池46 703个、维修病态池23 447个、出料21 363个；二是开设门市部，经销水泥、黄沙、石子等建池材料和灯、灶、开关、管道等配套设备，沟通了供应渠道解决了群众购买沼气另配件难的问题；三是开办生产沼气配件、出料机具和沼气池预制构件的工厂，为生产和配套的系列化、标准化创造了条件；四是承包管理，宣传普及沼气管理使用科学知识，提高了经济效益；五是为沼气的综合利用提供了技术指导。实践证明，沼气技术服务公司的创办，不仅适应了农村生产责任制的新形势，而且闯出了一条技术服务、自给自养的道路，促进了沼气建设向专业化、社会化、商品化方向发展。

但是，当前沼气技术服务公司还处在初级阶段，发展很不平衡，存在不少问题。一是少数公司经营项目单一，工作进展不快，步子迈不开；二是管理水平不高，还缺乏一整套科学的制度和方法；三是技术力量不足，影响业务的开展。

一

试办沼气技术服务公司，已经初步积累了经验。主要是：

（一）各级党委和政府的重视是办好技术服务公司的关键。湖北省在试办前研究了四条原则，规定了公司的性质、方针、任务和开办技术服务公司的条件，省委书记黄知真同志亲自听汇报，多次强调一定要办好，并帮助解决一些具体困难，目前，全省已有20个县成立了公司、61个公社建了服务站，大部分搞的比较好；广东省四会县1981年成立公司，县领导同志认为，技术服务、合理收费、自给自养是发展沼气的新路子，应为服务公司的建立和发展创造必要条件，公司仅一年的时间，纯盈利即达1.4万元。

（二）坚持勤俭办企业。沼气技术服务公司是企业管理、独立核算、自负盈亏的单位。必须认真贯彻勤俭办公司的原则，不能依赖国家投资，贪大求全。湖北省安陆县服务公司开始五个人，在一无固定资产、二无流动资金的情况下，坚持自力更生，因陋就简，边经营，边建设，现已发展到54名职工、25个承包队、2个厂、3个门市部；山东省昌邑县服务公司的4个农民技术员联合办厂，利用2 000元资金，从开办到生产不到10天，半年来，他们预制的进出料管、活动盖、保温灶等，满足了全县沼气建设的需要，并盈利1 800元。

（三）以技术服务为主。办得好的服务公司，一个共同特点是，除经销物资和配件之外，坚持以技术服务为主，开展各种项目的承包。如在建池上，可以工料全包。也可以只包工不包料，还可以只包技术不包小工，有的还承包修建厕所、猪圈，搞“三结合”。湖北省黄陂县有15个承包队、1982年建池2 000多个，并为沼气的综合利用提供技术，在他们的帮助下这个县的群峰七队有17户社员利用沼渣养蘑菇，一个月共产鲜菇240多千克，群众共增加收入384元。

（四）实行经济责任制。沼气技术服务公司基本纠正了吃“大锅饭”的现象，认真贯彻“按劳取酬，多劳多得”的原则，在工资报酬上各地采取的办法有联池计酬、联气（产气量）计酬、超定额计奖、计件工资、浮动工资等。山东省聊城县规定承包队员除每月基本工资20元外，每建一池计酬10元，如全年完成定额50个后，每超建一个奖2元，如完不成定额少建一个罚2元。

二

办沼气技术服务公司有五大好处：一是方便群众，减轻农民负担。四川省南充市郊区社社建了沼气服务站。他们坚持为用户服务的方向，不断扩大服务范围。除搞各种承包和供应物资配件外，已发展到为用户提供出料机具、建池模具、运输车辆、生产沼气配件、用沼气孵化雏鸡、举办沼气科技图片展览、专业知识讲座等20多个项目，基本实现了沼气服务的社会化，大大方便了群众。湖北省原来沼气建池水泥的经营中间环节多，周转时间长，有的1吨水泥出厂价50～60元，到群众手里高达百元以上。现在水泥指标由省直供到县服务公司，不仅减轻了群众负担，而且掌握了发展沼气的主动权。二是建池速度快，质量有保证。服务公司的承包队员大都是经过培训的农民技术员，他们按照统一的标准图纸设计，采用模具施工，加快了速度，节省了工料。同时，承包队与建池户签订合同，实行“三包”或“五包”，并规定保修期，建池质量有了可靠保证。据调查，今年以来承包队建池成功率达到了100%，群众把他们建的池称为“保险池”“放心池”。北京市通县胡各庄公社服务站承包建池，严格验收，用工用料比社员自已建的节省一半。他们建站不到一年承包的157个池子，全部产气使用。一些过去不愿办沼气的大队也找上门来。目前已签订1983年建池合同300多个。三是管理工作得到落实。服务公司把沼气的管理作为一项重要内容，较好地解决了“重建轻管”的问题。浙江省文成县李井公社服务站，采取合作保养的办法，一个池子全年收费1元，管理人员每月上门两次检查使用情况，建站半年来，维修100多次，并把长期不换料的池子，全部换了新料。据6月份检查，全社利用率达100%，其中三餐一灯的占60%，二餐一灯的占35%。江苏省武进县18个公社建了服务站，他们普遍开展承包出料业务，并包出包送到田间，还可出租粪车和机具，解决了出料难的问题。现在全县9

万多个沼气池，利用率达到83.8%。四是稳定了技术队伍。随着农村体制的变化和社员生活水平的提高，各地普遍存在技术队伍不够稳定的现象。有了服务公司就把农民技术员统起来了，再加上实行经济责任制，他们的收入有了明显增加。四川省南充市有个服务站的副站长，今年4月份联合承包改建、新建沼气池8个，维修27个，个人月收入高达112.4元。目前凡沼气技术服务公司办得好的地方，沼气服务已经成为农村的一个很有前途的服务行业，并带动了一批沼气专业户，发展壮大了技术队伍。湖北省松滋县社员李传美带着一个儿子和一个徒弟，1981年承包建池60个，1982年建50多个，他们为荆州军分区建的两个50立方米大池，一直正常使用。山东省蒙阴县社员冀先利一家4口承包建池，已建成35个，还有80多户与他签订了合同。沼气专业户的出现，不仅促进了沼气事业的发展，而且也是解决劳力剩余帮助农民致富的一个门路。五是能不断增加积累。从试办的情况看，在483处县服务公司和公社服务站中，有458处盈利，占94.8%；22处不盈不亏，占4.6%；只有三处公司略有亏损，占0.6%，总盈利是52.79万元。服务公司的出现，已使沼气推广由单靠行政手段向专业化、社会化、商品化生产的方向发展，为减轻国家负担，实现"以沼养沼"创造了条件。

三

根据交流会的情况和存在问题，今后要抓好以下几项工作：

(一)进一步扩大试点，在对现有服务公司不断进行总结提高的基础上，各省要选择领导重视，经济条件好，严重缺柴，群众积极要求办沼气的重点县进一步扩大试点。试点中的问题，请各地领导帮助解决，所需的流动资金，建议从沼气贷款中解决。试点的单位一定要贯彻勤俭原则，采取边经营、边建设的作法，由小到大，逐步发展。公社服务站是沼气建设的基层单位，为群众服务比较直接，特别是对沼气管理和科学技术的普及起着重要作用，各省办沼气比较早的老区，要积极创造条件，尽快建立公社服务站，开展维修、出料等管理业务，提高沼气的经济效益。公社服务站为社办企业，所需经费从贷款或公社集体经济中解决；对于各地出现的一些沼气专业户，要加强领导，并在提高其技术水平等方面给予积极的扶持和帮助。

(二)贯彻沼气技术服务公司的经营方针。这次交流会讨论制定的"围绕沼气建设，开展技术服务，方便城乡群众，保本微利经营，逐步扩大积累，促进沼气建设"的方针，是从各地试办服务公司的实践中总结出来的。贯彻这个方针，一定要端正指导思想，明确服务方向。我们是为沼气建设服务的，而不能以盈利为目的；经营的内容要以提供技术为主，并供应物资和配件，生产配套设备，有条件的地方也可以增加为农村其它能源服务的项目，如修建节柴灶，生产和经销太阳灶、热水器等；要提高服务质量，改进服务态度，一切从群众的实际需要出发。

(三)建立健全规章制度。公司要按照企业化经营的有关规定，建立健全各种规章制度；要进一步完善经济责任制，并加强政治思想工作，制定职工守则，把公司的建设搞好。

(四)搞好培训，提高技术水平。技术服务公司能不能巩固发展，关键是技术。有了过硬的技术，才能保证质量。因此，对现有的技术员要加强培训，不断提高他们的技术水平。要建立考试奖励制度，鼓励技术员学技术、搞革新。对有发明创造的，要给予奖励；随着业务的开展，需要的技术力量越来越多，要有计划地通过培训，扩大技术队伍。

(五)进一步加强领导。试点地方的党政领导同志要亲自过问，并帮助解决一些实际问题；各有关部门在资金、物质、技术等方面给予支持；各级政府部门要确定专人分管沼气工作，经常调查研究，监督检查，根据不同情况，实行分类指导；要认真学习先进单位的经验，结合自己的具体情况，找出差距，踏踏实实地把服务公司办好。

国务院办公厅转发国家计划委员会农牧渔业部关于加快农村改灶节柴工作报告的通知

(1983年2月10日)

国家计委、农牧渔业部《关于加快农村改灶节柴工作的报告》，已经国务院原则同意，现转发给你们，请贯彻执行。

解决农村烧柴问题，是一件大事。早在1956年，中共中央、国务院就曾发出指示，要求各地认真抓好这件事。如今10多年过去了，许多地区农村缺烧问题仍未很好解决，有的地方越来越严重。这不仅关系到广大农民当前的生活，而且关系到农村的长远建设和生态平衡。现在是到了非认真研究解决不可的时候了。请各有关部门、科研单位密切协作，共同为解决农村能源问题贡献力量。

附：

国家计划委员会　农牧渔业部关于加快农村改灶节柴工作的报告

目前农村能源存在的主要问题是八个字："短缺

严重，浪费惊人”。农村每年仅生活用燃料就烧掉秸秆 2.5 亿多吨、薪柴 1 亿多吨（其中有部分合格材）、原煤 5 000 多万吨，但仍缺 2～3 个月烧柴，少数地区缺半年以上。另一方面浪费也是很惊人的。现在广大农村多使用旧式炉灶，热能利用率一般在 10%左右，每年浪费掉的热能折合成标准煤 1 亿吨以上，比 1981 年全国火力发电所耗 9 900 万吨标准煤还多。许多农民为了解决烧柴，不得不千方百计攫取一切可燃之物，有的地方砍伐森林，剥树皮，挖草根，对大自然的掠夺已造成了严重恶果。据统计，现在全国水土流失面积已达 150 万平方公里，每年土壤流失 50 亿吨，从流失土壤中带走的氮、磷、钾养分约相当于四五千万吨化肥。很多地方造林不见林，土壤肥力逐年下降。显然，不解决烧的问题，农业的发展将受到很大限制，也很难保持良好的生态环境。

近年来，国务院有关部门先后召开了两次农村节约能源会议。研究了当前农村可行的一些节能措施，对各地区、各部门提出了一些建议和要求。这些措施和要求主要是：

一、积极推广省柴省煤炉灶。目前全国已评选出一批不同类型的优秀省柴灶，这些新炉灶一般比旧炉灶可省 1/3～1/2 的燃料。按每个炉灶平均节约 1/3 燃料计算，全国 1.7 亿户农户，一年即可节省烧柴 1.4 亿吨。这是一项花钱少、见效快、技术简单、群众容易接受的节能措施。此项措施已列入国家“六五”计划，拟先搞 2 500 万户，争取 1/4 的农户用上省柴灶。到 1990 年，达到总农户的 70%～80%。各省、自治区、直辖市今年要抓好 1～3 个试点县，这些县要在 1984 年完成全县改灶任务，其他地区也要积极推广。

二、各级政府要把农村能源的开发和节约列入议事日程，广泛宣传此项工作的必要性和紧迫性，并按照“因地制宜、多能互补、综合利用、讲求实效”的方针，指定专人负责，制定出本地区切实可行的规划，认真组织实施。

三、改灶节柴工作，要和整个农村建设统一规划。不仅严重缺柴的地区要搞，目前不缺柴的地区也要搞。要争取节余更多的柴草用于饲料和肥料，以提高地力，发展畜牧业，实现农业生产的良性循环。

四、农村的工业、副业生产，如烧砖、烧酒、炒茶、烤烟、制胶、粉房等，也要抓好改灶节柴工作。一些耗能大，对当地能源资源会带来恶果的企业，要采取措施，限制发展。

五、林区是消耗木材的大户，每年要烧掉几百万立方米的木材，改灶节柴尤其重要。建议林业部门抓好此项工作。

六、各地推广的灶型，要因地制宜，做到省柴，省时间，使用方便，造价低廉。为此，各地要培养一支能承担改灶任务的专业队伍，有关部门、科研单位要积极组织力量加以研究和指导。

七、改灶工作要坚持群众自愿的原则，不要搞“一刀切”。要动员群众自筹资金，自备材料，并支付一定的服务费。中央和地方要在编印宣传材料、培训技术人员、进行典型示范、搞好试验研究四个方面，给予必要的经费补助。

八、城镇居民以及军队、国家机关和企事业单位在取暖、食堂用煤方面也要注意节约，也应大力推广节柴节煤炉灶。建议有关方面做出具体规定。

九、全国农村推广省柴灶以及利用沼气、太阳能等方面的工作，建议由农牧渔业部归口管理，有关部门要密切配合，共同把农村能源工作抓好。

以上报告，如无不妥，望批转全国各地参照执行。

国务院办公厅转发农牧渔业部关于进一步发展沼气的报告的通知

（1984 年 8 月 7 日）

农牧渔业部《关于进一步发展沼气的报告》，已经国务院同意，现转发给你们，请贯彻执行。

发展沼气是解决农村能源，充分利用农业资源，减轻环境污染的一项重要措施，具有综合的经济效益，应予高度重视。一切适宜推广沼气的地方，要切实加强对沼气建设的领导，把沼气建设同农房建设、城镇建设和环保建设结合起来，制订切合实际的发展规划，保证其实现。有关部门要积极支持沼气建设，帮助解决工作中的困难，促进沼气建设的发展。

农牧渔业部关于进一步发展沼气的报告

（1984 年 7 月 2 日）

最近，国家计委、国家经委、国家科委和农牧渔业部共同召开了全国沼气建设和农村改灶节柴试点县工作会议。会上，讨论研究了进一步发展沼气的有关问题，现将情况和意见报告如下：

一、当前沼气建设的情况

党的十一届三中全会以来，我国沼气建设走上了稳定、健康发展的轨道，主要表现是：

（一）不少省、市加强了对沼气建设的领导，把发展沼气列为解决农村能源、实现农业现代化的一件大事来抓，及时解决工作中的具体问题。全国已有 25 个省、自治区、直辖市建立了推广沼气管理机构，湖北、江苏、安徽、江西、辽宁、河北、广西、吉林、北京、上海等省、自治区、直辖市，近几年沼气建设出现了上升趋势。

（二）建池质量有显著提高。近 4 年来，全国共新建农村沼气池238万个，一次成功率在95%以上。部分“病态”沼气池，经过修复和改造，又重新发挥效益。现在，南方一个正常使用的农民家用沼气池，一年生产的沼气能解决8～10个月的炊事燃料，二三年内即能收回建池投资。不少地区还开展了沼气综合利用，提高了经济效果。

（三）普遍对沼气技术员进行了培训，不少地区还推行了专业承包建池和管理责任制。据14个省、直辖市统计，已建立595个沼气技术服务公司（站），7 000个建池专业队，并出现了建池、管理专业户。技术服务公司（站）和专业队与用户签定合同，实行“三包”（包建池、包使用、包维修），这是近几年来建池质量好、效益提高的一个重要原因。

（四）加强了沼气科研工作，农村沼气技术逐步向标准化、规范化方向发展。现在，农村家用沼气池及其配套设备和出料机具的标准化、规范化技术问题已基本解决。国营农牧场、城镇和工厂办沼气的试点正在稳步发展，有10多个大中型沼气工程已投入生产运行。小型沼气供应站的试点已获得成功，为把沼气发展成商品化生产提供了经验。

二、搞好沼气建设的几点意见

（一）积极稳步地发展沼气。今后一个时期沼气工作的方针是：巩固提高，积极发展，建管并重，讲求实效。要以提高经济效益为中心，在巩固现有沼气池的同时，力争到1990年，全国使用沼气的农户达到1 000万户，并积极开拓沼气在生产领域和城镇的利用途径。

继续贯彻“以农民自办为主，国家、集体扶持为辅”的方针。提倡和鼓励农民自费办沼气，集体扶持社员办沼气的方式和内容，要根据当地的经济条件来确定。国家主要扶持：培训干部和技术人员，进行试验和示范，宣传和普及科技知识，筹办建池材料和配件工厂等。

（二）努力提高办沼气的经济效益。要把数量和质量，速度和效益统一起来，争取在二三年内，把全国的建池质量和管理工作提高到一个新水平。对1979年以前修建的沼气池，凡能使用的，要加强管理，延长寿命，逐步更新；对于“病态”池，要抓紧修复和改造；对已经报废使用的沼气池，要从现有建池统计数中扣除。今后，各地修建沼气池，应坚持质量第一，按《全国农村水压式沼气池标准图集》或经省级鉴定的其他池型，由取得合格证的沼气技术人员负责施工，并严格验收制度。凡未经省级以上鉴定的技术，不能在面上推广。

逐步完善各种形式的专业承包建池和管理制度，把责任、效果同承包者利益紧密联系起来。要注意发展和扶持常年使用沼气的科技示范户、重点户，积极向他们推广先进管理技术。要按照有关技术要求，加速完善和更新现有沼气池的输气、用气系统，普及先进燃烧器，提高沼气利用效率。要把发展沼气同多种经营相结合，积极开展沼气综合利用。国家拨给的沼气推广经费，应首先用在技术队伍的建设上。在提高现有技术队伍的同时，重视培训生产队一级的沼气技术员和建池、管理专业户，并把技术队伍稳定下来。

（三）有计划地发展沼气技术服务公司（站）。沼气技术服务公司（站）是沼气建设走向社会化和专业化的重要组成形式。要巩固已建立的服务公司（站），条件成熟的地方，应有计划地积极发展。服务公司（站）要扩大服务内容，建立健全承包责任制，实行独立核算，自负盈亏。国家有关部门要在银行贷款、技术培训和建池物资供应等方面，给予积极扶持。一些地方对新开办的服务公司（站）拨给一定周转资金，将建池水泥直接拨给公司（站）经营的作法，各地可参照试行。为扶持沼气技术服务公司（站）的发展，对其收入给予定期免征工商税和工商所得税的照顾。

（四）加强沼气科学研究。我国沼气专业人才缺乏，教育部门应在有条件的高等院校、中等专业学校设置沼气或生物能源专业（班）。要有计划地推广上海等地试办沼气职业学校（班）的经验。当前要着重抓好农村沼气综合技术和新工艺、建池新材料、产气率高的菌种筛选等项目的研究，尽快解决有重大经济效益的技术课题。同时，加强现有研究成果和新技术的推广应用，结合新农村、文明村的建设，搞好综合性的示范点，进一步提高我国沼气科技水平。

（五）有计划地发展城镇沼气。城镇（包括小城镇和国营农、林、渔、牧场）办沼气，是合理利用能源、防止环境污染的一个有效途径，应积极发展。近二三年内，要搞好试点研究工作。对大中型沼气工程，一定要搞好前期可行性研究，切忌盲目性。在试点和研究的基础上，提出不同类型的大中型沼气工程的设计标准，力争在1990年，我国城镇沼气技术达到国际水平。

三、加强对沼气建设的领导

沼气建设是一项新兴事业，涉及许多部门，关系到几亿农民的切身利益，政策性、技术性和群众性都很强。各级政府要切实加强领导，有关部门要积极支持，帮助解决工作中的实际问题。各省、自治区、直辖市和地、县已建立沼气或农村能源管理机构的，要充分发挥其作用；尚无管理机构的，是否需要建立，由各地根据实际情况确定。要利用广播、电视、电影、书报、幻灯、展览等多种形式，宣传发展沼气的意义、效益和方法，提高干部、群众办沼气的积极性。要大力表彰对发展沼气有重大贡献的地区、部门、单位和个人。

沼气建设要纳入各级计划。国家计委已把沼气建设正式列入国家长远规划和年度计划，各地也应按此办理。地方计划部门下达沼气发展指标时，应相应安排必要的经费和物资（包括水泥、钢材、塑料等）。地方财政部门应按照国务院国发文件规定，每年拨给一些沼气宣传管理补助费，并根据各地情况安排一定经费，用于扶持办沼气。地方信贷部门应按1982年国家计委、国家经委、中国农业银行文件规定，进一步做好沼气贷款发放工作。国家近几年每年安排的沼气科研费，要继续拨给。

财政部对沼气技术服务公司免征工商税和工商所得税的通知

（1984年9月27日）

最近国务院办公厅转发《农牧渔业部关于进一步发展沼气的报告》，批语中指出，发展沼气是解决农村能源，减轻环境污染的一项重要措施。为扶持沼气技术服务公司（站）的发展，经研究决定：对新办的沼气技术服务公司（站）取得的收入，从开始营业之日起，免征工商税和工商所得税3年。对原有的沼气技术服务公司（站）取得的收入，如果纳税有困难的，各省、自治区、直辖市税务局可酌情给予定期减免税照顾。

农牧渔业部关于印发部节能工作办公会议第一次会议纪要的通知

（1985年10月5日）

遵照国务院节能工作办公会议第一次会议精神，为加强我部节能工作的统一领导和组织协调工作，部党组决定建立农牧渔业部节能工作办公会议制度。9月4日召开了部节能工作办公会议第一次会议，正式建立了部节能工作办公会议制度，并根据李鹏副总理有关节能工作的指示精神，研究了当前农村用能和节能情况，布置和安排了下半年的节能工作。现将会议纪要发给你们，希结合本系统、本地区的实际情况，加强节能工作的领导，贯彻落实会议纪要精神。各地将贯彻情况于11月底前报我部能源环保办公室。

农牧渔业部节能工作办公会议第一次会议纪要

9月4日，由边疆同志主持召开了部节能工作办公会议第一次会议，有关司局负责节能工作的同志参加了会议，国家计委节能局也派员参加了会议。会议宣布了建立我部节能工作办公会议制度，传达了《国务院节能工作办公会议第一次会议纪要》和《李鹏副总理在全国节能工作会议上的讲话》，并就我部当前节能现状和今后的工作进行了讨论和安排。纪要如下。

一、关于建立部节能工作办公会议制度

根据国务院第一次节能工作办公会议精神，为了加强我部节能工作，部党组决定建立部节能工作办公会议制度。办公会议由边疆同志主持，有关司局主管节能工作的负责同志为办公会议成员，其主要任务是：研究和审查部内有关节能的方针、政策、法规、计划和改革措施；听取有关司局节能工作汇报和情况交流；布署和协调各司局的节能工作。

办公会议原则上一个季度开一次会，成员固定，以保持工作上的连续性。各单位要有专人主管本系统的节能工作，办公会议的准备和日常工作由部能源环保办公室负责。

二、关于目前的节能工作任务

会议在传达了《国务院节能工作办公会议第一次会议纪要》和《李鹏副总理在全国节能工作会议上的讲话》后，着重传达了李鹏副总理对农村节能的指示，李鹏副总理指出："在技术措施方面，'七五'期间国家计委、国家经委要抓住几项花钱少、效果大的大措施。这几年，小化肥、冶金等行业节能成效大，主要是推广了一些适合中国情况的技术措施。在农村，推广省柴灶抓好了，也会有很大效果。现在农村有个大问题，就是没有形成一个能源产业，农民买不到所需的先进设备，例如现代化的沼气设备。""还要请大家注意，节能工作中有些小改小革，看起来并不起眼，但是由于它的社会性、普遍性，能够产生很大的节能效果。这一点，大家不可忽视。""农村几千年来传统的烧饭灶，也有一个很简单的技术措施，改成一种节能型的炉灶，就可以节约燃料1/3～1/2。今后随着农村生活的改善，农民生活用煤以及乡镇企业对煤和电的需要量越来越大，目前很多农村能源比较紧张，因此我们也要重视农村的节能工作，把它提到议事日程上来。"

会议讨论了当前农村用能情况并对下半年节能工作做了布署和安排：

（一）要宣传农业节能工作的重要性。1984年农业消费（含生产、生活、加工）的商品能源已达1.5亿吨标准煤，"七五"农业用能量越来越大，因为：农业现代化进程加快，机械化程度提高；农村经济全面发展，乡镇企业、运输业等不断扩大；农民生活消费水平提高；乡镇工副业技术装备落后，耗能量大。能源将成为农业发展的重大制约因素。因此各级领导必须把节能工作提到议事日程上来。

（二）农牧渔业用能，其特点是耗能单位分散，行业企业规模小、数量大，分布面广，加强能源管理工作，因地因行业制宜开展技术改造，可以较快的取得节能效益。业务部门宜会同计划司、财务司、科技司等综合部门，疏通渠道，合理使用计委、经委安排给节能工作的科研资助和示范项目的贷款，开展我部节能工作。

（三）当前要抓紧农牧渔业节能调研工作。对耗能现状和存在的问题、本行业的发展目标及对能源需求的情况，均应作全面的调研和预测，提出对策和措施，这是我部制定节能规划和节能目标的基础性工作。

节能调研由能环办组织，乡镇企业局、农机化局、农垦局、水产局、畜牧局、物资局、农工院派专人共同组成综合调查组，对我部直属单位和各业务系统面上的生产用能，即产前、产中、产后用能现状，发展目标，对能源的需求，节能潜力及技术措施等，进行调研，于明年二月份向部节能工作办公会议汇报。

（四）研究和编制“七五”节能规划。结合我国农业发展规划，在调查后才可详细制定，但最近要先拿出一个粗线条的意见，纳入部“七五”规划。

（五）建议能源环保办公室设节能处，按照国家计委、国家经委对节能工作的安排和我部实际情况，组织协调部内各业务局的节能工作任务，编制和提出有关节能的方针、政策、法规、计划和改革措施，抓好信息交流，推广节能技术和节能产品。

国家计委　中国农业银行农牧渔业部关于积极扶持农村能源发展贷款的通知

（1986年2月27日）

为了扶持农村能源产业、技术服务行业和农村生产节能试点示范工作，“七五”期间，农村能源主管部门和农业银行要积极扶持农村能源建设的发展。为此，经国家计委、中国农业银行和农牧渔业部协商，就有关贷款问题通知如下：

一、为加强对农村能源建设的宏观指导，省、自治区、直辖市和计划单列市主管农村能源部门应根据农村能源建设发展的需要，做好农村能源产业、技术服务行业和试点示范的规划与合理布局工作，逐步建成农村能源产业、技术服务行业网络，促其配套成龙，发挥较大的经济效益。

二、农村能源建设所需资金，主要靠地方、农村能源建设的企业和农民的自身积累，国家在可能的情况下，安排一定的信贷资金给予支持。

三、贷款扶持限于生产沼气、太阳能、省柴节煤炉灶、地热利用、生物质气化等设备、配件的企业和农村生产节能试点项目、薪炭林、种苗场、县以上的农村能源技术服务公司，以及兴建大、中型沼气工程的企业的流动资金需要；工程承包队可用于购买工程模具等生产设备。

四、需要借款的企业，直接向当地农业银行提出申请，经农业银行审查，对符合贷款政策和条件的，可根据信贷资金力量决定发放。

五、对某些利润较低而社会效益好的项目，国家计委节能局给予适当的利息补贴。贴息贷款期限分为一年、二年，最长不超过三年，超期使用的贷款，其超期的利息全部由借贷单位自付。每年6月1日前，由借贷单位完成项目必要的前期工作，经所在省、自治区、直辖市主管农村能源部门审查，7月1日前统一报农牧渔业部（或林业部），根据国家计委节能局安排的贴息资金额审核平衡后下达。

农业银行按规定的贷款利率直接向借款单位收取全部利息。经审核同意使用贴息贷款的单位，可凭银行出具的收息凭证逐级上报农村能源主管部门，国家计委节能局根据农牧渔业部农村能源环保办公室（或林业部造林司）核实汇总的贷款贴息额拨付年度补贴的息金，由农牧渔业部（或林业部）逐级分拨给各贷款单位。

六、各地农村能源主管部门和农业银行要互相配合，密切协作。农村能源主管部门要加强对农村能源建设的指导，组织和协调好产、供、销、技术服务等工作。农业银行要按贷款条件认真审查，提高贷款经济效益，共同促进农村能源事业的发展。

国家经济委员会印发《关于加强农村能源建设的意见》的通知

现将国务院节能工作办公会议第三次会议通过并已经国务院同意的《关于加强农村能源建设的意见》印发给你们，请认真贯彻执行。

关于加强农村能源建设的意见

农村能源建设，是关系到我国8亿农民生活、生产的大事。开发农村能源对于加快农业现代化步伐，改善生态环境，促进社会主义精神文明的建设，都具有重要意义，必须作为战略问题对待，真正提到工作日程上来，争取在近十年内取得重大突破和进展。

我国农村能源建设，在“六五”期间，通过贯彻执行“因地制宜，多能互补，综合利用，讲求效益”的方针，取得了显著成绩。5年间，薪炭林增加200万公顷，小水电装机容量增加259万千瓦，沼气用户增加250万户，推广省柴节煤炉灶4 000万户，安装小型风力发电装置1.6万多台，在太阳能和地热能的开发与应用方面也取得了较大的进展。据不完全统计，以上几项，全国新增和节约的能源，折合标准煤约2 000万吨。同时，由于近几年乡镇煤矿的发展，煤炭的供应量增加，农村缺柴状况有了初步改善。

农村能源虽有较大发展，但全国仍有许多地区能源紧张，不能满足农村生产和生活的需要。特别是随着农村经济的发展，今后农村不仅要解决日益增长的生活用能，还要逐步解决生产用能，能源的需要量将大大增加。为此，必须把农村能源建设作为一项紧迫任务，进一步抓紧抓好。加强农村能源系统的科学研究，尽快地建立新的能源产业，与国家开发常规能源的计划相配合，以保证农村的能源供应，同时要大力开展农村节能工作。最近，国务院节能办公会议讨论了当前我国农村能源工作中的有关问题，提出如下意见：

（一）编制发展农村能源的长远规划　各省、自治区、直辖市要按照国务院批转的国家计委关于制订国民经济长远规划的要求，根据本地的资源条件，国民经济和社会发展的目标，能源需求预测，组织编制切实可行的长远规划。其内容包括：节柴灶、沼气、森林能源、小水电、小火电、小窑煤、秸秆利用、太阳能、风能、地热能、海洋能等能源的研究开发和推广规划，农村用能规划（包括乡镇企业商品煤、电、油供应）和节能规划。国务院各主管部门在各省区市规划的基础上，分别提出全国的行业规划，由国家计委综合平衡，纳入国民经济计划。农村能源区划工作是编制长远规划的基础。各省区市已完成区划工作的，要在区划的基础上积极开展农村能源区域规划工作。

（二）研究制定农村能源的技术经济政策　各地区、各部门要按照“因地制宜，多能互补，综合利用，讲求效益”的方针，分别制定农村能源的技术经济政策。农村能源建设，必须立足于当地，实行自建为主，民办公助的政策。在有条件的地方发展农村能源产业，进行商品化生产，有些一次性投资较大，国家、地方财政和银行应当给予适当的帮助。目前，要在充分调查研究的基础上，先就条件比较成熟、影响较大的几个方面，如合理利用秸秆、森林资源、小水电、风力发电、乡镇企业合理用能与节能等制订相应的扶植政策。

（三）加强农村能源科技攻关和开发示范工作　各级科技主管部门，要组织有关科研单位和高等院校，加强农村能源的科学研究。对农村能源发展中存在的关键技术问题，要按照不同行业，积极组织力量，进行科技攻关，力争在较短的时期内有较大的突破。在各级“星火计划”中，也应安排一些周期较短，效益较好的农村能源项目。

各地区、各部门要抓好农村能源的示范试点和技术推广工作。除继续抓紧抓好100个县的农村电气化试点、390个县的节柴灶试点以及沼气和农村能源综合建设试点工作外，还要根据本地资源情况，特别注意小煤窑、薪炭林、小水电的开发，同时，积极进行风能、太阳能、地热能、海洋能和能源作物方面的开发试点。对示范试点工作要加强领导，及时研究解决试点工作中的问题，促使其健康发展。通过试点，总结和摸索农村生活、生产用能的合理途径，为农村能源建设提供适用的经验，走出一条适合我国国情的解决农村能源问题的道路。

（四）抓好农村的节能工作　在农村能源建设中，要坚持开发和节约并重的方针，认真抓好节能工作。

农村节能的潜力很大。除切实抓好简便、经济的省柴节煤炉灶的推广使用外，应加速革新改造落后的农用动力设备，逐步淘汰耗能高的农用设备，尽快制订拖拉机、排灌机械等各种用能设备的能耗标准和节能制度，做好农用燃料油的合理分配和管理工作。积极推广新的节能耕作方法，合理使用农药、化肥、水资源，减少能耗，提高经济效益。乡镇企业设备大多数比较陈旧，工艺落后，能耗高，能源浪费很大，各地应根据当地资源条件和技术力量，因地制宜地发展适合当地能源特点的优势产业，积极引进先进适用技术，搞好节能技术改造，严格禁止城市淘汰的落后设备以及污染严重的工艺向乡镇企业转移。

（五）建立和发展农村能源产业　要根据农村能源产品量大、面广、分散、维修不便的特点，抓好产品的标准化、系列化、通用化生产。研制的新产品，必须先通过严格的科学鉴定，小批试生产，以及工艺装备的考核后，才能大批量投产。各地区、各部门要把技术上基本成熟的产品尽快定型，有计划地组织商品化生产。鼓励企业打破部门、地区界限，实行横向联合，进行专业化协作生产。要有计划、有步骤地改建、扩建一批生产农村能源产品的骨干厂，实行定点生产，不断提高产品质量，降低生产成本，做到产品物美价廉，适销对路，性能可靠。

要加强国际技术交流，作好技术引进工作，重点是引进软件、先进适用技术和关键设备。对引进的技术，要组织力量搞好消化吸收，尽快形成生产能力，发挥经济效益。

（六）建立农村能源技术服务体系　随着农村能源的迅速发展，必须尽快建立农村能源技术服务体系，做好技术服务工作。各地应鼓励农民和集体集资开办农村能源技术服务公司，承包农村能源设备的销售、安装、调试、维修等技术服务工作。服务公司可按其服务项目，建立健全承包责任制，向用户收取一定费用。要组织生产农村能源产品的企业，在产品使用比较集中的地区，建立维修服务网点。要鼓励发展农村能源技术服务专业户，有关业务部门要免费为他们提供技术咨询，介绍先进管理技术，对维修所用的零部件，销售部门应按批发价格优先供应。

（七）加速培养农村能源技术人才　当前，从事农村能源工作的专业技术人员很少，尽快培养出一支具有一定规模和水平的农村能源技术队伍，是加强农村能源建设的关键。

各地区、各部门应尽快制订农村能源人才培养规划，采用多种形式培养农村能源技术人才。在一些有条件的大专院校开设农村能源专业，培养农村能源的专业人才。各地还应根据具体情况，开办职业学校、函授学校和各种形式的训练班，培养农村能源技术骨干。科研单位、高等院校和农村能源学术团体要积极开展对农村能源的技术指导和咨询活动。新闻、广播、电视、电影、出版部门要面向广大农村，做好农村能源科学技术的普及工作。

（八）加强对农村能源工作的领导　农村能源工作，量大面广，是一项多学科、跨行业、涉及许多部门的工作。各级政府要把此项工作提到议事日程，积极扶持，切实加强领导。农村能源建设要纳入各级国民经济计划。各级财政、计划、经济、科技、物资、银行等部门要积极支持农村能源建设，帮助解决工作中的实际问题。用于农村能源的科研、技改、基建、示范推广资金，要随着经济的发展逐年有所增加。除原有的资金渠道外，超收的能源交通建设基金，可以安排一部分用于农村能源建设和乡镇企业的节能技术改造。贫困地区要把农村能源建设作为扶贫的一项内容。

要充分发挥各地方、各部门的积极性，多层次、多渠道筹集农村能源建设资金和物资。财政部在“七五”期间继续对农村能源安排一部分事业费，主要用于省柴灶、薪炭林、沼气推广，以及风能、太阳能、地热能等开发、示范试点、宣传培训和部分贫困地区的少量补助。具体数额，根据事业发展和财力情况，适当增加。国家计委已经在“七五”科技攻关计划中安排了农村可再生能源的专项科研经费，并已安排每年三百万元贷款息金用于扶持发展农村能源产业。此外，对“七五”科技攻关未包括的农村能源研究项目，再安排一些资金，并将大型农村能源示范工程列入基本建设计划。国家经委在“七五”期间从资金上给了农村能源建设一定支持。“七五”期间，在不少于“六五”的基数上，对农村能源（包括节能）产品技术开发、产业技术改造和引进技术的消化吸收等方面，继续给予支持。为扶持建立农村能源产业和维修服务体系，工商银行、农业银行每年各安排一定数额技术改造贷款，国家经委给以贴息。具体额度和管理办法由国家经委与工商银行、农业银行商定。

要建立、健全各级农村能源管理机构。农村能源管理机构，在各级政府统一领导下，负责做好农村能源的科研、生产及应用推广的组织协调和管理工作，统一规划，减少重复，避免分散。要坚持改革，深入实际，调查研究，不断总结经验，开创农村能源工作的新局面。

农牧渔业部　国家计委　国家经委　国家科委　印发边疆同志在全国农村能源工作会议上的工作报告的通知

（1986 年 4 月 31 日）

现将边疆同志代表国家计委、经委、科委、农牧渔业部在全国农村能源工作会议上所作的《坚持改革，搞好农村能源建设，促进农村经济发展》的工作报告，印发给你们，请参照执行。

坚持改革，搞好农村能源建设，促进农村经济发展

——边疆同志在全国农村能源工作会议上的工作报告（摘要）

（1986 年 3 月 12 日）

一、“六五”期间农村能源建设稳步发展，效益显著

“六五”期间，我国农村能源建设取得了显著成绩。

薪炭林增加 233.3 万公顷，小水电增加 250 万千瓦装机容量，这两项工作分别由林业部和小水电部主管，他们将向大会介绍有关情况。

省柴节煤灶超额完成了“六五”计划。“六五”期间计划推广省柴节煤灶 3 500 万户，实际完成 4 000 万户，超额 14%。有些地方，对集体食堂、茶场、砖瓦窑、烤烟房、作坊等耗柴大户的炉灶也作了改造。去年，对第一批 90 个改灶试点县进行了验收，有 66 个县按期完成计划，第二批有 9 个县提前达到了验收标准，已向这些县颁发了合格证书。推广省柴节煤灶，是一项缓解当前农村能源短缺矛盾的有效措施，深受农民欢迎。

沼气建设已进入了健康发展阶段。“六五”期间，新增农村沼气用户 250 万户，完成了计划发展指标。新建的沼气池，基本上都是规范化的混凝土结构。目前，全国共有 500 万户使用沼气，约有 2 500 多万农村人口用上了优质的气体燃料，改变了千百年来直接燃烧秸秆的落后方式，在我国农村燃料发展史上迈出了可喜的一步。结合城镇建设和环境保护，在酒厂、农场、禽畜场、食品加工厂、污水处理厂、制药厂等单位建了一批大中型沼气工程，除补充自身生产用能外，还通过供气站向大约 2 万户供应沼气，为沼气商品化探索了新路子。随着商品经济的发展和沼气技术的进步，沼气使用范围越来越广，除利用沼气发电外，还用于水果保鲜、灭虫储粮、育秧、孵鸡、养蚕、焊接等；沼渣除用作优质肥料外，还用于培育食用菌、养鱼和养蚯蚓。以沼气为中心环节，多层次利用自然资源、转化增值的企业、专业户应运而生，取得了明显的经济效益、社会效益和环境效益。

太阳能、风能、地热能的试点和推广工作也取得了较大进展。太阳能的利用由试点示范到小范围逐步推广。太阳灶近年来发展很快，在我国西北等干旱地区发挥了较大作用；城乡利用太阳能热水器已达 25 万平方米；太阳能干燥器在农村开始得到应用。我国西北、内蒙古以及沿海地区已推广应用小型风力机 15 628 台，装机容量 1 549 千瓦，对解决无电、少电的牧区、边远地区的生活用电和丰富文化生活起了积极作用。初步统计，全国已发现的地热资源点有

3 000多处，目前已有100多处在开发利用，用来加代和快速繁育良种、栽培蔬菜、鱼苗越冬、升温取暖等，为农业生产、科研以及城乡人民生活服务。

近年来在农牧渔业系统还开展了生产用能的节约工作，农牧渔业部在1985年建立了节能工作办公会议制度，并对农机、农垦、畜牧、水产、乡镇企业、物资等系统的能源消费和节能状况进行了调查，分析了节能潜力，研究了能源的合理利用和节能工作的重点与方向。农机、农垦、水产等部门都在积极推广节能技术，涌现出一批节能先进单位。在1985年的全国行业节能先进企业评比中，获得1枚银牌，3枚铜牌。

我国农村能源的发展势头是好的，经济效益、社会效益、环境效益是显著的。1985年底，仅省柴灶、沼气池、太阳灶三项，已形成约1 100万吨标煤的节能能力，有效地缓解了农村缺柴烧的矛盾。在农村能源搞得好的地方，明显地保护了森林植被，减少了污染，促进了物质文明和精神文明建设，提高了人民的健康水平，其社会效益、环境效益则远远大于能源效益。这些都是很难用数字来体现的。事实证明，农村能源建设，是我国农业现代化的重要内容，对不断满足人民日益增长的物质文化生活和农村经济发展的需要，具有广阔的发展前景。

我国农村能源建设在国际上也产生了很好的影响。装配式节柴灶由国家科委推荐在日本筑波国际博览会展出，并获得中国发明者协会的奖励。太阳灶也开始进入国际市场。特别是沼气的推广利用，在世界上一直居领先地位。“六五”期间，来我国参观考察、接受培训、参加学术讨论会的有75个国家，662人次。朝鲜金日成主席和日本中曾根首相，以及非洲几个国家的政府首脑，均饶有兴趣地参观我国农村沼气，认为这是一项很好的技术。应联合国和有关国家邀请，我国还派出了40多名专家和工程技术人员到13个国家讲学和援建沼气工程。《中国沼气》杂志已发行到20多个国家和地区的200多个科研、教学单位。去年8月在北京举行的国际太阳能、风能讨论会和再生能源展览会参加的外宾有300余人。11月，第四届国际厌氧消化（沼气）讨论会在我国广州举行，参加会议的有36个国家和地区的180多名外国专家学者，与会外宾对我国沼气应用技术给予很高评价。

二、“六五”期间农村能源建设工作的基本经验

“六五”期间，是我国农村能源建设走上正确轨道的转折时期，基本经验是：

（一）坚持改革，端正业务指导思想　“六五”期间，制定和实行了符合我国国情的“因地制宜，多能互补，综合利用，讲求实效”的农村能源发展方针。在开展农村能源资源调查和区划的基础上，提出了比较实际的农村能源发展规划。

为了适应农村经济体制发生的深刻变化，对农村能源工作进行了一系列改革。如改“大办”、“沼气化”为分类指导，试点示范，择优发展；改高额补贴为适当扶持或自愿自费；改靠行政手段推广为经济效益吸引；改建池管理中的“大锅饭”为承包责任制。由于坚持改革，给农村能源建设带来了生机和活力。

党的十一届三中全会以后，我们总结了前几年办沼气的经验，确定了办沼气的正确方针，沼气建设走上了健康发展的道路。

牢牢树立以提高经济效益为中心的思想，坚持实事求是，按照科学规律办事，这是我们工作取得成绩的一条重要经验。目前，省柴节煤灶的迅速推广，尤其是农家沼气和乡镇集中供气的稳步发展，说明只要坚持改革，端正业务指导思想，就能够发挥各项技术的优越性，取得良好的经济效益、社会效益和环境效益。

（二）领导重视，抓实事，见实效　由于农村能源在发展国民经济中占有重要地位，各级领导对这项事业是很重视的。国务院把农村能源列入了国民经济发展“六五”计划，1984年国务院办公厅转发了农牧渔业部《关于进一步发展沼气的报告》，成立了农村能源领导小组，李鹏副总理担任组长，定期研究工作，加强了对农村能源工作的领导。国家计委、经委、科委、财政部、中国农业银行、国家物资局从各方面予以支持。许多省、自治区、直辖市把农村能源建设纳入议事日程，列入国民经济发展计划，作为两个文明建设的重要内容来抓，把工作做到了实处。

（三）依靠科学技术，提高农村能源建设水平　改灶节柴工作自1981年重新开始推广，注意按科学规律办事，根据不同的燃料结构，筛选研制优秀灶型，先考验后推广，质量好，速度较快，工作开展顺利。

推广利用沼气、太阳能、风能，是多学科的技术性很强的工作。我们注意发挥科技人员的作用，依靠他们提高农村能源建设的技术水平。“六五”期间，共安排沼气、节柴灶、太阳灶等142个科研课题，已有45个通过技术鉴定，其中农村能源区划、沼气池密封涂料、北京四型沼气灶、组合式省柴灶、太阳灶等获得奖励。这些成果，已在生产中推广应用。《农村家用水压式沼气池标准图集》、《民用柴灶热性能测试方法》、《家用沼气灶具标准》等五项标准已定为国家标准，颁发实施，改变了过去无章可循的局面。《家用沼气灶具标准》荣获国家标准科技成果三等奖。北京四型沼气灶经鉴定，热效率达60％以上，超过了国家标准，受到用户欢迎，现已推广400万台，与旧灶具相比，可节省沼气30％。新型沼气池建筑材料及红泥塑料在沼气上的利用研究也有很大进展。

（四）逐步建立推广管理、科研培训和产业服务体系　“六五”期间，建立并加强了办事机构。全国已有29个省、自治区、直辖市和5个计划单列的市，成立了农村能源办公室、新能源办公室或沼气办公室，地、县也成立了常设机构，不少区、乡配备了专职干部，初步形成了推广管理体系。

全国有60多个科研单位、大专院校的1 000多名科技人员，从事沼气、省柴灶、太阳能、风能、地热能的科学研究，有19个省、直辖市成立了主要从事新能源和农村能源研究的科研所，有7个省56个

地、县成立了沼气试验站，已成为提高我国农村能源科技水平的重要力量。“六五”期间，沈阳农业大学新开设了生物能专业；河南农业大学、华中农业大学设立了农村能源专门化班；江苏省成立了能源工程学院，设有农村能源系。一些省市还设立了沼气或农村能源中专、职业高中班。农牧渔业部和许多省市，有计划地对在职干部、技术员进行了专业培训，对提高农村能源队伍的技术素质，发挥了一定作用。

为了适应农村经济体制改革的新形势，农村能源产业服务公司蓬勃发展，表现出很强的活力，在为农村能源建设的物质供应、技术咨询、承包工程、生产设备和配件、积累资金、巩固技术队伍、增加就业人员等方面，都发挥了作用，成为我国社会中一个大有前途的新兴产业和服务行业。

经过几年的努力，农村能源推广、科研培训、产业服务体实的建设已初具规模，但还不能完全适应农村能源发展的要求。今后必须继续加强建设，使他们在农村能源建设中发挥更重要的作用。

（五）办好试点示范　试点示范具有强大的吸引力和辐射力。农村能源建设是一项崭新的事业，在尚未被更多的人认识之前，办好试点示范尤为重要。1981年以来，国家经委、科委、农牧渔业部、林业部、水电部和中国科学院等部门均抓了一批农村能源示范点。1983年，我们抓了90个改灶节柴试点县，国家计委和农牧渔业部联合召开了试点县县长会议，对改灶节柴工作起了很大推动作用；1984年，抓了200个改灶节柴试点县、40个沼气重点县；1985年，又抓了100个改灶节柴试点县、40个沼气重点县和20个集中供气试点。各地还从实际出发，扎扎实实地办了一批不同类型的示范点。

国家经委于1983年安排农、林、水电三部承担了3个县的农村能源综合试点工作，为在一个县的范围内综合解决农村生产和生活用能的途径方面取得了经验。

我们的工作，虽然取得了一定成绩，但还存在不少问题。主要是：有些地区对发展农村能源的战略地位缺乏足够认识，领导不利；农村能源工作的改革步伐不快，与农村经济的发展还不相适应，地区之间发展很不平衡；有的地方对先进的科学技术没有很好地推广应用，经济效益没有得到充分发挥，科研力量的组织和经费使用上也存在一些问题；有的地方办事机构不健全，经费、物资等渠道尚未沟通，对从事这项工作的同志的实际困难和工作条件解决得也不够好，等等。这些都有待会后认真研究解决。

三、“七五”农村能源发展规划和措施

“七五”时期，是我国农村经济打基础、增后劲、为90年代及其以后的农村经济的继续发展作准备的一个关键时期。我们要不断分析和正确认识整个国民经济和农村的新形势，研究和解决不断出现的新情况和新问题，及时总结经验，不断开拓前进，使农村能源工作更好地为农业生产的发展和人民生活的改善，建立良好的农业生态环境和振兴农村经济，实现党的总目标和总任务服务。农村能源工作的指导思想和任务是：认真贯彻“因地制宜、多能互补、综合利用、讲求效益”的农村能源发展方针，积极发展薪炭林，大力推广省柴节煤灶，稳步发展沼气，在有条件的地方大力发展小水电和小煤窑，搞好风能、太阳能、地热能等能源开发利用的试点示范，努力做好节能工作。要把农村能源建成一个新兴的产业，逐步向专业化、商品化、社会化的方向发展。既抓好生活用能，又抓好生产用能；既抓好户办能源，又抓好集中供能；既以中小为主，又重视大型工程建设。既抓好开源，又抓好节流。同时要努力抓好科研，在农村能源利用技术方面有新的突破；抓好教育，培养农村能源人才，普及能源知识。要同村镇建设相结合，统一规划，同步实施。总之，要通过我们的努力工作，探索和逐步走出一条具有中国特色的办农村能源的道路。

根据国家“七五”国民经济发展计划，我国农村能源面貌将发生重大变化。有70%农村人口用上电，有4%的农村人口用上优质气体燃料，有60%的农村人口用上干净卫生的省柴节煤灶，建立起一批农村能源综合试点县，创建出几个能源自给型的农场或乡村试点，提供一批崭新的农村能源科技成果。有中国特色的农村能源的发展道路将越走越宽，农村能源建设将进一步促进农村经济的发展。

为了实现“七五”规划的发展目标，提出以下措施：

（一）提高认识，把农村能源建设作为一个战略问题来抓　农村能源必须作为一个战略问题来对待，解决农村能源必须立足于当地，国家要有扶持政策，要真正提到日程上来，作为一个重大问题来研究。李鹏副总理近两年来多次在有关会上强调：“从中央各部委到地方的领导，都要从提高认识入手，重视解决农村能源问题”，“特别是要抓好农村能源产业”。

应当看到，农村能源是关系到农村八亿人口的生产、生活和达到“小康”水平这个战略目标的大事，是关系到改善农业生态环境的大事。农村经济的发展，农业专业化、商品化、现代化进程的加快，人民生活水平的提高，对农村能源提出了更高的要求。农村能源解决得好坏，已成为发展农村经济、提高人民生活水平的一个制约因素。在我国国家供应的能源长期不能满足农村需要的情况下，合理开发利用当地的农村能源资源，采用新技术，提供尽可能多的优质能源，促进农村经济的发展，就显得更加重要了。

中央对农村能源建设是很重视的，国务院农村能源领导小组成员参加国务院节能办公会议，定期研究农村能源问题；国家计委、经委、科委分别成立了农村能源职能机构；农村可再生资源的开发利用技术被列入了“七五”国家重点科技攻关项目；财政部每年拨给一定的资金，扶持农村能源事业的发展；国家计委在“七五”期间每年安排一定资金作为贷款贴息，重点扶持能源产业、技术服务、乡镇大中型沼气工程、集中供气示范和节能工作；国家科委也将在“星火计划”中支持一批经济与社会效益好的农村能源项目；国家经委在安排开发贷款方面，也把农村能源产业纳入了扶持的项目。农牧渔业部已在经费和物资上将农村能源列上户头。农村能源工作涉及面很广，初步统计与20多个部、委的工作密切相关，因此应充分发挥各部委积极性，加强横向联系，从各方面给予支持。我们要求各有关部门、各地继续贯彻落实国务院和国务院办公厅文件精神，把农村能源工作纳入议事日程，切实把它作为一个战略问题来对待；要充实加强各级办事机构，提高干部队伍的素质，从政治上、工作上、生活上关心他们，帮助他们解决一些具体困难；各省、自治区、直辖市的计委、经委、科委和农业部门在下达农村能源发展计划时，应相应安排必需的经费、贷款和物资。

（二）继续认真贯彻执行农村能源发展的方针和政策方针　“七五”期间要继续贯彻“因地制宜、多能互补、综合利用、讲求效益”的农村能源的发展方针。

要从实际出发，认真做好农村能源资源调查和区划、规划工作。根据本地的农村能源资源优势、生产水平、经济状况、技术条件和经济效益，确定发展重点，积极开展多层次的综合利用，尽可能多地转化增值，使农村能源建设在经济效益、社会效益、环境效益方面发挥更大的作用。

实行分类指导。在推广了省柴灶和沼气的地方，要切实抓好巩固提高；在工作基础比较薄弱和经济水平低的地方，要扎扎实实办好示范点。省柴节煤灶应在全国普及推广，既要抓好生活省柴节煤灶，又要抓好生产省柴节煤灶。沼气发展的主要地区是长江、淮河流域及华南各省；黄河流域和北方地区也要因地制宜地稳步地发展沼气；高寒地区要搞好试点示范，取得经验后，再逐步推广；在城市郊区和经济发达地区料源比较充足的畜牧场、加工厂、养殖专业户等，有条件的地方，还要办好集中供气试点，逐步向沼气商品化发展。年日照在2 000小时以上，年辐射总量不少于每平方厘米585.76千焦的地区，可以开发利用太阳能。平均风速大于每秒3米，风能密度每平方米1 000瓦以上的地区，可以开发利用风能。要重视山区、牧区和贫困地区的能源建设，保护林草资源，促进经济发展，特别是那些森林覆盖率不足5%的地方，更要加速农村能源建设步伐，改变林草赤贫的面貌。

根据“开发与节约并重，近期把节约放在优先地位”的方针，我们既要抓开发，又要抓节约。认真贯彻国务院颁发的《节约能源暂行管理条例》，把农、牧、渔、机和乡镇企业等农村生产节能工作抓好。改变能源无计量、管理无专人、能耗无定额的状态，争取在管理节能和技术节能等方面有较大进展。农村能源消费统计数字，是研究情况、制定政策的重要依据，各地都要建立统计报表制度，认真地实事求是地做好统计汇总工作。

要继续贯彻“自办为主，国家、集体扶持为辅”的原则，提倡和鼓励农民自费办能源。国家主要在技术、贷款物资等方面给予适当的扶持。国务院办公厅文件给予沼气建设免税3年优惠待遇的精神，原则上也适用于其他农村能源产业和服务行业。各地在“以工补农”资金中，可安排一些用于农村能源建设事业。

（三）发展农村能源产业，完善服务体系　建立农村能源产业，是发展农村能源建设的一项重要措施。

要根据农村能源建设的需要，做出农村能源产业的规划、合理布局，对技术已基本成熟的产品，要尽快定型，组织好生产，并有计划、有步骤地改建、扩建一批生产农村能源产品的骨干厂，实行定点生产；抓好产品的标准化、系列化、通用化生产，建立各种不同产品的检测中心，经过鉴定方可小批量生产，工艺装备要经过考验，方可大批量投产。要认真贯彻国务院有关《产品质量管理条例》，提高产品质量，降低成本，生产性能可靠、物美价廉、适销对路的农村能源产品；定期举办农村能源新产品展销活动，加强信息传递，活跃购销市场。

这几年，农村能源服务公司、服务站发展较快，越办越兴旺。今后要从单项服务逐步向设备销售、安装、调试、维修等综合服务方向发展，开展技术咨询，工程承包，配件生产。服务公司（站）是一个经济实体，要实行独立核算，自负盈亏，加强管理，建立各种必要的规章制度，遵守国家的有关政策法令，增强服务能力，为农村能源建设提高服务质量，坚持为农村能源服务的方向。

（四）加强科研和科研成果的推广工作　农村能源科研，应以农村能源建设中急待解决的应用技术为主，力求尽快转发为生产力。国家科委将会同有关部门和地方，继续加强“六五”期间建立的几个新能源技术开发中心，逐步形成为农村能源服务为重点的新型产业。“七五”期间，农牧渔业部要做好以下工作。要抓好十个农村能源综合试点示范县。在生物质能利用方面，主攻方向是，除突破小型、高效、商品化沼气装置和几种成套发酵工艺技术（包括红泥塑料、干发酵、集气罩池等）外，并在研制高效、商品化的集中供气成套装置和生物质气化装置，以及生物质能的多层次的综合利用方面取得重大进展。对于能源植物的研究也要抓紧进行，尽早进入生产性试验。对太阳能利用的研究，要以综合利用为主，为解决西北及青藏广大缺能农牧区提供可行的成套技术。总之要依靠各有关部门、地方、科学院和高等院校的广大科技人员，在开发利用当地农村能源资源和解决不同类型地区的缺能问题方面，合理安排科研项目，力争早出成果，多出成果。

要做好科研成果和新技术的推广工作。加强技术法规教育，提高执行规范、标准的自觉性，采取多种形式，积极开展科技知识的宣传；搞好农村能源技术推广工作的科学管理，建立数据库，及时交流信息。

加强国际交流，提高我国农村能源开发技术水平。

（五）大力培养专业人才　目前，我国农村能源的专业人才严重缺乏，科技力量薄弱，知识结构和管理水平均与事业发展的需要不相适应。“七五”期间，各级要把增加智力投资、培养专业人才作为一个突出问题来抓。

农牧渔业部计划在全国建立和健全六个培训中心，分期分批地对在职干部进行专业知识和管理技术轮训；对有专业特长的科技骨干进行外语培训；中等农业学校开设农村能源专业课程的师资进行培训，各地要多层次、多渠道、多形式地开展培训工作。大专院校已设置生物质能、农村能源专业或招收有关硕士、博士研究生的，要统一审编教材，保证教学质量。已建立农村能源专业的中等学校可以跨省区招生。要组织农民技术员学习新技术，各种标准和规范，建立学习、考核制度，不断提高他们的技术素质。

（六）改进作风，提高组织管理水平　在农村能源建设中，从农民的生活用能到农业生产用能，以及全国六万多个集镇的环境建设，都是我们面临的新情况、新问题。我国农村经济正在从封闭的自给半自给的小农经济向专业化、商品化、现代化的方向转化。农村能源建设必须跟上形势，促进农村经济的发展。这就要求我们努力学习、深入实际、调查研究、坚持改革、改进作风，把机关真正建设成为服务型的高效率的办事机构。

各级领导都要扎扎实实地办好各种试点。第一批沼气重点县和经验收合格改灶试点县，要开展农村能源的综合建设。包括"七五"期间所安排的10个农村能源综合试点县，都要逐步成为不同类型的模式，从中走出一条具有中国特色的发展农村能源的道路。

办好以禽畜场、酒厂、农副产品加工厂、乡镇、城市公厕和有机废物利用等各种类型的沼气供应站示范点，其产气率以及沼气、沼液、沼渣的综合利用均达国际水平。

办好生物质能综合利用工业化试点，建立以沼气为纽带的生态农业良性循环体系。

在无电地区，建立综合性沼气动力站、发电站。建立一批综合性被动式太阳房试点及其他新能源技术试点，结合简易煤气和沼气解决冬季洗澡和蚕室保温。

中国科协　农牧渔业部　水利电力部　林业部关于颁发《农民技术人员职称评定和晋升试行通则》的通知

（1987年7月29日）

党的十一届三中全会以来，全国农村职业技术教育发展很快。各地涌现出一大批农民技术人才，成为推动农村经济发展和科协进步的一支不可缺少的重要力量，他们在普及科学知识，推广先进技术和经营管理经验，带动农民共同致富等方面，发挥了重要作用。

为了进一步促进农村各类技术人才的迅速成长，逐步建立一支宏大的农民技术队伍，以适应农村经济向专业化、商品化、现代化转变的迫切需要，中国科协、农牧渔业部、林业部和水利电力部共同制定了《农民技术人员职称评定和晋升试行通则》，现颁发试行。希望各地在当地政府的领导下，在原来评定农民技术人员职称的基础上，加强农村人才的管理工作、根据本地区的实际情况制定实施细则，作好农民技术人员职称的评定和晋升工作，更好地发挥这支队伍在建设社会主义现代化新农村中的作用。

农民技术人员职称评定和晋升试行通则

第一条　为了加速培养和合理使用不属于国家职工编制的农民技术人员，建立一支宏大的农民科技队伍，以适应农村经济向专业化、商品化、现代化转变的迫切需要，特制定本试行通则。

第二条　评定和晋升技术职称的农民技术人员，必须坚持四项基资原则，热爱社会主义祖国，遵守国家政策法令，努力继承和发扬传统农业技术，积极钻研现代科学技术，勇于改革创新，努力为社会主义新农村物质文明和精神文明建设服务。

第三条　凡在农村从事农、林、牧、副、渔、乡镇企业、机械、水力、水土保持、农电、财会及经营管理等方面的农民技术人员和职业中学毕业生及各种能工巧匠，均可报名参加考核。

第四条　评定和晋升农民技术人员技术职称，以工作成绩、技术水平、业务能力为主要依据，并参考科学文化知识水平从事专业工作的资历。

第五条　农民技术人员的技术职称定为：农民助理技术员、农民技术员、农民助理技师、农民技师，根据农民技术人员所从事技术工作的性质，在职称后注明专业类别，其各级的标准是：

（一）具备下列诸条件者，可确定为农尾助理技术员：

1. 经1年以上系统培训或自学，初步掌握本专业的基础知识和基本技能；

2. 在科技人员指导下能进行群众性的试验、示范、推广和生产建设、治理等技术工作；

3. 从事技术工作2年以上，在生产实践中，成绩较好。

（二）具备下列诸条件者，可评定或晋升为农民技术员：

1. 具有或相当于初等技术学校毕业的技术水平，或已取得农民助理技术员职称，基本掌握并能运用本专业基础知识和基本技能；

2. 能解决试验、示范、推广和生产建设、治理中的一般技术问题；

3. 从事本专业技术工作3年以上，在生产实践中成绩良好。

（三）具备下列诸条件者，可评定或晋升为农民助理技师：

1. 具有或相当于中等专业学校毕业技术水平，能掌握运用本专业基础知识和基本技能；

2. 能解决试验、示范、推广和生产建设、治理等工作中的技术问题，胜任农村合作经济单位的经营管理工作，能撰写技术总结和工作报告；

3. 从事本专业技术工作5年以上，在生产实践中成绩显著。

（四）具备下列条件者，可评定或晋升为农民技师：

1. 具有或相当于中等专业学校毕业以上技术水平，能较熟练掌握、运用本专业理论知识和基本技能，有丰富的专业生产和经营管理工作经验，并有某些专长；

2. 能独立解决试验、示范、推广和生产建设、治理中较复杂的技术难题，并有撰写技术资料、总结经验和培训、指导农民技术员工作的能力；

3. 从事本专业7年以上，在生产实践中成绩优异。

（五）各类农民专业技术人员职称的评定，除按本通则执行外，亦可参照有关专业技术系列的规定，进行职称资格的评审。评审时要注意保证质量，可根据专业的特点，主要考核：专业技术人员的工作成绩、技术水平和业务能力，特别要充分考虑到他们创造的经济效益。

第六条　对成绩突出、有重大贡献的农民技术人才，可不受文化程度和从事技术工作时间的限制确定技术职称。对某些文化水平低，但具有特殊专长，长期从事技术工作，有丰富的实践经验，在实际工作中成绩显著者。经主管科技业务部门推荐、考评委员批准可免予笔试。

第七条　评定农民技术人员职称，各地要在县政府领导下，由县有关业务部门和县科学技术协会牵头组成县农民技术人员职称评定委员会，各有关学会会同业务部门分别成立专业考评小组。县评定委员会成员中必须有国家中级技术职称科技人员3人以上，各专业考评小组成员中，中级技术职称以上科技人员必须占2/3以上。

各专业考评小组受县评定委员会指导，负责本系统农民技术人员的技术职称考评工作，制定出考核、考试具体标准和办法并付诸实施。

第八条　农民技术人员职称的考核评定，采取自愿报名与推荐相结合，分别参加各有关专业考试、考核。各专业考评小组根据报考人员的考核成绩、本人业务技术总结及考试成绩，提出评定职称意见。报经县评定委员会审核批准，由县人民政府授予相应的技术职称，并颁发证书。

第九条　申请授于技术职称的农民技术人员，要填写业务简历表，提出业务技术工作总结或报告，经正式考核、考试、评定、批准后授予技术职称，记入人事或业务考绩档案。

第十条　评定或晋升农民技术人员的技术职称工作，原则上每二年进行一次，对有突出成就的，可随时考核或破格晋升。

第十一条　农民技术人员职称是表示专业技术水平和技能的称号，用人单位根据实际需要，要在有职称的农民技术人员中选聘，担任相应专业技术职务，明确职责，在聘任期内给予与其所任技术职务相应的报酬和待遇。今后农村和乡镇企业的技术职务要逐步做到由有职称的人担任。

第十二条　获得技术职称的农民技术人员有以下权利：与生产单位或农户签订有偿的技术承包、技术指导、技术培训和技术推广合同；应聘到外地传授技术；优先参加县乡举办的技术培训、讲座、技术交流或应邀参加有关学会、协会、研究会的学术会议；优先获得有关部门及科协编印的技术资料、提供的良种和设备等；优先接受国家、集体单位的聘用或录用；优先直接对口报考中专和中专以上的专业学校，在科学技术普及推广和科研工作中取得显著成绩者，与专业科技人员享受同等待遇。

第十三条　授予技术职称的农民技术人员有以下义务：要积极参加科协所属科普团体（如乡镇科普协会和专业性的技术研究会等）及有关学术、技术团体的活动；努力搞好技术服务；在自己承包的土地或乡镇企业中应用推广先进技术，向周围群众传授科学技术；提出发展生产、提高经济效益的意见和建议，当好党委和政府指挥生产的参谋和助手。

第十四条　凡授予技术职称的农民技术人员，由县有关业务主管部门和县科协共同管理，要填写技术人员登记卡，建立农村技术人员业务技术档案。

第十五条　确定或晋升农民技术人员技术职称，必须实事求是，严肃认真，对于营私舞弊和打击农民技术人员的应按照情节轻重严肃处理；对于谎报成果、弄虚作假、骗取技术职称的，应撤销其骗取的技术职称。

第十六条　国家分配给乡镇企业的大专毕业生按国家评定技术人员职称的有关规定执行。

第十七条　各省、自治区、直辖市可根据以上原则结合本地区的实际情况，制订本地区的农民技术人员技术职称条例、规定、具体考核办法和实施细则。少数民族地区和边远山区的考核评定标准可适当放宽。

农牧渔业部关于《农民技术人员职称评定和晋升试行通则》的补充说明

（1987年9月28日）

由中国科协、农牧渔业部、水利电力部、林业部共同颁发的《农民技术人员职称评定和晋升试行通则》，其中第三条“凡在农村从事农、林、牧、副、渔、乡镇企业、机械、水力、水土保持、农电、财会及经营管理各方面的农民技术人员”包括从事农村能源、农业环境保护推广工作的农民技术人员。请各省、自治区、直辖市制订本地区的农民技术人员技术职称条例、规定、具体考核办法和实施细则时，增补农村能源专业和农业环境保护专业。

农业部能源环境保护局 国家计委资源节约和综合利用司 能源部农村能源及电气化司 物资部燃料司关于转发《农村型煤生产座谈会会议纪要》的通知

（1989年1月19日）

近几年来，随着农村经济的发展和人民生活水平的提高，农村生活用煤大量增加。据不完全统计，1987年农村生活用煤总量大约8 000万吨左右，其中约有90%并未加工成型煤，资源浪费大，污染严重。

最近，国家计委资源节约和综合利用司委托农业部能源环境保护局，就此问题召开了“农村型煤生产座谈会”。现将会议纪要发给你们，请认真研究，并结合本地实际情况，把农村推广型煤的工作逐步开展起来。

农村型煤生产座谈会会议纪要

（1988年12月12日）

1988年12月15至17日，国家计委委托农业部能源环保局在北京召开了农村型煤生产座谈会。参加会议的有北京、河北、山西、辽宁、黑龙江、山东、安徽、河南、四川等9个省、直辖市农村能源（环保）办公室（站）主任。国家计委、能源部、物资部和国家能源投资公司节能公司的有关负责同志应邀参加了会议。会议听取了9个省、直辖市农村能源（环保）办公室（站）的同志对农村型煤生产与推广现状、分配供应网络、价格承受能力和地方给予的优惠政策等情况的汇报，认真研究探讨了型煤生产的投资效益和需要解决的政策问题，并提出了加快农村型煤推广和形成生产能力的建议。会议开得严肃认真、生动活泼。现将会议讨论的有关问题纪要如下：

一、在农村推广型煤的主要意义

李鹏同志多次强调抓好型煤推广工作，他指出：“搞型煤，既节约了能源，花钱不多，技术简单易行，环境效益又很好，何乐而不为呢？”

近几年来，随着我国农村商品经济的发展和农民生活水平的提高，农村生活用煤大量增加。据国家统计局农调队统计，1987年农村生活用煤总量约为8 000万吨，其中约90%是没有加工的散煤。若改烧型煤，不仅可以节约煤炭20%～30%，而且还可减少一氧化碳排放量70%～80%，减少二氧化硫排放量40%左右。鉴于煤炭供需矛盾日益紧张，大气污染日趋严重，将农村使用的散煤改为型煤确是当务之急。

二、在农村推广型煤的工作经验和存在的问题

（一）目前，农村推广型煤工作尚处起步阶段，四川、黑龙江、安徽、辽宁等省已就农村推广型煤开展了试点工作，取得了一些经验，主要是：

1. 农村推广型煤，节能和环境效益均甚佳，各级领导部门已采取有效措施予以推广。

从全国农村推广型煤比较好的几个省来看，他们都对农村推广型煤采取相应扶持政策：辽宁省计委拨款给省农村能源办公室，支持利用低热值燃料生产型煤的试点推广工作。四川省有的县对农村推广型煤，减免其部分税收并发放低息贷款，扶持农村推广型煤工作。四川省宜宾地区行署为加强农村推广型煤工作，专门进行了部署，把农村推广型煤工作交给了市、县农村能源办公室负责管理。同其他一些地区一样，宜宾地区农村能源办还与当地燃料部门紧密配合，解决了煤炭供应问题，并合作搞好技术培训、管理和质量保证等项工作，促进了农村推广型煤工作的迅速发展。全区现已有型煤加工厂203个，生产能力达14万多吨，有11.2%的农户用上了型煤。安徽省农村能源办与省税务局联合发文，给予各地农村能源系统的产业3年免税支持，因此县以下近千处型煤加工点均得以享受这种优惠，大大促进了农村用煤型煤化。安徽省有的县还从育林经费中拨出一部分给农村能源办公室，作为推广型煤的补助经费。

2. 这些年，各级农村能源办在农村推广省柴节煤灶工作中，形成了一支技术队伍，研制了一批优秀的型煤燃烧炉具，在有条件的地方还发展了一批生产煤炉的厂家。各级农村能源服务公司为销售农村推广型煤的配套产品，已经形成了服务系统。

（二）与会同志认为，农村推广型煤的试点工作，虽然取得了一定的效果，但在这项工作中，也遇到了一些问题：

1. 农村用煤量大面广，目前只是在部分省、直辖市农村搞了试点，绝大部分地区仍以燃烧散煤为主，资源浪费十分严重。

2. 对农村推广型煤的宣传很不够，还没有普遍引起有关部门和领导的重视，基本处于无人管理的状况。

三、建议

1. 认真贯彻执行国家节能政策，制定扶持农村推广型煤的方针，政策和规划、措施，首先在煤炭资源丰富、经济条件较好和交通方便的农村推广型煤，使农村推广型煤的工作因地制宜且有重点地逐步推开。

中央、国务院对发展型煤十分重视，制定了《关于发展型煤的暂行办法》、《节约能源管理暂行条例》、《财政部对节约能源管理有关税收问题的通知》等有关法规和政策。这些政策和措施，对城市型煤的迅速推广起到了重要作用，农村推广型煤也应遵照这些政策，加快农村型煤推广步伐。

2. 根据本地区煤炭资源情况和供应渠道的现状，由农村能源部门与燃料经营部门共同承担农村的型煤推广工作：共同编制发展规划、生产销售计划，组织炉具的生产、销售等。选择条件较好的地区，进行型煤推广的试点、示范，并有计划地安排技术培训。会同物价管理部门，按质定价。这些都是巩固和提高省柴节煤工作成果的有力措施。

3. 对农村推广型煤所需的煤炉和型煤销售等，各地仍应按照财政部和税务部门的有关规定给予优惠政策。国家和地方在安排农村能源贷款时，要把农村推广型煤、扶持炉具和型煤生产设备的产业作为重要内容。

4. 各级有关部门应加强对农村推广型煤工作的组织和领导，要做好规划，加强宣传、技术培训、试点示范以及产业建设等工作，切实帮助解决在推广中遇到的实际问题。

农村推广型煤工作是一项新兴的事业，工作中要加强调查研究，不断总结经验教训，使其适应农村经济改革的形势，促进农村经济发展。

国家计委关于在全国开展100个农村能源综合建设县工作的通知

（1991年8月20日）

开展农村能源综合建设，是“六五”和“七五”期间探索出的一条适合我国国情的发展农村能源的正确途径。“六五”期间，由农业、林业、水利三个部门共同组织，已先后分两批在六个省选择六个不同资源类型县联合进行了试验。“七五”期间，又将农村能源综合建设列入国家重点科技攻关项目，选择12个县，组织科研单位和大专院校对其进行联合试验和系统研究，取得了十分明显的效果并积累了许多成功的经验。从已进行过农村能源综合建设的十八个县看，当地能源资源开发利用数量有了较大增长，商品能源利用率也有了明显提高，缓解了供需矛盾，同时起到了促进当地经济发展，农村生态环境改善和精神文明建设的良好作用。这些经验不仅在国内有很大的吸引力，而且引起了有关国际组织和亚太地区发展中国家的极大关注和兴趣，他们认为中国农村能源综合建设为发展中国家解决农村能源问题提供了成功经验。

农村能源综合建设的主要内容是：以县为单元，由县政府统一领导，应用系统工程的方法，在资源区划的基础上，对各种能源建设项目进行科学分析、评价，结合当地经济社会发展状况，按照“因地制宜，多能互补，综合利用，讲求效益”和“开发与节约并重”的方针，统一规划，综合开发。在项目的建设中，充分依靠科技进步，推广应用各种先进、成熟、适用的技术，开发利用当地资源，合理有效的利用和节约能源，逐步建立起多能互补供能体系，加强产业建设和节能产品开发，建立和完善相应的能源管理和维修服务体系，最终保证在能源、经济、生态和社会方面取得较好的综合效益。

为了使农村能源综合建设取得的经验在全国更大范围内逐步推广，经我委与财政部、农业部、林业部、水利部、能源部共同研究，决定在“八五”期间联合组织开展100个农村能源综合建设县的工作。现在，根据各地推荐的名单和有关资料，经上述几个部门共同审查，选定100个县为国家农村能源综合建设县（名单附后），并列入国家计划。各地根据当地情况安排的农村能源综合建设县，可参加全国统一组织的规划、培训及有关经验交流活动，经费自行解决。

开展农村能源综合建设县所需建设资金，主要立足于当地解决，实行以自建为主，民办公助的政策。国家有关部门在技术培训，综合规划和新技术推广，示范等方面给予适当资助，并在农村能源产业基本建设和节能技术改造方面给予必要的贷款支持，同时要求省、地、县也采取相应的配套措施给予支持。对于国家各部门拨给一百个综合建设县的少量工作经费，省、地、县要按要求进行配套。

各地计委（计经委）、经委接此通知后，请组织当地有关部门研究制定工作方案，确定各自职责，按要求落实配套资金，以保证这项工作的顺利进行。列入开展100个农村能源综合建设名单的县，要迅速把工作开展起来，并作好与国家签定任务合同的准备。

为了加强农村能源综合建设县工作的领导，经研究成立“全国100个农村能源综合建设县领导小组”，成员由国家计委、财政部、农业部、林业部、水利部、能源部有关司局组成，领导小组下设办公室，由农业部环保能源司组织，负责具体日常工作（工作大纲及管理办法另发）。有关部门各派一名同志任联络员并参加办公室工作。

附：全国100个农村能源综合建设县名单（略）

中国21世纪议程（摘要）

（1994年3月25日国务院第16次常务会议讨论通过）

第2章 中国可持续发展战略与对策

2.4（e）重点开发清洁煤技术，大力发展可再生能源和清洁能源；

(f) 推动资源的合理利用；

(g) 大力推广清洁生产工艺技术，努力实现废物产出最小量化和再资源化，节约资源、能源，提高效率。

第11章　农业与农村的可持续发展

11.4　中国农业与农村要摆脱困境，必须走可持续发展的道路，其中，合理、永续地利用自然资源，特别是生物资源和可再生能源，以满足逐年增长的国民经济发展和人民生活的需要。

11.37　进一步发展农村能源建设是促进农村可持续发展的一个重要战略。

11.46　增加农村能源开发利用的投入，加强农村能源建设的研究，开展县级农村能源综合建设试点。大力发展薪炭林，推广省柴节煤灶，特别是沼气、地热、太阳能、风力发电、小水电等可再生能源的开发利用，增加农村能源供应。

第13章　可持续的能源生产和消费

13.9　贯彻开发与节约并重的方针，改善能源结构与布局，大力发展水电，因地制宜开发新能源和可再生能源，依靠科技进步，提高能源效率，合理利用能源资源，减少环境污染。

13.12　加快农村能源和电气化建设，改变农村过度消耗生物质引起的生态环境恶化的状况。

13.16　支持对各种环境无害的能源系统，包括新能源和可再生能源技术的研究、开发、转让和使用。

13.20　大力加强农村电气化建设和县级农村能源综合建设，建立示范点，实现农村经济和生态环境的协调发展，推广省柴节煤灶、发展沼气、薪炭林、小水电、风能和太阳能等技术。

13.57　把开发可再生能源放到国家能源发展战略的优先地位，采取适当的财政鼓励措施和市场经济手段，增加国家在开发可再生能源方面的投入，吸引地方政府和用户共同参与：

(a) 加速水能资源开发：对水电工程项目进行全面科学的技术经济评价和环境评价，采取有效措施减少对生态环境的不利影响；通过政策引导和资金投入，加速开发生态影响小，便于地方和用户自行建设的中小水电资源；

(b) 加强生物质能的开发利用：开发利用生物质能生产酒精等清洁液体燃料的技术，大力推广沼气应用技术，利用生物质生产沼气，用于生活和动力能源；大力增加生物质能的生产，减少生物质能直接用于燃烧的比例；

(c) 加强太阳能直接和间接利用技术的开发：近期重点发展太阳能电池，提高光电转换效率，降低发电成本；远期重点建设大型太阳能电站；

(d) 根据自然条件，扩大风能利用规模，重点解决边远地区生活用电问题；近期重点研制大型风力发电机组，降低成本，建设中、小型风力田；远期重点建设大型风力田；

(e) 开发海洋能：重点在缺电而又蕴藏潮汐能的地区，开发建设中、小型潮汐电站，以取得发电、养殖、围垦等方面的综合效益；继续开发波浪、潮流、温差、盐差能利用技术，并建立示范电站。

13.38　追踪国际先进技术水平，加强各种新能源和可再生能源利用技术的研究。

13.39　开展新能源可再生能源的开发利用研究和示范工程建设，以优惠条件引进国外先进的可再生能源技术，加强信息交流和人员培训。

第14章　自然资源与可持续发展

14.90　(b) 大力开辟牧区新能源，积极开发一些新能源，如太阳能、风能和沼气等，解决一部分牧区居民的生活用燃料，以减轻对天然植被的破坏。

国家计划委员会办公厅国家科学技术委员会办公厅　国家经济贸易委员会办公厅关于印发《新能源和可再生能源发展纲要》的通知

(1995年1月5日)

为了促进我国新能源和可再生能源事业的发展，国家计委、国家科委、国家经贸委共同制定了我国《新能源和可再生能源发展纲要》，提出了"九五"以至2010年新能源和可再生能源的发展目标、任务以及相应的对策和措施。现将《纲要》印发你们，请根据《纲要》的要求，结合本地区、本部门的实际情况，在编制各自计划时予以安排。

新能源和可再生能源发展纲要

(1996—2010)

导言

能源工业作为国民经济的基础，对于社会、经济发展和提高人民生活质量都极为重要。在高速增长的经济环境下，我国能源工业面临经济增长与环境保护的双重压力。

世界上越来越多的国家认识到：一个能够持续发展的社会应该是一个既能满足社会的需要，而又不危及后代人前途的社会。因此，节约能源，提高能源利用效率，尽可能多地用洁净能源替代高含碳量的矿物燃料，是我国能源建设遵循的原则。

我国是世界上最大的煤炭生产国和消费国，煤炭约占商品能源消费构成的76%，已成为我国大气污染的主要来源。大力开发太阳能、风能、生物质能、地热能和海洋能等新能源和可再生能源利用技术将成为减少环境污染的重要措施之一。

我国是世界上最大的发展中国家，有9亿多人口生活在农村。农村能源短缺，利用水平低，严重阻碍了农村经济和社会的发展，我国迄今尚有：1.2亿人口没有用上电；5%～8%的人口未解决清洁饮水；约8 000万的人口生活在贫困线以下。此外，由于农村燃料短缺，造成森林过度樵采，植被破坏，生态环境恶化。因地制宜，大力开发利用新能源和可再生能源，特别是把他们转化为高品位的电能，为边远偏僻和海岛等缺电无电地区提供照明、电视、水泵等动力能源，促进这些地区脱贫致富，使农村经济和生态环境协调发展，对实现小康具有重大意义，也是落实“八七”扶贫攻坚计划的重要内容。

从能源长期发展战略高度来审视，我国必须寻求一条可持续发展的能源道路。新能源和可再生能源对环境不产生或很少产生污染，既是近期急需的补充能源，又是未来能源结构的基础。

我国政府一直关心新能源和可再生能源的开发利用。1992年联合国全球环境与发展大会后，国务院提出了我国对环境与发展采取的10条对策和措施，明确要“因地制宜地开发和推广太阳能、风能、地热能、潮汐能、生物质能等清洁能源”。我国世界上最先完成“中国21世纪议程”报告的国家。在科技研究和示范推广方面，国家“六五”、“七五”以及“八五”科技攻关中都安排了新能源和可再生能源项目。但由于我国在该领域投入资金数量过少，与实际需要相差甚远，虽在单项技术的研究示范方面有所进展，但新能源和可再生能源系统技术的发展水平，尚与发达国家有较大的差距，在资金投入力度上甚至还不如一些发展中国家。

我国具有丰富的新能源和可再生能源资源，在其开发利用方面也取得了很大的进展，为进一步发展奠定了良好基础。在国际上，新能源和可再生能源技术越来越受到重视，交流频繁。因而，有必要抓住当前的发展机遇，制定好“1996—2010年新能源和可再生能源发展纲要”，这将对我国经济、社会和环境持续协调发展起到重大深远的影响。

一、现状和差距

1. 国外概况　70年代以来，鉴于常规能源资源的有限性和环境压力的增加，世界上许多国家重新加强了对新能源和可再生能源技术发展的支持。1973年，美国制定了政府级阳光发电计划，1980年又正式将光伏发电列入公共电力规划，累计投资达8亿多美元。1992年，美国政府颁布了一项新的支持光伏发电发展的计划，目标要使2000年美国太阳电池的总产量达到1 400兆瓦，约相当于目前全世界太阳电池总用量的10倍。克林顿政府1994年度的财政预算中，光伏发电的预算达7 800多万美元，比1993年增加了22.4%。日本、德国等欧共体国家及一些发展中国家也都纷纷制定了国家有关发展规划或计划，大幅度增加了对新能源和可再生能源开发利用的投入。

与此同时，许多国家还从政策上采取措施鼓励开发利用洁净能源。如丹麦政府对安装风力发电机的用户给予100%的安装费用补贴，以后随风力发电技术进步则逐步减少直至完全取消。

近年来，国际上新能源和可再生能源的开发利用取得长足进展。到目前为止，世界太阳电池年销售量已超过60兆瓦，电池转换效率提高到15%以上，系统造价和发电成本已分别降至4美元/峰瓦和25美分/千瓦时；在太阳热利用方面，由于技术日趋成熟，应用规模越来越大，仅美国太阳能热水器年销售额就逾10亿美元。太阳能热发电在技术上也有所突破，目前已有20余座大型太阳能热发电站正在运行或建设。

风力发电技术进展迅速，基本实现了规模性生产和应用。1992年底，全世界风力发电的装机容量已达270万千瓦，发电47亿千瓦时；近年来美国和欧洲一些国家正在积极开发第三代风力发电机组。这种机组重量轻，单位面积获能大、可靠性高、装机费用低，发电成本将降至4～5美分/千瓦时。

生物质能作为一项低碳能源技术受到广泛的重视。英国、德国、法国、日本、美国及前苏联等国家早在50年代就利用厌氧消化技术处理城市和工厂污水，既治理了污染，又获得了能源。稻壳、蔗渣等农林废弃物，直接发电或通过热解气化供热发电的装置在北美、西欧、日本和巴西等许多地区和国家屡见不鲜，在美国即有近400万千瓦的装机；利用液化技术将生物质转换成液体燃料替代石油是科学家的长期愿望，80年代已在巴、美等国家实现。

氢能作为一种无污染的清洁能源及能源载体，近年来其开发与利用技术在工业化国家中得到高度重视，投入大量财力开展研究工作，如日本的“阳光计划”中制定了氢能发展规划，加拿大利用丰富的水力资源电解制氢开发利用氢能，在欧洲利用核能发展氢能技术，美国利用太阳能，到2020年规划可建成供30万辆燃料电池汽车使用的城市供氢系统，并可大大降低汽车能耗。氢能的应用可望在21世纪得到飞速的发展。

2. 国内现状　我国具有丰富的新能源和可再生能源资源：水能可开发资源为3.78亿千瓦，目前已开发利用11%；生物质能资源，包括农作物秸秆、薪柴和各种有机废物，利用量约为2.6亿吨标准煤。占农村生活能源消费的70%，整个用能的50%；在我国约 600 万平方公里的国土上，太阳能年总辐射量超过 60 万焦/平方厘米，开发利用前景广阔，风能资源总量为 16 亿千瓦，约 10%可供开发利用；地热资源尚待继续勘探，目前已探明的地热储量约为 4 626亿吨标准煤，现利用的仅约十万分之一；我国海洋能源资源亦十分丰富，其中可开发的潮汐能就有 2 000 万千瓦以上。

近 20 年来，我国新能源和可再生能源的开发利用有很大发展，已经成为现实能源系统中不可缺少的组成部分。目前各类新能源和可再生能源，年提供约 3 亿多吨标准煤（其中大部分是生物质能，在目前的商品能源统计数字中并未计入）这对促进国民经济发展和满足广大农村和边远地区人民生活的能源需求起到了重要作用，成绩主要表现在：

（1）小水电开发和利用取得世界公认的成就。到 1993 年底，全国运行中的小水电站达 6 万多座，目前全国 97%的乡、92%的村和 87%的农户通了电；小水电作为一种有效的农村能源，在实现中国农村电气化进程中起着重要的作用，已有 109 个县实现了初级农村电气化，200 个县正在开展第二批初级农村电力气化建设。

（2）薪炭林建设和薪材能源开发取得了显著进展。"六五"以来的 13 年。全国营造薪炭林 472 万多公顷，使我国薪炭林总面积达到 540 万公顷，加上其他森林年合理生产薪材能源约一亿吨标准煤。发展薪炭林对缓解当地农村能源紧张，保护森林资源、林草植被和生态环境，促进农村经济发展起到了积极的作用。

生物质能利用技术又有新的发展。全国一半以上的农户普及了高效率节柴灶，每年可以节约1/3～1/2 的燃料消耗；户用沼气克服了历史上的大起大落，走上了稳定发展阶段，全国 525 万个沼气池年产气 12 亿多立方米；大中型沼气工程作为一项能源环保技术，如雨后春笋，发展很快，100 立方米以上的有 600 多处；集中供气已达 8.4 万户，沼气综合利用与生态农业和农村持续发展紧密结合，蓬勃发展，方兴未艾。近年来为了进一步改进生物质能利用技术，提高利用效率，还开展了把秸秆等农林废弃物转换为优质气体、液化燃料等新技术的研究和开发，并已建成一些示范工程。

（3）太阳能的利用技术进入新的发展阶段。国内太阳能热利用方面，主要有太阳能热水器、太阳灶、被动式太阳房和太阳能干燥器。经过以往十年的努力，我国太阳能热利用在这四个领域技术已基本过关，科技成果不同程度地转入小批量生产，有了一定数量推广应用的覆盖面，在缓解当地常规能源短缺和减轻生态和环境恶化等方面收到了实效。据 1993 年不完全统计，全国已推广太阳能热水器 230 万平方米，被动式太阳房 180 万平方米，太阳能农作物温室 34.2 万公顷，太阳灶 14 万台，太阳能干燥器 13 200 平方米，并一直保持发展势头。国产太阳能热水器平均每平方米每年可节约 100～150 千克标准煤，被动式太阳房平均每平方米建筑面积在采暖期可节约 20～40 千克标煤，太阳灶每台每年可节约柴草 500～700 千克，节能和社会效益十分明显。

我国的太阳能光伏发电应用始于 70 年代，但直到 1982 年以后方真正发展起来，在 1983—1987 年短短的几年内先后从美国、加拿大等国引进了 7 条太阳电池生产线，使我国太阳电池的生产能力从 1984 年以前的年产 200 千瓦跃到 1988 年的 4.5 兆瓦。在应用方面，我国目前太阳电池主要用于通信系统和边远无电地区，年销售约 1.1 兆瓦。特别是我国迄今尚有 28 个无电县，上千个无电乡村，成千个无电岛屿，对解决这些边远偏僻地区供电问题光伏发电已经并将更有效地发挥作用。目前西藏的 9 个无水力无电县中，已建成 2 个功率分别为 10 千瓦和 20 千瓦的光伏电站，其余 7 个已纳入国家计划正兴建之中。在太阳电池研究方面，实用型单晶硅电池效率达 12%～13%，多晶硅电池为 9%～10%，非晶硅电池为 5%～6%。虽然高效硅电池及非晶电池的实验室水平与国外相关不大，但在向生产力转化方面却差得很多，有些新型且有潜力的太阳能电池的研究国内尚属空白。

（4）风能开发利用继续发展。我国风力发电总装机容量达到 2.6 万千瓦。80 年代以来，50～200 瓦的微型风力发电机相继研制成功并投入批量生产，目前约有 12 万余台在内蒙、新疆、青海等牧区草原和沿海无电网地区运行，解决了渔、牧民看电视和照明问题。1～20 千瓦中、小型风力发电机组达到小批量生产阶段，目前正在研制 50～200 千瓦的中、大型风力发电机，有 14 个风电场正在建设当中。与此同时，低扬程大流量和高扬程小流量两种新型风力提水机已研制成功。此外，在全国风能资源调查，风力机性能测试技术、基础理论研究、风能综合利用、国外风力机引进技术的消化吸收及风电场的试验运行方面均取得进展。

（5）其他新能源和可再生能源的开发利用，也有了一定的发展。我国地热资源现已利用的相当于 400 万吨标准煤。值得一提的是我国西藏的地热开发利用，羊八井地热电站现装机总容量 2.5 万千瓦，年发电量达 9 700 万千瓦时，为拉萨电网供电的 50%，是我国目前最大的地热电站。我国海洋能开发利用方面，目前已建有潮汐发电站总装机容量 5 930 千瓦，年发电量 1 021 万千瓦时；波浪发电试验电站也在建设之中。氢能等极有应用前景的新能源技术开发尚处于实验室试验研究阶段。

3. 存在的问题　综合上述可以看出，近 20 年来，我国新能源和可再生能源技术和开发利用的确取得可喜成绩，甚至在一些项目上处于世界的领先地位。但是，从总体来看，无论是科研水平，开发利用规模，还是产业发展等都同国际水平有很大差距。其主要问题是：

没有纳入国家能源建设计划；

没有纳入各级正常的财政拨款渠道；

缺乏鼓励推广及扶持新能源和可再生能源发展的相应政策、法规等；

对新能源和可再生能源的投入太少，如对太阳能研究与开发经费投入不及美国的1%，甚至不及印度等国家；

商品化程度低，产业化薄弱。

二、目标和任务

1. 目标　今后15年，新能源和可再生能源发展的总目标是：提高转换效率，降低生产成本，增大在能源结构中所占比例。新技术、新工艺有大的突破，国内外已成熟的技术要实现大规模、现代化生产、形成比较完善的生产体系和服务体系；实际使用数量达到39 000万吨标准煤以上（包括生物质能传统利用方式的利用量，下同），为保护环境和国民经济持续发展做出贡献。这个目标可分为两个阶段实施，即：

第一阶段，从现在至2000年，通过强化科技研制和试点示范工作，使多数新能源技术接近或赶上目前世界先进水平，其中一些成熟的实用技术，要尽快形成产业，扩大应用，进入市场；逐步改变生物质传统的低效利用方式，发挥风能和太阳能等新能源和可再生能源的作用，为解决边远和海岛等无电地区用电问题做出贡献。全国新能源和可再生能源的开发利用总量达到29 800万吨标准煤。

第二阶段，从2001—2010年，全面推广应用新能源技术，建立起世界先进水平的工业体系和科研体系，主要技术项目基本上都要求达到规模生产水平，各类新能源和可再生能源的开发利用总量增加到39 000万吨标准煤。

2. 任务　为了实现上述目标，新能源和可再生能源开发利用的主要任务是要在本世纪末和下世纪初的10年间，选择一批对国民经济和生态环境建设具有重大价值的关键技术进行研究开发，其工作重点是加强这些技术的试点示范和科技成果的转化工作，促进产业形成，尽快实现商品化生产和推广应用。

工作的主要方面是：

研究开发高产和多功能的薪炭林树种及栽培工艺技术和速生林营造技术，建设商品性薪炭林基地，重点放在农民缺柴、水土流失严重和有条件发展薪炭林的地区，力争2000年和2010年全国薪炭林面积分别达到640万公顷和1 340万公顷，加上其它每年提供薪柴18 000万吨（相当于10 000万吨标准煤）和27 000万吨（15 400万吨标准煤）。

在巩固、提高节柴改灶的成果基础上，实现居民节煤炉灶具的商品化生产和销售，完善省柴灶的产业体系和服务体系，使每年节柴数量达到10 000万吨以上，约相当于5 000万吨标准煤量。

加速农村生物质能利用技术的更新换代，发展高效的直接燃烧技术、致密固化成型、气化和液化技术，形成和完善产业服务体系，到2000年和2010年生物质能高品位利用能力达到250万和1 700万吨标准煤；利用农村及城镇酒厂、糖厂和畜禽养殖场的有机废弃物，发展沼气，使之转化为高品位能源，并开展综合利用，提高利用价值；同时加强大中型沼气工程的设计规范、标准和设备的成套供应，使全国沼气的总用户（含集中供气户）2000年和2010年分别达755万户和1 235万户，沼气供应量达到22.6亿立方米和40亿立方米，约相当于180万和314万吨标准煤的能量。

加快小水能资源的开发，2000年和2010年小水电站的总装机达到1 985万千瓦和2 788万千瓦，发电量为744亿和1 170亿千瓦时，分别相当于3 132万和4 930万吨标准煤量。

扩大太阳能的开发利用，把推广应用节能型太阳能建筑、太阳能热水器和光伏发电系统作为重点来抓。太阳能建筑和太阳能热水器等要形成规模生产，完善产业体系，进一步拓宽市场，特别要在太阳电池组件和配套关键技术装备方面努力，降低系统造价，在2000年前完成西藏9个无电县独立光伏电站的建设，大力推广应用小功率光伏系统，建立分散型和集中型兆瓦级联网光伏示范性电站，太阳能开发利用总量到2000年和2010年分别达到123万和467万吨标准煤。

继续抓好小风机生产、销售服务工作，同时下大力气提高大型风机的设计能力和制造工艺水平，加速国产化进程，改进风力透平机的特性，集中力量开发200千瓦以上风力机、风力田控制和管理系统，加强和完善风力田规划选点和勘察设计工作，建造若干个大型风力田，为2000年和2010年全国风能开发能力达到30万～40万千瓦（35万～46万吨标准煤）和100万～110万千瓦（108万吨标准煤）创造条件。

在继续抓好西藏地热电站的同时积极开发其他有高温热储地区的资源，采用热泵等新技术，解决好地热腐蚀、防垢和回灌问题，进一步扩大地热直接利用和发电规模，争取2000年和2010年应用规模分别实现88万和151万吨标准煤。

潮汐能的开发重点以浙江和福建等地区为主，2000年以前开展低水头、大流量万千瓦级的全贯流机组及海工技术的试验和研究，开发能力达到5万千瓦；2010年争取建成30万千瓦实用型电站，年供能量达到31万吨标准煤。

加快氢能制取、贮存和利用装置的开发步伐，取得技术上的突破。2010年建成具有商业意义的太阳能—氢能系统和煤化学制氢装置，其氢气规模应不小于5 000立方米/日。

加强城乡人民生活和工农业的有机废弃物再生利用技术的研究和应用，2000年稻壳发电、林屑发电、蔗渣发电和垃圾发电的装机容量要求超过5万千瓦，2010年达到30万千瓦，届时全年提供的能量分别约为8万和50万吨标准煤。

三、对策和措施

开发利用新能源和可再生能源是一项远有前景，近有实效的事业。但由于尚处在发展初期，同其他能源建设相比，需要政府给予更多的支持和相应的扶持政策。

1. 提高认识，加强领导　发展新能源和可再生能源关系到我国生态环境的改善和全国能源的供需平衡，对解决我国城乡，特别是广大边远地区的能源供应问题具有特殊重要的作用。各级政府和有关主管部门要提高对新能源和可再生能源重要战略地位和作用的认识，把推进其开发利用作为一项基本的能源政策，切实加强领导。把新能源和可再生能源建设纳入到国民经济建设总体规划之中，列入政府的财政预算。

国家计委、国家科委、国家经贸委和中央有关部委要加强协调与合作，制定统一的、切实可行的新能源和可再生能源的发展规划，指导和协调各个部门、地区的有关发展计划，并及时就规划的制定和实施中的某些重大问题共同商量，分头实施，既分工又协调，建立科学研究和产业化一条龙的开发体制，避免重复研究，重复引进。

2. 制定优惠政策　新能源和可再生能源是一项具有深远意义的公益事业。目前大多数新能源和可再生能源技术处于发展的初期，产业规模小而获益能力低，尚不具备参与市场竞争的能力。因此，必须得到国家宏观调控政策的保护。

制定有利于新能源和可再生能源的政策是国家扶持新能源和可再生能源发展最有力的支持。国家计委、国家科委和国家经贸委与财政、金融、税务等部门共同协商，根据我国新能源和可再生能源发展纲要和规划目标，技术类型和特点，应用前景和获得能力，分门别类地研究和制定相应的财政、投资、信贷、税收和价格等方面的优惠政策。

增加财政资助和投资力度。一定要从全局的长远的利益出发增加对新能源和可再生能源的科研、技术产品的研究和开发的财政资助和投资力度，保证必须的资金投入，及时到位，加速产品工艺技术的突破和系统开发的过程。

加大信贷规模，提供低息贷款。要比常规能源发展有更具体的优惠的投资政策，加大产业化建设和服务体系的信贷规模，提供长期的低利率贷款。同时加强宣传，调动各方面投资热情，扩大资金渠道，提高资金使用效果。

制订减免税收、价格补贴和奖励政策。这些政策的制订必将加速新能源和可再生能源的产品进入市场，提高竞争力，最终依靠自身的发展潜力，确立并占有其应有的市场份额。

3. 加强新能源和可再生能源的科研和示范　根据本纲要的要求，主管部委将研究和制定1996—2010年的科技发展规划，并据此制定“九五”计划，集中资金、集中力量支持优先发展项目，加强科研示范和产业化的衔接，促进科研成果迅速转化为生产力。

4. 加强产业化建设　中央及各地区、各部门要重视科研成果的转化，把技术上基本成熟的产品尽快定型，鼓励企业打破部门、地区界限，实行横向联合，组织专业化生产。国家在投资、价格和税收等方面要有计划、有步骤地支持一批新能源骨干企业的发展，建立有规模生产能力的产业体系，使之不断提高产品质量，降低生产成本，扩大销路。建立国家级的质量监测系统。抓好产品生产的标准化、系列化和通用化。

随着新能源和可再生能源产业的发展，必须尽快建立和发展相应的技术服务体系。应鼓励有条件有能力的个体和集体开办新能源技术服务公司，承包新能源设备的销售、安装、调试、维修等技术服务工作，加强对各类技术服务公司的技术指导和职业培训，不断提高他们的服务能力和质量。

5. 开展国际合作，引进国际先进技术和资金　新能源和可再生能源开发利用是当今国际上的一大热点，要抓住当前大好时机，继续坚持自主开发与引进消化吸收相结合的技术路线，积极开展对外交流与合作。克服一切从头做起的思想，有目的、有选择地引进先进的技术工艺和主要设备，在高起点上发展我国新能源和可再生能源技术，进一步拓宽合作领域，加强与国际组织和机构的联系与合作，提倡双边的、多边的合作研究及合作生产。加强人、技术和信息交流。采取切实步骤，为吸收国际机构和社会团体、企业家和个人来华投资，独资或合资开办各种新能源和可再生能源实体创造条件。

农业部办公厅关于转发《湖南省人民政府办公厅转发省农村能源领导小组办公室关于加强农村能源建设报告的通知》的通知

（1995年8月11日）

农村能源是农村社会经济发展和农村现代化建设的重要物质基础。加强农村能源建设，不仅是当前农业和农村经济工作的重要内容之一，也是发展农业的一项基础性工作。10多年来，由于各级人民政府和有关部门的积极支持与通力合作，依靠科学进步，我国的农村能源建设取得了显著成效，为发展农业生产和农村经济，增加农民收入，改善生态环境，提高农村用能水平和农民生活质量做出了积极贡献。

目前，一些省、自治区、直辖市人民政府为适应农村社会经济发展的需要，进一步加强了对农村能源建设的领导，相继提出了加强农村能源建设的意见，并积极制定农村能源管理条例。湖南省人民政府办公厅转发的《关于加强农村能源建设的报告》，提出了加强农村能源工作的四条意见，具有普遍意义，在工作中值得借鉴。现将此件转发你们，请结合工作实际，切实加强农村能源工作。

湖南省农村能源领导小组办公室关于加强农村能源建设的报告

（1995年5月26日）

近几年来，我省农村能源建设在各级政府和各有关部门的领导、支持下，认真贯彻“因地制宜、多能互补、综合利用、讲求效益”和“开发与节约并重”的方针，努力促进农村经济发展，取得了可喜的成绩。沼气技术不断进步，省柴节煤炉灶推广基本普及，农村能源的利用效益显著提高，并在全国处于领先地位。同时，农村能源建设的发展，为缓解我省能源供求矛盾、保护生态环境、发展优质高效农业、促进林业与农村社会经济的发展发挥了积极作用。但从全省来看，农村能源建设的发展还很不平衡，有的地方农村能源短缺，农业污染和生态失衡和问题十分突出，严重地制约着农村社会经济的发展。为了进一步加快我省农村能源建设的步伐，合理开发利用农村能源资源，实现经济和生态的良性循环，现将有关意见报告如下：

一、切实加强对农村能源工作的领导。各级政府必须进一步提高认识，切实加强对农村能源领导，把它纳入农业、农村经济社会发展规划，列入重要议事日程。为了切实加强领导，省已调整充实了农村能源领导小组。各地可根据本地实际，成立相应的领导小组，健全和充实办事机构。县以上各级农村能源部门在机构改革中，只能加强，不能消弱。各级政府和主管部门在配备农村能源部门人员时，要按照干部“四化”要求，配好班子。要理顺机构归属，克服多头领导和协调困难的现象，全省农村能源机构统一归口各级政府农村工作办公室管理，任何单位或个人不得平调或占用其资金、物资、固定资产等。乡（镇）一级要有专职或兼职人员具体负责这项工作，村和组要逐步做到有经过培训取得合格证书的农村能源技工，为农村能源建设提供服务。各级农村能源部门要继续深化改革，努力提高自身素质，切实做好规划布局、监督、检查、新技术普及推广、宣传教育和信息调研等方面的工作。各级政府要关心支持农村能源部门的工作，帮助他们改善办公、生活条件，加强自身建设。

二、增加对农村能源建设的投入。要加快农村能源事业的发展，必须坚持多渠道投入的方针，加大投入力度。各级政府要把对农村能源建设的投入纳入同级财政预算，确保资金到位。地方留成的科技发展基金、农村发展基金也要安排一部分用于农村能源建设。银行信贷资金要积极支持农村能源建设事业，同时，还要拓宽资金渠道，发动群众集资和利用外资来加速农村能源建设步伐。各级各有关部门要根据统一规划所确定的发展目标和任务，结合本部门、本单位应承担的责任，从政策、项目、资金、技术等方面，支持农村能源建设。

三、进一步提高农村能源的综合效益和规模效益。一是认真完成湘潭县、华容县、鼎城区3个由国家计委等8部委联合组织开发的“八五”国家农村能源综合建设县项目和8个省农村能源综合建设县项目任务，认真总结经验，为“九五”开展农村能源综合建设县项目做准备。二是把农村能源建设同各地村镇建设、科技兴农、丘岗山地开发、“八七”扶贫攻坚战、菜篮子工程、生态农业、高效林业、环境保护、卫生防疫等有机结合起来，充分发挥农村能源的综合效益。三是认真搞好城镇生活污水沼气净化工程的试点，为“九五”城镇沼气净化工作的全面铺开打好基础。各级农村能源部门要会同计委、建委（规划）、环保、爱国卫生、国土等部门共同搞好试点与推广工作。要将城镇生活污水沼气净化工程的试点、推广纳入本部门的发展规划，将推广工作同能源、城乡、有机农业、卫生、环保建设结合起来。没有大型污水处理设施的城市，特别是小城镇和农村集镇，要坚持以环境效益为主，积极运用沼气厌氧净化装置处理粪便污水。有条件的地方，在新建公厕和有卫生设施的楼房时，应同时考虑采用厌氧净化装置，并做到建房与建厌氧净化装置同时预算、同时审批、同时施工、同时投入使用。对现有不合卫生要求的公厕和楼内卫生设施，也要逐步改善。省重点抓好新化县的试点，各地、州、市也要有自己的试点县。四是沼气发展要上档次、上水平、出效益，要把以沼气为纽带的生态户扩展为生态村、生态乡、生态县，努力实现2000年小康村沼气入户率达到60%的目标。五是大力发展农村能源产业和服务体系建设。在产业建设上必须采取分层推进、重点突破的发展战略，从加大基础设施建设力度入手，扩大生产经营规模达到扶持一批、巩固一批、发展一批、带动一批的目的。同时，要建立和健全农村能源服务体系，更好地促进农村能源事业的发展。

四、搞好法制建设。要认真贯彻落实《中华人民共和国农业法》、《中华人民共和国农业技术推广法》、《中华人民共和国环境保护法》、《中华人民共和国水土保护法实施条例》等法规，切实加强农村能源的法制建设，各有关部门要密切配合，共同搞好地方法规的起草和贯彻实施工作，使我省的农村能源建设和管理工作有法可依，逐步走上法制化轨道。

国家计划委员会　国家经济贸易委员会　国家科学技术委员会　财政部　农业部　林业部　水利部　电力部印发《关于在“九五”期间继续开展农村能源综合建设工作的请示》的通知

（1995 年 11 月 24 日）

国家计委、国家经贸委、国家科委、财政部、农业部、林业部、水利部和电力部等八部委联合上报的《关于在“九五”期间继续开展农村能源综合建设工作的请示》，业经国务院批准，现印发给你们，请按照执行。为便于各地更好地开展农村能源综合建设工作，八部委还拟定了《关于“九五”期间开展农村能源综合建设项目的实施意见》，请一并参照执行。

国家计划委员会　国家经济贸易委员会　国家科学技术委员会　财政部　农业部　林业部　水利部　电力部关于在“九五”期间继续开展农村能源综合建设工作的请示

（1995 年 6 月 16 日）

党的十一届三中全会以来，我国农村经济和农民生活质量都得到了很大的发展和提高，但是农村仍面临着能源短缺、资源浪费、生态失衡的严重困扰。为了探索一条适合我国国情的解决农村能源问题的有效途径，在“六五”、“七五”期间，我国在 18 个县进行了“农村能源综合建设”试点工作。

所谓农村能源综合建设，是在一个县的范围内，以大系统的观点，结合本县社会、经济发展和环境目标要求统筹规划，积极开发合理利用能源，建立起相互协调的供能和用能体系，发展相应的能源生产和技术服务网络，从能源建设这一环节来支持经济发展，提高人民生活质量，改善生态环境。实践证明这是行之有效的加速农村能源建设的措施，它不仅较充分地体现了“因地制宜、多能互补、综合利用、讲求效益”的农村能源建设方针，而且能很好地协调农村经济建设、环境建设和能源建设之间的关系，充分发展政府的统一组织领导作用，有利于集中资金、集中力量，在较短的时期内达到预定的目标。

为一逐步推广这一成功的经验，“八五”期间，由国家计委牵头，会同国家经贸委、国家科委、财政部、农业部、林业部、水利部和电力部等 8 个部委合作，在全国组织实施“百县农村能源综合建设”。到 1994 年底，百县项目完成率已达到 80％以上。4 年来，百县农村能源综合建设项目投资约 60 亿元，其中贷款 20 亿元，集体和个人自筹资金 40 亿元。预计 1995 年可以超额完成计划目标。同时，为支持百县农村能源综合建设工作开展，中央、省市和县还安排了工作经费约 8 300 万元，其中中央安排工作经费 1 345 万元，经过几年的建设现已形成规模（每年生产和节约的能力达 2 000 万吨标准煤）。这不仅大大增加了百县农村能源的有效供给，促进了当地经济的发展（如开展沼气综合利用技术，使 46.7 万公顷粮食增产 5％以上；1994 年产投比为 1.21，创产值 7 500 万元），而且对综合建设县境内的生态环境，农民的生产、生活环节和生活质量的改善也有积极作用。

实践证明，农村能源综合建设符合可持续发展的要求，它是集能源建设和环境建设于一体，并具有经济、社会、环境等综合效益的系统工程。有鉴于此，为了落实中央、国务院关于促进农村经济全面发展，提高农业质量的精神，在“九五”期间，除了继续对“八五”百县综合建设跟踪服务，进一步巩固和发展农村能源综合建设成果外，我们拟在总结经验的基础上，根据我国地区经济发展的差异，按照分类指导的原则，继续开展三种类型的县级农村能源综合建设工作。这三种类型是：第一类，配合“八七扶贫攻坚计划”的脱贫温饱型；第二类，实现第二步战略目标的小康型；第三类，东南沿海经济发达地区的富裕示范型。三种类型共选择 100 个县。项目的建设经费仍以自筹为主，工作经费仍由中央、省市（地区）、县共同配套解决。

鉴于农村能源综合建设是一项跨部门、跨行业的工作，我们将通力合作，组织、指导、支持地方共同推进这项工作的开展，使我国农村能源建设再上一个新台阶。

关于“九五”期间开展农村能源综合建设项目的实施意见

国家计委、国家经贸委、国家科委、财政部、农业部、林业部、水利部和电力部等八个部委共同组织的"九五"百县农村能源综合建设项目已经国务院批准。现研究决定，继续由全国农村能源综合建设项目领导小组组织开展该项工作，并开式启动"九五"百县农村能源综合建设项目。

为切实组织好这项工作，现提出如下意见：

一、农村能源综合建设项目，是以县为单元，在农村能源建设方针指导下，逐步建立起相互协调的供能、用能、节能、开发可再生能源体系和能源管理、服务体系，以取得能源、经济、生态和社会发展等的综合效益。因而，建设项目应由县政府统一领导，组织动员县计委、经委、科委、财政、农、林、水、电和乡企局等有关部门，集中资金，集中力量，共同为实现综合建设的目标而努力。

二、农村能源综合建设要立足于当地，各建设项目，应以自筹资金，自建为主。中央有关部委将对百县综合建设中的对口重点项目优先安排贷款。为做好综合规划、技术指导、培训、宣传和试点等日常组织协调工作，国家将拨少量工作经费，省、地、县按不少于1：1：1：2的比例予以配套。

三、请根据《"九五"全国农村能源综合建设县工作大纲》(附后)，按照三种不同经济类型区（富裕型、小康型、脱贫型）的标准，衡量你省推荐的县分属何种类型，规划能达到的相应目标。

四、选择好综合建设县。请各省、市、区农村能源综合建设领导小组，在推荐选择时，务必充分研究工作大纲提出的目标要求，综合分析、考察拟推荐的县政府的认识和重视程度、资金来源的可能性、政策规划能力以及省、地、县的资金配套能力等，尚不具备实现预期目标、无能力按要求配套工作经费的县请不要推荐。

你省、自治区、直辖市推荐的综合建设县数量可多于建设县数1～2个，以备选择。推荐表请于12月底以前报送全国农村能源综合建设县项目领导小组办公室。

五、鉴于一些地区对县级农村能源综合建设已有较深的认识，我们提倡有条件的省、市、区组织"省级"能源综合建设县项目（包括国家落选的推荐县），自筹经费落实，参照国家标准开展建设，这些县可参加全国统一组织的技术培训、指导、经验交流，按照统一标准验收，合格者颁发同样的证书。

六、在组织"九五"项目的同时，要继续关心、支持"八五"运行的159个县能源综合建设工作，进一步巩固、扩大建设成果。

全国农村能源综合建设县项目的工作大纲

一、指导思想

（一）"九五"期间，由国家计委牵头，国家经贸委、国家科委、财政部、农业部、林业部、水利部和电力部等八部委(以下简称八部委)联合组织的全国100个县开展农村能源综合建设是经过国务院批准的重大项目之一，关系到9亿农民生活的大事。各级政府必须提高认识，认真对待，把它作为加速农业现代化建设，发展农村经济，提高农业质量，实现脱贫致富、奔小康的基础建设抓紧搞好。

（二）要在"因地制宜、多能互补、综合作用、讲求效益"和"开发与节约并重"方针的指导下，根据能源建设的目标要求和本地区的具体条件，统一规划，合理安排，既开发利用当地能源资源，又有效地利用商品能源，同时发展能源产业，建立和完善相应的能源管理和维修服务体系，为促进农村经济、生态环境建设的协调发展作出切实贡献。

（三）要充分依靠科技进步，推广应用各种先进适用的技术，不断提高农村各类能源设备的技术性能和能源产品的质量档次，增强农村能源产业实力，提高参与市场的能力。

（四）大力引进资金、技术和人才，积极开展国际合作。

二、预期目标

根据当地资源和条件，开发利用无污染和少污染的生物质能、太阳能、风能、水能和地热能，增加能源供应量；提高商品能源使用效率，减少二氯化碳及氮氧化物的排放，使全县的生产、生活能耗居于本省先进水平。经过5年努力，达到一定的规模效益，使森林覆盖率有明显增长、水土流失基本趋势得到控制，土壤有机质含量和生态环境均趋向好转。进一步促进农村经济发展，使农民人均收入有较大幅度增长，并使农民生活条件有较大改善。具体目标如下：

（一）县政府要制定出推进本县农村能源建设管理规定和有关财政、金融、信贷、税收等优惠政策；设置具有行政职能、独立的农村能源管理常设机构；建立县级农村能源技术推广服务站（中心），全县60%以上的乡镇应设有农村能源技术服务站，人员专业技术有较大提高。

（二）农村能源产业得到快速发展，其农村能源产品、设备、设施的生产、销售、施工等能力，基本满足全县的需求；建立具有固定资产不少于50万元、产品技术先进、年创利税能力较强的农村能源骨干企业。

（三）发展农村用电，农村电网发展应纳入省、地电力发展计划。要求乡乡通电，村和农户通电率分别达到90%和85%以上。用电水平较低的县，人均用电量应有较大幅度增长。加强电网改造，促进送配变电设备合理配套，10千伏网损不超过11%，供电可靠率不低于85%，电能质量和电压合格率达85%以上。小水电供电区，通电户率低于80%的应增加6%，网损率高于18%的应降低5%。

（四）生活用能以节能型的炉、灶、炕为主，全县要普及省柴节煤炉、灶、炕：其中节能商品炉达90%；商品省柴灶达50%；商品（组装）炕达30%；以煤为主要生活用能的地方要全部使用型煤。新增使用优质燃料的农户要占总农户的10%～20%。

（五）加强县级的节能管理工作，形成管理网络。在县办工业、农机、乡镇企业、水产、畜牧、农垦等生产领域，积极地推广各种成熟的节能技术，生产用能的利用率应达到本省、自治区、直辖市同类行业先进水平，其中工业锅炉热效率应达到65%；增加免烧砖、空心砖的比例，减少粘土砖数量，粘土砖万块砖能耗下降100千克标煤。

（六）要积极采用厌氯技术处理有机废弃物，使有机废弃物资源化，改善卫生条件：在适宜发展沼气的地区，新增小型高效户用沼气3 000户以上；全县沼气设施规模化、标准化；同时推广沼气综合利用，其比例达到全县累计建户用沼气池数的80%；北方沼气用户要普及应用北方农村能源生态模式技术；要积极采用厌氧技术处理有机废弃物，全县城镇医院、卫生院和新建办公楼要基本普及应用生活污水沼气净化技术，机关、学校、公厕和居民聚居区的生活污水也应有计划的分期分批予以处理；禽畜场、酒厂、糖厂、肉联厂等有机废水（物），要积极采用厌氧技术进行处理，使其达到或接近国家、地方污水排放标准。

（七）太阳能资源丰富地区，太阳能利用要形成规模；新建和改建的太阳能畜禽舍要占全县畜禽舍总面积的50%以上；太阳能温室、大棚蔬菜栽培技术推广，要形成规模经济效益；新建和改建的中小学校校舍都要建成太阳房校舍；新建和改建的太阳房农户要占农户新建住宅的20%～40%以上；使用太阳能热水器的农户占总农户的10%。

（八）加快发展以薪炭林为主的薪材资源。植树造林有较大发展，五年内新增薪炭林面积应占同期新增造林面积的10%以上，薪炭林经营技术趋向规范化。平原县实现绿化。森林采伐剩余物得到合理利用，基本停止林水过量樵采（包括搜集林地落叶）。

（九）有小水电资源的县，应积极开发小水电，人均可开发小水电资源超过100瓦的县要求开发利用达到人均30瓦以上。已建成的小水电县，全县发电设备年平均利用小时数超过全省平均水平，发电成本低于全省平均水平。加强科学调度，增加年发电小时数，列入全国第三批水电初级电气化县，应按要求达标。

（十）依据本县的情况，在进行能源建设的同时注意水、土、气的污染控制。

三、工作程序

（一）农村能源综合建设确定后，各县成立以县政府领导为核心，各有关部门负责人为成员的农村能源综合建设领导小组，研究决定综合建设大事；并组成由主要部门参加的精干的办公室或充实县农村能源办公室，具体组织协调综合建设工作。

（二）在统一培训后，各县编制县级农村能源综合发展规划。

（三）依据规划制定五年工作计划，编报“农村能源综合建设县专项合同书”，经八部委农村能源主管司局组成的“全国农村能源综合建设县项目领导小组”审批，正式立项。

（四）由县农村能源综合建设领导小组负责项目实践。八部委及省、地有关部门采取单项合同方式，落实专项合同书相应的项目，并给予指导和帮助。

（五）全国项目办每年召开一次年度工作总结全，交流工作经验，评估上年度工作，五年后对100个县分别进行验收，做出全面总结。

四、技术路线

农村能源综合建设县用大系统的观点，综合建设的思路，先进技术为手段，结合当地资源、社会经济条件，以及社会、经济发展目标和生态环境改善的要求，统一规划，系统地、综合地开发和利用当地能源资源，合理利用和节约商品能源，建立起多能互补的供能用能体系，建立并完善农村能源组织领导和管理体制及产业服务体系，最终取得能源、经济、生态、社会等多种效益。

（一）以县级农村能源综合发展规划为基础。为使建设方案先进、准确、可行，首先进行农村能源综合规划，通过对资源及消费现状进行调查分析及供需预测，能源平衡和项目经济评价及决策等工作，提出适合于本县经济发展、生态环境改善相协调的农村能源综合建设发展规划。

（二）以能源的开发利用技术为手段。在县农村能源综合规划的基础上，进行能源项目建设，单项技术要讲求综合利用，系统技术要优化组合，同时注意配套性，强调总体功能和综合效益，确保技术的先进性、适用性、经济性。

（三）试验示范和推广应用相结合。经过试验、示范，对那些技术上可靠，经济上可行的技术进行推广应用，以获得规模效益。

（四）单项技术评价和综合评价。对单项技术成果进行经济评价及效益评价，通过成果效益分析，为工艺技术的择优排序和今后面上推广应用提供依据。综合评价是对建设县产生的经济、生态、社会等一系列效益方面进行评价。

五、项目管理

鉴于本项目的实施可以推动我国农村能源建设向深度和广度发展，也是农村能源建设工作深化改革的重要体现，国家已将其列入“九五”国民经济发展计划，为加强项目管理，便于承担、执行、操作，取得预期的成效，我们编制了《全国农村能源综合建设县项目管理办法》，有关项目管理方面的问题，请按管理办法中的规定执行。

农业部环保能源司
中国农村能源行业协会
关于转发《加强新型燃料技术开发利用管理的建议》的通知

（1996年1月12日）

随着农村经济发展和农民生活水平的提高，农村对优质燃料的需求量与日俱增。近年来，在石油液化气、煤气等优质燃料供不应求的情况下，很多地区结合能源资源的综合开发利用，开发了生物质能优化、洁净煤气化和各种合成燃料等技术的开发和利用，发展速度很快。新型燃料技术的兴起符合我国国情，但目前农村新型燃料技术开发利用尚处于科研试点阶段，使用中还存在不少问题。中国农村能源行业协会新型液体燃料及燃具专业委员会在调研的基础上提出了“加强新型燃料技术开发利用管理的建设”，具有现实指导意义，现转发给你们，请结合当地实际，加强管理和信息交流，统筹规划，搞好试点，认真总结经验，并会同有关部门，组织制订相关的标准，严格立项审批程序，在保护农村消费者利益的前提下，引导新型燃料技术应用的健康发展。

中国农村能源行业协会新型液体燃料及燃具专业委员会加强新型燃料技术开发利用管理的建议

（1996 年 1 月）

改革开放以来，随着农村经济发展和生活水平的提高，不少农村居民生活用能方式正在发生变革，由传统的方式向现代化方向发展。在这种形势下，优质能源的需求量急剧增长，高品位的煤、油、电、气等商品能源在不少地区已经成为热门消费品。统计资料显示，从 1986 年以来，农村优质燃料用户发展速度飞快，平均年递增 40%以上。

用能水平的高低，是当今世界衡量社会生产力发展的一个重要标准。没有农村的小康生活，就没有中国的小康，富裕起来的农民，必然要求使用优质燃料，因此，解决好九亿农民对优质能源的需求，是一项迫在眉睫、长期而又艰巨的工作。

80 年代以来，社会各界普遍重视新型燃料技术的开发与利用，以补充城乡煤气、液化石油气的不足。新型燃料技术主要是指：生物质气化、固化和液化技术，洁净煤气化技术，新型液体燃料（醇基、轻烃等各种合成燃料）技术等。新型燃料技术具有跨部门、跨行业、多学科的特点。我们根据中国农村能源行业协会统一安排开展的调查情况看，新型燃料的原料来源比较广泛，但是，由于原料本身的特性所致，给新型燃烧技术的开发利用增加了较大的难度，尤其在缺乏规划和政策扶持的情况下，相应的市场化进程比较缓慢。

新型燃料的发生、发展到成熟阶段不可能不遇到一些困难和问题，但只要不断总结经验教训，最终必将在科学进步的基础上达到大规模的推广和应用。尽管新型燃料的最终利用方向、利用率及其经济性方面还存在不同的看法和争议，但是，经过多年的努力，已有一些企业研制生产出合格的产品和设备，有的气化工程中试运行效果良好，一些地方和行业标准也在陆续制订。从总体情况分析，新型燃料技术尚处于科研开发阶段，目前，由于一些应用技术不够成熟，管理环节薄弱等原因，开发利用中问题比较突出；一些虚假广告宣传、以及劣质产品投入使用后产品质量、使用操作不当等原因发生事故，使消费者利益受到严重的损害。为了有效引导新型燃料事业的健康发展，提出如下建议：

（一）加强行业管理。新型燃料、燃具技术及应用工程主要面向农村，各级农村能源行业管理部门应积极协同有关部门加强管理，按照农村能源建设的方针，在有条件的地区，积极、慎重、稳妥地开发利用新型燃料技术。从事新型燃料、燃具产品生产的企业，必须经地区以上技术监督、公安消防、劳动、农村能源和工商行政管理部门的审查批准；坚持取缔假冒伪劣技术和产品。对已较为成熟的技术和产品，省以上科技主管部门应组织行业专家进行技术鉴定，通过行业协会推荐使（试）用，扶优汰劣。

（二）制定发展政策。以发展前期，国家从资金、贷款、税收及财政上有重点地加以扶持。对已成熟、达到实用阶段的技术和产品，应纳入国家星火计划；经济管理部门应安排一定的技术改造贷款资金，支持骨干企业开发利用新型燃料技术。

（三）强化技术和产品质量监督。新型燃料技术的有效推广利用，要有标准化措施的保障，因此，应尽快组织制订有关燃料、设备、灶具及工程设计、施工、验收等方面的行业标准、规范，以指导和监督新型燃料技术的合理开发和安全使用；同时应建立起新型燃料产品及工程质量监督保证体系，根据标准统一组织产品质量检测和抽查，由国家主管部门核发生产许可证或经营许可证。

（四）以科技为先导，加强新型燃料的技术攻关。对新型燃料的转换方式，燃料组分、液体燃料的汽化预热技术、灶具、以及使用中普遍存在的技术性能不稳、适应性差、不便操作等问题，有关部门应安排科研经费，组织专题调研，系统分析事故、问题发生的原因，集中技术力量组织科技攻关，进一步提高技术档次，推广可靠、安全、使用方便的产品。

（五）有计划地安排试点示范。在现有基础上，选出较为成熟的技术，在一些地区和企业中有计划、有步骤地组织一定规模的中试，取得成熟的经验、制定发展政策和科学的管理规程，然后，以点带面逐步扩大应用规模。

（六）加强技术交流和培训，切实保障用户的利益。在计划地组织开展技术交流，及时总结经验教训。采用多渠道、多种形式，开展技术培训，使运行操作人员及用户对燃料的基本特性、安全操作、排除事故方法等技术知识有所了解和掌握，达到安全使用新型燃料的目的。企业售出的产品、设备应要求加强售后跟踪服务，实行产品三包与保险，对已发展的用户，建立维修信用卡制度，维护企业良好的信誉。

农业部关于印发“九五”期间乡镇企业环保节能计划的通知

（1996年4月4日）

为切实做好乡镇企业环保节能工作，促进乡镇企业经济增长方式由粗放型向集约型转变，现将我部编制的《“九五”期间乡镇企业环保节能计划》印发给你们，请结合本地实际情况，采取有效措施，认真贯彻落实。

“九五”期间乡镇企业环保节能计划

“九五”期间是我国社会主义现代化建设进程中的关键时期，也是乡镇企业加快发展，加快提高，实现增长方式从粗放经营向集约经营转变的重要阶段。切实做好乡镇企业环境保护和节约能源的工作是保证乡镇企业持续发展的主要措施，对于实现“九五”经济发展目标和推动我国经济与环境保护事业的协调发展起着重要作用。

一、“八五”期间环保节能工作的情况

（一）“八五”期间的主要成绩

“八五”期间，乡镇企业持续快速发展，已经成为农村经济的主体力量和国民经济的重要组成部分。根据乡镇企业经济发展的特点，针对环境保护和能源利用中出现的问题，各级乡镇企业行政主管部门进一步加强了乡镇企业的环保节能工作。

——各地基本建立了乡镇企业环保节能管理机构，强化了对环保节能工作的管理。开展了科技进步活动，加强了技术改造，使得乡镇企业的产业结构、行业结构、产品结构得到进一步调整，行业的能耗开始下降，环境污染加重的趋势有所控制，经济运行质量得到提高。

——农业部颁布了《乡村集体工业企业节约能源管理暂行规定》，印发了《迈进21世纪乡镇工业环境保护行动计划》，制定了造纸、炼焦、炼硫、制砖四个行业节能与污染控制的规定。

——从1990年到1995年的五年中，乡镇企业的增加值由2 500亿元增加到10 230亿元，增长了3倍，年平均增长32.5%，其中乡镇工业增加值由2 010亿元增加到8 260亿元，增长了3倍；乡镇工业废水、废气和废渣的排放量分别由1990年的24亿吨、1.26万亿标准立方米和0.64亿吨增加到1995年47亿吨、2.6万亿标准立方米和1.3亿吨，分别增加了96%、106%和103%；1995年乡镇企业万元工业增加值的废水、废气和废渣排放量分别为56.9吨、3.15万标准立方米和1.57吨，比1990年分别降低了52.3%、49.9%和50.6%。

乡村集体工业企业的能源消耗由1990年的1.5亿吨标准煤增加到1995年的3.7亿吨标准煤，年均增长19.7%，占全国工业生产总能耗的比重由20%上升到31%。万元工业增加值的综合能耗由1990年的7.46吨标准煤下降到1995年的4.48吨标准煤，年均下降9.7%。

——在国家宏观调控和社会主义市场竞争机制的双重作用下，重污染行业的增加值比重由1990年的19%下降到1995年的17%，无污染、轻污染行业的增加值比重由1990年的81%上升到1995的83%。

——乡镇企业环保节能技术改造的奖金投入由1990年的1.5亿元增加到1995年17亿元；由于产业结构、行业结构渐趋合理以及技术改造投入的增加，使乡镇企业的环境保护和能源管理工作逐步走上了正轨。

——对砖瓦、水泥、铸造、炼焦、石灰、陶瓷、炼铁、铁合金、啤酒和淀粉等行业的节能与污染控制关键技术和设备及乡镇工业小区的能源利用与环境综合治理问题进行了经济技术评价，确定了工作的主攻方向和战略重点；在硫磺、炼焦、砖瓦、造纸等行业建设了节能与污染控制示范工程，召开了技术推广现场会。

——农业部等八部委联合开展了“百县农村能源综合建设”工作，各级乡镇企业行政主管部门积极参与并配合农村能源管理部门开展了乡镇企业能源管理、节能技术改造和可再生能源的建设利用工作。

——按照国务院的要求，针对晋陕蒙接壤地区乡镇企业土法炼焦问题，制订了技术改造规划并在陕西省开始实施。

根据国务院到2000年使淮河水变清的战略决策，对淮河流域乡镇企业的水污染情况进行了调查，制定了防治规划。

（二）当前存在的主要问题

“八五”期间，乡镇企业在经济快速发展的拉动下，能源消费总量和污染物排放总量的增加幅度高于全国的平均水平。落后的生产工艺和设备在乡镇企业中仍相当普遍。主要污染行业和高耗能行业的单位产品能耗及污染物的排放状况没有明显的改善。一些区域和流域性的环境问题开始显露出来。耗能高、污染重的行业由城市向农村、由经济发达地区向经济欠发达地区转移的速度加快。

造成这些问题的主要原因有以下几个方面：

（1）国家环保节能的法律、法规和政策在乡镇企业中贯彻落实不够。

（2）企业环保节能意识不强；在新的经济运行体制下，缺少乡镇企业内部环境管理和能源管理的约束机制和激励机制。

（3）各级乡镇企业环保节能管理人员和技术服务人员严重不足。

（4）国家对乡镇企业环保节能科技进步缺乏有

力的宏观调控和指导能力，技术改造项目没有列入计划，投入严重不足；同时，乡镇企业的排污费没有得到很好使用，制约了环保节能技术在乡镇企业的运用和推广。

二、“九五”期间乡镇企业环保节能计划

（一）指导思想与基本目标

“九五”期间乡镇企业环保节能工作的指导思想是：在党的建设有中国特色社会主义理论的指导下，继续贯彻实施《中华人民共和国环境保护法》和国务院《节约能源管理暂行条例》；按照国家“九五”计划和2010年远景目标中关于“到本世纪末，力争环境污染和生态破坏加剧的趋势基本得到控制，部分城市和地区环境质量有所改善”和“资源开发与节约并举，把节约放在首位。各行各业都要制定节约与综合利用的目标与措施，大幅度提高能源、原材料的利用效率”的要求，进一步加大环保节能管理和执法力度；加快环保节能技术改造步伐，努力做到环境管理与污染治理相结合，企业治理与工业小区综合整治相结合，控制新污染源和治理老污染源相结合，行业治理与流域、区域治理相结合；把经济建设、资源利用、生态保护和污染防治有机结合起来，保证乡镇企业的可持续发展。

“九五”期间乡镇企业环保节能的计划目标是：到2000年，乡镇企业主要污染物的排放量力争控制在1995年的水平；工业废水、废气和废渣的排放量分别控制在65亿吨、3.8万亿标准立方米和1.8亿吨以下；万元工业增加值的能源消耗控制在3.2吨标准煤以下，年均节能率7%。

“九五”期间乡镇企业环保节能的工作方针是：继续完善乡镇企业环保节能法规建设；加强环保节能管理工作；拓宽技术服务范围；在乡镇企业主要耗能和污染行业推广示范技术并逐步实现产业化。

（二）重点行业以及工业小区的控制措施和计划指标

1. 砖瓦行业　根据国家产业政策要求，砖瓦行业应以节能和保护耕地为重点，限制粘土实心砖产量，大力生产空心砖和新型节能墙体材料。推广节能型轮窑，采用节能焙烧工艺。积极利用工业废渣（粉煤灰、炉渣、烟道灰）。到2000年，全行业万块砖的平均能耗由0.85吨标准煤下降到0.77吨标准煤，废气排放达到国家标准。

2. 水泥行业　对年产10万吨的水泥机立窑，推广窑体功能改造技术，安装节能电机和高效收尘装置。到2000年，使乡镇企业的吨水泥平均综合能耗由0.158吨标准煤下降到0.143吨标准煤，重点企业的粉尘排放达到国家标准。

3. 炼焦行业　重点在山西、陕西、内蒙古、河南、四川、贵州等省、自治区推广新型改良焦炉生产技术，取缔坑式和萍乡炉炼焦，提高焦炉煤气和煤焦油回收率，鼓励地方建立现代化焦化厂。到2000年，全行业吨焦的平均能耗由1.56吨标准煤下降到1.39吨标准煤，重点地区炼焦厂排放的工业废气基本达到国家标准。

4. 铸造行业　推广以冲天炉改造、微机给料、造型线自动化为主的技术改造。到2000年，乡镇企业吨铸件的平均耗能由0.72吨标准煤下降到0.65吨标准煤，重点企业的废气排放达到国家标准。

5. 硫磺行业　取缔零星生产厂点，推广技改炉炼磺，硫磺的回收率达60%以上，废气排放达到国家标准。到2000年，全行业的环境污染状况得到彻底改观。

6. 金属冶炼行业

（1）炼铁行业：示范并推广高炉余气发电、富氧喷煤冶炼工艺，安装重力除尘和旋风除尘装置。到2000年，吨生铁的能耗由0.7吨降为0.5吨标准煤，重点企业的废气排放达到国家标准。

（2）铁合金行业：示范并推广炉体扩容、短网改造节电技术，增加电极升降自控装置和粉尘回收设备。到2000年，全行业硅铁吨产品的能耗由9 500千瓦时降低到8 500千瓦时，重点企业的废气排放达到国家标准。

7. 石灰行业　示范并推广节能型石灰窑和焙烧新工艺。到2000年，全行业吨石灰产品的能耗由0.2吨标准煤下降到0.15吨标准煤，重点企业窑炉废气的排放达到国家标准。

8. 陶瓷行业　采用轻质耐火材料建造陶瓷烧成窑，推广低温烧成工艺和洁净气体燃料，实现低温无匣烧成。到2000年，日用瓷吨产品能耗由1.3吨下降到1.1吨标准煤；卫生瓷每件产品能耗由36千克下降到33.6千克标准煤；建筑瓷每平方米产品能耗由11.8千克下降到9.7千克标准煤。

9. 造纸行业　在亚胺法制浆造纸企业推广黑液生产有机复合肥技术；在碱法制浆造纸企业增加碱回收设备和中段水处理设施。到2000年，全行业吨纸的能源消耗保持在0.9吨标准煤，重点流域企业的废水排放达到国家标准。

10. 制革行业　发展规模生产，开展综合利用。在制革企业中推广硫化碱、铬回收利用技术和废水处理技术。到2000年，重点流域企业的废水排放达到国家标准。

11. 电镀行业　加强环境管理，着力调整电镀企业的生产规模和布局，组建专业化生产。对电镀企业实行限期改造、限期治理达标，关、停一批治理无望的企业。到2000年，全行业的废水排放基本达到国家标准。

12. 食品加工行业

（1）啤酒行业：在生产中增加酵母、麦汁回收设备，安装废水处理设备，提高原料的综合利用率。到2000年，全行业的废水排放基本达到国家标准。

（2）淀粉行业：用离心分离技术替代流槽分离工艺，增设黄浆、蛋白粉提取设备，降低干燥工序能耗，实现水的闭路循环利用。到2000年，全行业吨淀粉的综合能耗由0.53吨标准煤降为0.42吨标准煤；重点企业的废水排放达到国家标准。

13. 工业小区　工业小区建设要做好环境影响评价，统一规划，科学布局。逐步采取热电联产，集

中供热、供水和污染集中处理技术。提高工业小区能源的综合利用功能和污染防治的整体水平。示范小区的废水和废气排放达到国家标准。

（三）重点流域、区域控制措施和计划指标

1. 淮河流域　认真贯彻国务院《淮河流域水污染防治暂行条例》，实现1997年全流域乡镇企业工业污染排放。重点做好碱法制浆造纸、制革、酿造企业的污染治理工作，实现规模生产，对达到规模要求的企业限期治理，废水达标排放。关、停治理无望的小造纸、小制革和小酿造厂点。

2. 其他重点流域　积极做好其他重点流域的污染防治工作。要认真借鉴淮河流域治理污染的经验，配合有关部门对海河、辽河、太湖、巢湖、滇池等流域，开展水污染的综合防治。

3. 晋陕蒙接壤地区　加强煤炭开采的资源管理，保护生态环境。严禁在行洪河道内采煤、炼焦。以新型改良焦炉替代土法炼焦，使区域内所有炼焦企业的废气实现达标排放。

4. 云贵川硫磺产区　调整硫铁矿生产的产品结构，积极开发新产品以削减土硫磺的生产。加强环境管理，取缔土炉炼磺，推广新型技改炉生产。对硫磺企业实行限期改造和限期治理，废气实现达标排放。厂区周围实施复垦及恢复植被工程。

（四）实现“九五”环保节能目标的措施

1. 乡镇企业行政主管部门加强环保节能工作的领导。在环保节能工作中，坚持对乡镇企业采取引导和限制相结合的原则。对环保节能工作做好规划，科学指导，强化管理，加强监督，加大执法力度。

2. 根据不同地区经济发展和环保节能工作的要求，公布需要淘汰的重污染、高耗能的生产工艺和生产设备，推荐先进适用的生产技术和设备。

3. 在全国乡镇企业中开展“创建环境清洁工厂”和“能源管理综合建设”的活动。

4. 继续在重点地区、流域和行业建设环保节能示范工程，在条件成熟的地区、流域和行业进行推广。以示范工作引导乡镇企业环保节能技术改造的资金投向。

5. 在乡镇企业东西合作示范工作建设中，搞好示范区和合作项目的环保节能工作，提高示范区资源的综合利用能力和污染防治的整体水平。

6. 积极参与国家组织开展的“九五”百县农村能源综合建设工作，在乡镇企业中组织学习并推广“百县”管理的成功经验和技术成果。

7. 建设乡镇企业环保节能的技术服务体系，拓宽服务范围。建设乡镇企业环保节能“专家库”，为乡镇企业行政管理部门和乡镇企业提供技术咨询服务。

8. 编写培训教材，对乡镇企业行政管理部门和重点企业的管理人员进行环境保护和能源管理以及技术改造项目经济评价方法的培训。

9. 加强与环境保护行业主管部门的合作，用好乡镇企业的排污费，促进乡镇企业重点污染源的治理。积极开展乡镇企业环境保护的宣传、教育、调查、监测和科学研究工作。

10. 加强与各综合、经济、技术部门的合作与交流，促使乡镇企业有效参与国家环境保护和节约能源的活动，推动乡镇企业环保节能工作的开展。

11. 积极开展国际合作。通过与国际金融组织以及政府间的国际合作，学习先进的环境与能源管理方法，引进适用的新技术，并为乡镇企业环保节能示范工程建设、技术培训和技术改造筹措资金。

农业部关于“九五”期间加快能源—环境工程建设的通知

（1996年4月18日）

10多年来，广大农村能源科研和技术推广人员研究、开发和应用了一些以畜禽粪便、生活废水、工业有机废水为原料生产沼气的工程与综合利用、生物质气化、固化成型及其它可再生能源在农业生产中的利用等能源—环境工程（简称能环工程）技术，既为农村提供了优质燃料，节约能源，又为农业生产提供了高效、无害化的有机肥料，改善了生态环境。这些技术是以开发利用农村生产、生活有机废弃物和可再生能源资源为对象，以提高用能水平、促进农业生产、农民增收、保护和改善环境为目标的，都不同程度地实现了能流、物流的多层利用和农业生产良性循环，扩大了农业生产的内涵，是综合解决能源、生态和环境等问题，发展农业、农村经济的一项重要措施。

目前，这些技术大多已经成熟，具备了规模发展的条件，为贯彻实施《中国21世纪议程》和中央十四届五中全会确定的我国可持续发展的总体战略，促进农业和农村经济的持续发展，节本增效，改善农村生态环境，经研究，提出“九五”期间加快能环工程建设的意见，请各地结合实际，认真贯彻执行。

一、提高认识，切实加强对能环工程建设的领导

各级农业主管部门要把粪便、秸秆等农业废弃物和可再生能源开发利用作为节本增效、农业持续发展的一项具有战略意义的工作来对待，把能环工程建设列入重要的议事日程。各级农业、农机、农垦、畜牧、渔业、乡镇企业部门对能环工程建设要给予大力支持，密切配合，因地制宜地加速组织实施和推广能环工程技术。要充分发挥各级农村能源管理机构的作用，建立、健全农村能源技术推广服务体系。

二、统筹规划，加强管理，扩大能环工程建设的规模效益

各级农业主管部门要按照国家可持续发展战略，加紧制定能环工程建设发展规划，因地制宜地提出不同阶段的发展目标、建设内容和实施措施。在条件成熟的地区，应有计划地成片发展，建立各种类型的能环工程建设示范区，取得规模效益和科学管理的经验。

新建畜禽场等农业企业要根据《国务院关于进一步加强环境保护工作的决定》精神，对粪便、污水的治理要做到同步规划、同步设计、同步建设，治理费用不低于总投资的10%。“九五”期间，各主管部门对原有存栏百头牛、千头猪、万羽禽以上规模、未建治理工程的畜禽场，要统筹规划，分期分批加以改造治理。

农业部将按项目分类组织技术专家组，与各地的专家、技术人员共同配合，加强技术指导。承担能环工程设计、施工的单位应具有省级以上（含省级）管理部门通过的资质认证；进行施工和指导的技术人员应经过农村能源专业技术培训并经严格考核，凭证上岗。根据《农业技术推广法》等法规、政策的有关规定，从事能环工程技术推广的基层人员应与农业技术人员一样，实行技术职称评定，并给予相应的待遇，调动广大能环工程技术人员积极性。

三、多渠道筹措建设资金，制定和落实有利于技术进步和发展的优惠政策

为加快能环工程建设步伐，各级主管部门在制定年度计划中要适当安排开展能环工程建设的工作经费，用于工程项目的规划、培训、宣传、技术交流和试点示范等。农业部部署的一批能环工程建设试点，请各级主管部门和建设单位积级配合，并落实相应的配套资金。对验收合格的能环工程和示范区，农业部将颁发合格证书，并给予相应的奖励，增强示范辐射能力。在实施的农业综合开发、丰收计划、星火计划、扶贫开发、“菜篮子工程”建设、村镇建设、百县农村能源综合建设及生态农业建设等工作中，要积极采用技术先进的能环工程技术。

能环工程技术推广要立足当地，实行个人、集体、国家三结合的“谁投资、谁受益”的原则，认真执行国家和各级政府部门已有的优惠政策，努力落实能环工作建设的信贷奖金投入和税收优惠政策，因地制定地制定有效的扶持政策，加速能环工程的建设。

四、重视科技进步，推广国际合作，加速产业化进程

各级农村、农机、农垦、畜牧、渔业、乡镇企业主管部门，要按照中央实行“两个根本性转变”的精神，以市场为导向，以经济效益为中心，加强能环工程技术的研究和开发，积极推广成熟的先进技术市场，促进和加强企业联合，加快商品化、产业化进程，形成集团优势。

能环工程技术也是当今国际合作的热点领域，要扩大国际交流与合作，注重发挥国内技术、产品的优势，积极组织出口创汇。要加大宣传力度，形成社会共识。

科研成果及质量标准

农村能源重要科技成果

80年代以来，农业部有关部门及各地都组织力量对农村能源建设中急待解决的关键技术问题开展了大量科学研究工作，取得了大批科研成果，为我国农村能源事业做出了贡献；也为今后农村能源科研和推广工作奠定了坚实的基础。

一、"七五"国家科技攻关主要成果

"七五"期间，在国家计委等部门的组织和支持下，农业部归口主持了国家重点科技攻关第21项"农村可再生能源技术开发"项目。在林业部、国家教委、中国科学院、机电部、水利部、能源部的参与主持下，组织安排了396个多学科、跨部门的科研院所、大专院校、生产和管理部门，2 700多人次，对6个课题、52个专题、355个子专题进行攻关研究。共取得314项科研成果，其中48项成果达到国际先进或领先水平，202项成果居国内先进或领先水平。

在实施项目计划的过程中，注重了符合国情、结合实际、综合实用技术的研究开发，使我国农村可再生能源技术开发研究，由"六五"及其以前的单项研究，进入到综合的、系统配套的、密切结合农村经济建设研究的新阶段。

（一）生物质能技术开发　包括14个专题、42个子专题，共取得30项成果，其中4项达到国际先进水平，23项达到国内先进或领先水平。

1. 编制了全国薪炭林区划和2000年薪材消费预测，建立了13个薪炭林研究试验区，26个试验点，营造试验示范林1 134公顷，从引进的89个树种中，筛选出40个表现良好薪炭林树种，年生物量15 000～64 995千克/公顷；由122个乡土树种中筛选出60个适于不同地区的高产薪炭林树种，使薪柴产量提高30%～50%，已推广8万公顷；编写出版了《中国主要能源树种》一书。

2. 研制出10种小型高效沼气发酵工艺和商品化装置，产气率达到0.4立方米/立方米·日，项目完成时已推广1 000多个。完成了以畜禽粪便、高浓度有机废水和秸秆为原料的大中型沼气供气站工艺技术装置的研制，进行了小试、中试，建立了8处示范工程。

3. 研制了4种生物质气化炉，气化率由"六五"期间的72%提高到75%，燃气热值达到6 200千焦/标立方米。

固体燃料高效燃烧炉已定型生产，热效率大于80%，燃气含尘量小于71毫克/立方米，获国家发明专利和第五届中国发明协会展览会银奖。研制的压缩成型设备生产能力达300公斤/小时。

（二）太阳能技术开发　包括6个专题、57个子专题，共取得54项成果，其中9项达到国际先进水平，34项达到国内先进或领先水平。主要目标着眼于被动式太阳房、太阳灶、热水器等产业体系整体水平的提高。

1. 在辽宁等10个省市建成示范太阳房44幢，推广太阳房194幢，建筑面积8.9万平方米。编写了我国第一部太阳房热工设计手册与构造图集。

2. 高效平板式集热器实现了大批量工业化生产，研制和发展了家用太阳能热水器系列产品，形成十几种规格的产品，热效率40%～50%；全玻璃真空管热水器获发明专利及1987年日内瓦国际发明与新技术展览会二等奖、1988年国家发明三等奖；实现了中温太阳能集热器在工业上的应用；首次提出了家用太阳能热水器热性能测试方法和产品检验标准以及太阳能热水系统的设计与评价方法。

3. 在广州建成的太阳能干燥装置，集热面积620平方米，已投入使用。

4. 研制成第二代实用的多晶硅太阳电池组件，效率由"六五"的8%～9%提高到10%～12%，建立了3条多晶硅太阳电池生产中继线，年生产能力130千瓦；研制的短脉冲太阳电池参数测试仪达到国际领先水平，1988年获中国发明协会展览会金奖；建成小型光伏电站示范装置，系统造价明显下降。

5. 研制了7种不同类型的太阳灶，其中铸铁太阳灶，改进了工艺、提高了产品性能，已商品化生产；研制的镀铝膜反光材料，反光率大于0.88，质量达到国外3M公司同类产品的指标。

（三）风能开发利用　包括8个专题、45个子专题，共取得33项成果，其中10项达到国际先进水平，19项达到国内先进或领先水平。

1. 研制了4种千瓦级发电机组和4种10千瓦级发电机组，使我国风力机系列型谱安排的55千瓦级以下品种基本齐全，性能和质量有了新的提高：风轮动率系数均在0.38和0.4以上，机组整机效率达到26%和31%以上；磁场调制三相变速恒频发电机及其控制系统获1988年北京国际发明展览会金奖，20千瓦风力机差动浆矩变矩器获第五届发明展览会银奖。

2. 研制了5种风力提水机。其中FDG-7型大流量风力提水机组，是我国当时功率最大的风力提水机组。

（四）蓄能技术装备开发　包括4个专题、22个子专题。取得17项成果，其中12项达到国际先进水平，5项达到国内领先或先进水平。

1. 研究开发了使用简便、性能好的蓄能技术装备。研制成少维护、免维护、阴极吸收式和硅胶式密封型以及大型储能用的铅酸蓄电池，性能指标达到国家标准，通过技术转让形成8条小批量生产线。

2. 完成了3台百伏安、千伏安阶梯正弦波高效逆变器、2台千伏安正弦波高效逆变器和与新型电池和与正弦波高效逆变器配套的蓄电池充放电自动保护器的研制；完成了500瓦铁-铬氧化还原新型电池和1瓦塑料电池的研制。

（五）地热利用技术　包括7个专题、49个子专题，共取得42项成果，其中10项达到国际先进水平，31项达到国内先进或领先水平。

1. 查明了河北宁晋-束鹿、河北秦皇岛、天津山岭子3个典型农业区的地下热水储层分布规律、条件和水化学特征，进行了动态监测，提出了合理开发方案和资源保护意见。

2. 研制了地热直接利用设施、设备，地热温室形成系列产品，已工厂化生产。

3. 提出了以黄瓜、番茄、食用菌为主的地热温室配套栽培技术及利用地热水进行水产养殖的成套实用技术，并建立了4个地热梯级利用示范基地，在种植、养殖、综合利用等方面进行了试验示范，取得了较好的经济效益和显著的社会效益。

4. 提出地热水中有害微量元素的生物效应及对环境污染的防治措施。

5. 建立了地热资源数据库和地热利用数据库，首次编写出版了《地热农业利用手册》，提出了设计软件及微气候模型等技术成果。

（六）12种不同类型区县级农村能源综合建设试点　在县一级范围内，以农村能源区划规划为基础，引进先进、实用技术，综合开发当地能源资源，开发与节能并重、科研与推广结合，五年来初步建立了多能互补的合理能源结构，提高了能源利用率，取得了明显的经济、社会、生态效益。该课题包括13个专题、140个子专题，共取得138项成果。该课题通过技术鉴定，总体上达到国际领先水平。获1993年国家科技进步二等奖。其经验已引起世界银行、联合国粮农组织、亚太经社会等国际组织的高度评价。

1. 根据不同类型地区，建立了12个县级试验点，通过科技攻关，形成了适应不同地区的12种农村能源综合建设的模式。

2. 在全国农村能源综合区划的基础上，发展并建立了一套适用于农村能源建设的综合区划规划方法和模式体系以及相应的计算机软件，其中多指标区划模型、项目综合评价模型、农村能源—经济—社会动态仿真模型、需求预测和能源综合平衡系统优化模型及分层次逐步优化模型、评价决策模型等，思路、观点、方法上有创新；完成了各试点县的区划和规划，实践中取得了好的效果。

3. 结合技术开发和引进，形成了135项配套技术，分别在12个试点县推广应用。在试点期间，农村能源技术服务产业和服务体系均得到进一步发展和完善。

二、“八五”国家科技攻关主要成果

“八五”期间，在国家计委和有关部门的支持下，农业部主持了“有机废弃物气化及发电系统技术和装备的研制”课题的攻关。课题包括3个专题、30个子专题，取得18项科技成果。其中成果水平评价为国内领先和国际先进水平的11项，达国内先进水平的7项；已申报专利技术2项；研制新产品1项；完成样机和设备研制、改制13项；科技成果应用于工程运转和工程设计、转化为生产力的有15项。在“八五”期间已完成研究报告、论文36篇。

主要成果包括酒精废醪、猪粪、鸡粪、牛粪、丙丁废液。糖蜜酒精废液和屠宰废液等7种代表性有机废水厌氧消化、前后处理、沼气输配气系统、沼气脱水和脱硫技术和工艺、装置、设备的优化研究。

（一）在废料废液粪水厌氧发酵工艺和装置优化研究方面，解决了长期困扰糖蜜酒精废液厌氧消化的高硫浓度大的难题，并申请了专利。不仅在实验室试验，装置产气达6.3升/升·日，在工程验证试验中装置产气率平均达2.2立方米/立方米·日，COD去除率80%左右，BOD去除率90%以上，沼气甲烷含量60%左右，沼气中H_2S含量≤20毫克/立方米。其次，突破了中、低浓度有机废水低温下厌氧消化的难关。猪场粪水厌氧消化实验在低温（10～12℃）下装置产气率平均达0.32～0.51升/升·日。经1年5个月工程运行，低温下装置产气率为0.2～0.3立方米/立方米·日，最高达0.4立方米/立方米·日，COD去除率厌氧段达80%，甲烷含量约75%以上。为我国大中型厌氧装置在低温下稳定高效率处理有机污水开辟成功的先例。

（二）在禽畜粪便厌氧消化液后处理技术优化研究中，采用生物接触氧化法和生物转盘法处理畜禽粪水厌氧消化液，COD去除率均大于70%，BOD去除率均大于80%，且对氮素有较高去除效果，填补了禽畜粪水厌氧消化液后处理达标技术领域的国内空白。在主要发酵原料厌氧消化液后处理技术的优化研究中，对玉米酒精废醪厌氧消化液采用生物接触、铁氧化-聚铁絮凝工艺，对丙酮-丁醇废水厌氧消化液和屠宰废水厌氧消化液采用生物接触氧化工艺（已在工程上应用），处理后出水均可达到国家排放标准。与其他后处理出水达标系统比较，运行效果稳定，便于操作，经济性好。该成果已在四川绵竹肉联厂（400立方米）和内江肉联厂（200立方米）污水处理达标工程上应用，效果优异。

（三）在沼气输配技术优化研究中，通过研究肯定了PE管代替钢管在沼气管网中应用的可行性，优选了效果良好的二种防腐材料，在沼气输配方面，首次进行了全面系统的研究；在沼气脱水技术优化研究中，脱水装置实测：对猪场沼气的水脱除率达95%，酒厂沼气的水脱除率达70%，在沼气脱水方面亦首次进行了较为系统的研究；在沼气固体脱硫技术优化研究中，优化了固体脱硫理论参数和工艺，使之经脱硫后沼气中 $H_2S \leqslant 20$ 毫克/立方米，整体达国内领先水平。

1979年以来，除了国家攻关项目以外，农业部及各地、各部门都组织力量开展科研工作，取得成果860余项，为在农村能源建设中不断提高科技水平，提供更先进的技术和装备，使科研成果迅速转化为生产力并获得显著社会经济效益做出了贡献。

历年成果中，获国家科技进步奖9项，其中二等奖3项、三等奖6项；获农业部科技进步奖52项，其中一等奖5项、二等奖15项、三等奖32项；获1989年农业部农村能源优秀成果奖52项，其中一等奖3项、二等奖10项、三等奖39项；获地方省级科技进步奖56项，地、市级科技进步奖62项。

（农业部环保能源司　周志敏）

获国家科技进步奖项目

奖励等级	项目名称	第一完成单位	获奖时间
2	农家微型水力发电装置	农业部南京农业机械化研究所	1985
2	农村家用沼气池设计图集、操作规程、质量检验国家标准成套技术	农业部成都沼气研究所	1989
2	不同类型县农村能源综合建设工程研究	中国农业工程研究设计院	1993
3	农机检测节能技术推广	安徽省人民政府农机管理局	1988
3	红泥塑料沼气技术研究与开发	中国红泥塑料沼气技术开发中心	1988
3	城镇沼气化粪池的研究	四川省农村能源办公室	1990
3	舒城等12个试点县农村能源建设综合规划方法及其研究	清华大学技术经济与能源系统分析研究所	1990
3	地热农业利用技术及工程设施	中国农业工程研究设计院	1995
3	以沼气为纽带的生态农业科技示范	浙江省杭州市农村能源办公室	1995

资料来源：1.《中国农村能源大事记》。
2.《中国农业年鉴》。

获农业部科技进步奖项目

奖励等级	项目名称	第一完成单位	获奖时间
1	农村省柴灶的推广和应用	中国农业工程研究设计院	1984
1	农家微型水力发电装置	农业部南京农机化研究所	1984
1	不同类型县农村能源综合建设工程研究	中国农业工程研究设计院	1992
1	以沼气为纽带的生态农业科技示范	杭州市农村能源办公室	1994
2	北京民用四型沼气灶	北京市公用事业科学研究所	1982
2	渔船柴油机余热利用装置	浙江水产学院	1983
2	屠宰废水厌氧滤器沼气发酵处理中间试验	浙江农业大学	1984
2	全国农村能源资源调查和综合区划	全国农业区划委员会	1984
2	东南沿海重点地区风能资源利用效益预测及风力提水技术的研究	南京农业机械化研究所	1985
2	偏轴式太阳灶设计理论和太阳灶系列产品设计研制	河南省能源研究所	1986
2	70-12型多用泵	四川省南充地区农机所	1986
2	农村家用沼气池设计图集、操作规程、质量检查标准成套技术	农业部成都沼气科学研究所	1987

（续）

奖励等级	项目名称	第一完成单位	获奖时间
2	小型拖拉机节能检测、调整技术推广	安徽省农机管理局	1987
2	新型节能消声器	河北省泊头市汽车消声器厂	1987
2	城镇沼气化粪池的研究	四川省农村能源办公室	1988
2	舒城等12个试点县农村能源建设综合规划方法及其研究	清华大学技术经济与能源系统分析研究所	1989
2	RSL-Ⅱ-60型固体燃料高效燃烧炉	中国农业工程研究设计院	1992
2	我国省柴灶工艺及推广的技术经济评价	清华大学核能技术设计院	1993
2	JRF型套筒式燃煤高效间接加热通用热风炉	中国农业工程研究设计院	1993
2	地热水对环境影响及防治研究	农业部环境保护科研监测所	1993
2	地热农业利用技术及工程设施研究	中国农业工程研究设计院	1994
2	日光温室蔬菜高效节能栽培技术开发	全国农业技术推广服务中心经作处	1996
2	有机废水高活性厌氧消化污泥驯化及其微生物学研究	农业部成都沼气科学研究所	1996
2	高效节能实用蔬菜无土栽培技术	南京农业大学园艺系	1996
3	ZNT-Ⅲ型聚光式太阳灶	中国农业工程研究设计院	1985
3	沼气池内密封涂料-氯丁胶乳沥青应用技术	农业部成都沼气科学研究所	1985
3	农村家用水压式沼气池均衡产气常规发酵工艺技术	农业部成都沼气科学研究所	1986
3	RFL-30型燃煤热风炉	上海市农场管理局农机所	1986
3	利用奶牛粪进行中温发酵制取沼气全套技术	农业部成都沼气科学研究所	1987
3	195型柴油机节能检测技术	西南农业大学	1987
3	高浓度工业有机酸废水管道厌氧消化处理工程技术研究	浙江农业大学	1988
3	世界农村能源开发利用和发展战略	中国农业科学院科技文献信息中心	1988
3	试点县农村能源综合建设研究	中国农业工程研究设计院	1988
3	S195型柴油机节能技术改造与推广	四川省农机管理局	1989
3	4125A发动机节能技术改造的推广	黑龙江省红兴隆科研所	1989
3	机电排灌系统节能示范试点	中国农机院排灌所	1989
3	JZR_2-86C全自动多功能燃气灶	河南省巩县家用灶具厂	1989
3	节能型轮窑和焙烧工艺的改进	天津市振兴砖瓦厂	1989
3	生物质气化装置的研制	中国农机院能源动力研究所	1990
3	改灶节柴技术推广应用	广西省资源县林业局节柴服务部	1990
3	深圳集约化养猪场粪便和冲洗水的沼气发酵综合处理系统的生产试验	农业部成都沼气科学研究所	1991
3	风力发电机组鉴定规范的研究	农业部农机试验鉴定总站	1991
3	郸城烟煤大灶	河南省郸城炉灶厂	1991
3	微循环式太阳热水器的研制	北京长城太阳能成套设备厂	1991
3	大型罐式沼气工程	陕西省国营惠安化工厂	1992
3	大型新结构温室	中国农业工程研究设计院	1992

（续）

奖励等级	项目名称	第一完成单位	获奖时间
3	地热温室综合配套管理技术研究	农业部规划设计研究院	1993
3	便携式沼气成分分析器的研制	农业部成都沼气科学研究所	1993
3	聚光型太阳灶研究设计	农业部规划设计研究院	1993
3	太阳能制冷帽的研制	江西省南昌太阳能制冷用品厂	1993
3	大棚规范化栽培及配套设施的研究	农业部规划设计研究院	1993
3	厌氧消化液对蔬菜肥育处理的研究	上海市农科院土壤肥料研究所	1994
3	烤烟节能工艺及设备	湖南省农业大学	1994
3	塔式小型高效商品化沼气装置全套技术设备研究	农业部成都沼气科研所	1994
3	太阳能生物质能综合利用温室的设计与应用试验研究	聊城地区农村能源办公室	1994
3	沼气固体脱硫技术的优化研究	北京市公用事业科学研究所	1996
3	大型牛场厌氧发酵工程工艺装置及规范设计的研究	上海市工业微生物研究所	1996
3	沼液浸种防止水稻烂秧机理及其应用研究和百万亩水稻沼液浸种丰产示范	江西省农科院水稻研究所	1996

资料来源：1.《中国农村能源大事记》。
2.《中国农业年鉴》。

获部级科技进步奖部分项目

获奖等级	项目名称	第一完成单位	获奖时间
1	第一批一百个县级农村初级电气化建设试点研究	水利部农村水电司	1992
2	江西奉新县联网调度自动化研究		1992
2	上流式厌氧发酵法综合治理丙丁废醪液	华北制药厂	1986
2	河北省河间农村能源综合建设试点配套技术的研究	中国科学院石家庄农业现代化研究所	1991
2	优良薪材树种选种薪材林栽培经营技术的研究	中国林业科学研究院	1992
	安徽省薪炭林调查	安徽农学院	1984
	风能资源的计算和区划	国家气象局气象科学研究院	1985
	太阳能资源的计算和区划	国家气象局气象科学研究院	1985
3	柳树薪炭林树种选择及营造技术	黑龙江省防护林研究所	1986
3	六米可变几何型立轴风力机	水电部牧区水科所	1986
3	陕西农村能源调查方法及应用	西北林学院	1987
3	风力提水机组	中国农业机械化科学研究院呼和浩特畜牧机械研究所	1988
3	中国沿海潮汐能资源普查	上海勘测设计院	1988
3	桓台县机井节能节水技术改造试验报告	山东省桓台县水利水产局	1988

（续）

获奖等级	项目名称	第一完成单位	获奖时间
3	吉林省薪炭林营造技术的研究	吉林省白城地区林业科学研究所	1990
3	热带优良速生薪材树种选择及薪材林培育技术研究	中国林业科学研究院热带林业研究所	1990
3	栲胶生产节能新工艺	林业部林产工业设计院	1991
3	磨刀门口门整治工程潮汐模型试验研究	水利部珠海水利委员会科学研究所	1991
3	发酵猪粪配合饲料的研究	华中农业大学	1992
3	CGA 成型燃料研制	河南农业大学能源研究室	1992
3	TFS-5 型农用风力提水机组	中国农业机械化科学研究所	1993
3	中国新疆达坂城风力发电试验场	新疆风能公司	1993
3	轮式拖拉机节能改造技术推广	新疆生产建设兵团农机处	1996
3	95 型柴油机综合节能改造技术的应用与推广	农业部农业机械化管理司企业指导处	1996
3	畜禽舍粪便、污水、废气净化研究	华南农业大学动物科学系	1996
3	高效节能压榨式压滤机板框的研制	河北省武强县压滤机板框厂	1996
3	农村水电电网线损理论计算实用软件开发	水利部农村电气化研究所	1996

资料来源：《中国农业年鉴》。

农业部农村能源农业环境保护优秀成果奖项目

奖励等级	项目名称	第一完成单位	获奖时间
1	四川省内江市沼气和技术推广	四川省内江市沼气处	1989
1	阜阳、宿县地区省柴灶研制与推广	安徽省阜阳地区农村能源办	1989
1	甜高粱茎秆制取燃料酒精应用研究	沈阳农业大学	1989
2	应用厌氧消化残留物减轻和防御大麦黄花叶病的研究	上海市农业科学院	1989
2	利用上流式污泥床厌氧反应器处理酒精糟液的中间试验	辽宁省能源研究所	1989
2	产甲烷菌的研究	北京师范学院	1989
2	农村沼气技术推广	湖南省长沙市郊区农村能源办	1989
2	沼气发酵生化指标-氢化酶活性研究	农业部成都沼气科研所	1989
2	民用柴炉柴灶热性能测试方法	中国农业工程研究设计院	1989
2	北方炕连灶研究及热性能测试方法	东北农学院	1989
2	JCY-1 型节柴转窑	河南农业大学	1989
2	SJY-1 型竖井节能窑	河南省科学院能源研究所	1989
2	排灌系统节能试点县研究	中国农业机械化科学研究院	1989
3	厌氧过滤装置处理固体酒糟制取沼气的研究	沈阳市东陵区长白乡沼气办等	1989
3	农村厌氧干发酵的研究	农业部成都沼气科学研究所	1989

（续）

奖励等级	项目名称	第一完成单位	获奖时间
3	鸡粪制取沼气及综合利用研究	北京市新能源开发服务公司等	1989
3	东北地区沼气发酵工艺研究	辽宁大学	1989
3	沼气中硫化氢的快速分光光度测定法的研究	农业部成都沼气科学研究所	1989
3	利用沼气发酵残留物培养褶皱臂轮虫研究	福建省莆田军分区	1989
3	沼肥和化肥合理配合施用技术及改土效果	湖北省农业科学院	1989
3	128立方米污泥床反应器鸡粪沼气发酵的研究	上海市工业微生物研究所	1989
3	豆制品废水厌氧消化处理技术研究	上海市工业微生物研究所	1989
3	剑麻废水制取沼气的研究	华南热带作物产品加工设计研究所	1989
3	沼气孵化器	浙江省桐乡县沼气办公室	1989
3	五菱牌S195-Z沼气发动机 TF-S-8-4型发电机	四川省农业机械研究所，江苏武进电机厂等	1989
3	DZZ1-A沼气蒸锅灶、ZZZ1-A沼气炒菜灶、TZ1-A型民用沼气调压器	北京市公用事业科学研究所	1989
3	上海农垦沼气集中供气推广应用	上海市农场管理局等	1989
3	农村卧式封闭铁沼气罐装置和干发酵工艺的应用和推广	吉林省农业厅农村能源处	1989
3	推广省柴节煤灶	安徽省农村能源办公室	1989
3	喀喇沁炕连灶	内蒙古喀喇沁旗能委会办公室	1989
3	节柴灶的研究和技术推广应用	青海省农林厅科技教育处等	1989
3	汶上装配式省柴灶、罗汉床式新型炕灶	山东省汶上县农村能源办公室	1989
3	苍溪县泡沙石预制芯省柴灶推广	四川省苍溪县煤建公司	1989
3	新式节能炕灶研制与应用	吉林省农业厅农村能源处	1989
3	密封煤矸石暖气炉进行冬季温室蔬菜生产的研究与推广	辽宁省阜新市细河区计委等	1989
3	大丰省柴节煤灶研究与推广	江苏省大丰县沼气办公室	1989
3	睢宁系列组装炉灶	江苏省睢宁县农村能源办公室	1989
3	喀什地区农村节能炉灶的研究和技术推广	新疆喀什地区农村能源办公室	1989
3	雄（88）A型烤烟节能灶	广东省南雄县沼气办公室	1989
3	节能炉灶的研究和技术推广	河北省新能源办	1989
3	生物质燃料发热量测试方法	中国农业工程研究设计院	1989
3	百瓦级风力发电机评选推广鉴定试验研究	农业部农业机械试验鉴定总站	1989
3	太阳能在牧业工程中的应用	内蒙古建筑科学院研究所	1989
3	渭南澄城农机综合节油试点及YJ-72型油量校正器	陕西省渭南地区农机管理站	1989
3	FD2-100型风力发电机	内蒙古商都牧业机械厂	1989
3	野餐太阳灶	甘肃省科学院自然资源研究所	1989
3	铜铝复合太阳能集热器工业性生产试验及产品	辽宁省能源研究所等	1989
3	唐县被动式太阳能采暖房	河北省唐县新能源办公室	1989

（续）

奖励等级	项目名称	第一完成单位	获奖时间
3	地热在农业上的应用	福建省农业科学研究院	1989
3	全国农牧渔业用能现状及节能潜力调研	中国农业工程研究设计院等	1989
3	陕西、甘肃二省农村能源资源评价及综合区划	陕西省农村能源区划课题组，甘肃省国土整治农业区划研究所	1989
3	内蒙古太阳能源与利用区划及新能源在牧区的开发利用综合试验	内蒙古气象科学研究所，内蒙古乌拉特中旗科委等	1989

1994—1995 年水利部农村水电科学技术进步奖获 奖 项 目

获奖等级	项目名称	获奖单位	获奖个人
1994			
1	河北省小水电规划研究	河北省水利厅水电处	宋小岩 李葆武 张笑虹
2	特制新式 ZHSZK 有载调压整流装置在电解金属锰生产中的应用	福建龙岩地区电力公司 陕西西安整流器厂	吴文桂 金子康 饶敏敏 施晓琪 张月孙
2	YCWD-10/400-6.3 型户外交流液压式自动重合器	水利部杭州农村电气化研究所 航空部沈阳黎明发动机制造公司	薛培鑫 赵海龙 刘承然 祝明娟 栗桂祥
2	小水电优化运行研究及推广	水利部杭州农村电气化研究所	罗高荣 张笑虹 张晓敏 顾耀华 李经建 缪秋波 刘玉英 余荣江 朱小华
2	SZT-1501 小水电微机自动监控系统	湖北省五峰县松林坪水电站 宜昌师范高等专科学校 五峰县水利电力局 宜昌市水利电力学校	张德煌 刘昌斌 黄会中 刘恩平 朱世坤 高 峰 吴 伟 徐远寿 王长生
2	容县电网引进、开发 PM-2000 微机调度自动化系统试验	广西容县电力公司 广西水电厅地方电力局	玉升扬 曹选燊 吴 强 翟志清 罗世清
2	国家行业标准 SL16-92《小水电建设项目经济评价规程》	水利部杭州农村电气化研究所	罗高荣 丁光泉 蒋水心 辛在森 朱小华
2	贵州省地方电力工程检测和计量体系的建立与研究	贵州省地方电力中心试验研究所	郑 平 韩谷勇 谭剑虹 王国平 王 江
3	水电站厂内经济运行研究与应用	水利部杭州农村电气化研究所	罗高荣 徐 伟 宋盛义 熊 杰
3	水电站多台机同时甩负荷的测试与研究	贵州省地方电力中心试验研究所	王国平 王子建 郑 平 张明忠 谭剑虹
3	改造径流电站为调节电站	广东东源县水利水电勘测设计室	李小栓 戴德升
3	常山县回龙桥二级电站机组改造研究	水利部杭州农村电气化研究所 浙江省水电开发管理中心 常山县回龙桥水电站 常山县水利局	宋盛义 徐 伟 孙水林 熊 杰 朱 敏
3	应用先进技术，精心施工，科学管理，促进柳城县电气化提前达标	广西柳城县水电局	覃庆禄 韦继红 黄志文

（续）

获奖等级	项目名称	获奖单位	获奖个人
3	投电容补无功，增加有功出力——小水电挖潜改造方法之一	辽宁省新宾县木家水电站	邓连永　李淑云　王绍禹
3	七里滩电站机组运行稳定的研究	广西龙州县小水电公司龙州县七里滩电站	廖谊昌　李庆龙　马志江　张兰英
3	引用六氟化硫开关及微机控制的长梁35千伏变电站	湖北建始县水电局勘察设计室	杨万珊　李华文　杨万瑚　刘光巧　张光伟
1995			
2	钢筋限裂作用的断裂力学分析方法	辽宁地方水电总站	周林蕻　郭立山　李润田
2	不良地形、复杂地质条件晓庄薄拱坝的设计	江西上饶地区水电设计院	陈蔚华　纪海水　陈念东
2	河西水电站软基处理，增加出力及筛网消能新技术应用	甘肃酒泉地区疏勒河水管处　酒泉地区水电设计队	石占山　张志成　王明辉　薛海军　黄玉毅　崔保剑　郭　刚　薄东生
2	吉林省长白山区域地方电力系统发展规划	吉林省电力勘测设计院　吉林省地方电力局	盛大凯　宫明立　刘　新　田中兴　吴相直　吕　强　张凤苑
2	贯流式机组单机弧网稳定运行技术	四川重庆民生电力公司　泗沱水力发电厂	苟　琪　王　正　胡　正　刘元毅　赖成梁　周华光
3	“半导体少长针消雷器”应用技术	福建顺昌县电力公司	洪希义　陈满园　叶步钦　叶明强
3	小河底水电站水轮机机型开发及现场效测技术推广	全国水机磨蚀试验研究中心　云南元江县水电局　元江县小河底一级电厂　元江县水电维修耐磨技术开发站　水利部农村电气化研究所	顾四行　王盛义　王国胜　郑洪庆　赵开林
3	提升翻转式清污机应用研究	河北邯郸水电管理处　河北省水利厅水电处　河北邯郸水利工程处	王清山　刘福祥　刘雁麟　付廷生　李葆武
3	中小型水电站造型微型辅助设计软件开发与应用	河北水电勘测设计院	杨亚伦　王建珍　邢福生
3	百色市农村初级电气化建设	广西百色市水电局　百色市电业公司	韦锡浩　郭继温　黄绍宜　卢竹檐　王献斌　黄超儒　杨世美
3	宜春地区“小水电标准化管理，工程设备评级标准”	江西宜春地区水电局	李日舜
3	兴山县用电量与主要国民经济指标预测分析		李华文
3	辽宁省小水电电价改革研究与实践	辽宁地方水电总站	李素云　李润田　周林蕻
3	吉林省地方水电标准化管理条例	吉林省地方水电局	田中兴　吴相直　徐　峰　杨福田　郝　丽　邓长君　孙庭东

获省、自治区、直辖市科技进步奖部分项目

奖励等级		项目名称	第一完成单位	获奖时间
山东	2	节能型烤烟房设计和推广	山东省青州市农村能源办公室	1992
河南	2	煤矸石层燃技术研究	河南农业大学	1995
广西	2	广西农村省柴节煤科技推广	广西自治区农村能源办公室	1996
浙江	3	FD-21 型 40 千瓦风力发电机组	浙江省机械科学研究所	1984
甘肃	3	平板型太阳能集热器（水）热性能户外测试台	甘肃省科学院自然能源研究所	1984
四川	3	6 立方米沼气池年产 300 立方米沼气发酵工艺的研究	西南师范大学 四川省渠县沼气科研站	1985
上海	3	JDF 高效供能沼气发酵装置的试验研究	上海交通大学 上海市东风农场	1985
广西	3	高效子母节能炉	广西柳州师范专科学校	1986
青海	3	青海省化隆县农村能源综合区划	青海省农牧业综合区划研究所	1986
湖北	3	郧阳 U 型节能灶	郧阳地区农村能源办公室	1988
云南	3	云曲 38-组合式节煤烤烟炉研究示范	云南省农村能源工作站	1991
福建	3	福建省农村能源区域规划	福建省农村能源办公室	1993
北京市	3	家用太阳热水器测试方法及检验标准的研究	北京市太阳能研究所	1993
北京市	3	北京地区大中型猪场沼气工程研究	北京市太阳能研究所	1993
山东	3	山东省农村能源综合建设技术研究	山东省农村能源办公室	1995
山东	3	沼液浸种技术应用与研究	山东省农村能源办公室	1995
海南	3	儋州农村能源综合建设	儋州市农村能源综合建设办公室	1996

资料来源：农业部环能司：农村能源科技成果汇编（1983—1996）。

农村能源行业现行国家标准

继续有效项目

标准名称	标准号	备注
沼气		
农村家用沼气发酵工艺规程	GB9958-88	
太阳能		
平板型太阳集热器热性能试验方法	GB4271-97	
平板型太阳集热器产品技术条件	GB6424-86	
家用太阳能热水器热性能试验方法	GB/T12915-91	

（续）

标准名称	标准号	备注
被动式太阳房技术条件和热性能测试方法	GB/T15405-94	
太阳热水器吸热体、连接管及其配件所用弹性材料的评价方法	GB/T15513-95	
全玻璃真空太阳集热器	NY/T315-97	
聚光型太阳灶	NY219-92	
家用太阳热水器技术条件		待批
节能炉具		
民用蜂窝煤	GB/T13593-92	
家用炊事水暖煤炉通用技术条件	GB/T16154-96	
家用炊事水暖煤炉测试方法	GB/T16155-96	
风　力		
风力发电机组　型式与基本参数	GB8116-87	
风力机术语	GB8974-88	
风力机械产品型号编制规则	GB8975-88	
小型风力发电机技术条件	GB10760.1-89	
微水电		
微小水力发电基本技术要求		待批
微小水力发电设备试验方法		待批
微小水力发电设备质量检验规程		待批
微小水力发电安装技术规范		待批
其　他		
煤的工业分析方法	GB212-91	
煤的发热量测定方法	GB213-87	
生物质燃料发热量测试方法	GB5186-85	
轻烃民用燃料	NY313-97	
轻烃民用燃料灶具	NY314-97	
节能烤烟房标准图集施工操作规程、质量检验标准		待批
醇基民用燃料	NY311-97	
醇基民用燃料灶具	NY312-97	

修订项目

标准名称	标准号	修订理由	修订年度	备注
家用沼气灶	GB3606-83			
农村家用水压式沼气池图集	GB4750-84			
农村家用水压式沼气池质量检查验收标准	GB4751-84			
农村家用水压式沼气池施工操作规程	GB4752-84			
农村家用沼气管路设计规范	GB7636-87			
农村家用沼气管路施工安装操作规程	GB7637-87			
平板型太阳集热器产品技术条件	GB6424-86			
地面用太阳电池标定的一般规定	GB6497-86			
民用柴炉、柴灶热性能测试方法	GB4363-84			
家庭用煤及炉具试验方法	GB6412-86			
民用炕连灶热性能测试方法	GB7651-87			
风力发电机组型式与基本参数	GB8110-87			
风力发电机组　型式与基本参数	GB8116-87			
生物质燃料发热量测试方法	GB5186-85			

信　息　网

农村能源信息网

中国农村能源行业协会

中国农村能源行业协会成立于1992年6月，由农业部和原能源部共同组成，是跨地区、跨部门、跨所有制、多学科的全行业组织，是农村能源行业的企事业单位自发组成的社会经济团体。目前，行业协会有团体会员单位500余家，个人会员近200人，原农业部副部长洪绂曾任第二届会长。协会常务理事会设秘书处，下有技术开发部、信息咨询部、经营管理部、对外交流部、办公室和沼气利用及装置、太阳能热利用、节能炉具、新型液体燃料及燃具、小型电源、生物质能转换六个专业委员会。

地址：北京市农展馆南里11号

电话：010—65001144/3532　邮政编码：100026

秘书长：芦承贤

农业部能源环保技术开发中心

农业部能源环保技术开发中心是由农业部环保能源司和农业部规划设计研究院共同组建，是主要从事农村能源和环保技术研究、开发和推广的科技事业单位，同时承担部分项目管理和培训组织工作。“中心”的主要职责和任务是：农村能源资源开发利用技术、设备、设施的研究开发；农村生活、生产节能和农业环境保护技术与设备的研究开发；农村能源与农业环保技术的研究、示范、推广、标准化、质量监督及技术改造等项目立项后的实施管理；农村能源与农业环保方面的国内外技术合作、信息咨询和技术培训等。

“中心”下设能源环保研究所、中国农村能源研究培训中心和爱意能源环保技术开发公司。“中心”在科研、技术开发、工程设计、项目管理、标准化、技术培训、会议服务和生产经营等方面均具有专业的人才和丰富的实践经验。

地址：北京市农展馆南里11号

电话：010—64193003　邮编：100026

负责人：王革华

中国能源研究会农村能源专业委员会

农村能源专业委员会是中国能源研究会下属的专业性学术团体，成立于1982年11月，现有85名委员，邓可蕴为主任委员。在有关部门的支持下，农村能源专业委员会团结和组织农村能源领域的科技工作者，密切结合我国农村能源资源和利用的特点，富有成效地开展国内外学术交流和科普宣传培训活动，并在政策研究、调研咨询和我国农村能源发展途径及对策研究等项目中取得了显著成绩，为中国农村能源建设事业做出了积极的贡献。

地址：北京市农展馆南里11号（农业部环保能源司转）

电话：010—64192676，64192610　邮政编码：100026

联系人：屠云璋、贺亮

农村能源技术培训中心信息

单　位	联系人	地　址	邮政编码	电　话	简　介
华北地区农村能源技术培训中心	王革华	北京昌平东关中国农村能源研究培训中心	102200	010—69742906	组织和承担各种类型农村能源技术培训，研究和开发利用可再生能源技术，编印相关的培训教材等
西北地区农村能源技术培训中心	陈大林	陕西省杨陵西北农业大学机电学院	712100	0910—7092390	
东北地区农村能源技术培训中心	刘荣厚	辽宁省沈阳市东陵沈阳农大农业工程学院	110161	024—8421021	
华东地区农村能源技术培训中心	王效华	江苏省南京市南京农业大学农业工程学院	210032	025—8851663/2002	
华中地区农村能源技术培训中心	张衍林	武汉武昌华中农业大学农工系	430070	027—7815681/2120	

中国沼气学会

中国沼气学会成立于1980年10月，是一个多学科学术性群众团体，由从事沼气科研、设计、教育、生产、服务、管理等方面的科技工作者组成，遵照中国学会章程和民主办会的原则开展工作。原农业部副部长洪绂曾为第五届理事长，常务理事会下设沼气工程、技术经济、综合利用、环保卫生四个专业委员会、以及《中国沼气》编辑委员会，办事机构设有学会办公室和咨询、国际、科普三个工作部。办事机构设在农业部成都沼气科学研究所。

地址：成都市人民南路4段13号

电话：028—5230681　邮政编码：610041

联系人：赵一章、张安荣

天津华能集团

天津华能集团是天津市政府批准成立的首家全国农村能源行业企业集团。是以推进城乡能源建设为宗旨，以科研开发为先导，以节能产品为支柱，以商贸服务为辅助，集科、工、贸、服务于一体的跨地区、跨行业、综合性、多功能的新型企业联合体，现有所属企业16家，干部、职工450人，年产值和经营总额近亿元。

天津华能集团的核心企业——天津华能集团公司是农业部命名的先进企业，曾多次荣获市级先进单位称号。所创科研成果多次荣获市科技进步奖。主要产品独乐牌太阳能热水器和高效炊事采暖炉分别荣获市优和部市双优称号；热管热风炉1995年获国家级新产品称号和天津市星火科技一等奖；大中型沼气工程获市科技进步二等奖。

集团董事长兼集团公司总经理方士杰，高级工程师，现任中国农村能源行业协会副会长，是全国农村能源建设先进工作者，1993—1995年连续三年被市总工会授予“八五”立功先进个人。

地址：天津市蓟县文昌街6号

电话：(022) 29143162　邮编：301900

蓟县能源研究所

该所是天津华能集团所属的一个民办科研机构，成立于1992年。现有专业技术人员23人，其中高级工程师3人。主要研究内容是农村能源项目、各类节能产品和干燥设备。所长方士杰现任天津华能集团董事长；副所长张俊如，工程师，是中国农村能源行业协会理事，现任能源设备厂厂长。

该所引进高新技术——热管，并以此为龙头，相继开发出数十项新的节能产品，主要包括：RLF热管反烧炉，1993年通过市级鉴定，专家一致认为达到国内先进水平；XRF热管热风炉，1993年通过市级鉴定，1994年获市星火科技一等奖，1995年被列为国家级新产品；RLG热管干馏反射锅炉，1994年通过专家鉴定，并获市科技成果三等奖；RFG热管加热器，1996年通过市级鉴定，其各项指标均达国内领先水平。

近几年该所还开发了隧道干燥器、回转干燥机等设备，创造了较好的经济效益和社会效益。

地址：天津市蓟县文昌街6号

电话：(022) 29142378　邮编：301900

天津市津西节能设备实验厂

主要产品及性能：

1. 太阳能热水器

(1) 平板式自然循环太阳能热水器：此产品采用有色金属原材料，集热板芯为全铜材料，边框及外水箱采用铝合金原材料，内水箱采用不锈钢或镀锌板。本产品具有热效率高，水质清洁，使用寿命长，外形设计美观及价格低廉等特点。

(2) 真空管太阳能热水器：此产品采用有色金属材料，外水箱采用铝合金材料，内水箱为不锈钢材料，集热器采用高真空度真空管。此产品具有热效率高，水温高，水质清洁，防冻效果好，一年四季都能用等特点。

2. 采暖散热器　此产品为壁挂式钢制板型散热器，采用进口钢板材料，具有散热效率高，使用寿命长，外形设计美观，具有较强的装饰性，且占用空间小等特点，被视为采暖散热器的换代产品。

3. 电热水器　此产品用于家庭淋浴最为理想，采用国家标准的电器元件。水箱采用ABS工程塑料，具有坚固耐用，耐高温，保温效果好，安全可靠，耗电量小，使用费用低，外形设计美观，自动控制等特点。此产品为该厂研制的专利产品。

地址：天津市西青区西青道公路口东

电话：(022) 2739.2096，(022) 2739.0634　邮政编码：300380

负责人：高庆成

天津宝成集团有限公司

天津宝成集团有限公司是国家劳动部和天津市劳动局锅炉定点生产安装企业，具有国家劳动部颁发的E1级锅炉制造许可证和天津市劳动局颁发的安装5类锅炉许可证，主要产品是宝成牌民用采暖炉和燃煤、燃油、燃气工业锅炉，已形成22个系列180个品种，先后获得省级以上9项大奖，取得8项国家专利。其产品曾获国家“七五”攻关成果奖、天津市上帝杯奖、农业部优秀节能产品奖、国家级重点产品奖、国家星火科技精品金奖、天津市科技金奖等荣誉，并载入《中国当代名优特产品大辞典》。1994年，被市政府命名为“天津市优秀企业”，1995年获中华人民共和国500家最大私营企业第96位，被中国农业银行企业信用等级评审委员会连续4年评定为AAA级信用企业。1996年被天津质量行组委会和技术监督局评为1996年外地市场受欢迎的天津产品，经技术监督局审定为免验产品，1997年又被天津市人民政府命名为名牌产品，其产品畅销全国各省市。

公司现有职工500余名，各专业技术人员50余名，其中中高级专业技术人员25名。全公司占地面积90 000平方米，建筑面积40 000平方米。公司拥有主要生产、检测设备 800 台套，现有固定资产 7 000万元。

主要产品有：9.12×10^4～186.2×10^4 千焦/时多用锅炉、0.1～0.5 吨/时低压蒸汽锅炉、0.07～0.35 兆瓦立式多用热水锅炉、0.3～1.4 兆瓦卧式快装热水锅炉、0.7～7.0 兆瓦锅壳式热水锅炉、0.7～7.0 兆瓦水火管快装热水锅炉、4.2～7.0 兆瓦燃油热水炉、20.92×10^4～188.28×10^4 千焦/时燃油热水炉、0.3～1 吨/时燃油蒸汽锅炉、33 472～125 520 千焦/时家用燃油热水炉、20.9×10^4～41.84×10^4 千焦/时燃油开水炉、16 736～37 656 千焦/时民用采暖炉、20 920～41 840 千焦/时民用采暖炉和各类锅炉辅机、石油化工容器等。

地址：天津市津南区海河二道闸南

电话：(022) 2869.2588　邮政编码：300352

企业法人：柴宝成（总裁）

河北省高碑店市一中暖气片厂

主要产品：

勤俭牌 CNY．S 系列、CN．F 系列暖气炉和 NY．S 系列微型锅炉。供暖面积有 40～500 平方米共 20 个品种。热效率 73.8%，曾荣获河北省优秀新产品奖。

产品性能：

勤俭牌系列暖气炉采用最先进的憋火工艺技术和独特的炉膛设计，分体组装而成。利用火焰通过憋火通道在水箱之间进行辐射，对流加热，进行自然循环。炉体内备有换热装置，自来水输入阀门一打开，便会把凉水转换成热水，可满足洗浴、洗衣、洗碗等生活用热水的需要，使家庭在做饭、取暖的同时，还解决了洗浴的问题。具有节能、热效率高、易管理，取暖、做饭、洗浴等一炉多用的特点。

地址：河北省高碑店市幸福北路一中院内

电话：(0312) 2812243　邮政编码：074000

负责人：张家溢

秦皇岛阿尔法太阳能动力有限公司及聚光太阳能电站

秦皇岛阿尔法太阳能动力有限公司是中外合资企业，归属市机械电子工业总公司领导，企业注册资本 400 万美元，中方占 60%，外方占 40%，生产聚焦 400 倍双轴自动跟踪太阳能发电阵列。光电传换效率 17%～18%，每标准阵列发电功率 15 千瓦。计划项目投产第一年生产 2 兆瓦，第二年 4 兆瓦，第三年生产能力达到 8 兆瓦。公司现有厂房 5 000 平方米，具有太阳能聚光电站生产线［两台闪光测试仪(电池及模块测试)、焊接检测仪］，1 000 吨油压机、链式焊接炉等设备，公司现有职工 47 人，其中工程技术人员 14 人，高级工程师 2 人。该公司从事各种太阳能电站的设计、施工、调试、维护工作。

太阳能聚光电站是该公司从美国引进技术和设备生产的聚光跟踪式太阳能发电系统，转换效率高，建造成本低，结构简单灵活，安装使用方便，是太阳能发电设施中较先进的一种，是填补我国太阳能聚光发电领域空白的高科技产品。该公司现已从生产 15 千瓦的标准阵列逐渐发展为 1.5、3、6、9、15、20 千瓦阵列的系列产品，可供用户根据需要任意选用。

该公司自 1991 年始建以来至 1995 年成功地在厂内安装完成太阳能聚光演示电站。在此基础上，为西藏电力工业厅生产第一个太阳能聚光电站并在西藏尼玛完成总装。

地址：河北省秦皇岛市燕山大街 22 号

电话：(0335) 3067975　邮政编码：066001

联系人：阎铁柱

安徽方园经济技术开发公司

该公司是集科研、生产、销售为一体的省级中型企业，主要从事民用节能产品的开发利用，其产品太阳热水器成套专用设备。

太阳热水器成套专用设备是该公司科研人员通过多年的努力研制开发的产品。是目前全国生产太阳热水器成套专用设备的唯一厂家，该产品自投放市场以来，为生产太阳热水器的厂家带来了极大的方便和效益，同时大幅度地降低成本，提高了产品的质量，因此该设备远销全国各地，深受用户好评。

地址：合肥市四里河路中段

电话：(0551) 5525493

法人代表：王德敏

合肥烽火能源器材厂

该厂是安徽省农村能源办公室直属的龙头企业，开发生产出的炜炜牌新一代节能系列产品，质优价廉，多次受到中国《消费时报》、省、市电视台、电台和《合肥晚报》的高度赞誉，已获 2 项全国行业优秀产品、2 项省级新产品、5 项中国专利、2 项国家达标产品、历年合肥市场太阳热水器普检中唯一全项指标合格产品，省级农村能源定点生产厂。已形成科研、开发、生产、销售、服务网络，产品销往十多个省市。

主要产品有：聚光式磁化太阳开水器、热水器(4～500 人用) 及配件、水控、光控、温控仪；循环水空调、热管式热风炉、家用高效太阳能沼气发生器并可承接大、中型沼气工程。

通讯地址：合肥市无为路 47 号

邮政编码：230001

厂址：合肥市四里河路

电话：(0551) 4231902　2625074　5711265　2640131

法人代表：吴兆流

江西省农村能源环保技术开发中心

该开发中心技术力量强，下设江西节能仪器仪表厂，集农村能源环保技术服务，产品开发、设计、生产、营销一体化。主要产品有：

1. 低压盒式沼气压力表　获国家实用新型专利、全国行业优秀产品证书、江西星火科技三等奖，被国家科委、技术监督局等评为国家级新产品。它是户用“U”型表的替代产品，采用国际通用计量单位；可克服“U”型表易破碎、易发黑而刻度不清等缺陷。

2. 沼气灯电子脉冲点火器　获国家实用新型专利、江西省优秀新产品三等奖。老灯装配它，点火方便，改变沼气使用形象，提高使用的科学化。

3. 高照度电子点火沼气灯　获国家实用新型专利。照度较老灯明显提高、稳定，可提高沼气灯的使用率并深受农户欢迎。

4. 电子脉冲点火不锈钢沼气灶　燃烧器获国家实用新型专利；采取电子脉冲点火。特点是热效率高、压力适应幅度大，点火装置不易腐蚀。

另外，还有获专利的多功能出料器、脱硫器等系列成套沼气配件。产品实行质量承诺。

地址：南昌市省政府大院农业厅内

电话：(0791) 6221256　6293720　邮政编码：330046

联系人：徐新明

国家医药管理局福建省微生物研究所

该所主要研究微生物产生的新药物，特别是新抗生素和非抗生素的生物活性物质以及与国计民生体戚相关的高科技生物技术项目。已经完成的研究成果如庆大霉素、西梭霉素等10多种生物药物素，此外还开展环境微生物学的研究。1980年，在我国最早探讨粪便在厌氧条件下产生沼气过程一系列化学变化的著名微生物学家王嶽教授倡导下，成立沼气科研组，取得了“干发酵工艺”、“海藻发酵工艺”、“利用沼气厌氧发酵工艺处理城镇垃圾”研究等一批科研成果。1992年，随着形势发展，成立能源环保微生物工程组，先后承担了关于新能源和可再生能源环境保护等国家、部、省重点科技项目、自然科学基金项目，在省级以上学术刊物发表论文十几篇，并设计完成农村能源大、中型沼气工程10多个项目和环保处理如食品、制革、印染、电镀、造纸、屠宰、垃圾等20多个废水工程设计项目，处理效果均达到国家规定排放标准。

地址：福建省福州市仓山区进步路25号

电话：(0591) 3442105　3441797　邮政码编：350007

所长：程元荣研究员

莆田市新能源环保工程公司

莆田市新能源环保工程公司，隶属莆田市(地级市)农业局，创建于1992年，是一个从事农村能源农业环保技术研究，推广及其工程建设的专业企业。公司属集体性质，注册资金50万元，拥有员工82名，其中大专以上技术人员12名，由农业部派到国外援建沼气工程多年的专家担任技术骨干。公司下设技术部、工程部和设备部。

几年来，公司全体同仁本着“苦奋斗，图发展，靠质量，求生存”的服务宗旨，运用市场经济规律，拓展广阔业务空间，服务范围遍及福建省内外，先后承建万头猪场污水净化系统8处；山地果园沼气化粪及自流滴灌工程52处，320公顷；沼液喷灌3处8公顷；沼气户厕1.9万户，沼气公厕160座；屠宰场污水净化工程12处；省柴节煤灶9.2万户，以及推广太阳能热水器，建设微水发电站等业务。

1996年，全国农业生态学术讨论会在莆田市召开，与会专家参观了该公司以沼气为纽带的农能环保工程后，一致认为污水净化工艺先进，造价较低，处理效果较好。中央电视台“金土地”栏目于5月播出该公司承建的沼气化粪厕所后，在全国产生广泛的影响。应中央电视台的函请，由公司提供全套技术资料再次播出，以满足广大观众了解应用技术的要求。

该公司不仅在农村能源环保工程建设上取得可喜成绩，还致力科学研究，不断改进工艺技术，完善设备配套，提供系统化服务。目前，已研制成功全自动滴灌控制器，粪液分离机和电动出渣器投入使用。可满足供应全套沼气燃具、发电设备、太阳能热水器、微水发电机组及其他新型设备。

地址：福建省莆田市城厢区文献路16号农业局院内

电话：(0594) 2281765.2282870　邮政编码：351100

经理：郑天和

各省、自治区、直辖市、计划单列市农村能源管理部门一览表

单　位	负责人	地　址	电　话	邮　编
北京市农村能源办公室	史殿林	北京市北三环东路19号	010-62358650 62367030	100029
天津市农村能源办公室	薛克伦	天津市河西区围堤道健强里37号	022-28369940	300201
河北省新能源办公室	王香雪	石家庄市富强大街92号	0311-5804194 5814961	050021
山西省农业环保能源站	任济星	太原市迎泽街50号	0351-4042709 2020213	030001

（续）

单　位	负责人	地　址	电　话	邮　编
内蒙古自治区农业环保能源监测站	李铁锁	呼和浩特市新城西街5号	0471-6952576 6945780	010010
辽宁省农村能源办公室	唐春福	沈阳市和平区太原街2号	024-2829785 2821259	110001
大连市农村能源办公室	孙应学	大连市斯大林广场1号	0411-3631391	116011
吉林省农业厅能源环保处	黄永发	长春市斯大林大街60号	0431-2710345	130051
黑龙江省农村能源办公室	鄂佐星	哈尔滨市中山路204号	0451-2620505	150001
上海市农委综合计划处能源办公室	金　尧	上海市幸福路42号福苑大厦504室	021-62835148 62835275	2000052
江苏省农村能源环境保护办公室	狄崇兰	南京市龙江小区农林大厦新办公楼12楼	025-3738209 3733430	210013
浙江省农村能源办公室	杨　钝	杭州市教工路12号	0571-8061744 8079080	310012
宁波市农村能源办公室	潘夏远	宁波市海曙区吴家塘88号	0574-7364606 7114606	315000
安徽省农村能源办公室	朱　涛	合肥市九狮桥路21号	0551-2675408 2643084	230001
福建省农村能源办公室	蔡元呈	福州市鼓屏路183号	0591-7844646 7853641	350003
厦门市农业环保监测站	潘克澄	厦门市莲前路龙山桥	0592-5193341	3610004
江西省农村能源办公室	罗能斌	南昌市省人民政府院内	0791-6225643 6215054	330046
山东省农村能源办公室	钟树明	济南市省府前街78号	0531-6062620 6062729	250001
青岛市农村能源办公室	董绍文	青岛市燕儿岛南段	0532-5724229	266071
河南省农村能源环保管理站	慕成功	郑州市农业路27号	0371-3942227 3942241	450002
湖北省农村能源办公室	郑启寿	武昌武珞路281号	027-87876607	430070
湖南省农村能源办公室	丰修文	长沙市省政府大院内	0731-2212046 2212841	410011
广东省农村能源办公室	陈正辉	广州市先烈东路135号	020-87729104	510500
广西壮族自治区农村能源办公室	肖　超	南宁市北湖路28号	0771-3134703 3121838	530001
海南省农村能源环保站	高彩钧	海口市海府大道75号	0898-5338725	570003
重庆市沼气办公室	谢大川	重庆市市中区人民路236号	023-63852737	400015
四川省农村能源办公室	龙大友	成都市人民南路4段26号	028-5582719	610041
贵州省农村能源环保办公室	许宾生	贵阳市延安中路62号	0851-5822062 5814676	550001
云南省农村能源工作站	胡向军	昆明市东风西路52号	0871-5315381 5356244	650031

（续）

单　位	负责人	地　址	电　话	邮　编
西藏自治区农业局	韩　光	拉萨市金珠中路64号	0891-25014 22277	850000
陕西省农业厅环保能源处	李培乾	西安市习武园11号	029-7321852 7343384	710003
甘肃省农村能源办公室	潘效仁	兰州市武都路148号	0931-8465742 8464351	730030
青海省农村牧区能源办公室	侯其炎	西宁市省政府大院西楼	0971-8244844	810000
宁夏回族自治区农村能源工作站	李广仁	银川市解放西街128号	0951-5046613	75001
新疆维吾尔自治区农村能源办公室	胡斯马义	乌鲁木齐市胜利路171号	0991-2865980	830001

附　录

全国人口数及构成

（年底数）

年份	总人口（万人）	按性别分				按城乡分			
		男		女		市镇总人口数		乡村总人口数	
		人口数	比重（%）	人口数	比重（%）	人口数	比重（%）	人口数	比重（%）
1949	54 167	28 145	51.96	26 022	48.04	5 765	10.6	48 402	89.4
1950	55 196	28 669	59.94	26 527	48.06	6 169	11.2	49 027	88.8
1951	56 300	29 231	51.92	27 069	48.08	6 632	11.8	49 668	88.2
1952	57 482	29 833	51.90	27 649	48.10	7 163	12.5	50 319	87.5
1953	58 796	30 468	51.82	28 328	48.18	7 826	13.3	50 970	86.7
1954	60 266	31 242	51.84	29 024	48.16	8 249	13.7	52 017	86.3
1955	61 465	31 809	51.75	29 656	48.25	8 285	13.5	53 180	86.5
1956	62 828	32 536	51.79	30 292	48.21	9 185	14.6	53 643	85.4
1957	64 653	33 469	51.77	31 184	48.23	9 949	15.4	54 704	84.6
1958	65 994	34 195	51.82	31 799	48.18	10 721	16.2	55 273	83.8
1959	67 207	34 890	51.91	32 317	48.09	12 371	18.4	54 836	81.6
1960	66 207	34 283	51.78	31 924	48.22	13 073	19.7	53 134	80.3
1961	65 859	33 880	51.44	31 979	48.56	12 707	19.3	53 152	80.7
1962	67 295	34 517	51.29	32 778	48.71	11 659	17.3	55 636	82.7
1963	69 172	35 533	51.37	33 639	48.63	11 646	16.8	57 526	83.2
1964	70 499	36 142	51.27	34 357	48.73	12 950	10.4	57 549	81.6
1965	72 538	37 128	51.18	35 410	48.82	13 045	18.0	59 493	82.0
1966	74 542	38 189	51.23	36 353	48.77	13 313	17.9	61 229	82.1
1967	76 368	39 115	51.22	37 253	48.78	13 548	17.7	62 820	82.3
1968	78 534	40 226	51.22	38 308	48.78	13 838	17.6	64 696	82.4
1969	80 671	41 289	51.18	39 382	48.82	14 117	17.5	66 554	82.5
1970	82 992	42 686	51.43	40 306	48.57	14 424	17.4	68 568	82.6

（续）

年份	总人口（万人）	按性别分				按城乡分			
		男		女		市镇总人口数		乡村总人口数	
		人口数	比重（%）	人口数	比重（%）	人口数	比重（%）	人口数	比重（%）
1971	85 229	43 819	51.41	41 410	48.59	14 711	17.3	70 518	82.7
1972	87 177	44 813	51.40	42 364	48.60	14 935	17.1	72 242	82.9
1973	89 211	45 876	51.42	43 335	48.58	15 345	17.2	73 866	82.8
1974	90 859	46 727	51.43	44 132	48.57	15 595	17.2	75 264	82.8
1975	92 420	47 564	51.47	44 856	48.53	16 030	17.3	76 390	82.7
1976	93 717	48 257	51.49	45 460	48.51	16 341	17.4	77 376	82.6
1977	94 974	48 908	51.50	46 066	48.50	16 669	17.6	78 305	82.4
1978	96 259	49 567	51.49	46 692	48.51	17 245	17.9	79 014	82.1
1979	97 542	50 192	51.46	47 350	48.54	18 495	19.0	79 047	81.0
1980	98 705	50 785	51.45	47 920	48.55	19 140	19.4	79 565	80.6
1981	100 072	51 519	51.48	48 553	48.52	20 171	20.2	79 901	79.8
1982	101 654	52 352	51.50	49 302	48.50	21 480	21.1	80 174	78.9
1983	103 008	53 152	51.60	49 856	48.40	22 274	21.6	80 734	78.4
1984	104 357	53 848	51.60	50 509	48.40	24 017	23.0	80 340	77.0
1985	105 851	54 725	51.70	51 126	48.30	25 094	23.7	80 757	76.3
1986	107 507	55 581	51.70	51 926	48.30	26 366	24.5	81 141	75.5
1987	109 300	56 290	51.50	53 010	48.50	27 674	25.3	81 626	74.7
1988	111 026	57 201	51.52	53 825	48.48	28 661	25.8	82 365	74.2
1989	112 704	58 099	51.55	54 605	48.45	29 540	26.2	83 164	73.8
1990	114 333	58 904	51.52	55 429	48.48	30 191	26.4	84 142	73.6
1991	115 823	59 146	51.51	56 351	48.49	30 546	26.4	85 277	73.6
1992	117 171	59 811	51.05	57 360	48.95	32 372	27.6	84 799	72.4
1993	118 517	60 472	51.02	58 045	48.98	33 351	28.1	85 166	71.9
1994	119 850	61 246	51.10	58 604	48.90	34 301	28.6	85 549	71.4
1995	121 121	61 803	51.03	59 318	48.97	35 174	29.0	85 947	71.0
1996	122 389	62 200	50.82	60 189	49.18	35 950	29.4	86 439	70.6

全国自然资源

项目	单位	1996
土地资源		
耕地面积	万公顷	
荒地面积	万公顷	10 800
其中：宜农荒地	万公顷	3 535
林业用地面积	万公顷	26 289
其中：宜林荒山荒地	万公顷	6 303
草地面积	万公顷	40 000
其中：可利用草地	万公顷	31 333
林木资源		
活立木总蓄积量	亿立方米	108.68
森林面积	万公顷	12 863
森林蓄积量	亿立方米	93.1
森林覆盖率	%	13.4
水利资源		
大陆		
地表水资源总量	亿立方米	28 124
地表径流	亿立方米	27 115
其中：冰川融水量	亿立方米	560
地下（浅层）水量	亿立方米	8 287
水力资源蕴藏量	亿千瓦	6.76
其中：可开发量	亿千瓦	3.79
内陆水域总面积	万公顷	1 747
其中：可养殖面积	万公顷	675
其中：已养殖面积	万公顷	467
海洋		
海洋能源理论蕴藏量	亿千瓦	6.3
海岸带面积	万平方公里	28
滩涂面积	万平方公里	2.08
海水可养殖面积	万公顷	260.01
其中：已养殖面积	万公顷	71.6
浅海滩涂可养殖面积	万公顷	242.0
其中：已养殖面积	万公顷	55.6
矿产资源（保有储量）		
煤	亿吨	10 008.5
铁矿石	亿吨	475.6
磷矿石	亿吨	159.7
钾盐	亿吨	4.6
盐	亿吨	4 040.3

注：1. 土地、水利资源为以前清查数，有待进一步勘测。
2. 森林资源为1988—1992年调查数。矿产资源为1993年数。

全国一次能源生产总量和构成

年份	能源生产总量（万吨标准煤）					构成（%）			
	合计	原煤	原油	天然气	水电	原煤	原油	天然气	水电
1949	2 374	2 285	17	1	71	96.25	0.72	0.04	2.99
1950	3 174	3 070	29	1	74	96.72	0.91	0.03	2.33
1951	3 903	3 784	44		75	96.95	1.13		1.92
1952	4 871	4 712	63	1	95	96.74	1.29	0.02	1.95
1953	5 192	4 998	89	1	104	96.26	1.71	0.02	2.00
1954	6 262	5 998	113	2	149	95.78	1.80	0.03	2.38
1955	7 295	6 997	139	2	157	95.92	1.91	0.03	2.15
1956	8 242	7 854	166	3	219	95.29	2.01	0.04	2.66
1957	9 861	9 353	209	9	290	94.85	2.12	0.09	2.94
1958	19 845	19 278	323	15	229	97.14	1.63	0.08	1.15
1959	27 161	26 347	533	39	242	97.00	1.96	0.14	0.89
1960	29 637	28 346	744	138	409	95.64	2.51	0.47	1.38
1961	21 224	19 849	759	196	420	93.52	3.58	0.92	1.98
1962	17 185	15 708	822	161	494	91.41	4.78	0.94	2.87
1963	17 009	15 494	927	136	452	91.09	5.45	0.80	2.66
1964	17 232	15 351	1 213	141	527	89.08	7.04	0.82	3.06
1965	18 824	16 565	1 617	146	496	88.00	8.59	0.78	2.63
1966	20 833	17 993	2 081	178	581	86.37	9.99	0.85	2.79
1967	17 494	14 708	1 985	194	607	84.07	11.35	1.11	3.47
1968	18 715	15 708	2 287	186	534	83.93	12.22	0.99	2.85
1969	23 104	18 992	3 109	261	742	82.20	13.46	1.13	3.21
1970	30 990	25 276	4 383	382	949	81.56	14.14	1.23	3.06
1971	35 289	27 989	5 636	497	1 167	79.31	15.97	1.41	3.31
1972	37 785	29 274	6 531	644	1 336	77.48	17.28	1.70	3.54
1973	40 013	29 774	7 666	795	1 778	74.41	19.16	1.99	4.44
1974	41 626	29 488	9 274	1 001	1 863	70.84	22.28	2.40	4.48
1975	48 754	34 415	11 020	1 177	2 142	70.59	22.60	2.41	4.39
1976	50 340	34 486	12 464	1 343	2 047	68.51	24.76	2.67	4.07
1977	56 396	39 270	13 391	1 612	2 123	69.63	23.74	2.86	3.76
1978	62 770	44 125	14 879	1 826	1 940	70.30	23.70	2.91	3.09
1979	64 562	45 339	15 179	1 930	2 114	70.23	23.51	2.99	3.27
1980	63 735	44 297	15 136	1 898	2 404	69.50	23.75	2.98	3.77
1981	63 227	44 404	14 461	1 694	2 668	70.23	22.87	2.68	4.22
1982	66 778	47 596	14 589	1 587	3 006	71.27	21.85	2.38	4.50
1983	71 270	51 039	15 153	1 624	3 454	71.61	21.26	2.28	4.85
1984	77 855	56 375	16 374	1 652	3 454	72.41	21.03	2.12	4.44
1985	85 546	62 307	17 843	1 720	3 676	72.83	20.86	2.01	4.30
1986	88 124	63 861	18 670	1 830	3 762	72.47	21.19	2.08	4.27
1987	91 266	66 285	19 163	1 847	3 970	72.63	21.00	2.02	4.35
1988	95 801	69 993	19 578	1 897	4 333	73.06	20.44	1.98	4.52
1989	101 639	75 297	19 663	2 002	4 677	74.08	19.35	1.97	4.60
1990	103 922	77 136	19 758	2 035	4 993	74.23	19.01	1.96	4.80
1991	104 844					74.1	19.2	2.0	4.7
1992	107 256					74.3	18.9	2.0	4.8
1993	111 059					74.0	18.7	2.0	5.3
1994	118 729					74.6	17.6	1.9	5.9
1995	129 034					75.3	16.6	1.9	6.2
1996	131 557					74.8	17.1	1.9	6.2

全国一次能源消费总量和构成

年　份	能源消费总量（万吨标准煤）	构成（%）			
		煤　炭	石　油	天然气	水　电
1953	5 411	94.33	3.81	0.02	1.84
1954	6 234	93.45	4.33	0.02	2.20
1955	6 968	92.94	4.91	0.03	2.12
1956	8 800	92.73	4.83	0.03	2.41
1957	9 644	92.32	4.59	0.08	3.01
1958	17 599	94.62	3.92	0.06	1.40
1959	23 926	94.68	4.05	0.14	1.13
1960	30 188	93.90	4.11	0.45	1.54
1961	20 390	91.31	5.47	0.94	2.28
1962	16 540	89.23	6.61	0.93	3.23
1963	15 567	88.93	7.20	0.81	3.06
1964	16 637	87.97	8.04	0.73	3.26
1965	18 901	86.45	10.27	0.63	2.65
1966	20 269	86.24	10.17	0.67	2.92
1967	18 328	84.77	10.89	0.84	3.50
1968	18 405	83.79	12.09	0.76	3.36
1969	22 730	81.93	13.76	0.82	3.49
1970	29 291	80.89	14.67	0.92	3.52
1971	34 496	79.19	16.00	1.44	3.37
1972	37 273	77.51	17.17	1.73	3.59
1973	39 109	74.84	18.58	2.03	4.55
1974	40 144	72.14	20.72	2.49	4.65
1975	45 425	71.85	21.07	2.51	4.57
1976	47 831	69.91	23.00	2.81	4.28
1977	52 354	70.25	22.61	3.08	4.06
1978	57 144	70.67	22.73	3.20	3.40
1979	58 588	71.31	21.79	3.30	3.60
1980	60 275	72.15	20.76	3.10	3.99
1981	59 447	72.74	19.96	2.79	4.51
1982	62 067	73.67	18.91	2.56	4.86
1983	66 040	74.16	18.14	2.44	5.26
1984	70 904	75.27	17.45	2.37	4.91
1985	76 682	75.81	17.10	2.24	4.85
1986	80 850	75.83	17.20	2.26	4.71
1987	86 632	76.21	17.02	2.13	4.64
1988	92 997	76.17	17.05	2.06	4.72
1989	96 934	75.97	17.08	2.06	4.89
1990	98 703	76.19	16.63	2.05	5.13
1991	103 783	76.1	17.1	2.0	4.8
1992	109 170	75.7	17.5	1.9	4.9
1993	115 993	74.7	18.2	1.9	5.2
1994	122 737	75.0	17.4	1.9	5.7
1995	131 176	74.6	17.5	1.8	6.1
1996	138 811	75.0	17.5	1.6	5.9

注：本表是按一次能源计算，煤炭包括了煤及其制品，石油包括了原油及其制品；1996 年数为估算数。

全国耕地面积

单位：千公顷

年份	年末实有耕地面积	其中		年内减少	其中		
		水田	旱地		国家基建占地	乡村集体占地	农民个人建房占地
1978	99 389.5	25 419.7	73 969.8	800.9	144.5		
1980	99 305.2	25 322.2	73 983.0	940.8	97.7		
1985	96 846.3	25 033.0	71 813.3	1 597.9	134.3	92.3	97.0
1986	96 229.9	25 055.1	71 174.7	1 108.3	109.6	58.5	84.5
1987	95 888.7	25 104.1	70 784.5	817.5	104.6	52.0	57.5
1988	95 721.8	25 077.7	70 644.1	644.7	87.8	37.4	37.6
1989	95 656.0	25 265.8	70 390.2	517.5	70.1	34.6	27.4
1990	95 672.9	25 518.9	70 154.1	467.4	66.3	30.3	36.7
1991	95 653.6	25 706.5	69 947.1	488.0	71.9	33.4	20.5
1992	95 425.8	25 597.2	69 828.6	738.7	131.7	64.1	23.9
1993	95 101.4	25 028.0	70 073.4	732.3	161.0	86.0	24.0
1994	94 906.7	24 762.9	70 143.8	708.7	132.6	80.2	33.0
1995	94 970.9	24 850.5	70 120.4	621.1	111.9	84.9	31.6

注：1. 本表实有耕地面积数字偏小，有待进一步核查。
2. 年内减少数包括因各种原因占用的耕地和因灾废弃而实际减少了的耕地。

全国灌溉面积、农用化肥施用量、农村水电及用电情况

年份	灌溉面积（千公顷）	化肥施用量（万吨）	其中				乡村办水电站		农村用电量（亿千瓦时）
			氮肥	磷肥	钾肥	复合肥	个数	发电能力（万千瓦）	
1978	44 965.3	884.0					82 387	228.4	253.1
1980	44 888.1	1 269.4	934.2	273.3	34.6	27.3	80 319	304.1	320.8
1985	44 035.9	1 775.8	1 204.9	310.9	80.4	179.6	55 754	380.2	508.9
1986	44 225.8	1 930.6	1 312.6	359.8	77.4	180.8	54 136	387.9	586.7
1987	44 403.0	1 999.3	1 326.8	371.9	91.9	208.7	51 978	394.1	658.8
1988	44 375.9	2 141.5	1 417.1	382.1	101.2	241.2	51 558	428.9	712.0
1989	44 917.2	2 357.1	1 536.8	418.9	120.5	280.9	50 862	416.8	790.5
1990	47 403.1	2 590.3	1 638.4	462.4	147.9	341.6	52 387	428.8	844.5
1991	47 822.1	2 805.1	1 726.1	499.6	173.9	405.5	49 644	456.9	963.2
1992	48 590.1	2 930.2	1 756.1	515.7	196.0	462.4	48 082	478.6	1 106.9
1993	48 727.9	3 151.9	1 835.1	575.1	212.3	529.4	45 153	481.7	1 244.8
1994	48 759.1	3 317.9	1 882.0	600.7	234.8	600.6	48 722	503.7	1 473.9
1995	49 281.2	3 593.7	2 021.9	632.4	268.5	670.8	40 699	520.2	1 655.7
1996	50 381.4	3 827.9	2 145.3	658.4	289.6	734.7	37 743	675.1	1 676.4

农村居民家庭基本情况

项　目	1980	1985	1990	1994	1995	1996
调查户数(户)	**15 914**	**66 642**	**66 960**	**67 420**	**67 340**	**67 610**
调查户人口(人)						
常住人口	88 090	341 525	321 429	306 418	301 878	298 530
平均每户常住人口	5.54	5.12	4.80	4.54	4.48	4.42
平均每户整半劳力	2.45	2.95	2.92	2.89	2.88	2.84
平均每个劳动力负担人口(含本人)	2.26	1.74	1.64	1.57	1.56	1.55
平均每人年收入(元)						
总收入	216.22	547.31	990.38	1 789.38	2 337.87	2 806.73
纯收入	191.33	397.60	686.31	1 220.98	1 577.74	1 926.07
现金收入	113.12	357.39	676.67	1 233.48	1 595.56	1 927.01
按纯收入分组户数占调查户比重(%)						
100元以下	9.80	0.96	0.22	0.30	0.22	0.13
100—200元	51.80	11.26	1.80	0.59	0.38	0.18
200—300元	25.30	25.61	6.57	1.55	0.81	0.36
300—400元	8.60	24.00	11.99	2.93	1.55	0.66
400—500元	2.90	15.85	14.37	4.61	2.40	1.20
500—600元		9.06	13.99	6.20	3.70	1.88
600—800元		8.02	20.83	15.25	9.59	5.56
800—1 000元	1.60	2.93	12.45	15.71	11.58	8.00
1 000—1 500元		1.89	12.20	26.29	26.60	23.74
1 500—2 000元		0.26	3.47	12.93	17.25	19.89
2 000元以上2 000元		0.16	2.11	13.64	25.92	38.40
平均每人年支出(元)						
总支出	195.52	485.51	903.47	1 635.53	2 138.33	2 535.16
家庭经营费用支出	24.61	121.39	241.09	458.57	621.71	709.42
生活消费支出	162.21	317.42	584.63	1 016.81	1 310.36	1 572.08
其他非生产性支出	8.42	9.57	18.80	46.23	55.28	82.48
现金支出	122.93	389.19	741.17	1 330.40	1 766.67	2 137.39
生产费用	14.05	98.93	183.35	373.87	517.06	587.76
缴纳税金和上交集体承包费支出等	0.24	16.35	33.38	59.16	76.96	94.45
生活消费支出	83.83	194.68	374.74	648.19	859.43	1 076.22
储蓄借贷支出	15.91	57.96	102.11	174.40	220.86	249.90

注:本表为农村住户抽样调查资料。

农民家庭生活消费支出及构成

（平均每人）

	1992 年	1993 年	1994 年	1995 年	1996 年
生活消费支出（元）	659.01	769.65	1 016.81	1 310.36	1 572.08
一、食品支出	379.26	446.83	598.47	768.19	885.49
主　食	139.56	167.96	241.44	316.72	360.84
副　食	167.04	195.16	256.11	316.40	359.08
二、衣着支出	52.51	55.33	70.32	89.79	113.77
三、居住支出	104.90	106.79	142.34	182.21	219.06
住　房	68.14	56.13	78.95	110.35	135.26
燃　料	28.89	37.54	45.62	48.05	53.17
四、家庭设备、用品及服务支出	36.67	44.67	55.46	68.48	84.22
五、医疗保健支出	24.14	27.17	32.07	42.48	58.26
六、交通及通讯支出	12.24	17.41	24.02	33.76	47.08
七、文化教育娱乐用品及服务支出	43.77	58.38	75.11	102.39	132.46
八、其他商品及服务支出	5.52	13.07	19.02	23.06	31.74
生活消费支出构成（%）	100	100	100	100	100
一、食品支出	57.55	58.06	58.86	58.62	56.33
主　食	21.18	21.82	23.74	24.17	22.95
副　食	25.35	25.36	25.19	24.15	22.84
二、衣着支出	7.97	7.19	6.92	6.85	7.24
三、居住支出	15.92	13.88	14.00	13.91	13.93
住　房	10.34	7.29	7.76	8.42	5.36
燃　料	4.38	4.88	4.49	3.67	3.71
四、家庭设备、用品及服务支出	5.56	5.80	5.45	5.23	5.36
五、医疗保健支出	3.66	3.53	3.15	3.24	3.71
六、交通及通讯支出	1.86	2.26	2.36	2.58	2.99
七、文化教育娱乐用品及服务支出	6.64	7.59	7.39	7.81	8.43
八、其他商品及服务支出	0.84	1.70	1.87	1.76	

1995 年各地区乡镇煤矿基本情况

单位：万吨

地区	合计		按井型分的年末矿点数和原煤产量						持证开采矿合计	
			3 万吨以上		1 万～3 万吨		1 万吨以下			
	处数	产量	处数	产量	处数	产量	处数	产量	处数	产量
全国总计	**72 919**	**57 918.04**	**6 646**	**24 543.09**	**15 164**	**19 523.78**	**51 109**	**13 851.2**	**50 784**	**51 263.95**
北　京	390	506	33	312.9	112	138	245	55.1	390	506
天　津										
河　北	2 303	2 382.76	100	429.79	976	1 477.81	1 227	475.16	2 038	2 098.1
山　西	6 700	15 728.56	2 578	11 396.98	2 466	3 530.89	1 656	800.69	6 346	15 193.84
内蒙古	2 708	3 018.92	525	1 503.1	969	1 050.45	1 214	465.37	2 588	2 969.12
辽　宁	1 886	1 526.26	69	229.8	376	616.7	1 441	679.76	1 878	1 526.26
吉　林	1 635	966.49	52	175	328	422	1 255	369.49	1 369	814.05
黑龙江	2 377	2 509.5	278	861	915	1 150.9	1 184	497.6	2 273	2 473.6
上　海										
江　苏	175	422.5	51	245.8	65	131.9	59	44.8	151	375.27
浙　江	72	26.44			5	6.5	67	19.94	51	18.54
安　徽	545	736.5	83	368.1	199	269.53	263	98.87	446	666.4
福　建	554	639.1			212	392.89	342	246.21	466	534.04
江　西	4 347	1 642.61	97	323.92	421	516.1	3 829	802.59	2 216	1 083.3
山　东	535	1 175.6	176	699.5	268	439.5	91	36.6	535	1 175.6
河　南	2 823	4 339.85	643	2 434.68	1 727	1 707.55	453	197.62	2 510	4 125.35
湖　北	2 256	1 134.04	33	111.68	423	496.3	1 800	526.06	1 812	1 003.63
湖　南	5 763	3 525	227	662	999	1 357	4 537	1 506	3 622	2 643
广　东	1 828	579.8	21	69.7	213	280.9	1 594	229.2	1 368	519.1
广　西	4 207	582.7			71	97.5	4 136	485.2	2 994	442
海　南										
四　川	7 768	5 566.73	363	1 377.04	1 480	2 256.47	5 925	1 933.22	6 226	5 077.4
贵　州	14 431	4 484.12	184	340.38	1 013	1 063.82	13 234	3 079.92	5 694	2 588.81
云　南	5 343	1 799.8	326	798.1	238	324.2	4 779	677.5	2 451	1 492.6
西　藏										
陕　西	1 568	1 974.7	386	997.36	631	682.97	551	294.37	1 383	1 785.56
甘　肃	1 697	1 161.32	111	445	643	456	943	260.32	1 134	869
青　海	83	73.84	6	27.04	16	29	61	17.8	66	51.87
宁　夏	87	191.46	27	125.22	38	54.9	22	11.34	81	184.51
新　疆	838	1 223.44	277	609	360	574	201	40.44	696	1 047

（续）

地 区	实现“五消灭”合 计		装备“五小件”合 计		1995年末从业人员	煤炭外调情况	
	处数	产量（万吨）	处数	产量（万吨）	（人）	出县量（万吨）	出省量（万吨）
全国总计	**25 853**	**39 297.81**	**33 486**	**43 908.07**	**3 011 759**	**24 923.728**	**11 211.21**
北 京	300	404	327	381	15 965	191	110
天 津							
河 北	1 480	1 808.43	1 863	2 143.71	123 602	1 262.9	146.73
山 西	5 507	15 174.83	5 309	15 220.33	430 764	8 668.72	4 530.18
内蒙古	545	652.25	949	1 364.03	74 290	659.55	581.3
辽 宁	1 194	1 107.81	1 271	1 114.06	75 986	756.3	136.9
吉 林	696	576.04	943	697.94	52 776	271.9	66.9
黑龙江	1 889	2 259.3	2 184	2 440.1	112 135	1 403	674.3
上 海							
江 苏	104	332.27	119	354.27	25 357	348	10
浙 江	8	7.03	8	7.03	1 580	7.5	1.1
安 徽	383	677.1	422	638.8	75 028	167.7	360
福 建	47	69.33	392	450.42	37 821	295.94	33.35
江 西	964	702.79	2 012	1 017.75	153 838	367	257.97
山 东	512	1 133.8	532	1 172.6	108 632	572.5	47.8
河 南	2 067	3 636.36	2 361	3 962.19	295 446	2 166.15	1 038.92
湖 北	292	328.02	603	561	86 215	543.49	93.1
湖 南	2 326	2 196	2 764	2 315	292 526	1 546	646.4
广 东	291	260.4	783	394.4	37 085	377.1	1
广 西	1 663	273.4	1 388	195.5	60 206	335.3	50.8
海 南							
四 川	2 096	3 188.58	2 780	3 412.71	395 549	1 690.77	517.54
贵 州	1 218	864.74	2 956	1 341.85	260 785	769.75	792.82
云 南	478	798.1	729	1 022.2	105 687	862.82	145
西 藏							
陕 西	636	1 184.76	962	1 504.71	76 561	638.4	800.8
甘 肃	640	725	1 004	909	68 305	813	126
青 海	25	52.55	25	52.55	4 408	42.65	
宁 夏	52	146.92	49	136.92	5 932	115.188	29.3
新 疆	440	738	751	1 098	35 280	51.1	13

（王庆一供稿）

1995年各地区乡镇煤矿产量

地　　区	煤炭总产量（万吨）	乡镇煤矿产量（万吨）	占本区煤炭总产量的比例（%）	占全国乡镇煤矿总产量的比例（%）
全国总计	**132 000**	**57 918.04**	**44**	**100**
北　　京	990	506	51	0.9
天　　津				
河　　北	7 300	2 382.76	33	4.1
山　　西	34 530	15 728.56	46	27.2
内 蒙 古	6 500	2 018.92	93	5.2
辽　　宁	5 500	1 526.26	28	2.6
吉　　林	2 540	966.49	38	1.7
黑 龙 江	7 850	2 509.5	32	4.3
上　　海				
江　　苏	2 550	422.5	17	0.7
浙　　江	110	26.44	24	0.0
安　　徽	4 200	736.5	18	1.3
福　　建	1 110	639.1	58	1.1
江　　西	2 400	1 642.61	68	2.8
山　　东	8 500	1 175.6	14	2.0
河　　南	10 019	4 339.85	43	7.5
湖　　北	1 240	1 134.04	91	2.0
湖　　南	5 210	3 525	68	6.1
广　　东	1 060	579.8	55	1.0
广　　西	1 390	582.7	42	1.0
海　　南				
四　　川	9 560	5 566.73	58	9.6
贵　　州	5 770	4 484.12	78	7.7
云　　南	3 000	1 799.8	60	3.1
西　　藏				
陕　　西	3 900	1 974.7	51	3.4
宁　　夏	1 480	191.46	13	0.3
甘　　肃	2 300	1 161.32	50	2.0
青　　海	280	73.84	26	0.1
新　　疆	2 720	1 223.44	45	2.1

（王庆一供稿）

1996 年我国主要风电场装机容量

风电场名称	机　　型	总台数（台）	最早并网时间	总容量（千瓦）
新疆达板城风电一场	BONUS Mincon	22	68.10	6 100
新疆达板城风电二场	NTK Bonus	33	92.12	10 700
内蒙古商都风电场	NTK 大华 55	17	93.60	3 875
内蒙古朱日和风电场	NTK HSM	28	89.12	4 200
内蒙古锡林浩特风电场	HSM-洛拖	4	95.11	1 000
内蒙古辉腾锡勒风电场	Mincon	9	96.10	5 400
广东南澳风电场	NTK	43	89.6	8 680
辽宁东岗风电场	NTK	14	94.11	6 450
辽宁横山风电场	HSM	20	93.7	5 000
福建平潭风电场	Wind Master 200	6	8 610	1 055
浙江鹤顶山风电场	NTK　国产 55 国产 220kW	4	93	1 255
浙江泗礁风电场	国产 30kW 德国 Aeroman	12	90	410
海南东方风电场	HSM-洛拖 vestas-55	7	86	1 555
山东荣成风电场	Vestas	3	86.5	165
山东长岛风电场	大华 55	2	91.5	110
河北省张北风电场	TACKE NTK	13	96.2	3 900
合　计		237		59 855

（李德孚供稿）

“八五”全国农村能源综合建设县名单

地　区	国　家　级　县	省　级　县
北　京	大兴县　通县　昌平县	
天　津	天津市南郊区	
河　北	宣化县　承德县　雄县　元氏县　丰南县　迁安县	平泉县　武邑县　南皮县　卢龙县
山　西	清徐县　闻喜县	芮城县　祁县
内蒙古	喀喇沁旗　杭锦后旗	
辽　宁	宽甸县　大洼县　台安县　营口市老边区　锦县　新民县　庄河县	朝阳市
吉　林	大安市　盘石县　德惠县	
黑龙江	绥化市　桦川县　克东县　呼兰县	通河县　拜泉县
上　海	上海市闵行区　长江农场	
江　苏	东海县　邗江县　扬中县　南通市　南京市雨花台区	
浙　江	建德市　余杭县　临安县　瑞安市　余姚市	
安　徽	肥东县　庐江县　岳西县　亳州市　滁州市	青阳县　阜南县　六安市
福　建	云宵县　同安县	
江　西	宁都县　临川县　修水县　南城县　新建县	
山　东	临朐县　栖霞县　费县　嘉祥县　桓台县　荣成市　莱西市	
河　南	柘城县　西峡县　罗山县	
湖　北	麻城市　江陵县　随州市　宜昌县　武汉市蔡甸区	阳新县　枝城市　宜城县　黄州市　郧县　罗田县　咸宁市　枣阳市　云梦县　鄂州市　当阳市　安陆市　利川市　荆门市　京山县　仙桃市
湖　南	华容县　常德市鼎城区　湘潭县	
广　东	高州县　饶平县　紫金县　从化县	
海　南	儋州市	
广　西	恭城县　合浦县　贺县　容县　武鸣县　岑溪县	
四　川	简阳县　射洪县　绵竹县　阆中市　江安县　眉山县　绵阳市涪城区　绵阳市游仙区　都江堰市　江津县　潼南县	
贵　州	凤冈县　江口县	
云　南	永胜县　澄江县	
陕　西	白河县　汉中市　宝鸡市渭宾区　户县	
甘　肃	泾川县　积石山县　临泽县	清水县　漳县
青　海	贵德县　互助县	
宁　夏	盐池县	
新　疆	吉木萨尔县　泽普县	
合　计	108个	30

（梁宝芬　施德铭供稿）

“九五”全国农村能源综合建设县名单

地区	八部委联系县	省级联系县
北京	平谷县	怀柔县　密云县
天津	蓟县	
河北	唐山市　鹿泉市　易县　丰宁县　涉县	抚宁县　宽城县　冀州县　霸州市　唐海县
山西	交城县　太谷县	阳曲县　洪洞县　定襄县　离石县　平遥县　稷山县　长子县　浑源县
内蒙古	翁牛特旗　扎赉特旗	宁城县　伊金霍洛旗
辽宁	海城市　葫芦岛市连山区　北宁市　新宾县　彰武县　普兰店市	辽中县　北票县　桓仁县　东港县　铁岭县　大石桥市　阜新县　凌源县　黑山县
吉林	桦甸市　梨树县　九台市	东辽县　延吉市　洮南市
黑龙江	讷河市　海林市　龙江县　阿城市　赵光农场	海伦市　克山县　桦南县　杜尔伯特蒙古族自治县　哈尔滨市道里区
上海	奉贤县	
江苏	射阳县　金湖县　武进县　南通市	睢宁县　泰兴市　吴县市
浙江	平阳县　江山市　丽水县　义乌市　象山县	
安徽	宁国县　阜阳市颍州区　濉溪县　合肥市郊区　桐城县	天长市　含山县　祁门县
福建	诏安县　宁德市　厦门市集美区	上杭县　南平市延平区　邵武市　莆田县　安溪县　福安市　闽清县　华安县　清流县　长丁县
江西	南丰县　兴国县　瑞昌县　星子县	
山东	枣庄市薛城区　莒南县　汶上县　昌邑县　莱州市　即墨市	文登市　五莲县　淄博市临淄区
河南	巩义市　确山县　固始县	新野县　宝丰县
湖北	武穴市　潜江市　松滋县　枝江市　老河口市　建始县	蕲春县　嘉鱼县　应城市　广水市　孝南区　天门市　谷城县　洪湖县　远安县　丹江口市
湖南	湘乡市　临湘市　浏阳市　衡山县　衡阳县	长沙县　攸县　邵阳县　汨罗市　桃源县　慈利县　益阳市资阳区　冷水江市　安仁县　祁阳县　黔阳县　凤凰县
广东	揭西县　阳山县　雷州市	
广西	兴安县　桂平市　富川瑶族自治县　南丹县	平果县　融水苗族自治县　全州县　横县
海南	琼山市	
重庆	长寿县	
四川	苍溪县　盐亭县　宜宾县　资中县　中江县　营山县　武胜县　乐山市市中区　蓬溪县	
云南	安宁县　弥渡县	牟定县　华坪县
贵州	仁怀市　松桃县	长顺县　剑河县　开阳县
陕西	安康市　合阳县　南郑县	
甘肃	酒泉市　高台县　渭源县	
青海	乐都县　门源县	平安县　尖扎县　都兰县　囊谦县　贵南县　玛沁县　西宁市城北区
宁夏	隆德县	
新疆	皮山县　尉犁县	库车县　巩留县　英吉沙县　墨玉县　叶城县　鄯善县
合计	100个	104个

（梁宝芬　施德铭　供稿）

“七五”期间建成的第一批
109个农村水电初级电气化县名单

山　西　　平顺县
内蒙古　　克什克腾旗
辽　宁　　桓仁满族自治县
黑龙江　　逊克县
吉　林　　安图县　抚松县　长白朝鲜族自治县
浙　江　　新昌县　嵊　县　天台县　仙居县　缙云县　武义县　泰顺县　云和县　景宁畲族自治县　龙泉市　庆元县
安　徽　　霍山县
福　建　　屏南县　建瓯县　光泽县　闽清县　尤溪县　沙　县　德化县　永春县　永安市　连城县　南靖县
江　西　　婺源县　德兴县　宜黄县　靖安县　奉新县　宜丰县　大余县　全南县　井冈山市
湖　北　　兴山县　通城县　远安县　保康县　罗田县　建始县　长阳土家族自治县
湖　南　　酃　县　郴　县　蓝山县　慈利县　溆浦县　黔阳县　麻阳苗族自治县　芷江侗族自治县　新晃侗族自治县　绥宁县　城步苗族自治县
广　东　　大埔县　蕉岭县　平远县　新丰县　龙门县　仁化县　曲江县　阳山县　乳源瑶族自治县　封开县
广　西　　灌阳县　恭城县　钟山县　贺　县　昭平县　龙州县　金秀瑶族自治县　岑溪县　大新县
四　川　　汶川县　彭　县　都江堰市　北川县　大邑县　芦山县　宝兴县　天全县　荥经县　洪雅县　峨边彝族自治县　甘洛县　石棉县　盐边县　峨嵋山市
贵　州　　赤水县　玉屏侗族自治县　镇宁布依族苗族自治县　镇远县
云　南　　陆良县　泸西县　澄江县　华宁县　中甸县　凤庆县　潞西县　畹町市　元江哈尼族彝族傣族自治县
陕　西　　永寿县
甘　肃　　临夏市
青　海　　同仁县
新　疆　　阜康县　博乐市

（白　林　刘自箴　李　荧供稿）

“八五”期间建成的第二批
208个农村水电初级电气化县名单

河　北　　易　县
山　西　　沁水县
内蒙古　　乌审旗
辽　宁　　本溪满族自治县　清原满族自治县
吉　林　　通化县　集安市　临江市　汪清县　靖宇县　敦化市
黑龙江　　黑河市爱辉区
浙　江　　遂昌县　磐安县　安吉县　东阳市　丽水市　临海市　台州市黄岩区　常山县　永嘉县　文成县　青田县　松阳县　苍南县　平阳县　开化县
安　徽　　黄山市黄山区　岳西县
福　建　　建阳县　长泰县　顺昌县　永定县　大田县　明溪县　武平县　政和县　柘荣县　周宁县　松溪县　罗源县　将乐县　清流县　泰宁县　寿宁县　永泰县　宁德市　华安县　安溪县　上杭县　武夷山市
江　西　　铜鼓县　永丰县　资溪县　宁冈县　崇义县　定南县　上犹县　万安县　广昌县　寻乌县　安福县　黎川县　铅山县　玉山县　武宁县　萍乡市芦溪区
湖　北　　恩施市　房　县　郧　县　鹤峰县　秭归县　竹溪县　英山县　宜昌县　枝城市　来凤县　利川市　巴东县　丹江口市　神农架林区　五峰土家族自治县
湖　南　　吉首市　花垣县　泸溪县　资兴市　衡东县　会同县　怀化县　宜章县　永兴县　凤凰县　古丈县　东安县　龙山县　祁阳县　保靖县　洞口县　汝城县　辰溪县　永顺县　靖州苗族侗族自治县
河　南　　卢氏县

广　东　信宜县　新兴县　始兴县　南雄县　乐昌县　翁源县　德庆县　怀集县　连南瑶族自治县　连山壮族瑶族自治县

广　西　蒙山县　上思县　河池市　凌云县　全州县　兴安县　资源县　宁明县　南丹县　崇左县　鹿寨县　百色市　柳城县　合山市　容　县　苍梧县　融安县　藤　县　龙胜各族自治县　富川瑶族自治县　三江侗族自治县　隆林各族自治县

海　南　白沙黎族自治县

四　川　雅安市　米易县　南川县　西昌市　射洪县　武隆县　铜梁县　泸定县　德昌县　平武县　康定县　理　县　夹江县　邛崃县　屏山县　犍为县　大竹县　崇州市　高　县　名山县　汉源县　蓬安县　潼南县　宣汉县　石柱土家族自治县　秀山土家族苗族自治县　金口河市

贵　州　铜仁市　施秉县　罗甸县　瓮安县　江口县　关岭布依族苗族自治县　兴义市

云　南　保山县　富民县　罗平县　梁河县　瑞丽市　石屏县　盈江县　陇川县　华坪县　剑川县　屏边县　思茅市　弥勒县　师宗县　施甸县　绥江县　景洪市　河口瑶族自治县　丽江纳西族自治县

陕　西　镇安县　陇　县　淳化县　宁陕县　彬　县

甘　肃　永昌县　敦煌市　和政县　夏河县　嘉峪关市

青　海　祁连县　格尔木市　德令哈市

新　疆　泽普县　温宿县　富蕴县　新源县　吉木萨尔县　新疆生产建设兵团博尔塔拉垦区

（白　林　刘自箴　李　荧供稿）

索　引

说　明

1. 本索引按汉语拼音字母顺序排列，同音字按声调排列。
2 “农村能源统计”未作索引。
3. 索引名称后的数字表示内容所在的页码，数字后的拉丁字母（a、b）表示该页自左至右的栏别。

A

安徽省　105a

B

“八五”国家科技攻关　435b
白城　89b
北方农村能源生态模式　36b 67a 80a 85a
北京市　65a
被动式太阳能采暖房　23a 85a

C

财政部对沼气技术服务公司免征工商税和工商所得税的通知　409a
产业建设　104a
潮汐能　4a 55a
城镇生活污水净化沼气池　3a 142b

D

大中型沼气净化工程　102a
大连市　85b
大事记　169
大型沼气工程　3a 67a 69a 104b 125b 134a
地方投入　14a
地膜覆盖　4a
地热　4a 30a 53b 69b 75b 77a 79a 105b 114a 117a 118a 136b 155a 435a
地热采暖　54b
地热烘干　54b
地热水产养殖　54b
地热水灌溉　54b
地热温室种植　54b
电气化规划　47a
多晶硅太阳电池　434b

F

法制管理体系　76b
废料废液粪水厌氧发酵工艺和装置优化研究　435b
风光互补　121b
风光互补电站　123a
风力提水机　434a
风能　4a 30a 52a 69a 77a 81a 87a 105b 116b 118a 136b 156a 164b 168a
风能开发利用　434b
服务体系　104a
福建省　109b

G

改灶节柴　109b 127a
甘南藏族自治州　161a
甘肃省　158a
赣州地区“猪沼果”工程模式　39b
高效平板式集热器　434b
高效预制组装架空炕灶　85b
工作经验　16b
恭城沼气生态农业模式　38a
关于“九五”期间继续开展农村能源综合建设工作的请示　425a
关于“九五”期间开展农村能源综合建设项目的实施意见　426a
光伏发电技术　49b
广东省　132b
广西壮族自治区　135a
贵州省　148a
国际交流与合作　26a
国家计委文件
　关于在全国开展100个农村能源综合建设县工作的通知　418a
　关于积极扶持农村能源发展贷款的通知　410a
国家经委文件
　关于加强农村能源建设的意见　410b
　关于加强农村能源建设的意见　10b
国家科技进步奖　435
国家专项拨款　12b
国家专项贷款　13b
国务院办公厅批转文件
　关于加快农村改灶节柴工作的报告　406b
　关于进一步发展沼气的报告　407b
国务院办公厅文件
　关于加快农村改灶节柴工作报告　10a
　关于进一步发展沼气的报告　10a
国务院批转文件
　关于当前农村沼气建设中几个问题的报告　9b 400a
　关于积极发展小水电、建设中国式农村电气化试点县的报告　10a
国务院文件
　节约能源管理暂行条例　10b
　关于积极发展环境保护产业的若干意见　11a
　关于进一步加强环境保护工作的决定　11a
　我国环境与发展十大对策　11a

H

海南省　137b
海洋能　117a
河北省　71b
河南省　123b
黑龙江省　90b
湖北省　126a
湖南省　130a
户用沼气池　68b 102a 104b 127a
环境效益　5b

J

吉林省　87a
即墨小管岛　123a
集中供气　34b 121a
技术推广　131b
加强新型燃料技术开发利用管理的建议　428a
简易太阳房　4a
江苏省　99b
江西省　113a
郊区工业节能　97b
秸秆气化　34b
秸秆资源　28a
节柴改灶　66a 151a
节能炉具　20b
节能炉灶　63b
津南区　70b
精神文明　108a

净化沼气工程 102b

K

烤烟节煤烘房 150a
烤烟节能 108b
科技成果 434a
科技扶贫 127b
科技进步 22b
科技推广 136b
科研成果 434
可再生能源 3a

L

辽宁省 82b
林业 110a
隆德农村能源综合建设县项目 166a
隆德县 165b

M

麻秆炭化 109a
煤炭 77a

N

内蒙古自治区 80b
能源－环境工程 5b 138b 140a 143a
能源特色建设 108b
能源效益 5a
宁夏回族自治区 164a
农村初级电气化建设 151b
农村电力建设 78b
农村电气化 3a 43b
农村电气化试点县 46b
农村节能 2b 58a 114b 148b
农村能源标准化和技术监督 18a
农村能源产业建设 5a 19b 87b 118b 132b
农村能源管理体系 4b
农村能源技术 84b
农村能源建设概况 1
农村能源建设管理 14b
农村能源建设历程 7a
农村能源建设综述 1a
农村能源开发利用 28
农村能源科研 87b
农村能源农业环境保护优秀成果奖 438
农村能源示范村 143a
农村能源行业现行国家标准 442
农村能源资源 28a
农村能源资源区划 32b
农村能源综合建设 4b 87b 145a
农村能源综合建设试点县 68a 79a 92a 103b 118b 121b 127a 131a 139a 154a
农村生产节能 124a
农村水电科学技术进步奖 440
农村型煤生产座谈会议纪要 417a
农机节能 61a
农垦节能 63a 95a
农民技术人员职称评定和晋升试行通则 415a
农牧渔业部文件
边疆同志在全国农村能源工作会议上的工作报告 412a
节能工作办公会议第一次会议纪要 409a
全国沼气技术服务公司经验交流会纪要 404b
农业部办公厅转发文件湖南省加强农村能源建设的报告 424a
农业部科技进步奖 435
农业部能源环保技术开发中心 444a
农业部文件
“九五”能源－环境工程建设 431b
“九五”期间乡镇企业环保节能计划 429a
农作物秸秆 105b

Q

禽畜粪便厌氧消化液后处理技术优化研究 435b
青岛市 120b
青海省 162b
全国农村能源综合建设县项目的工作大纲 426b
全国造林绿化规划纲要 12b
全国沼办文件
关于对沼气技术干部进行考核评定技术职称的通知 403b
全国沼气建设领导小组第一次会议纪要 402b

S

森林能源工程 12b
山东省 116a
山西省 77a
陕西省 156a
商品能源 97b
上海市 96b
社会效益 6a
生产节能 87b
生产生活节能 142a
生活节能 91b 130a
生活污水净化沼气池 147a
生活用能 94a
生物质 116b
生物质成型燃料技术 35a
生物质固化成型技术 3b
生物质能 3a 28a 34a 77a 89b 105a 113b
生物质能技术开发 434a
生物质能源 164a
生物质能直接燃烧利用 34a
生物质能转换技术 21a
生物质气化 34b 67b
生物质气化炉 434a
生物质热解气化 121a
省柴节煤 136a 145a
省柴节煤改灶 79a 108b 123b
省柴节煤灶 68b 117b 154a 167a
省柴节煤灶炕 164b
省柴炕连灶 87a
省柴灶节煤炉 97a
省柴灶 139b
十六字方针 4b
水电 77a 110b
水能 3b 69b 155a
四川省 143b
四位一体 23b 37b 86b 166a
塑料大棚 4a 51b

T

太阳房 50a 434b
太阳光伏发电技术 21a
太阳能 3b 20a 29b 49a 69a 77a 79a 87b 89b 97b 105b 114a 116b 118a 124a 136b 155a 161a 164a 167b
太阳能技术开发 434b
太阳能暖房 66b 165b
太阳能暖圈 4a
太阳能热水器 23a 49a 66a 102a 165a
太阳能热水器厂 3b
太阳能温室 4a 51b
太阳灶 4a 50b 66b 165a
天津市 68a

W

微水电 3b 136a
微型水力发电 149b
温泉 54b
文献、法律、法规 400

X

西藏阳光计划 155b
西藏自治区 154b
县级农村能源综合建设 23a 23b 152a 435a
乡镇煤矿 12a 42a 111b
乡镇企业节能 62a

小煤矿　4a　116b　164a
小煤窑　113b
小水电　32a　44b　113b
小水电试点　12a
新疆维吾尔自治区　166b
新能源　3a　111b　152a　154b
新能源和可再生能源发展纲要
　419a
新型液态燃料　21a
新型优质燃料　79a
薪柴　28a　105b
薪炭林　3b　40a　78b　151b　434a
信息网　444
畜力　29a
蓄能技术装备　435a

Y

厌氧技术处理有机废弃物　25a
厌氧消化技术　113a
优质能源　104b
优质生活燃料　69b
有机污水　105b
渔业节能　60a
云南省　150b

Z

沼气　3a　20b　65a　79a　87a　91a
　97a　98b　111a　114a　117a　124a
　126b　130b　136a　138b　144b
　149a　150b　154a　167a
沼气生态模式　5b
沼气输配技术优化研究　435b
沼气综合利用　23b　35b　102a
　140a　142b
沼液浸种　3a
沼液喂猪　109a
沼渣液的利用　97a
浙江省　103b
政策法规　9a
制茶节能　108b
质量标准　434
中共中央国务院文件
　关于保护森林发展林业若干问题的
　　决定　10a
　关于大力开展植树造林的指示
　　10a
　关于解决农村烧柴问题的指示
　　9a
　关于深入扎实地开发绿化祖国运动
　　的指示　10a
中共中央文件
　关于当前农村经济政策的若干问题
　　10a
　关于加快农业发展若干问题的决定
　　9b
　关于一九八四年农村工作的通知
　　10b
中国21世纪议程　11a　418b
中国能源研究会农村能源专业委员会
　444b
中国农村能源行业协会　444a
中国沼气学会　444b
中华人民共和国大气污染防治法
　12a
中华人民共和国环境保护法　11b
中华人民共和国矿产资源法　12a
中华人民共和国农业法　11b
中华人民共和国水法　12a
中华人民共和国水土保持法　11b
重庆市　140b
资金投入　12b
综合建设　114b
综合利用　105b

《中国农村能源年鉴》编辑部

主　　编　王锡吾　蔡盛林

副 主 编　屠嘉琪　白金明　杨世基　贺　亮

编辑部工作人员（按姓氏笔划排列）

王　丹　陈万里　张玉珍

责任编辑　张玉珍　陈万里

中国农村能源年鉴
1997
中国农村能源年鉴编辑委员会 编
* * *
责任编辑 陈万里 张玉珍

中国农业出版社出版（北京市朝阳区农展馆北路2号 100026）
新华书店北京发行所发行 中国农业出版社印刷厂印刷

787mm×1092mm16开本 30.75印张 8插页 1 087千字
1998年7月第1版 1998年7月北京第1次印刷
印数 1～2 000 册 定价 110.00 元
ISBN 7-109-05188-9/S·3283